코칭수퍼비전 실천과 해설

수퍼비전-주체의 실천 가이드

First published 2016
by Routledge
2 Park Square, Milton Park, Abingdon, Oxon OX14 4RN and by Routledge
711 Third Avenue, New York, NY 10017
Routledge is an imprint of the Taylor & Francis Group, an informa business
© 2016 David Clutterbuck, Carol Whitaker and Michelle Lucas

The right of David Clutterbuck, Carol Whitaker and Michelle Lucas to be identified asauthors of this work has been asserted by them in accordance with sections 77 and 78of the Copyright, Designs and Patents Act 1988.
All rights reserved. No part of this book may be reprinted or reproduced or utilised inany form or by any electronic, mechanical, or other means, now known or hereafterinvented, including photocopying and recording, or in any information storage or retrieval system, without permission in writing from the publishers.
Trademark notice: Product or corporate names may be trademarks or registeredtrademarks, and are used only for identification and explanation without intent to infringe.
Every effort has been made to contact copyright holders for their permission to reprintmaterial in this book. The publishers would be grateful to hear from any copyrightholder who is not here acknowledged and will undertake to rectify any errors oromissions in future editions of this book.
Printed in Korea
British Library Cataloguing in Publication Data
A catalogue record for this book is available from the British Library
Library of Congress Cataloging in Publication Data Names: Clutterbuck, David, author.
Title: Coaching supervision : a practical guide for supervisees / David Clutterbuck,Carol Whitaker and Michelle Lucas.
Description: Abingdon, Oxon ; New York, NY : Routledge, 2016. | Includes bibliographical references and index.

COACHING SUPERVISION 1ST EDITION
Copyright ⓒ 2016 by David Clutterbuck, Carol Whitaker, Michelle Lucas
Authorised translation from the English language edition published by Routledge,
a member of the Taylor & Francis Group.
All rights reserved

Korean Translation Copyright ⓒ 2025 by Korea Coaching Supervision Academy
Korean edition is published by arrangement with Taylor & Francis Group
through Imprima Korea Agency

이 책의 한국어판 저작권은 Imprima Korea Agency를 통해
Taylor & Francis Group과의 독점 계약으로 한국코칭수퍼비전아카데미에 있습니다.
저작권법에 의해 한국 내에서 보호를 받는 저작물이므로
무단전재와 무단복제를 금합니다.

호모코치쿠스 63

코칭수퍼비전 실천과 해설
수퍼비전-주체의 실천 가이드

Coaching Supervision
A practical guide for supervisees

데이비드 클러터벅, 캐롤 휘태커, 미셸 루카스 편저
김상복 옮김

코칭북스

목차

일러두기	10
동료 축하의 글	11
요약	13
축하의 글	14
동료 서문	17

서장 ······ 21
    '수퍼바이지'는 누구이며 어디에 있는가? ······ 21
    용어 활용 ······ 28

1장. 코칭수퍼비전란 무엇인가? ······ 29
    코칭수퍼비전에 대한 기존 설명 ······ 30
    중요한 차이점 [코칭수퍼비전의 독특함] 검토 ······ 38
    일부 수용된 정의 ······ 40
    수퍼비전에 대한 코칭 전문기관의 의견 ······ 42
    프랙티셔너들의 주장 ······ 50
    코칭수퍼비전 활용 현황은 어떠한가? ······ 54
    수퍼비전 참여의 이점은 무엇인가? ······ 56
    요약: 코칭수퍼비전과 코칭수퍼비전이 아닌 것 ······ 58

2장. 코칭수퍼비전의 형태 ······ 63
    자격 있는 수퍼바이저들과 활용할 수퍼비전의 종류 ······ 64
    주제의 변형: 개인 수퍼비전의 몇 가지 형식 ······ 69
    주제의 변형: 집단 수퍼비전의 다양한 형태 ······ 77

동료 수퍼바이저와의 수퍼비전 ······ 82
　　수퍼바이지(수퍼비전-주체)가 수퍼바이저이기도 한 경우 ······ 93
　　자기 자신을 수퍼비전하는 것이 가능한가? ······ 96
　　자신에게 가장 적합한 수퍼비전을 어떻게 선택하는가? ······ 98
　　얼마나 수퍼비전 해야 하는가? ······ 109
　　성찰적 실천은 수퍼비전으로 간주되지 않는다 ······ 115
　　결론적 사고 ······ 117

3장. 코칭수퍼비전 접근과 철학 ······ 123
　　시스템적 접근 ······ 125
　　정신역동/정신분석적 접근 ······ 145
　　행동적 접근 ······ 183
　　다방면적이고 통합적인 코칭수퍼비전 접근 ······ 188
　　어떻게 선택할 수 있는가? ······ 193

4장. 코칭수퍼비전 모델 ······ 201
　　과정 모델 ······ 202
　　내용 모델 ······ 211
　　통합적 모델 ······ 250
　　수퍼바이저의 개인 스타일 모델 ······ 258
　　결론적 사고 ······ 264

5장. 유능한 수퍼비전-주체(수퍼바이지) 되기 ······ 271
　　유능한 '수퍼비전-주체'-되기의 동기, 자질, 특성, 기술, 실천은 무엇인가? ······ 272
　　수퍼비전 관계와 수퍼비전-주체의 자질과 특성 ······ 276
　　기술 ······ 283
　　성찰을 위한 수용력 개발하기 ······ 285
　　성찰적 실천 개발 ······ 296
　　집단 수퍼비전에 참여할 때 고려할 점 ······ 306
　　수퍼비전-주체의 수퍼비전 활용은 시간이 지남에 따라 어떻게 변하는가? ······ 307
　　결론적인 생각 ······ 310

6장. 유능한 수퍼바이저-되기 ······ 319
　　수퍼비전이 잘 작동하면 어떤 경험을 하게 하는가? ······ 321
　　수퍼바이저가 '잘 하면' 프랙티셔너들은 어떤 경험을 하는가? ······ 335

유능한 코칭수퍼바이저는 어떤 '행동'을 보여줄 수 있는가? ······ 337
　　좋은 코칭수퍼바이저는 어떤 '태도'를 보일 수 있는가? ······ 341
　　코칭수퍼비전 일곱 가지 마인드셋 ······ 346
　　수퍼바이저의 '동기'에 대한 이해 ······ 376
　　수퍼바이저를 선택할 때 고려해야 할 사항 ······ 383
　　현재 수퍼바이저에게서 벗어나야 할 때를 어떻게 알 수 있을까? ······ 387
　　수퍼바이저를 선택하기 위한 체크리스트 ······ 388

7장. 수퍼비전 준비하기 ······ 393
　　프랙티셔너들이 수퍼비전하는 실제 예시 ······ 394
　　준비가 도움이 되는 이유 ······ 398
　　반대로 어떤 경우에는 준비가 도움이 되지 않는다 ······ 401
　　"준비"해야 하는 것은 무엇인가? ······ 408
　　수퍼비전에 가져갈 자료를 결정하는 실천 단계 ······ 426
　　수퍼비전에 장기적 관점으로 접근하기 ······ 437
　　생각을 결론지으면서 ······ 447
　　수퍼비전에 가져갈 자료에 접근하는 방법 체크리스트 ······ 447

8장. 내부-수퍼바이저 개발하기 ······ 455
　　내부-수퍼바이저를 개발하는 법 ······ 459
　　당신의 코칭 여정 ······ 461
　　코치로서 개인 개발 계획 ······ 476
　　코치의 성장과 발전에 역량 활용하기 ······ 492

9장. 코칭수퍼비전에서 문화적 차이 활용하기 - '다름'을 지렛대로 ······ 503
　　문화적 맥락에서 '차이/다름' 정의하기 ······ 504
　　범-문화 렌즈를 통해 복잡성 보기 ······ 505
　　코칭 역동의 차이를 이해하기 ······ 506
　　코칭 관계 내의 편견 ······ 509
　　성찰적 실천을 통해 편견 이해하기 ······ 512
　　코칭 파트너의 편견 탐색 ······ 515
　　조직 또는 시스템 내 편견 탐색 ······ 516
　　'차이/다름'을 활용하여 수퍼바이저 선택하기 ······ 519
　　수퍼비전 준비 ······ 520

마무리 생각	⋯⋯ 521
역자가 안내하는 학습 자료	⋯⋯ 523

10장. 수퍼바이저를 위한 수퍼비전 ⋯⋯ 533

스스로 수퍼비전 필요성을 인식하기	⋯⋯ 534
당신의 수퍼비전을 작업을 수퍼비전하는 수퍼바이저 찾기	⋯⋯ 536
자기 스스로 수퍼비전을 "방해하는 것들"	⋯⋯ 541

[권말 부록 1] ICF 코칭수퍼비전 역량 모델	⋯⋯ 559
[권말 부록 2] EMCC 수퍼비전 역량과 구조	⋯⋯ 566
[권말 부록 3] 코치 협회 코칭수피비전의 원칙 구조-틀	⋯⋯ 573
[권말 부록 4] 전문 임원 코치·수퍼바이저 협회APECS 수퍼바이저 인증	⋯⋯ 578
[권말 부록 5] ICF 멘토 코칭 역량 모델	⋯⋯ 582

약어	⋯⋯ 588
색인	⋯⋯ 589
저자 및 기여자, 역자 소개	⋯⋯ 598
역자 후기	⋯⋯ 604

[부록 5.1] SOAP: 성찰에서 배우기	⋯⋯ 314
[부록 5.2] 성찰 구조 모델(Johns, 1991)	⋯⋯ 315
[부록 5.3] 성찰을 위한 "무엇" 구조(Rolfe et al., 2001)	⋯⋯ 316
[부록 7.1] 중요한 사건 분석	⋯⋯ 450
[부록 7.2] SOAP 성찰 학습 양식	⋯⋯ 451
[부록 7.3] 코칭 회기 검토 양식	⋯⋯ 452

[사례 연구 2.1] 프로리얼을 활용한 가상 수퍼비전	⋯⋯ 74
[사례 연구 2.2] 동료 수퍼비전 그룹의 초기 예	⋯⋯ 90
[사례 연구 2.3] 경험 많은 코치가 시간이 지남에 따라 수퍼비전과 성찰적 실천의 접근 방식을 발전시킨 방법	⋯⋯ 101

[사례 연구 3.1] 시스템적 변혁 코칭의 상호작용 ······ 129
[사례 연구 3.2] 컨스텔레이션 기반 두 명의 수퍼비전-주체 ······ 137
[사례 연구 3.3] 게슈탈트에 근거한 코칭수퍼비전 회기 ······ 143
[사례 연구 3.4] 어떻게 할지 매우 당혹해 하는 코칭 파트너 사례 ······ 153
[사례 연구 3.5] 고위직 도전에 주저하는 코칭 파트너 ······ 181
[사례 연구 3.6] 팀과 상사를 격하게 비난하는 코칭 파트너 ······ 187
[사례 연구 3.7] 자신감 강화를 원하는 코칭 파트너와의 코칭 ······ 192
[사례 연구 5.1] 사내 코치 – 그 아래에 무엇이 있는가? ······ 273
[사례 연구 7.1] 수퍼비전을 위한 코치의 준비 ······ 399
[사례 연구 7.2] 특별한 준비 없이 수퍼비전에 임한 사례 ······ 402
[사례 연구 7.3] 앨리슨 - 수퍼비전 사례 연구 ······ 444

[역자 부록 1.1] 2015년 역자가 확인한 ICF 편지 ······ 46
[역자 부록 1.2] ICF 코칭수퍼비전과 멘토 코칭의 공생 관계와 강조점의 차이 ······ 48
[역자 부록 3.1] 현대 정신분석과 정신역동에 대하여 ······ 155
[역자 부록 3.2] 코칭수퍼비전에서 정신역동 이론의 활용 ······ 158
[역자 부록 3.3] 최근 코칭수퍼비전 철학, 이론과 접근 ······ 195
[역자 부록 4.1] 프로이트의 사후성 ······ 246
[역자 부록 4.2] 역자가 수퍼비전에 활용한 개입 유형 ······ 263
[역자 부록 4.3] 코칭수퍼비전 이론과 모델 추가 검토 ······ 268
[역자 부록 5.1] 다섯 가지 성찰 고리(In-On-To-For-About)에서 일곱 가지(with와 above)로 ······ 286
[역자 부록 5.2] 볼튼Gillie Bolton. 반성성Reflexivity(비찰성) ······ 297
[역자 부록 5.3] 뮤지컬 레 미제라블과 반성성reflexivity ······ 299
[역자 부록 5.4] 수퍼바이저를 앞세우며 걷는 길의 행복 ······ 304
[역자 부록 6.1] 국제코치연맹ICF ······ 340
[역자 부록 6.2] 코칭 가능성coachability 수준 ······ 342
[역자 부록 7.1] '코칭의 결정적 순간' 분류에 사용되는 12가지 코드 ······ 416
[역자 부록 8.1] 다섯 가지 습관이 된 〈생각 회로〉 ······ 476
[역자 부록 8.2] 셀프 코칭을 위한 WISDOM 모델 ······ 482
[역자 부록 8.3] 역량 기반과 발달 기반 코칭수퍼비전 ······ 496

[역자 부록 8.4] Self Coaching WISDOM 모델 질문 연습 ······ 501
[역자 부록 9-1] 교차 문화와 다양성 코칭 ······ 526
[역자 부록 10.1] 수퍼비전의 수퍼비전 발전을 위한 과제 ······ 550

[자료 5.1] 코칭협회의 집단 수퍼비전 ······ 306

[체크리스트 2.4] 수퍼비전 배치를 결정하는 체크리스트 ······ 119

일러두기

- 본문의 큰 따옴표는 저자의 표기이다. 본문 중 저자의 이탤릭체 강조는 '진하게' 표시했다. 내용의 취지를 살려 역자가 강조할 부분도 포함했다.
- 작은 따옴표는 역자가 강조를 위해 표시했다. 독자의 이해를 위해 추가한 내용은 [ ]로 표시했다.
- 학자, 주요 용어, 우리 말에 복합적인 의미가 있는 단어에는 처음에 영어 표시를 하고 이후에는 작은 따옴표로 구분했다.
- [저자 주]는 별도로 표시했다.
- 처음 읽는 분들은 저자들의 내용을 중심으로 각주와 역자 부록을 생략하고 먼저 분문 읽기를 권한다.
- 분문의 모든 각주는 역자의 것이다. 이는 역자의 수퍼비전 활동과 성찰 내용이다. 이 내용은 우리 현실을 반영하며 저자의 견해와 다를 수 있다.
- '코칭 아포리즘'은 공부와 독서를 통해 역자가 코칭과 수퍼비전에 활용하며 스스로 되새기는 문장이다. 따로 출처를 밝히지 않았다.
- 저자가 제공한 사례에는 깊게 검토하도록 '역자의 질문'을 추가했다.
- 저자의 사례나 각주에 추가하기 어려운 내용은 각 장에 부록으로 첨부했다.
- 책이 출판된 이후 상황과 내용이 변화된 부분이 있다. 역자가 파악한 바를 최대한 각주와 부록에 반영하였다.
- 저서의 '수퍼바이지'는 '수퍼비전-주체'로 번역했다. 이 책의 취지와 역자의 소신에 따른 표현이다.
- 저서의 '클라이언트'가 코칭 회기에 참여하는 대상일 경우 흔히 코칭 고객, 코치이, 피코치로 번역해 왔다. 역자는 소신에 따라 '코칭 파트너'로 번역한다. 속 생각은 '코칭-주체'가 마땅하나 본 저서의 '수퍼비전-주체'와 문장에서 혼돈을 주고 이해를 방해하기에 이렇게 했다.
- 각각의 각주는 내용이 겹칠 수 있다. 각주는 본문을 읽을 때 필요에 따라 보기 때문에 반복되는 내용도 불가피했다.
- 이 저서의 참고 논문 및 연구 자료는 네이버 카페 '코칭수퍼비전 스쿨(https://cafe.naver.com/coachingschool)'에서 볼 수 있다.

동료 축하의 글

클러터벅Clutterbuck과 동료들은 사례연구, 예시, 개인적인 통찰과 팁으로 가득한 매우 실용적인 가이드를 제공한다. 이 가이드는 코칭수퍼비전을 처음 접하는 사람, 수퍼바이저 코치를 찾는 사람, 코칭수퍼비전 회기를 활용하는 최선의 방법이 궁금한 숙련된 코치에게 훌륭한 자료이다.

- 조나단 패스모어Jonathan Passmore
Evora & Embrion 대학. 박사

코치, 수퍼바이저 코치, 수퍼비전을 위한 훌륭한 자료이다. 코칭수퍼비전 과정을 철저하고 포괄적으로 설명한다. 이 책은 21세기 코칭수퍼비전의 활용에 대한 이해를 높이는 데 기여할 것이다.

- 요안나 이오르다누Ioanna Iordanou
국제 코칭 및 멘토링 연구 센터, 영국 옥스포드 브룩스 대학교 기존의 코칭수퍼비전 문헌에 추가할 훌륭한 저서이다. 자신에게 가장 적합한 수퍼비전을 찾고 강력한 학습 과정에 참여하고 싶은 사람은 반드시 읽어야 할 책이다.

- 에드나 머독 Edna Murdoch
코칭수퍼비전 아카데미 이사
www.coachingsupervisionacademy.com

이 책은 새로운 직업에 관심이 있는 사람들에게 시의적절하고 관련성 높은 코칭수퍼비전 핵심에 대한 실제적이고 실용적인 통찰을 제공한다. 많은 코치들의 활동에 기준이 되기를 바란다!

- 피터 웰치 Peter Welch
Independent coach, mentor, coaching supervisior 서문에서 발췌

요약

코칭수퍼비전은 코칭 관계와 마찬가지로 양 당사자가 자신의 역할과 과정을 명확히 알고 협력적인 노력을 기울일 때 가장 성공적이다. 이 책은 코칭수퍼비전을 **언제, 왜, 어떻게 받아야** 하는지, 코치가 받은 수퍼비전을 **어떻게 활용할 수 있는지** 지침을 제공하는 매우 실용적인 책이다.

  이 분야의 깊은 이해와 국제적인 모범 사례연구를 바탕으로 경험이 풍부한 수퍼바이저가 쓴 책이다. 핵심은 다음과 같다.

- 코칭수퍼비전이 무엇이며 다른 '돕는 대화'와 어떻게 다른지 설명한다.
- 수퍼바이저 코치를 선택하는 단계별 접근을 제공한다.
- 코치/멘토 성장의 여정을 구성하는 방법을 조언한다.
- 성찰적 실천을 향상하는 다양한 활동을 살펴본다.
- 코칭수퍼비전이 코칭과 멘토링의 필수 요소임을 보여준다.

이 가이드는 코칭수퍼비전 과정에 참여하는 기존의 모든 코치와 수련 코치, 멘토에게 필수적인 읽을거리가 될 것이다. 수퍼바이저와 수퍼바이지 모두에게 필요하다.

축하의 글

솔직히 축하의 글 요청을 받았을 때 조금 위축되었다. 이유는 저자들이 프랙티셔너로 이미 풍부한 경험을 지녔고 나 또한 지금은 절판되었지만 마이클 캐롤과 마리아 길버트와 같은 주제의 저서를 먼저 출판했기 때문이다.[1]

저자들은 상담사, 치료사, 기타 조력 전문직에 대한 수퍼비전과는 달리 코칭수퍼비전에 초점을 맞춰 이 주제를 새롭고 신선한 관점으로 제시한다. 여러 이해관계자, 수퍼바이저를 수퍼비전하기, 내적-수퍼바이저 internal supervisor 주제를 추가했다. 또 수퍼바이지들이 자발적으로 서로 함께 일하는 방안[동료 집단 코칭수퍼비전]도 제시하는 등 특색이 있다.

다른 분야와 달리 코칭수퍼비전은 오늘날 주요한 실천으로 간주된다. 코치와 멘토를 위해 권장하지만 전문 코치에게는 아직 의무적이지 않다.

서장에서 저자들은 이 책을 다음과 같이 말한다. "현재 문헌에서 수퍼바이지 코치

---

1) [역자] 이 책은 『On Being a Supervisee: Creating Learning Partnerships』 2nd(2011)이다. 기록에 의하면 2020년 3rd가 Turning Point Institute에서 출판된 것으로 보이나 절판되었다. 이 책은 '코칭수퍼비전'에 초점을 맞추기보다는 더 넓은 다른 조력분야를 포함하고 있다. 같은 주제로 지금까지 호평을 받고 있는 책은 다음과 같다. 『수퍼바이지와 수퍼비전: 수퍼비전을 위한 가이드』 에릭 드 한, 웰레민 레구인 지음. 김상복, 박미영, 한경미 옮김. 코칭북스. 2024.

의 관점이 거의 고려되지 않는다는 사실이 놀랍다. 이 책은 이점에 균형을 바로잡는 것을 목표로 한다. **수퍼바이지 코치의 눈**을 통해 코칭수퍼비전을 바라보는 의도적인 시도를 했다." 대부분 코치나 멘토가 수퍼바이지로 참여하는 점에 초점을 맞춰왔지만 이제는 이를 확대한다. 프로젝트 리더, 컨설턴트, 라인 관리자 등도 수퍼비전이 필요하기에 수퍼바이지의 위치에서 필요한 요구가 많아지고 있다. 이 같은 관점은 당연한 것이고 이 저서의 주장이다. 그동안 각자의 역할과 명확한 책임, 좋은 계약 단계에 한정하지 않고 **'수퍼바이지' 대상을 확대**하고 그 입장에서 수퍼비전 전반에 걸쳐 초점을 맞춘 경우는 거의 없었다.

수퍼바이저 코치로서 우리가 할 수 있는 일은 무엇인가? ①수퍼비전 분위기를 잘 조성하고, 따라야 할 ②수퍼비전에 대한 기대를 관리하고, ③회기 전과 후에 모두가 해야 할 역할과 과제에 수퍼바이지가 집중하게 한다. ④수퍼비전 동안 학습 파트너로 참여하며, ⑤지속적인 성공을 위한 강력한 기반을 만드는 것이다.

숙련된 코치와 수퍼바이저들은 계약의 중요성과 파트너십을 구축하는 데 정통할 것이다. 저자들은 코칭을 처음 접하거나 코칭 전문성에 배경 지식이 없는 사람들에게도 **수퍼비전이 매력적으로 보이게 하는 것**이 현명하다고 생각했다.

수퍼바이저 코치협회 Association of Coaching Supervisors(AoCS)가 수집한 연구와 최근 열린 컨퍼런스에서 우리는 이를 더욱 확인할 수 있었다. 빠르게 변화하는 세계는 복잡하고 도전적이며 우선순위가 높은 이슈를 제기한다. 이를 이해하고 돕는 "안전한 공간 safe space"을 제공할 수 있는 사람이나 시스템은 어디에도 없다. 이를 찾고 있는 많은 코치가 증가하고 수퍼비전의 수용도 확인할 수 있다. 이런 사람들이 코칭수퍼비전을 준비하고 수퍼비전 대화에서 최대한 도움을 주는 노력은 전 세계 코칭수퍼비전 발전에 중요한 흐름이 되고 있다.

이 책에는 코칭수퍼비전을 최신으로 끌어올리고, 독자들이 잠시 멈추고 생각하게 하는 다양한 실습과 자기성찰을 위한 질문이 포함되어 있다. 이들의 활동을 살펴보고, 지속해서 개발할 셀프 코칭과 실천에서 자기 관리의 필요성도 언급한다. 우리의 희망은 조직 내부 코칭에 책임이 있는 조직 단위가 이 책을 읽었으면 한다. 자신의 역할이 초기 코치 훈련과 가끔 제공하는 네트워크의 훈련 이상의 작업이 필요하다. 지속적인 고품질 수퍼비전을 위해 사내 코치를 위한 예산을 책정하고 적극적으로 지원하였으면 한다. 연구 결과를 보면, 이런 사내 코치들은 자신의 코칭을 위해 더 많은 사례와 코칭 회기 내용을 공유해야 한다는 압박감을 갖고 있다.

코치에게 기밀 유지를 하면서 전문적 요구를 처리하기 위한 고품질의 수퍼비전은 반드시 필요하다. 모든 관련자들에게 이 책은 당사자들 간의 대화를 위한 중요한 플랫폼을 제공한다. 코칭은 배움의 여정이다. 전문가로 최선을 다하고 돕는 사람들을 보호하는 것이 목표이다.

이 책은 새로운 작업인 코칭수퍼비전에 관심있는 사람들에게 시기적절하고 내용의 핵심이 실천적이고 실질적인 통찰을 제공한다. 나는 이 책이 많은 코치의 책꽂이에 놓여 있기를 희망한다!

피터 웰치 Peter Welch
코치 수퍼바이저 협회 공동 창립자 및 이사회 멤버, 독립코치, 멘토 및 코칭수퍼바이저
www.associationofcoaching supervisors.com

동료 서문

수퍼비전은 코칭과 멘토링이라는 새로운 직업에 상당히 늦게 합류했다. 실제로 2003년까지 코칭수퍼비전을 위한 구체적인 훈련이 없었다. 코칭수퍼비전에 관한 첫 번째 연구 및 출판물은 2006년이었다(Hawkins & Schwenk, 2006; Hawkins & Smith, 2013). 그 이후로 우리는 수퍼비전이 코치와 멘토의 훈련만이 아니라 평생 학습과 훈련에도 중요한 역할을 한다는 내용의 출판물, 훈련과 수퍼비전 제공은 엄청난 성장을 보았다.

최근 이브 터너 Eve Turner와 나는 연구 결과를 업데이트했다(Hawkins & Turner, 2015). 이를 통해 수퍼비전을 현재 진행 중인 훈련의 핵심 요소로 보는 코치의 비율이 2006년 이후 두 배로 증가했다는 것을 발견했다. 코칭수퍼비전의 채택이 더디고 문제가 많은 북미에서도 수퍼비전을 받는 코치가 2006년 영국과 거의 같은 수준의 백분율이다. (www.bathconsultancygroup.com/what-we-do/coaching supervision)

2015년 런던에서 열린, 국제코칭연맹(ICF) 사전 행사에 코칭수퍼비전에 관한 기조연설을 위해 초청받았다. 나는 코칭수퍼비전이 ICF 북미에서 여전히 매우 논쟁적인 문제였던 것에 대해 브리핑을 받았다. 북미 지역에서 여전히 목소리를 내고 있는 저항 중 일부는 코칭수퍼비전이 영국과 유럽에서 처음 시작했을 당시 우리가 경험한 것과 유사했다. 이 용어가 "잘못되었다", "너무 위계적이다", "수퍼비전은 심리치료사와 카운슬러가하는 일이며 코치를 위한 것이 아니다". 나는 이런 질문을 잠시 옆으로 밀어 두고, 모든 사람들에게 질문에 대한 대답을 적어달라고 요청했다. "Q누가 당신을 코칭하는가?" 나는 잠시 생각을 하게 한 뒤 사람들에게 대답을 외쳐보라고 했다. 첫 대답 몇 가지는 예측 가능했다. 다음 대답은 '수퍼바이저', 또는 '배울 수 있는 사람'이라는 대답이 나왔다. 이어서 관련 시스템의 다른 부분으로 대답이 확대되었다. 또 코칭수퍼비전의 핵심 수혜자는 누구인가라는 질문에 "코칭 파트너의 조직", "조직의 투자자", "코칭 파트너가 이끄는 직원", "코칭 파트너의 고객들, 동료, 가족", '코치들의 미래 코칭 파트너, "코칭 파트너와 다른 코치들의 조직", 그리고 마지막으로 코칭 전문직' 등 이런 호응이 있었다.

코칭수퍼비전을 제대로 이해하려면 우선 ①코치는 [단순히] 코칭 파트너가 아니라는 점, ②수퍼바이저는 전문 지식의 공급업자가 아니라는 점, ③코칭수퍼비전이 코치와 수퍼바이저가 모두 이해관계자 집단을 위해 서로 협력해야 할 사업임을 분명히 하는 것이 중요하다. 수퍼비전은 코치나 멘토가 숙련된 수퍼바이저의 도움을 받아 ④**성찰적 실천**에 참여하고, ⑤더 깊이 있고 효과적으로 호응할 수 있는 **수용력**을 개발하는 것이다. 코칭 파트너와 이해관계자들을 위해 이 세계에서 만들어 낼 수 있는 ⑥독특한 '차이'를 생성하는 공간이다.

이 책은 수퍼비전의 질과 효과성은 **수퍼바이지**가 자신의 알아차림, 개방성, 호기심, 학습 능력에 의존한다는 것을 알아차리는 데 큰 도움을 준다. 이를 위해 수퍼바이저들을 어떻게 선택하고, 계약을 맺고, 수퍼비전을 준비하고, 수퍼비전으로부터 많은 것을 어떻게 얻을 수 있는지에 대한 실질적인 조언으로 가득 차 있다.

또한 수퍼비전을 하고 수퍼비전을 받는 것, 평생 학습자가 되는 것에 대한 열의 및 열정을 지닌 미셸, 캐롤, 데이비드의 서로 다른 보완적인 목소리를 한데 모았다. 세계

각지의 다양한 성향과 다른 지역의 경험이 풍부한 코치와 수퍼바이저의 목소리도 유용하게 담겨있다.

우리는 이제 자신이 태어났을 때보다 3배나 많은 사람이 사는 세계에 있고, 그 어느 때보다 더욱 상호 연결되어 있다. 자원은 줄어들고, 대규모의 기후 변화, 대량 이주와 국제 분쟁, 불안정하고, 예측할 수 없고, 복잡하고 모호한 세계에 살고 있다. 모든 단계에서 차세대 리더들의 도전은 그 어느 때보다 커서, 그들이 얻고 싶어하는 모든 지원과 도움은 더욱 절실하다. 코칭 직업은 자기 수준을 끊임없이 높여야 할 책임이 있다. 모든 코치가 현재 코칭 파트너에게 서비스를 제공하는 것만이 아니라 그들이 더 깊고 넓은 범위의 도전 과제에 영향을 주며 일할 수 있도록 노력해야 한다.

많은 CEO와 접하며 더욱 분명한 사실이 있다. 그들의 메시지는 코치에게 더 큰 도전을 기대한다. 자신이 직면한 많은 도전과 글로벌 조직, 팀, 개인 간의 상호 연관성을 볼 수 있길 원한다. 코치에게는 이들을 도울 능력이 필요하다. **코칭은 쉽게 할 수 있는 소명이 아니다.** 필요한 수준에 도달하기 위해 서로의 도전과 지원, 질 좋은 평생 학습과 수퍼비전에 대한 전념이 요구된다.

금세기 초 저항이 너무 컸던 코칭수퍼비전이 이제 세계 각지로 확대되어 좋은 전문적 실천의 중심으로 여겨지는 것이 기쁘다. 또한 이 책에서 이해관계자들을 위해 코치와 멘토의 평생 학습이 수퍼비전 실천의 핵심이라는 것을 보게 되어 더욱 반갑다.

피터 호킨스 Peter Hawkins
헨리 경영대학원 리더십 교수

참고 문헌

- Hawkins, P. and Schwenk, G. (2006) *Coaching Supervision*. CIPD Change Agenda:London.
- Hawkins, P. and Smith N. (2013 [2006]) *Coaching, Mentoring and Organizational Consultancy: Supervision and Development*. Second edn. Open University Press/McGraw Hill: Maidenhead.
- Hawkins, P. and Turner, E. (2015, forthcoming) *The Rise of Coaching Supervision*.

서장

이 책의 핵심은 코칭수퍼비전이 얼마나 효과적인지 이해를 높이고, 모두가 자신의 실천을 개발하는데 도움을 주려는 의도다. 이제까지 문헌에서 **수퍼바이지의 관점**이 거의 고려하지 않는다는 점은 놀라운 일이다. 이 책은 이 균형을 바로잡는 것을 목표로 한다. 수퍼바이지의 눈을 통해 수퍼비전을 바라보려는 의도적인 시도이다.

수퍼바이지 중심
코칭수퍼비전

조직 내 사내 코치, 코칭회사 소속 코치, 독립 코치든 상관없다. 또 개인 코칭, 임원 코칭, 라이프 코칭에 관계없이 모든 코치들에게 도움이 되기를 바란다. 이 책의 의도는 독자가 코치 또는 수퍼바이지 경험이 많든 적든, 요구 수준이 높든 낮든 관계없이 수퍼비전에 접근하도록 하는 것이다.

'수퍼바이지'는 누구이며 어디에 있는가?

수퍼바이지
= '수퍼비전-주체'

기본적으로 수퍼바이지는 현재 코칭 실천을 하고 있는 코치이다. 코치로서 개인, 팀 또는 그룹 단위로 코칭 파트너와 함께 일한다. 이 책은 여러 가지 역할을 살펴보며 코치와 수퍼바이저의 단순한 구분을 넘어본다. 과연 **수퍼바이지**는 어떤 일을 하고 있는가? 누가 수퍼바이지인가?

수퍼바이저의 이슈
1. 수퍼비전 중인 '수퍼바이저'

코칭수퍼바이저 자신의 요구와 필요를 간과해서는 안 된다. 이들은 자신의 코칭과 수퍼비전을 위해 스스로 수퍼비전에 참여해 혜택을 얻고 있다.[2] 10장에서 **수퍼바이저가 수퍼바이지가 되는 경우**를 특별히 살펴본다.

코치 풀 관리자의 이슈
2. 조직 안에서 코치 풀을 관리하는 사람

코치가 있는 조직은 조직 안에서 이를 조정하고 관리하는 역할이 필요하다. 내부/사내 코치가 있는 조직, 동료 풀을 관리하는 컨설팅회사, 코칭회사가 이에 해당한다. 이 조직은 일부 프랙티셔너에게 수퍼비전 코칭을 제공할 것이다. 이 경우 코칭수퍼비전은 일반적으로 그들만의 평소 방식대로 진행된다. 그러나 이들 조직 모두 인력 풀을 관리하는 책임있는 사람들에게 수퍼비전이 필요하다는 사실은 쉽게 간과된다. 이런 위치에 있는 사람들에게 몇 가지 구체적인 과제[3]를 목격한다.

---

2) 누가 수퍼바이지인가? 이 때 (코칭)수퍼바이저는 제일 먼저 수퍼비전을 받는 수퍼바이지이다. '수퍼바이지는 누구인가?'를 설명하며 이 사실을 가장 먼저 언급한다. 모든 수퍼바이저는 그 역시 수퍼바이지였으며, 지금도, 앞으로도 수퍼바이지이다. 이런 인식은 '코칭수퍼비전'의 중요하고 독특한 관점이다. "코치는 수퍼바이저에게 수퍼비전을 받고, 수퍼바이저 역시 수퍼비전을 받아야 한다."

3) 이른바 사내 코치가 있는 조직, 코치들과 다양한 유형으로 계약을 맺고 있는 컨설팅 회사나 코칭회사 역시 자체 내에 '수퍼비전 윤리'에 근거한 **코칭수퍼비전 구조**를 갖추어야 한다. 또 이를 관리하거나 수퍼비전을 제공하는 코치 역시 수퍼비전을 받아야 한다. 더 나아가 코칭 기관에 종사하는 코치, 조직 기관에서 외부 프로젝트에 참여하는 코치와 이들을 안내 관리하는 코치. 특히 한시적으로 '윤리위원회에 참여해 어려운 결정을 감당한 코치들 역시 잠재적 수퍼바이지이다. 이런 점들이 그 동안 간과되었으며 이에 관한 저자들의 적절한 지적이다.

- 인력 풀에 있는 코치의 효능에 대해 비공식적인 피드백을 받는다.
- 비밀을 보장해야 하는 코칭 파트너 정보를 알게 모르게 공유하게 된다.
- 특정 코치나 코칭 파트너와 일치하도록 매칭하게 되는 정치적 압력을 받는다.
- 스스로 코칭이 필요하지만 모든 코치를 잘 알고 있다.[4]

리더십 코칭은 수퍼비전 코칭과 유전자를 50% 공유한다.

3. 자신의 팀을 코칭하는 라인 관리자

"코칭 문화"를 개발하려는 조직은 상호 대화와 코칭 기술 skill을 라인 관리자에게 훈련시켜 더 나은 관리 스타일로 진화하게 일반적으로 지원한다. 그러나 훈련을 마치고 나면 이 새로운 방식으로 일하는 라인 관리자의 지속적인 지원 요구에는 관심이 떨어진다. 이 위치에 있는 사람들에게는 다음과 같은 구체적인 과제가 있다.[5]

수퍼비전 코칭

- 자기 분야에서 어떤 일이 일어나는지 통제할 수 없다는 느낌, 현재 조직의 지배적인 문화를 고려할 때 자신의 이런 느낌은 '괜찮지 않다'라는 느낌을 갖는다.

---

4) 이 같은 네 가지 이외에도 코치들 간의 관계와 가치 갈등, 역할 조정 등 활동 내부에서 발생하는 많은 이슈가 수퍼비전의 필요성이다.
5) 라인 관리자, 임원들이 코칭을 받고, 코치 훈련을 제공한 뒤 조직원들에게 '코칭 대화'를 하도록 권장한다. 이들의 코칭 대화 상대가 중간 관리자이든 현장 직원이든 그들의 업무 활동, 직장생활, 심지어 개인 역량과 이슈를 논의하게 된다. 이는 코칭리더십으로 작용하며 조직의 성과 관리에도 필요하다.
　코칭수퍼비전 관점에서는 이런 라인 관리자는 코칭 파트너가 있는 코치를 코칭해야 하는 경우와 그 구조가 같다. 즉 라인 관리자나 임원들은 다른 사람의 활동에 코칭 리더십을 제공하며 자신 역시 코칭이 필요하다. 이점에 특별히 초점을 맞춘 코칭이 이른바 '**수퍼비전 코칭**'이다. 이들 역시 잠재적 수퍼바이지이며, 수퍼비전의 대상이다. 즉 "리더십 코칭은 수퍼비전 코칭과 유전자를 60% 공유한다."

| 라인 관리자의 이슈 | • 팀원들은 개인 이슈 또는 역사가 오래된 이슈를 드러내기도 하고 때로는 '깊이에서 벗어나'는[일을 건성으로 하는] 느낌을 준다.
• 라인 관리자로서 목표를 '지금 당장' 가져오기를 원하고 있다. 그러나 이를 코칭 방식으로 성취되기를 원한다. 결국은 [양면적이거나] 일관성 없는 행동으로 관리하게 된다.
• 팀원이 '필요한 자질이 없다'라는 점을 예상하면서도 코칭에서는 '성과 관리'로 전환해야 한다.

멘토를 위한 수퍼비전

4. 멘토

일부 조직의 경우, "멘토링"과 "코칭"을 상호교환적으로 활용한다. 어떤 조직의 경우는 멘토링이 코칭의 뚜렷한 대안이다[사실상 코칭인지 멘토링인지 경계가 불투명하다]. 또 다른 조직의 경우는 동료들 사이에서 수행되고 지식 공유에 대한 접근 방식으로 멘토링이 사용된다. 그동안은 '멘토'가 조직의 '최고 인재'만을 위해 예약되고 제공되었지만, 이제는 조직 전체에 걸쳐 멘토링이 증가하고 있다. 멘토에게 주어진 구체적인 과제는 다음과 같다.[6]

멘토의 이슈

• 멘토링에 참여하는 것은 멘티의 발달과 비교해 멘토 자신의 자아 ego를 위해서는 큰 도움이 되지 않는다는 점을 주의하라.

---

6) 조직 내에서든 조직 외부에서든 전문, 비전문 멘토 활동의 경우 모두 멘티와 관계 안에서 멘토링을 진행한다. 이 경우 이들의 멘토력 향상, 코칭적 멘토링을 위해 코칭수퍼비전이 활용될 수 있다. 이 점에서 멘토 역시 **잠재적 수퍼바이지**이다. 코치는 코치가 되려 하지 않는 사람도 코칭한다.
  사람을 돕는 모든 사람들 역시 모두 수퍼비전 코칭의 대상이다. 코칭수퍼비전은 코치만을 대상으로 해야 한다는 전제는 없다. 이점 역시 심리치료 중심 수퍼비전과의 차이이다.

- 멘토들은 매우 다른 사고 방식과 행동 스타일에 자주 노출된다(예: Y세대, Z세대). 때로는 끝나고 무능감에 빠지거나 "접촉이나 연결감에서 벗어난" 느낌을 갖는다.
- 평소에는 알지 못하는 정보의 흐름에 동참하게 된다.
- 멘티가 같은 조직에 속한 다른 사람과 '연락'을 유지하는 것에 대해 보호받고 싶은 느낌 등 멘토로서는 예상하지 못한 불기피한 멘티들의 불안감을 관리해야 한다.

    예를 들면 멘티가 저조한 성과가 자기에게 좋지 않은 영향을 줄까 봐 우려하고 있거나, 멘토 자신보다는 자가와의 인맥만 유용하게 활용할까 봐 불안을 느끼게 된다.[7]
- 조직의 일부를 위해 인재를 빼내거나, 멘티의 유익을 위해 이미 확립된 채용 절차를 "간섭해야" 하는 경우가 있다.

5. ICF 정의에서 본 멘토와 코치 CPD

국제코치연맹(ICF)에서 멘토의 정의는 특정 전문기구에서 비롯된 구체적인 역할이다. 자격 인증 과정의 일환으로 ICF는 인증 자격을 갖춘 누군가로부터 지원받도록 코치에게 요구한다. 초기 코치에 대한 효과적 훈련과 '전문성의 지속적 개발 continuing professional development(CPD)'을 위해서는 ICF 핵심 역량에 대한 피드백을 제공하는 숙련된 관찰자

---

7) 멘토는 헌신과 돕고자 하는 마음으로 시간과 노력을 투자하나 정작 멘티는 이에 대해 다양한 감정을 갖지만 이를 공개하지 않거나, 멘토와 관계 맺고 있다는 것만을 자기 활동에 활용하는 경우로 불편할 수 있다.

이는 수퍼비전 관계에서도 출현한다. 정작 내용의 깊이나 '됨을 위한 훈련'보다는 인맥, 사진, 선물 등을 우선하거나 '그에 대해 잘 알고 있다고 늘 설명하는 방식'으로 활동하는 방식으로 불편한 경우가 있다. 모든 조력 관계는 양자 모두 마모되기에 이를 소화하는 다른 관계의 지원이 필요하다. 바로 멘토(코치)에 대한 수퍼비전이다.

멘토 코치의 이슈

의 지원을 받아 개별 프랙티스, 성찰 및 학습을 위한 기회를 가져야 한다. 이것이 멘토 코치의 역할이다. **멘토 코치**의 구체적인 과제는 다음과 같다.[8]

- 멘토 코치의 역할이 수퍼비전의 발달적 기능을 정당하게 고려해야 하기에 규범적 normative 기능과 회복적 resrorative 기능을 지원하는 데 조금 적절하지 않다고 느낄 수 있다.
- 멘토 코치의 역할은 주로 자격증 요구를 충족시키는 데 초점을 맞추고 있으며, 코칭 파트너의 요구를 부차적으로 여길 수 있다.
- 멘토 코치는 자신의 경험을 코치를 위해 어떻게 활용할 수 있는지 고려해야 한다. 단순히 지식의 단순한 사례를 전달하는 것이 아니라 코치가 가장 잘 배울 수 있는 방법을 찾아야 한다.
- 멘토 코치는 코치의 성실성/일치성 intergrity이나 행동에 대해 우려를 갖고 있을 수 있으며, 적절한 행동 방침을 검토하도록 비밀이 보장된 반응 테스트 대상 sounding board이 될 필요가 있다.[9]

---

[8] 이 저서는 2016년 발행되었으며 이 글은 이전에 쓰여졌다. 소개된 내용이 ICF의 멘토 코칭 가이드의 몇 년도 자료인지 제시하지 않고 있다. [역자 부록 1.2] p.48 참조

역자가 확인해 온 바로는 2011년부터 ICF는 '멘토 코칭' 관련해 몇 차례에 걸쳐 변화된 지침을 홈페이지를 통해 발표해 왔다. 그때마다 과거 자료는 삭제했다. 멘토 코칭 정책에 대한 ICF의 지침 변화 과정은 이 저서의 논의를 벗어난다.

현재 확인한 바 ICF는 멘토 코칭 관련 역량 모델을 새롭게 제출했다(2024. 12). 이는 그동안 '멘토 코칭 가이드라인'이라는 제목과 달리 '모델'로 표현한다. 이 역량 모델은 멘토 코치의 업무를 지원하고 멘토 코칭 코칭 파트너가 멘토 코칭 프로세스를 이해하도록 돕기 위해 만들어졌다.

「ICF 멘토 코칭 역량 모델: 코칭 및 멘토 코칭의 질 향상 ICF Mentor Coaching Competencies: Advancing the Quality of Coaching and Mentor Coaching」이와 관련한 17개 FAQ이다.

[9] 멘토 코치의 활동은 멘티 코치의 역량을 점검하고 필요한 피드백을 제공한다. 이 과정에서 멘티 코치는 지속적으로 멘토 코치의 반응을 우려하고 살피게 된다. 이 과정 자체가 쉬운 일이 아니다. 소진과 마모의 과정이다. 멘토 코치의 자기 관리를 지지하고 멘토 코칭 경험을 성찰하는 과정이 필요하다. 이런 점에서 멘토 코치는 수퍼바이지가 된다.

저자들은 비록 이 글의 초점이 주로 코치에게 맞춰져 있지만 각 항목은 다른 코칭 프랙티셔너에게도 적용된다. 경험상, 다른 프랙티셔너들에게 [자기] 조직의 사내 코치들에게 적용할 수 있는 수준의 수퍼비전을 집중적으로 제공할 수 있는 조직은 거의 없다. 주로 인적자원(HR) 담당자가 이를 논의하기 위한 접점에 서 있다. 따라서 인사관리 프랙티셔너들이 수퍼비전 모델과 접근 방식을 이해하는 것이 중요하다. 이는 엄밀히 말하면 코칭에 관여하는 직원과 '코치'가 아닌 직원들을 지원할 수 있는 방안이다.[10]

> HR 라인관리자의 수퍼비전 코칭

일부 조직에서는 라인 관리자 집단 사이에 '버디 시스템' 또는 액션러닝 환경을 설정하기도 한다. 이는 모범 사례를 공유하고 '라인 관리자의 코치' 역할에서 발생하는 갈등 상황에 대한 인간적인 반응을 정상화하는 데 도움이 된다. 반대로, 코칭 풀을 관리하는 개인에게는 조직 시스템 외부에서 수퍼비전 받도록 하여 객관성을 높이고 [자기 조직의] 문화적 담합/공모 cultural collusion에 대처할 수 있다.[11]

조직이 선호하는 정책과 무관하게 코칭리더십 또는 코칭(대화)를 적극적으로 활용하는 모든 직책의 조직원에게 이런 활동을 지원하는 일은 매우 중요하다. 저자들은 이런 역할에 필요한 것이 바로 '코칭수퍼비전'이라는 생각한다.

---

10) HR 담당자는 자신이 전문 코치이거나 코칭 교육을 수료하고 코칭 리더십 확산을 위해 실천하는 코칭 프랙티셔너인 경우가 많다. 이들의 활동은 코칭에 관여하는 직원(코칭 교육 수료한 사내 코치, 코칭 리더십 실천가), 조직의 (정식) 사내 코치를 지원하고, 외부 코치와 접촉과 연결을 촉진한다. '코칭 기획' 또는 '코칭 진행 관리'에 직·간접적으로 관여한다.
HR 담당자가 '수퍼비전 코칭'을 제공할 수 있으며 코칭수퍼비전 전반을 이해할 필요가 높다는 점에서 수퍼바이지가 된다.
11) 정식 사내 코치에 의한 사내 코칭 관계, 코칭 회기가 아닐지라도 이런 활동에서 발생하는 갈등이나 의욕 저하, 어려움 등을 또 다른 사람이 후원하고 소화하게 노력하는 것. '특정한 활동을 다시 살펴보는 것'은 '수퍼비전 코칭 활동'이다. 이런 활동에는 이중 관계, 경계 관리, 기밀/비밀 유지 등이 개입된다. 이를 전문적으로 지원하는 것이 코칭수퍼비전이다.

용어 활용 terminology

이로써 우리는 이 책 전반에 걸쳐 사용된 용어에 대한 간단한 설명을 얻게 된다. 우리는 이런 문제의식에서 '코치'와 '수퍼바이지(수퍼비전-주체)'를 서로 교환하여 사용한다는 사실을 밝혀둔다. 우리는 특별히 '멘티'를 별도로 언급하지 않는다. 전문적인 멘토링의 맥락에서 코치 수퍼비전에 적용되는 거의 모든 내용은 멘토 수퍼비전과 관련이 있다. 이 문제는 코치와 수퍼바이저 코치 모두에게 적용될 수 있고 이런 경우를 포괄하는 의미로 "프랙티셔너"라는 호칭을 사용한다.

'코칭'을 사용하는 경우는 특별히 코치를 지칭하기 위한 의도이다. 모두를 포함하는 경우에는 수퍼비전 대상이지만 '코칭 파트너 작업'이라고 표현했다. 이는 위의 멘토 활동 과제 관련 항목 1-5(22~23쪽)에서 강조된 모든 종류의 코치와 같은 개입을 포함해 다루기 위한 것이다.

우리는 또한 이 책이 유럽의 관점에서 쓰여졌고, 특히 수퍼비전을 지지하는 영국의 좋은 프랙티스 환경의 산물임을 인식하고 있다. 저자들은 이 분야의 다른 전문 및 학술 연구 기관에 몸담고 있으며, 코칭협회 Association for Coaching(AC), 유럽 멘토링코칭회의 European Mentoring and Coaching Council(EMCC), 또는 국제코치연맹 International Coach Federation(ICF)의 회원임을 밝혀 둔다.

1장 코칭수퍼비전이란 무엇인가?

이장은 '코칭수퍼비전'의 의미를 말할 때 이를 명확히 하는 것이 의도이다. 코칭수퍼비전이 '수퍼비전 실천practice 안에서' 어떤 모습인지 간단한 설명으로 시작한다. 이 실천/프랙티스practice[12]가 다른 조력 전문 분야에서 어떻게 진화했는지, 코칭 커뮤니티에 적용되면서 어떤 '차이'를 만들어 왔는지 검토한다.[13]

아래 네 개의 주요 전문 코칭 기관마다 코칭수퍼비전이 무엇인지, 어떻게 활용해야 하는지를 개략적으로 설명한다. 이런 개념적 배경에 비추어 코칭수퍼비전이 실제로 얼마나 많이 수행되는지를 파악한다.

이후에는 수퍼바이지와 수퍼바이저의 관점에서 효과적인 코칭수

---

[12] practice는 문맥에 따라 실천, 실무, 관행 등 다양하게 번역해 왔다. 그러나 이런 용어는 코칭과 수퍼비전에서 프랙티스는 내포된 의미를 충분히 살리기 어렵다. practice는 행동 실행이나 일반적 실천 행동과는 구별되는 어떤 '이론적 전제'를 내포한 '실천'이다. 물론 이론적 전제하의 실천을 위한 '이론'은 경험이라는 실천을 통해 그 의미가 강화/확대되어 이론으로 발전된 것이고, 이것이 또한 경험(실천)을 풍부하고 일관되게 한다. 이런 **(개념적) 이론과 (경험적) 실천의 연결과 연쇄**가 배경에 있는 용어로 이해한다. 이런 의미에서 '프랙티스'로 그대로 번역해 왔다. 하지만 이 책에서는 문맥에 관계없이 이런 배경과 의미가 내포된 의미로 '실천' 또는 '프랙티스'로 따옴표를 붙여 번역한다.

[13] 코칭수퍼비전이 이 저서 전체에서 다른 조력 전문 분야에서 어떤 영향을 받고 진화해 왔으며, 코칭 커뮤니티에 적용되면서 어떤 '차이'를 만들었는지, '코칭수퍼비전'만의 고유한 특징, 독자적 특성에 대한 종합된 언급은 충분하지 않다. 이 점을 감안하여 각주에 의견을 밝혀 두며 차후의 연구 과제로 미룬다.

퍼비전을 살펴본다. 후반에는 유명한 프랙티셔너들을 초대하여 코칭수퍼비전이 무엇인지 그들의 표현을 수록했고, 코칭수퍼비전 관계에 적극적으로 참여하는 코치로부터 자기 이야기(일화적인 발언anecdotal comments)를 수집했다.

코칭수퍼비전이 "무엇이며, 무엇이 아닌지"에 대한 요약을 제공하고 마무리한다. 이 책의 스타일에 맞춰, 각 장의 마지막에는 '주요 학습 요약'과 '성찰 질문'을 첨부한다. 이 분야에 대한 연구가 부족해 '추가 연구를 위한 질문'을 제시했다.

코칭수퍼비전에 대한 기존 설명

코칭수퍼비전은 간단히 말하면 코칭 파트너에 대한 작업을 성찰하는 프랙티스이다. super-vision이라는 단어에 "비전vision" 부분에 초점을 맞추면, 이 활동은 의미를 확장해 당신의 작업을 "보는see" 능력을 향상한다는 '사실'을 강조한다. 프랙티스 방식을 검토해 보면 ①코칭 파트너와 대화에서 당신이 내리는 미묘한 '선택'을 조명할 수 있다. 또 ②'성찰'을 통해 당신의 '강점'을 축하하고, ③'사각지대'를 발견하고, ④'무의식적인 편견'의 가능성을 탐구하는 것이 가능해진다.

수퍼비전 실천 방식 네 가지

'코칭수퍼비전'의 실천은 어디서 비롯되었는가?

"수퍼비전"이라는 개념은 수십 년 동안 의무적인 실천으로 확립되어 온 조력 전문직, 특히 상담과 치료에서 비롯된다. 코칭이 별도의 분야로 등장하기 시작하면서, 피터 호킨스Peter Hawkins와 로버츠 쇼헤트

Robert shohet(1989) 등 코칭수퍼비전의 초기 저자들은 이런 '규제받는' 전문 분야에서 일어나는 일을 '규제받지 않는' 코칭의 세계에 맞게 재구성하기 시작했다.[14]

그러나 많은 사람은 비즈니스/조직에서 사용되는 "수퍼비전supervision"이라는 용어에 조금은 익숙한 편이다. 조직 맥락에서 보면 '수퍼비전'은 누군가의 작업을 살피는oversee 라인 관리자의 역할을 묘사하거나 경험이 적은 사람을 안내하는 '과정'으로 사용된다.[15] 조력 전문직에서 수퍼비전을 의무로 한다는 점과 라인 관리자의 권위적 역할을 감안할 때 수퍼비전은 모니터링하고 [관찰 대상의] "페르소나"를 규제하는 방법이라고 쉽게 파악할 수 있다.

oversee 살펴보기
seeover 그냥 보기

페르소나

또한 [현재 규제가 없는] 불확실한 산업인 '코칭 산업'에서 일한다는

---

14) 참고 자료에는 누락되었다. 연구자를 위해 밝혀둔다. "Supervision in the Helping Professions: An Individual, Group, and Organizational Approach" Open University Press, 1989. 현재는 개정 5판까지 발행되었고 공동 저자와 부제목이 바뀌었다.

15) oversee는 일이 제대로 이뤄지는지 살펴본다. 감독한다의 의미를 지닌다. 그러나 글 그대로 본다면 '위에서'와 '보기'가 결합해 **위에서 (살펴)-보기**이다. 보는 사람의 시선에서는 '내려다-보기'이다.

그러나 역자는 이 의미가 '보지 않는 듯이 하면서도 돌보는 마음으로 관심을 기울이고 살펴보는 의미를 지닌 바라봄'의 의미로 확장한다. 또 아이가 놀이터에서 놀고 있는 모습을 위에서 다른 일을 하더라도 신경 쓰며(염려를 보이지 않고 다만 간직한 채 **마음-씀을 유지하며**) 보고 있는 모습으로 이해할 수 있다.

물론 글의 문맥에서 의미를 살펴봐야 하지만 보는 자의 '시선'은 시선을 주는 자의 영향력에 따라 이 의미는 다양한 의미로 변주되는 용어이다. 수퍼비전 맥락에서는 '시선'을 제공하는 수퍼바이저의 영향이 관건인 용어이다. 이런 시선의 주체를 염두에 둔다면 see-over라는 단어와 비교하면 조금 더 명료하다.

'see-over'란 살피며 돌아보다이다. 감독하다의 의미가 없다. oversee(ing)의 능동성 '개인과 관리'가 전제된다면 seeing over는 수동적 관찰에 가깝다. 어떠한 **전제 없이** 무심히 **'그냥 두루 (살펴)-보기'**에 가깝다. '있는 그대로의 전체를 그냥 두루 살펴 보기'에는 어떤 '염려'나 **'마음-씀'을 전제하지 않고**/없이 보는 것이다. 다만 '두루 살펴' 볼 때마다 새로운 것이 보이거나 새로운 염려, 마음-씀이 출현할 수 있으나 이런 결과가 필연적이지 않다. 이런 의미에서 (염려를 내보이지 않고 간직한 채) 위에서 '살펴-보기over-see'와 '두루 그냥 살펴-보기see-over'로 구별한다. 작은 차이가 있는 두 용어로 수퍼비전을 설명할 수 있다.

점에서 일부 사람들에게는 코칭수퍼비전을 품질을 보장하기 위해 필요한 "교정calibration"수단으로 보는 것이 불가피할 수 있다. 또 다른 사람들은 코치의 발달적 관점developmental perspective에 초점을 맞춰 초보자에게 매우 필요하다는 관점으로 파악한다. 그러나, 저자들은 이런 발달적 관점을 **전문성의 지속적 개발**continuous professional development(CPD)[16]의 일부로 본다. 코칭수퍼비전은 코칭 경험 수준과 관계없이 개별적으로 참여자의 기술skills을 개발하고 작업 방식에 대한 '향상된 이해'를 얻는 특별한 기회를 제공한다.

수퍼비전은 왜 필요한가?

코칭수퍼비전의 오해 코칭수퍼비전은 "당신이 막혀 갇혔을 때when you get stuck"만 필요하다는 오해가 일반적이다. 그러나 코칭이 잘 진행되고 있을 때도 효과가 무엇인지 분석하는 데 큰 이점이 있다. 구체적으로는 코치가 '과정'에서 무엇을 하고 있는지 분석하여, 이를 이해와 배움에 활용하여 자신의 **실천 능력**capability[17]을 키울 수 있는 길이다. 코칭수퍼비전은 또한 코칭

---

16) **전문성의 지속적 개발**continuous professional development(CPD): 이 용어와 개념은 Megginson & Whitaker(2004)에 의해 입론된 주장이며 코치나 수퍼바이저의 발전에 많은 영향을 주었다. 한때 ICF는 이 용어와 주장을 그대로 안내하고 코치의 윤리적 자세로 제시해서 더욱 널리 보급된 주장이다(이후 onging reflection practice로 표현이 바뀜). 주요 내용은 '학습자가 배움 과정을 조정하고 무엇을 어떻게 개발해야 할지 결정한다'. **개념적 이해-깊은 경험**을 바탕으로 실천적 노하우를 축적하고 창조적으로 혁신해 나가는 과정이다. 자세한 내용을 찾아볼 수 있다.

참고: David hain, Philippa Hain, Lisa Matthewman. 「코치들을 위한 전문성의 지속적 개발」, Jonathan Passmore 엮음. 『코칭수퍼비전』 권수영, 김상복, 박순 옮김. 시그마프레스.

17) '역량competence'은 실천 활동을 준비하고 발휘하기 위해 갖추어야 한다. **실천 능력**capability은 변화무쌍한 현실의 상황에 실제로 적용하고 운영하는 능력으로 이에 대한 구별이 중요하다. 공을 잘 던지고 여러 가지 종류의 공을 던지는 투수의 역량과 실제 경기장에서 여러 타자를 상대로 1회, 또는 9회의 경기를 승리로 이끄는 능력과는 다르다. 이렇듯 코칭수퍼비전은 코치의 역량을 넘어 실천 능력에 더 초점을 맞춰 작업한다.

파트너, 그들의 다양한 배경과 성격을 더욱 깊이 이해하도록 도울 수 있으며, '관계 역동'에 도전하도록 격려한다.

코칭 전문 조직은 코치 작업 안내에 도움되는 '윤리 강령' 또는 '모범 사례'를 제시한다. 그러나 코칭 파트너와의 작업 현실은 이런 강령과 사례가 시사하는 것보다 훨씬 더 뚜렷한 "회색지대in the grey"이다. 수퍼바이저는 까다로운 상황을 탐색하고 윤리와 전문가 기준을 유지하는 데 도움이 되는 경로를 탐색하게 도움을 준다. 현실 상황에서는 '직감적 반응gut reactions'이 코치에게 유일하게 신뢰할 수 있는 행동 방침으로 느낄 수 있다.[18] 그러나 수퍼비전 논의에 들어가면, 수퍼바이지는 언제나 추가적이고 다른 관점을 생각해 낼 수 있다는 것을 알게 된다. 이런 점을 폭넓게 검토한 결과로 코칭 파트너와 후원 기관을 대신하여 코치의 **품질 보증** 요소를 담당한다.

회색지대

품질 보증

일반적으로 코칭 파트너 대부분은 상담과 치료 분야와는 달리 "충분히 기능하는fully functioning" 개인이라는 사실을 당연하게 여긴다. 이런 개인은 상담과 치료 분야에서 만날 가능성이 희박하다. 그러나 누구든 어렵고 도전적인 인간 문제에 대해 "편안한 의자/비밀 친구confidante" 역할을 하며 때로는 부담스럽고 정서적으로 고갈될 수 있다. 코칭수

역량 중심
코칭수퍼비전

---

[18] 이를 위해 필요한 (전문) 역량을 미리 갖추어야 한다. 그리고 막상 코칭 실천에서는 스스로의 '직감적 반응gut reactions'에 전적으로 의존하며 춤을 춘다. 그러나 이때 코치는 내적 초조와 불안에 휘말리거나 자신이 이미 알고 있고 훈련해 온 역량을 발휘하지 못하거나 작은 일부만을 활용한다. 그러므로 실천 전과 후에 잘 활용하는지 검토가 요구된다.

실습이나 실천을 '보니' 역량을 지녔는가, 잘 활용하는지, 유연하게 응용하는지 그리고 그 수준이 적절한지 구별한다. 이때 각 코칭 조직이 제시하는 '코칭 역량'이란 최소한의 필요한 기본적인 역량이다.

이를 확장해 '도장 안에서의 자유대련'을 넘어 실전에서 실제 코칭 파트너와 주어진 계약 기간 동안 비계획적으로 출현하는 다양한 상황이 초래된다. 지닌 직감을 활용하는 역량을 충분히 발휘하여 코칭 철학과 윤리적 기준에 근거해 실천하는 능력이 요구된다. 이것이 '실천 능력'이다. 바로 이런 영역을 대상으로 집중하는 수퍼비전이 곧 〈역량 중심/실천 능력 중심 코칭 수퍼비전〉이다.

공간 제공

퍼비전은 어렵거나 도전적인 코칭 파트너를 공유하고 논의할 수 있는 '공간'을 제공한다. 코칭 파트너에게서 받는 **정서적 영향**에 대해 지원을 받을 수 있다. 반대로 코칭 파트너와 효과적이고 긍정적인 관계를 맺는 경우 수퍼비전은 그 작업이 단지 편안한 대화에 그치지 않도록 도와주며, 코칭 파트너가 그 이상으로 효과적으로 도전할 수 있도록 돕는다.[19]

일곱 가지 코칭수퍼비전 과제

많은 프랙티셔너는 코칭이 [코칭 파트너와 집중하는] **고립된 직업**이라고 생각한다. 코칭 파트너와 함께 일할 때 도움을 주거나 피드백을 줄 사람이 아무도 없다. 자신의 경험으로 '병렬 과정'을 순간적으로 발견하기 어려운 경우가 너무 많다는 것도 알고 있다. 게다가 코칭 파트너와 "기밀 유지 관계confidential relationship"를 맺었으므로 외부에 대화를 공유해서는 안 되는 윤리적 의무가 있다. 독립 코치의 경우, 이는 이전 조직 생활에서 한때 누렸던 동료 지원에 손쉽게 접근할 수 없이 자신의 비즈니스를 운영해야 한다는 부담과 맞물려 있다. 따라서 코칭수퍼비전은 비밀이 보장된 관계에서 한발 물러서서 자신이 작업하는 코칭 파트너에게 무엇이 도움이 되고 해가 되는지 성찰하고 잘 이해할 수 있는 기회를 제공한다.[20]

---

19) 수퍼비전은 [1]'충분히 기능하는 개인'이나 그런 인간이 본질적으로 지닌 복잡성, [2]생의 고군분투에서 오는 기본적 어려움, [3]이에 대처하는 개인을 넘어 변화와 성장, 성숙을 추구하는 능동적 실천 주체이다. 또 [4]잠재력과 가능성을 확대하며 사회와 역사 안에서 인간성 회복을 지향하는 더 넓은 '주권자' 개인으로 염두에 두어야 할 대상이 넓다. [5]무엇보다 이들의 일부이며 도전하는 상대와 씨름하며 영향받고 마모되고 소진되는 코치를 대상으로, [6]또 이 수퍼바이지 코치를 대상으로 하는 자기 자신을 포함하는 작업이다. 더 나아가 [7]코칭 산업의 미래와 사회에 대한 코치의 역할을 사수하고 코칭의 유효성과 코칭과 코치의 지위 유지도 자신의 시각에 포함해야 한다.

20) 오늘날 늘어나는 독립 코치를 살펴보자. 이들은 타 분야에서 명성을 갖고 있거나 특별한 경험을 지녔다. 대학에서 활동하거나, 코칭 기관이나 대규모 회사에 속하지 않는다. 독립 비즈니스를 하거나 공익적 지원 활동을 유지한다. 대부분 자신의 코칭 영역을 개발하고 시장 개척을 위해 고군분투한다. 때로는 하청 관계로 코칭한다. 코칭수퍼비전은 이런 독립 코치들의 실천능력과 사업과 활동 지원을 주요 과제로 감당해야 한다.

코칭수퍼비전은 무엇을 성취하려고 하는가?

'조력 전문직'의 뿌리가 된 문헌에서 빌려오면, 이런 성찰적 실천 reflective practice이 유용한 이유를 '세 갈래'로 설명하며 공통된 패턴을 제시한다. 각 저자가 서로 다른 맥락을 반영해 제시하나 내용은 대체로 유사하다.

상담 분야의 프록터Proctor(1986)는 수퍼비전의 본질을 세 가지로 정의했다.   Proctor

1. 규범적normative: 수퍼바이저는 수퍼바이지 작업이 전문적이고 윤리적이며 적용되는 모든 법률과 규정, 조직 규범 안에서 운영되도록 책임을 감당하고, 이를 수퍼바이지와 공유한다.
2. 형성적formative: 수퍼바이저는 수퍼바이지가 점점 유능한 프랙티셔너가 되도록 기술skill, 이론적 지식, 개인적 특성personal attributes 등을 개발할 수 있도록 피드백이나 방향을 제시하는 역할을 한다.
3. 회복적restorative: 수퍼바이지가 내담자 이슈를 "포착"했을 때, 불가피한 개인 이슈, 의심, 불안이 올라온다. 수퍼바이저는 이를 경청하고 지원하고 직면할 수 있도록 돕는다.

사회사업 분야의 초기 작업을 살펴보면 카두신Kadushin(1976)도 수퍼비전의 세 가지 핵심 역할과 기능을 제시한다.   Kadushin

1. 관리적managerial: 정책과 절차를 올바르고 효과적이며 적절한 이행과 준수를 담당한다.
2. 교육적educational: 기술을 개발하고 성찰과 작업에 대한 탐구를 격려한다.

코치의 집단 정신

3. 지원적supportive: 조화로운 작업 관계를 유지하고, **집단 정신**esprit de corps[21]을 개발하는 데 관심이 있다.

호킨스와 스미스

앞서 언급했듯이, 호킨스와 스미스(2006)는 이러한 정의를 코칭 세계에 적용했다.

1. 정성적qualitative: 이 기능은 사람을 대상으로 한 작업에서 품질 관리를 제공하고 이 작업을 함께 살펴보는 사람을 확보하는 것이다.[22]

2. 발달적development: 이 기능은 수퍼바이지가 코칭 파트너와의 작업을 성찰하고 이를 통해 수퍼바이지의 이해의 힘, 기술skills, 수용력capacities을 개발하는 것이다.

사람은 오로지 사람의 손으로 회복된다

3. 자원 활용적resourcing: 이 기능은 코칭 파트너와 강도 높게 작업하는 사람들은 반드시 코칭 파트너의 정서에 영향을 받을 수밖에 없다. 상황과 그 영향을 알아차리고, 자신에게 어떤 영향을 미쳤는지 반응에 대처할 시간이 필요한 상황에 대응한다.

---

[21] esprit de corps: 집단 정신. 집단 **구성원에게 존재하는 공통 정신**으로 집단의 명예에 대한 열정, 헌신, 존경을 의미한다. 이 개념을 규제받지 않고 누구나 시도하고 활용할 수 있는 '코칭' 분야에 어떻게 적용될 수 있는가. 코치 중 전문 단체에 가입하고 그 윤리 강령을 지키더라도 활동 내용을 규제하기는 힘들다.

여기서 초점이 되는 것은 전문 직업으로 발전하기 위해서 ①'코칭 업業'의 수준과 활동 내용, ②이와 연동한 코치의 자부심 형성, ③코치들 간에 향유되는 바람직한 코칭 문화, ④코치 간 격화되는 경쟁 속에서도 유지되는 홍보를 포함한 활동 전반에서 코치의 집단정신esprit de corps이 관리되고 발전해야 한다.

이를 감당하는 관계는 곧 수퍼비전 코칭 관계이다. 수퍼바이저는 이를 최전선에서 윤리적 수준을 높이며 조용한 분투를 해야 한다.

[22] 코칭은 사람(코치이/코칭 파트너)을 대상으로 사람(코치)이 관여해 작업을 하는 전통적인 조력 분야 전문직 중 가장 최근에 부상하고 발전하는 분야이다. 다이아몬드를 다이아몬드로 깎을 수 있듯이 '사람'은 오직 '사람'의 노력으로 회복되고 일어나고 원하는 방향으로 성장해 나갈 수 있다. 수퍼비전은 이런 노력을 위한 가장 질적 관리를 책임있게 수행해야 할 전형적 관계이다.

최근 루카스Lucas와 라콤브Larcombe(2015)는 **독립 코치의 관점**에서 이를 충분한지 검토했다. 수퍼비전 대화의 맥락에서 코치의 비즈니스 개발business development에 중점을 두는 네 번째의 "갈래prong"로 추가하면 더 잘 표현할 수 있다는 사실을 발견했다.

> 루카스와 라콤브

1. 윤리적ethical: 옹호하는 철학과 윤리 강령과 실제 실천actual practice 사이의 일치 또는 불일치에 초점을 둔다.
2. 기법적technical: 수퍼바이지가 코칭 파트너와의 작업과 관련된 사안, 즉 기술skills, 역량, 기법techniques, 코칭 과정에 초점을 맞춘다.
3. 개인적personal: 코치의 작업에 대한 에너지(원인이 무엇이든)와 이것이 코칭 파트너에게 어떤 영향을 미치는지, 또 반대도 마찬가지로 초점을 맞춘다.
4. 상업적commercial: 수퍼바이지의 코칭 비즈니스와 관련된 사항에 초점을 맞춘다.[23]

> 코치를 위한 네 가지 기능

이를 실천으로 적용해 보면 [표 1.1]은 세 가지 영역에서 우리가 논의할 수 있는 내용의 종류를 보여준다.

---

[23] 수퍼바이지의 코칭비즈니스 전략과 방향, 실천방안, 코칭 틈새시장 개척, 코칭 상품 및 프로그램 개발, 이와 관련한 개인 이슈 등이 코칭수퍼비전의 영역이라는 점은 코칭수퍼비전의 특징 가운데 하나이다.

[표 1.1] 수퍼비전 실천 주제topics

다양한 수퍼비전 영역	수퍼비전의 실천적 주제에 관한 예시
규범적normative, 관리적managerial, 질적qualitative	• 논의해야 할 윤리적 이슈와 훈습work through해야 할 딜레마 • 윤리적 프랙티스와 전문가 기준의 유지에 대한 우려 • 코칭 프랙티스를 모범 사례와 비교해 벤치마킹하기 • 코칭 프랙티스의 질적 수준에 대한 관점을 얻을 수 있는 기회
형성적formative, 교육적educational, 발달적development	• 사각지대에 도전하고 새로운 관점을 제공한다. • 새로운 도구tools와 기법techniques을 포함하여 개입 범위를 확장한다.
회복적restorative, 지원적supportive, 자원 활용적resourcing	• 병렬 과정, 전이와 역전이를 살펴본다. • 자기-확신self-confidence을 높인다. • 코칭 분야의 지식과 발전을 공유한다. • 코칭 파트너 작업에 대한 명확한 경계를 확인한다.
상업적commercial	• 코칭 분야의 틈새niche를 구체적으로 표현하는 방법을 깊이 생각해 본다thinking through. • 코칭 파트너에게 청구할 코칭비를 가늠하고 결정한다. • 함께 작업할 코칭 파트너 수, 코치로서의 자신감 수준, 실천 능력에 대한 감각 등 이런 사안 간의 관계를 성찰한다.

출처: Lucas, M. and Larcombe, A. (2015, forthcoming) Helping independent coaches develop their coaching business: A holistic approach to supervision or an opportunity for supervisors to exploit their position? International Journal of Mentoring and Coaching .

중요한 차이점 [코칭수퍼비전의 독특함] 검토

코치와 다른 분야 전문가와 하는 일이 유사한 점이 있다. 그렇지만 코칭수퍼비전의 상황과 맥락에는 나름대로 독특한 차이가 있다.[24]

24) 열거한 네 가지 차이점은 코칭수퍼비전과 다른 분야 수퍼비전과 비교 그 자체로 중요한 '차이'이며, 코칭수퍼비전의 계약과 진행 방향에 영향을 준다. 코칭수퍼비전은 이런 다른 분야와 비교에 의한 차이 이외에도 코칭수퍼비전이 갖는 나름의 고유한 차이, 견지해야 할 차이가 있다. 이는 '코칭'이 지닌 본질적 특성에서 온다.

코치와 코칭 파트너 관계와 마찬가지로 수퍼비전 관계 역시 ①'비권력적이며 등가적 연대', ②상호 협력적인 자기 강화와 성장과 성숙 지향, ③진리와 진실 추구의 동반자 관계라는 점이다.

- 수퍼비전에 임하는 **자발적인 성격**

    이는 수퍼비전 작업을 규제에 초점 맞추기보다는 코치의 성장과 발전에 더 중점을 둔다는 점이다.

- 코칭 파트너는 대체로 정신건강이 양호하며 다른 분야에 비해 상대적으로 건강하다.[25]

    이는 '**회복적**' **수퍼비전** 작업의 필요성이 낮다고 가정할 수 있다. 일반적으로 코칭 작업은 정서적으로 부담이 덜 된다(대체로 다루는 주제가 개인적 삶이나 직장생활에서 경험하는 비슷한 이슈라는 사실로도 알 수 있다).

    코칭 파트너 이슈 가운데 일부는 자기 경험과 공명할 가능성이 더 크다. 이러한 유사점은 코치에게 '미해결 과제'로 남을 수 있기에 이런 **회복적 작업**의 필요성은 여전히 중요하다.[26]

- 조직 환경에서 관리해야 하는 **이해관계자**들이 여러 명이다.

    대체로 수퍼비전에서 수퍼바이저와 수퍼바이지라는 '한 쌍pairing'이 함께 검토해야 할 "외부 영향"이 많다.[27]

> 코칭수퍼비전의 특성
>
> 코치이(코칭 파트너)의 특성 네 가지
>
> 코치 개인 이슈

---

[25] 코칭을 선택한 '코치이(코칭 파트너)'를 어떻게 규정할 것인가. 코치가 만나는 코칭 파트너가 '상대적으로 건강한', '충분히 기능하는' 사람인 점은 맞다. 그러나 코칭을 자발적으로 선택하고 참여하는 코칭 파트너에 대한 개념적 정의는 소극적 설명이다. 코칭 파트너는 ①지속해서 작동하는 사회 체계 내에서 자기 주체를 확립하(려)는 일종의 '주권적 개인 sovereign individual'이다. ②자기 자원에 근거한 잠재력 회복과 가능성을 확대하고 ③개인적 사회적 억압과 고통에 주체적으로 대처하며, ④전 방위로 연루連累되고 연대하는 그물망에서 움직이고 변화하는 존재이다. 물론 이런 정의는 코칭과 코칭수퍼비전에 영향을 준다.

[26] 코칭수퍼비전의 주제가 코칭과 코치 활동에서 부딪치는 코치 개인의 이슈일 경우, ①소진 방지와 회복, 심리적 마모의 회복만이 아니라 ②수퍼바이지 '자기 관리와 강화' 주제로 체계화된다. 때로는 ③'코치 자신의 미해결 과제'라는 표현으로는 담을 수 없이 이슈가 다양하다. ④윤리적 우려 사항, 코치 간의 관계 갈등, 프로그램 부실에 따른 허망함, ⑤코칭 시장의 황량함 등이 원인이다.

[27] 코치와 코치이가 2인조로 유착해 상호 몰입되고 외부 시스템과 이해관계자를 시각에 두지 못하는 경우이다. 수퍼바이저는 이를 반드시 다루게 된다. 이 점 또한 코칭수퍼비전의 독특함이다. 수퍼바이저의 양안적(두 개의 눈) 활용 노력이다.

코칭수퍼비전의 특성

- 독립 코치들로서는 언제나 자기 사업을 위한 '**상업적 맥락**'의 비중이 높다.[28]

코칭 활동에서 대체로 비용 지불 당사자, 예산 규모와 이에 따른 회기 수, 직접 계약을 하는지, 제3자 계약에 의한 하청 계약인지 등이 코치의 작업 방식에 영향을 미친다. 이로 인해 매우 다른 윤리적 또는 규범적 이슈를 다루게 되며 이것이 수퍼비전 여정에 영향을 준다.

일부 수용된 정의

코칭 전문가들 사이에서 "수퍼비전"이라는 용어의 적합성에 대해 많은 논쟁이 있었다. 전문 기관 내부 논의에서 어떤 코치들은 그 단어가 "수퍼super"와 "비전vision"으로 나뉘어져야 한다고 제안했다. 이는 수퍼비전이 모니터링의 비중은 적고 **미래 지향적인 부분**은 크다는 제안이다. 앞서 우리는 "비전"이 다른 관점에서 보는 것[(미래)를 보는 능력의 향상]을 의미한다고 언급했다.

모니터링의 비중은 적고 미래 지향적인 부분은 크다

그러나 한동안 "코칭수퍼비전coaching supervision"은 이 가장 일반적으로 사용되는 표현이다.[29] 학술 문헌을 살펴보면, 수퍼비전이 코칭 맥

---

28) 코치들의 경쟁은 치열하다. 이는 코칭계 안에서 코치 간 공동사업을 모색할 경우 더욱 격렬하다. '황량한 서부 시대'와 같다고 비유한다. 부드러운 태도와 헌신이라는 명분에 포장되어 실상을 보기가 힘들다. 이를 해결하는 길은 외부로 코칭 시장 확대, 나름의 틈새시장으로 진출하는 것이다. 이점은 코칭수퍼비전에 매우 중요한 과제이다.

29) 이 점과 관련하여 ICF는 '코칭수퍼비전'이라는 용어를 거부하고 '멘토 코칭'이라는 대체 용어를 사용해 왔다는 점이 주목된다. 대안 용어에 의한 **담론의 정치**를 해 왔다. 코칭수퍼비전은 이와는 별도로 성장하는 코치들의 선택할 수 있는 것으로 제시했다. 그러나 2024년을 계기로 멘토 코칭 역량, 수퍼비전 역량 모델을 발표해 결정적인 변화를 보인다. 또 멘토 코칭과 코칭수퍼비전의 공통 부분과 차이점에 대한 관심을 제안한다.

락에서 무엇을 의미하는지에 대한 설명을 제공하는 몇 가지 요약된 정의가 있다.

- 수퍼비전은 살아있는 조직과 전문직이 생생하게 호흡하고 학습에 도움이 되는 핵심 과정을 제공할 수 있다(Hawkins & Shohet, 2012: 237).
- 코치가 자기 작업을 설명하고, 성찰하고, 피드백 받고, 적절한 경우 지침을 제공하는 두 전문가 간의 작업 동맹이다(Inskipp & Proctor, 1993).
- "수퍼비전은 코칭 파트너와 직접 일하지 않는 수퍼바이저의 도움을 받아 코치/멘토/컨설턴트가 코칭 파트너의 시스템과 코칭 파트너-코치/멘토 시스템의 일부인 자신을 더 잘 이해하고, 작업을 변형하는 과정이다."(Hawkins & Smith, 2006: 147)[30]
- "수퍼비전은 수퍼바이지가 자기 작업을 더 잘하기 위해 검토하고 성찰하는 논의의 장forum"이다(Carroll, 2007: 433).
- "코칭수퍼비전은 상호작용적 성찰, 해석적 평가와 전문 지식의 공유를 통해 코치의 지속적인 개발과 코칭 프랙티스의 효과를 보장하는 전문적 지원의 공식적인 과정이다."(Bachkirova, 2008: 16-17)

---

30) '코칭수퍼비전'은 '코칭'(철학과 방법으로) '수퍼비전'을 실행하며 참여하는 수퍼바이지는 코치에 한정하지 않는다. 멘토, 컨설턴트, 교사, 의료종사자, 법률서비스 등 대인 관계 지원을 담당하는 모든 전문가를 대상으로 한다. 이 같은 대상의 확장이 **코칭수퍼비전 특징**의 하나이다.

수퍼비전에 대한 코칭 전문기관의 의견

코칭 시장이 성숙함에 따라, 전문 코칭 기관의 등장이 본격화되었다. 이 조직들은 모두 '전문성의 지속적 개발^{CPD}'의 일환으로 코칭수퍼비전의 중요성을 인식하고 있다. 점점 더 많은 코치가 개인 인증을 위해 수퍼비전을 의무적으로 받고 있다. 이는 품질 보증의 한 형태로 간주되며, 대부분 전문 기관에서는 윤리 강령의 일부에 언급한다. 다음은 각 주체의 정의이다.

유럽 멘토링코칭회의(EMCC)

수퍼비전의 정의와 회원의 윤리 역량과 연결

수퍼비전이란 무엇인가?
현재 윤리 강령에서 EMCC는 다음과 같이 설명한다.

> "수퍼비전"이라는 용어는 코치/멘토의 작업과 웰빙을 책임있게 살피고$_{oversee}$ 조언/지침$_{advice/guidance}$을 탐구하는 과정이다. 제대로 훈련된 수퍼바이저와 수퍼비전은 복잡한 상황에서 전문적 기능을 성찰할 수 있는 공간과 시간을 제공한다. 수퍼바이저는 코치/멘티의 '지속적인 개인 개발$_{ongoing\ personal\ development}$'에 초점을 맞춰 그들이 코칭 파트너에게 최선의 모범 사례를 제공할 수 있도록 지원한다(p.2).

이 관계의 주요 목적은 역량 강화의 하나로 제시되며 강령의 역량 제목의 윤리 항목에는 EMCC 회원에 대해 다음과 같이 명시하고 있다.

적절한 자격을 갖춘 수퍼바이저와 관계를 유지하며, 정기적으로 역량 평가와 개발을 지원하는 수퍼바이저는 본 강령에 언급된 모든 요건을 준수해야 한다(p.3).

수퍼비전에 대한 자세한 정보는 수퍼바이저에 관한 EMCC 윤리 강령에서 확인할 수 있다.[31] 여기서는 수퍼바이저 요건이 얼마나 다양하게 적용될 수 있는지를 강조한다.

EMCC 윤리 강령은 모든 구성원이 정기적으로 수퍼비전을 받도록 요구한다. 수퍼비전 형태(지속 시간, 빈도 등)는 수행하는 코치/멘토링의 특성에 따라 달라질 수 있다. 예를 들어, 강력한 비즈니스 중심의 독립 임원 코치는 개인/대인 관계 기술에 중점을 둔 코치/멘토와는 다른 수퍼비전이 필요할 수 있다. 둘 다 멘토링 활동이 전반적 역할의 비교적 작은 부분만을 드러내는 회사 내 멘토의 요구와는 다를 수 있다(p.1).

EMCC의 이 임시 문건은 과정이 진화함에 따라 업데이트될 예정이다. EMCC는 코칭협회AC와 국제코칭연맹ICF과 함께 글로벌 코칭 및 멘토링 동맹Global Coaching & Mentoring Alliance(GCMA)의 일원이며, 다른 전문 코칭 기관과 지속적인 논의를 통해 전문직 전반에 걸쳐 보다 일관된 정의를 내릴 수 있도록 노력하고 있다.[32]

---

31) 이 저서가 집필된 이후 EMCC는 2019년 「EMCC 수퍼비전 역량과 구조」를 발표해 지침으로 삼고 있다. 이 지침은 3가지 구조와 8가지 역량으로 구성되어 있다. (권말 부록 참조)
32) EMCC는 이 저서 출간 이후 2016. 2월을 계기로 AC와 함께 '글로벌 윤리 강령The Global of Ethics'을 제정하여 이를 대체했다. 이 윤리 강령은 이후 개정을 몇 차례 진행해 현재 2023년 내용이 유지되고 있다. 이 윤리 강령은 현재 12개가 넘는 각국의 코칭 조직이 서명해 각국의 활동에 지침으로 활용하고 있다. 이 윤리 강령 4.3항은 '지속적 수퍼비전'을 제안하고, 자격을 지닌 수퍼바이저, 동료 수퍼비전 등을 제시하고 있다. 글로벌 윤리 강령의 전문은 다음 책에 수록되었다.
참고. 『코칭 윤리 사례 연구』 웬디-앤 스미스, 에바 허쉬 폰테스, 두미사니 마가드렐라, 데이비드 클러터벅 편집. 김상복, 김현주, 이서우 옮김. 코칭북스. 2024.

코칭협회(AC)

코치들은 자기 작업에 대해 정기적으로 수퍼비전을 받아야 한다.

수퍼비전에 대한 이런 정의는 공인 코칭수퍼바이저 지원자 가이드 Accredited Coaching Supervisor Applicant Guide에서 가져 왔다(Association for Coaching, 2014: 3).[33]

- 코칭수퍼비전은 코치로서 경험이 풍부한 사람과 자기 작업에 깊이 있고 용이하게 성찰할 수 있는 공식적으로 보호 받는 시간이다.
- 수퍼비전은 코칭 작업의 '프랙티스', '과정'과 '과제'를 탐구하는 협력적인 작업 관계 안에서 기밀이 보장되는 구조-틀을 제공한다.
- 수퍼비전의 주요 기능은 코칭 파트너(개인 및 조직)와 전문 협회를 위해 코치의 윤리적인 모범 사례를 지원, 개발, 보장하는 것이다.
- 수퍼비전은 "단속policing" 역할이 아니라 신뢰와 협력의 전문적 관계이다.

수퍼비전은 "단속policing" 역할이 아니라 신뢰와 협력의 전문적 관계

전문 임원 코치 및 수퍼바이저협회(APECS)

APECS는 윤리적 지침으로 모든 회원에게 필요한 자격과 지속적인 개발을 위한 프랙티스로 수퍼비전을 제시한다. APECS은 수퍼비전이 무엇인지 정의하지 않지만 다음과 같은 수퍼비전에 대한 요구 사항을 규정한다.

---

[33] 이 저서 출간 후 코치협회AC는 2023.3 개정한 「코칭협회AC 코칭수퍼비전의 원칙 구조-틀」을 제시하고 있다. 3가지 원칙과 8개 항목, 세부 항목 30개로 구성되었다. (권말 부록 참조)

각 임원 코치는 자기 학습 요구에 가장 적합한 수퍼비전 형태와 수퍼바이저를 선택한다. 지속적이고 정기적인 수퍼비전에서 코칭 파트너, 관계, 개입, 계약, 교착 상태, 기쁨, 화 등 모든 수준에서 자기 생각, 감정, 반응에 대해 비밀리에 논의한다. 수퍼비전은 코칭 작업에 대한 성찰을 논의하는 장forum이 될 것이며, 수퍼바이지는 자기 학습에 대한 책임을 지게 될 것이다.

수퍼바이저는 수퍼바이지들이 윤리적이고 수용 가능한 기준에 따라 일하고 있음을 보장하는 짧은 연례 보고서를 APECS에 제공한다 (APECS, n.d.).[34]

국제코칭연맹(ICF)

최근까지, ICF의 입장은 약간의 혼란이 있었다. 코치의 '성찰적 실천 활동'을 설명하기 위해 매우 구체적인 용어를 사용했기 때문이다. 2014년 10월 이전에는 '멘토 코칭'이라는 표현을 사용했는데, (ICF 회원이 아닌) 많은 프랙티셔너는 이를 "코칭수퍼비전"과 같은 의미로 생각했다. 그렇지만 이는 사실이 아니다. [2024년부터 변화됨. 역자 부록 1-2 참조]

현재, ICF는 '멘토 코칭'을 코치의 코칭 작업 개발을 위한 코칭으로 정의하고 있다. 이는 ICF와의 자격 증명을 얻기 위한 전 단계이다. 이미 ICF 자격을 갖춘 프랙티셔너인 코치만이 수행할 수 있다. '코칭수퍼비전'은 개인 개발 또는 비즈니스 개발을 위한 코칭을 포함하는 성찰적 프랙티스로 정의한다. 수퍼비전은 ICF 자격을 갖춘 코치일 필요

---

[34] 수퍼바이저를 주요 회원으로 한 '전문 임원 코치 및 수퍼바이저 협회Association for Professional Executive Coaches and Supervisions(APECS)'는 '윤리 강령(2023년 개정)' 안에 임원 코치와 수퍼비전 실천 내용을 구체적으로 제시한다. 수퍼바이저 중심의 조직이기에 수퍼비전에서 다루는 내용이 매우 구체적이다. (권말 부록 참조)

없이 적절한 자격을 갖춘 개인이면 누구나 수행할 수 있다. 이런 성찰적 실천은 지속적인 코칭 교육(CCE) 단위로 허용되며, "자기 학습$^{self-study}$" 또는 전문성의 지속적인 개발^{CPD} 활동으로 제시하고 있다.[35]

[역자 부록 1.1] 2015년 역자가 확인한 ICF 편지

지난달 말, ICF 본부에서 자격 심사 서비스 팀 구성원들이 코칭수퍼비전과 ICF 자격 갱신에 대한 현재와 미래의 ICF 자격 보유자들의 질문을 받고 논의를 시작했다. 이 관계를 명확히 안내하기 위해 오늘 당신에게 전한다.

2014년 7월에서 ICF 글로벌위원회는 ICF 자격 보유자가 갱신을 위해 핵심 역량 영역에서 요구되는 CCE를 위한 코칭수퍼비전 작업을 카운트할 수 있도록 제안을 승인했다. 이 시간은 시간 단위를 근거로 접수하며 갱신 신청자의 CCE 요건으로 적용할 수 있는 코칭수퍼비전 시간에는 상한선이 없다. 갱신 신청자는 자기 자원 개발 분야의 자율 학습$^{Self\ study}$으로 코칭수퍼비전을 적용할 수 있었다.

코치의 첫 번째 그룹은 누구의 ICF 자격 증명이 2014년 12월 31일에 만료되도록 설정되어 그 개인 것이 변경에 의해 영향을 받을 수 있다. 코칭수퍼비전이 ICF 자격 갱신에 필수로 요구되는 것은 아니다는 점이 중요하다. 또한, 인증 코치(ACC) 자격 갱신을 지원하는 코치들이 코치 자격을 갖춘 멘토 코치와 함께 작업하는 대신 코칭수퍼비전을 사용할 수는 없다.

코칭수퍼비전이 세계적으로 성장하고 활용되고 있다. ICF는 코칭수퍼비전 정의에 대해 지속해서 검토하고 있으며 코칭수퍼비전과 멘토 코칭의 차이를 분명히 제시한다, 그리고 코칭수퍼비전의 이점에 대해 코치들을 교육하고 있다(코칭수퍼비전에 관한 ICF의 현재 입장에 대한 자세한 내용을 배울 수 있는 참조 링크).

Sincerely,
George Rogers
Assistant Executive Director ICF Global

(출처: 역자가 받은 메일. 2015년 12월 16일)

이런 설명은 코칭수퍼비전의 범주에 속하는 많은 내용이 코칭 파트너 작업을 개발하는 코칭에서 부차적으로 발생할 수 있으므로 혼란이 발생했다.[36] 이는 ICF의 접근 방식에 영향을 미치는 **중요한 문화적 요소**로 작용했다.[37] 미국에서 시작된 전문 기관이기에 의료보험 지원이 필요한 치료 작업과 코칭 작업이 분리되는 것 역시 중요했다.

---

35) 2015년 역자는 ICF와 교신을 통해 다음과 같은 대답을 받은 바 있다. 근거를 위해 상세히 인용한다.

36) ICF는 오래 전부터 '멘토 코칭 가이드'를 제시하고 몇차례 업데이트해 왔으며, 2012년 이후에는 코칭수퍼비전 가이드도 제시했다. 멘토 코칭은 인증을 위한 기본 과정으로 제시하고, 수퍼비전은 권장사항으로 위치해 코칭수퍼비전의 필요성은 크게 주목되지 못했다. 또 양자 사이의 경계는 구별이 어렵고 공유되는 부분이 많았다.

그러나 2024년 9월 「ICF 멘토 코칭 역량 모델」 6개 항목 34개 세부 항목, 「ICF 코칭수퍼비전 역량 모델」 8개 역량, 45개 세부 항목을 발표했다. 두 모델이 공유하는 내용을 설명하고 구별점이 설명되어 있다. 멘토 코칭은 필수 요건, 코칭수퍼비전은 지속적인 성찰적 실천을 위한 권장 사안이라는 지위는 변화가 없다.

우리나라의 한국코치협회는 ICF의 영향으로 코치더코치, 멘토 코칭 두 가지를 모두 KPC 이후 인증을 위한 필수 과정으로 제시한다. 그러나 이 양자에 대한 구별과 실천 방안이 분명하지 않다. 이로 인해 코치들의 자유로운 해석과 구두 전승으로 진행되고 있다.

37) 미국에서 초기 코칭이 정착하는 과정에서 소위 '콜라라도주 재판 사례' 경험이 영향을 주었다고 평가된다. 2001년 "코칭, 이것은 심리치료인가?"라는 콜로라도 정신건강 위원회 간사 아모스 마르티네즈는 뉴스레터에 공개적 문제 제기를 하였다. 이를 계기로 심리학 자격증과 코치 자격증을 동시에 가진 토마스 레너드와 패트릭 윌리엄스는 그에게 코칭 전문성과 ICF 윤리 강령을 설명했고, 당시 분위기는 화기애애했다. 그러나 2003년 ICF 인증 받은 콜로라도 코치가 콜로라도 규제 관리국으로부터 허가 없이 활동했다는 사유로 정신치료와 관련해 기소 처분 받았고 주정부로부터 면허 없는 심리치료사로 등록을 요구했다. 소액의 벌금형을 받았지만 코치가 이를 거부하고 폐업하기에 이른다. 이를 계기로 콜로라도 코치협회에서 관련 법 개정을 위한 노력을 하고, 이후 18개월 동안 활동을 통해 주 정부 입법부로부터 정신건강법에 '코칭'을 제외하는 성과를 이룩했다. 이 과정에서 전 세계 많은 코치가 모금과 지원을 하게 되었고 ICF는 미국 전 지역의 사례를 수집해 대처하기에 이른다. 이 사건은 미국을 중심으로 한 사건이고 미국 내 전문직 관련 정부 인허가의 독특성 때문에 일어난 일이다.

참고. 『코칭윤리와 법: 코칭입문자를 위한 안내』 패트릭 윌리엄스, 갸론 애너슨 지음. 김상복. 우진희 옮김. 한국코칭수퍼비전아카데미. 2018. p. 30-32

그러나 이로 인해 미국에 근거를 둔 ICF는 심리치료 분야와의 경계와 관련해 상대적으로 민감한 태도를 취하게 되었다고 평가한다. 수퍼비전 역시 미국에서는 심리치료사들의 독점

ICF UK는 코칭수퍼비전을 다음과 같이 정의한다.

코칭수퍼비전은 코치와 코칭 파트너의 발전과 이익을 위해 자신의 코칭 작업 경험을 주기적으로 코칭수퍼바이저에게 가져와 성찰적 대화와 협력 학습에 참여할 때 발생하는 상호작용이다.[38]

[역자 부록 1.2] ICF 코칭수퍼비전과 멘토 코칭의 공생 관계와 강조점의 차이

①코칭수퍼비전과 멘토 코칭의 공생 관계를 강조하는 것도 중요하다. ②코칭수퍼비전은 주로 코치의 '자기(자신)', 코칭 작업의 영향(력)과 질, 시스템과 넓은 맥락/상황과 어떻게 관련되는지에 초점을 맞춘다. ③멘토 코칭은 코치의 기술 개발에 더 중점을 둔다. ④그러나 코치의 기술과 활용 방법은 코치의 자기(자신), 작업과 세상에서 살아가는[존재] 방식과 분리될 수 없다.

최근 ICF 코칭수퍼비전 역량 모델(2024.9)와 ICF 멘토 코칭 역량 모델(2024.9) 두 문건은 모두 '개요'에서 코칭수퍼비전과 멘토 코칭을 똑같은 문장으로 양자를 설명한다. (번호와 강조는 역자)

적 지위가 강했고, 다루는 사례와 관련해서도 엄격한 경향을 지닌다. 즉 코칭 등 새로운 분야의 사례를 수퍼비전하는 심리치료사도 없고 코치들도 심리치료사에게 수퍼비전 받는 이유도 없게 된다. 이런 영향은 우리나라에도 그대로 이어진다. 역자의 경우 한국의 상담사나 심리치료사들이 코치를 수강생으로 수용해도 그들에게 코칭 사례를 수퍼비전 받기는 매우 어려웠고 상당한 조건을 전제한 후 진행했던 경험이 있다.

38) 저자는 내용 인용 관련 국제코치연맹 영국지부 홈페이지 주소를 첨부했으나 2025.1 현재 페이지는 작동하지 않는다.

그러나 이 내용은 역자도 알고 있는 바와 같다. 당시 영국지부는 영국의 코칭수퍼비전 경험을 ICF 입장에 꾸준한 영향을 주었다. 영국의 수퍼비전 관련 활발한 분위기였기에 뉴스레터를 통해 코칭수퍼비전을 홍보했다. 역자가 당시에 받아 보관한 OneNote 기록(2012년. 10월 11일)의 일부를 소개한다.

"매우 합리적인 가격의 일류 전화 코칭 수퍼바이저를 찾고 계십니까?" 전화 코칭수퍼비전 그룹 모집!

코칭수퍼바이저협회(AOCS)

또한 2010년 영국에서 시작하여 현재 해외로 확장된, 코칭수퍼바이저를 위한 자발적인 협회가 있다. 이 조직은 인증기관으로 활동하지 않고 오히려 시장에서 수퍼비전의 촉진을 위해 활동한다.[39]

> 일대일 또는 집단 기반 수퍼비전은 코칭 파트너와 함께 일하는 동안 코치가 자기 사례 진행과 활동을 비밀리에 공유하고, 이를 통해 통찰, 방향, 지원을 얻고 코칭 파트너에게 더 나은 서비스를 제공할 수 있는 공식적 기회이다.[40]

> 5명 제한 60분~90분 진행, 참가자 모두에게 개인 시간 보장하며, 학습 기회를 최대화한다.
> "호주 코치들의 코칭수퍼비전: 호주 코치들의 교육, 훈련, 실습 결과에 대한 연구(2012.8) 호주 코치들의 수퍼비전 관점에 대한 최초 연구로 174명의 전문 코치들이 온라인 조사에 참여했다. 수퍼비전 조사양식에 응답한 참가자의 82.7%가 수퍼비전에 대한 압도적 지지했다. 그러나 동료 그룹 수퍼비전과 숙련되지 못한 수퍼바이저에 관해 가장 일반적인 불만으로 수퍼비전에 대해 부정적 경험을 가지는 경우가 30% 보고되었다."

39) AoCS는 코칭 구매자에게 수퍼비전 프로필을 알리고 권위 있는 목소리를 통해 직업에 영향을 미치는 회원으로 구성된 비영리 국제 네트워크이다. 동료검토 거치지 않은 전문가 에세이, 보고서, 서적(코칭 산업보고서, 프랙티셔너의 경험 기반 글)을 출판한다. 모든 회원은 CPD의 유익을 위해 다른 회원과 공유하는 모범 사례와 자료를 만든다.

40) [저자 주] www.associationofcoachingsupervisors.com/about-aocs/what-is-supervision/
[역자] 그러나 이 글의 출처와 조직의 홈페이지는 폐쇄되어 있다. (2024.12월 접속) 대부분의 코치가 AC와 그 이외의 조직에서 활동하는 것으로 보인다.

프랙티셔너들의 주장

이 책을 집필하며 코칭수퍼비전에 대한 수퍼바이저들의 주목할 만한 유용한 의견을 발견했다. 이는 수퍼비전을 경험하는 방식을 실제 코치 생활에 구현하는 데 도움이 된다. '코칭수퍼비전 아카데미Coaching Supervision Academy(CSA)' 허락으로 인용한다.

나는 수퍼비전을 세 가지 삼지창 같은 실천three-pronged practice이라고 생각한다. 이는 코치에게 통찰과 성찰, 지원을 제공한다.

성찰은 전체 대화 공간을 대상으로 이뤄지므로 작업의 모든 면을 파악할 수 있다. 수퍼바이저는 코치 작업의 모든 면을 협력적으로 살펴볼 수 있는 공간을 만들어, 코치가 새로운 이해를 얻고 사물을 밝은 빛으로 끌고 올 수 있게 한다. 이런 지원은 과소평가 될 수 있다. 그러나 코치는 사람에게 집중하여 일하는 만큼 매우 중요한 부분이다. 코치들은 자주 시간에 쫓기며, 높은 기대를 한 몸에 받고, 일하는 과정에서 [자기] 시스템에 **마모와 찢어짐**이 발생한다. 이 모든 것에는 지지와 긍정 확언affirmation이 필요하다.

코치는 전화나 방에서 혼자 일하는 경우가 많기에 잘하고 있으면 그 사실을 들을 수 있어야 한다. 코치에게 부여된 책임은 상당하다. 수퍼바이저는 작업의 긍정적 요소에 동기를 부여하고 격려하며 어떠한 요소가 효과가 있는지 이유를 점검할 수 있다. 수퍼바이저는 그 발전 여정을 지원하고 자원을 찾는다.[41]

> 언덕이나 나무 위에 올라가
> 이곳저곳 내려다 보기

— 에드나 머독Edna Murdoch, 코칭수퍼바이저 감독관, CSA

---

[41] '혼자 일하는 구조'이기에 진정한 전문가는 '대가大家'처럼 굴 것이 아니라 자신의 활동을 '보여주고, 보게 하면서' 일해야 한다. 그렇지 않으면 '나 홀로 대가'라는 감옥에 머문다. 이를 근본에서 방지하는 구조가 **수퍼비전 구조**이다. 이와 반대 방향으로 자신도 모르게 마모되고 소진되며 이를 방치하면 결국 녹슬어 버린다. 이를 방지하는 구조 또한 **수퍼비전 구조**이다.

다음은 샘 매길Sam Magill의 친절한 허가를 받은 짧은 기사이다, 2011년 ICF 회원에게 보낸 자료이다.

흐려진 거울 닦기

> 수퍼비전: 실제 일어나는 일에 눈 뜨는 행위.
> 코치로서 우리는 코칭 파트너의 세계에 정기적으로 몰입한다. 이는 삶의 표면적 활동 아래에 웅크리고 있던 질문이 떠오르고evoke, 깊이 연결되어 있고 충분히 함께하도록 부름받는다. 코칭이 처음이든 오래되었든 이런 연결 효과인 의도적인 '**프레즌스에 머물기**'는 어떤 의미에서 지극히 자연스러운 일이다. 이 과정에서 자기 실천을 덜 '의식'하게 되고 직감적으로instinctively 행동하며 시간이 지남에 따라 현재 코칭 파트너에게 맞든 안 맞든 무의식적 패턴을 개발[발견]하게 된다.
> 코칭의 수퍼비전은 마치 높은 나무를 올라가거나, 언덕 꼭대기에 서서 바다와 주변 풍경을 내다보는 것과 같다. 또한 활동으로 인해 흐려진 거울을 닦는 것이다. 최선의 코칭이 창발하는 **진정한 자기**truest self를 다시 살펴보는 것이다.
> 성과 향상이나 새로운 전략 또는 삶의 구축을 위한 코칭과 달리, 코칭 수퍼비전은 어디로든 갈 의도가 없다. 오히려 코치가 어둠 속에서 허둥대지 않고 집으로 돌아와 다시 불을 켜는 것과 같다. 코칭 파트너가 기대하는 구체적인 결과라는 매우 정당한 요구를 위한 **균형 잡힌 해독제**이다.[42]
> – 샘 매길Sam Magill, 멘토 코치, 수퍼바이저

보여 주고, 보게 하면서 일하기

네 가지 해독 방식

우리는 코칭수퍼비전을 실제로 어떻게 경험하는지 스스로 묘사한 것을 보기 위해 전문 코치 커뮤니티에 요청했다. 그 내용을 소개한다.

---

[42] 코칭 파트너와 함께 걷다 방문한 코치가 불을 켠다. 그리고 스스로 무슨 이야기와 이슈를 내 놓을지 정한다. 숨돌림과 주저를 기다리다가 충분하다 싶으면 수퍼바이저가 렌턴을 일단 비춘다. 그리고 옆으로 움직인다. 반응을 기다리면서. '균형 잡힌 해독제'란 좋은 비유이다. ①최적의 좌절, ②적절한 격려, ③넘치지 않는 응원이며, ④과장과 흥분, 도취를 비공격적으로 걸러내기 등의 균형잡힌 해독제 효과이다. 의미있는 정의이다.

코치의 관점

코치에게 수퍼비전은 자기 성장과 발전을 위해 자신이 누구이며, 코치로서 코칭 파트너에게 어떻게, 어떤 도움이 되는지 알아차림을 넓히고 깊이 지원하는 실천이다.

– 마크 비손Mark Bisson, 코치 겸 수퍼바이저

코칭은 고립된 프랙티스가 될 수 있다. 수퍼비전은 경험이 풍부한 코치와 일대일로 잘된 점과 그렇지 않은 점, 다르게 할 수 있는 점을 논의해 새로운 관점을 얻을 수 있는 귀중한 시간이다. 코칭이나 수퍼비전도 수퍼바이지는 이슈에 솔직하고 정직하게 도전 받을 준비가 되어 있어야 한다. 새로운 작업 방식에 열려 있을 때만 잘 작동한다.

– 린 마누엘Lyn Manuell, 독립코치

수퍼바이저의 관점

생각해보지 않은 앎을 다루는 네 가지 접근

코치가 자기 프랙티스를 공유와 성찰을 통해 배울 수 있는 안전한 공간이다. 수퍼바이저와 수퍼바이지 모두에게 성장이 일어나는 곳이다.

– 데이브 오브라이언Dave O'Brien, 사내 코치, 수퍼바이저

경험에서 배우기

수퍼비전은 코치와 한 걸음 물러나서 더 큰 그림을 볼 수 있도록 도와주는 역할을 한다.

– 마리아 커셀 험프리스Maria Cussell Humphries, 수퍼바이저

사전에 예약된 정기적 수퍼비전 회기는 수퍼바이지가 토론할 이슈가 없고 작업이 잘 되었다는 느낌으로 시작하는 경우라도 수퍼비전 회기가

매우 유용하다고 말하며 끝을 맺는다. 이점이 전문 코치로 활동할 때 수퍼비전을 받는 것이 "필요 조건"으로 정말 중요하다.[43]

수퍼바이지들은 "충분히 좋은good enough" 코칭에 [그냥] 익숙해지기보다는 다른 프랙티셔너와 대화하며, 스스로에게 도전하고 **'기술'과 직관**을 **연마**하기 위해 이런 정기적 '순간'을 잘 활용할 수 있다. 우리는 "같은 언어"를 사용하기에 더 깊고 빠르게 발전하며 결국 둘 다 **경험에서 배우게 된다.**

– 에바 핑카보바Eva Pinkavova, 독립 코치 및 수퍼바이저

수퍼비전(S)upervision은 아무리 경험이 풍부하고 비판적으로 성찰하는 코치에게도 코칭 작업을 풍부하게 하고, 최선의 유익을 제공할 코칭 파트너를 구별할 수 있는 새로운 **수용력**capacity을 찾도록 요구한다.[44]

수용력이란 무엇인가?

– 리즈 반스Liz Barnes, 독립적인 코치 겸 수퍼바이저

수퍼비전은 관리자, 지원 담당자, 코치 또는 멘토로 활동하는 모든 개인이 숙련되고 존경받는 전문가와 협력하여 자기 작업을 탐구할 수 있는 안전한 성찰 장소이다. 수퍼비전은 모든 이해관계자의 안전을 증진하고

---

43) '잘 되었다', '이만하면 되었다'는 판단이나 정서는 이미 알고 있어서 **충분히 생각하지 못한 앎**unthought know'에 소홀하게 된다. 수퍼바이저는 자기 것을 붓기보다는 ①수퍼바이지 안에 있는 것, 판단과 정서로 인해 드러나지 않은 것을 우선 꺼내게 한다. ②가보지 않은 위험 지대를 향해 한 발을 내딛는다면 조금씩 렌턴을 비추거나 ③자신의 앎의 조각을 그때서야 적절히 대화와 인식의 지평 확대에 필요한 만큼 제공한다. 이에 따라 수퍼비전 회기는 ④새로운 통찰이나 앎에 접촉하게 된다.

44) '역량competence'과 실천 능력capability에 이어 **수용력**capacity 역시 수퍼비전의 중심 과제이다. 야구의 9회 경기라 할지라도 어떤 리그 수준의 경기를 운영하는 선수인가에 따라 경험과 수용 용량이 다르다.

코칭 파트너와 수퍼바이지가 제기한 이슈를 넘어 코칭 계약 형태와 내용, 회기 진행 과정, 코치 개입의 깊이, 두 사람의 관계의 질에 따라 비선형적인 발전과 변형이 이루어진다. 경청의 깊이, 질문의 파장, 수용과 담아내기 등이 다르다. 포화되지 않은 여백을 상대가 채우도록 허용하는 코칭, 가르침 없는 배움, 말 없는 배움, 보임 없는 보임의 전망이 열린다.

윤리적 알아차림을 높이고 모든 당사자에게 성장과 학습을 격려한다.

– 재키 아놀드Jackie Arnold, 독립적인 코치 겸 수퍼바이저

코칭수퍼비전 활용 현황은 어떠한가?

2009년 공인인사개발연구소CIPD의 초기 보고서에 의하면 코칭수퍼비전은 코칭의 잠재력을 극대화를 목표로한다. "코치들은 수퍼비전의 이점을 코칭 실천 능력capability(88%)을 개발하고 코칭 품질을 보증하는 것(86%)으로 본다"(CIPD, 2009: 4). CIPD 보고서에 따르면, 흥미롭게도 설문 조사의 코치 가운데 86%가 수퍼비전의 가치를 알고 있지만, 44%만이 정기 수퍼비전에 참여하고 있다. 이 44% 가운데 ¾이 전문기관의 회원이다.

그 이후로 상황은 바뀌었다. 더 최근의 EMCC 연구 논문을 보면, 코칭의 **다중 이해관계자 계약**(Turner & Hawkins, 2015)을 위해 수퍼비전 수용이 증가하는 것으로 나타났다. 428명의 코치 가운데 356명(83%)이 전문성 또는 자기 계발 일환으로 수퍼비전을 활용하였다. 수퍼비전을 받은 사람들이 가장 많이 인용한 두 가지 이유는 다음과 같다.

사내 코치의 수퍼비전

- 좋은 프랙티스에 대한 나의 개인적인 노력의 일부다.
- 그것은 나의 전문성의 지속적 개발CPD에 기여한다.

마지막으로, 리들러Ridler 보고서의 영국 사례 보고서(Ridler Report – UK Case Study)는 4개의 거대 회계 회사 사내 코치의 성장을 위해 수퍼비전이 어떻게 활용되는지에 대한 통찰을 제공한다(Mann,

2014: 14). 이 4개 대기업 모두 코칭수퍼비전에 중점을 두었다.

조직 내 사내 코치들은 조직과 적절한 기밀 유지 경계를 적용해야 하는 많은 정보와 지식을 갖고 있다. 또 코칭 회기에서 나오는 자료와 경험에 대해 그들만의 개인적인 반응을 갖게 된다. 이는 해결되어야 한다. 이 때문에 사내 코치들은 전문적 수퍼비전을 받는 것이 매우 중요하다.

이 기업들은 대체로 '집단 수퍼비전'을 활용한다. 회사에는 경험이 풍부한 풀타임 코치(일부는 공인된 수퍼바이저)가 파트타임 코치를 '집단'으로 때로는 '개별'로 수퍼비전한다. 풀타임 코치는 외부 수퍼바이저에게 일대일 또는 집단 수퍼비전에 참여하고, 동료들과도 서로 수퍼비전한다.

현재 연구가 조금 부족하지만 수퍼비전이 전문 코치의 작업과 실천을 필수로 검토해야 한다. 예를 들어, 유럽 일부 특히 영국에서는 조직에 코칭 작업을 입찰하는 경우 코치가 수퍼비전 받고 있다는 증거를 제공하도록 요구하는 것이 일반적이다. 마찬가지로, 컨설팅 회사와 협력해 코칭 부분을 담당하기 위해서는 수퍼바이저의 추천서를 제출해야 한다. 또한 코칭 고객 조직이나 컨설팅 회사의 코칭 풀의 일원이 될 코치를 평가할 때 "코칭수퍼비전이 자신의 코칭 작업에 어떤 영향을 주었는가?"라는 공통된 질문을 자주 받는다는 사실을 확인했다.[45]

수퍼바이저의 추천서

---

45) 이런 사실을 역자도 직접 확인한 바 있다. 2019년 8월 경 영국 코치 캐서린 샌들러 Catherine Sandler와 인터뷰했다. 당시 역자는 그녀의 저서를 번역한 직후였고, 역자로서 저자와 직접 만남을 요청했었다. 런던 정경대에서 막 퇴직한 남편과 함께 런던 시내에서 만났다. "코칭 회사, 컨설팅 회사는 물론 이들 회사와 일하기 위한 코치들은 모두 수퍼바이저의 확인서, 추천서를 첨부하는 것이 일반적이다. 또 이들 회사에서 수퍼비전을 제공하더라도 개인 수퍼비전을 적극 활용하며 지역의 집단 수퍼비전이나 사례 발표에 참여한다." 자신 역시 수퍼바이저로 이런 활동을 한다고 설명했다. 영국과 유럽 중심의 코칭기관인 코치협회AC의 회원이었으며 ICF 회원인 역자에게 AC의 가입을 추천했었다.
참조: 『정신역동과 임원 코칭』 캐서린 샌들러 지음. 김상복 옮김. 2019.

수퍼비전 참여의 이점은 무엇인가?

코칭수퍼비전 분야가 비교적 새로운 분야란 점을 감안할 때, 연구가 부족한 것은 당연하다. 대부분의 프랙티셔너는 그 가치를 "직접" 경험하거나 그 과정을 즐기거나, 수퍼비전이 코칭 파트너 등의 요구 가운데 하나라는 것을 알기에 이에 참여한다. 몇 년 전 루카스^{Lucas}(2012)는 사내 코치 집단을 대상으로 한 집단 코칭수퍼비전의 발달적 이점을 다음과 같이 보고했다.

사내 집단 코칭수퍼비전의 유익과 성과

- 코칭 작업의 **자신감과 역량**에 대한 느낌이 높아졌다.
- 수퍼비전을 통해 이슈에 대한 **사고의 성숙도**가 높아졌다.
- 더 신중한/계획된^{deliberate} 성찰 접근을 하게 된다.[46]
- 자신의 실천 공동체에서 수퍼비전 "기법^{techniques}"을 활용하려는 욕구가 생긴다.

deliberate

또 이 연구는 조직 문화에 대한 암묵적인 정보를 밝히기 위해 수퍼비전을 통해 발생하는 주제를 활용하여 조직의 유익을 도모할 수 있는 기회로 수퍼비전을 제시했다.

다른 저자들은 수퍼비전의 유익에 대한 질적 증거를 제시한다. 여기에 요약한다.

---

46) '**deliberate** approach to reflection'이라는 표현은 2025년 9월 발표한 ICF의 코칭수퍼비전 역량모델에서 나타난다. 역량 2-1 'deliberate practice', 역량 6-2 'engage in deliberate reflection'이다. deliberate은 글짜 그대로 '계획적이고 신중한, 의도를 지닌' 형용사이자 '숙고하다'라는 동사이다. 수퍼바이저는 수퍼바이지에게 '성찰'을 위한 접근과 개입에 신중함과 의도, 계획적 태도를 갖는다. 억지로 짜내기보다는 신중해야 하며, 성찰이 일어나는 '장^{field}'을 위해 기다리기도 하고, 일정한 계획으로 속도와 정도를 조절해야 한다. 성찰이란 수퍼바이지에 **의해**, 그를 **위해** 필요한 것이며, **그의 것**이고 그의 것이 되어야만 한다.

- 다른 코치의 사례에서 얻은 통찰을 자신의 코칭 파트너 작업에 적용한다.
  새로운 모델에 대한 인식을 높이고 코칭 파트너와의 경계를 인식하고 대처하는 것(Butwell, 2006)
- 자기 알아차림을 높인다.
  지속적인 전문성 개발ongoing professional development을 촉진하며, 다양한 관점을 탐구하게 되어 자신의 실천을 개선한다(McGivern, 2009).
- 수퍼바이지들이 어떻게 성찰해야 하는지 알려주고 '성찰적 실천'을 연마horn하게 한다(Armstrong & Geddes, 2009).
- '성찰적 실천'에 참여하는 방법
  코칭 파트너와 회기 중에 그들이 내리는 선택에 대한 더 큰 알아차림, 이론과 실천의 연결, 동료와 자원을 공유하는 것(Champion, 2011)

이런 주장은 **수퍼비전이 지닌 주요 '발달적 이점'**이 다음과 같다는 몇 가지 증거를 암시한다.

1. 자신감 증가
2. 코치 성숙성 향상
3. 성찰적 실천을 연마
4. 코칭 기법에 대한 습득
5. 동료 집단 간의 자원 공유

수퍼비전의 개인적 유익

이 책을 위해 인터뷰한 프랙티셔너들의 수퍼비전의 이점을 논평한 것이다. 이런 의견들에서 알게 된 가치가 매우 개별적인 특성을 지닌다.

나는 코칭의 평가를 회기에서 내 자신의 반응reaction으로 평가한다. 수퍼비전 대화와 통찰로 코칭에 얼마나 적용/수정하게modify 되었는지 늘 호기심을 갖고 있다.

– 데이브 오브라이언Dave O'Brien, 사내 코치, 수퍼바이저

나는 회기가 끝난 후 새로운 아이디어와 자신감으로 수퍼비전의 효과를 측정한다. 그것들은 내 마음 안에서 결과로 이어지는 성찰의 촉발이다.

– 마르타Marta, 독립 코치

수퍼비전이 나를 조금 불편하게 했다면 효과가 있다고 믿는다. 수퍼바이지로서 나는 내 자신에게 혼자 이야기하는 느낌을 갖는다. 가장 도움이 되는 피드백은 나를 좀 더 어려운 일stuff로 되돌려 놓는 것이다!

– 켄 스미스Ken Smith 독립 코치 겸 수퍼바이저

요약: 코칭수퍼비전과 코칭수퍼비전이 아닌 것

이제까지 설명으로 코칭수퍼비전이 무엇인지 개요를 이해하는 데 도움이 되었을 것이다. 그러나 여전히 수퍼비전이 무엇인지 오해의 소지가 많기에 수퍼비전이 아닌 것이 무엇인지 명확하게 할 필요가 있다. [표 1.2]로 짧게 요약했다.

코칭수퍼비전의 일곱 가지

실용성을 위해 하나로 모아 위에 열거한 내러티브 작업을 종합했다. 이후에 이어지는 코칭수퍼비전이라는 용어를 어떻게 사용하는지를 안내하는 데 지침이 될 것이다.

코칭수퍼비전은 코치(및 수퍼바이저 코치)가 [1]지속해서 개선하고, [2]전문성 개발, [3]코칭 파트너 안전과 [4]전문적 정체성 강화를 목표로 하며, [5]스

스로 성찰적 실천이 발전하게 돕는 '협력적 과정collaborative process'이다.

이 과정은 수퍼바이지와 코칭 파트너 작업를 둘러싼 ⑥전체 시스템을 고려하고 해당 작업과 연결된 ⑦모든 이해관계자에게 가치를 제공하고자 한다.

[표1.2] 코칭수퍼비전이 무엇인가, 무엇이 아닌지 검토

무엇이 수퍼비전인가	무엇이 수퍼비전이 아닌가
• 양자 모두 책임을 지는 동등한 관계equal relationship 로 만난다.	• 모든 우려를 다 비우고 떠날 수 있는 곳
• 정기적 회기로 지속적 '실천'	• 일회성 또는 적시에just-in-time 개입
• 회기 전, 중, 후에 이뤄지는 성찰 과정	• 코칭 파트너 작업에 대한 편안한cosy 대화
• 무엇이 자신을 그렇게 했는지 탐구하는 기회	• 실패하거나 통과하는 테스트
• 성공을 축하하고 이를 통해 배우는 장소	• 오직 위기의 취약한 상황에서만 가치있는
• 당신의 필요에 맞춤된tailored 기회	• 균일한 과정
• 집단 설정에서: 전문가 커뮤니티를 구축하는 방법	• 집단 설정에서: 누가 더 잘하고 있는지 또 누가 잘 못하고 있는지 판단하는 곳

주요 학습 요약

1. 코칭수퍼비전은 비교적 새로운 분야이지만 여전히 진화하고 있는 분야이다. 모든 전문 기관과 보급 기관에 의해 전문성의 지속적 개발CPD과 품질 보증의 필수적인 부분으로 인정되고 있다.
2. 수퍼비전의 목적은 코치와 코칭 파트너, 과정을 지원하는 광범위하고 모든 것을 아우르는[포괄적] 것이다.
3. 핵심은 코치가 다른 시각으로 자기 작업을 '볼 수 있는' 능력이며, 이런 알아차림으로 자신과 코칭 파트너에게 무엇을 제공할 수 있는지 개발하는 것이다.

성찰 질문

1. 수퍼비전의 어떤 정의가 자신에게 가장 반향을 불러일으키는가?
2. 수퍼비전을 코치로서 추가 비용(시간, 에너지, 돈)으로 보는가, 아니면 프랙티스의 필수 부분으로 보는가?
3. 코칭수퍼비전을 주로 코치 자신과 코칭 사업을 발전시키는 데 도움이 되는 것으로 생각하는가?
4. 아니면 코칭수퍼비전을 코칭 파트너에 관한 것으로 보고, 코칭 파트너의 필요에 적합한 방법에 중점을 두며, 여기에는 코치 자신의 안전도 포함되는 것으로 보는가?

추후 연구를 위한 질문

1. 독립 코치 가운데 얼마나 많은 비율이 정기적으로 '유료' 수퍼비전을 받고 있는가?
2. 코치로 일하는 것과 상담자나 치료사로 일할 때의 차이는 무엇이며, 이러한 차이는 코칭수퍼비전 작업에 어떤 의미가 있는가?
3. 수퍼바이지는 다른 성찰적 실천에 비해 수퍼비전의 이점을 어떻게 표현하는가?
4. 조직은 코칭수퍼비전의 투자 수익률(ROI)과 자본 수익률(ROE)을 어떻게 평가하는가?

참고 문헌

- APECS (n.d.) *Ethical Guidelines*. apecs.org/EthicalGuidelines.aspx.
- Armstrong, H. and Geddes, M. (2009) Developing coaching supervision practice: An Australian case study. *International Journal of Evidence Based Coaching and Mentoring*. Vol. 7, No. 2, August.
- Association for Coaching (2014) *Accredited Coaching Supervisor (for Accredited Coaches) Applicant Guide*. April.
- Bachkirova, T. (2008) Coaching supervision: Reflection on changes and challenges. *People and Organisations at Work*, Autumn edition.
- Bachkirova, T., Stevens, P. and Willis, P. (2005) *Coaching Supervision*. Oxford Brookes: Oxford. www.brookes.ac.uk/schools/education/macoachmentpgcert.html.
- Butwell, J. (2006) Group supervision for coaches: Is it worthwhile? A study of the process in a major professional organisation. *International Journal of Evidence Based Coaching and Mentoring*. Vol. 4, No. 2, Autumn.
- Carroll, M. (2007) Coaching psychology supervision: Luxury or necessity? In S. Palmer and A. Whybrow (Eds) *Coaching Psychology Handbook*. Routledge:London.
- Champion, C. (2011) Beyond quality assurance: The Deloitte story. In T. Bachkirova, P. Jackson and D. Clutterbuck (Eds) *Coaching & Mentoring Supervision: Theory and Practice*. Open University Press: Maidenhead.
- CIPD (2009) *Coaching Supervision: Maximising the Potential of Coaching*. Written for the CIPD by Dr Peter Hawkins and Gil Schwenk. Bath Consultancy.
- EMCC (2015) *Code of Ethics*. www.emccouncil.org/src/ultimo/models/Download/4.pdf, pp. 2-3 (accessed 04/01/16).
- EMCC (2015) *Guidelines on Supervision*. http://www.emccouncil.org/src/ultimo/models/Download/7.pdf, p. 1 (accessed 04/01/16).
- Hawkins, P. and Smith, N. (2006) *Coaching, Mentoring and Organizational Consultancy: Supervision and Development*. Open University Press: Maidenhead.
- Hawkins, P. and Shohet, R. (2012) *Supervision in the Helping Professions*. Open University Press: Maidenhead. 『수퍼비전: 조력전문가를 위한 일곱 눈 모델』 (2019)
- Inskipp, F. and Proctor, B. (1993) *The Art, Craft & Tasks of Counselling Supervision Pt 1: Making the Most of Supervision*. Cascade Publications: Twickenham.
- Kadushin, A. (1976) *Supervision in Social Work*. Columbia University Press: New York.
- Lucas, M. (2012) Exploring the double value of supervision: A developmental perspective for internal coaches. *International Journal of Mentoring and Coaching*. Vol. X, No. 2. December, pp. 21-38.

- Lucas, M. and Larcombe, A. (2015, forthcoming) Helping independent coaches develop their coaching business: A holistic approach to supervision or an opportunity for supervisors to exploit their position? *International Journal of Mentoring and Coaching*.
- McGivern, L. (2009) Continuous professional development and avoiding the vanity trap: An exploration of coaches' lived experience of supervision. *International Journal of Evidence Based Coaching and Mentoring*. Special Issue, No. 3, November.
- Mann, C. (2014) *Case Study: The Development of Internal Coaching in the Big Four Accountancy Firms in the UK*. December. Ridler & Co.: London.
- Proctor, B. (1986) Supervision: A co-operative exercise in accountability. In A. Marken and M. Payne (Eds) *Enabling and Ensuring: Supervision in Practice*. Leicester National Youth Bureau/Council for Education and Training in Youth and Community Work.
- Turner, E. and Hawkins, P. (2015) *Multi-stakeholder Contracting in Coaching*. EMCC research paper.

2장 코칭수퍼비전의 형태

자기에게 적합한 수퍼비전

1장에서 수퍼비전이 무엇인지, 전문 코치에게 어떤 도움을 줄 수 있는지 몇 가지 정의를 제시했다. 일단 수퍼비전을 결정했다면 변수가 많다. 구체적 작업에 적합한 실천을 어떻게 조합할지 검토해야 한다. 이 장의 목적은 이런 변수들을 개략적으로 설명해 자기에게 적합한 수퍼비전을 선택하게 하는 것이다.

    수퍼비전 종류와 각각의 이점과 한계가 무엇인가? 자신의 **학습 스타일**과 **성격 유형**personality type에 어떤 종류의 수퍼비전이 적합한지 검토해 보자. 저자들은 프랙티셔너로 성장하며 수퍼비전에서 찾는 것이 자주 바뀌는 것을 발견했다. 코치가 시간이 지남에 따라 이를 탐구하기 위해 수퍼비전 방식을 어떻게 바꿨는지 사례를 연구한다. 그리고 수퍼비전 비용 수준과 빈도 등 실질적인 질문을 검토한다(현재 전문 기관이 추천하는 내용도 살펴본다). 마지막으로, 전문성의 지속적 개발CPD의 일부로 활용할 수 있는 다른 형태의 **'성찰적 실천'**을 살펴보고 이런 활동이 수퍼비전과 다른 이유를 설명한다.

자격 있는 수퍼바이저들과 활용할 수퍼비전의 종류

개인 수퍼비전 사전 면담 계약

먼저 자격을 갖춘 수퍼바이저와 함께 일할 때 어떤 선택 사항이 있는지 검토해보자(참고: 6장에서 다양한 유형의 수퍼바이저에 대해 더 자세히 설명한다). 수퍼비전에는 두 가지 주요 유형이 있다. 개인수퍼비전("일대일 one-to-one")과 집단 수퍼비전이다.

개인 수퍼비전

이 경우 정기적 또는 임시로 한 명의 수퍼바이저를 선택하는 것이다.

계약보다는 소개

공통적인 특징

- '수퍼바이저'와 '수퍼바이지(수퍼비전-주체)'의 일대일 관계[47]
- 일정한 기간에 일회성 또는 개방형[무기한]으로 수퍼비전 계약을 합의한다.[48]
- 회기 시간은 수퍼바이저의 구체적 스타일, 수퍼바이지(수퍼비전-주체)의 커뮤니케이션 스타일, 독립 코치의 지불 예산 범위에 따라

---

[47] 이를 진행한다면 첫 방문시 사전 면담을 충분히 한다(①수퍼바이저의 자문 대화 제공), ②수퍼바이저의 수퍼비전 내용(주제 범위 리스트), ③계약을 위해 수퍼바이지가 검토해야 할 최소 조건, ④수퍼바이저의 윤리 등의 자료를 제시한다.
　　중요한 점은 다른 수퍼바이저를 검토하고 결정했는지, 어떤 점을 기대하고 선택했는지 충분히 대화하는 것이다. 역자의 경우 첫 방문에는 **계약보다는 소개**를 하는 편이다.

[48] 역자는 12회 단위로 계약하며 다시 이어질 경우 계약/합의를 다시 한다. 12회인 이유는 주제별, 사례별, 코칭 과정별 종합해서 다룰 수 있는 최소 단위라는 경험에 의한 판단이다. 12회 단위의 재계약은 수퍼바이저의 발전과 발달 단계를 반영할 수 있다. 12회 작업후에는 종결할 수 있으며 이어가며 무기한으로 진행할 수 있게 열어둔다. 이런 계약 기간 안에서의 지속성을 확립하고, 정기성 또는 비연속적 단일 회기 방식으로 진행을 정한다.

달라진다! 회기 시간은 30분에서 2시간 정도가 될 수 있다.[49]
- 수퍼바이지(수퍼비전-주체)는 보통 회기의 주제와 초점을 결정하는 책임을 진다.[50]
- 수퍼바이저는 스스로 수퍼비전 계약/동의arrangements를 마련할 책임을 진다.[51]

수퍼비전 회기
수퍼바이지 중심성(1) =
수퍼비전-주체

집단 수퍼비전

수퍼비전을 위해 여러 명의 수퍼바이지(수퍼비전-주체)와 함께 작업하며 인원수는 다양하다. 집단 수퍼비전에는 다양한 형식이 있다.[52] 이에 대해 나중에 더 자세히 살펴볼 것이다.

---

49) 앞에 제시한 영국의 정신분석 중심 코치 캐서린의 경우 역자와의 인터뷰에서 한 회기당 2시간을 기본으로 한다고 밝혔다. 역자는 한 회기를 최대 90분으로 한다. 사례 후 성찰, 별도 필요한 주제 관련 자문 대화 때문이다. 또 한 사례를 깊게 다루거나 최대 두 사례 정도를 비교하며 다룰 수 있기 때문이다.

50) 수퍼바이저는 이점을 충분히 설명해야 하며, 회기를 진행하면서도 지속해서 강조하고 격려와 방법을 안내할 필요가 있다. 그렇지 않으면 언제든 **수동적 위치**로 쉽게 가 버린다. 〈수퍼바이지 중심성(1)〉은 코칭수퍼비전의 독특한 특징이다. 그러나 두 사람의 수평적 관계, 힘의 등가성은 언제나 흔들린다. 물론 이를 성취하지 못하는 수퍼바이지의 태도나 대응 방안도 수퍼비전 회기의 주제가 될 수 있다. 이를 이뤄내지 못한다면 오히려 이는 수퍼바이저의 중요한 성찰 지점이다.

51) 첫 방문을 사전 자문 대화와 다른 수퍼바이저 검토 추천, 두 사람 간의 상호 검토 후 계약과 합의를 첫 회기에 한다. 재방문 기간의 경험(면담 결과와 잠재적 수퍼바이저의 태도)을 바탕으로 동일한 내용의 계약서, 또는 항목별 체크하며 서명하는 형식 등 두 가지 형식으로 사용하고 있다. 그러나 수퍼바이저의 계약서는 경험할수록 계속 업데이트하게 된다.

52) 우리의 경우 '집단 수퍼비전' 자체가 널리 활용되고 있지 못하다. 그러나 향후에는 다양한 성격의 집단 수퍼비전이 개발되어 선택의 폭이 넓어져야 한다. 수퍼비전 이론과 모델, 수퍼바이저의 스타일, 또 분야별, 주제별로 개발되고 폭넓게 향유되었으면 한다.

공통적인 특징

- 한 명의 수퍼바이저와 다수의 수퍼바이지 관계
- 집단 수퍼바이저가 제안한 계약 합의서를 작성한 다음 서명하기 전에 수정/맞춤 조정한다. 일반적으로 일정한 기간 관계 유지에 동의하지만 무기한 진행될 수 있다.[53]
- 회기 지속 시간은 관련된 코치의 수와 수퍼바이저의 특정 스타일에 따라 달라진다. 하루 90분에서 하루 종일 지속될 수 있다.
- 일반적으로, 각 코치는 코칭 파트너 사례나 코칭 이슈를 논의하기 위해 제기하는 '사용 시간air time'을 활용할 수 있다고 예상한다. 그러나 이는 계약 내용에 따라 다를 수 있다. 일부 집단에서는 참석한 모든 사람들이 사례를 제시하지 않는다.[54]
- 집단 수퍼바이저는 자신만의 수퍼비전을 준비할 책임이 있다.

따라서 개인 또는 집단 수퍼비전이 당신의 필요를 충족시킬지 여부를 어떻게 결정하는가?

[표 2.1]은 이 두 가지 주요 수퍼비전의 이점과 한계를 비교한다.

---

[53] 역자는 집단 수퍼비전을 정해진 일정에 정기적으로 진행하며, 이미 정해진 회기 단위(8회기)로 진행하고 있다. 한시적으로 고정되지 않은 집단은 참여자의 안전감과 집단의 지혜나 높을 동시에 보장할 수 없다고 판단했기 때문이다. 그러나 주제, 요일과 시간을 고정하고 정기적으로 매번 참석하는 참여자 중심으로 진행할 수 있다.

[54] 집단 수퍼비전은 한 사례를 다루더라도 수퍼바이저와 제출자와 일대일로 진행하며 다른 참여자는 참여 관찰자로 있는 형태가 아닐 수 있다. 수퍼바이저의 적절한 개입과 진행하에 참여자 모두 주체가 되어 참여하고, 동료와 집단의 관찰과 지혜를 충분히 활용하는 것이 관건이다.

[표 2.1] 개인, 집단 수퍼비전의 비교: 유익한 점과 한계

개인 수퍼비전	집단 수퍼비전(한명의 수퍼바이저)
유익한 점	유익한 점
• 수퍼바이저가 "안아주기 공간holding the space"을 위한 책임이 있음을 분명히 한다. • 수퍼바이지로서 시간을 어떻게 활용할 지 결정해야 한다는 점을 명확히 한다. • 개인적 성찰을 위한 전담 시간으로, 일반적으로 집단 환경에서는 달성하기 어려운 깊이 있는 탐구를 격려한다. • 수퍼바이저는 한 사람에게 집중하기에 **발달적 관점**을 취하는 것이 더 간단하다. 따라서 독립적 사고가 어떻게 변화shift하는지를 더 신중하게/계획적dedicated으로 파악할 수 있다. • 수퍼비전에 대한 긴급한 필요가 발생할 경우 임시로 필요에 따라 더 쉽게 예약할 수 있다.	• 수퍼바이저가 집단을 대신하여 **"안아주기 공간"**을 유지하는 책임이 있음을 분명히 한다. • 자신의 경험을 공유하고 다른 사람을 통해 배우는 기회이다. • 동료로 구성된 소규모 공동체에 속해 얻은 연결감과 지원 공동체를 만들게 되는 경향이 있다 (Proctor, 2000) • 다른 수퍼바이지의 기여contributions로 일대일 회기에서 일어나는 것보다 더 **넓게 성찰**할 수 있다. • 집단은 더 다양한 내용을 생성하는 경향이 있다. • 신경과학 연구에서 보여주듯 새로움novelty은 배움을 향상시킬 수 있다(Rock, 2008).[55)] • 직면한 과제를 넓게 조망한다. • 집단 역동을 잘 다루면 배움을 가속화할 수 있다. • 수퍼비전에 접근하는 비용이 효율적이다.
한계	한계
• 수퍼바이저가 한 명뿐이니 동료가 제시할 수 있는 폭넓은 관점을 제시하지 못할 수 있다. 수퍼바이저는 선호하는 철학이나 접근 방식을 갖고 있을 수 있고, 수퍼바이지 프랙티스와는 다른 발달 단계에 있을 가능성이 높다.	• 한 개인의 이슈를 탐구할 시간이 줄어든다. • 자신을 동시대 사람과 비교하는 것은 자연스럽지만 내용 중 일부는 도움이 되지 않을 수 있다. • 무능함, 부끄러움 또는 반대로 오만함과 "다른 사람과 한발 앞선다one-upmanship" 우월감을 느끼게 할 수 있다. • 집단 역동을 잘 처리하지 못하면 학습에 방해가 된다.

55) 신경과학 통찰을 바탕으로 사회적 상호작용과 리더십 개선을 위한 'SCARF 모델'이다. 사람들이 효과적으로 협업하고 서로에게 영향을 미치는 데 가장 중요한 핵심 뇌 네트워크가 작용한다. 이 모델의 이해를 통해 개인과 조직이 더 효과적으로 기능하고 갈등을 줄이는 데 도움이 된다. '신경리더십NeuroLeadership' 분야의 핵심 개념이다. (참고 자료 논문 참조)

프랙티셔너의 인터뷰

독립코치인 마르타Marta는 일대일 수퍼비전의 장단점에 대해 다음과 같이 말한다.

[장점] 집단에서 시간을 공유하는 것보다 더 충분히 탐구하고 성찰할 시간이 있다. 다른 사람들을 희생시키면서 시간을 공정하게 분배하는 것 이상을 취하는 것에는 관심이 없다. 같은 수퍼바이저와 여러 번 일한다면 관계가 깊어진다. 수퍼바이저가 나를 알게 되면, 더욱 집중적인 의견을 내놓을 것이다.

수퍼바이저의 의제 주도

[단점] 집단의 다른 구성원으로부터 관찰과 논평의 이점을 얻지 못한다.

사내 코치이자 수퍼바이저인 데이브 오브라이언Dave O'Brien은 집단수퍼비전의 장단점에 대해 말한다.

집단원의 감시의 눈과 힘

[장점] 집단에서 배우고 위압감이 덜하다. 수퍼바이저의 의제agenda에 의해 주도 될 위험이 적다.[56]

[단점] 관심 주제를 발표하기 어렵고, 관심을 거두고 참여하지 않고 앉아 있기가 쉽다. 일정을 조정하거나 시간을 조정하는 유연성이 떨어진다.

---

56) 일대일 수퍼비전에서 자칫 수퍼바이저가 의제를 주도하거나 은밀히 주도권을 탈취할 수 있다. 물론 이런 일에 답함이 일어나기도 한다. 그러나 집단수퍼비전은 이점이 상대적으로 줄어든다. 집단원의 감시의 눈과 힘이 작동하기 때문이다.

주제의 변형: 개인 수퍼비전의 몇 가지 형식

라이브 수퍼비전

이것은 수퍼바이저가 코칭 회기를 실시간으로 관찰하는 것이다.[57]

일반적인 특징

- 코칭 파트너와 관찰 대상인 프랙티셔너의 동의가 있어야만 수행할 수 있다.
- 치료 분야에 뿌리를 두고 있으며, 수퍼바이저는 착용한 이어폰 earpiece에 연결된 마이크를 통해 안내를 제공하면서 양방향 거울을 사용하여 수행된다.
- 이 변형은 코치를 위한 평가 및 개발 센터에서 사용된다. 일반적으로 같은 방에서 회기를 관찰한다. 수퍼바이저 개입은 회기가 끝난 후 "타임 아웃" 회기를 제공하거나 관찰을 제공함으로써 이루어진다.[58]

---

[57] 한가지 예로는 코칭 룸을 창문과 카메라를 통해 다른 방에서 관찰할 수 있는 시설이 있고 방문 코칭 파트너가 동의하는 경우다.

수퍼바이저는 1) 이어폰을 통해 실시간 피드백을 줄 수 있으며, 집단으로 진행할 경우는 집단 구성원이 코칭 장면과 수퍼바이저의 개입 장면을 동시에 볼 수 있다. 이후 코치와 집단 구성원들과 피드백 또는 성찰 회기를 진행한다.

2) 한 공간에서 초대한 코칭 파트너와 코칭하고 그 장면을 수퍼바이저(또는 집단과 함께)는 떨어져서 관찰한다. 일종의 '어항fish bowl' 관찰로 진행한다. 회기가 끝난후 코칭 파트너와 피드백 대화를 하고, 코칭 파트너 퇴장 후 전체가 피드백 또는 성찰 대화를 한다.

3) 온라인 집단을 진행할 경우 두 사람이 코칭을 수퍼바이저(또는 집단 참여자와 함께) 화면을 끄고 관찰한다. 이후 코치와 집단이 성찰 및 피드백 대화를 진행한다. 이 같은 세 가지 형태 또는 변형은 각각의 장단점이 있으며 윤리적 점검과 환경 안에서 진행해야 한다.

[58] 〈역량 개발 집단 수퍼비전〉에서 활용할 수 있다. 자격 인증별 요구되는 역량 훈련을 위해 ①비교 경험하고 ②발견하고, ③해석하고 ④피드백(피드 포워드)하는 순환 과정을 통해 역량 훈련을 강화할 수 있다. 때로는 수퍼바이저가 직접 코칭 또는 수퍼비전 코칭을 **시연하고** 이를 텍스트로 활용해 논의하면 **비교를 통한 '차이'**에 더 집중할 수 있다.

- 실제로는, 이런 방법이 거의 사용되지 않는다. 수퍼바이저가 수퍼바이지와 함께 코칭 회기의 녹음을 검토하는 것이 더 일반적이다.

즉각적 피드백

적시에 피드백 제공을 위해 회기 중 일정 시간을 수퍼바이저가 코칭 파트너가 되어 진행한다.[59]

공통적인 특징

즉시성
- 회기의 전반부는 정상적으로 진행한다. 그런 다음 수퍼바이저는 제기된 주제와 관련된 실제 이슈를 지금까지 대화 안에서 발견하고 이를 수퍼바이지(수퍼비전-주체)에게 탐색 주제로 제시한다 (이 연결은 수퍼바이지(수퍼비전-주체)에게 높은 수준의 **즉시성** immediacy을 만들어 주기에 중요하다).

잠시 멈춤
과정과 그 순간

　이상적으로 이 이슈는 수퍼바이저가 코칭 제공input을 통해 지원할 만한[또는 제공해야겠다는 의도] 가치 있는 이슈일 경우 시도한다.[60]

- 수퍼바이저는 간격을 두고 잠시 멈춰서 과정과 그 순간에 두 당사자가 겪고 있는 것에 대한 성찰을 제기하며 시작한다. 예를 들어,

---

59) 필요한 경우 '회기-안의-회기' 개념으로 분위기나 에너지 흐름의 전환을 통해 구분하여 시도한다. 수퍼바이저의 격려와 요청을 전제한 후 시도한다. 이를 통해 수퍼바이지의 과거 회기(There & Then)와 현재 수퍼바이저와 경험한 회기-안의-회기(Here & Now)를 분명하게 구별하는 인식을 부수적으로 얻을 수 있다.
60) 허락 구하기 + 즉각적 피드백을 통해 제시한다.
　즉시성은 수퍼비전 회기 안에서 **경험을 통한 알아차림**을 제공해야 할 **필요**와 수퍼바이저의 분명한 **판단**이 중요하다는 점을 강조하고 있다.

수퍼바이지(수퍼비전-주체)가 어떤 길을 택할지, 질문을 구성하는 방법을 살펴볼 수 있게 된다.[61] 대화는 몇 분마다 비슷한 일시 중지가 이어질 수 있다.

비디오[녹음테이프]를 보고 자주 일시 정지 버튼을 눌러 경험한 내용을 논의하는 것과 유사하다.[62]

- 수퍼바이지(수퍼비전-주체)에게는 이것이 자기 작업 방식에 대한 실시간 피드백을 받고 코칭 파트너에게 어떤 일이 일어났었는지에 대한 통찰을 얻는 기회이다. 두 사람이 내리는 선택을 거의 그대로 다시 검토하는 것은 코칭 대화 내부 과정에서 알아차림을 개발한다.[63]
- 수퍼바이저는 코칭회기에서 어떤 일이 일어났는지를 수퍼바이지(수퍼비전-주체) 개인의 여과 없이 경험할 수있는 기회이다.[64]

---

61) ^{Q.}좋은 질문입니다. 혹시 다른 질문을 한다면? ^{Q.}지금 억양은 어떻다고 보나요? 내용 이외에 어떤 점이 더 있다고 보나요? ^{Q.}함께 가기가 너무 숨이 차네요. 혹시 특별한 이유가 있나요? 등 수퍼바이저 코치의 질문 습관에 대해 도전한다면 이런 예시가 가능할 수 있다.
　질문 개발, 질문의 힘과 관련해서는 수퍼바이지(수퍼비전-주체)에 맞게 설계할 필요가 있다.
62) 오디오 테입을 활용할 경우 처음에는 오디오 멈춤을 수퍼바이지(수퍼비전-주체)에게 일임할 수 있다. 점차 수퍼바이저도 멈춤 선택에 개입하며 필요한 탐색과 피드백을 제공하고, 이후에는 전체 흐름을 통해 습관과 패턴을 탐색한다. 이는 수퍼비전의 한 방법이다.
63) 시연, 실습, 오디오나 축어록 활용을 통해 더 좋게, 다르게, 깊게, 가볍게 접근하는 시각을 갖게 하나 이 과정에서 당시 들었던 생각과 의도, 감정을 확인하고 격려를 통해 회기 중, 즉 '실천-안에서-성찰' 관련 민감성을 높인다.
64) 특별한 어려움이나 이유가 없다면 12회 안에 한두 번은 꼭 시행해야 한다. 축어록, 녹음테입, 수퍼바이지(수퍼비전-주체) 시연 등을 다양한 기회를 만들어 접근 할 수 있다.
　수퍼비전 관계의 성숙, 수퍼바이지(수퍼비전-주체)가 감당할 수 있는 힘 등이 고려된다.

가상 세계 안에서의 수퍼비전

수퍼바이저와 수퍼바이지(수퍼비전-주체)는 원격으로 인터넷을 통해 아바타 기술을 사용하기도 하고 은유로 일하기도 한다.[65]

공통적인 특징

- 이것은 컴퓨터 지원 프랙티스이므로 수퍼바이저와 수퍼바이지(수퍼비전-주체) 모두 함께 기술을 사용할 때 합리적인 수준의 편안함이 필요하다.
- 수퍼바이저는 창조적이고 정서적이며 성찰적인 공간을 개발하여, 수퍼바이지(수퍼비전-주체)가 가상 세계에서 시각적 표현(아바타)을 사용하여 스토리텔링에 참여하도록 격려한다.
- 다른 수퍼비전 모델이 프랙티셔너에게 다른 관점에서 코칭 파트

---

65) Virtual supervision: 이 저서에서는 프로그램화 된 가상 세계에서 각자 아바타로 만나 수퍼비전 대화를 진행한다는 점에서 화상 (대면)연결에 의한 수퍼비전과 다르다. 이 점을 구분해 일단 〈가상 세계에서의 수퍼비전〉, 〈화상 수퍼비전〉으로 '잠정적으로' 구분한다.

'가상 세계에서의 수퍼비전'은 자신을 아바타라는 캐릭터로 설정하는 것 자체가 어떤 의미를 이미지로 비유이고 이를 은유화의 한 방법으로 볼 수 있다. '본캐-부캐' 또 '가상 세계'의 조건과 상황, 이에 대해 사용자가 얼마나 관여하여 구성할 수 있는지에 따라 수퍼비전의 조건과 양상에 크게 영향을 줄 것으로 보인다.

초기 세컨드라이프라는 프로그램으로 수퍼비전이 아니라 가상 세계에 코칭 회사와 코칭룸을 설립하고 일정한 활동을 경험해 보았다. 그러나 당시에는 이용자 가운데 잠재 코칭 파트너가 많지 않았으며 단순 호기심으로 문의하는 경우가 많았다. 한두 명의 코칭 파트너와 1, 2회 정도 경험이 전부였다. 그러나 아바타 뒤에서의 대화이며 아바타가 본인과 또 다른 캐릭터로 회기에 참여할 수 있다(2명의 코칭 파트너와의 다중대화)는 가능성만을 확인하는 정도에 그쳤다.

그러나 게임 경험, 가상 세계의 자기 구성은 매우 중요한 일이다. 집중도 역시 높다는 점에서 향후 개발의 여지가 있으며 중요하다.

너 상황에 접근하도록 장려하는 것처럼 가상 세계에서도 각 관점은 다른 카메라 위치를 사용하여 활용할 수 있다.

편도체
감정에 꼬리표 붙이기

- 연구에 따르면 이미지 등 아바타에 감정을 표현하면 '진정 효과 calming effect'가 있어 프랙티셔너가 정보를 보다 효과적으로 처리할 수 있다.

  예를 들어, 리버만Lieberman(2005)은 감정에 꼬리표를 붙이면, 편도체가 '소리없이 조용하게quietened' 되어, 개인이 보다 효과적인 결정을 내릴 수 있다는 것을 보여주었다.[66]

- 원격으로 일하면 **익명성** 때문에 억제력이 낮아지는 경향이 있어 더 많은 공개를 유도할 수 있다(Suler, 2004).[67] 수퍼바이저가 가상 기술 사용과 "일반적인regular" 수퍼비전 기술을 모두 사용하는 경험이 있는지 확인하는 것과 더불어 신중한 계약이 필요하다.[68]

익명성

---

[66] 코칭 파트너나 수퍼바이지의 반복되는 감정, 알수 없다는 정서를 다뤄야 할 경우 이를 좀 넓게 내러티브를 확장하게 안내하고 설명하게 하며 나름의 이름을 붙이는 기법은 그 감정 패턴과 불확실한 정서를 인식하고, 사색하고 탐구의 길을 열게 된다.

[67] '익명성'과 코칭관계에 대한 관심이 필요하다. 아바타 활용, 본 캐릭터(본캐) - 부 캐릭터(부캐) 문화의 확산, 매칭 과정에서부터 익명성이 보장된 코칭계약(온라인 플랫폼을 통한 매칭, 일부 저활력 청년에 대한 제3기관에서의 매칭 등) 등에서 〈익명성의 대처와 활용〉 이슈가 수퍼비전에도 점차 중요하게 제기된다.

코칭 파트너의 준비성readiness과 코칭 가능성/힘coachability 관리를 위해 이를 어떻게 인식하고 대처해야 하는가는 연구 과제이다.

[68] AI와 디지털 환경의 변화와 코칭의 활용은 매우 다양한 과제를 제공하며 향후 코칭 방향에도 지대한 영향을 줄 것으로 보인다. 수퍼비전에서는 활용이 더 확대되고 있다. 이에 대한 검토는 이 저서의 범위를 넘는다.

참고: 『디지털 코칭과 AI: 디지털 시대 AI와 코치의 만남』 조나단 패스모어, 샌드라 J. 딜러, 샘 아이작슨, 막시밀리안 브랜틀 편집. 허영숙 옮김. 2025. 코칭북스.

[사례 연구 2.1] 프로리얼ProReal을 활용한 가상 수퍼비전

사례는 해외에서 일하는 수퍼바이지에게 수퍼바이저는 일대일 원격 회기remote session를 요청했다. 수퍼바이지는 전에 프로리얼ProReal에서 일한 적이 있어, 수퍼바이저와 공유하기 전에 장면을 설정했다. 그녀는 다른 온라인 시스템으로도 코칭 계약을 했었기에 컴퓨터 작업에 관한 효율성에 익숙했다.

1. [그림 2.1]은 코칭 파트너와 함께 있는 수퍼바이지(전경)의 스크린샷이다. 코칭 파트너 가운데 한 명 옆에 있는 지뢰밭은 관계의 (신체적) 취약성sense of the fragility을 나타내는 반면 거리는 연결과 신뢰의 수준에 대한 내용을 더 많이 나타낸다. 이것이 수퍼비전의 질문의 주제가 되었다.

[그림 2.1] 프로리얼 코칭수퍼비전 회기 – 스크린샷 1

2. [그림 2.2]는 수퍼바이저는 수퍼바이지에게 코칭 파트너의 세계를 어떻게 이해하는지 설명해달라고 요청한다. 이 스크린샷은 코칭 파트너의 환경을 기반으로 하며 사장(가장 큰 인물)에게 잘 수용되지 않는 피드백을 나타내는 폭탄이 드러나 있다.

[그림 2.2] 프로리얼 코칭수퍼비전 회기 – 스크린샷 2

3. [그림 2.3]에서 수퍼바이저는 코칭 파트너의 관점에서 상황을 바라보고 수퍼바이지에게도 똑 같이 해 보라고 권유한다. 두 사람은 코칭 파트너가 사장으로서 코치를 볼 수 있을 가능성을 탐색한다.

[그림 2.3] 프로리얼 코칭수퍼비전 회기 – 스크린샷 3

4. [그림 2.4]에서 수퍼바이저가 수퍼바이지에게 이런 진행과 상황, 전개되어 나타난 (화면)상황 등의 내용이 그와 어떻게 관련되는지 이야기하도록 초대한다. 이 스크린 샷에서 몇몇 동료들의 최근 피드백이 어떻게 잘못 전달 되었는지, 그리고 수치심과 관련된 이슈가 어떻게 존재했는지 알 수 있다.

[그림 2.4] 프로리얼 코칭수퍼비전 회기 - 스크린샷 4

여기서 코끼리는 피하고 있는 어려운 대화를 나타낸다. 수퍼바이지의 '내면의 목소리'(수치심)는 "당신에 대해 다른 사람들이 뭐라고 하는지 관심 갖는 것이 중요하다"라고 말하고 있다.

다음 회기에서는 "수치심"과 그 역동을 어떻게 이름 짓고 탐구하는 법을 포함해 앞으로 나아갈 수 있는 가능한 옵션을 탐구하면서 마무리 된다.

역자 추가 질문

Q. 짧은 설명 사례이지만 현재 우리의 디지털 환경에서 이 같이 수퍼바이지나 코칭 파트너가 참여하며 작업할 경우 어떤 유익이 있겠는가?

Q. 현재 자신이 활용할 수 있는 디지털 발전 환경 중 가상 현실에 함께 참여하여 진행할만한 것이 어떤 것이 있는가?

Q. 이런 새로운 시도를 위해 준비할 것은 무엇인가?

Q. 어떤 대상을 타겟할 것인가.

Q. 코칭 활용이 아니라 수퍼비전 활용에는 어떤 특성이 있다고 보는가?

주제의 변형: 집단 수퍼비전의 다양한 형태

집단 수퍼비전을 제공하는 방법은 여러 가지이다. 두 가지 주요 변수의 검토가 필요하다. 첫째, 수퍼비전을 '용이하게 작용하는facilitating 사람은 누구인가, 둘째, 함께 일하는 "집단"의 특성이다. 이를 차례로 검토하고 [표 2.1]에서 설명한 이점과 한계에 어떤 차이를 만드는지 살펴보자.

변수 1: 용이하게 작용하는 사람은 누구인가?

자격을 갖춘 수퍼바이저(가장 일반적인)가 혼자 진행하는 경우의 한계는 위에서 설명한 바와 같다. **두 명**의 수퍼바이저가 공동으로 진행하는 경우(흔히 집단의 크기가 클 때)를 살펴보자.

> 두 명의 수퍼바이저

추가 이점

- 집단의 창의성을 향상시킨다.
    - 두 명의 수퍼바이저가 있으면, 서로 이슈를 다르게 보고 다양한 예를 공유할 수 있다. 이는 논쟁을 심화시키는데 도움이 된다.[69]

---

[69] 사내 코칭수퍼비전, 대학이나 연구소의 집단 수퍼비전을 기획할 경우 외부에서 한 명의 수퍼바이저를 초대해 조직 내부 수퍼바이저와 함께 진행하면 바람직하다.
　학파나 분야별 특성을 고려하여 구성할수록 좋다.
　이런 진행은 조직이나 학파별, 수퍼바이저나 고참 코치별로 각자 나름대로 '성城'을 구축하고 있는 현실에서 적절하게 도입할 경우 도움이 된다. 실제적인 내용이 교류되고 필요한 검토와 논의가 이뤄진다면 무엇보다도 참여하는 수퍼바이지에게 유익하다. 〈수퍼바이지 중심성(2)〉

수퍼바이지(수퍼비전-주체) 중심성(3)

○ '수퍼바이저가 가장 잘 안다'라는 가정[70]에서 벗어나 개별적으로 알아차림을 높이는 데 집중할 수 있다(Whitaker & Lucas, 2012). 이런 방식은 "역할 권한role power"에 대한 어떤 생각도 희석시키고 수퍼바이지(수퍼비전-주체)들 사이에서 권한을 강화한다.[71]

• 집단 내 협력을 최적화한다.

두 명의 진행자가 함께 잘 협력하면 그들이 (일종의) "내장built-in"된 집단 관리를 공유해 집단 협력이 이루어진다. 이런 식의 협력을 역할 모델로 제시하면 집단 역동에 영향을 미쳐 **하위 그룹**이 형성되지 않게 된다(Lucas & Whitaker, 2014).

하위-집단 별도 조류 개별화

○ 이는 코치 개발의 각 단계와 관계없이 적극적인 집단 참여를 도울 수 있다.[72]

• 도움이 되지 않는 집단 역동의 위험을 줄인다.

○ 두 명의 수퍼바이저가 있으면 집단 역동 관리가 더 쉽다. 한 명의 수퍼바이저는 참여자의 토론 내용과 과정에 초점을 맞추고

---

70) '수퍼바이지'는 수퍼바이저를 '이미 가장 잘 알고 있다고 가정된 주체'로 바라본다. 반면에 수퍼바이저는 모든 것을 '알고 있지 못함의 자세'로 임한다. 이런 기대의 차이가 분명할수록 보이지 않는 긴장이 높아진다. 그러나 이런 긴장을 유지하고 대립하고 극복하는 과정에서 새로운 통찰과 앎이 생성된다. 수퍼바이저로부터 '앎'을 내려 받지 않고, 함께 또 따로 재생한다는 점에서 '수퍼비전-주체'가 된다.

71) 두 명의 수퍼바이저가 상호 비교되는 것에서부터 둘이 보이는 '차이'만으로도 집단 내 한 사람에 대한 추앙 현상이 완화될 수 있다. 이런 렌즈를 벗으면 수퍼바이지는 수퍼바이저가 보여주는 것 이상을 발견할 수 있다. 〈수퍼바이지(수퍼비전-주체) 중심성(3)〉

72) 공동 진행자의 움직임과 진행으로 드러나는 것 외에도 보이지 않는 '협력'의 질적 요인이 집단 전체에 모델링되고 '장'이 관리된다. 이는 집단원에 의해 자연스럽게 공유되어 일체감을 높인다.

이와 반대가 된다면 집단 내에 찬반, 선호도, 경험의 차이 등이 표면화 되거나 수면 아래에서 공유되고 이는 당연히 하위-집단이나 별도 조류로 흐른다. 당연히 진행자 역시 이에 휘말려 상호 조응하며 개별화 된다. 코치 간 경쟁이 심한 상황에서 수시로 일어날 수 있어 사실 '공동' 활동이 쉽지 않다. 팀코칭, 집단 수퍼비전에서 공동 진행의 경우 수퍼비전-관계 구조 하에서의 진행이 필요하다.

다른 수퍼바이저는 집단 내 상호 작용에 초점을 맞출 수 있다.
- 수퍼바이지(수퍼비전-주체)가 제기한 사례를 종합적으로 검토할 가능성이 매우 크다.

    또 다른 성찰층
    메타-성찰

    한 수퍼바이저는 특정 모델(예를 들어, 일곱 개의 눈 모델)에 대한 기여도를 매핑하여 "관찰자" 역할을 할 수 있다. 이 모델은 집단이 생성한 것 위에 **또 다른 성찰층**을 제공한다.
    ○ 우리는 이 헬리콥터의 시각을 "메타-성찰meta-reflection"이라고 부른다. [역자 부록 5.1 참조. Reflection-above-Action]
- 두 명의 진행자가 큰 그룹을 두 그룹으로 나누어 동시에 진행해 개별 사례에 더 많은 시간을 할애할 수 있다.

    그렇지만 기술적으로는 작은 두 그룹을 하나로 모으는 전체 활동이 없으면 사실상 단일 수퍼바이저에 의해 효과적으로 진행하는 것이 된다.

변수 2: 집단의 특성

미리 정해 둔 기간 동안 정기적으로 모이는 '정적'인 집단

추가 이점
- 시간이 지남에 따라 집단 내 관계가 형성되고 신뢰감이 깊어지며 사람들은 자신의 취약점을 더 쉽게 표명할 수 있어 유용하다.
- 다른 참가자들은 동료가 가져온 자료에서 주제를 바로 알아차리는데 수퍼바이저는 "발견spotted" 못할 수 있다.[73]

---

[73] 때로는 집단 '동료의 눈'이 필요하다. 이는 주제 발굴 외에도 유사한 주제로 연결해 공감적 반응을 제공하기도 해 **집단-앎**을 촉발하기도 한다. 수퍼바이저가 발견하지 못할 수 있다. 또는 일부만 알 수 있다.
반면에 수퍼바이저는 집단의 참여자(동료)에 의해 드러나도록 여유나 공간을 허용한다.

- 집단 구성원의 전문성을 이해하고, 수퍼바이지로서 집단과 논의할 수 있는 많은 이슈들이 있을 때, 다른 참가자들의 강점에 도움이 되는 이슈를 가져올 수 있다.[74]

추가 한계점

- 일반적으로 한 개인의 불참으로 "집단" 분위기가 흐트러질 수 있지만 "참석"해야 한다는 동료 압력peer pressure이 있다.[75]
- 집단 유지의 필요성으로 개인의 요구에 대한 '동의'가 지연될 수 있다.[76]
- 수퍼비전 타이밍에 대한 유연성이 적기 때문에 수퍼비전의 기회가 수퍼비전의 필요성과 맞지 않는 경우가 있다.[77]

수퍼바이지(수퍼비전-주체)
중심성(4)

---

74) 사전 계약 단계에서 각자의 개별 과제를 알고 있는 집단 수퍼바이저의 경우 매회기 사례에서 이슈를 제안할 수 있으면서도 집단 전체의 배움을 위해 이슈나 주제를 회기 진행에 따라 재배치할 수 있다. 또 대체로 사례 이슈나 집단원의 성찰 과제는 서로 연결되어 있기에 전체적 구상을 하기도 한다.

75) '동료 압박'은 다양하기에 향후 연구가 필요하다. 우리의 좁은 시장에서 수퍼바이저는 집단수퍼비전 공간 이외에서도 다른 작업과 관계를 갖는다(이중관계). 또 집단 참여를 위한 모집 단계에서 누가 참여하는지 사전에 공개된 것도 아니다. 그러므로 집단 첫 회기에 와서 동료들을 알게 되는 경우가 있다. 이런 조건은 향후 전개에 다양한 영향을 준다. 물론 집단 밖에서는 언제든 경쟁 관계가 된다.

76) 정기적 시간에 개최되며 8회 단위로 재계약해 집단을 구성하는 경우, 연속적으로 참여하는 경우라도 등록 때마다 계약과 함께 주제, 요구를 재동의하고 첫 회기 전에 일단 수퍼바이저와 확인한다. 이후 첫 회기에 이를 집단에 공유하면 더욱 좋다. 이 경우 첫 회기는 사례를 다루는 시간이 줄어들 수 있다. 그러나 제출된 자료에서 집단이 논의할 이슈나 주제를 발굴하지 못할 경우 집단의 통일성, 개인의 특성이나 수준, 주저나 견제 등으로 합의가 지연되거나 잠복된 채 넘어갈 수 있다.

좁은 수퍼비전 시장에서는 집단 밖에서의 활동 경험 관계가 언제든 집단에 반영된다.

77) 집단 수퍼비전 계약 기간은 각 참여자와 (집단) 수퍼비전 관계와 작업동맹이 유지된다. 그러므로 집단 회기 이외에 '자문 대화' 관계가 열려 있다. 회기 시작 또는 끝난 후 '30분'을 제공해 집단 안에서의 개인 요구와 필요를 다룰 수 있다. 수퍼바이지(수퍼비전-주체) 중심성(4)을 위해서는 어떤 형태든 수퍼바이지(수퍼비전-주체)의 현재 필요성과 요구를 적시에 해결하는 노력이 필요하다.

- 안정된 집단은 너무 친숙해지고 작업 방식에 너무 익숙해져서 일   공모와 집단사고
  상화될 수 있다. 최악의 경우 '집단사고'에 갇히거나 결탁하게 된
  다. 물론 이런 위험을 관리하는 것은 수퍼바이저의 역할이다.[78]

참가자들이 자유롭게 참여하는 유연한 집단[79]

추가 이점

- 다양한 접근방식을 접하는데 유용하며, 공모와 집단사고를 예방할 가능성이 높다.
- 수퍼바이저가 집단 역동을 관리하는 데 능숙하다면 여러 장점이 있다. 집단으로서 오랜 관계를 맺지 않았는데도, 놀랄 만큼 '깊은' 관계를 맺을 수 있다.[80] 때로는 **상대적 익명성**이 사람들을 안심하   파도 타기를 허용하며 항해
  게 하고 더 많은 것을 공개하기도 한다.

추가 한계점

- 다양한 참석자의 성격을 접하고 [팀의 분위기도 변하고] 신뢰가 쌓

---

78) 집단을 운영한다면 이는 수퍼바이저가 감당할 책임이다. 수퍼바이저의 '열린 사고'나 유연성에 일임한다고 해도 본질적으로 해결되기 쉽지 않다. 윤리적 성숙성, 수퍼바이저의 수용력, 또 다른 수퍼바이저를 위한 수퍼비전 구조를 확립하며 파도타기를 허용하며 항해한다.
79) 이 같은 열린 집단 수퍼비전 구조는 현재 코칭수퍼비전 여건에서는 쉽지 않다. 일정의 정기성과 고정된 장소에서 정기적으로 진행하며 참여자들이 손쉬운 절차로 참여하는 집단 수퍼비전 방식이다. 해외의 경우 다른 전문 분야에서는 뜻있는 수퍼바이저에 의해 오랜 기간 진행되는 전설같은 이야기가 있다.

    집단 코칭수퍼비전을 운영하며 일정한 절차를 통해 집단수퍼비전 자체를 '어항 보기fishbowl' 형태로 참가를 자유롭게 해 실행하는 방식도 기대할 수 있다. 이 경우 상호 보호를 위해 집단과 관찰자가 상당히 떨어져야 하는 조금 넓은 공간이 필요하다.
80) 우리는 좁은 코칭수퍼비전 시장 여건에 '익명성'이 보장되는 것은 여간 어려운 일이 아니다. 그러나 익명성을 언급하는 취지는 자유로운 상상과 토론의 보장을 위해서이다.

는 데 시간이 더 걸린다는 가정 때문에 깊은 수준의 작업이 어렵다고 생각한다.[81]

동료 수퍼바이저와의 수퍼비전

지금까지 설명한 바에 따르면 수퍼비전은 자격을 갖춘 수퍼바이저에 의해 제공된다. '자격을 갖춘'이란 일반적으로 수퍼바이저가 인정된 교육 기관이나 대학에서 코칭수퍼비전 관련 추가 교육을 받은 경험이 풍부한 코치이거나 다른 조력 전문가(상담자나 심리치료사 등)임을 의미한다.[82]

수퍼바이지(수퍼비전-주체) 중심성(5)

진행자가 이런 수준의 경험이나 훈련을 받지 못한 경우, "동료 수퍼비전"[83]이라고 표현하는 게 더 정확하다. 다음은 모두가 참여할 수 있는 다양한 유형의 동료 수퍼비전과 관련된 이점과 한계에 대한 설명이다.

---

81) 오래전 초창기에 개방 형식의 집단수퍼비전을 진행한 바 있다. 당시 참석자들 전체의 윤리적 수준 때문에 매우 침범적인 질문과 개입이 반복되어 사례 발표자가 감당하기 어려운 경험이 계속되어 결국 중단했다. 그러나 윤리적 수준이 보장된다면 같은 훈련기관이나 학파 안에서는 충분히 가능하다는 판단이다.

82) 이런 취지를 정확하게 반영하고 있는 조직은 2025년 현재 ICF이다. 멘토 코치는 ICF회원이자 당위 인증 자격 코치라는 제한을 둔다. 그러나 코칭수퍼비전을 위한 수퍼바이저의 선택은 전문적 프랙티셔너라는 언급 이외엔 특별한 제한을 두지 않고 수퍼바이지의 선택에 일임하고 있다. 이 저서는 ICF와 비교해서는 상대적으로 수퍼바이저의 전문성을 강조한다.

ICF의 취지는 코치들이 자신의 코칭을 수퍼비전을 통해 살펴보겠다고 결정하는 단계가 되면 그런 내적 필요를 자각하고 자신에게 필요한 수퍼바이저 선택에 일정한 견해를 갖는다는 점을 중시한다. 그렇지 않은 경우 조력자로서 전문적인 멘토 코치의 지원으로 충분하다는 것이다. 그리고 멘토 코치와 코칭수퍼비전의 개념과 내용이 겹치는 부분이 있다는 점도 강조한다. 그러나 이런 입장은 조금씩 변화할 것으로 보인다.

참고: 권말 부록 5. ICF 멘토 코칭 역량 모델, 권말 부록 1. ICF 코칭수퍼비전 역량 모델

83) 동료 수퍼비전은 곧 '수퍼바이저 없는 수퍼비전'이며, 수퍼바이지(수퍼비전-주체) 스스로 진행하는 자율 수퍼비전으로 새롭게 의미 부여하고 활성화하는 것이 중요하다. 〈수퍼바이지(수퍼비전-주체) 중심성(5)〉 실천의 한 형태이다.

동료와의 개별 수퍼비전

자격을 갖춘 수퍼바이저가 아닌 동료와 함께하는 수퍼비전이다.

공통적인 특징[84]

- 두 동료가 상호 협력하기로 동의한다. 각 동료는 서로에게 '수퍼비전' 지원을 제공한다.
- 일반적으로 '비용'보다는 시간을 교환한다.
- 얼마나 자주 만날지, 관계를 어느 정도 지속할지 정식으로 협상하지 않고도 "필요에 따라" 조직되는 경우가 많다.

buddy coaching과 (일대일) 동료 코칭수퍼비전의 차이

이점

- 두 동료가 비슷한 발달 단계에 있는 경우, 경험이 많은 동료로부터 평가받을 수 있다는 부담 없이 '완벽하지 않은' 일들에 대해 마음을 열고 우려 사항을 나누는 것이 더 쉬워질 수 있다.[85]
- 정규 자격을 갖춘 수퍼바이저와 함께 일하는 것보다 비공식적이고 '자발적'인 활동이기에 이런 접근방식은 **개인적인 책임감**을 더 깊게 한다.
- 정기적인 회기를 위해 **계약**하기로 선택한 동료들은 "유료"로 진행

완벽하지 않은 작업 검토하기

---

84) buddy coaching과 (일대일) 동료 코칭수퍼비전의 차이는 무엇인가? 동료 코칭은 코칭 스킬 중심 반복적 훈련이며 코치 체험과 코칭 파트너 체험을 통한 상호 협력적 성찰 학습이다.
　　동료 코칭수퍼비전은 자신의 코칭 실천 사례와 코칭 활동(코치, 코칭 파트너, 코칭 체험)을 '수퍼비전' 방식으로 실천하는 협력적 성찰 학습이다.
85) 언제나 '완벽하지 않을 수 있는 용기', '깨끗한 대화'가 필요하다.

편한 관계에 안주하기 무의식적 공모	하는 것보다 수퍼비전/성찰적인 프랙티스에 더 자주 접근하게 된다.[86]

한계점

	• 대학이나 코칭 훈련 조직 등의 특성으로 안락함 cosiness이나 공모를 초래할 가능성이 있다.[87]
스스로 자신의 윤리적 수준을 관리 담소로 미끌어지는 것 동료 수퍼비전의 한계	• 논의는 기법과 비즈니스 개발에 집중하는 경향이 있으며 **코칭 파트너 안전**과 관련된 **이슈**에 잠재적 해악을 끼칠 수 있다.[88]
	• 모든 전문 기관이 인증을 목표로 동료 수퍼비전을 인정하는 것은 **'아니다.'**
	• 동료들은 경계나 윤리적 이슈에 대해 서로에게 도전하기를 꺼릴 수 있다.[89]

---

86) 관계와 진행, 기간, 내용에 대한 계약, 상호 지불 방식의 형태(현금, 시간, 또는 교환)와 절차와 규칙에 대한 합의에 근거해 시작한다.

87) 주관하는 측은 매칭하고 각자에게 일임하는 경우에 해당한다. 실천한 '코칭 사례'를 다룰 수 있는가. '코치 개인'의 이슈는 어떻게 해야 하는가. 또 진정한 '일대일 동료 수퍼비전'이기 위해서는 윤리적 제안과 운영 지침 등이 있어야 한다. 또 실천 이후의 경험은 어떻게 피드백 할 것인가 등 일정한 시스템을 갖지 않으면, 안락함과 적당함에 머물게 된다.
  반면에 자격 응시를 앞두고 자발적으로 진행하는 '버디 코칭'과 다르다.

88) 회기 운영이 코칭 윤리에 근거하고 계약에 의해 운영해야 한다. '코칭 방식'으로 진행하여 '담소'로 미끌어지는 것을 방지한다. '어떻게' 보다는 '내적 응답'과 '책임'에 집중하는 '성찰적 실천'의 심화로 활용한다.

89) 동료 수퍼비전의 한계이다. 코칭 파트너와 코칭에 대한 내적 응답과 책임, 윤리적 민감성, 실천과제 이행 등으로 수퍼비전 생활을 활동의 초석으로 익히는 것에 큰 의미가 있다. 한계는 둘 중 한 명의 조심스런 도전과 발걸음에 달려 있다.
  '동료 (집단) 수퍼비전' 윤리에 대한 실천적 정리, 수퍼비전 (개입) 방법, 진행에 대한 연구가 필요하다.
  참조: 『동료 코칭수퍼비전 실천: 성찰적 실천을 위한 다목적 가이드』 태미 터너, 미셸 루카스, 캐럴 휘태커 지음. 김현주, 박정화, 이서우, 정혜선, 허영숙 옮김. 코칭북스. 2025.

집단 동료 수퍼비전

자격을 갖춘 수퍼바이저가 없이 여러 동료와 함께 수퍼비전 작업을 하는 경우이다.[90]

공통적인 특징

- 여러 명의 코치들이 집단으로 정기적으로 만나 모임을 갖는다. 일반적으로, 6명에서 8명 단위로 1년에 최소 6번 이상 만난다.
- 공식적인 계약을 맺고, '수퍼바이저'의 **역할**은 정기적으로 미리 합의된 기준에 따라 집단 안에서 **회전**한다. '수퍼바이저'의 임기는 한 번에 한 회기로 짧을 수 있고, 6개월 정도 더 긴 기간 지속될 수 있다.
- '수퍼바이저' 역할이 매 회기를 회전할 때, 동료 수퍼비전 집단은 자기-관리self-managed를 위한 액션 러닝action learning 설정과 공통점이 많다.[91]
- 실행 계획logistics, 시간 관리를 위한 코디네이터 등 집단 내에서 다른 '역할'도 담당한다. 이런 **역할 공유**는 집단 안에서 정기적으로 회전한다.
- 코칭 파트너 작업을 검토하는 것 외에도 새로운 기법이나 심리 측

수퍼바이지(수퍼비전-주체) 중심성(6)

---

90) 이 역시 수퍼바이지(수퍼비전-주체)의 입장에서 보면 '수퍼바이저 없는 집단 코칭수퍼비전'이다. 〈수퍼바이지(수퍼비전-주체) 중심성(6)〉의 실천의 한 형태이다.
91) '액션 러닝'은 팀을 구성해 실제 과제를 함께 논의하고, 필요한 지식을 배우고, 실천 방안을 논의하고 피드백하는 통합적인 교수 학습 방법이다. 많은 코치가 집단 코칭의 방안으로 습득해 온 독립된 인접 분야의 하나이다. 최근에는 이와 유사한 퍼실리테이션facilitation이 활용되고 있다.

정 도구의 사용 등 최근에 습득한 학습 내용을 공유할 수 있는 포럼을 제공하기도 한다.
- 집단 수퍼비전의 또 다른 특징으로 회기 사이에 수퍼비전 '한 쌍'끼리 셀프 퍼실리테이션self-facilitated하게 안내할 수 있다.[92] 6개월에서 12개월마다 각 쌍을 교대하면 학습 잠재력을 활성화한다.

> '용의하게 하다, 촉진하다' 등 의미의 편차

이점

- 지명된 집단 '수퍼바이저'가 '안아주기 공간holding the space'과 집단 역동을 관리할 분명한 책임이 있다.[93]

> 코치의 수용력

- '돈보다는 시간으로 '통용/교환currency'한다.
- 동료 수퍼바이저의 역할 권한role power은 희석되어 수퍼바이지의 개인적 책임감을 심화시킨다.[94]

> 수퍼바이저 책임

- 이 접근은 집단이 매우 경험이 풍부한 코치로 구성된 경우는 효과적이다. 비즈니스 경험이 풍부한 코치와 상담, 심리학, 행동 과학

---

92) 독립된 인접 분야인 퍼실리테이션을 직접 활용할 수 있다. facilitate는 '용의하게 하다, 촉진하다' 등 의미의 편차를 보인다. 동료 집단 코칭수퍼비전 구조하에 일대일로 쉽게 자기화를 하도록 상호 지원한다.

93) 동료 (집단) 수퍼비전의 이런 특징은 수퍼바이지의 수퍼비전 주도권, 책임성을 높일 수 있는 훈련이자 준비이다. 동료 (집단) 수퍼비전, 전문 수퍼비전 등을 잘 설계해 자기 성장 전략을 갖는 것이 중요하다. **수퍼바이저의 역할**은 집단 안에서, 또는 전후의 집단원의 반응, 참여와 집중도의 유지, 적절한 수준의 성찰, 불가피한 개인의 저항과 집단의 역동을 감당하고 수용하며 집단과 장을 버티며 살아남아야 한다. 이런 기둥 역할이 곧 '안아주기 공간'의 실현이고 유지이다. 이런 경험이 코치의 수용력을 강화한다.

94) 이것이 이점인 이유는 소위 '수퍼바이저의 권위'가 주는 부정적 작용이 쉽게 희석된다. 수직성보다는 수평성이 강화되어 힘의 등가성으로 인해 수퍼비전의 상호 협력적 학습이 강화될 수 있다. 이를 잘 활용하고 체험하는 것은 의미가 크며 유일한 기회이다. 개인적 책임감을 감당하며 수평적 배움에 집중이 필요하다. 수직성에 의한 학습은 다른 기회/곳에서 찾는다.

을 전공한 코치가 효과적으로 조합될 수 있다. 그 결과 여러 사람의 경험을 통해 코칭 파트너 작업를 검토할 때 다양한 관점을 얻을 수 있다.[95]

- 훈련 과정을 마친 동문들 사이에 동료 집단이 자리 잡는 경우가 많다. 이런 기존 관계는 친밀감과 연대감에 깊이를 더한다. 또한 공통된 철학으로 코칭 작업에 대한 접근을 통해 학습을 내재화embed하는 데 도움이 된다.

- 동료는 여러 이슈를 보다 공식적인 수퍼비전으로 가져가는 것이 도움이 될지 여부를 알기 위한 의견 수렴의 장/반응 테스트 대상 sounding board으로 유용하게 사용할 수 있다.[96]   '따라 다니는' 경향

- 동료는 아이디어를 토론하고, 구체화하고, 공유하는 데 유용할 수 있다. 특히 코칭 파트너와 함께 작업할 수 있는 **다른 방법**을 찾고 있다면 더욱 도움이 된다.

- 동료와의 연결은 독립적인 프랙티셔너로서 자주 경험하는 고립감을 줄이는 데 도움이 될 수 있다.   고립감 줄이기

- 본인이 '수퍼바이저' 역할을 할 때, 잘 알려진 "다른 사람들"로부터, 촉진/용이하게 하는 기술facilitation skills에 대한 피드백을 얻을 수 있는 기회가 된다.

---

95) 실제 현실에서 **능력과 경험의 배합**은 동료 집단이 이런 특성으로 효과를 높일 수 있다. 수퍼바이저의 진행에 의해 다양한 관점의 병렬, 통합에 의한 배움을 높일 수 있다. 또 이런 경험이 차후 자신의 학습 방향 결정에 도움이 된다.

96) 계약과 합의가 필요하다. 그렇지 않은 경우 '제안'을 통해 진행하며, 피드백을 통한 학습으로 설계되어야 한다. 자칫 코치 대상으로 한 코칭 비즈니스 미끼 프로그램처럼 소개와 맛보기, 호기심 자극이 되어 '따라 다니는' 경향으로 이어져서는 발걸음을 헛딛게 된다.

한계점

- 대학, 조직, 학파의 특성으로 편안함^{cosiness}이나 공모^{collusion}를 초래할 가능성이 있다.[97]
- 같은 과정의 동문으로 집단이 연결되어 있다면, 집단의 동질성에서 비롯된 맹점이나 "집단 사고"가 발생할 수 있다.[98]
- 이 접근은 경험이 없는 코치들로 구성된 집단에서는 코칭 성숙도가 낮은 코치들을 그 수준에서 "올가미로 가두는^{trap}" 경향이 있기에 효과적이지 않다.

"올가미로 가두는^{trap}" 경향

집단에는 비슷한 사각지대가 있기 마련이다. 이는 다양한 문제-해결을 창출하기 위한 경험의 폭이 충분하지 못하면 "끼어서 꼼짝 못하는/고착화^{stuck}" 느낌을 갖게 한다.[99]

동행자이면서도 경쟁자인 코치들과의 관계

호킨스^{Hawkins}와 슈벤크^{Schwenk}(2006)는 코칭 개발의 첫 단계에서 "^{Q.}나는 어떻게 하고 있는가?"라는 질문에 주의를 기울이는 것

---

[97] 개인 동료 수퍼비전에 이어 집단 동료 수퍼비전의 경우 더욱 분명한 지침이 필요하다. 대학이나 코칭전문회사의 여건과 상황은 최소한의 지침이 고려될 수 있으나 '학파'의 경우는 좀 더 분명한 윤리 기준 또는 실천 지침을 유지할 수 있다.

[98] 이런 현상이 '부족部族'으로 발전하여 일정 기간 유익을 나누는 비즈니스 재생산 구조로 정착되게 된다. 윤리적 성숙성을 유지하고 코칭사회 전체와 소통하는 리더십이 중요하다.
　사실 동료 수퍼비전이나 훈련의 거처에서의 활동으로 해소되기 어려운 발달 과제나 이슈에 직면하는 경우 정식 수퍼비전 관계를 찾는 일이 점차 늘어나고 있다. 반면에 일차 집단에서 코치들의 관계 갈등, 윤리적 충돌, 회사 비즈니스 대상에서 탈피해 새로운 모색이 필요한 경우도 있다.

[99] 초기 시절 경험이 떠오른다.
　이런 현상을 보게 되는 앞서 경험한 코치가 이를 보고도 성찰적 자세와 검토를 충분히 알아들을 수 있도록 뒤에 오는 코치들에게 문제 제기하지 않는다면 이는 윤리적으로 둔감한 활동이다. 또 '정보를 제공할 뿐 결정은 본인이 알아서 하는 것이다'라는 입장에서 선의로 정보 제공 방식으로 안내하는 태도는 아쉬움이 많은 태도이다. 앞서거니 뒷서거니 하는 동행자이면서도 경쟁자인 코치들과의 관계는 중요한 자기 검토 사항이다. 윤리적 '자문 대화'를 깨끗한 대화로 진행한다.

이 일반적이라고 했다. 따라서 이 발달 단계에서 활동하는 모든 수퍼바이지 집단은 코칭 파트너와의 상호작용에 우려를 하며 코칭 작업의 더 넓은 시스템 영향을 무시할 가능성이 있다.[100]

> 실천능력의 차이/다름이 곧 배움의 시작이다.

- 구성원들은 집단 역동을 관리하는 실천능력^{capability}이 다양하고 다를 수 있다. 한 사람이 집단의 대화를 지배하는 등, 도움이 되지 않는 집단 역동이 집단의 효과성과 자기 학습에 미칠 위험이 크다.[101]

- 모든 집단이나 팀도 역시 **역기능적인 집단 역동**의 결과로 최적의 결과나 결정에 동의하지 않는 "집단 사고"가 발생할 가능성이 있다.

> 집단 사고

- 많은 동료 집단이 처음에는 잘 시작하지만, 시간이 지나면서 집단 간의 몰입/헌신 수준이 다양해지고 집단의 생존을 위한 에너지를 유지하기가 어려워진다. 구성원 간에 서로 다른 수준의 "노력"을 경험하는 경우 집단은 분열된다. 참여와 헌신하는 능력이 유사한 소수의 핵심으로 축소된다.

- 모든 전문 기관이 인증을 목적으로 동료 수퍼비전을 인정하는 것은 **아니다**.

---

100) 초기부터 시스템 관점을 강조한다. '나는 어떻게 하고 있는가?'라는 의문을 넘어 나를 중심으로 한 시스템, 집단 전체의 시스템 안에서 '어떻게 볼 수 있는가?' '이번에는 무엇이 새롭게 보이는가?'에 집중하며 사각지대에 도전, 타인과 비교의 함정에서 탈피할 수 있다.

101) ①회기 수와 다루는 ②주제 분야, ③진행을 위한 윤리적 기준과 ④운영 규칙, ⑤접근 방식을 중심으로 운영하면서도 ⑥정기적으로 재구성하는 것이 현실적 대안이다.

[사례 연구 2.2] 동료 수퍼비전 그룹의 초기 예

1990년대 중반, 경험이 풍부한 6명의 코치가 그룹 수퍼비전을 위해 서로 계약했다. 그들은 심리학, 상담, 고위급 HR, 학계, 행동 과학, 저널리즘, 기업가 정신, 의사소통 및 인사 컨설팅을 포함한 다방면eclectic의 다양한 배경을 가지고 모였다. 그들의 정기적인 회의(6주마다)는 그룹으로 특정 전문 지식을 공유하거나 학습, 개인 개발 이슈에 대한 토론, 코칭 파트너 사례 발표와 탐구 등으로 구성되었다. 또한 각 구성원은 정기적인 일대일 전화 또는 대면 수퍼비전으로 다른 구성원의 지원을 받았다. 각 쌍은 6개월마다 변경되어 더 다방면의 학습을 장려하고 안주하지 못하게 했다. 이는 확정된 코칭수퍼비전 프랙티스가 없었던 시기에는 실용적인 접근이었다.

이런 접근의 이점은 각 구성원이 존경하는 동료의 관점을 활용할 수 있었고 매우 다른 전문 지식을 제공했다. 이런 공유를 통해 친밀한 우정이 생겨났거나 강화되었다. 모든 사람이 매우 바쁘다는 것이 단점이었다. 그래서 회의를 준비하는 것은 어려운 일이었다.

역자의 추가 질문

Q. 이 그룹의 성과를 좀 더 지속하기 위한 현명한 조치는 무엇인가?
Q. 점차 한계점이 더 커지는 것은 집단 발달 과정에서 필연적인 것인가. 그렇다면 선택할 수 있는 최선의 조치는 무엇인가?
  (집단 동료수퍼비전의 한계점을 적용해 상상해 보자.)
Q. 본인이라면 어떻게 이에 대처할 것인가?

프랙티셔너의 관점

인터뷰한 프랙티셔너들의 동료 수퍼비전 경험에 대한 일화적인 논평을 제시했다.

동료 수퍼비전의 장점에 대한 독립적인 코치 마르타^{Marta}의 설명은 다음과 같다.

장점: 평등. 경험이 풍부한 수퍼바이저가 없더라도, 동료 집단이 매우 유용하게 그 공간을 만들고 사안을 해결하는 데 도움이 되는 질문을 할 수 있다는 것이 주목할 만했다.

사내 코치이자 수퍼바이저인 데이브 오브라이언^{Dave O'Brien}은 동료 수퍼비전의 단점에 대해 다음과 같이 말했다.

단점은 (그것은) 목소리 큰 사람에게 납치될 수 있다. 왜냐하면 진행 과정이 관리되지 않으면 모호한 논쟁으로 표류할 수 있기 때문이다. 이런 경우 나는 회기에서 방어적 태도가 높아지는 것을 보았다.

목소리 큰 사람

동료 수퍼비전의 장단점에 대한 수퍼바이저 마리아 쿠셀 험프리스^{Maria Cussell Humphries}는 짧게 요약했다.

이점: 공동 창조와 공동 학습
단점: 특정 측면에 대한 공통된 무지

공통된 무지

하이브리드 상황

두 명의 수퍼바이저와 한 명의 수퍼바이지

이런 경우는 비용 때문에 비교적 드물다. 일반적으로, 한 명의 수퍼바이저는 회기를 관리하며, 두 번째 수퍼바이저는 회기의 특정 지점이나 회기의 영향을 검토할 때 마지막에 추가 관점을 제시하도록 초대된다.

이런 접근의 근거는 **서로 다른 전문 분야**의 배경을 지닌 수퍼바이저가 수퍼바이지의 이슈에 대해 더 깊고 다각적인 이해를 하도록 도울 수 있다는 것이다.[102]

'위기의 코칭' 상황

두 명의 수퍼바이저와 두 명의 수퍼바이지

이것은 다른 관점을 지닌 경우와 동일한 이점을 갖고 있다. 이슈가 탐구되지 않는 코치에게 수퍼비전 과정을 관찰하고 배울 수 있는 기회를 제공한다. 또한 일반적인 일대일 수퍼비전과 동일한 비용이 든다. 한 명의 코치가 이슈를 제시하면 수퍼바이저들은 차례로 이슈를 해결하기 위해 함께 일한다. 다른 코치는 관찰한다. 수퍼비전이 끝나면, 다른 코치는 "이 수퍼비전에서 무엇을 배웠는가?"라는 주제로 대화에 참여하도록 초대받는다. 이 접근은 두 코치가 하루 종일 함께 일할 때 특히 유용한다. 그러나 비밀 유지는 이슈가 될 수 있다.[103]

---

[102] 두 명의 수퍼바이저와 한 회기에 동시에 진행하는 경우이다. 수퍼바이저의 접근방식과 이론적 기반이 뚜렷한 조건과 그 만큼 수퍼비전이 널리 보급된 환경이라 가능한 것으로 보인다. 상담 분야 학회의 워크샵에서 참여 관찰했던 경험 이외에는 보지 못했다.

한 회기가 아니라 두 명의 수퍼바이저와 일정 기간 병렬 진행했던 경험이 있다. 이른바 '위기의 코칭' 상황이다. 코칭 파트너가 코칭 과정 중 예측하기 어려운 '위기'에 처한 긴박한 상황이었고, 코치가 이에 긴급히 대처해야 하는 경우 상담과 심리치료 수퍼바이저에게 동시에 병렬로 수퍼비전을 받으며(각각 주 1회 대면), 정기적으로 여성 코치들과 동료 수퍼비전(주 1회 대면) 구조하에 코칭 파트너의 위기 상황에 대처했다. 코칭 파트너와는 전화 코칭으로 주 5회 진행후 점차 줄여 주 1회로 줄이고 종결 과정을 포함해 대략 3개월 진행되었다.

이 경험은 역자로 하여금 코칭수퍼비전에 몰입하고 연구와 훈련 및 활동하게 된 계기가 되었다.

[103] 수퍼바이저 훈련, 또는 공동으로 진행한 팀코치의 수퍼비전, 특별한 난제에 직면해 복기하는 과정으로 기획할 수 있다.

수퍼바이저 한 명과 코치 두 명

이것은 집단 수퍼비전 환경에서 "어항fish-bowl 보기" 접근법의 미니 버전이다. 수퍼바이저는 개별 수퍼비전에서처럼 어떤 이슈에 대한 수퍼바이지(수퍼비전-주체) 가운데 한 명과 함께 작업한다. 다른 한 명은 관찰한 다음 참석한 모든 사람들은 무엇을 알아차렸는지를 토론한다. 다음번에 수퍼바이지(수퍼비전-주체) 역할을 바꾼다.

이 아이디어는 수퍼비전이 어떻게 작동하는지에 대한 인식을 높이고 그 과정을 상세히 탐구할 수 있는 적절한 기회를 제공한다. 기밀 유지를 중심으로 신중하게 계약할 필요가 있지만 훈련 중인 수퍼바이저에게도 유용할 수 있다.[104]

수퍼바이지(수퍼비전-주체)가 수퍼바이저이기도 한 경우

지금까지 우리의 묘사는 동료가 코치라고 가정했다. 10장에서, 우리는 수퍼바이지(수퍼비전-주체)가 자격을 갖춘 수퍼바이저일 때는 상황이 어떻게 달라질 수 있는지 구체적으로 살펴본다. 그러나, 여기서는 수퍼비전 유형 제시의 완전함completeness을 위해 개인 및 집단 동료

---

[104] 2명 단위로 수퍼비전을 기획하고 계약한다. 수퍼바이지(수퍼비전-주체) 코치 사이의 상호신뢰와 훈련 과정을 공유해야 할 필요, 또는 협력적인 코치 활동을 해온 경우 유효하다. 매주 진행하며 한 주에 한 번씩 수퍼바이지(수퍼비전-주체)와 관찰자 역할을 교대한다. 일대일 수퍼비전 회기를 관찰자로 참여한다. 수퍼비전 후 관찰자로서 피드백과 성찰 지점을 논의하고, 3자가 피드백 및 성찰 대화를 순차적으로 진행한다. 훈련 수퍼바이저에게도 활용할 수 있으며 다양한 주제를 다룰 수 있다.
　두 수퍼바이지(수퍼비전-주체)의 관계가 중요하다. 필요에 따라서는 일대일 진행을 혼용해 진행하는 등 수퍼바이저의 체계적 준비와 운영에 대한 세심함이 필요하다.

수퍼비전의 다양한 변형을 간략하게 집어본다. 각 변형은 서로 다른 영향을 준다.

자격 있는 두 명의 수퍼바이저가 "필요에 따라" 조직되며, 공식적 계약없이 운영한다.

주요 차이점

공식 수퍼비전을 보완하는 데 가장 유용한 방법이다. 더 본격적인 수퍼비전 논의 전에 "뭔가를 꼼꼼하게 검토하거나$^{chew\ something\ over}$", 공식 수퍼비전을 할 수 없는 긴급 상황에서 유용하다.[105] 이론, 접근방식이 전혀 다른 수퍼바이저를 활용할 때 고려할 수 있다.

자격 있는 수퍼바이저 두 명이 정식 계약을 체결하고, 그 가운데 한 명만 계약 기간 동안 정기적으로 수퍼바이저 역할을 하는 경우[106]

차이점

- 동료 수퍼비전보다는 정기적인 개인 수퍼비전과 비슷하다.
- 어떤 전문 기관들은 인증을 목적으로 이를 인정한다.

---

105) 위기의 코칭, 진행 중인 프로젝트에서 예상 못한 상황, 전혀 경험이 없는 영역과 주제에 대한 대처에서 예상할 수 있다. 대체로 수퍼비전-주체에 의해 요청되고 조직될 것으로 보인다. 또 필요한 경우 동일한 사례에 대한 다른 접근이 필요한 경우도 가능하다.

106) 두 명의 수퍼바이저와 계약하고 주제나 적합성에 따라 한 명을 고정해 진행한다. 또 다른 한 명은 필요에 의해 진행한다. 과연 이럴 필요가 있는가 생각할 수 있으나 현재 자신이 활동하는 분야의 코칭 이외에 새로운 영역과 코칭 주제로 진출을 준비하는 경우 필요하다. 이를 위해 해당 분야의 수퍼바이저와 계약해 병렬 또는 순차적으로 진행할 수 있다. 위 경우는 수퍼바이저가 다른 수퍼바이저에게 수퍼비전을 받는 것을 말한다.

A가 B를 수퍼비전하고 B는 C를 수퍼비전하며, C는 다시 A를 수퍼비전하는 체인 배열로 구성원이 서로 다른 사람들과 함께 일함으로써 유익을 얻을 수 있도록 하고, 주기적으로 순서를 재배치한다.[107]

주요 차이점

- 대부분 개별적인 수퍼비전 관계와 비슷하다.
- 다양한 수퍼바이저 스타일을 경험할 수 있는 기회이다.
- 수퍼바이저로 작업할 때 수퍼바이저는 정보를 잘 알고 있는 "다른 사람"으로부터 피드백을 얻을 수 있는 기회이다.
- 어떤 전문 기관들은 이를 인증을 목적으로 **인정한다**.

'수퍼비전(사례)을 수퍼비전하기|Supervision of Supervision(SoS)'

집단 동료수퍼비전, 즉 모든 동료가 자격을 갖춘 수퍼바이저

주요 차이점

- 집단 수퍼비전 관계와 비슷하다.[108]
- 다양한 수퍼바이저 스타일을 경험할 수 있는 기회이다.
- 수퍼바이저로 일할 때, 잘 알려진 "다른 사람"으로부터 피드백을 얻을 수 있는 기회가 있다.

---

107) 훈련 과정 이외에도 수퍼바이지 코치가 수퍼비전 회기에 사례와 이슈를 가져올 수 있는 여건이 갖춰있다면 매우 강력한 훈련과 성찰 구조이다. 이런 체인 진행과 병행해 분기 또는 반기별 전체 집단 수퍼비전을 병행할 수 있다.
108) 수퍼바이저 동료들이 모이는 집단 동료 수퍼비전이다. 이런 방식의 수퍼바이저 집단은 수퍼바이저의 성장, 수퍼비전의 발달을 위해 좋은 시도이다. 코칭 발전을 위해서도 꼭 필요하다. 코칭 사례는 물론 '수퍼비전(사례)을 수퍼비전Supervision of Supervision(SoS)' 할 수 있다.

- 어떤 전문 기관들은 이를 인증을 목적으로 **인정한다**.

자기 자신을 수퍼비전하는 것이 가능한가?

지금까지 언급된 모든 수퍼비전은 적어도 한 명의 다른 사람과 함께 일하는 것을 말한다. 대부분의 사람들은 같은 생각을 가진 다른 사람들과 코칭 파트너 작업을 "함께 이야기talking through"하는 것이 가치있다고 생각하지만, "셀프 수퍼비전"의 기회를 무시해서는 안 된다. 그렇다면 이 작업은 정확히 어떻게 이뤄질 수 있는가?

셀프 수퍼비전

독립적으로 작업하고 정기적으로 자신을 위해 전념하는 성찰 시간을 할당하는 선택이 시작이다.

공통적인 특징

- 독립적으로 수행한다.
- 알아차림을 심화하는데 영향을 미치는 모든 종류의 규칙적인 성찰적 실천이다.
- 방법은 ①회기 녹음 검토, ②성찰일지 작성, ③성찰적 내러티브 생성generating ④마음챙김 프랙티스 등을 실천한다.[109]

---

[109] 유능한 코치, 수퍼바이저-되기를 위한 자발적인 실천과 노력으로 가장 유효하고 필요한 작업이다. 이 네 가지 작업은 자신의 성장을 위한 기초적인 방안이지만 의외를 이를 실천하

- 코칭 파트너 사례에 대한 정기적인 성찰로 성찰 "자료 모음library"을 만든다. 이런 1차 성찰을 성찰함으로써, 주제를 확인하기 위한 메타-성찰을 생성하며 주제를 구분한다.[110]

코치 성장 발달의 3단계

이점

- 코칭 포트폴리오의 요구와 일치하는 속도로 접근이 가능하다.[111]
- 수퍼비전에 대한 개인적 책임 의식을 높이고, 독립성을 만들어 내고 "내적 수퍼바이저internal supervisor"의 성장을 돕는다(제8장 참조).
- 도움이 안 되는 **동료와의 비교를 피한다**.

동료와의 비교를 피한다

- 역기능적인 집단 역동에 연루되는 것을 피한다.

는 경우는 적다. 대부분 외부 교육이나 강의를 통한 배움을 선호하는 편이다. 자신의 〈녹음테이프 듣기와 축어록 작성〉을 통한 새로운 발견, 〈명상을 통한 알아차림〉, 〈성찰 일지를 근거로 성찰 내러티브를 생성되고 구성〉한다. 지속하면 할수록 앎의 수준이 높아지고 시간도 단축되는 기쁨은 매우 남다른 체험이다.

이런 작업 위에서 만들어진 호기심과 과제를 탐구하기 위해 〈해외 연구 성과를 접하거나, 새로운 개념을 이해〉하게 되는 경우 언제나 새로운 인식 지평이 확대됨을 경험한다. 이런 자기-수행이 없으면 수퍼비전을 위한 수용력capacity을 키울 수 없다.

110) 일대일 코칭에 전념한지 10년이 넘었을 무렵 그동안 해왔던 코칭 파트너 사례를 인적 특성과 주제, 당시 어려웠던 점 전체를 정리한 바 있다.

코칭 파트너의 유형, 코칭 주제, 자기 나름의 성과나 어려웠던 이유의 키워드 등을 기준으로 분류하는 것만으로도 메타-성찰이 가능하며, 자신의 코칭 방향을 조정 또는 확대해 갈 수 있다. (p.486 [그림 8.1] 참조)

이를 통해 12개의 코칭 주제 영역과 회기 진행과 관리에 대한 입장을 정리할 수 있었다. 일부는 저서에 반영했다. 참조:『첫고객·첫세션 어떻게 할 것인가』 2019.

또 명상을 통한 알아차림과 숙고는 이후 내 나름의 다양한 '앎'을 구분하며 '나를 통한 나에 대한 공부'로 이어질 수 있었다.

111) 코칭 파트너와의 코칭, 코칭 실천을 통해 제기된 과제 등에 즉각 대응하며 방안과 대응을 만들어 낼 수 있다는 의미이다. 이는 '북치며 행진하는' 활동으로 콘텐츠를 '외부에 의존하는 단계'에서 '자기 스스로 창작하는 단계'로 발전함을 의미한다.

한계점

수퍼비전의 다섯 가지 선택 기준 (코칭 아포리즘)

- 의식적으로 알고 있는 것만으로 작업할 수 있다.
- 현재 지식 기반 범위 안에서만 성찰이 가능하다. 당신이 알고 있는 모델/철학만 다룰 수 있기 때문이다.[112]
- 다른 사람들과 함께 성찰하며 얻을 수 있는 폭넓은 관점을 창출할 가능성이 거의 없다.[113]
- 더 넓은 공동체와의 연결성을 만들어 내지 않는다.
- 인정하고 싶은 이슈만 해결한다.

자신에게 가장 적합한 수퍼비전을 어떻게 선택하는가?

코칭 아포리즘(1) 자기 무릎을 세워 일어설 수는 있으나, 자기 머리를 잡아끌며 경계 밖으로 나갈 수 없다.

어떤 종류의 수퍼비전을 선택할지 가늠할 때 고려해야 할 다섯 가지 핵심 영향 요인이 있다. 자신의 ①성격 유형 personality type, ②학습 스타일, ③코칭 프랙티스의 발전 단계, ④대면 또는 가상 작업에 대한 선호, 마지막으로 ⑤예산이다!

---

[112] 자신이 현재 알고 있고 적극 활용하는 이론 영역 안에서 충실한 성찰 활동이 되며 독립적 사유를 진전할 수 있으나 그 만큼의 단점을 지닌다. 나중에 새로운 이론과 앎이 확대되어 새로운 입장에서 보면 '미리 알고 있었다면' 더 효과가 크고 깊었을 것이라 자주 성찰하기에 이른다.

무엇보다 우려되는 점은 그나마 자신이 딛고 있는 이론과 철학에 근거한 철저성이 부족한 경우다. 자기만족과 피상적 수준에 머무는 자기 틀에 갇히게 될 수 있다. 자신의 무의식적 내적 저항에 경계를 확장하기가 어렵다(코칭 아포리즘(1). 자기 무릎을 세워 일어설 수 있으나, 자기 머리를 잡아끌며 경계 밖으로 나갈 수는 없다).

[113] '관계적 앎', 현재 관계에서 배우고 다른 사람에 비친 자신의 모습을 통해 배우는, 그 대상과 관계로 인해 관계 안에서 성찰하는 '관계-앎'을 얻지 못한다.

1. 성격이 수퍼비전 선택에 어떤 영향을 미치는가?

아마도 가장 분명한 성격 특성은 내향적인가 외향적인가 여부이다. **내향적인 사람**은 말하기 전에 성찰할 시간이 더 많고 그에 따라 수퍼비전 토론의 속도를 조절할 수 있으므로 **개별 수퍼비전**을 선호한다. **외향적인 사람**은 다른 사람들과 "터놓고 이야기talk things out"할 기회와 사회적 상호작용이 더 많은 아이디어를 창출하는 데 도움이 되므로 **집단 수퍼비전**을 선호하는 경향이 있다.

성과/수행performance인가 숙달/숙련mastery인가에 대한 개인의 지향도 영향을 미칠 수 있다(이것은 5장에서 더 자세히 다룬다).

2. 학습 스타일이 수퍼비전 선택에 어떤 영향을 미치는가?

> 배움의 속도·방법

이와 비슷한 방식으로, 학습 스타일(Kolb, 1984)이 **"성찰적"**인 사람들은 집단에서 [자신에게 필요한] "침묵"이 집단의 외향적인 구성원들에 의해 채워져 버리므로 개별 수퍼비전을 선호할 가능성이 높다. 이는 성찰적인 사람들이 "숙고mull"할 수 있는 기회를 방해하기 때문이다.

> 침묵과 숙고

"활동가"들은 개인과 집단에 대한 관심보다는 게슈탈트나 컨스텔레이션 작업과 같은 실천-지향적 기법을 편안하게 사용하는 수퍼바이저를 찾고 더 연결하려 할 것이다. **"이론가"**theorist들은 수퍼바이저의 철학이나 자신이 훈련받기를 원하는 이론을 분명히 알고 있을 가능성이 높다. 이런 사람들은 1년 또는 1년 6개월마다 수퍼바이저를 교체하여 새로운 이론적 틀을 접하고 자기 작업을 검토하며 도움 받을 수 있다. 마지막으로 **"실용주의자"**pragmatists는 수퍼바이저나 수퍼비전 제공 방법보다 수퍼비전이 필요한 타이밍이 더 중요하다. 실용주의자들은 수퍼비전이 적절해 보이는 "실제 필요한" 무언가를 갖고 일하고 싶어 한다. 따라서 이들은 다양한 수퍼비전 기회를 활용하는 것이 도움이 되며 코칭 파트너와 작업 직후에 짧게 검토하거나 오직 가까운 미래에 일어날 일을 준비하려 한다.

3. 코칭 프랙티스의 발달 단계가 수퍼비전 선택에 어떤 영향을 미치는가?

코치의 성장 발달과 수퍼비전 선택

우리는 수퍼비전에 대한 코치의 선택은 시간이 지남에 따라 변화하고 진화하며 새롭게 드러난다는 것을 발견했다. **훈련 중인 코치**는 선택한 훈련 제공자가 "주는 것만" 받고 동료들과 비공식적인 동료 수퍼비전으로 이를 보완할 가능성이 있다. 일단 훈련이 완료되고 수퍼비전 비용을 지불해야 하는 상황이 되면 많은 **초보 코치**가 집단 수퍼비전을 선택한다. 이는 비용을 낮추는데 도움 되며, 경험이 풍부한 상대와 함께 일하며 "삼투 현상 osmosis"을 통해 많은 것을 배울 것이라는 기대 때문이다.

삼투 현상

위에서 언급했듯이, 수퍼비전 집단은 사람들이 독립적인 프랙티셔너로 출발할 때 중요한 공동체 의식을 형성한다. 일단 수퍼바이지(수퍼비전-주체)의 포트폴리오가 증가하고 코칭 파트너 수가 많은 경우, 집단 수퍼비전에서 논의하고 싶은 모든 사례를 다루기에 시간이 충분하지 않다는 것을 발견한다. 이런 프랙티셔너들은 일대일 수퍼비전으로 집단 수퍼비전을 보완하여 자기 작업을 보다 깊이 성찰하는 기회를 갖게 된다. 또한 자신의 성찰 기술을 개발할 때 이것은 수퍼비전 선택에 영향을 미친다.

결국에는 각 접근방식이 가져다 주는 서로 다른 가치를 보고 혼합 방식을 선택할 가능성이 높다. 다음의 [사례 연구 2.3]은 이 점을 잘 보여준다.

> **[사례 연구 2.3] 경험 많은 코치가 시간이 지남에 따라 수퍼비전과 성찰적 실천의 접근 방식을 발전시킨 방법**
>
> 코칭 여정을 거치면서 코칭 작업에 대한 성찰 방식도 발전해 왔다. 처음 코칭을 시작했을 때는 훈련 기관에서 매달 개인 수퍼비전을 제공받았다. 교육 과정이 끝나면서 수퍼비전도 끝났다. 그래서 한동안 수퍼비전이 "없이" 활동했다.
>
> ①그 후 코칭 커뮤니티에 가입했고, 기법과 모델을 공유하고, "마음이 맞는like minds" 코치들과 함께 사안을 고민하는 기회를 가졌다. 코칭 체인도 운영했다. 매월 코칭 회기를 통해 코칭 비즈니스와 개인 발전에 관한 이슈도 논의했다. 코칭 프랙티스가 발전하면서 더 복잡한 코칭 파트너를 만나게 되었다.
>
> ②코칭 커뮤니티와 코칭 체인으로 예산에 맞춰 분기별 코칭 회기만 진행해 왔었지만 처음 훈련 과정에서 만났던 수퍼바이저의 의견이 절실해져서 비용을 지불하고 유료 수퍼비전을 다시 시작했다. ③약 1년 후, 훈련 수퍼바이저로부터 무료 수퍼비전을 받을 기회가 생겨서 기존의 수퍼바이저와는 잠시 쉬게 되었다. 훈련 수퍼바이저는 프랙티스 시간을 만들어야 한다는 요구에 이끌려 매달 수퍼비전을 받았다. 놀랍게도 가져올 것이나 할 말이 부족해 보이지 않았다! 우리는 지리적으로 서로 떨어져 있어서 전화로 회기를 진행했다.
>
> ④무료 회기가 끝나면서 나는 그와 함께 계속할지, 첫 번째 수퍼바이저에게 돌아갈지, 아니면 새로운 사람을 찾아야 할지 선택해야 했다. ⑤친숙함이 [익숙했던] 현실성을 이겼다. 접근 방식이 바뀌긴 했지만, 첫 번째 수퍼바이저에게 다시 돌아갔다. 과거에는 내가 "더 잘할 수 있었을 부분done better"에 집중했다면 이번에는 코칭 파트너 작업에서 중요한 "하이라이트"에 초점을 맞추기로 했다.

⑥수퍼바이저가 내게 '협력 작업associate work'을 제안했을 때 흥미로운 변화가 일어났다.[114] 갑자기 "나의 대장"에게 수퍼비전 받는 것은 부적절하다고 느껴졌다. 이 시기는 내가 수퍼비전 훈련이 끝난 것과 일치했고, 그 과정에서 처음으로 집단 수퍼비전을 경험했다. 동문들도 수퍼비전 체인을 만들어 매달 일대일 동료 수퍼비전을 했다. 이에 참여하며 새로운 수퍼비전 방식의 조합을 시도할 기회를 잡았다. 수퍼비전 작업를 체인으로 옮기고, 코칭 작업을 위해 새로운 수퍼바이저를 찾았다. 그는 특정한 이론적 입장(교류분석TA)을 지녔기에 코칭 파트너에 대해 수퍼비전을 받으면서 동시에 새로운 이론을 배울 수 있기를 바랐다. 그렇지만 이것은 내가 상상했던 것보다 훨씬 더 어려운 과제였다. ⑦1년이 지난 뒤, 나는 또 다른 변화를 시도했다. 공식 훈련을 통해 교류분석을 배우고 싶은 욕구를 해결하고 일대일 작업을 위한 다른 수퍼바이저를 찾았다.

요약하면 나의 코칭 프랙티스가 성장함에 따라 새로운 관점으로 토론을 확장하고 자극을 제공하는데 도움을 주는 나의 코칭 동료 네트워크도 함께 성장했다. 나는 내 개인과 사업 이슈를 다룰 수 있는 코칭 서클을 유지했다. ⑧공식적으로 매달 나의 "수퍼비전에 대한 수퍼비전"을 받는 수퍼비전 체인, 6주마다 일대일 "발달 지향적developmentally oriented" 수퍼비전을 통해 나의 (특히 모든 코칭 파트너 작업에 의해 촉발된) '자기 감sense of self'을 탐색하도록 지원받는 수퍼비전, 마지막으로 매달 집단 수퍼비전을 통해 다른 방식으로 당시 가장 적절해 보이는 것을 가져오는 수퍼비전을 한다.

나는 수퍼바이저들마다 다른 방식으로 나를 성장시킬 수 있다고 굳게 믿는다. 그래서 내가 편안함을 느끼게 되면… 무언가 바꿀 때가 되었다는 신호라고 생각한다.

---

114) 수퍼바이저는 어떤 이유나 판단으로 이제는 사례 제출자를 (조직 밖 동료) 협력하는 동료 associate work로 활동할 것을 제안한 것으로 이해된다. 그러나 이런 제안을 수직적 관계("my boss")로 인식되는 게 당연하다. 이 제안이 수퍼바이지에게 새로운 어떤 자각이 일어나 새로운 수퍼비전 훈련의 길을 가는 계기가 된 것이다. 또는 자립/독립을 주저하고 다른 수퍼비전/훈련 관계를 찾아 수평 이동한 것일 수 있다.

씨족/부족 사회처럼 얽힌 우리 조건에서 이전 이중 관계의 위험에서 벗어날 수 있는 경우가 흔치 않다.

> **역자의 추가 질문**
>
> Q. 각 번호를 부여해 훈련 상황과 발전 과정을 확인하고 수퍼비전 선택과 관련해 어떤 필요성이 있었는지 찾아보자.
> Q. 자신을 주인공으로 하여 훈련코치-수퍼바이저까지 성장 단계를 설정하여 그에 맞는 수퍼비전 선택(또는 과제)을 설계하고 그 필요성을 점검해 보자.
> Q. 사례와 같이 코치에게 '수퍼비전-삶'이란 무엇이고 그 의의는 무엇인가?

우리가 알아차린 또 다른 패턴은, 많은 코치들이 처음에는 자신의 배경과 비슷한 사람과 일하기를 선호한다는 것이다. 그들은 수퍼비전 관계에 "교육적인" 함축overtone된 내용을 제공하며, 훈련을 강화하고 몸에 심어 줄 수 있는 수퍼바이저를 찾는다. 그 후 코칭에 더 자신감이 생기면 다른 철학적 관점에서 사물을 탐구하거나, 다른 배경이나 훈련을 받은 수퍼바이저를 선택하여 실험을 시도한다. 예를 들어, 교류분석TA, 인간 중심 접근법, 심리적 또는 인지 행동 코칭CBC, 정신분석적 접근 등이다. 이는 수퍼바이지가 자신의 코칭 모델의 토대를 둘러싼 더 큰 도전을 받고 현저하게 다른 관점에서 나온 새롭고 다양한 통찰을 활용하고자 할 때 의식적으로 자주 하는 선택이다.[115]

코칭 아포리즘

3장에서는 이러한 다양한 철학적 입장에 대한 자세한 정보를 제공하여 어떤 접근법이 언제 가장 유용할지 고려할 수 있도록 돕는다. 5장에서는 코치 성숙성의 이슈를 충분히 설명한다. 비유해 보면 코칭을 배우는 것을 산을 오르는 여정으로 상상한다면, 우리가 "몸을 돌릴 때마다

산을 올라야 전망과 전경이 들어온다.

---

[115] 이러한 코치 성장을 위한 환경은 수퍼비전을 하나의 독립된 전문 분야로 인식하고 코칭과 상담 및 심리치료 분야의 상호 독립과 연대, 교류가 확립된 경우에 가능하다. 코칭수퍼바이저 활동이 코칭 영역별, 코칭 주제별, 코칭 접근방식을 위한 이론별로 교차해 발전하게 된다. 이 같은 발전은 코칭 시장과 코치 활동의 성장과 함께 상호 영향을 주며 발전해야 한다.

펼쳐지는 광경이 다르고 더 큰 전경과 관점을 보게 된다."

'코치 성숙성 모델coach maturity model'은 사회 정서적 성숙도와 인지적 성숙도의 네 가지 수준으로 정의한다(5장 [표 5.3] 참조). 코치는 자기보다 적어도 한 단계 높은 수퍼바이저와 함께 일하는 것이 좋다. 이는 "당신의 능력 밖in over your head"이라는 느낌 없이 "전망"에 대한 현재의 이해를 "확장"하는 효과가 있다. 같은 수준의 누군가와 함께 일하면 다른 통찰을 얻을 수 있지만, 그 통찰은 여러분이 스스로 만들어낼 수 있는 것과 비슷할 것이다. 이는 긍정적일 수 있지만 학습 질에 "단계적 변화"를 촉진하지 못한다. 개인적으로나 코치로서 성숙성이 낮은 수퍼바이저와 함께 일하는 것은 좌절스럽고 도움이 되지 않을 가능성이 높다. 그런데도 해당 수퍼바이저가 특정 틈새 분야에서 깊이 있는 경험을 갖고 있는 경우 그만큼은 가치가 있을 수 있다.

같은 수준에서 작업하기

적응적 변화와 단계적 변화

4. 면대면 또는 가상 작업에 대한 선호도가 수퍼비전 선택에 어떤 영향을 미치는가

현재 시장에서 훈련된 코치보다 훈련된 코칭수퍼바이저가 훨씬 적다. 이는 코치에게 두 가지 결과를 가져다준다. 첫째, 수퍼비전을 추구하는 많은 코치가 코칭 이외의 분야 즉 상담 수퍼바이저나 기타 분야의 수퍼바이저를 선택했다.[116] 둘째, 코치들은 지리적 관점에서 상당히 "불편한" 위치에 있는 선택된 수퍼바이저에게 접근할 수 있도록 전화나 스카이프를 통해 수퍼비전을 받기로 선택했다. 수퍼바이저는 거

---

[116] 역자의 경우도 처음 수퍼비전의 필요성을 절감한 이후 많은 시간을 들여야 했다. 막 출판되는 해외 출판물과 논문을 지속해서 읽으며, 현실에서는 상담과 심리치료 분야의 수퍼비전 강의, 실습, 수퍼바이지로서 참여하는 순례를 해야 했다. 일정한 훈련 이후에는 '시연' 중심 코칭 강의, 코치더코치, 코치 양성 프로그램에 집단 수퍼비전 도입 등 분투를 해왔다.

의 모든 작업의 대부분을 화상으로 수행하는 것이 일반적이며, 일부는 여러 대륙에서 작업하기도 한다. 개인마다 각자 선호하는 방식이 있다.[117] 더 정신 신체적somatic이고 근감각[근육 관절 감각]kinaesthetic이 뛰어난 사람들은 대면으로 일하는 것을 선호한다. 그들은 다른 사람과 물리적으로 함께 있는 것[신체적 프레즌스]을 좋아하며, 무슨 일이 일어나고 있는지를 알기 위해 비언어적 단서를 사용하는 데 숙련되어 있다. 다른 사람들은 더 인지적이고 청각적이며, 대면 환경에서 나타나는 시각적 단서의 방해 없이 대화와 자신의 내부 처리 과정internal processing에 집중하는 능력을 즐긴다.[118]

정신 신체적

내부 처리 과정

최근까지, 원격으로 일하는 수퍼바이지의 편안함은 이전 경력에서 전화로 "일한" 경험이 얼마나 많은지에 영향을 받는 것으로 보인다. 그러나 지리적으로 떨어진 가족 대화와 점점 더 비즈니스 도구로 사용되

---

117) 코칭 분야는 매우 초기부터 개인 전화, 콘퍼런스 콜을 활용한 코칭의 비중이 높았다. 당시 여건이 화상 대면 조건이 아니었다. 콘퍼런스 콜을 활용한 코칭 강의와 코칭이 특별한 저항없이 이뤄졌다. 일부에서는 이에 대한 장벽이 없다는 점이 상담과 심리치료와의 차이로 설명되기도 했다. 오히려 당시에는 코칭 파트너에게 전화(당시에는 스카이프)를 활용한 코칭이 낯설어 특별히 안내해야 했다. 이 같은 환경때문에 전화 코칭과 대면 코칭을 뚜렷이 구별해 실천했다. 코치들은 이런 실천에서 대면과 전화 활용 코칭에 대한 구별 탐색에 민감하지 않았다. 그러나 다른 분야는 이에 대한 구별과 특성에 관한 세밀한 연구와 논쟁이 있어왔다.

118) 실제 대면 접촉이 아닌 온라인 매체를 통한 접촉이 인간의 변화와 성장, 성숙을 목표로 하는 대인관계 조력 분야에서 얼마나 효과가 있는가라는 의문은 2025년인 오늘날에는 새삼스로운 논의 주제이다.

2010년부터 정신분석 분야, 심리치료 분야에서 온라인(전화, 화상) 접근이 과연 가능한가. 윤리적 이슈, 실천 과정에서 제기되는 문제로 개입 방식, 신체성, 프레즌스, 효과성, 근본적으로는 인간 관계, 변화를 위한 숙고 등을 중심으로 많은 연구가 축적되어 있다. 이러한 노력은 'COVID-19 펜데믹'코로나 재난 시기'를 겪으며 절박한 연결 활동에 밑걸음이 되었다. 당시 상황을 겪는 와중에 대인관계 조력 분야에 '관계성'과 '열결성'에 대한 새로운 검토의 절박한 연구가 진행되었다.

참조:『코로나 시대의 정신분석적 임상』오기모토 카이,키타야마 오사무 지음, 최영은, 김태리 옮김. 2022.

화상 대화의 편안함

는 "인터넷 프로토콜" 애플리케이션의 등장으로 대부분 사람이 "화상 대화"에 대한 편안함 수준이 가속화되었다. 온라인 도구를 사용할 때 사람들을 '서로 얼굴과 상황을 볼 수 있는 옵션'과 '음성만을 선택하는 경우', '면대면 기반 작업'을 선호하는 사람들에게도 자연스럽게 합리적인 "대체 수단"이 될 수 있다. 앞으로 더 정교한 **웨비나-지향 패키지**가 많아지고 진화함에 따라 이러한 추세는 더욱 일반화될 것으로 보인다.[119]

디지털 시대 AI 코칭

이미 일반화 된 Skype, GoToMeeting, Zoom 및 Powwownow와 같은 시스템은 음성 및 비디오 링크를 제공할 뿐만 아니라, 사람들이 문서 및 컴퓨터 화면을 실시간으로 공유하고 편집할 수 있게 한다. 우리 중 많은 사람들이 '시간이 부족하다$^{time\ poor}$'는 점을 감안할 때, 노트북이나 태블릿을 가지고 있고 와이파이에 접속하는 한! 그리고 추가 이동시간이 없다면, 우리가 일하는 주를 더 효율적으로 보낼 수 있게 해 주는 환영할 만한 매커니즘이다.[120]

또한, 일부 교육 제공자는 채팅방을 통해 수퍼비전을 제공한다. 이는 동료와 아이디어를 공유하는 유용한 방법이 될 수 있다. 그러나, 채팅방은 일반적으로 폐쇄된 그룹이지만 공개 포럼이므로, 사람들이 무엇을 가져오고 공유할지 내용이 제한될 수 있다. 수퍼바이지(수퍼비전-주체)로서, 토론 포인트에 대한 응답 방법과 시기를 거의 통제할 수 없다. 마찬가지로, 기존의 수퍼비전 관계 안에서 일부 수퍼바이저들은

---

119) 코칭 분야에서 이에 대한 종합적 연구가 나왔다. 참고. 『디지털 코칭과 AI: 디지털 시대 AI와 코칭의 만남』 조나단 패스모어, 샌드라 J. 딜러, 샘 아이작슨, 막시밀리안 브랜틀 편집. 허영숙 옮김. 코칭북스. 2025.

120) 이런 활동 방식의 변화, 코칭에서의 디지털 도구의 활용 관련해 코칭 윤리 검토도 이뤄지고 있다. 참고:『코칭 윤리 사례 연구』웬디-앤 스미스, 에바 허쉬 폰테스, 두미사니 마가드렐라, 데이비드 클러터벅 편저. 김상복, 김현주, 이서우 옮김. 코칭북스. 2024.
『코칭 윤리 이론과 실천: 윤리적 코치 핸드북』웬디-앤 스미스, 조나단 패스모어, 이브 터너, 이링 라이 편저. 김상복, 김현주, 박정화, 이서우 옮김. 코칭북스. 2025.

이메일을 통해 대화 나누기도 한다. 이는 이메일의 내용을 숙고할 시간이 있고, 필요할 때 다시 참조할 수 있기에 양 당사자에게 도움이 된다.[121] 그러나, 우리 모두가 경험했듯이 이메일을 통한 대화는 음색이 없고 오해의 소지가 있으며 내용이 상대방에게 어떻게 "전달"되는지 전혀 알 수 없다. 따라서 이메일을 통한 수퍼비전은 이메일 대화를 "직접" 검토할 기회가 있는 기존 관계의 맥락에서만 사용하는 것이 가장 좋다.

비동기식 이메일 코칭수퍼비전

실제로 모험적인 사람들에게는 **가상 세계를 통한 수퍼비전**은 매우 효과적일 수 있다.[122] 여러 아바타를 사용하면 수퍼바이저와 코치가 문제와 관계에 대한 탐색에 상세한 시각적 차원을 추가한다.

5. 수퍼비전 지불 비용에 대한 검토

독립 코치의 경우 일반적으로 그룹 수퍼비전 시간당 비용보다 일대일 수퍼비전의 시간당 비용을 더 많이 지불할 것으로 예상한다. 많은 수퍼바이저는 코치들이 코칭 파트너에게 청구하는 비용을 기준으로 10%

---

121) 저자는 특별한 사례나 근거를 제시하지 않고 설명하고 있다. 그러나 이에 대한 활용이 이뤄진 예를 살펴보고 활용방안과 윤리에 입각해 수퍼비전에서의 활용을 검토해야 한다. 참고.『이메일 상담의 기법과 실제』나카무라 코우타 지음, 이성한 옮김. 2018. 저자는 임상심리사이자 조직상담가이며 실천 경험을 근거로한 저술이 있다. 정의와 기법, 윤리를 포함해 정리되어 있다.
『온라인 상담의 이론과 실제: 개인, 가족, 집단, 조직』하임 와인버그, 아넌 톨릭 지음. 신인수, 현채승, 김아름, 홍상희, 최문희 옮김. 2021. 여러 상담 영역과 관련한 연구를 모았다.
비동기식 코칭수퍼비전은 수퍼비전-주체가 충분한 숙고를 가능하게 한다는 점에서 조만간 활성화될 것으로 예상한다.
122) '가상 세계'에서의 수퍼비전이 의미하는 영역이 매우 넓다. 사례의 예시인 '컴퓨터 게임'을 활용한 코칭과 이에 대한 코칭수퍼비전 연구는 더 연구되어야 한다. 컴퓨터 게임이 일상생활의 일부가 된지 오래 되었고, 이를 통한 인간관계와 경험 세계는 경험의 일부이다.

또는 20% 인상분을 요구하는 유연한 요금을 제안한다. 이런 인상 비율에는 추가 훈련만이 아니라 그들 자신의 수퍼비전 비용도 반영된다(수퍼바이지로서 자신의 수퍼비전 비용을 충당하는 방법으로 고려할 수 있다). 그러나 초보 코치의 경우에는 수퍼바이저가 최소 비용을 부여할 수 있다. 일반적으로 전액을 부과하기보다 서로 편리한 장소와 시간을 선택하게 하거나 비용을 피하기 위해 스카이프나 줌 등을 더 활용한다.

집단 수퍼비전은 수퍼바이저의 시간당 요금을 집단 참가자들이 분담하기 때문에 더 저렴해진다. 따라서 이 비용은 "고정"될 것이고, 일반적으로 집단의 모든 사람은 회기 당 동일한 금액을 지불한다. 집단에 독립 코치와 내부/사내 코치가 혼합되어 있는 경우 일부 수퍼바이저는 자기가 비용을 지불하는 코치에게는 할인을 제공한다.[123]

조직 내 사내 코치는 일반적으로 수퍼바이지에게 재정 비용을 부담하기보다는 조직에서 수퍼비전 비용을 지원한다. 이런 경우 수퍼바이저는 회기 요금$_{session\ rate}$이 아닌 일일 요금$_{day\ rate}$을 청구하는 경우가 많다. 또한 비용 청구를 하고 조직이 장소를 제공할 것을 기대할 수 있다. 실제 비용$_{actual\ fee}$은 수퍼바이저에게 주어진 작업량과 코칭 파트너 조직

---

[123] 일대일 수퍼비전, 집단 수퍼비전, 화상 (개인/집단) 수퍼비전의 비용 책정을 어떻게 할 것인가는 코칭 비용과 함께 특별히 정해진 기준이 없어 일반적으로 산정하기는 쉽지 않다. 수퍼비전 보급과 정착이 필요한 현재 상황을 감안할 때 더욱 어렵다. 역자 역시 인접 분야의 예를 활용해 독립코치의 경우 1회당 코칭 파트너에게 받는 비용을 중심으로 하거나 이를 기준으로 10%~20% 인상한 가격을 기준으로 한다고 제시하고 있다. 이때 임원 코칭 가격을 받는 코치의 수퍼비전의 경우에는 이 기준을 적용하지 않고 그대로 일반 코칭의 비용을 기준으로 하고 있다. 코치로서 몇 가지 비용 제안 기준이 있듯이 수퍼바이저 코치에게도 기준을 마련할 필요가 있다.

정신분석 분야의 경우 비용은 '협상'을 하고 이 수준을 감당할 수 있는 적절한 수준인지 그 여건을 묻고 확인하고 조정해야 한다는 점을 **윤리적 자세**로 권유한다. 또 수퍼비전 1회당 3회 또는 3명의 코칭 파트너를 유지하고 그 수입의 일부를 수퍼비전 예산으로 확보할 것을 안내한다. 이런 훈련 경험이 있는 역자도 이런 관점을 유지하고 있다.

업계의 컨설턴트에 대한 일반적인 시장 가격에 따라 크게 달라진다.[124]

얼마나 수퍼비전 해야 하는가?

이 질문은 생각보다 훨씬 복잡하다! 답은 다음과 같은 변수에 달려 있다는 것이다.

1. 코칭 작업을 얼마나 많이 하는가
2. 코치로서 얼마나 경험이 많은가
3. 전문 기관 가운데 하나에 의해 인증을 받았는지(또는 인증을 요구하는지) 여부
4. 조직에 속해 있는 사내 코치인지 독립 코치인지 여부

변수 1: 코칭 포트폴리오

당연히 코칭 파트너가 많을수록 더 많은 수퍼비전이 필요하다. 일부 전문 기관에서는 코칭 시간 대비 필요한 수퍼비전 시간의 비율을 제안한다(자세한 내용은 [표 2.2] 참조). 그렇지만 실제로는, 처음 코칭을 시작할 때 수퍼비전 회기 사이에 큰 간격이 생긴다. 예를 들어, 포트폴리오에 코칭 파트너가 세 명밖에 없고 이들이 매월 만나는 비율

---

[124] 구체적인 예시나 통용하는 기준을 제시하기 어렵다. 기업 교육 시장의 관행, 정부 조달청의 시간 산정 기준(학위와 동일 분야의 활동 경력 중심), 기타 요인과 상황에 따라 다르다. 여기서는 컨설턴트의 일반적 시장 가격 기준과 시간당 비용보다는 일일(8시간) 비용을 청구한다는 점이 눈에 띈다. 역자의 경우 1회기 코칭 비용을 기준으로 집단 수퍼비전 프로그램 시간을 기본 3시간으로 제시하며, 출장비(해당 기업 기준)를 포함한다.

이 1:15의 비율로 코칭 파트너를 본다면 5개월마다 한 시간의 수퍼비전을 받을 수 있다.[125] 초보자라면 "내가 제대로 하고 있는가?Am I doing things right?"에 대해 고민이 많을 것이므로 이 비율보다 더 자주 수퍼비전을 받고 싶은 경우가 생긴다. 일부 수퍼바이저는 필요한 수퍼비전 시간을 "**필요에 따라**as-needed" 짧은 수퍼비전 회기로 나눠 기꺼이 제공하지만, 30분 미만의 회기를 정기적으로 진행할 준비가 되어 있는 수퍼바이저는 거의 없을 것이다.[126] 이점이 바로 집단 수퍼비전이 아직 자신의 프랙티스를 개발 중인 프랙티셔너에게 매우 유용한 이유 가운데 하나이다.

코칭 근육 강화
연결감 유지
긴급성 대처
문지기 역할
상호책임 관계

집단 수퍼비전을 정기적으로 받으면 코칭 작업(자기 작업과 다른 사람 작업 모두)과 "**계속 연결**keep connected"하는 데 도움이 되며, 기본적으로 **코칭 근육을** "**건강하게**fit" 유지하는데도 좋다! 자격을 갖춘 수퍼바이저와 연결되면, 도움이 필요한 코칭 작업이 있지만 다음 집단 회기까지 기다릴 수 없으나, 집단 수퍼비전을 통해 제공되는 시간 외에 추가 지원이 필요할 경우, "**긴급**emergency" 수퍼비전을 제공할 수 있

---

125) 너무 간략한 설명으로 어떻게 산출되는지는 이해하기 어렵다. 전체 취지로 이해하고자 한다.

126) 코칭에서 지속성, 정기성, 개별 맞춤이 중요하듯이 일정 단계까지는 수퍼비전 역시 정기성, 지속성, 개별 맞춤이 모두 중요하다. **정기성**은 성찰 능력과 방법을 개발하고 정착하기 위해 필요하고, **지속성**은 수퍼비전 관계 유지 상태로 필요와 성과에 따른 변용이 가능하다. 수퍼바이저에게 지속성은 계약 기간 동안 수퍼비전-관계의 지속성을 의미하기 때문에 회기가 진행되지 않더라도 언제든 대기 상태를 유지하게 되고 성장과 활동 지원의 경계 안에 두게 된다. **개별 맞춤**은 두 사람이 모두 유념해야 할 과제이다. 정기성과 지속성 하에서는 개별 맞춤이 수시로 조정될 수 있다.
　이런 점에서 수퍼비전이 얼마나 필요한지는 수퍼바이저의 기획, 수퍼바이지(수퍼비전-주체)가 제시하는 과제, 자신의 발달과 성장 과정에 대한 인식지평 등에 따라 다르다.
　이런 관점이 없이 '인증' 절차에 필요한 횟수를 필요로 하거나, '**평가**'가 배제된 기법만을 요청하는 계약과 회수는 수퍼비전 윤리의 '**문지기**gate keeper 역할'을 취약하게 한다.

을 것이다.[127]

변수 2 : 코치 성숙성 수준

일반적으로 프랙티셔너로서 경험이 많을수록 필요한 수퍼비전은 적어진다고 가정한다. [표 2.2]의 세부 사항을 보면, 전문 단체들은 높은 수준의 코치일수록 수퍼비전 시간당 더 많은 코칭 프랙티스를 제안하고 있다. 이는 코칭 경험을 쌓고 수퍼비전이 많아질수록 자신의 '내적 수퍼바이저internal supervisor'가 더 강해진다는 믿음에 근거한다. 이는 일리

[표 2.2] 수퍼비전과 관련하여 각기 다른 기관들이 추천하는 것

	AC	APECS	EMCC	ICF
코치 레벨 1: 기초	최소 3개월 수비 비율 지정되지 않음	정기적 수비, 개발 계획	분기당 1시간	자격증 취득을 위한 10시간 멘토 코칭
코치 레벨 2: 프랙티셔너	최소 6개월 수비 비율 = 1:15		분기당 1시간	
코치 레벨 3: 전문가	최소 9개월 수비 비율 = 1:30		35시간당 1시간, 분기당 최소 1시간	
코치 레벨 4: 마스터	최소 12개월 수비 비율 = 1:40		35시간당 1시간, 분기당 최소 1시간	
코치 수퍼바이저	최소 12개월 수비 10시간 비율 미정	정기적 수퍼비전	아직 발행되지 않음	수퍼바이저 자격증 취득에 대한 입장 없음
집단 수퍼바이저 위치	직접 자기 사례를 제시하면 그룹 수퍼비전으로 계산	학습 요구 사항에 적합한 경우 허용	특별한 언급 없음	특별한 언급 없음
동료 수퍼바이저 위치	케이스 바이 케이스	각 사례를 개별적으로 살펴 봄, 엄격히 수행되면 적절하다고 간주함	이중 관계가 아닌 한 인정	특별한 언급 없음

127) '집단 코칭수퍼비전'은 적어도 집단이 유지되는 계약 기간만큼 수퍼비전-관계가 유지된다. 자신의 사례를 다루지 않는 회기 중이나 계약 기간 안에 긴급한 상황이나 자문, 무엇보다도 코칭 파트너와 자신의 성장을 위한 기회를 활용하는 **'상호책임 관계'**가 유지된다.

는 있지만 검토해야 할 요인들도 많다.

첫째, 경험이 많으면 '더 까다로운' 코칭 파트너가 많아진다.[128] **둘째**, 대부분의 노련한 코치는 일부 작업을 3자에게서 의뢰 받는 경우가 많아 코칭 계약의 복잡성이 증가한다.[129] **셋째**, 경험이 쌓이면 코칭 파트너 간의 공통점과 개별 코칭 파트너의 다양성을 모두 알아차리게 된다. "시도되고 검증된tried and tested" 해결책을 제공하지 않고, 가정도 하지 않고, 지금까지 모든 경험에서 정보를 얻으면서도 오염되지 않는 것 그 코칭 파트너에게 해당하는 코칭은 점차 더 어려워진다.[130] **마지막으로**, 코치로서 우리는 언제나 자기 일에 만족하며 안주할 가능성이 있다. 정기적 토론을 위해 자기 작업을 개방하지 않으면 자기도 모르게 학습 주기는 "무의식적 무능함unconscious incompetence"에 빠질 수 있

개별 맞춤의 정교함과 독특성

How to coach anyone? (코칭 아포리즘)

---

128) 실제 경험을 살펴보면 코칭 파트너가 많아지고 코칭 기간이 길어질수록 코칭이 어렵고 코칭 파트너가 제기하는 이슈가 복잡하며, 변화와 성장이라는 성과가 정말 쉽지 않다는 것을 절감하며 지내왔다. 생각해 보면 수퍼비전을 오랫동안 받을 수밖에 없었던 이유로 보인다. 또 한 코칭 파트너와의 코칭을 위해 준비하고 연구해야 할 시간이 많이 들었다. 이 당시 자신의 입에서 자주 나오는 농담 같은 진실의 말은 내가 한 회기를 위해 집중하는 시간과 노력에 비해 "코칭이 원가가 너무 높다! 내 코칭비가 너무 싸다!"였다. 당시 이런 푸념을 들었던 수퍼바이저가 '그냥 껄껄 웃었던 기억'이 아직도 뚜렷하다. 이런 압박에서 벗어나는 계기는 나의 전체 코칭 파트너에 대한 분류와 분석을 하며 코칭 주제 영역을 설정한 이후였다.

129) 대체로 어려운 코칭 파트너일 경우 의뢰를 받게 되기 때문이다. 특히 기관에 속해서 일하거나 코치들과 같이 투입되는 경우에도 해당된다. 어려운 코칭 파트너, 까다롭거나 복잡함이 예상되는 코칭 파트너를 자주 배당받게 된다. 이로 인해 점점 더 어려운 코칭 파트너가 많아진다. 이런 경험은 수퍼비전 주제도 자신이 이미 실행한 코칭 파트너 사례 외에도 '해야 하고, 하게 되거나, 하고 싶은 주제'를 제안하게 된다. 이것이 바로 코칭수퍼비전에서 역자가 해 온 '이런 코칭 파트너 **어떻게 코칭할 것인가?**How to coach anyone?'라는 탐색 사례 연구이다.

130) 비슷한 주제, 코칭 해 본 주제일지라도 사람이 다르고 상황이 다르다. 매번 같은 방식으로 코칭하거나 진행되는 경우는 절대 없다. 그렇게 되지 않는다는 것을 일찍 알면 알수록 좋은 일이다.

코치가 회기에 관한 성찰을 깊이하고 〈고객 분석과 코칭 기획〉을 강화할수록 (코칭 파트너에 대한) 개별 맞춤에 더욱 집중하게 되고 코칭 파트너와 함께 다양한 미로를 찾게 되며, 새로운 도전과 해석, 질문을 시도하게 된다.

다.[131] **여기에 더해** 경험 많은 코치들은 "프랙티스 전체full practice"를 모두 혼자하게 된다. 비즈니스도 운영해야 하기에 이를 위한 시스템을 갖춘다 해도 실제로는 자기 작업을 성찰할 시간이 거의 없게 된다.

> 숙련된 코치에게 더 많은 수퍼비전

그러므로 신입 코치와 동일한 비율의 수퍼비전이 필요하다. 아마도 신입과 고참이라면 그 중간 지점은 비슷한 경험을 가진 동료들과 함께 '성찰적 실천' 형태로 이루어질 수 있을 것이다. 이런 이유로, 경험이 많은 프랙티셔너라면, 무엇이 "수퍼비전"이고 무엇이 더 적절한 "성찰적 실천"만으로 적합한지 아는 것이 중요하다. 이 점에 대해 좀 더 자세히 검토해 보자.

변수 3: 인증 요건 검토

> 코치의 삶
> 수퍼비전 삶

현재 코칭 시장은 규제되지 않고 있다. 따라서 품질 기준이 과연 어떤 역할을 하는지 확인하기 위해 여러 전문 기관이 **코칭 숙련 수준**에 따라 어떤 것이 "좋은" 코칭인지 설명한다. 또 코치로 인증받으려면 각 전문 기관은 어느 정도 수퍼비전을 받아야 한다(세부 사항은 [표 2.2]). 일단 인증을 받으면, 보통 3년에서 5년 동안 지속되며 재인증은 그 기간 동안 유사한 수준의 수퍼비전을 유지하는 데 달려있다.

물론, 프랙티스를 위해 반드시 공인된 코치가 될 필요는 없으며 많은 프랙티셔너가 그렇게 하지 않는다. 그런데도 이 산업 기준은 무엇이

---

131) 수퍼바이저 옆에 두기가 유일한 해결책이자 즐거움이다. **어떻게 그렇게 수퍼비전을 많이 받고 있을 수 있는가에 대한 의문의 답**은 '코치-삶이란 내적으로는 자기 성찰과 수행의 삶이고, 중요한 타인과 관계 맺고 새로운 앎과 진리를 탐구하는 수퍼비전-삶'으로 연결된다. 수퍼비전 삶이란 언제나 이런 뾰죽한 비탈길을 가는 삶이고 이런 삶이 주는 긴장과 추구의 즐거움을 안겨주는 생활이다. 코칭 파트너를 만나고 있는 한 놓지 않아야 할 손이며, 나의 수퍼바이저 역시 또 다른 수퍼바이저의 손을 잡고 있다는 〈연대와 연루連累의 삶〉으로 이루어진 믿음의 삶이다.

> 정기적 수퍼비전은 전문 코치의 징표이다.

"좋은 프랙티스"로 간주되고 있는지를 제시하고 있다. 코칭 구매자들도 점차 정기적인 수퍼비전이 전문 코치의 징표라는 것을 알고 있다.

변수 4: 조직 내 코치와 독립 코치 수퍼비전의 차이

조직내 사내 코치와 독립 코치의 수퍼비전 배치는 '선택' 정도에 따라 차이가 있다. 일반적으로 독립코치는 자신이 받는 수퍼비전을 "누가, 언제, 무엇을, 어디서" 받을지 결정한다. 그러나 조직 내 소속 코치는 그렇지 않다.

> 윤리적 사내 코칭은 수퍼비전의 주요 주제가 되어야 한다.

사내 코치는 제공되는 수퍼비전의 유형과 빈도를 일반적으로 중앙에서 결정한다. 조직은 개인과 그룹 수퍼비전을 적절히 조합해 일 년 내내 활용할 수 있는 회기 수를 정한다. 이는 사내 코치의 '평균' 포트폴리오를 근거로 한다. 그러나 대부분의 사내 코치들은 "일상 업무day job"도 할 것이고, 제공되는 수퍼비전 수준이 수행하는 코칭 파트너 작업의 양과 일치하지 않을 수 있다. 코칭 파트너 수가 표준보다 낮으면, 수퍼비전이 너무 많을 것이다. 일부 조직은 수퍼바이지가 "필요에 따라as-needed" 예약할 수 있게 허용하는 반면, 다른 조직은 "고정된 집단fixed-group"을 운영하여 코칭 파트너 활동의 수준과 관계없이 출석을 의무화한다. 반대로 코칭 파트너 수가 표준보다 많으면 수퍼비전이 너무 적게 제공되게 된다. 특히 수퍼비전 접근에 유연성이 없어 더 어려울 수 있다. 스스로 수퍼비전 비용을 지불하는 일도 간단하지 않다. 일부 조직에서는 사내 코칭 파트너의 기밀을 보호하기 위해 계약을 제한해 맺고 있다. 또 일부 앞선 조직에서는 경험 많은 코치를 조직 내 수퍼바이저로 교육하고 있으며, 이를 통해 "필요에 따라" 수퍼비전을 제공한다.

이런 의사결정의 중심 내용은 조직 내 사내 코치가 어떤 수퍼바이저와 함께하고 싶은지 선택할 수 없다는 것이다. 조직이 세심한 배려 due diligence로 코치 수퍼바이저를 고용할 수 있도록 허용해 일반적인 "품질"을 보장할 수 있다. 그러나 특정 이론적 입장의 수퍼비전에 관심이 있다면 이미 선택된 수퍼바이저 중에는 원하는 수퍼비전을 활용할 수 없게 된다. 마지막으로, 조직 내 사내 코치는 자신이 받는 수퍼비전의 비용 지불을 할 필요는 없지만, 그들의 일상 작업에서 벗어나는 시간에 대한 비용이 발생한다.

성찰적 실천은 수퍼비전으로 간주되지 않는다

수퍼비전은 오직 성찰적 실천의 한 형태일 뿐이다. 동료 코치, 멘토나 비즈니스 파트너와 비밀을 보장하며 코칭 파트너에 관한 토론, 회기 녹음 검토, 성찰적 글쓰기 등 다른 많은 방법을 활용한다. 그러나 이는 성찰적 실천을 심화하는 훌륭한 방법이지만, 특별히 위임되고 훈련된 수퍼바이저와 상황과 관계 안에서 이뤄지지 않는 한 "수퍼비전"이 아니다.

이중 관계 하에서의 수퍼비전

훈련된 수퍼바이저는 수퍼비전의 이론, 모델, 기법 교육에 상당한 시간을 할애하고, 스스로 자기 알아차림을 심화하는 데 상당한 시간을 투자했다. 이는 수퍼바이지(수퍼비전-주체)가 지지하는 코칭 모델과 비교했을 때 자기 프랙티스와 얼마나 일치하는지 검토하는 객관적 근거이다. 계획하에 의도를 갖고 '계약'한 관계가 존재한다면 **담합의 가능성**이 줄어들고, 수퍼바이저가 수퍼바이지의 발전에 독립적인 의견을 제시할 가능성이 높다. 그러므로 비즈니스 파트너, 스폰서 또는 공동 제공자 co-deliverer 등 **이중 관계** 하에서의 "수퍼비전"은 전문 기관의

수퍼비전 관계가 수퍼비전을 이끈다.

관점에서 볼 때 해당 작업의 "수퍼비전"은 "무효화"된다.¹³²⁾

마지막으로, 훈련된 수퍼바이저가 수퍼바이지(수퍼비전-주체)보다 코칭(또는 코칭수퍼비전) 경험이 더 많아야 하는 것은 아니나 대체로 많은 경험을 갖고 있기에 동료와 달리, 교육 또는 멘토링 요소를 수퍼비전 역할에 적절하게 가져올 수 있다. 수퍼비전도 코칭과 마찬가지로 수퍼바이저보다는 수퍼비전-관계가 수퍼비전을 이끈다.

웃자란 가지 독성 제거

이 장은 '공식적 수퍼비전'에 초점을 맞추었다. [표 2.3]은 공식 성찰적 실천과 비공식 성찰적 실천을 언제 어떻게 결합하여 좋은 효과를 낼 수 있는지 보여준다. 7장에서는 이런 공식적 수퍼비전 기회를 위해 어떻게 준비해야 하는지 집중적으로 다룬다.

성장 단계 지체 점검

---

132) 정확하게는 이중 관계를 유지한 채 이루어진 수퍼비전 시간을 말한다. 사업상 또는 같은 프로젝트나 회사 관계 하에서 이런 이중 관계가 유지된 채 수퍼비전 명칭을 사용하는 활동도 이에 해당된다. 이는 공부모임이거나 업무를 통한 공부 시간이다. 필요하다면 외부 수퍼바이저와 개인 또는 집단 수퍼비전을 활용하는 것이 바람직하다.

만약 이를 수퍼비전 시간으로 시간을 적어 둔다면 안타까운 일이다. 이는 코칭 시간 역시 마찬가지이다. 동료와 연습과 훈련을 위한 버디코칭으로 코칭 시간을 채우고, 요령을 준비해 인증을 통과하는 경우 자격증이 곧 코칭 실천역량과 차이가 크게 난다.

부실한 코칭 시간 리스트는 ①코칭의 명망성 유지 관리를 스스로 악화시키는 일이기에 바람직한 윤리적 태도가 아니다. 또 ②올곧게 걸어온 다른 코치들을 좌절하게 만든다. ③스스로도 실전 코칭의 격차를 넘기 어렵고 코칭비즈니스도 자칫 코칭 이외의 유사활동으로 기울게 된다. ④장롱면허, 초코렛 코치로 밀려나거나 ⑤코치 양성과정의 하위 파트너에 겨우 머물러 있게 된다. 코치 개인으로도 이를 극복하기 위해서는 ⑥**웃자란 가지**를 쳐내는 아픔은 물론 시험 체크리스트 중심 실습에서 오는 **독성을 제거**하는 등 많은 시간이 들게 되며, 결국 ⑦발맞춰 달려온 코치들 활동의 동료 압박에 좌절하게 된다.

오늘날 수퍼바이저는 이런 코치의 성장 단계의 **지체 지점**에 주목하여 실천 능력을 회복하고, 활동과정에서 묻은 독과 습관를 교정하고, 수용력을 위한 회복과 독립, 성장과 성숙을 지원하는 노력과 헌신을 기울여야 한다.

[표 2.3] 공식 성찰 프랙티스와 비공식 성찰 프랙티스를 서로 보완할 수 있을 때

	공식적	비공식적
훈련된 수퍼바이저	• 정기적으로 코칭 파트너 작업과 개인 개발 작업을 가져와 성찰함 • 시간이 지남에 따른 발전과 발달적 관점	• 위기에 필요
동료	• 아이디어 공유: 다양한 프랙티스/도구 및 기법 • 코칭 파트너 작업을 위한 리허설/연습	• 생각과 감정을 표현하는데 도움이 되는 알아차림의 가장자리에 있는 우려 사항 • 이는 공식적 수비가 필요한지를 명확히 할 수 있다.
자기 스스로	• 다른 형태의 수비를 위한 계획된 준비, 성찰로그 완료, 기록된 회기 검토	• 상황이 발생하기 전이나 후에 상황을 숙고하고 자기 내부 대화를 이해하려고 노력한다.

결론적 사고

이 짧은 논의에도 우리가 수퍼비전을 얼마나 해야 하는지의 질문에 "정답"이 없다는 것을 알 수 있다. 수퍼비전의 빈도와 기간을 결정하는 책임은 스스로와 코칭 조직에 달려 있다. 프랙티셔너들은 "여유가 있을 때" 더 정기적으로 수퍼비전을 받겠다고 생각하기에 예산이 수퍼비전의 주요 결정 요인이 되기도 한다. 2006년으로 거슬러 올라가, 호킨스Hawkins와 슈웬크Schwenk의 연구는 대부분의 코치들이 수퍼비전이 중요하다고 믿지만(86%), 실제로 참여한 코치는 훨씬 적었다(44%). 경험상 코칭 파트너의 상당수가 "무료pro bono" 또는 연습 코칭 파트너인 독립 비즈니스를 시작하는 프랙티셔너에게 수퍼비전 비용 지불은 큰 장애물이다.

그렇지만 처음부터 정기적으로 수퍼비전에 참여하여 초기 코칭 파트너 경험을 통해 학습[과 훈련]을 최적화하는 것이 좋다. 수퍼비전은 코칭 파트너에게 가치를 지속해서 제공할 수 있는 능숙하고 자신감 있

수퍼비전 빈도와 기간

코치 초기 활동과 동시에 수퍼비전 시작

수퍼비전 정기성의 위기

는 코치가 되도록 돕는다. 이는 코칭 파트너에게 제공되는 작업의 규모와 재정적 가치를 더 높여 주는 일이다. 마지막으로, 전문 코칭 기관의 일원으로 윤리 강령과 모범 사례를 살펴보면 모든 코치는 **자신의 역량**competence **범위 안에서 코칭 작업해야 한다**는 점을 강조한다. 정기적 수퍼비전은 이를 관리하는 한 가지 방법이다. 다음은 EMCC 윤리 강령(2015)에서 발췌한 내용이다.[133]

EMCC 회원은 다음과 같이 수행해야 한다.

- 자신의 **경험과 지식 수준**이 코칭 파트너의 요구를 충족시키기에 충분한지 확인한다.
- 이 윤리 강령과 추후 제정될 수 있는 모든 기준에 따라 **운영할 수 있는 충분한 실천 능력**capability을 갖추고 있는지 확인한다.
- 관련 교육 및 적절한 **전문성의 지속적 개발**CPD 활동에 참여해 역량 수준을 개발하고 향상한다.
- 정기적으로 자신의 역량을 평가하고 개발을 지원할 수 있는 적절한 자격을 갖춘 수퍼바이저와 관계를 유지한다. 수퍼바이저는 이 강령에 언급한 모든 기밀 유지 요건을 준수해야 한다.

성찰적 프랙티셔너가 되는 것은 평생에 걸친 프랙티스라는 사실을 기억하는 것이 도움이 된다. 자신에게 맞는 접근법을 찾기 위해 실험하고, 정기적으로 이를 재검토하여 자신의 접근이 여전히 "목적에 적합"하다는 것을 확인하는 것이 중요하다.

---

[133] 이 저서 이후 EMCC는 독자적 윤리강령 제시를 중단하고 여러 코칭 조직과 함께 '글로벌 윤리 강령(2021)'을 제시하고 있다. 전문은 『코칭 윤리 사례 연구』 웬디-앤 스미스, 에바 허쉬 폰테스, 두미사니 마가드렐라, 데이비드 클러터벽 편집, 김상복,김현주,이서우 옮김. 2024.

따라서 이 장을 수퍼비전 방식을 결정하는데 도움이 되는 [체크리스트 2.4]로 마무리 한다.

[체크리스트 2.4] 수퍼비전 배치를 결정하는 체크리스트

1. Q. 자신이 일하는 방식에 대해 스스로 무엇을 알고 있는가?[자신이 어떤 방식을 좋아하는지 알고 있는가?]
   Q. 집단이나 개인 설정setting 중 어느 것이 더 적합한가?
   Q. 집단 작업을 선호한다면, 고정 또는 유연하게 참여하는 것 중 어느 것이 더 적합한가?
2. Q. 코칭 여정의 어느 단계에 있는가?
   Q. 자신의 코치 교육 철학을 강화하거나 도전할 수퍼바이저와 함께 일하고 싶은가?
3. Q. 수퍼바이저와 원격으로 일할 준비가 되어 있는가, 아니면 직접 대면으로 작업하고 싶은가?
4. Q. 특정한 코칭 기관과 제휴하고 있는가? 그렇다면 코칭 파트너 포트폴리오를 검토할 때 받은 수퍼비전의 강도에 대해 어떤 것을 추천하는가?
5. Q. 코칭 동료 네트워크는 얼마나 탄탄한가? 이것이 공식적인 수퍼비전 계약을 어떻게 보완할 수 있는가?

[역자 추가] 체크리스트

Q. 현재 자신의 코칭 취약점은 무엇인가. 이를 최적화할 가장 적합한 수퍼비전은 무엇인가?
Q. 자신의 배움과 성장을 위해 가장 힘들었던 관계가 있다면 무엇인가? 이를 성찰할 수 있는 가장 최적의 수퍼비전 파트너는 누구인가?
Q. 활동 영역을 확대하거나 미래 준비를 위해 새롭게 도전할 주제 영역은 무엇인가? 이를 위한 가장 적합한 수퍼바이저는 누구인가?
Q. 코치 성장을 위한 훈련의 거처와 성과를 검토하고, 새롭게 확대하거나 도전 할 새로운 거처, 철학이나 이론을 상정한다면 이를 위해 필요한 수퍼비전은 무엇인가?
Q. 성장과 비즈니스 발전을 위해 자신에게 필요한 수퍼비전-구조를 설계 한다면?

주요 학습 요약

1. 시장에서 제공되는 이용 가능한 수퍼비전의 주요 선택은 개인과 집단 수퍼비전이다. 그러나 다양한 유형이 있다.
2. 자격을 갖춘 수퍼바이저가 있는 수퍼비전은 동료의 수퍼비전과 다르다.
3. 당신의 개인적 자질은 실용성만이 아니라 선택에도 영향을 미칠 것이다.
4. 다양한 수퍼비전 경험을 제공하기 위해 "혼합mixing it up"을 고려하라.
5. 정기적인 수퍼비전 준비를 검토하고 요구 사항을 충족하는지 확인하라.
6. 본인과 프랙티스에 맞는 "적절한right" 시간을 갖도록 하라.
7. 수퍼비전 작업에서 다루고 있는 것과 다루지 않은 것이 무엇인지 파악하라.
8. 인증 지원을 위해 수퍼비전이 필요하지만, 모든 형태의 수퍼비전이 인증 목적으로 인정되는 것은 아니다.

성찰 질문

1. 어떤 종류의 수퍼비전에 가장 끌리는가? 그 이유는 무엇인가?
2. 어떤 종류의 수퍼비전에 가장 관심이 적은가? 그 이유는 무엇인가?
3. 현재의 수퍼비전 제도에서 벗어나야 할 때를 언제쯤 알 수 있는가?
4. 수퍼비전 준비에서 예산이 얼마나 큰 요인이 되는가? 돈이 목적이 아니라면 어떤 수퍼비전을 누구와 함께 받겠는가?

5. 당신과 당신의 프랙티스에 적합한 수퍼비전의 양을 어떻게 판단할 것인가?
6. 성찰적 실천과 공식적 수퍼비전의 적절한 조합은 무엇이라 생각하는가?
7. '내적 수퍼바이저'에 대한 당신의 감각이 얼마나 강할까? 이를 현재 수준으로 발전시키는 데 가장 도움이 된 것은 무엇인가? 앞으로 무엇이 필요하다고 생각하는가?

추가 연구를 위한 질문

1. 인증 코치와 비인증 코치 사이에서 코칭수퍼비전이 차지하는 비율은 어느 정도인가?
2. 코칭 파트너 작업과 수퍼비전 시간의 가장 적절한 비율을 결정하는 데 도움이 되는 증거는 무엇인가?
3. 개인 수퍼비전이나 집단 수퍼비전의 선택이 프랙티셔너의 발전 속도에 미치는 영향은 어떠한가?

참고 문헌

- CIPD (2006) CIPD 2006 Report-Coaching Supervision Maximising the Potential of Coaching. Written by Dr Peter Hawkins.
- Clutterbuck, D. and Megginson, D. (2011) Coach maturity: An emerging concept. In L. Wildflower and D. Brennan (Eds) The Handbook of Knowledge-Based Coaching. Jossey-Bass: San Francisco, CA.
- EMCC (2015) EMCC Code of Ethics http://www.emccouncil.org/src/ultimo/models/Download/4.pdf, p. 3 (accessed 04/01/16).
- Hawkins, P. and Schwenk, G. (2006) Coaching Supervision. CIPD Change Agenda: London.
- Kolb, D.A. (1984) Experimental Learning: Experience as the Source of Learning and Development. Prentice-Hall: Upper Saddle River, NJ.
- Lieberman, M. et al. (2005) Putting feelings into words: Affect labeling disrupts amygdala activity in response to affective stimuli. Psychological Science. Vol. 18, No. 5.
- Lucas, M. and Whitaker, C. (2014) A model of co-facilitation for supporting group coaching-supervision. International Journal of Evidence Based Coaching. Vol. 12, No. August.
- Proctor, B. (2000) Group Supervision: A Guide to Creative Practice. Sage Publications: London.
- Rock, D. (2008) SCARF: A brain based model for collaborating with and influencing others. NeuroLeadership Journal. Vol. 1.
- Suler, J. (2004) The online disinhibition effect. CyberPsychology & Behavior. Vol. 7, pp. 321-326.
- Whitaker, C. and Lucas, M. (2012) Collaboration in practice with co-facilitated group coaching supervision. What can you learn from hearing our story? International Journal of Evidence Based Coaching. Vol. X, No. 1, April.

3장 코칭수퍼비전 접근과 철학

첫 장은 코칭수퍼비전이 무엇을 의미하는지 살펴보았다. 2장은 수퍼비전에 참여하는 다양한 형식을 다루었다. 이제 3장은 어떤 방식으로 수퍼비전을 경험할지 살펴볼 것이다. 우리는 수퍼비전은 단일하고 통일된 경험이라고 주장하는 것이 아니다. 코칭처럼 개별 프랙티셔너 작업은 다양한 철학적 입장[134]에 의해 영향받는다.

> 수퍼비전은 단일하고 통일된 과정이 아니다.

코칭수퍼비전 초창기는 자격을 갖춘 코칭수퍼바이저가 거의 없어서 일부 코치는 치료 배경을 가진 상담 수퍼바이저와 성공적으로 협력하기도 했다. 또 최근에는 상담사와 치료사들도 코치와 코칭수퍼바이저로 훈련받고 있어 수퍼바이지들의 선택 폭이 넓어졌다.[135]

---

134) 이 저서는 수퍼비전의 '철학', '이론', '접근 방식', '모델' 등 용어의 의미와 활용에 구분이 명확하지 않다. 그러나 이를 구분하는 일은 향후 '수퍼비전학學'을 위해 중요한 과제이다. 여기서는 저자들의 용어를 그대로 사용한다.

135) 해외의 경우이지만 우리에게도 가능한 경로이다. 코칭은 상대적으로 자격 취득은 물론 이를 자기 활동에 장착이 용이한 편이다. 그러므로 이론적 경향과 전문성이 뚜렷한 심리치료, 상담가, 정신분석가들이 코칭은 물론 수퍼비전 영역으로 들어올 수 있다. 코칭이 규제가 없고 상호 경계와 연결 활동에 관한 연구나 근거가 없는 만큼 특별한 장벽은 없다.
'코칭 윤리' 차원에서는 자격증 취득만이 아니라 '타 분야 전문가가 코칭 전문가 되기'에 대한 이슈가 제기된다. 다른 분야 전문가들도 코칭 회기에 대한 실천 경험과 코칭 수퍼바이저에 의한 수퍼비전 훈련을 받아야 한다.

> 자기 코칭의 중심 이론이 필요하듯 수퍼바이저로 자신의 중심 이론을 필요로 한다.

많은 코칭수퍼바이저는 자기가 선호하는 입장과 수퍼바이지(수퍼비전-주체)의 요구에 따라 다양한 접근을 취할 것이다. 그러나 이 장에서는 수퍼바이저의 작업 방식에 영향을 미치는 여러 철학을 구분해 보려고 한다. 이유는 특정 전문 분야 이론discipline을 활용하거나 영향받는 수퍼바이저와 함께 일할 때 그 근원을 이해하는 데 도움을 주기 위함이다. 이를 통해 자신에게 가장 적합한 수퍼비전 접근을 파악하고 **시기**를 결정하는 정보를 얻을 수 있기 바란다.

이 장에서는 특정 철학적 입장에 대한 명확한 선호와 경험을 가진 실천 수퍼바이저를 초대해 수퍼바이저의 작업에 이런 입장이 어떻게 작용하는지 공유한다. 우선 이들에게 다음과 같은 질문에 답을 요청했다.

- 당신의 철학/접근의 핵심 특징은 무엇인가?
- 수퍼바이지가 당신의 철학/접근에 대해 알아야 할 것은 무엇인가?
- 어떤 상황에서 당신의 철학/접근이 유용한가?
- 코치가 당신의 철학/접근을 어떻게 경험할 수 있는가?(짧은 사례 활용)

모든 접근이나 그 조합을 다루지 못한다. 코칭 여정의 현재 위치에서 어떤 접근이 적합한지 확인할 기회를 위해 세 가지 시스템적 접근systemic approach, 두 가지 분석적 접근analytical approach, 한 가지 행동적 접근behavioural approach, 나머지는 다방면의 절충eclectic 혹은 통합적인 접근integrative approach 등 모두 일곱 가지 접근법을 공유한다. 이를 통해 수퍼비전 작업에 존재하는 다양한 목소리의 향기를 엿볼 수 있었으면 한다. 실제로 많은 수퍼바이저는 다방면의 절충적 접근eclectic approach을 갖고 있으며 이로 인해 서로 다른 철학을 서로 다른 시기에 함께 엮어내기도 한다. 이 장의 마지막에는 하나의 철학적 틀 안에서 확고하게 일하는 수퍼바이저들과 다방면의 절충적 입장에서 일하는 수퍼바이저들과 일하는 장단점을 제시한다.

일곱 가지 접근법

시스템적 접근

시스템 접근은 전체 시스템과 그것이 코치와 수퍼바이저에게 어떤 영향을 미치는지 고려한다. 모든 개입이 전체 시스템을 통해 파급 효과를 미치고 모든 수준에서 변화를 일으킨다고 생각한다.

시스템적 변혁이란?

시스템적인 변혁적 수퍼비전

― 닉 스미스Nick Smith: 저자, 코칭수퍼바이저

이 접근법의 핵심 특징

이 용어는 피터 호킨스Peter Hawkins와 닉 스미스Nick Smith의 작업에서 비롯되었다. '**시스템적 변혁**systemic transformational'은 기존 코칭과 다르게 개인의 변화를 촉진하는 특별한 접근으로 구별하려고 사용한 용어이다. 이는 현재의 습관이 깊은 동인deep drivers이 "고정된fixed" 지점에서 "가소성plastic"으로 한순간에 전환하고shift, 새로운 동인new drivers과 행동으로 앞을 향해 지속하고, 반복하는 방식을 말한다.

현재의 습관 전환
새로운 동인 반복

"**시스템적**"이라는 용어는 반복되는 습관에서 벗어나 [근본적인] '**반**

일곱 눈 모델의 출발점	**성적 응답**reflex responses' 136)으로 변화를 일으키는 시스템 구조가 지닌 "**생태계**ecology" 자체를 다루게 한다. 즉 그것이 어떻게 서로 결속해 있고 뒷받침되는지, 또 얼마나 자주 반대되는 증거로 대항하는지를 하나의 '**사실**fact'로 다룬다는 의미이다. 그러므로 '시스템적으로 생각하기
시스템적으로 생각하기	thinking'는 이런 반응이 살아있는 더 넓은 그림을 이해하게 한다. 또 "**변혁적**transformational"이라는 용어는 기존의 대응 방식을 뒷받침하는 가정과 정신-틀을 변화시키는 실질적이고 지속적인 변화가 일어날 수 있는 '**과정**'을 강조한다.
	이 접근은 '**수퍼비전**'이라는 용어에 '시스템적'과 '변혁적'이라는 두 방법을 적용한다는 점을 강조한다. 코치, 멘토, 조직 컨설턴트가 자기
반성적 응답	습관과 선호도가 어떻게 작업에 영향을 주는지, 무엇이 특정 코칭 파트너의 사례를 막는 근본 원인이 되는지 성찰하게 돕는다.
	몇 년 전 피터 호킨스가 일곱 눈 모델(4장 참조)을 만들었을 때, 이는 잠재적 수퍼바이지들이 자신의 프랙티스를 성찰할 수 있는 다양한 방식을 이해하도록 돕는 방법이었다는 사실을 상기해 볼 필요가 있다. 당시에는 수퍼바이저의 프랙티스을 위한 도구라기보다는 수퍼바이지가 수퍼바이저가 제공하는 것을 '평가'하는 방법이었다.137) 이제 일곱

---

136) 여기서 '**반성적 응답**reflex responses'이란 '성찰reflection'의 축적과는 다른 의미이다. 마치 생존과 외부에 대한 '반응reaction'에만 머무는 것이 아니다. 한 순간 몰입하여 성취하게 되는 '존재론적 전환'으로 이어지는 내면에서 올라오는 응답이다. 이는 삶 전체의 통찰이기에 '나는 누구인가?'라는 정체성과 그 전환으로 이어진다. 코치나 수퍼바이저가 삶 전체(생태계)에 관심 갖는 이유이다. 성찰(성)reflectivity의 양적 축적이 (그대로) 질적 비약, 여기서는 반성적 응답(또는 반성(성) 전환reflexivity shift)으로 이어지는 것은 아니다. 질적 비약이 가능하게 하는 요소의 양적 축적(반복)이 있어야 한다. 이것 중 하나가 '나는 누구인가?'라는 질문이다. 이 요소가 성찰(성)과 반성(성)을 연결한다.

137) 피터 호킨스의 '일곱 눈 모델'의 출발지를 말한다. 수퍼바이지(수퍼비전-주체) 입장에서 자신을 위해 수퍼바이저가 어디를 얼마나 충분히 다루었는가를 피드백하고 평가하는 것으로 시작했다는 의미이다. 자신이 받은 수퍼비전을 체크하는 훈련을 스스로 계획하기 위한 '훈련 모델'이 '수퍼비전을 위한 모델'로 전환하며 발전했다. 이런 점에서 수퍼바이지(수퍼

눈은 수퍼바이저가 수퍼바이지에게 통합적 지원을 제공하는 방법이자 프랙티셔너가 자신의 코칭, 멘토링, 컨설팅을 확인하는 방법이 되었다.

수퍼바이저가 알아야 할 것은 무엇인가?

시스템적 변혁적 수퍼비전STS의 실천에 활용되는 세 가지 주요 모델이 있다. ①일곱 눈 모델, ②CLEAR 모델, ③4단계 참여Four Levels of Engagement(Hawkins & Smith, 2013) 모델이다.

일곱 눈 모델은 수퍼비전이 포용해야 하는 넓은 관점과 코치나 멘토가 코칭 파트너 작업에서 인식해야 하는 맥락을 매핑한다. **CLEAR 모델**을 사용하면 코칭과 수퍼비전 프랙티스 과정을 역동적으로 이해하게 한다. 이를 통해 회기와 전반적인 활동에 필요한 결과를 반복적으로 점검하고, 오래된 행동이 코치와 코칭 파트너에게 도움이 되지 않을 때, 다른 가정에 의한 새로운 행동을 실천해 프랙티스 습관을 바꾸는 가능성을 제공한다. **4단계 참여 모델**은 수퍼비전 대화를 변혁적인 변화로 나가도록 이끌 수 있는 길을 제시한다. 각 단계는 ①논의 중인 상황을 간단히 탐구하고, ②그 상황이 수퍼바이지가 과거에 겪었던 다른 경험과 어떤 식으로 유사한지 살펴보고, ③그것이 유사하다면 무작위적인 사건이 아니라 특정한 상황에 대한 정서적 반응과 습관적인 행동 패턴의 예를 밝혀낸다. 그리고 일단 그 맥락에서 발생하는 정서적 반응을 명확히 한 후에는 수퍼바이지가 ④이 행동이 촉발된 이후 처음 가졌던 '가정'을 밝혀내도록 도울 수 있다.

일곱 눈 모델
CLEAR 모델
3단계 참여 모델

- 상황 탐구
- 과거 경험과 일치 여부
- 정서 반응과 습관적 행동 패턴
- 전제되었던 가정

비전-주체) 중심 수퍼비전 모델이다.
 이 점에서 '일곱 눈 모델'의 활용은 우선 수퍼바이지(수퍼비전-주체)가 어느 부분을 다루겠다는 판단하고 '요청하기'를 우선 할 필요가 있다. 수퍼바이저의 입장에서는 일곱 가지 부분을 염두에 두고 상대의 요청을 충분히 다루면서 필요 부분으로 확대해 가게 된다.

수퍼비전의 작업가설 주요 항목

수퍼비전에서 이런 모델들이 어떻게 활용되는지에 대한 세부 사항은 호킨스와 스미스의 저서에서 더 깊이 살펴볼 수 있다.[138]

이 접근은 어떤 상황에서 유용한가?

이 세 가지 모델을 함께 사용하면[139] ①맥락과 상황 지도 context map(점검해야 할 연쇄 고리 및 연결성)와 ②과정 지도 process map(효과적인 수퍼비전 대화를 위해 수행해야 하는 방법), ③수퍼바이저와 수퍼바이지의 대화를 어디로 안내하고 ④실제 필요한 변화를 파악할 수 있는 방식으로 접근할 수 있다.[140]

---

138) 『수퍼비전: 조력 전문가를 위한 일곱 눈 모델』 피터 호킨스, 로빈 쇼헤트 지음. 이신애, 김상복 옮김. 2019. '시스템·변혁적' 관점에서 열거된 세 가지 모델을 다 설명하고 있다.
139) 시스템적 변혁적 수퍼비전을 위한 세 가지 모델을 함께 사용한다는 의미는 무엇인가? 역자의 경험으로는 일곱 눈 모델의 여러 연결 과정을 수퍼비전의 **기본 운영체계**로 하고 CLEAR을 **대화 모델**로, 4단계 참여를 **변화를 위한 여정**으로 복합적으로 활용한다는 의미이다. 실제 한 회기에서는 어느 부분을 집중 탐색할 것인가를 합의하고(일곱 눈 모델) 관련 질문으로 대화를 시작하며(CLEAR), 변화의 지점을 확인하고 그 단계에 머물며 탐색한다. 이런 회기를 진행하다 보면 다른 영역으로 확장되고 변화의 단계를 올라서게 된다.
140) ①맥락과 상황 지도, ②회기 전개 과정에 대한 지도, ③지향점, ④변화를 위한 성찰 과제와 지점 등은 **수퍼비전의 작업가설**을 위한 주요 항목이다. 이에 대한 이해는 실제 사례를 두고 작업하며 이해하는 것이 지름길이다.

[사례 연구 3.1] 시스템적 변혁 코칭의 상호작용

최근 제인^{Jane}과 수퍼비전 회기의 대화이다. 그녀는 현재 코칭 파트너인 클라이브^{Clive} 사례를 수퍼비전에 가져왔다. 클라이브는 작은 엔지니어링 회사의 CEO이다. 경영진이 비즈니스에 대한 책임을 지지 않고 모든 결정을 자신에게 떠넘기는 것에 분노를 억제하기 어려워 코칭을 선택했다. 제인은 클라이브와 자신이 했던 작업을 수퍼비전에서 논의하고 싶어했다.

그녀는 그가 상황에 대해 끊임없이 분석하며 사람들이 무엇을 하고 무엇을 하지 않는지 화가 나서 말하며 "매우 메말라 버린 상태$^{very\ sterile}$"라고 느꼈다고 있다! [이것이 사례를 가져온 이유이다.]

제인은 클라이브가 말하고 행동한 것에 대해 장황하게 설명하기 시작했다. 나는 제인의 대화가 극도로 분석적이라는 점을 금방 알 수 있었다. 클라이브가 제인에게 작용하고 있는 강한 감정은 섞여있지 않는 듯 보였다. 사실은 그 반대이다. 잠시 후 나는 제인의 말에 끼어들며 질문으로 개입했다. "$^{Q.}$클라이브가 자신의 상황을 바꾸기 위해 무엇을 해야 한다고 생각하나요?" "아, 그건 쉬운 일이지요." 제인이 말했다. "그는 경영진과 정서적으로 더 많이 교류해야 하고, 앞으로의 도전에 더 큰 기대를 하게 해야지요!" "$^{Q.}$그가 그렇게 할 수 있도록 돕기 위해 당신의 작업에 어떤 변화를 줘야 할까요?" 내가 물었다. 이 질문을 통해 나는 두 가지에 **응답**하고 있었다.

첫째, 작동하고 있는 병렬 과정에 대한 감^{sense}이다.

- 클라이브는 임원들이 말하는 클라이브가 해야 할 일의 이유를 설명 들으며 자신의 좌절과 분노를 그들과 소통하지 않고 있다.
- 제인은 경영진의 대답과 잘못이 무엇인지 클라이브의 설명을 듣고 있지만 그 당시 자신의 감정은 언급하지 않고 있다.
- 나는 클라이브의 어려움이 무엇인지 제인의 설명을 들으며 앉아 있는 동안 좌절과 비판을 느끼며 제인과의 라포를 잃고 있다.

> 둘째, 뇌의 "가소성plasticity"을 만들기 위해 우리의 새로운 "의미 체계frame of meaning"에 도전해야 한다는 것을 알고 있다.[141]
>
> 나는 제인이 이슈에 대해 생각하는 방식을 바꾸도록 해야 했다. 클라이브가 무엇을 해야 하는지 [제인에게] 질문을 던져 클라이브가 지나치게 사태에 지적 반응cerebral responses을 하느라 가려져 있던/잃어버리게 된 **직관**을 끌어내게 [제인이]접촉이 필요하다는 점을 발견하게 했다.
>
> 또한 제인에게 무엇을 바꿔야 하는지를 질문해, 제인이 클라이브와 해야 할 일에만 집중하는 상황에서 벗어나, 제인이 그 상황에서 무엇을 다르게 해야 하는지에 초점을 맞춘 더 넓은 시각으로 상황을 바라보게 관점을 확장했다.
>
> '의미의 틀'을 바꾸고change 전환shift하게 해서 제인은 이슈를 다르게 볼 수 있고, 고착되어 막막한 상황이라고 느꼈던 것을 창의적으로 해결할 수 있는 새로운 생각과 에너지를 얻을 수 있었다.

---

141) '뇌의 가소성을 만들기 위해 새로운 의미 체계에 도전'한다는 의미는 어떻게 이해할 수 있는가? 신경과학을 코칭에 접목한 코치 에이미 브랜Amy Brann은 코치를 "**자기-지시적 신경가소성**neuroplasticity을 촉진하는 전문가"(p.33)로 정의한다. 신경가소성은 '변화할 수 있는 뇌의 능력'이다. 이 가소성에는 뇌가 자연스럽게 변화하는 다양한 방식이 있다. 시냅스와 시냅스 사이를 연결하는 변화는 '주의 집중'하고 장기상승작용이 일어나게 한다. 참조.『뇌를 춤추게 하라: 두뇌 기반 코칭의 이론과 실제』 에이미 브랜 지음. 최병현, 이혜진 옮김. 2017.

'생각하기thinking'와 새로운 의미 만들기는 의미의 연결을 **다초점 방향**으로 **연쇄적인 연상**을 확산하며 의미 체계를 강화한다. 이는 곧 뇌 가소성의 유지 강화이다. 이와 대비되어 '생각하기'가 아니라 '그냥 머리 비우기brain dump'는 일종의 새로운 생각 출현을 의한 '생각-내려놓기'를 지향한다는 의미이나 때로는 너무 익숙한 일이기에 '단순한 질문에 획일적 응답만 하는' 반응이라는 이중의 의미를 갖는다.

반면에 '생각-없음', '무-사고'로 방치하거나 무차별한 단순 반응 지향은 일종의 뇌 부패/썩음brain rot에 이르는 길이다. 마치 종일 유튜브를 틀어놓고 도무지 생각하기 자체를 차단하는 경우이다. 코칭 대화에 의한 '의미 만들기'는 곧 뇌 비우기를 긍정화하고 뇌 부패를 방지한다.

역자의 추가 질문

Q. 어떤 상황인지 전체를 다시 설명하며 병렬 과정을 발견한다면?

Q. 수퍼바이저가 이 개입 과정을 상황 전개에 따라 질문 리스트를 상세히 작성하고 나서 이를 설명해 보자.

Q. 이 사례에서 제인에게 일어난 일은 무엇인가? 제인의 입장에서 과정을 모두 열거해 보자.

Q. 이 사례를 시스템적 변혁적 모델로 설명해 보자. 어떤 점이 시스템적이고 변혁적인가?

Q. 실습 상황이라면 위 세 가지 모델 가운데 어느 하나를 선정하여 제인-수퍼바이저-관찰자로서 시연하고 피드백한다.

시스템적 컨스텔레이션을 이용한 수퍼비전

- 존 휘팅턴 John Whittington: 코칭 컨스텔레이션 설립자, 진행자, 수퍼바이저

숨겨진 역동
무의식적 역동

이 접근의 핵심 특징

컨스텔레이션 constellation[142]은 관계 시스템의 숨겨진 역동과 3차원의 무의식적 패턴[143]이 살아있는 지도를 생성한다. 토론이나 수퍼바이저의 전문 지식으로 접근할 수 없는 역동과 진실 truth을 신속하게 드러내는 것을 "위에서-보기 super-vision"를 통해 포착하게 한다. 시스템적 수퍼비전은 전체 시스템의 건강을 우선시하고, 모든 것에 있는 그대로

역동과 진실

---

142) '컨스텔레이션 constellation'의 의미는 무엇이고 어떻게 번역해야 하는가? 용어가 정착되기까지 한시적으로 '컨스텔레이션[짜임 구조]'으로 번역한다. 이 개념은 매우 일찍 대인관계 분야(정신분석)에 도입되어 두 사람 관계 안에서 내담자(분석 주체)의 말(말 조각, 비언어적 표현 포함)과 반복되는 상황에 머물며 어느 순간 분석가에게 (정서의 움직임, '느끼진 감정'으로 인해) 인식으로 포착된 현상을 설명하며 사용되었다. 마치 밤하늘의 별들을 보며 깊은 정취를 느끼던 중 각 별들을 연결하여 어떤 이미지를 떠올려 '별자리'를 발견하거나 의미 부여하는 현상과 같다. 물론 별의 위치를 연결한 별자리 명칭과 관련 은유를 알고 있다면 이 같은 발견과 연상은 손쉬울 것이다.

무의식적 의사소통에 근거한 사례 설명에 활용해 온 용어는 휘팅턴에 의해 시스템 코칭을 설명하는 중요한 용어로 확대되었고 코칭 기법으로 발전하고 수퍼비전 분야에 활용되고 있다. 우리 나라에서는 '가족/조직 세우기'로 인접 분야에서 먼저 도입되어 소개되었다.

철학 분야에서는 발터 벤야민이 사용하고 위르겐 하버마스에 의해 발전했으며 '짜임 구조'로 번역한다.

참고: 『시스템 코칭과 컨스텔레이션 - 개인, 팀 및 그룹에 대한 원칙, 실천 및 적용』 존 휘팅턴 지음, 가향순, 문현숙, 임정희, 홍삼열, 홍승지 옮김. 2022.

143) 3차원이란 공간을 포함한 입체화를 말한다. 개인과 과제를 넘어 움직이는 '관계'가 만들어내는 역동으로 '장 field' 안에서 감지되는 무의식의 패턴이다.

이는 장 안에서 여러 모습이나 현상, 느낌과 신체화 등으로 그 일부를 감지한다. 의식과 무의식이 어떤 공간처럼 별도로 나눠져 있다는 이미지는 오류이다. 지각을 통해 의식하는 것 이외에는 모두 의식-밖이고 의식하지 못한 영역이며 이를 '무의식'으로 구별한다. 이는 섞여 있고 혼합되어 일상 생활과 언어 생활의 일부에 섞여 있다.

의 위치를 부여하며, 흐름과 해결을 위한 새로운 길을 보여준다. 컨스텔레이션[짜임 구조]은 수퍼비전에서 출현하는 **투사**와 **병렬 과정**parallel precess의 한 지점을 제공하므로, 집단 내 모든 사람이 함께 보며 생산적인 해결 '방법'으로 활용할 수 있다. 이 둘을 결합하면 안전하고 포괄적이며 자유로운liberating 수퍼비전을 경험하게 된다.

체현된 앎
대표 지각
정보의 장

컨스텔레이션 구성 과정은 참석자 모두 **체현된 앎**embodied knowledge과 지각perception에 주목해 접근하게 되는데, 이때 드러나는 현상을 '[대리로 드러난] **대표 지각**representative perception'[표상적 지각]이라고 한다.[144] 그 결과 모든 관계 시스템에 존재하는 숨겨진 어떤 것이 '**정보의 장**field of information'으로 표면화된다. 이 과정은 일대일과 집단 수퍼비전 모두에서 작동하며, 수퍼바이저와 수퍼바이지가 시스템에서 한발 물러나 새로운 눈으로 시스템과 역동의 구조물을 보게 한다.

집단 수퍼비전에서, 수퍼바이지는 직관에 따라 그들이 일하는 시스템에서 사람(및 다른 요소)을 대표할 다른 집단 구성원을 선택한다. 수퍼바이지는 다른 사람들을 정신 신체적으로somatically 자신에게 진실하다고 느껴지는 관계 패턴으로 방에 [자신을] 배치한다. 이런 '대표 지각', 곧 표상을 근거로 드러내[145], 이전에는 접근하기 어려운 정보가 빠르게 표면화되고 시스템에서 새로운 수준의 명확성이 드러난다. 이 접근을 뒷받침하는 세 가지 초석이 있다.

---

144) 지각으로 감지된다. 이는 점차 '대리인'의 행위나 동작, 이야기로 표현되는 느낌이나 신체화로 드러난다. 이를 '표상表象'으로 표현할 수 있는 바는 '지각을 통해 의식으로 발현하는 대상 그 자체의 (불명확할 수 있는) 모양새이며 감각과 경험을 통해서나 알아볼 수 있기 때문이다'.
145) 집단에서 다른 참석자를 위치나 동작 형태로 의미부여해 조각 배치하거나 일대일에서는 물체나 주어진 단순화된 상징물을 배치하며 자신의 지각 표상, 느낌을 근거로 구성하게 해 활용한다.

세 가지 초석
1. 모든 것을 있는 그대로 받아들이는 시스템 지향적이고 의도적이지 않는 수퍼바이저의 "자세stance"
2. 무시하거나 위반할 경우 역동 관계를 제한해 버리게 되는 관계 시스템의 "조직 원리"
3. '대표 지각'을 통해 의식으로 알기conscious knowing를 넘어 정보에 접근하는 보편적인 인간의 능력을 있는 그대로 활용하는 시스템적 컨스텔레이션 방법론

코칭 아포리즘(2)
선인식 후반응
장의 작동을 보장

컨스텔레이션 수퍼바이저의 '내적 자세inner stance'는 수퍼비전이 "옳다" "그르다"는 판단, 편견, 제한된 생각 없이, 있는 그대로 **이야기**를 넘어 ['장'이 스스로] 작동하도록 보장한다. 이를 통해 관계 시스템 내에서 얽힘이 덜한 패턴의 그림을 볼 수 있게 수퍼바이지에게 권한을 부여한다. 이런 자세와 방법론의 조합은 숨겨진 것에 빛을 비추고, 얽힌 것을 풀어주고, 코치, 코칭 파트너, 시스템을 위한 새로운 해결 경로를 만들어 낸다.[146]

앎의 구성 과정

관계 시스템을 유지하고 제한하는 조직 원리에 대한 이해는 이 접근의 토대가 된다. 이 원리를 배우는 것은 코치가 **그들** 코칭 파트너와 함께 일하는 데에도 적용될 수 있기에 이것 또한 추가된 이점이다. 예를 들어, 역할에서 자신의 권위를 찾는데 어려움을 겪는 리더가 이전

---

[146] 집단에서는 '장'에서 드러난 사태를 보거나 느끼며 알게 되고 필요에 따라 수퍼바이저가 필요한 만큼 질문을 제공하며 흐름으로 전개해 가도록 지원한다.
　개인 수퍼비전의 경우 ①**수퍼바이저**는 자기 내면에서 일어나는 직관이 서로 연결되며 어떤 새로운 알아차림으로 구성되는 것을 '알아차림' 상태로 그대로 머문다. 이런 순간과 동시에 또는 점차적으로 ②**수퍼바이지**에게도 직관이나 이야기 조각을 드러내게 되고, 수퍼바이저는 이에 반응하며 함께 구성해 가며 그의 것이 되게 한다. 나중에 ③필요하다면 '해석'을 제공할 수 있다. ④당연히 수퍼바이저의 절제, '(수퍼비전-주체) 선인식, (수퍼바이저) 후반응'(코칭 아포리즘(2). 선인식 후반응)이 매우 중요하다. 수퍼바이지의 이런 실천적 경험은 코칭 파트너와의 코칭에서 대처하는 힘, 실천 능력과 수용력을 높인다. 이는 수퍼비전을 통해 얻는 다양한 앎에 이르는 길이다.

역할 보유자가 떠난 방식에 영향을 받을 수 있다. 이를 이해하면 새로운 관점과 정보 수준을 추가할 수 있는 것과 같다.[147]

시간 조직의 원리

이것이 '시간 조직의 원리organising principle of time'이다. 시스템에서 누가, 무엇을 먼저 했는지는 다음에 누가, 무엇을 했는지보다 우선한다. [이는 자연스러운 것이다.] 이 원칙이 무시되거나 위반되면 사람들이 얽히고 시스템이 느려진다. 예를 들어, 새로운 CEO가 이 전에 시스템에서 근무한 사람을 존중하지 않고 합류하면 그들의 리더십은 저항을 받거나 거부될 것이다.

체화된 공간적 앎

수퍼바이지가 알아야 할 것은 무엇인가?

수퍼비전 접근에 컨스텔레이션을 활용할 때 [수퍼비전-주체] 사전 경험이 꼭 필요하지 않다. 이 접근은 정신 신체적somatic이기에 관계 시스템에서 코치가 가장 유용한 자신의 위치를 찾을 수 있는 **체화된 공간적 알아차림**embodied spatial awareness을 만들어 낸다. 이 지점을 미세 조정하는 수용력capacity은 컨스텔레이션에서 독특하고 강력한 깊은 통찰력의 원천이다. 개입에 촉진되어 관계 패턴의 수정된 지도가 내면화되고 체현되므로, 코치는 자원을 확보하고 명확하게 자신의 권위와 기술skill을 온전히 되찾을 수 있다.

컨스텔레이션은 하나의 사건이다. 시스템적 수퍼비전은 수퍼바이지의 어떤 것을 변화시키고, 시스템 역동에 대한 신선한 이해와 지식을 통해 재조정된 내적 자세, 즉 "올바른 위치right place"에 대한 감각이 그들에게 자원이 된다. 사건 또한 시스템 자체의 어떤 것을 변화시킨다.

---

147) 신입 임원, 승진 임원의 초기 노력 3개월의 활동과 상황 전개는 향후 영향을 미치는 '초기 조건의 민감성'으로 영향을 준다. 이 때문에 코칭에 주요 주제로 다뤄지고 있다. 이때 이른바 '에너지' 차원을 어떻게 접근할 것인가에 이를 활용할 수 있다.

이 접근은 어떤 상황에서 유용한가?

이 접근은 ①관계 시스템에 갇힌 관성에서 벗어나고 ②숨겨진 역동과 ③자원의 원천을 파악하는 데 도움이 된다. 이는 코치가 코칭 파트너와의 관계에서 ④"올바른 위치"를 찾을 수 있다. 코치는 "좋은 접촉good contact"을 잃고 있다고 느낄 때, 압도당하거나 숙련되지 않은 기분을 느낄 때 유용하다. 코치가 자신의 코칭 비즈니스에서 숨겨진 역동을 탐구할 수 있게 신선한 에너지를 모으고 새로운 코칭 파트너를 유치하는 방법을 알 수 있게 한다.

이 접근을 경험하는 집단은 모든 사람들이 신체적, 정신적, 정서적으로 컨스텔레이션에 관여하므로 방 안에 있는 모든 사람들이 함께 배우게 된다. 이를 통해 참석한 모든 사람에게 풍부하고 깊은 발전을 보장한다. 짧은 사례연구에서 알 수 있듯이 컨스텔레이션은 다른 형태의 수퍼비전과는 전혀 다른 독특한 경험을 제공한다(Whittington, 2016).[148]

―

되어보기
드러내기
흐름 갈래
장 설계

좋은 접촉
고객 유치

―

[148] 컨스텔레이션 중심 코칭수퍼비전은 일대일, 집단, 셀프 수퍼비전으로 나눌 수 있다. 회기 안에서 상황과 맥락, 인물 등에 관해 '되어보기'를 실행하거나 대리물을 활용해 '드러내기'를 한다. 이 과정에서 자기 배움(느낌과 알아차림 조각 등)이 '흐름 갈래'로 출현한다. "리빙맵living map"이며 이는 수퍼바이저와 나눌 중요한 회기 내 텍스트이다. 이를 일대일, 집단, 셀프 수퍼비전에서 다룬다.

컨스텔레이션 중심 셀프 수퍼비전은 장소-공간의 '장'을 탐색과 설계한다. '진실', 다양한 느낌의 장소, 자기만의 위치 등을 자기 알아차림으로 배치하는 이른바 '장 설계'를 한다. 코칭 파트너와 회기의 경험을 지금 여기의 장으로 불러와 자신이 주목했던 것에서 현재 다시 올라오는 것을 '되어보기', '드러내기', 갈래 흐름의 출현을 배치하고 이를 다시 그대로 경험하며 새로운 알아차림에 주목한다. 끝나면(설계한 '장'에서 나와지면) 각 장소에서 얻은 정보와 앎의 퍼즐을 살펴본다. 이런 점에서 평소 수퍼바이저의 명상 훈련과 몸의 사용을 유지 관리해야 한다. (위의 책, 존 휘팅턴, p. 353~373)

[사례 연구 3.2] 컨스텔레이션 기반 두 명의 수퍼바이지

컨스텔레이션 기반 집단 수퍼비전에 경험이 풍부한 두 명의 코치가 참석했다. 이들은 다른 유럽 국가에서 특정 코칭 파트너와 팀 코치로 함께 일하며 새로운 관점과 통찰에 허기를 느끼고 있었다.

나는 이들에서 산업, 상황, 개인적 세부 사항에 대한 고려나 설명을 듣거나 말하게 하지 않고 단순히 코칭 파트너 팀의 핵심 구성원을 '대표' 대리인으로 설정set up representatives'하는 [장에] 초대했다. 아무런 정보나 사실, 의견도 없이 또 컨스텔레이션 경험이 전혀 없는 수퍼바이지 그룹(수퍼비전-주체)과 함께 집단 안에서 '대리자'를 선정했다. 또한 그들이 "알지 못하게blind" 어떤 언급도 하지 말라고 안내 했다. 즉, 누가 누구를 대리하는지 명확히 알고 있지만 진행하는 나와 집단에는 알리지 않는다.

그들은 여덟 명을 선택하여 앉아 있는 의자의 원 안에 있는 사람들이 서로 관계를 맺도록 위치를 정했다. 초기 그림이 설정되자 나는 코치들에게 자리에 앉게 하고 대리자들에게는 자신이 "느낀 감각felt sense"에 맞춰 자신의 '장소(위치) 감각sense of place'을 더 정확하게 표현하는 어떤 내면의 움직임을 따라 하거나 이동하라고 요청했다.

가장 먼저 배치된 남자는 자신이 위치했던 원 한가운데서 의자로 구분된 원 너머로 곧장 걸어 나와 창문 가까이에 서서 창밖을 내다보았다. 그 옆에 있던 여자도 원 밖으로 통하는 사이로 곧장 나가더니, 문 옆까지 가서 서 있었다. 나머지 대표들은 한데 모여 있었지만 모두 각각 다른 방향을 바라보며 불확실하고 조금 길을 잃은 듯한 표정이었다.

내가 두 코치들에게 물었다. "이 팀의 리더는 누구입니까?" 코치들은 창가에 서 있는 남자를 가리켰다. 그들은 설립자를 대표하기 위해 그를 선택했으며 그는 공동 설립자와 결혼했다고 말했다. 두 코치는 문 옆에 있는 여성을 공동 창립자이자 아내의 대표로 선택했다고 설명했다. 두 가지 [의미]가 이 컨스텔레이션의 첫 순간에 나타났다. 창업자 가운데 한 명이 사업에서 벗어나고 싶은 숨겨진 충동과 두 창업자 사이의 업무 관계, 결혼 또는 둘 다에 대한 긴장감이었다.

얼마 후, 원에 앉아 있던 집단의 한 코치가 기분이 매우 이상하고 느낌이 약해지고 있다고 말했다. 나는 그녀에게 컨스텔레이션에서 '진실'이라고 느끼는 자리에 가서 서 보라고 권유했다. 그녀는 의자에서 내려와 무릎으로 걸어 원의 한가운데로 가서 무릎을 꿇고 앉았다. 마치 어린아이처럼 보였다. 나는 두 코치들에게 이것이 무엇인지 알고 있는지 물었고 그들은 설립자들에게 딸이 한 명 있다고 말했다.

컨스텔레이션이 계속 굴러가면서, 다른 많은 정보와 숨겨진 역동이 표면화되었다. 대리자들은 '대표 지각'을 통해 자신들이 전혀 알지 못하는 시스템에 대한 많은 양의 정보를 포착했다[이를 말로 설명했다].

이런 역동 관계는 나중에 실제 시스템에서 평행하듯 병렬되어 나타났는데 그 내용에는 창업자 가운데 한 명이 사업이 실제로 그렇게 할 준비가 되기 전에 떠나려는 은밀한 욕망과 공동 창업자의 역동 관계의 어려움이 포함되어 있었다. 컨스텔레이션은 팀 내에서 "상실감과 버림" 받았다고 느낀 자녀와 같은 감정을 보고한 것과 코치들의 작업 관계에 반영된 창업자 간의 역할과 권위에 대한 혼란이라는 두 가지 '병렬 과정parallel precess'을 현실로 가져왔다.

그들은 코칭 파트너와 함께 일하는 방식을 근본적으로 변화시킨 많은 양의 신선한 정보, 명확성과 통찰력을 남겼다. 또한 이런 수퍼비전 컨스텔레이션의 결과로 두 코치는 작업 관계를 재조정했다.

역자의 추가 질문

Q. 집단에서 벌어진 묘사를 충분히 이해할 수 있는가? 없다면 경험 있는 코치에게 설명을 요청하거나 질문해 보자. 또는 그림을 그려 보거나 몸을 움직이며 상상해 보자.
  - 이해된 바를 근거로 수퍼바이저로서 진행하는 대본(질문 리스트)을 만들어 보자.

Q. 수퍼바이지 코치가 자기 사례를 집단 수퍼비전에서 이런 경험을 했다면 이를 자신의 코칭 성찰을 어떻게 활용할 수 있는가?

Q. 잘 기획된 집단 수퍼비전의 장이 아닌 일반 컨스텔레이션 회기는 더 다양한 사태를 경험한다. 코치는 자기 신념이나 종교에 따라 일어나는 현상을 유사한 종교적 경험과 비교하며 내면의 **가치 갈등**이 있을 수 있는지 검토해 보자.

역자의 추가 설명

실제 안내자가 집단을 시작하는 개입과 진행에는 여러 가지 방법이 있다. 그렇지만 이 사례는 두 명의 코치가 같은 이슈를 가지고 집단에 참여했는데도 두 사람이 동시에 집단의 대리자와 장을 설정하게 했다. 두 사람이 서로 말하면서 했는지, 말 없이 했는지 설명이 없다. 이 과정에서 의견 갈등이나 주저, 양보, 어떤 느낌인지는 활성화 되지 않고 있다. 그렇지만 각각이 따로 하게 해 두 사람 관계의 역동과 차이 역시 드러내고 경험하게 할 수 있다. 이런 요구나 필요는 두 명의 수퍼바이지에게 달려있다.

이렇게 두 사람이 소통없이 동시에 작업했다는 것은 사전 안내가 충분히 있었거나 고도의 훈련을 한 사람들이 눈빛이나 **마음을 보이지 않은 소통**으로 진행하는 경우일 것이다. 그렇다면 이 방법 또는 현상은 무엇인가?

수퍼비전을 위한 게슈탈트

- 존 리어리-조이스^{John Leary-Joyce}: 코치, 수퍼바이저, 임원 코칭 아카데미 대표

변화란 곧 그 자신이 되는 것

게슈탈트^{Gestalt}는 완전, 전체, 패턴을 의미하는 독일어이다. 게슈탈트 이론은 세상에서 의미를 만들기 위해 모든 관계에서 완성을 찾아내는 "**이미 내장되어 있는**^{hard wired}" 믿음에 근거한다. 우리는 부분들의 집합이 아닌 패턴을 추구하고 전체를 이해하기 위해 그 틈을 메운다.

게슈탈트 접근은 프리츠 펄스(Perls et al., 1951)의 연구에서 발전한 현상학적 시스템 철학이다. 그 사람의 독특한 경험과 그들이 자신의 세계를 어떻게 이해했는지에 초점을 맞춘다. 코칭과 수퍼비전에서 곧 '**현재 순간에 함께 한다**'라는 의미이다. 현재 순간에 경험하고 있는 것(지각하고, 느끼고, 생각하고, 행하는 것)에 '주의'를 기울이는 것이다. 과제는 더 많은 책임과 선택을 만들어 내기 위해, 알지 못하고 비생산적인 습관적 반응에서 '지금-여기'에서 일어나고 있는 '사태'를 의식적으로 알아차리는 것이다.

접근의 핵심 특징

변화의 역설

게슈탈트 접근은 '변화의 역설'에 근거한다. "변화는 자신이 아닌 다른 사람이 되려고 할 때보다 자신이 누구인지 인식할 때 일어난다."[149] 마음챙김^{mindfulness}처럼 "단순히" 의식하면 자연스럽게 자신을 풀어내고[해방되고] 더 생산적이고 만족스러운 상호 작용을 만들어 낼 수 있

---

149) 그러므로 '변화란 곧 그 자신이 되는 것'이다.

다는 믿음이 깔려 있다. 이 과정은 **현재** 중심적present-centred이고 창발emergent 그 자체이다.150) 자신이 어떤 사람이 되고 싶은지 파악하고 그에 도달하기 위해 자신을 변화해 나가는 해결책/목표 중심solutions/goals-focused 접근과 대조를 이룬다.

코치가 알아야 할 것은 무엇인가?

게슈탈트 수퍼바이저가 강조하는 것은 자신과 코칭 파트너와의 관계, 즉 ①"사마귀와 모든 것warts and all[갖고 있는 나쁜 점까지 모두]"에 대한 인식과 수용의 개발이다. 이 과정에 완전히 관여하면 ②불안과 제한적 신념, ③구속하고 있는 마음가짐/사고방식mind-set과 ④프랙티스 등 모든 것을 자연스럽게 놓아버릴 수 있다. 그러면 현재 코치이와 함께 일하는 더 효과적이고 창의적인 방법을 발견하게 된다.

> 모든 것을 자연스럽게 놓아버릴 수 있다.

수퍼바이저의 개입은 "순간을 알아차리는 시도"를 설정setting up한다.151) 즉, 결과를 정해 둔 기대와 목표, 전략이란 없다. 수퍼바이저는 자기 발견 여정의 공동 연구자가 된다. 수퍼바이저는 이 과정을 섬세

---

150) 오로지 '지금, 이 순간'만 있다. 나머지는 사라진 것이다. 과거라는 수평적 시간으로 흘러간 것도 심지어 모여 축적되는 것도 없다. 오직 이 순간 나타나는, 창발하는 순간만 있을 뿐이다.

151) 기대와 궁금함을 잔뜩 들고 온 수퍼바이지와 수퍼비전 회기에서 이를 위한 장field을 설정하는 것은 의외로 쉽지 않다. 〈'지금-여기'에 머물기〉, 〈'이 순간, 순간…'을 의식하고 있기〉 등의 의미는 코치들은 잘 **알고** 있다. 특히 사례를 들고 수퍼비전을 선택한 코치는 더 잘 알고 있다. 그렇지만 그만큼 지금 수퍼비전 회기에서 이를 위해 초대하고, 현재 '장' 안에 함께 머물러 있음을 생성하고 유지 관리하는 것은 여간 힘든 일이 아니다. 대부분은 '지금-여기'에 머물러 있다고 '생각'하고 있기 때문이다. 수퍼바이저는 아주 섬세한 훈련과 실전을 쌓아 이를 구별하고 안내해야 한다.

수퍼바이저는 '알아차림' 전후를 위한, 순간에 주목하게 하는 어떤 설계하에 이를 '시도'experiments'하기도 한다.

과정 신뢰
과장 기반

하게 관리하여 예측할 수 없는 에너지와 정서가 생산적으로 변화하도록 지원한다. 이것이 바로 "과정을 신뢰하라 trust the process"의 의미이다.

기본 방법은 "과장 exaggeration"에 기반을 둔다. 어떤 일을 하든 그것을 **더 많이 하고**, 자신의 감정과 반응, 사고와 행동을 **실제**로 경험하게 한다. 이를 통해 오래된 '마음가짐/사고방식'의 기본적 요소와 제약을 표면화한다. 이러한 생각과 감정에 뿌리를 탐구할 수 있지만, 주로 강조하는 점은 단지 '경험과 함께 머물고' 변화가 일어나도록 지원하는 것이다.[152]

이 접근법이 어떤 상황에서 유용한가?

게슈탈트 수퍼비전은 자신이 '경험할 때' 가장 효과적이다.

경험에서 배우기
변화의 계기이자 씨앗

- 왜 그런지 어떻게 된 것인지 이해할 수 없이 자주 코칭 파트너와 자신이 갇혀 있거나 막혀 있는 경우
- 흥미 상실, 부적절함, 강한 긴장 등 관계 안에서 일어나는 부정적 정서 반응
- 합리적인 장/단점을 갖지 못하는 딜레마와 관련된 상황

---

152) 생각과 감정의 '뿌리', '기원'으로 가지 않는 것이 중요하다(수평적 시간의 과거가 아니다. 수직적 시간이다). 현재 시점에서 그것을 단지 바라보는 것, 이를 스스로 묘사하는 것, 그 이후 과정을 여행하듯 여정을 구성하는 것까지는 허용할 수 있다. 그것이 자연스런 흐름이 되면 수퍼바이저는 경청을 제공하며 따라간다. 중요한 점은 오직 **그 경험에 함께 머무는 것**이다. **이를 표현하면** '그때 거기'의 기억/감정/이야기를 '지금-여기'에서 새롭게 '경험하는 것'이다.

이를 통해 수퍼바이지는 자신의 '경험' 자체를 다시 경험하고/보게 되어 그 동안 자신의 '경험에서 배우기' 자체를 재검토하기에 이른다. 이것이 곧 변화의 계기이자 씨앗이다.

예를 들면 시간 관리 등 구체적인 실천이나 목표가 필요하고 변화를 스스로에게 부과해야 하는 과거나 미래의 계획, 전략 수립 등에는 이런 접근은 유용하지 않다.

게슈탈트는 **현재의 관계**에 초점을 맞추는 것 자체가 하나의 모델이다. 〈목표 지향적인 행동 변화 모델〉과는 다르다. 그러나 게슈탈트는 과거의 이슈나 미래의 목표를 해결할 필요가 있을 때 이런 접근 방식과 게스탈트를 쉽게 **통합**할 수 있다. 또한 전통적인 목표 중심의 코치 훈련을 받은 경험이 있는 경우 스스로를 확대하고, 다른 접근을 시도하고 싶을 때 게슈탈트 접근법을 고려한다.

[사례 연구 3.3] 게슈탈트에 근거한 코칭수퍼비전 회기

한 코치가 코치이와 함께 갇혀 있는 느낌이 든다는 이슈를 제기했다. 수퍼바이저가 코치에게 그 느낌을 더 충분히 경험하도록 권유하자 그녀는 해저에 있는 오래된 난파선에 허리가 묶여 있는 느낌이라고 묘사했다. 그런 식으로 묶여 있는 느낌을 더 깊이 알아차려 보라고 [조금씩] 요청하자 그녀는 답답하고 좌절스럽지만 왠지 모르게 안전한 느낌이라고 덧붙였다.

수퍼바이저는 코치에게 그 경험을 과장하여 "덫에 고정되어 있는" 상태 같은데 … [1]'실연enact'해 보라고[실제로 지금 느껴보고 표현해 보세요] 초대했다. 그러자 그 난파선이 그녀가 배워왔고 배운 것을 고수해야 한다고 느꼈던 이론적 모델이나 개입을 재현/대표한다represented는 점을 발견했다. 그 깨달음realisation의 순간, 밧줄은 묶여 있는 닻이기보다 원래 훈련 구조-틀에 연결된 한 줄기 빛(변화의 역설)[환해지는 느낌]으로 **바뀌었다**.

이 알아치림을 확장하자마자, 그녀는 원래의 학습에 얽매이지 않고 어떻게 하면 (빛을 통해) 그 학습을 유지할 수 있는지를 인식했다. 이를 통해 그녀가 코칭 파트너와 함께 새롭고, 더 흥미진진하고 도전적인 개입을 실험할 수 있다는 믿음을 드러냈다. 이런 에너지를 바탕으로, 수퍼바이저는 그녀에게 다음 코칭 회기에 그 개입을 사용하도록 상상하고 이를 다시 [2]'실연'해 보도록 초대했다.

이들은 무슨 일이 일어날 수 있는지, 어떤 어려움이나 성공이 일어날 수 있는지 탐구했다. 코치는 다음 코칭 회기에 기대감을 갖게 되었다.

역자의 추가 질문

Q. 내용 서술에 따라 톤과 음조 속도를 감안해 질문 리스트를 구어체로 말해보자.

Q. 회기 안에서 드러난 '실연enact' [1]과 [2]의 차이를 설명하라.

Q. 이를 실제 시도할 때 수퍼바이저가 검토, 염두에 둘 것은 무엇인지 모두 제시하라.

Q. 다음 코칭수퍼비전 회기에 확인하거나 검토하는 회기를 실습해 보자.

정신역동/정신분석적 접근

이 접근은 인간이란 의식적인 마음뿐만 아니라 무의식적인 마음을 가지고 있으며, 그 둘 사이를 끊임없이 오고 가고 있기에 언제나 불가피한 긴장이 존재한다는 믿음에 근거한다. 정신역동 모델은 불안과 불편한 감정에 대한 무의식적인 방어를 정신 과정의 정상적인 부분으로 간주하고 이것이 인간의 행동에 미치는 영향을 검토한다.[153]

정신 역동, 시스템 집단 분석 수퍼비전[154]

- 크리스틴 손튼Christine Thornton: 집단 분석가, 수퍼바이저

이 접근법은 어떤 상황에서 유용한가?

코칭 회기를 마치고 "도대체 무슨 일이 있었던 것인가?"라는 의문이 들거나 회기 초반에는 느끼지 못했던 불편한 감정이 가득찬 경험이 있다면 수퍼비전의 정신역동적인 접근이 도움이 된다. 이 접근은 인간은

무의식의 과학

---

153) 정신역동psychodynamic, 정신분석psychoanalistic 접근이라는 용어가 혼재되어 사용하고 있다. 이 용어의 차이와 구별에는 많은 설명이 필요하고 주장도 다양하다. 그렇지만 현대 정신분석의 발전에서 볼 때 이 구별에는 소란하고 엄격한 만큼 그 의미는 점차 축소되었다. 그러나 여전히 정신분석 진영의 일부에서는 이를 구별한다. 코칭과 수퍼비전에서는 '정신분석 이론과 실천에 근거로 하는 접근과 활용을 의미한다. 내용 끝에 역자의 부록을 수록했다.

154) 정신분석 코칭수퍼비전은 이 저서 집필 당시까지는 제시된 내용을 볼 때 그 전모가 분명하지 않다. 저자의 한계로 보인다. 저서 이전에 이미 맨프레드 케츠 드 브리스Manfred F.R. Kets de Vries는 정신분석과 (코칭)리더십에 관한 광범위한 활동과 저서가 제시되어 있다. 또 정신분석 코칭과 수퍼비전에 관한 많은 연구도 있다. 이 저서 이전의 대표적인 내용 가운데 하나가 캐서린 샌들러의 연구가 있다. 그의 저서 전반에 걸쳐 정신분석의 이론과 기법이 반영되어 있다. 이장 [역자 부록 3.2] 참조. 정신분석적 코칭수퍼비전에 관한 소개와 연구는 다음 기회로 미룬다.

빙산과 같아서 수면 위로 드러난 부분은 극히 일부에 불과하고, 무의식의 눈에 보이지 않는 부분이 더 많아 이를 활용하면 다른 사람과 다양한 방식으로 소통할 수 있다는 이해에 기반한다.

가령 코치들은 조하리 창이 익숙하다. 이 창의 목표는 자유/개방 영역을 양방향으로 넓히는 것이다. 정신역동은 무의식의 과학이다. "수면 아래"에 있는 자기 self의 일부를 연구하는 정신분석 이론가들은 보이지 않는 인간의 복잡성을 이해하는 몇 가지 유용한 개념을 개발했다. 이전에는 보이지 않는 무의식적 부분이 수면 위로 드러나는 부분과 복잡한 동인 complex drivers[충동]을 이해하고 이를 통해 더 큰 선택을 행사하는 넓은 자유를 얻게 된다.[155]

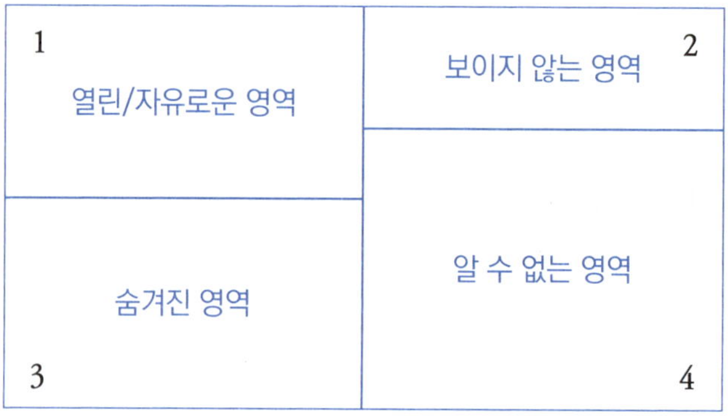

어떤 인간도 섬이 아니다

1 열린/자유로운 영역	2 보이지 않는 영역
숨겨진 영역 3	알 수 없는 영역 4

출처 : 2003년 ⓒAlan Chapman, www.businessballs.com.

[그림 3.1] 조하리 창

---

155) 이론적 이해가 무의식 역동으로 드러나는 부분을 이해하는 데 도움이 된다. 그러나 이는 자신이 스스로 직접 경험하지 않고는 진정으로 이해했다고 보기 어렵다. 의식으로 인식한 앎 넘어 '알 수 없는' 출현이기 때문이다. 그러므로 '정신분석 수퍼비전'은 '개인 분석'과 함께 정신분석 훈련에서는 필수적인 과정이다.

프로이트 생전에 정신분석 입론 과정에서 동료들과 시작한 수요 모임(1902년)은 오늘날 수퍼비전의 기원의 하나로 설명되고 있다. 개인 분석은 (훈련)정신분석가 자신이 분석 대상이 되며 수퍼비전은 정신분석 이론과 방법에 의한 정신분석 사례를 다룬다. 이런 형식과 내용은 심리치료 등 다른 부분에 영향을 주어 정신분석 이론과 방법에 근거한 수퍼비전이 하나의 흐름을 갖춘다. 개인 분석과 수퍼비전이라는 틀은 코치 자신과 코칭 파트너와의 작업 두 가지를 구분해서 다루는 흐름과 발상에 영향을 주었다.

정신 역동적psychodynamic 또는 정신분석적psychoanalytic 접근은 수퍼바이지가 코칭 파트너와의 작업을 더 깊이 이해하는 것을 돕고, 자신의 "조하리 창Johari window"이 코칭 파트너와 어떻게 상호 작용하는지 성찰하고 개인과 전문성 개발의 기회를 제공한다.

상호 작용interaction은 시스템 수퍼비전에서 핵심이다. "어떤 인간도 섬이 아니다no man is an island"[156]는 원칙에 근거한다. 시스템 이론은 생물학에 기원을 두고 있지만(Von Bertalanffy, 1968), 그 이후로 자연과학과 사회과학 모두에서 '상호 연결성interconnectedness'의 원리로 정교하게 발전했다. 가장 넓은 의미에서 이것은 코칭 파트너(개인 또는 팀)가 활동하는 맥락과, 전체 '장'의 요인에 미치는 영향에 주의를 기울이는 것을 의미한다.

상호 연결성

특히, 수퍼바이저는 시스템의 다른 부분의 역동이 코칭 파트너에 어떤 영향을 미치는지 고려하도록 초대한다([그림 3.2])(Thornton, 2010).[157] 다른 곳에서 감지할 수 있는 패턴이 이 사람 또는 팀에서 반복되는지 여부를 탐색한다.[158]

---

156) 심지어 '섬'도 눈에는 떨어져 보이나 해수면 아래는 연결되어 있다. 이렇듯 더 이상 나눠질 수 없는 개체인 개인individual 역시 서로 연결되어 있다.

157) 이 그림이 의미하는 바는 모든 개인은 최소 단위 조직(팀이나 가정)의 일원이며 이 또한 더 큰 조직이나 지역사회의 구성이며 민족, 국가, 세계 등의 일원이다. 다시 큰 조직은 작은 단위를 내부에 둔 부분으로 구성의 합이다. 한 개체를 볼 때 언제나 시스템적 연결 안에서 개체를 보아야 한다.

158) '시스템적 정신역동 코칭'은 초창기(『코칭의 역사』 비키 블럭. 2015. 제3장)부터 발전해 왔으며, 이 저서 이후 시스템 이론을 코칭과 수퍼비전에 적용한 연구는 계속되어 이제 코칭 전반에 영향을 미치는 기본 개념이 되었다. '시스템'이란 용어는 ICF, EMCC 등 주요 코칭 조직의 '코칭 및 수퍼비전 역량' 등 대부분의 문헌에 들어 있는 기본 용어가 되었다. 시스템 코칭에 대한 연구는 다음을 참조한다.
『시스템 코칭: 개인을 넘어 가치로』, 피터 호킨스, 이브 터너 지음, 최은주 옮김. 2021.

[그림 3.2] 수퍼비전이 다루는 시스템적 장field

이 접근법의 핵심 특징

이 접근은 '무의식적 병렬 과정parallel precess'[159)]에 가장 탁월하게 대처하는 접근이다. '고르게 주의를 배분evenly suspended attention'[160)]하는 정신

---

159) 시스템으로 연결되어 있는 개인/개체는 각각 살아있고 상호 영향을 미치며 교류한다. 그러므로 모든 현상 역시 독자적으로, 상호 연결되고 상호 영향하에 동시에 작동한다. 코칭과 코칭수퍼비전 모두 회기 안에서 일어나는 현상은 코칭 파트너의 일상에서, 또 코칭과 수퍼비전 회기에서 형태를 달리해 동일하게 반복된다.

160) 프로이트가 제안한 이 용어는 Gleichschewebende Aufmerksamkeit이다. 흔히 '고르게 떠있는 주의'로 소개된 이 용어는 '경청'에 대한 이해에 많은 영향을 주었다. Gleich(동일한, 한결같은, 평평한), schweben(둥실둥실 떠있다/날고 있다/불안정하게 존재하다/문젯거리가 미결인 채로 있다)라는 의미와 Aufmerksamkeit(주의, 관심, 집중력, 배려, 친절)의 의미가 결합되었다. 이 단어들이 지닌 중의적이고 복합적 의미를 그대로 살려 이 용어 이해를 위한 연상에 활용하면 다음과 같다.

수퍼바이저는 상대에게 '주의/관심/배려/친절'을 필요한 만큼 적절히 제공하게 된다. 그러나 기본 태도는 이를 특정한 내용에 치우치기 보다는 '한결같이, 동일하게 배분해 제공'하는 자세를 일관되게 취한다. 그러나 현실에 살아 움직이며 다양한 요구와 기대를 지닌 수퍼바이지를 마주하고 있는 동안에는 두 사람이 상호 이야기하는 동안에는 어느 지점에서는 '둥실 떠 있듯 하며, 불안정하고 (이야기 내용이) 미해결인 것 같은 느낌schweben'을 지니고 있게 된다. 자유롭게 자유 연상하며 말하는 내용에 일일이 반응하기보다는 내용 전개의 완성을 기다리듯 거리를 두기도 하거나, 때로는 말하는 사람과 동일 평면의 장에서 떨어지듯 역동 수퍼바이저는 의식적 알아차림 아래에 놓여 있는 경험에 집중한다. 찰나의 생각, 이미지, 정서와 느낌, 신체 감각bodily sensations은 모두 우리가 "총체적 그림total picture"을 이해하는 데 한몫한다.161)

집단 분석group analytic 수퍼비전은 사회심리학, 게슈탈트, 정신분석에 뿌리를 두고 있다. 다양한 관점과 차이가 풍부한 그림을 그리는 맥락/상황에서 개인(정신역동/정신분석적)과 맥락적(시스템적) 관점을 하나로 통합한다. 이를 통해 수퍼바이지는 개인에게 초점을 맞추면서도 "전체 장whole field"을 염두에 두고 더 완전한 이해를 할 수 있게 한다.162)

집단 분석의 가장 큰 장점은 70년 동안의 문헌을 통해 집단에서의 인간 커뮤니케이션과 상호작용을 연구하는 발달된 과학이다. 이는 코

멀리 하거나, 위로 떠올라 정지해 있는hovering 모습으로 임하게 된다.

경청 '과정'에서의 이런 경험의 의미를 나열하고 연결해 이해하게 되면 수퍼비전 대화 현장에서 두 사람은 경청 상태에 머물며 상호 보이지 않는 영향을 주고 받는다. 활발한 연상이 가능하고 복합적 의미가 들어온다 이런 경험에서 이런 진동oscillation을 모두 포함하여 표현하면 〈한결같이 고르게 '배분된↔떠 있는' 주의와 배려〉의 의미이다.

수퍼바이저의 경청은 수퍼바이지가 하는 말에 고르게 '관심'을 배분하고 있으며 줌-인, 줌-아웃 상태로 듣게 된다. 이후 점차 동일 평면에 있기보다는 발코니에서 내려다보듯 거리를 두거나, 공중에 조금 떠 있는 상태(상승)로 이동하며 듣는다. 물론 다시 내려(하강)와 관심과 배려를 고르게 분배한다. 수직적 움직임이다. 이때 수평적으로 자신의 고르게 분배된 관심이 좌우로 흔들리는 것swaying은 수퍼바이지의 작용, 수퍼바이저의 내면의 작용이기에 이는 '실천-안에서-성찰' '실천-직후-성찰'의 소재가 된다. 자기 안에서 올라오는 불안은 물론 수퍼바이지가 보이는 반응에 한결같이 고르게 자신의 주의(집중)와 배려(마음)를 적절한 관심으로 반응하여 침해하지 않게 움직인다.

참고: 김상복. '프로이트의 der Einfall 연구'(2023. p.138)을 수퍼비전 상황에 맞게 재구성했다.

161) 〈한결같이 고르게 '배분된↔떠 있는' 주의와 배려〉라는 프로이트가 회기 안에서 경험한 정신분석적 태도의 한 방식이 무의식적 병렬 과정과 찰나의 생각에서 총체적 그림을 그리기까지의 방법론으로 저자는 설명하고 있다. 임상적 실천에 근거한 이론 연구가 정신분석에 많이 제시되었고 이것이 다른 분야에도 큰 영향을 주고 있다.

162) '집단 분석'은 모든 개인은 시스템을 지닌 '집단' 안의 개인이라는 점에서 대인관계 조력 분야에서 독립된 한 분야로 활발히 연구되고 있다. 개인 수퍼비전에도 이런 '집단 분석 관점'이 적용된다.

|집단 분석 프랙티스의 핵심 교리| 칭 파트너의 상황과 코칭 과정의 많은 측면을 조명한다. 집단 분석 프랙티스의 **핵심 교리**는 다음과 같다.

- 집단 안의 **개별**에게 주의를 기울이기
- 여러 관점에 **관용**으로 대하고 가치를 수용하기
- 모든 것이 연결되어 있는 **맥락**에 주의를 기울이기
- 차이/다름을 창조적으로 통합하기

모든 것이 상호 연결되어 있기에 시스템 접근은 높은 수준의 복잡성을 표현할 수 있지만, 우리와 코칭 파트너 모두 눈을 멀게 하거나 현혹될 위험이 있다.[163] 효과적인 시스템 상담은 이를 존중하며 해결하기 위해 노력하기보다는 시스템의 다른 부분과 접속interfaces에 주의를 기울인다. 긴장과 역설을 해결하기보다는 이를 안고 살아가는 것을 강조한다(Thornton, 2010).[164] 이를 통해 코칭 파트너와 수퍼비전-주체(수퍼바이지)는 반복적인 행동과 성찰의 순환을 통해 테스트하고 개선할 수 있는 '우연적인 전략contingent strategies'을 개발할 수 있다. 완벽한 해결책은 없으며, 다소 효과적인 접근만 있을 뿐이다.[165]

우연적인 전략 contingent strategies

긴장과 역설을 안고 살기

---

163) 개인이나 상황을 살아 움직이는 시스템 안에서 보거나 연결되어 있는 흐름의 관점에서 보지 않으면 사태의 본질을 이해하기 어렵다. 마음과 정서 현실이 신체의 일부 지점에서 반응으로 드러나거나, 사태의 진원지와 떨어진 곳에서 현상이 일어나기도 한다. 한의학이나 침술에서 신체의 한 부분에 침을 놓을 경우 신체 증상이 사라지는 것 처럼 인간과 자연은 서로 연결되고 상호 보충하고 있다.

164) [그림 3.3]에서 보듯 예를 든다면 커플의 만남은 결코 둘 만의 만남이 아니라 각자는 다른 의미있는 타인(부모)과의 관계 역동이나 이로 인해 갖게된 패턴을 갖고 둘이 만난다.
　　인용한 저서는 현재는 3판이 새롭게 출판되었다. 『창조적 조직을 위한 그룹 코칭과 팀코칭』 크리스틴 손튼 지음. 신준석, 유보림 옮김. 시그마프레스. 2013.

165) 'contingent strategies'을 어떻게 이해할 것인가. 불확정적이고, 우연적(경험적), 자유로운, 결정론에 따르지 않는 유연하고 우발적인 전략, 모색으로 이해한다. 상호 연결된 시스템에 의한 출현, 즉흥적 아이디어, 상황과 조건에 따른 유연성을 강조한다.

출처: 크리스틴 손튼의 친절한 허락으로 재현

[그림 3.3] 집단 분석 접근법

수퍼바이지(수퍼비전-주체)가 알아야 할 것은 무엇인가?

'집단 분석 접근group-analytic approach'은 개인 또는 집단 수퍼비전에서 실행할 수 있으며, 개인 및 팀 코칭을 수퍼비전하는 데 유용한다.[166] 집단은 팀과 함께 일하는 기술skills을 개발하는 데 특히 강력하다. 집단에서는 팀의 역동 관계를 파악하는 병렬 과정이 작동되는 **시점**을 주목해 함께 작업할 수 있기 때문이다.

집단의 풍요로움 10가지

수퍼바이지(수퍼비전-주체)는 자신이 해온 방식과는 다른 방식으로 지금 바로 [집단이든 개인이든 집단 분석적 관점에서] 작업해 보도록 격려 받을 것이다. 모든 사람들이 각각 다른 방식으로 실험해 보면 그 집단은 풍요로워진다는 믿음 때문이다. ①'과정'을 중시하는 프리젠테이션, ②단일 이슈[집중 분석], ③마음에서 우러나는 즉흥적 보고

---

[166] 집단 수퍼비전은 '집단' 자체를 주요 대상으로 인식하고 집단이 주는 영향력을 다룬다는 점에서 수퍼비전을 위한 별도의 탐색 주제이다.
　참조: 『집단 코칭수퍼비전』 조 버치 편집. 김현주, 이서우, 박정화, 정혜선, 허영숙 옮김. 2025.

spontaneous report, ④역사적 검토, ⑤롤 플레이, ⑥이론 분석, ⑦브레인스토밍, 및 ⑧준비 (서면) 보고서 등을 시도한다.[167]

이런 접근은 복잡성의 깊은 변화, 철저한 분석과 관련이 있기에 수퍼비전 관계는 **더 긴 기간이 지속되는 경향**이 있다. 이 때문에 수퍼바이저를 선택할 때 효과적으로 일한다고 느끼는 사람을 선택하는 것이 훨씬 더 중요하다. 수퍼바이지(수퍼비전-주체)는 다음의 특징을 고려하고 확인하는 것이 필요하다.[168]

- 호기심 많고 사려 깊은 방식으로 함께 일하는데 개방적인 수퍼바이저
- 직감적 수준 gut level 에서 신뢰의 느낌 주는 수퍼바이저
- 개인적으로나 사업적으로 지혜를 갖춘 수퍼바이저
- 심리적 통찰력을 갖춘 수퍼바이저
- 정신역동이나 정신분석적인 경험과 자격을 갖춘 수퍼바이저
  (이런 일들은 배우는 데 오랜 시간이 걸리기 때문에 수퍼바이저에게 그들의 훈련에 대해 물어보고, 당신의 일반적인 네트워크, 자원, 인터넷을 이용해 더 자세히 조사하라.)
- 제공하려는 방식(개인 또는 집단)의 수퍼비전한 경험이 있는 수퍼바이저
- 명확한 윤리 의식을 바탕으로 일하는 수퍼바이저

---

167) 이외에도 ⑨수퍼바이저의 시연, ⑩종합 사례분석 보고서(쓰기 훈련) 등을 추가할 수 있다. 저자가 언급하듯이 '수퍼바이저-되기' 훈련 과정과 연결될 경우 상당히 긴 과정이 될 수 있다.
168) 아래 제시된 수퍼바이저 선택시 고려할 지점은 장기적 수퍼비전 관계를 염두에 둔 제시이다.

[사례 연구 3.4] 어떻게 할지 매우 당혹해 하는 코칭 파트너 사례

어떻게 해야 할지 커다란 당혹감에 시달리는 코칭 파트너 사례를 수퍼비전에 제시했다. 코칭 파트너는 혁신을 통해 큰 성공을 거둔 기술 회사를 세운 CEO이다. 아시아 제조업들과 경쟁으로 향후 5년 동안 수익성이 꾸준히 감소될 것이 예상되는 회사이다. 천 명 이상의 정리해고가 불가피한 상황을 감수하고 회사를 이전할 것인가, 아니면 혁신을 통해 회사의 시장 선도적 위치를 유지할 것인가 매우 어려운 딜레마에 직면해 있다.

코치는 코칭 파트너가 직면한 모순을 설명하면서 혼란스럽고 스스로 모순에 빠지면서 점점 더 빠르게 말을 이어간다. 함께 하는 집단은 점차 이해하기 어렵고 무력감을 느끼며, 동시에 도움을 주어야 한다는 부담감을 크게 느낀다.

수퍼바이저는 집단에게 '지금-여기'에서 어떤 일이 일어나고 있는지, 코치가 제시하는 내용과 어떤 관련이 있는지 묻는다. 이는 구성원들이 무력감과 당황감을 표현하는 데 도움이 된다.

집단원들은 그들의 감정이 결정할 주제의 규모가 너무 커 마비되고, **코치의 감정**을 반영하거나 그의 코칭 파트너를 도울 수 없다는 고백을 하면서 주저한다. … 이어서 이는 이것이 직원[해고]을 향한 책임을 느끼는 **코칭 파트너의 감정**을 반영한 것은 아닌가 조심스럽게 발견한다.

한 멤버는 코치의 당황한 모습에 짜증을 표현한다. 코치를 보며 자신에게 화가 났다고 말한다. 과거에 사업 실패와 성공을 경험한 기업가인 또 다른 멤버는 "사람의 목숨을 갖고 하나님 놀이를 하네playing God with people's lives…"라고 혼자 말하듯 대응한다.

수퍼바이저는 이것이 코칭 파트너를 마비시킨 것처럼 어떻게 코치를 마비 시켰는지, 또 이어서 수퍼비전 집단을 어떻게 마비 시켰는지를 보게 **천천히** 때로는 **의문**을 가지고 대응한다.

> 일단 무력감$^{impotence)169)}$과 권력에 대한 두려움^{fear}을 탐구하게 되면, 코치는 그의 코칭 파트너와의 성찰적인 관계를 다시-확립$^{re-establish}$할 수 있다.

역자의 추가 질문

Q. 집단 밖에서 보며 집단에서 일어난 일을 모두 다시-이야기해 보자.
Q. 당혹한 코칭 파트너의 상황과 코치의 대처, 집단에서의 각자 반응을 충분히 이해할 수 있는가.
Q. 집단에서 이를 보고하는 코치는 어떤 변화를 드러내는가.
Q. 코치의 보고를 경청하며 집단에서 일어나는 현상을 검토해 보고 추가할 만한 현상을 살펴보자.
Q. 집단 내 각 개인의 반응을 검토하고 추가할 만한 현상을 연상해 보자.
Q. 수퍼바이저로서 내용 진행에서 드러나는 포인트에 따라 수퍼바이저의 개입을 위한 질문 리스트를 만들어 보자.

---

169) 〈impotence〉를 무력감^{powerlessness}로 이해할 수 있으나 이 사례가 정신분석적 접근을 염두에 둔다면 '발기불능에서 오는 무력감' 즉 무엇인가를 '생산할 수-없음'이라는 무의식적 역동을 반영하는 중의적 의미로 해석할 수 있다. 특히 이 표현을 수퍼비전-주체가 사용했다면 더욱 그렇다.

이에 대한 수퍼바이저의 대응은 수퍼비전-주체가 느끼는 정서인 무력감+두려움의 근원이 '발기 불능적 무력감/무엇이라도 생산할 수-없음'에서 오는 일종의 절망적 무력감/두려움일 수 있다는 내적 알아차림을 간직하고 기다림에 머문다. 수퍼바이저가 견딜 수 있다면 이 정서의 정체가 코칭 파트너의 것인지, 수퍼바이지(수퍼비전-주체)의 건드려진 부분이 추가된 것인지, 둘의 코칭 작업이 어떠한 것도 만들어 낼 수 없다는(무-생산) 정서에서 오는 것인지 구별이 다가올 수 있다.

[역자 부록 3.1] 현대 정신분석과 정신역동에 대하여

현대 정신분석은 하나의 통일된 이론이 있는지 대답하기 어렵게 다양한 발전을 하고 있다. 그러나 여전히 일부 심리치료사나 코치들은 정신분석은 곧 프로이트이고, 그 설명을 위해 빙산 그림을 제시하며 마치 의식 아래 무의식의 덩어리가 별도로 있는 듯 설명한다. 또 150년 전 프로이트 주장의 일부에서 드러난 오류를 지적하거나 비판하며 정신분석 전체의 인상을 은연중에 부정적으로 밝힌다. 그러나 정신분석은 여전히 임상과 이론에서 발전과 변화를 거듭하며 심리치료 분야와 인문학 전반과 호흡하고 그 영향력도 여전하다.

코칭 발전 초기부터 영향을 주었던 정신분석은 한편으로는 정신역동 이름으로, 다른 한편으로는 정신분석 이론과 임상을 코칭과 리더십, 컨설팅과 결합하며 활용되어 왔다. 정신분석 이론 변화의 다양함과 단일 이론의 부재에도 이를 관통하는 기본 원리에 대한 일반적 설명이 여전히 가능하다. 논자에 따라 다를 수 있지만 미국 심리학회는 심리치료사를 위한 이론 시리즈[170]에서 이를 다음과 같이 설명한다.

㈎ 모든 인간은 부분적으로 의식 범위에서 벗어나 있는 소망, 환상, 암묵적 지식에 의해 동기화된다. ㈏ 이 무의식적 동기의 의식화를 촉진함으로써 선택의 폭이 늘어난다. ㈐ 내담자가 고통스럽고 두려운 감정, 환상, 사고를 회피하기 위해 활용하는 대처 방식에 대한 탐색이 중요하다. ㈑ 내담자는 변화에 양가감정을 지닌다. 이를 탐색하는 것이 중요하다. ㈒ 치료적 관계를 내담자의 자기 패배적 심리 과정과 의식, 무의식적 행위를 탐색하는 장으로 활용해야 한다. ㈓ 치료적 관계를 변화의 중요한 수단으로 활용한다. ㈔ 내담자로 하여금 자신이 과거와 현재를 살아온 방식이 자기 패배적 패턴을 지속한다는 것을 이해하도록 돕는다.

---

[170] 『정신분석과 정신분석적 심리치료』 제레미 사프란 지음, 안명희, 신지영 옮김. 박영스토리. 2016.
『단기 역동적 심리치료』 하나 레빈슨 지음, 안명희, 전현수 옮김. 박영스토리. 2016.

정신분석은 현대 서양 심리치료의 시조이다. 치료적 접근의 대부분은 정식분석에서 유래했거나 이론적 선구자들이 정신분석의 실천적 연구자 출신이었다. 또 정신분석을 부분적으로 수용하거나, 비판하며 다른 것과 결합하거나 부정을 동력으로 대안을 구성하며 등장해 왔다. 이는 정신분석도 마찬가지다. 창시자 프로이트부터 스스로 동료와 다른 분야의 비판에 대응하며 자기 생각을 명료화 했으며 다양한 방식으로 흡수 또는 재해석했다. 그에 의해 받아들여지지 않은 내용은 제자들이나 후대에 의해 많은 부분 수용되어 발전을 이뤄왔다. 또 프로이트 시기부터 국제적 성격을 지닌 후 1939년 프로이트 사후 영국, 북미, 유럽, 남미 등의 전세계의 역사 문화적 환경 속에서 저항과 순응, 직업화와 학문화를 도모하며 이론과 기법을 발전해 왔으며, 치료 관계와 접근도 프로이트 시대와는 큰 차이를 지니게 되었다(p.5). 이제 정신분석의 치료적 가치와 이론적 타당성은 프로이트 개인의 사상적 타당성과 반드시 결부되는 것은 아니다. 개인적 삶 역시 마찬가지다. 이론과 사상의 산봉우리와 깊은 계곡이 개인 삶의 그것과 반드시 일치할 필요는 없지 않은가?

현대 정신분석은 그 관계의 상호성, 관계 과정이 지닌 융통성, 창조성, 자발성을 강조하며, 인간 본성에 대한 낙관적 관점을 강조한다. 60년대 문화 혁명기를 거치며, 여성주의 정신분석 사상가들의 대두, 포스트모던적 감성 즉 (1) 인간이 현실을 객관적으로 이해하는 것이 가능하다는 가정에 도전하고, (2) 보편화된 진리가 옳다는 주장에 회의적 태도를 유지하며, (3) 이론적 다원성의 중요성을 강조한다. 또 많은 심리학자가 정신분석에 유입되고, 정신분석이 의사들의 하위 분야에서 벗어나길 원했던 프로이트의 정신을 계승하며 인문학자들이 정신분석에 유입되었다. 히틀러의 탄압을 피해 남미로 탈출하거나 미국으로 이주한 분석가들의 체제 순응(임상 집중과 직업화)과 저항이라는 양극의 활동이 정신분석을 풍부하게 했다. 이런 가운데 체제에 대한 전복적 자세, 진보적 시각과의 근접거리를 유지해 온 전통의 일부는 프로이트의 태도가 주는 영향력의 일부이다. 프로이트는 (4) 폭넓은 사회적 관심 (5) 치료 임상에서 의사들이 누리는 다양한 특권에 비판, (6) 생애 말년까지 무료 정신분석 진료소 운영을 지원 (7) 치료비를 융통성 있게 책정 (8) 의학 수련을 받지 않은 전문가에 의한 정신분석 지지는 당시 그의 동료들로부터 오늘날까지 이어오는 전통이다.

정신분석가들은 초창기부터 넓은 범위의 내담자를 치료하는 실험을 병행하였다. 결과적으로 각기 다른 특성과 욕구를 가진 내담자들에게 정신분석 적용을 위해 여러 치료적 가정 혹은 기준을 수정할 필요가 있었다. 정신분석 기준이 수정된 형태의 진행을 구분하기 위해 또 정신분석가 훈련을 마치지 못한 치료사들과 직업적 서열화로 구분하려는 의도로 **정신분석적 심리치료**, **정신역동적 치료**로 구분해 명칭화 된다. 이후 이런 차이를 분명하게 유지하려는 경향이 강화되면서 정신역동적 치료를 정신분석의 '희석되고 퇴화된 형태'로 간주하게 되었다. 드러난 구별 기준은 일주일에 진행하는 치료 회수(나라마다 다르지만 주 3회, 또는 4회 기준), 카우치 사용, 치료 기법에서의 기준 등, 무엇보다도 수련자의 훈련 마무리 등으로 그 구별이 강화되기에 이른다.

그러나 일부 '국제 정신분석 협회' 이외의 많은 정신분석가는 더는 이런 **경직된 구분을 하지 않는다**. 이들 간의 차이가 이론적으로 타당한 기준보다는 이 분야의 정치적 문제와 엘리트 의식과 관련이 있기 때문이다. 그렇다고 정신분석의 다양한 기준은 전혀 가치가 없는 것은 아니다. [1]익명성, [2]장기 치료 여부, [3]일주일의 회기 수, [4]카우치 사용인가 대면 중심인가 등은 여전히 의미가 중요하다. 그렇지만 이것이 그대로 기준이 되기는 어렵다는 입장이다.

이런 정신역동 구분을 수용한 프랙티셔너들은 홀가분하게 다양한 이론과의 결합을 선도로 도모한다. 이론의 수원지를 프로이트 1인에서 벗어나 초기 프로이트 동료들은 이론의 수용에 적극적이고, 시스템 이론이나 신경과학 이론, 실존주의적 관점 등 다양한 분야와 결합한다. 또 치료 기간도 시간제한적 time-limited 으로 접근하며 다른 분야와 적극적인 결합을 허용한다.

활용 주체가 '정신분석가'인가의 여부를 중심으로 구별하거나, 일부 정신분석 진영에서는 자신의 순수성을 위해 배타적으로 구분하는 주장은 코칭이나 코칭수퍼비전과도 관련 없다. 정신분석 이론과 실천 사례, 기법 등을 코칭과 수퍼비전에 활용하는 것이 가능하다. 이때 주요한 근거는 코칭 윤리이고 참고할 것이 정신분석 윤리이다. 최근에 모아진 연구 결과는 다음과 같다.

- Thomas Kretschmar and Andreas Hamburger. Psychodynamic Coaching and Supervision for Executives: An Entrepreneur and a Psychoanalyst in Dialogue. Routledge. 2022.
- Ingela Camba Ludlow. Humour in Psychoanalysis and Coaching Supervision: from life to Interventions. Routledge. 2023.

[역자 부록 3.2] 코칭수퍼비전에서 정신역동 이론의 활용[171]

캐서린 샌들러

소개

정신역동 모델은 코칭수퍼비전 프랙티스에 흥미있는 기여를 제공한다. 임원 코치로서 나는 정신역동적 특성을 통해 코칭 파트너와 속도감 있고 심도있게 일할 수 있게 해준다. 정신역동은 '표면 아래'에 있는 감정에 집중한다. 이를 통해 코칭 파트너가 자신의 효율성을 방해하고 변화에 저항하는 오랜 행동 패턴을 해결할 수 있도록 도울 수 있다. 또 리더십의 수용력을 현저하고 지속 가능하게 향상하고 조직에 분명한 유익을 가져다주는 경우가 많다.

---

[171] 본 저서에는 정신역동 중심 수퍼비전 내용이 부족하여 필요한 자료를 요약하여 수록한다. 참고: Catherine Sandler. The use of psychodynamic theory in coaching supervision Tatiana Bachkirova, Peter Jackson, David Clutterbuck. Coaching & Mentoring Supervision: Theory and Practice. Open University Press. 2011.

코칭 수퍼바이저로서 나는 이런 관점을 다른 코치들과 공유해 작업 방식을 변화시켜 코칭 파트너와 자신에 대한 새로운 통찰력을 얻을 수 있다는 사실을 발견했다. 또한 코치와 코칭 파트너와 수퍼바이저와 '수퍼비전-주체' 사이에 드러나는 **병렬 과정** 형태로 나타날 수 있는 강력한 연결 고리를 조명한다(Martindale et al., 1997; Hawkins & Shohet, 2007).

여기서는 정신역동 모델의 다섯 가지 핵심 내용을 정리한다. [1]정신역동 이론의 핵심 신조tenet, [2]코칭수퍼비전과 가장 관련이 있는 개념, [3]적용 방법과 사례, [4]이 접근의 장점과 위험, [5]추가적인 검토자료 제안 등이다.

정신역동적 접근의 기원

정신역동 모델은 정신분석의 창시자인 지그문트 프로이트(1856~1939)가 개발한 인간 정신에 대한 혁명적인 이론에서 유래했다(Strachey, 1953-74; Freud, 1991, 2006; Gay, 1995). 프로이트는 평생동안 자기 아이디어를 계속 재검토하고 개선했으며, 융 등 그의 제자들은 각자 나름대로 변형된 모델을 개발하기 위해 노력했다. 프로이트가 사망한 이후 이러한 진화 과정은 사상가들과 프랙티셔너들의 경험과 연구의 결과로 이론을 수정하면서 계속 이어지고 있다.

오늘날의 정신분석 및 심리치료 조직에는 다양한 그룹과 입장이 존재한다. 전통적인 프로이트 정신분석가부터 정신역동적 아이디어를 아동 발달 및 신경과학 분야의 최신 사고와 결합하여 단기 집중 정신역동 치료Intensive Short-term Psycho-Dynamic Therapy(ISPDT)같은 새로운 형태의 치료법을 만들어 내는 사람들까지 다양하다(Sandler et al., 1992; Neborsky & Ten Have-De Labije, 2011). 그러므로 이 분야의 길고 복잡한 여러 갈래로 얽힌 역사를 고려할 때, 현재 정신역동 접근을 지지하는 사람들은 다양한 이론적 관점과 아이디어를 적용하는 많은 방법을 가지고 있을 가능성이 매우 높다. 더 많은 것을 알고 싶은 독자들은 이 분야에 대한 풍부한 문헌을 참고하고, 여기서는 코칭 및 코칭수퍼비전과 가장 관련이 있는 주요 정신역동 개념을 간략하게 설명하는 것으로 한정하겠다.

주요 정신역동 개념

정신역동 모델의 핵심은 인간에게는 의식만 아니라 무의식이 있으며, 이 둘 사이에는 **끊임없이 변화하는**constantly-shifting(역동적인) 상호작용한다는 믿음이다. 이는 부분적으로는 우리가 성장함에 따라 생물학적인 공격적, 성적 충동과 새롭게 떠오르는 도덕적, 사회적 양심social conscience 사이의 피할 수 없는 긴장을 반영한다. 그렇지만 프로이트가 무의식 속으로 밀려나는 것은 본능적 욕동instinctual drives만이 아니다. 정신역동 이론은 또한 우리 삶에서 **정서의 역할**을 매우 강조하며 두려움fear, 분노anger, 원한resentment, 시기envy, 수치심shame, 죄책감guilt과 같은 감정이 우리 모두에게 얼마나 중요한지를 강조한다. 이 모델은 우리가 때로는 의식적으로 인식하기에 너무 고통스럽거나 위협적이거나 불편한 감정을 경험한다고 주장한다. 이러한 감정들은 우리가 사용한다는 사실조차 인식하지 못하는 다양한 **심리적 방어기제**psychological defences를 통해 무의식적인 부분에 맡겨진다. 이 같은 방어는 우리가 태어날 때부터 추구하도록 프로그램된 신체적, 심리적, 정서적 안정감, 즉 **정신적 안전감**psychological safety을 제공하기 위해 고안되었다고 본다.

가장 중요하게 언급하고 싶은 점은 정신역동 모델은 우리의 정서와 이를 다루는 방법을 인간 기능의 중심에 놓는다는 것이다. 이는 우리의 감정이 일반적으로 인정되거나 이해되는 것보다 조직 생활을 포함한 우리 삶에서 훨씬 더 중요한 역할을 한다는 것을 말한다. 예를 들어 불안anxiety은 새롭거나 위협적인 상황에 대한 일반적인 반응이다. 그렇지만 부정denial, 합리화rationalzation, 이상화idealzation, 투사projection 등 무의식적인 방어기제가 불안과 **전혀 관련이 없어 보이는 행동**으로 이어지므로 이를 인식하지 못하는 경우가 많다. 이런 통찰만으로도 코치와 수퍼바이저 모두에게 매우 유용함을 준다(Sandler, 2010).

정신역동 모델은 불안과 기타 불편한 정서에 대한 무의식적 방어를 정신 기능의 정상적인 부분으로 간주한다. 이러한 방어는 우리가 압도되는 것을 방지하고 삶의 어려움에 대처하는 데 도움이 된다. 그러나 방어기제는 또한 우리가 잠재력을 발휘하고 최선을 다하지 못하게 하는 장애가 된다. 방어가 과도하거나 경직된 방식으로 사용되는 경우, 자신과 타인에 대한 인식을 왜곡하고, 미숙하거나 또는 역기능적 행동과 심리적 증상의 발달로 이어질 수 있다. 정신역동 모델은 어린 시절의 경험, 특히 주요 보호자 및 역할 모델과의 관계가 성인이 되었을 때 중심적인 영향을 미친다고 본다. 이러한 관계는 개인이 어릴 때 형성하는 정서적, 행동적 패턴을 형성한다. 정신역동 이론의 유용한 통찰 중 하나는 이러한 패턴이 유용성을 잃었거나 우리에게 작용되지 않는다 해도 **이를 바꾸기가 매우 어렵다**는 것이다.

마지막으로 강조하는 정신역동적 개념은 **전이**와 **역전이** 개념이다. 이는 우리 모두가 부모, 형제자매, 다른 사람과의 과거 관계의 한 측면을 현재의 중요한 인물과의 관계로 옮기려는 경향을 말한다. 이 개념은 모든 프랙티셔너-코칭 파트너 관계와 관련이 높다. 즉, 코칭 파트너와 코치, 수퍼비전-주체와 수퍼바이저가 관계 맺는 방식(전이)은 내면의 세계에 대한 귀중한 정보를 반영하고 제공한다는 의미이다. 코치나 수퍼바이저가 역시 상대와 관계 맺는 방식(역전이)도 마찬가지이다(Sandler et al., 1992; Howard, 2009).

코칭수퍼비전에서 정신역동 이론의 활용

수퍼바이저로서 나는 코칭 파트너, 조직, 코치/수퍼바이저, 코칭 전문성이라는 네 주체에 대해 상호 책임을 진다. 수퍼바이저가 코칭 파트너와 조직에 최대한의 유익을 제공할 수 있도록 돕고 시간이 지남에 따라 수퍼비전-주체가 프랙티스를 개선할 수 있도록 돕는 데 중점을 둔다. 때로 나의 주요 기능은 안전하고 유능한 코칭을 받지 못하는 코칭 파트너, 도전적이거나 윤리적으로 복잡한 상황에 압도된 코치에게 안전장치를 제공하는 것이다. 이런 활동은 또한 해당 분야의 전문적 기준을 높이기 위해 고안되었다. 그러나 이러한 목표는 서로 다른 이론적 관점을 가진 수퍼바이저들도 공유하는 것이다. 그렇다면 정신역동 접근의 특별한 기여는 과연 무엇인가?

1. 코치가 잘못 해석하거나 완전히 놓칠 수 있는 코칭 파트너의 내면 세계를 이해하도록 돕는다.

무엇보다도 정신역동 관점을 통해 수퍼비전-주체가 내담자를 더 깊이 이해하고, 특히 당혹스럽고 모순되거나 변화하기 어려운hard-to-shift 태도와 행동을 이해하도록 도울 수 있다. 나는 수퍼비전-주체가 코칭 파트너의 말을 주의 깊게 듣되 액면 그대로 받아들이지 말고, 코칭 파트너의 비언어적 의사소통을 관찰하고, **자신의 정신적, 정서적, 신체적 반응을 모니터링**할 것을 권장한다. 나는 이러한 정보 출처를 활용하여 코칭 파트너의 특정 이슈와 관련하여 겪고 있을 숨겨진 생각과 감정을 탐색하게 안내한다. 이 가운데 일부는 코치에게 숨겨져 있을 수 있고, 다른 일부는 코칭 파트너의 의식 밖에 있을 수도 있다. 사례를 들어 설명해 보자.

> **사례 연구**
>
> 월 1회 수퍼비전 진행 중 세 번째 회기에서 숙련된 코치인 리암Liam은 나타샤라는 새로운 코칭 파트너를 소개했다. 그는 한숨을 쉬며 그녀를 코칭하기가 매우 어려웠다고 말했다. 나타샤는 다국적 유통 그룹의 35세로 마케팅 임원 승진을 준비하기 위해 코칭을 받기 시작했다고 한다. 간단한 '사전 점검chemistry check'에서 그녀는 새로운 기술을 배우고 싶다는 열의를 보였다. 그 후 리암과 그녀는 몇 가지 개발 분야를 정확히 짚어주는 상사와 만났다(3자 면담). 그러나 첫 코칭 회기에서 나타샤는 대부분의 시간을 여러 선배 동료들로부터 받은 칭

찬을 이야기하고 자신의 업적을 나열하는 등 '과시'에 시간을 보냈다. 리암이 제기하는 모든 이슈에 대해 답을 알고 있는 것처럼 행동했다. 그녀의 역량 개발 요구를 탐색하려는 리암의 시도는 나타샤에 의해 계속 막혔다. 리암은 좌절감과 낙담에 빠졌다.

이 회기에 대한 리암의 설명을 들은 후 나는 불안에 대한 무의식적 방어라는 개념을 염두에 두고 나타샤의 행동을 생각해 보라고 권유했다. 이를 통해 리암은 코칭 파트너를 참여시키지 못한 자신의 '실패'에서 나타샤에게 실제로 무슨 일이 일어나고 있는지로 초점을 맞출 수 있었다. 생각해 보니 리암은 나타샤의 과시욕과 이름 부르기 행동이 마치 어떻게든 그녀에게 깊은 인상을 심어줘야 한다는 절박한 심정으로 느껴졌다.

회기 중에 자신의 감정을 다시 살펴본 리암은 자신이 나타샤에게 통제당하고 있다고 느껴 짜증이 났다는 사실을 깨달았다. 또한 그녀가 도착하자마자 '정신과 의사의 의자^{the} $^{Psychiatrist's\ Chair}$'라는 라디오 프로그램에 대해 농담을 했을 때 느꼈던 순간적인 불안감도 기억해 냈다.

이러한 관찰을 통해 리암은 나타샤의 겉으로 드러나는 자신감을 코칭 참여에 대한 저항이 불러일으킨 불안과 위협에 대한 무의식적인 심리적 방어의 한 형태로 보기 시작했다. 그녀는 코칭에서 노출되거나 비판받는 것에 대한 두려움을 다루기 위해 부정^{denial}을 사용하고, 리암이 제기한 이슈가 왜 논의될 필요가 없는지에 대해 겉으로 논리적인 주장의 형태로 합리화^{rationalization}하는 것으로 보였다. 이 가설은 리암이 자신감을 회복하고 덜 막막하게 느끼는 데 도움이 되었다.

나는 또한 이 회기를 통해 나타샤에 대해 알게 된 또 다른 사실에 대해서도 리암의 주의를 환기시켰다. 그녀의 방어의 성격과 강도는 근본적인 자존감과 자신감이 매우 약하고, 자신에 대해 좋은 느낌을 갖기 위해 칭찬과 인정에 크게 의존하며, 쉽게 수치심을 느끼는 등 취약함을 시사했다. 코칭에 대한 그녀의 반응은 직장에서의 다른 상황에서도 똑같이 도움이 되지 않는 특징적인 패턴을 반영할 가능성이 높았다. 따라서 중요한 발달 목표는 나타샤가 자신의 약점을 견딜 수 있는 수용력을 강화하여, 자기^{self}에 대한 감이 지속해서 성공적인 이미지를 유지하려는 목표에 덜 매달리도록 하는 것이다.

2. 코치가 방어적인 행동을 유발하지 않고 코칭 파트너의 학습을 촉진하는 방식으로 개입하도록 돕기

정신역동 접근은 코치가 코칭 파트너와 소통하는 방법이 중요하다는 점을 강조한다. 인간이 얼마나 쉽게 위협을 느낄 수 있는지, 그리고 코치가 코칭 파트너의 방어기제를 유발하지 않고 배움에 참여시킬 수 있는 방법을 능숙하게 찾아야 할 필요성을 강조한다. 그래서 리암과 나는 다음과 같은 방법을 논의했다.

> 첫 번째로 명확히 한 점은 자신의 통찰insight을 노골적으로 공유해서는 안 된다. 그러면 나타샤는 자신이 두려워하는 방식으로 공격당하고 수치심을 느낄 것이므로 방어적 반응defensive reaction을 일으킬 것이 거의 확실했다. 나타샤에게 단순히 개발에만 집중하라고 강요하는 것은 분명 비생산적이기에 우리는 나타샤의 불안을 억제하고 줄일 수 있는 방법에 초점을 맞췄다. 그 대신 리암은 나타샤의 성공 스토리에 더 깊이 관여하기로 하고, 그녀의 성취를 긍정하고 그 성취가 주는 자부심과 만족감에 공감하기로 했다. 그는 나타샤의 성공을 인정함으로써 신뢰를 쌓고 그녀가 취약점을 드러내고 자신의 발전 영역을 탐색할 수 있도록 충분한 안정감을 주고자 했다. 그는 이 전략이 잘 먹혔다고 보고했다.

리암은 또한 내가 수퍼비전에서 자주 공유하는 정신역동적-영향을 받은 기법을 사용했다. 이 기법은 방어기제를 유발하지 않고 코칭 파트너의 자기 인식을 높이기 위해 고안되었다. 즉 이슈나 상황에 대해 자연스럽게 혼합된 감정을 가질 것이라고 제안한 다음, 양쪽의 감정을 가능한 한 쉽게 공감하는 용어로 제공해 상대가 양쪽의 감정을 모두 파악할 수 있도록 한다. 이는 또한 상충되는 견해와 감정을 갖고 있는 자신의 생각을 '정상화normalize'하고 이를 탐구하는 이점을 제공한다.

> 그래서 리암은 나타샤에게 코칭에 참여하러 온 많은 리더가 코칭 과정에 대해 엇갈린 복잡한 감정을 갖고 있다고 가볍게 언급했다. 한편으로는 새로운 기술을 배우고 싶었지만 반대로 이미 성공적인 공식을 가지고 있었기에 그것을 건드리는 것에 대해 주저했다. 나타샤는 사려 깊은 반응을 보이며 처음으로 코칭에 확신이 서지 않는 부분이 있음을 인정했다. 리암의 발언은 나타샤가 코칭에 참여하고 싶어 하는 부분을 인정하고 acknowledged 힘을 실어주었다.

3. 코치와 코칭 파트너, 수퍼바이저와 수퍼비전-주체의 관계를 탐색하여 코치가 자신을 더 잘 인식하고 코칭 파트너에 대한 통찰을 얻을 수 있도록 돕는다.

정신역동 개념은 코치를 돕는 데 특히 다음과 같은 점에서 유용하다.

- 코칭 파트너가 그들과 관계를 맺는 방식(전이)을 귀중한 정보 소스로 활용한다.
- 코칭 파트너에 관한 코치 자신의 응답을 탐색함으로써 더욱 자기를 알아차리게 된다(역전이).
- 수퍼바이저와 수퍼비전-주체의 관계 역동에서 배울 수 있다.

코치에 대한 코칭 파트너의 전이에서 배우기

나는 수퍼비전을 하며 코칭 파트너가 의식적으로나 무의식적으로 어떻게 인식하고 경험하는지 코치에게 탐구하도록 권장한다. 이는 두 가지 정신역동적 가정을 기반으로 한다. 첫째, 코칭 파트너는 자신의 과거에 있었던 중요한 인물의 속성을 코치에게 전이하고 그에 따라 그 인물과 관계를 맺음으로써 자신의 내면 세계를 조명한다. 둘째, 코칭 파트너가 코치와 관계를 맺는 방식은 직장 조직에서 다른 사람들과 관계를 맺는 방식에 대한 통찰을 제공한다.

나타샤의 경우, 코칭 초반에 보인 그녀의 행동은 코치를 잠재적 위협으로 인식하고 있으며, 어떤 대가를 치르더라도 코치에게 감명을 주어야 한다고 인식하고 있음을 보여주었다. 이를 통해 리암은 그녀의 '내면 풍경', 특히 상사와의 관계에 대해 더 많이 이해할 수 있었다. 그녀는 상사가 비판적이고 지지적이지 않으며 자신의 노력과 성과를 충분히 인정하지 못한다고 생각하고 있다는 사실을 알게 되었다.

수퍼비전에서 나는 리암이 나타샤가 자신에게 전이된 것과 자신을 인정하지 않는 상사에게 보인 행동 사이의 연관성을 파악하도록 도왔다. 이로 인해 유발된 불안과 분노는 무의식적으로 상사에게 깊은 인상을 남기고 상사와 거리를 두려는 비슷한 시도를 불러일으킬 것 같기 때문이다. 리암은 나타샤와의 대화를 통해 이러한 역동 관계를 살펴볼 수 있었고, 이는 매우 도움이 되었다.

리암은 '전이'나 '무의식적 방어'라는 용어를 전혀 사용하지 않았다는 점을 강조하고 싶다. 대신 그는 상사의 노골적인 인정을 받고 싶어 하는 나타샤의 심정에 공감한 다음, 개인의 차이나 다름에 관한 다른 모델을 사용하여 상사의 리더십 스타일을 더 깊이 심층적으로 탐구했다. 이를 통해 나타샤는 자신의 기대치를 조정하고 더 능숙하게 '상향 관리$^{manage\ upwards}$'하는 법을 배워야 한다는 사실을 (마지 못해) 받아들일 수 있었다. 그녀는 두 가지 수준에서 성과를 얻었다. 상사와의 관계가 크게 개선되고 외부의 칭찬 없이도 자신감을 유지할 수 있는 근본적인 수용력도 강화되었다.

코칭 파트너에 대한 역전이를 통해 코치의 자기-알아차림을 쌓아가기

코칭 파트너는 코치에게 '전이'하듯이 코치가 코칭 파트너를 경험하는 방식 즉 '역전이'는 코치 자신의 과거와 내면 세계를 부분적으로 반영한다. 코치는 자신의 반응/응답에서 이런 측면을 코칭 파트너 때문으로 기인하기보다는 이를 파악하고 인정$^{identify\ and\ acknowledge}$할 수 있는 것이 중요하다. 이를 위해서는 높은 수준의 자기-알아차림이 필요하다. 그렇지만 우리 모두는 '사각 지점'을 갖고 있고 수퍼비전은 이런 맥락에서 매우 중요할 수 있다.

> 사례로 돌아와서 첫 번째 회기에서 나타샤에 대한 리암의 반응이 나타샤의 불안과 방어에 귀중한 단서를 제공한다는 것을 알았다. 그렇지만 나는 리암을 잘 알고 있었으므로 그의 좌절의 강도가 자신의 감정을 반영한다고 느꼈다.
>
> 이를 탐구한 결과 리암은 나타샤에 대한 자신의 반응이 항상 짜증을 유발하는 '과시욕'을 가진 남동생에 대한 경험에 의해 채색되었다는 사실을 깨달았다. 성찰하면서 그는 의식적으로는 나타샤를 코칭 의제에 집중시키려고 했지만 무의식적으로는 나타샤가 원하는 인정acknowledgement과 알아줌recognition을 자신이 교묘하게 **보류**하고 있었다는 사실을 깨달았다.
>
> 또한 나타샤가 참여하기 어려웠을 때 리암이 느낀 낙담과 실패감에 대해서도 살펴봤다. 나는 이것을 코칭을 성공시키기 위해 **스스로에게 큰 부담을 주는** 그의 일반적인 경향과도 연결했다. 특히 새로운 코칭 파트너와 일을 시작할 때 이런 경향이 두드러졌는데, 이때문에 처음부터 일이 잘 풀리지 않으면 자신감을 잃기 쉬웠다. 이는 초보 코치에게 흔히 나타나는 현상이지만, 리암은 꽤 경험이 많았다. 나는 단순히 그의 역량에 대해 안심시키기보다는 이러한 역동 관계에 대한 인식을 높여서 앞으로 더 효과적으로 알아주고recognize 관리할 수 있도록 하는 것이 중요하다고 생각했다.

수퍼바이저로 향한 코치의 전이에서 배우기

코치가 수퍼바이저에게 보내는 전이에서도 많은 것을 배울 수 있다. 나의 경험에 따르면 코치와 코칭 파트너 사이에서 발견되는 많은 역동 관계가 여기에도 존재한다. 배움에 자신을 개방하는 것은 어느 정도 취약성이 따른다. 대부분의 수퍼바이저는 경험이 많은 동료의 면밀한 검토에 자신의 프랙티스가 노출되는 것에 얼마간 불안감을 느낄 것이다(정도와 알아차림은 다양하지만). 코치가 이러한 불안을 어떻게 대처하고 수퍼바이저와 관계를 어떻게 맺는지는 그들의 특징적인 정서 및 행동 패턴에 유용한 통찰을 제공할 수 있다. 이는 당연히 코칭 파트너와 함께 일하는 방식에 영향을 미칠 것이다.

따라서 수퍼비전에서는 코치가 나와 그 과정에 대해 가질 수 있는 의식적, 무의식적 감정에 언제나 주의를 기울인다. 수퍼비전-주체(수퍼바이지)가 전이의 일반적인 예로는 세 가지가 있다.

이상화idealization: 수퍼비전-주체(수퍼바이지)는 수퍼바이저와의 관계에 영웅 숭배hero-worship의 성격을 부여한다. 수퍼바이저에게 뛰어난 자질을 부여하는 동시에 자신의 자질을 깎아내리는 경우이다. 이는 수퍼바이저에게 모든 답을 구하고 수퍼바이저의 의견을 고려하고 탐구하기보다 **통째로 삼키는** 의존적인 자세로 이어질 수 있다. 이상화는 무의식적으로 수퍼바이저가 최고의 능력을 발휘하고 있다고 안심시키고, 수퍼바이저에게 현실적으로 불러일으킬 수 있는might evoke 분노나 실망으로부터 수퍼바이저를 보호하는 역할을 한다.

투사projection: 또 다른 일반적인 전이의 역동 관계는 수퍼비전-주체가 수퍼바이저를 중요한 권위자로 경험하는 것과 관련 있다. 이는 일반적으로 자신의 성과에 대한 수퍼비전-주체의 극심한 불안을 반영한다. 이들은 투사의 방어를 사용하여 의식적으로 인정하기에는 너무 고통스럽거나 견딜 수 없는 자신의 측면을 무의식적으로 수퍼바이저에게 '수출exported' 해 부정적인 시각으로 바라보는 투사 방어를 사용한다. 이런 수퍼비전-주체는 항상 강한 초자아super ego 또는 매우 비판적인 내면의 목소리로 고통받으며, 이것이 수퍼바이저에게 투사되어, 수퍼바이저가 공격적이거나 수치심을 주는 방식으로 수퍼비전에 접근하는 것으로 경험하게 된다.

경쟁competition: 전이의 마지막 예는 수퍼바이저에 대한 경쟁심과 관련된 감정이다. 이는 일반적으로 수퍼바이저의 우월한 지식, 경험 및 전문성에 대한 부러움과 분노로 표현되는 수퍼비전-주체의 불안감insecurity을 반영한다. 이는 잘 드러나지 않고 무의식적으로 나타나는 경우가 많다. 일반적으로 수퍼바이저의 개입에 대한 미묘한 저항이고, 수퍼바이저의 **코멘트를 비판으로 받아들이는** 민감성으로 나타난다.

집단 수퍼비전에서는 구성원 간의 경쟁이 불가피하다. 이는 '형제자매 경쟁sibling rivalry' 같은 형태로 나타날 가능성이 높다. 때로는 멤버가 마치 대체 수퍼바이저alternative supervisor처럼 행동하여 집단의 리더십을 놓고 경쟁하는 경우도 있다.

수퍼비전에서 전이 다루기

수퍼바이저로서 이러한 역동 관계를 다루는 방법은 전이의 성격과 관련, 개인의 자기-알아차림 및 성숙도에 따라 달라진다. 수퍼비전-주체가 '이상화'하면 매우 아첨하는 것처럼 느껴질 수 있기에 구루guru 역할을 하고 싶은 유혹을 물리치고, 수퍼비전-주체가 스스로 '생각하기thinking'를 하도록 유도해야mobilizing 한다. 시간이 지남에 따라 신뢰가 쌓이면 보통 수퍼비전-주체가 이러한 경향에 대한 알아차림을 높이기 위해 나의 지혜, 자신감, 스킬의 차이를 과장하고 있었다면 그 느낌을 공유하게 한다.

수퍼비전-주체가 자신의 중요한 부분을 수퍼바이저에게 투사하는 경우, 이를 해결하지 않으면 수퍼비전이 실패할 위험이 높다. 수퍼비전-주체가 부정적이고 공격적으로 경험한 수퍼바이저를 원망하게 될 것이기 때문이다. 먼저 수퍼바이저는 평소보다 더 비판적인 방식으로 행동하라는 무의식적 초대에 저항하고 있는지 확인해야 한다. 다음으로 수퍼바이저가 통찰을 얻고 투사가 줄어들기를 바라면서 되도록 위협적이지 않게 현재 상황에 대한 관찰을 공유한다.

경쟁적인 수퍼비전-주체의 경우, 수퍼비전의 성공 가능성을 결정하는 것은 라이벌 의식의 정도이다. 이러한 감정은 대개 무의식적으로 나타나고 대개 부정denial으로 반응하므로 수퍼비전-주체에게 제기하기 어려운 역동 관계이다. 그렇지만 수퍼바이저가 경쟁의 경험을 충분히 능숙하게 피드백할 수 있고 수퍼비전-주체가 이러한 감정을 인정할 수 있는 성숙함과 자기-알아차림을 가지고 있다면, 이는 수퍼비전 과정에서 긍정적인 '돌파구'를 제공할 수 있다.

나는 수퍼비전에서 전이 이슈를 다루는 방법에 대해 두 가지 일반적인 사항을 말하고 싶다. 첫 번째는 수퍼바이저가 수치심이나 공격감을 느끼거나 방어 반응을 일으키지 않도록 세심한 주의와 민감성을 가지고 제기해야 한다. 둘째, 코칭이 아닌 수퍼바이저 역할을 맡고 있기에 수퍼비전-주체의 전이 행동에 대한 심층적인 탐색을 수행하지 말고, 상대가 전이의 이런 측면에 대한 **알아차림**을 높이는 데 중점을 둔다(Martindale et al., 1997). 수퍼비전-주체가 자신이 투사하거나 경쟁하는 경향이 있다는 사실을 인식하지 못한다면 코칭할 때 이런 행동을 반복할 가능성이 높으며, 당연히 코칭 파트너와 동일한 경향을 놓칠 수 있다.

병행 과정에서 배우기

정신역동 영향을 받는 수퍼비전의 마지막 영역은 수퍼바이저의 수퍼비전-주체를 경험하는 방식, 특히 병렬 과정으로 알려진 현상과 관련되어 있다. 이는 수퍼바이저-'수퍼비전-주체' 관계와 코치-'코칭 파트너' 관계 사이의 무의식적 연결 고리를 말하며, 이를 통해 코칭 파트너의 내면 세계에 대한 통찰을 얻을 수 있다.

병행 과정에는 투사적 동일시라는 정신역동 개념이 포함된다. 이는 위에서 설명한 투사 방어와 밀접한 관련이 있지만 그 이상이다. 자기^{self}의 참을 수 없는 측면이 다른 사람에게 투사될 뿐 아니라, 그와 관련된 정서가 무의식적으로 다시 수용(동일시와 함께)되고 경험하는 수용자에게 미묘하게 떠오르게 된다^{evoked}.

병행 과정은 수퍼바이저가 수퍼비전-주체로부터 투사적 동일시를 받고, 수퍼비전-주체 역시 코칭 파트너로부터 투사적 동일시를 받는 사람일 때 병렬 과정이 일어난다. 이 과정은 예를 통해 가장 잘 설명할 수 있다.

> 브리짓Bridget 코치를 수퍼비전하며 병행 과정이 진행되었다. 재능은 있지만 상대적으로 경험이 부족한 코치였던 그녀는 헨리라는 코칭 파트너와 처음 세 번의 회기를 진행했다. 대형 제조업체의 재무 관리자였던 그는 지나치게 업무에 집중하는 스타일과 그것이 팀 성과에 미치는 영향을 우려한 라인 관리자의 주장에 따라 코칭에 참여하게 되었다. 의도는 좋았지만 헨리는 동료들에게 지속해서 마감일을 상기시키고, 업무를 세세하게 관리하며, 특히 압박감이 있을 때는 비판적이고 거친 태도를 보여 동료들을 짜증나게 했다.
>
> 브리짓은 코칭 회기가 5회밖에 남지 않았으므로 이 코칭 파트너의 행동을 변화시킬 수 있는 실용적인 아이디어를 찾고 싶다고 말문을 열었다. 브리짓이 헨리와의 작업을 설명하는 동안 나는 그녀 이야기의 맥을 놓쳐 설명을 듣기 위해 잠시 멈췄다. 나는 브리짓을 잘 알고 있었는데 그녀는 평소보다 여유롭지 않았고, 서두르는 것처럼 느껴졌다. 그러다 문득 나 자신이 속도를 늦추고 집중력을 높이기 위해 더 많은 노력을 기울여야겠다는 생각이 들었다.
>
> 브리짓은 헨리를 위해 360도 피드백 설문조사를 준비하고 있다고 설명했다. 설문지는 이제 막 헨리의 동료들에게 발송되었는데 헨리는 답장을 얼마나 보냈는지 물어보기 위해 동료들에게 이메일을 보냈던 사실을 말하며… 그녀는 찡그린 표정으로 내게 말했다.
>
> 헨리는 지난 회기에서도 브리짓에게 설문조사의 진전이 빠르게 진행되고 있다고 생각하느냐고 물었던 것 같다고 했다. 브리짓은 이 이야기를 들으면서 문득 헨리가 자신을 대하는 행동과 동료들을 쫓아다니는 경향 사이의 연관성을 갑자기 발견했다. 우리는 이것이 매우 유용한 직접 데이터라는 데 동의했다.
>
> 이쯤 되자 나는 헨리의 행동 뒤에 무엇이 있는지 생각해 보게 되었다. 헨리는 변화의 필요성을 인정하면서도 변화하는 데 어려움을 겪고 있는 것이 분명했다. 나는 무엇이 그를 그토록 집요하게 다른 사람들을 압박하고 통제하게 만드는지 더 많은 통찰을 얻을 필요가 있다고 생각했다. 실용적인 기술에 집중하고 싶다는 브리짓의 바람은 조금 시기상조인 것 같았고 나는 그녀가 서두르고 있다는 느낌이 들었다. 그렇지만 시간이 얼마남지 않았다는 생각에 불안한 마음이 들고 헨리에게 행동 모델을 제시하는 것이 결국 최선의 방법이 아닐까하

는 생각도 들었다. 그러던 중 브리짓이 평소처럼 의자에 기대 앉지 않고 의자 가장자리에 똑바로 앉아 있는 것을 발견하고, 내 어깨와 목이 뻣뻣해지는 것을 느꼈을 때 우리의 작업 방식에 중대한 무엇이 발생했음을 깨달았다.

나는 뒤로 물러나 이 코칭 파트너에 대해 우리 둘이 어떻게 느끼고 있는지 검토해 보자고 제안했다. 브리짓은 놀란 표정을 지었지만 이내 다시 앉았다. 나는 브리짓이 평소 얼마나 사려 깊고 신중했는지 기억했고, 헨리의 역동 관계가 처음에는 브리짓에게, 그다음에는 나에게 내면화되었다는 확신이 들었다. 우리가 공유하는 불안감과 긴장감을 확인하면서 우리 둘 다 이 코칭 파트너에 대해 멈춰서 생각할 시간이나 여유가 거의 없다고 느꼈고, 대신 빠른 해결책을 찾아야 한다는 압박감을 느꼈다는 것이 분명해졌다. 이러한 통찰을 통해 우리는 매우 유익한 대화를 나눌 수 있었다.

브리짓은 다시 생각할 수 있는 여유를 되찾은 후 회기를 떠났다. 그녀는 헨리가 겪고 있을 수 있는 숨겨진 두려움과 좌절감을 더 잘 이해하게 되었고, 이를 부드럽게 탐색하는 방법에 대한 아이디어를 얻게 되었다. 그녀는 헨리의 자기 알아차림을 높이는 것이 그의 행동 변화를 돕기 위한 필수 전제 조건이라는 것을 분명히 깨달았다.

회기를 되돌아보면서 나는 헨리가 무의식적으로 투사적 동일시를 사용하여 제시간에 결과를 내지 못하는 것에 대해 참을 수 없을 정도로 불안해하는 자신의 일부를 브리짓에게 밀어붙이고, 그로 인해 브리짓에게도 그런 감정이 그녀에게 불러일으켜졌다는 가설을 세웠다. 신입 코치였던 그녀는 이 코칭 파트너(이 회사에서 처음 만난 코칭 파트너)에게 좋은 결과를 제공해야 한다는 자신의 불안감이 이 과정을 촉진했다. 결국 그녀는 수퍼비전 중에 무의식적으로 투사적 동일시를 사용하여 나에게도 같은 감정을 불러일으킨 것이다.

이 예는 코치와 수퍼바이저의 무의식적 역동을 통해 코칭 파트너의 역동이 드러날 수 있다. 흥미로운 방법과 투사적 동일시 개념이 어떤 일이 일어나고 있는지 표면화하고 설명하는 데 어떻게 도움이 되는지를 보여준다. 마지막으로 중요한 경고로 위험 사항을 살펴본다.

일부 수퍼바이저에게는 병렬 과정이 매우 매력적인 아이디어가 되어 수퍼비전-주체에 대한 모든 응답이 **이 관점에서 해석될 위험**이 있다. 사실 수퍼바이저의 모든 반응은 자주 자신의 역전이, 즉 수퍼비전-주체의 응답을 색칠하는 **수퍼바이저 자신의 정서적 풍경**의 한 측면을 단순히 반영한 것일 수 있다.

이러한 혼란의 가능성을 고려할 때 수퍼바이저의 높은 수준의 자기 알아차림이 매우 중요하다. 수년 동안 나는 어떤 수퍼비전-주체의 속성이나 행동이 '내 버튼을 누르게' 하는지를 배웠다. 그런데도 모든 수퍼바이저와 마찬가지로 코칭 회기에 내 자신의 자료가 침입하는 것을 경계하고, 이런 일이 발생하면 이를 인식하기 위해 열심히 노력해야 한다(Martindale et al., 1997).

접근 방식 평가

코칭수퍼비전에서 정신역동 이론의 역할을 평가할 때 정신역동 접근을 둘러싼 몇 가지 오해를 불식시키고 잠재적인 강점과 약점을 제시하고자 하다. 이를 통해 예비 수퍼바이저나 수퍼비전 수련 중인 수퍼바이저가 이론적 방향을 선택할 때 유용하게 고려할 몇 가지 이슈를 강조한다.

조직 차원

정신역동 개념은 집단과 조직 역동에 유용하게 적용될 수 있지만, 코칭수퍼비전의 주된 용도는 코치가 코칭 파트너의 내면을 이해하고 이를 직장에서의 행동과 연결하는 데 돕는 것이다. 개인 개발을 위한 이런 강조는 강점이자 잠재적 한계로 볼 수 있다. 한편으로 코치는 다른 관점에서는 제공하지 않는 인간 심리에 대한 깊이 있는 통찰을 얻을 수 있다. 반면에 수퍼비전 담당자가 심리치료나 상담 분야에만 종사하는 경우 코칭의 조직적 차원을 충분히 탐구하거나 다루지 않을 위험이 있다. 그렇지만 반드시 다뤄야 할 필요는 없다.

나는 코치가 코칭 파트너의 역할과 과제, 조직의 구조, 문화, 역사, 주요 이해관계자, 특히 라인 관리자의 견해를 고려하도록 코치에게 용기를 준다. 코치가 조직과 개인 모두에게 유익을 제공하는 이중 책임을 다하도록 돕는 것은 수퍼비전 과정에서 중요한 부분이다. 그렇지만 조직 세계의 역동성에 주된 관심이 있다면 조직을 코칭 과정의 중심에 두고 더 체계적인 관점을 취하는 수퍼비전을 선호하기도 한다 (Hirschhorn, 1993,;Obholzer & Roberts, 1994; Kilburg, 2000; Huffington et al., 2004; Hawkins & Smith, 2006).

코칭 또는 치료

정신역동 접근의 기원과 정신분석에 대한 대중적인 개념을 고려할 때, 어떤 사람들은 정신역동 영향을 받은 수퍼비전이 코칭 파트너의 초기 삶에 대한 심층적인 탐색을 일상적으로 포함할 것으로 생각한다. 이와 관련하여 **코칭과 치료의 경계가 모호**해질 수 있다는 우려도 있다.

이러한 인식은 이해할 만하다. 사실이라면 타당한 우려가 될 수 있다. 그렇지만 수퍼비전에서 나는 코치가 코칭 파트너의 가족 배경을 분석하기보다는 현재 직장에서의 패턴을 파악하고 탐색하도록 돕는다. 코칭 파트너의 과거력이나 개인적 삶의 측면이 드러날 경우, 이를 간단히 살펴보고 직장과 관련된 의미를 살펴본다. 예를 들어, 수퍼비전-주체의 고객인 코칭 파트너의 아버지의 승인/인정이 필요하다고 이야기하는 경우, 코치는 이 이야기를 관련 코칭 이슈(이 경우 상사와의 관계)와 연결짓도록 한다.

정신역동 영향을 받는 수퍼비전과 코칭이 비공식적인 치료의 한 형태가 되지 않도록 하는 것은 실제로 매우 중요하다. 코치는 코칭과 치료의 서로 다른 목표와 방법을 명확히 해야 하며, 수퍼바이저인 나는 코치가 이 중요한 차이점을 잘 이해하고 주의 깊게 관찰하도록 하는 데 중요한 역할을 한다. 코칭 파트너(또는 수퍼비전-주체)가 치료나 상담을 통해 혜택을 받을 수 있다고 판단되면 적절한 전문가에게 신중한 의뢰를 해야 한다(Buckley & Buckley, 2006).

오직 훈련된 사람만 할 수 있는가?

정신역동 이론은 복잡하고 다면적이다. 숙련되지 않거나 부주의한 경우 제대로 된 훈련을 하지 못하게 되어 기껏해야 효과적이지 않고 최악의 경우 해를 끼칠 수 있다. 일반적으로 이 접근을 사용하는 수퍼바이저는 코치가 안전하게 사용할 수 있도록 안내하는 데 필요한 기술, 경험 및 자기 알아차림을 갖추기 위해 정신역동적으로 생각하기와 프랙티스에 필요한 훈련을 받아야 한다. 잠재적인 수퍼바이저를 평가할 때는 정신역동적 통찰을 코칭 파트너와 어떻게 공유하는지 접근 방식을 살펴보기 바란다. 정신역동 접근을 처음 접하는 코치는 이 개념에 열광하지만 너무 직설적이고 노골적인 방식으로 상대와 공유할 수 있다. 서투른 개입과 전문 용어jargon는 상대의 방어기제를 촉발하고 노출되거나 공격받는다고 느끼게 할 수 있다. 따라서 수퍼바이저는 정신역동 개념을 사용하여 코칭 파트너의 사고를 유도하는 코치가 일상적인 언어를 사용하여 신중하고 세심하게 이를 전달할 수 있도록 해야 한다.

증거 기반

정신역동 이론에 대한 비판 가운데 하나는 무의식적 과정을 뒷받침하는 증거가 없다는 것이다. 어떤 사람들은 이 이론을 임원 코칭의 세계에는 적합하지 않은 공상적이고 증명할 수 없는 주장으로 간주하기도 한다. 분명한 것은 정신역동 모델이 모든 사람에게 어필할 수 있는 것은 아니다. 이 모델이 타당성이 부족하다고 느끼는 사람들은 다른 관점을 가진 수퍼바이저를 선택할 것이다.

그렇지만 정신역동 지향적인 수퍼바이저는 구체적인 관찰이나 경험에 근거하여 엄격하고 체계적인 접근 방식을 취하는 것이 중요하다. 코치가 이론에만 의존하지 않도록 격려해야 한다. 확인 가능한 증거를 바탕으로 코칭 파트너에 대한 작업 가설을 수립한 다음, 작업이 진행됨에 따라 이를 **확인하거나 반증할 수 있는 추가 증거**를 찾아야 한다. 예를 들어, 코치는 갈등을 두려워하는 코칭 파트너가 동료와의 무의식적 분노를 부정하고 있다는 것을 그럴듯하게 믿을 수 있다. 수퍼비전에서 나는 코치가 이 코칭 파트너와 함께 일하면서 이 가설을 도출하게 된 정확한 배움, 인지 또는 경험을 파악하려고 노력할 것이다.

이런 종류의 수퍼비전은 누구에게 가장 적합한가?

정신역동 중심 코칭수퍼비전은 정신역동 모델의 필수 전제에 개방적이고 개인 심리에 깊은 호기심을 가진 사람에게 적합하다. 코치로서 코칭 파트너와 깊이 있게 협력하고, 정서적 행동적 측면에서 변화를 도우려고 노력해야 한다. 내 생각에 코치는 정신역동 이론이나 실제 훈련을 받을 필요는 없다. 그렇지만 충분한 자기-알아차림은 필수적이며 이는 경험적 학습을 통해 개발하는 것이 바람직하다. 또 이를 더욱 발전시키고자 하는 진정한 의지를 갖는 것이 중요하다.

이런 관점을 활용하려면 수퍼비전-주체는 코칭 파트너만이 아니라 자신에 대해서도 탐구해야 한다. 코칭 파트너의 패턴을 이해하려면 자신의 패턴, 방어기제, 사각지대에 대해 열린 마음으로 배움에 임해야 한다. 따라서 정신역동 중심의 수퍼비전은 지적인 면만이 아니라 정서적으로도 확장되어야 하며, 코치가 자신과 코칭 파트너에 대한 가정을 수정하도록 이끌어 갈 것이다. 어떤 사람들에게는 이런 과정이 너무 개인적이거나 신뢰하기 어렵게 느껴질 수 있다. 그렇지만 필요한 역량과 관심을 가진 사람에게는 강력하고 혁신적인 경험을 제공한다.

더 자세히 알아보기

정신역동 이론의 복잡성과 미묘함, 그리고 코칭수퍼비전에 대한 적용에 대해서는 어떤 장으로도 충분히 설명할 수 없다. 아래의 긴 목록에서 더 깊이 탐구하는 데 도움이 될 만한 대조적인 책 세 권을 소개한다.

- Susan Howard (2009) Skills in Psychodynamic Counselling and Psychotherapy.
  이 책은 정신역동 모델에 대한 매우 잘 쓰여진 입문서이며, 제목과 달리 많은 부분이 코칭이나 수퍼비전 맥락에서 적용될 수 있다.
- Catherine Sandler (2011) Executive Coaching: A Psychodynamic Approach. 『정신역동과 임원 코칭』 김상복 옮김. 한국코칭수퍼비전아카데미. 2019.
  수많은 사례를 통해 이론과 실제를 연결하여 정신역동적 아이디어를 임원 코칭에 적용하는 방법을 명확하고 간결하게 설명한다.
- Brian Martindale et al. (editors) (1997) Supervision and Its Vicissitudes.
  정신분석학자들의 생각을 자극하는 이 글 모음은 이 분야의 이론과 실제에 대한 더 깊은 이해를 제공하는 고급 자료이다.

참고 자료

- Buckley, A. and Buckley, C. (2006) *A Guide to Coaching and Mental Health: The Recognition and Management of Psychological Issues*. Hove: Routledge.
- Freud, S. (1991) *The Essentials of Psycho-Analysis: The Definitive Collection of Sigmund Freud's Writing*. London: Penguin.

- Freud, S. (2006) *The Freud Reader*. London: Penguin.
- Gay, P. (1995) *The Freud Reader*. New York: W.W. Norton & Co.
- Hawkins, P. and Shohet, R. (2007) *Supervision in the Helping Professions*. Maidenhead: Open University Press.
- Hawkins, P. and Smith, N. (2006) *Coaching, Mentoring and Organizational Consultancy: Supervision and Development*. Maidenhead: Open University Press.
- Hirschhorn, L. (1993) *The Workplace Within: Psychodynamics of Organizational Life*. Cambridge, MA: MIT Press.
- Howard, S. (2009) *Skills in Psychodynamic Counselling and Psychotherapy*. London: Sage.
- Huffington, C., Armstrong, D., Hatton, W., Hoyle, L. and Pooley, J. (eds) (2004) *Working Below the Surface: The Emotional Life of Contemporary Organisations*. London: Karnac Books.
- Kilburg, R.R. (2000) *Executive Coaching: Developing Managerial Wisdom in a World of Chaos*. Washington: American Psychological Association.
- Martindale, B., Morner, M., Cid Rodriguez, M.E. and Vidit, J.P. (eds) (1997) *Supervision and Its Vicissitudes*. London: Karnac.
- Neborsky, R.J. and Ten Have-De Labije, J. (2011) *Mastering Intensive Short-term Dynamic Psychotherapy: Roadmap to the Unconscious*. London: Karnac Books.
- Obholzer, A. and Zagier Roberts, V. (eds) (1994) *The Unconscious at Work: Individual and Organisational Stress in the Human Services*. London: Routledge.
- Sandler, C. (2010) *How to manage leaders' anxiety*, People Management, 8 April: 33.
- Sandler, J., Dare, C. and Holder, A. (1992) *The Patient and the Analyst*. London: Karnac Books.
- Strachey, J. (ed.) (1953–74) *The Standard Edition of the Complete Works of Sigmund Freud (24 volumes)*. London: The Hogarth Press & the Institute of Psychoanalysis.

인지 행동 코칭수퍼비전

- 멜라니 존스Melanie Jones: 코치, 상담사

인지 행동 코칭cognitive behavioural coaching(CBC)은 심리학에서 기원을 두고 있으며 증거 기반 심리학 모델을 바탕으로 한 강력한 모델이다.

이 접근법의 핵심 특징

코칭에 대한 인지행동 접근은 아론 벡Aaron Beck(1976)이 개발한 인지 치료 임상 모델과 앨버트 엘리스Albert Ellis(1973)가 개발한 합리적 정서 행동치료(REBT)에서 도출되었다. 이 접근법은 생각, 감정, 생리적 경험과 행동의 관계를 탐구한다. 다양한 상황에서 코칭 파트너의 반응은 삶의 경험을 바탕으로 자신의 핵심 신념이나 "도식schemas"을 성찰한다. 그 결과 어느 정도 도움이 될 수 있는 자동 패턴이 활성화되어 드러난다. CBC는 목표 설정, 자기 조절 및 동기 부여에 대한 코칭 파트너의 역량과 접근에 중점을 둔다.[172]

CBC는 증거 기반 접근법이며 CBC 수퍼바이저는 당신과 함께 일할 때 이를 염두에 두게 된다. 수퍼바이저는 다음 사항을 검토한다.

- 분명한 코칭 파트너 주도client-driven의 목표와 의제 설정agenda setting
- '소크라테스식' 질문 활용(즉, 개방적 질문에 의한 "안내된 발견

---

[172] 인지 행동 이론과 접근은 코칭에 가장 영향을 준 이론 접근이다. 이 이론을 처음 접하는 사람들은 코칭과의 유사성에 놀랄 정도이다. 이를 코칭에 충실히 활용한 책으로 다음을 권한다.
참고: 『인지행동 코칭: 30가지 고유한 특징』 마이클 니넌 지음. 엘리 홍 옮김. 2022.

안내된 발견

guided discovery")은 코칭 파트너가 자신의 세계관을 탐구할 수 있도록 도와 자기 주도적 배움을 장려한다.)

- 도움이 안되는 사고 방식("흑백 사고", "정서적 추론emotional reasoning", "파국화/재앙catastrophising", "마음 읽기mind-reading" 등)에 주의를 기울인다.
- 코칭 파트너의 세계관에 대한 이해를 높인다.
- 코칭 파트너의 즉각적인 요구에 대한 유연성과 대응력을 갖는다.
- 더 정확하고 증거에 근거한 신념을 생성하고, 효과성과 개인적 웰빙을 높이기 위해 **새로운 행동**을 시도할 수 있는 기회를 확인한다.

수퍼바이지(수퍼비전-주체)가 알아야 할 것은 무엇인가?

전문성의 확대와 심화 윤리적 우려

CBC 수퍼비전을 제공하는 사람은 자격 있는 수퍼바이저일 뿐 아니라 CBC 또는 인지행동치료(CBT)/증거기반 심리치료에서 적어도 대학 졸업 수준diploma level의 훈련을 받아야 한다. 많은 프랙티셔너는 최소한의 훈련만 받고 인지 행동기술을 제공한다고 우려한다.[173] 그러므로 이에 대한 수퍼비전은 이론적 접근에 대한 교육과 경험에 대한 증거를 요청할 수 있다. 프랙티셔너들은 인지 행동과 이외에도 다양한 접근을 훈련하고 경험을 결합하고 있다. 이런 점 때문에라도 인지행동 접근의 수퍼비전은 필요한 요구에 부응할 수 있다.

---

173) '코치 전문성의 확대와 심화'에 대한 윤리적 우려는 어떻게 다뤄야 하는가?
　　이미 코치로 활동하면서 새로운 이론과 접근 방식을 훈련해 코칭 파트너와 작업에 적용할 경우 언제나 대두되는 주제이다. ①새로운 영역의 전문성을 이해하고 알고 있는 수준(한두 가지 질문 유형을 활용하는 경우), ②임상 실천할 수 있는 수준, 이를 ③자신의 코칭에 중심이론으로 표방하는 수준으로 구분할 수 있다. 그러나 이 같은 실천 역량을 어떻게 구별할 것인가. 본격적인 임상 실천과 중심이론 수준은 **수퍼비전 관계에서 확인**해야 한다고 생각한다.

이 접근은 어떤 상황에서 유용한가?

CBC는 실용적이고 협력적인 작업 방식을 높이 평가하며 자신의 생각과 감정을 파악하고 표현할 수 있다. 자신과 주변 세계에 대한 근본적 가정에 도전하기 위해 새로운 행동 방식을 실험하는데 열려있는 수퍼비전-주체들에게 매우 잘 작동한다.[174]

> 경험이 자동으로 지혜로 전환되지 않는다.

[사례 연구 3.5] 고위직 도전에 주저하는 코칭 파트너

한 코칭 파트너가 최근 조직 내에서 고위직에 지원하도록 제안받았다. 그녀는 자신이 그 일을 할 수 없다고 확신한다. 그녀의 가정을 둘러싼 조심스럽고 민감한 질문의 결과, 점차 그녀가 지닌 자신은 "충분하지 않다 not good enough"는 핵심 신념(인생의 초기에 형성됨)이 드러났다. 그녀가 직책을 맡게 되면 "들통날 것"이라는 우려를 드러낸다.

코치는 수퍼비전 과정에서 코칭 파트너가 자신과 타인의 인식에서 지닌 '인지적 편향 cognitive biases'을 탐색하도록 격려받고 코칭 파트너와 새롭고 정확한 데이터 수집을 통해 **가정**을 테스트하고 도전할 기회를 개발하도록 협력하게 된다.

이 코칭 파트너의 경우 코치는 자기 나름의 '정서적 추론'을 사용하고 있으며, 세계를 해석하면서 자주 "마음 읽기"와 "파국화"를 사용하고 있다는 것을 이해하게 되었다. 그리고 그녀

---

174) CBC 수퍼비전의 특징은 첫째로 회기 안에서 수퍼바이지의 구두 보고 역시 실제 코칭과 '차이'가 있을뿐더러 나름의 도식과 패턴이 있다는 점을 주목한다. 녹음 테이프 제출을 통해 그 내용에 보이는 인지행동적 특성을 다루며, 코칭 파트너에게 제공할 서비스를 점검한다. 미사어구식 진술, 비생산적 행동과 태도, 코칭 파트너의 발전을 방해하는 코치의 신념과 태도 등을 다룬다. 이런 이유로 녹음 테이프 제출 관련 상세한 안내를 제시한다.

다음으로 "치료 경험의 횟수가 치료 효과에 영향을 주지 않는다." 인지행동 치료 분야의 연구를 근거로 "퍼즐의 핵심은 지혜의 부족에 있다."라고 본다. 즉 코치든 수퍼바이저든 수년간의 **경험이 자동으로 지혜로 전환되지 않으며 전환이 일어났다는 단순한 희망적인 '생각'일 수 있다**는 점을 강조한다. 또 "지혜는 시간이 지나면 눈에 띄지 않게 상투적으로 변할 수 있다"(위의 책. 마이클 니넌, 2022. p.195~204).

의 '과거 경험'과 그녀가 발전시킨 '왜곡된 신념'에 전적으로 근거하여 타인의 태도를 해석하고 있다는 사실도 알게 되었다. 일단 자신이 예전의 낡은 사고 방식에서 벗어날 수 있다는 사실을 깨닫기 시작하자 코칭 파트너는 자신의 성과와 다른 사람들로부터 받는 긍정적 평가를 새로운 시각으로 평가할 수 있었고, 자신감을 되찾을 수 있었다.

모든 수퍼비전 모델과 마찬가지로, 수퍼바이저는 회기에서 코치와의 역동을 염두에 두고, 코치가 코칭 파트너와의 회기에 적용할 수 있는 '핵심 신념'과 가정에 주의를 기울였다. 수퍼비전은 코치가 코칭 파트너 자신의 생각을 확인하고 평가하고 수정할 수 있는 공간을 만들고, 대안적인 존재 방식의 영향을 "느낌"(정서적이고 생리적인) 수준에서 경험할 수 있도록 한다. 핵심 목표는 코칭의 행동적, 인지적 변화에 초점을 맞추도록 하는 것이다. 이는 도움이 되지 않는 패턴을 파괴하고 '변혁 학습transformative learning'을 촉진하는 가장 빠른 기본이 되는 방법이기 때문이다.

역자의 추가 질문

Q. 수퍼비전 한 회기와 이어진 코칭 파트너와의 한 회기에서 이 모든 것이 일어났다고 상상하기는 힘들다. 수퍼비전 회기에서 격려와 함께 시도해 볼 개입은 무엇인가?
　SQ. 필요한 질문 리스트를 만들어 보자.
Q. 코치가 코칭 파트너와 시도한 개념들(정서적 추론, 마음읽기, 파국화) 각각을 다루는 질문을 만들어 보자.
Q. 위 코칭 파트너 정보를 감안할 때 수퍼바이저가 코치에게 제공해야 할 것이 무엇인가?
Q. 인지 행동 기반 수퍼비전은 무엇인가? 설명해 보자.

행동적 접근

교류 분석(TA)을 이용한 수퍼비전

- 로즈메리 내퍼Rosemary Napper: 코치, 수퍼바이저 및 트레이너

교류 분석transactional analysis(TA)은 심리학에서 사람과 다른 사람들 사이의 교환이나 "거래"가 어떻게 성격과 시스템을 만드는지 연구하는 이론이다. 근본적인 교훈은 인간은 사회적 동물이며 관계를 통해 변화하는 다면적인 존재라는 것이다. 캐나다 태생의 미국 정신과 의사 에릭 번Eric Berne이 1950년대 후반 TA의 패러다임이 개발했고, 그 이후로 많은 개념이 발전했다. 정신역동 기반에서 비롯된 인본주의 심리학으로 인지 행동에서 구성주의에 이르기까지 다양하게 발전했고, 교류 분석 학파마다 접근 방식이 조금씩 다른 다양성을 지니고 있다.

이 접근의 핵심 특징

수퍼바이저는 이 심리적 구조-틀로 훈련받은 경우에만 TA 개념을 사용할 것이다. 수퍼바이저는 수퍼비전-주체의 코칭 파트너가 관계에서 경험하는 역동과 이것이 수퍼비전-주체와 관계에 어떤 영향을 미치는지 매우 관심이 높다. 수퍼바이저는 코칭 파트너 포트폴리오 전반에서 관계 패턴을 찾고, 코칭 작업에서 습관과 패턴을 탐구하도록 수퍼비전-주체를 초대한다. 코칭 파트너와 코칭 관계의 반응을 유도하는 것이 무엇인지 [수퍼비전 회기에서] 이해하게 도울 것이다.

"나는 괜찮아, 당신은 괜찮아I'm okay, you're okay"라는 TA의 기본 철학

개념적 지도의 초석
괜찮음

은 간단해 보이지만, 관계에 대한 깊은 실존적 관심이 초점이다. 프랙티셔너와 코칭 파트너만이 아니라 수퍼바이저와 프랙티셔너 계약의 심리적 부분이 필수적인 관심사이다. 이는 "**존재**being"에 대한 렌즈를 제공하는 넓은 개념적 지도의 초석이다. 수퍼바이저와 코치 역할과 관계에서 "**행하는**do" 것과 맥락인 "**시스템**"에 대한 렌즈도 제공한다. 수퍼바이저와 프랙티셔너 간의 병렬 과정parallel precess은 자기 자신, 타인, 더 넓은 맥락에 대한 중요하고 풍부한 정보 원천이고, 이 '괜찮음okay-ness' 틀 안에 담겨있고 유지된다.

수퍼비전-주체가 알아야 할 것은 무엇인가?

원래 TA는 전문가가 자신의 접근 방식을 추가하고 심화할 수 있는 심리적 구조-틀로 설계되었다. 영국을 포함한 일부 국가에서는 프랙티셔너의 배경에 관계없이 초기 교육으로 간단하게 이를 적용하기도 한다.

필수는 아니나 수퍼비전-주체가 이 접근에 어느 정도 지식을 갖고 있다면 도움이 될 수 있다. TA는 구전 전통으로 내려와 비교적 잘 쓰여진 최신 문헌이 많지 않다. 적절한 자격을 갖춘 TA 트레이너의 이틀 간의 "TA 101"과 같은 입문 훈련을 받는 것이 도움이 된다.[175]

TA의 **가치**는 특별히 '인지 행동'에서 '정신역동'에 이르기까지 다양하며, [전문적 내용을 임상 적용을 위한] "번역"을 통해 성찰적인 언어로 제공하여, 다른 심리학의 다양한 아이디어와 통합할 수 있다. 수퍼비전에서 TA가 집중하는 것은 아래와 같다.

---

[175] TA는 현재 대인 관계 분야에서 독립 분야로 발전하고 있다. 일부 대학 과정은 물론 세계적으로 연결된 학술지 발행 연구 체계와 협의회를 갖추고 활동한다. TA 중심 코칭 활동도 기대 된다. TA 중심 수퍼비전은 영국 상황에서 매우 일반적으로 쉽게 접근할 수 있는 환경이다.

- 코칭 파트너, 그의 조직 시스템 또는 가족의 컨스텔레이션
- 프랙티셔너와 코칭 파트너의 관계
- 프랙티셔너의 기술
- 프랙티셔너의 존재
- 수퍼비전 집단과 시스템의 영향을 성찰하는 구조-틀

"헬리콥터" 관점

이 접근은 집단에서도 사용 가능하다. 집단 수퍼비전에서 멤버들은 "헬리콥터" 관점으로 주의를 기울이며 프랙티셔너의 이야기 패턴과 방식을 관찰한다(이 관찰 중에는 구조적 성인 자아$^{adult\ ego}$의 상태도 포함). 또한 이야기를 들으며 자기에게 일어나는 현상학적 응답을 검토한다. 즉 정신 신체적 감정, 신체적, 정서적('아이 자아'), 그리고 마음속에 떠오른 직관적인 이미지와 은유(아이 자아 안에 '성인 자아') 등이다.[176)]

수퍼비전 가운데 프랙티스는 일반적으로 세 명의 수퍼비전-주체가 각 개인에게 할당된 1시간 씩 배정된 그룹을 구성한다[각 그룹 안에서 돌아가면서 역할을 교대한다]. 일부 수퍼바이저는 더 큰 그룹으로 하루 종일 운영한다. 각 작업에 참여하는 집단 참가자들을 참여시키는 구조는 다양하다. 가상 미디어를 이용하는 경우 수퍼바이저와 프랙티셔너 간에 나타나는 현상학적 및 전이 데이터$^{transference\ data}$를 제한하는 경향이 있어 '대면 작업'을 더 선호한다.

---

176) 집단 가운데 정해진 참여자의 코칭 파트너와의 이야기를 들으면서 수퍼바이지와 코칭 파트너와의 이야기를 헬리콥터의 시각에서 바라보지만 동시에 자기 안에서 일어나는 성인 자아, 아이 자아 역시 어떤 움직임인지 인지한다.

이 접근법이 어떤 상황에서 유용한가?

TA 전문 수퍼바이저 찾기

TA 관점을 통해 일하는 수퍼바이저를 찾는다면 고려해야 할 사항이 여러 가지 있다.

- TA에 관한 지식
- 집단인가 일대일인가, 대면인가 화상인가
- TA 내에서의 구체적인 접근 방식
- TA 수퍼바이저가 어떤 훈련을 받았는가(심리 치료보다 조직이나 상담이 더 적절하다).

자신의 지식으로 평가할 때 일대일과 집단, 가상과 대면 등 어떤 것이 적합한지 평가한다. 예를 들어 다음과 같은 구체적인 접근을 검토할 필요가 있다.

- 프랙티스를 검토하는 인지적 행동적 구조-틀
- 관련된 모든 사람들의 주관성에 초점을 맞춘 구성주의 접근법

코칭 아포리즘.
2자 관계는 3자 관계를 지향하고 3자 관계는 2자 관계를 지향한다.

이 두 가지 접근은 모두 신경과학의 발전에 중요하며, 전이도 고려된다. 어떤 수퍼바이저들은 신체 작업을 통합하기도 한다.

전 세계적으로 TA 수퍼바이저의 역할은 TA관련 자격 취득 후에만 맡을 수 있다. TA 트레이너의 역할과 연계되어 정식 공인된 교류 분석가(TSTA)들이 트레이닝하고 수퍼비전한다.

[사례 연구 3.6] 팀과 상사를 격하게 비난하는 코칭 파트너

코치가 코칭 파트너 사례를 집단 수퍼비전에 제시했다. 그의 코칭 파트너는 팀이 목표를 달성하지 못했고 상사도 쉽게 만날 수 없어 그를 비난하는 의료서비스 관리자였다. 코치는 이 코칭 파트너에 대해 짜증이 난다고 호소했다.

수퍼바이저는 코칭 파트너의 태도를 병적으로 묘사하기pathologise보다는 조직 개임에 초점을 맞춰 조직 구조와 역동 관계가 어떻게 시스템 안에서 "비난blame" 문화를 만들어 냈는지, 그리고 코치가 어떻게 잠재적 구원자로 "처방되어prescribed" 희생양으로 몰리고 비난 받게 되는지 살펴보았다.[177]

이런 관점은 코치에게 공감을 불러일으켰다.

①코칭 파트너의 성인 자아 상태에 대한 유익한 "지도"가 병렬 모델링parallel modelling되었기 때문이다. ②한 그룹 멤버는 이 내러티브를 나누는 동안 두려움의 신체적 증상physical symptoms을 경험했다. 이는 아마도 코칭 파트너와 상사의 것일 수 있음을 시사했다. ③또 다른 한 명은 책임감에 대한 부담을 느꼈다. 두 사람 모두 조직 게임 지도map가 이런 감정들을 어느 정도 완화시켜 준다는 사실을 발견했다.

나중에 ④코치는 다음 회기에서 [코칭 파트너와] 공감을 유지했으며, 코칭 파트너가 맥락과 문화에 대해 생각할 수 있는 방법을 경험하며 안도감을 느꼈다고 보고했다.

역자의 추가 질문

Q. 위 상황을 자기 이야기로 구체화 해서 이야기해 보자.
Q. 수퍼바이저가 어떤 개입을 했는가(질문 전 제공해야 할 것과 질문 리스트)?

---

177) 코칭 파트너는 자신의 과제인 팀과 상사를 비난하며 스스로 강하게 느끼는 두 대상과의 '2자 갈등'을 해결하기 위해 코치를 끌어들여 '3자 관계'로 만든다. 코치를 해결을 위한 구원자로 위치 짓고, 이를 대상과의 2자 갈등을 위한 처방으로 활용한다. 물론 코치의 선한 의도, 비 시스템적 일대일 관점은 이런 삼자 관계로 쉽게 미끄러져 들어가게 한다. (코칭 아포리즘(3)) 2자 관계는 3자 관계를 지향하고 3자 관계는 2자 관계를 지향한다.

Q. ① 상황은 어떤 상황인가? 이를 수퍼바이지 말로 표현한다면 어떤 반응을 할 수 있는지 충분히 열거해 보자.

Q. ② 상황을 표현하는 참석자에게 수퍼바이저가 반응한다면 이를 그와 집단을 위해 어떻게 하겠는가?

Q. ③ 상황을 표현하는 참석자에게 수퍼바이저가 반응한다면 이를 그와 집단을 위해 어떻게 개입하겠는가?

Q. 다음 집단 회기가 되었다. 수퍼바이저는 어떤 접근으로 ④를 드러내게 하고, 또 이를 어떻게 접근할 것인가?

다방면적이고 통합적인 코칭수퍼비전 접근

코칭이 여러 철학을 차용함에 따라, 코칭수퍼바이저도 이를 프랙티스에 반영해 '통합적 접근'으로 자신의 수퍼비전 철학이나 접근 방식으로 구성할 수 있다. 여기서는 이미 활용되고 있는 통합적 접근의 한 가지를 제시한다.

NLP 배경 수퍼비전을 위한 신경 언어 프로그래밍(NLP)

– 마리 페어 Marie Faire: 임원 코치 및 수퍼바이저

NLP는 1970년대에 존 그라인더 John Grinder, 리차드 밴들러 Richard Bandler 등 여러 사람에 의해 개발되었다. NLP는 특정한 개인의 행동(언어적, 비언어적), 사고, 정서 상태를 관찰하여 탁월성을 모델링하는 원리를 기

반으로 한다. 딜츠^Dilts와 드로지어^DeLozier(2000: 849)에 따르면 NLP를 기술, 방법론, 인식론으로 본다. NLP의 초기 개발에는 프리츠 펄스^Fritz Perls(게슈탈트), 버지니아 사티어^Virginia Satir(가족 치료), 밀턴 에릭슨^Milton Erickson(최면요법)과 같은 선구적인 치료사의 이론을 배경으로 했다.

최근까지 발표된 연구 논문은 부족했지만 많은 기법의 효과를 입증하는 증거가 증가하고 있다. 대부분 신경과학의 최근 발견에서 비롯된 것이다. 여러 기법이 많은 근거 있는 분야에서 이미 검증된 것이었다는 점을 감안하면 이는 그리 놀랄 일이 아니다. 지난 10년간 많은 NLP 기법과 모델들이 주류 코치 훈련에 도입되었다. 이로 인해 NLP는 코치와 수퍼바이저들 사이에서 매우 강하게 찬반 양론을 불러일으켰다. 그러나 코치와 수퍼바이저는 자신의 수퍼비전에 유용한 접근 방식인지 여부를 스스로 결정할 수 있다![178)

"지도는 영토가 아니다^The map is not the territory"는 NLP의 핵심 전제 중 하나이며 알프레드 코지브스키^Alfred Korzybski(일반 의미론의 창시자)에서 유래했다. 이 말의 의미는 현실에 대한 우리의 인식이 현실 그 자체가 아니라 현실에 대한 우리 자신의 버전, 즉 우리의 "지도"라는 의미이다. 따라서 우리가 세상을 내면화하고 이해하는 방식은 개인마다 다르다.

---

178) 우리의 경우는 독립 분야인 NLP의 코칭과 결합에 대해 특별한 논쟁 없이 수용되었다. 이는 다른 분야의 도입과 유사하다. 중요한 점은 우선 NLP를 코칭 회기에 얼마나 어떻게 활용하고 실천하는가, 다음은 코치들이 자기 코칭의 중심이론/기법/접근으로 확립하는 'NLP 중심 코치'를 **표방**하는 수준으로 활동하는가. 마지막으로 가장 활발하게 도입된 NLP 코칭의 발전을 위해 'NLP 코칭수퍼비전'을 전문적으로 활동하는 수퍼바이저가 있어야 한다.

이 접근법의 핵심 특징

NLP 수퍼바이저

NLP는 **"주관적 경험의 구조에 대한 연구"**로 정의된다. 컨설팅, 코칭 및 치료 사이의 경계를 넘나든다. 대부분의 NLP 모델과 기법은 개인이 원하는 것을 성공적으로 달성하는데 방해가 되는 생각, 느낌, 행동을 바꾸도록 돕는 데 사용된다.

수퍼비전-주체가 알아야 할 것은 무엇인가?

NLP와 NLP 코칭의 차이?

NLP 자격을 갖춘 수퍼바이저를 찾는 데는 두 가지 분명한 이유가 있다. 첫째, 자신이 NLP 프랙티셔너(또는 마스터 프랙티셔너)이며 코치로서 **자신의 프랙티스에 활용**할 수 있기에 NLP 개입을 수퍼비전할 수 있는 수퍼바이저를 원할 뿐만 아니라 이를 동일한 NLP "언어"로 말할 수 있는 사람을 원한다.[179] 둘째, 자신이 NLP에 대해 조금 알고 있을 경우, 전문성의 지속적 개발CPD의 하나로 '수퍼바이저-멘토 관계'로 다른 관점을 제공해 줄 수퍼바이저를 원할 수 있다.[180]

NLP 자격을 갖춘 수퍼바이저를 찾는 이유가 무엇이든 다음과 같은 점을 고려해야 한다.

- NLP에는 다양한 학파가 있다. 다른 전문 자격처럼 엄격함과 품질의 수준이 다르다. 시작하기 좋은 국제 조직인지 확인하는 것이

---

179) NLP 각종 기법을 중심으로 프랙티스 하는 코치는 이 같은 경험을 논의할 수 있는 NLP 코칭 수퍼바이저를 찾는 것은 당연한 일이다. 기법 활용과 깊이, 성과를 위해서도 필요하다.
180) 자신의 코칭에 NLP 접근을 강화하기 위해서는 NLP 기법의 숙련과 코칭에서의 활용을 위해 수퍼비전 관계에서 수퍼바이저-멘토의 역할을 원할 수 있다. 즉 NLP 체험과 훈련을 병행하기를 원한다.

필수이다.
- 일부 개인은 총 80시간의 훈련을 받은 NLP 마스터 프랙티셔너 또는 더 훈련받은 NLP 트레이너라고 불린다. 360시간 이상 긴 시간을 이수한 사람들도 있다. 양이 곧 질과 같지는 않지만, 후자는 훨씬 더 많은 지식과 경험을 가질 가능성이 크다. ^{Q.}총 몇 시간 동안 NLP 훈련을 받았는가? ^{Q.}그들의 NLP 인증 외에도 코칭에서도 자격증을 취득한 **공인된 코치**인가?[181]

오로지 NLP 코칭 경험!

- 수퍼비전 자격. 그들은 자격을 갖춘 (그리고 이상적으로 인정받은 코칭) 수퍼바이저인가?
- 그들의 경험이 일대일로 일하거나 그룹에서 (NLP)코치와, (NLP) **코칭수퍼바이저**로 일한 경험이 얼마나 많은가?[182]

이 접근법이 어떤 상황에서 유용한가?

NLP 자격을 갖춘 코칭수퍼바이저는 코치의 프랙티스을 향상시킬 수 있는 사고 방식과 도구를 제공한다. 일반적으로 다음과 같다.[183]

- 코칭 파트너와 코치가 모두 가지고 있는 가정과 전제를 거울로 삼는다.

---

181) NLP를 하는가 NLP 코칭을 하는가 이 경계는 무엇인가? NLP를 코칭 윤리와 철학에 근거해 실천하는 코치라는 점에서 구분된다. 이 점에서 코치 자격을 따지게 된다.
182) NLP 자격을 갖추고 이를 활용해 실제 코칭 파트너와의 NLP 코칭 경험이 풍부한 코치들이 '코칭수퍼비전' 전문성을 훈련하고, 이를 자신만의 NLP 코칭수퍼비전으로 개발하는 것은 매우 중요한 '수퍼바이저-되기'이다.
183) 열거된 내용이 NLP 코칭의 독특성을 충분히 반영하고 있는지에는 부족함이 있다는 판단이다. 조금 더 연구되어야 한다.

- 여러 가지 관점을 개발한다.
- 자기 자신과 코칭 파트너의 언어를 검토하도록 격려한다.
- 은유, 특히 수퍼바이지와 그의 코칭 파트너의 언어를 사용한다.
- 깊고, 무의식적인 패턴을 가지고 일한다.
- 개인이 어떻게 자신만의 현실을 창조하는지 탐구한다.
- 사람들이 어떻게 막혀있는지 이해한다.

[사례 연구 3.7] 자신감 강화를 원하는 코칭 파트너와의 코칭

줄리는 최근 공인 코치 자격을 위한 교육을 마치고 코치인증을 받기 위해 노력하고 있다. 이전에 임원이었기에 코칭 파트너 가운데 많은 사람이 같은 업계에서 일하고 있다. 수퍼비전에 참여하면서 새로 임명된 자원봉사 조직의 CEO로 "자신감"을 키우기 위해 개인적으로 찾아온 임원 사례를 가지고 왔다.

줄리는 자신이 갇혀 있어 막막하다고 느낀다. "그녀가 하는 일은 한 시간 동안 단지 그냥 머리 비우는 짓brain dump[단순한 질문에 획일적인 응답만을 하는]만 하고 있다." 이런 코칭 파트너의 상황을 묘사하며 줄리는 '그냥just'이라는 단어를 네 번이나 사용한다.

[수퍼바이저는] 이를 되짚어 보게 하며 "[그렇다면] 누가 브레인 덤프를 폄하하고 있다는 건가요?"라는 질문을 던진다. 줄리에게 여러 관점을 개발하도록 격려를 제공하고, 잘 알려진 NLP 모델(지각적 위치perceptual positions)을 사용해 코칭 파트너가 경험하는 만족(과 안도)과는 별도로 자신의 좌절감도 탐구하도록 초대했다.

코칭 파트너의 관점에서 보면 줄리는 자신의 취약점, 우려 사항, 생각을 탐구할 시간과 안전감을 확보하고 있다.

코치는 자신이 충분히 노력**하지 않**고 **그저** 경청만 하고 있다는 이슈가 있다.

> **역자의 추가 질문**
>
> Q. 줄리가 코칭 파트너를 묘사하는 내용에 대해 생생한 느낌을 갖도록 검토해 보며 어떤 상황인지 설명해 보자.
> Q. 줄리가 받은 질문의 의미와 효과는 무엇인가? 코치가 이 질문을 받기까지 코치 자신, 코칭 관계에서 일어난 일은 무엇인가? 질문 후의 대처 등을 연상해 각각 정리해 보자.
> Q. (NLP훈련을 받은 코치라면) 이를 실행하는 과정을 대본(질문 포함)으로 구성한다.
> Q. 코치가 지닌 이슈를 NLP 코칭 수퍼바이저는 어떻게 개입할 것인가?

어떻게 선택할 수 있는가?

코칭수퍼바이저를 선택할 때는 자신의 근본적인 철학 underlying philosophy 이 무엇인지 고려해야 한다. 코칭 여정을 시작할 때는 코칭 트레이닝과 같은 분야 출신이거나 같은 전문 단체에 소속되어 있어 동일한 역량 구조-틀을 지닌 수퍼바이저를 선택하는 것이 좋을 수 있다. 그러나 경험이 쌓이면 접근 방식을 넓히고 학습의 폭을 확장하기 위해 다른 철학을 가진 수퍼바이저를 선택할 수 있다.

　또 다른 중요한 점은 자신의 지역에 코칭수퍼바이저들이 있는지 여부이다. 물론 이제는 상당 부분 스카이프나 줌 등 온라인을 통해 이뤄질 수 있다. 그러나 자신의 학습을 강화하고 확장하기 위해 다른 분야와 철학과 접근법을 탐구해 볼 가치가 충분하다[이를 위해 무엇을 어떻게, 언제 결정할 것인가].

　현재의 주요 전문 기관들은 '글로벌 윤리 강령'을 갖고 함께 논의하고 있다. 어느 조직에 속하든 이를 염두에 두고 자신의 코칭 발전을 논

수퍼바이저의 교체

의하는 점도 주목해 볼 일이다.

　이 장의 시작 부분에서 의도적으로 이해를 돕기 위해 다양한 철학적 접근 방식을 구분했다. 각각의 수퍼바이저들은 자신의 특정한 철학에 안에서 가장 잘 작동할 수 있는 방안을 개인적으로 제시해 주었다. 단일적 또는 다방면적(통합적) 접근의 장단점에 대한 생각을 [표 3.1]로 요약했다.

심리적 접근의 필요성

　앞 장에서 언급했듯이, 전문직으로서 코칭수퍼비전은 치료적 접근과 사촌 격인 유사한 영역의 수퍼비전에서 영향을 많이 받았다. 수퍼비전에 대한 다양한 철학적 접근을 검토하면서도 다시금 또 한번 심리적인 토대에 더 끌리게 된다는 사실이 흥미롭다. 코칭수퍼비전은 아직도 비교적 초기 단계이다. 우리 모두는 이것이 어떻게 발전할지 궁금하다.

　코칭수퍼비전의 궤적이 계속 심리학적 기반에 머물 것인가 아니면 새롭고 혁신적인 토대가 코칭수퍼비전 작업의 발전에 영향을 미칠 것인가? 귀추가 주목된다. 이 장에서 코칭수퍼비전 작업에 영향을 미치는 다양한 접근 범위를 제시하면서도, 코칭 여정의 현재 위치를 고려할 때 자신의 코칭 프랙티스에 가장 적합한 것이 무엇인지 검토할 수 있는 충분한 정보를 얻기 바란다.

[표 3.1] 단일한 철학 접근과 다중적 철학 접근

	단일한 철학 접근	다중적 철학 접근
장점	수퍼비전-주체는 깊은 경험으로 이 철학을 여러 수퍼비전 이슈에 적용할 수 있을 것이다 　수퍼비전-주체가 이 접근에 이미 훈련받은 사람이라면, 이 접근의 이해가 깊어질 수 있다. 수퍼바이저로부터 직접적으로 코칭 작업에 사용하게 될 방법을 배우게 된다. (코칭 작업에 대한 확장과 유사하다.)	수퍼바이저는 자기 경험에 광범위하고 여러 관점의 철학적 접근을 단일 수퍼비전 이슈에 적용할 수 있다. 　수퍼바이저는 수퍼비전-주체가 어떤 이슈를 가지고 오든 자신이 선택한 분야를 기본으로 적용하기보다는 수퍼바이지의 구체적 요구에 대응하는 "수퍼바이지 중심"이 되도록 더 잘 갖추어져 있다. 〈**수퍼바이지 중심성** (2)〉
단점	철학에 대해 (최소한 기본적 차원에서) 훈련을 받지 않았다면, 수퍼비전은 당신에게 두 가지 학습에 참여할 것을 요구할 것이다. 즉, 접근 방식 자체와 코칭 이슈이다. 이는 두 요소 가운데 하나는 잠재적인 학습이 희석될 수 있다. 　철학을 이미 익혔다 해도, 관점을 넓히기 어려울 수 있기 때문이다.	수퍼비전-주체로서, 수퍼바이저가 사용하는 코칭 작업을 직접 적용하려고 한다면, 이해의 깊이가 부족하여 제대로 활용하지 못할 위험이 있다.

[역자 부록 3.3] 최근 코칭수퍼비전 철학, 이론과 접근

이 저서가 출간된 후 10여 년 동안 철학 또는 이론 중심 코칭수퍼비전은 다양한 발전을 이룩했다. 해결 중심, 내러티브, 실존주의, 마음챙김, 정신분석 등 (코칭)이론 분야별 수퍼비전 연구가 진행되어 단행본과 여러 편의 논문으로 정리되었다. 또 중심이론을 중심으로 특정 분야에 한정하지 않고, 심리치료와 코칭 두 분야를 포괄하는 수퍼비전 이론과 접근 방식을 제시한 연구도 있다. 물론 심리치료 분야 수퍼비전 이론은 더 다양하다. 그러나 이런 이론이 점차 코칭에 적용하도록 연구가 확산되고 있다.

　철학을 배경으로 하는 이론은 코칭에 적용되며 방향 감각을 제공하고 구체적인 나침판역할을 한다. 이론은 서로 관련 있는 현상들을 설명하거나 예측, 가려는 목적과 목표의 방향을 이어주는 모음이다. 이론은 인간의 성과와 성장, 성숙을 설명하고, 목표와 과정을 관리한다. 또 경험이 부족한 코치에게는 간명한 설명으로 다양한 상황을 이해하게 하며 희망을 갖고 출발할 수 있게 행동을 이끈다. 이론을 지닌 코치는 현실의 울퉁불퉁함과 시간 변화에 대처하는 방법을 이론에 근거해 개발하고, 실천을 통해 이론의 이해를 깊게 이해한다.

코칭 실천이 이론 중심별로 분화되거나 특성을 갖고 진행하기 어려운 조건에서 코칭수퍼비전 이론이 다양하게 전개되고 있다. 이는 수퍼비전 실천가들을 자극할 뿐 아니라 코칭 사례를 다양한 이론의 관점과 배경으로 실천하게 안내한다. 이런 조건이 활성화되면 코칭 실천도 이론별 다양화가 더욱 촉진될 수 있다. 백화가 만발하게 되면 봄이 지나 여름을 향하듯 코칭이 더욱 발전할 것이다.

끝으로 수퍼비전 이론의 다양화는 수퍼바이저가 되려는 많은 프랙티셔너에게 선택의 폭을 넓혀준다. 분야별 전문가 준비를 함께 하며 수퍼바이저 훈련을 할 수 있다. 준비하는 사람은 언제든 기회를 만나면 활용할 수 있다. 기회를 보고 준비를 하는 것은 늦을 뿐 아니라 언제나 뒤따라가게만 된다.

주요 학습 요약

1. 단일한 철학 접근 수퍼바이저와 다중적 철학 접근을 하는 수퍼바이저 모두에 플러스와 마이너스가 있으므로 이를 인식하는 것이 중요하다.
2. 수퍼비전 유형의 선택은 오직 자신의 선택이다. "올바른" 접근이란 없다. 오직 자신에게 맞는 접근에 대한 선택이다.
3. 수퍼비전에서 무엇을 얻고 필요한 것이 무엇인지 검토가 중요하다. 전문성의 지속적 개발CPD인가? 기존 지식의 깊이인가? 자신이 사용하는 도구와 철학으로 일하는 사람과 함께 일하면서 익숙함이나 편안함 때문인가?

4. 전반적으로 코치로서 지속적인 개인 성장 ongoing personal growth 을 지원하는 데 어떤 접근이 가장 도움이 될지 마음 한 가운데 머물러라.

성찰 질문

1. 개요에 나와 있는 여러 가지 접근을 검토하며 자신이 공감하거나 흥미를 불러일으키는 것은 어느 것인가?
2. 현재 수퍼바이저에게 영향을 미친 접근 방법은 무엇인가?
3. 현재 자신의 발전 단계에서 가장 도움이 될 것이라 생각하는 것은 무엇인가?
   자신의 훈련 전통을 이어가는 수퍼바이저인가, 혹은 자신이 경험했던 것과는 적극적으로 다른 수퍼바이저인가?
4. 당신과 "조화롭지 않는" 접근방식은 어떤 것이 있는가? 왜 그렇다고 생각하는가?
   당신의 코칭 접근법과 맞지 않는 어떤 것을 나타내는 지표인가, 아니면 당신의 학습의 가장자리가 어디에 있는지를 나타내는 지표일 수 있는가?
5. 특정한 접근이 자신에게 어필하는 경우 당신은 그런 수퍼바이저를 어떻게 찾을 것인가?
6. 수퍼바이저가 이 접근법에서 특정한 자격을 가지고 있다는 것이 당신에게 얼마나 중요한가?

참고 문헌

- Bandler, R. and Grinder, J. (1975a) *The Structure of Magic, Vol. 1*. Science and Behaviour Books. Palo Alto, CA.
- Bandler, R. and Grinder, J. (1975b) *Patterns of the Hypnotic Techniques of Milton K. Erickson, M.D., Vol. 1*. Meta Publications: Cupertino, CA.
- Bandler, R. and Grinder, J. (1979) *Frogs into Princes*. Real People Press: Moab, UT.
- Beck, A.T. (1976) *Cognitive Therapy and the Emotional Disorders*. International Universities Press: New York.
- Business Balls (n.d.) www.businessballs.com/johariwindowmodel.htm (accessed 22 August 2015).
- Carroll, M. (2006) *Supervising Executive, Therapy Today, Skills and Practice*. Cassell: London.
- Cox, E., Bachkirova, T. and Clutterbuck, D. (2014) *The Complete Handbook of Coaching*. Sage Publication: London
- Dilts, R. and DeLozier, J. (2000) *Encyclopedia of Systemic NLP and NLP New Coding*. Meta Publications: Capitola, CA.
- EATA (2013) *EATA Handbook*. www.eatanews.org/training-manuals-andsupplements/
- Ellis, A. (1973) *Humanistic Psychotherapy: The Rational Emotive Approach*. McGraw-Hill Books: New York.
- Gray, David E. and Jackson, P. (2011) Coaching supervision in the historical context of psychotherapeutic and counseling models: A meta-model. In T. Bachkirova, P. Jackson and D. Clutterbuck (Eds) *Coaching and Mentoring Supervision: Theory and Practice*. McGraw-Hill: Berkshire.
- Hawkins, P. and Shohet, R. (1989) *Supervision in the Helping Professions*. Open University Press: Buckingham.
- Hawkins, P. and Smith, N. (2013 [2006]) *Coaching, Mentoring and Organisational Consultancy*. Second edn. McGraw Hill: Berkshire.
- Leary-Joyce, J. (2014) *The Fertile Void: Gestalt Coaching at Work*. AoEC Press: London.
- Mezirow, J. (1991) *Transformative Dimensions of Adult Learning*. Jossey-Bass: San Francisco, CA.
- Murdoch, E., Adamson, F. and Orriss, M. (2006) *Full Spectrum Model*. coaching supervisionacademy.com/our-approach/full-spectrum-model/ (accessed 1 November 2013).
- Napper, R. (2010) The individual in context. In R. Erskine (Ed.) *Life Scripts: A Transactional Analysis of Unconscious Relational Patterns*. Karnac: London.

- Napper, R. and Newton, T. (2014) Transactional analysis and coaching. In E. Cox, T. Bachkirova and D. Clutterbuck (Eds) *The Complete Handbook of Coaching*. Second ed. Sage Publications: London.
- Newton, T. and Cochrane, H. (2011) *Supervision for Coaches: A Guide to Thoughtful Work*. Supervision for Coaches Publishing: Ipswich.
- Perls, F., Hefferline, G. and Goodman, P. (1951) *Gestalt Therapy*. Julian Press: New York (reprinted 1965, Dell Press).
- Proctor, B. (1997) Contracting in supervision. In C. Sills (Ed.) *Contracts in Counseling*. Sage Publications: London.
- Thornton, C. (2010) *Group and Team Coaching*. Routledge: London.
- Tudor, K. and Summers, G. (2014) *A Co-creative Transactional Analysis*. Karnac: London.
- Von Bertalanffy, L. (1968) *General System Theory: Foundations, Development, Applications*. George Braziller: New York.
- Whittington, J. (2016, forthcoming) *Systemic Coaching and Constellations*. Second ed. Kogan Page: London.
- Whybrow, A. and Palmer, S. (2006) Taking stock: A survey of coaching psychologists' practices and perspectives. *International Coaching Psychology Review*. Vol. 1, No. 1, pp. 56–70.

4장 코칭수퍼비전 모델

인터넷을 통해 '수퍼비전 모델'을 검색하면 많은 제안이 쏟아져 나온다. 재미있게도 이런 모델 가운데 [코칭에 근거한] 독창적인 모델은 거의 없다. 대부분 상담이나 심리치료에 뿌리를 두고 이를 활용한다.

이 장은 코칭수퍼비전을 염두에 두고 "재-개발 redeveloped"된 **모델**을 선택했다. 모델은 일반적으로 다양한 관점에서 코칭 작업을 검토할 수 있는 **구조**를 제공한다. 여기서는 수퍼비전 관계의 '**과정**'을 중시하는 모델, 수퍼비전 대화 '**내용**'에 중점을 두는 모델, 수퍼바이저 [작업] '**방식**style'을 보는 모델, 또 세 가지 접근을 '**통합**'한 모델을 다룬다.

각 모델을 설명하고 어떻게 수퍼비전 대화를 용이하게 하는지 검토하며, 모델에 생명을 되살리는 데 도움이 되는 예시를 제공한다. 우리의 의도는 단지 모델이 무엇인지 이해하는 것이 아니라, 선택한 수퍼바이저와 함께 일하는 방법을 알려주고, 개인 성찰을 위해 모델을 활용할 수 있도록 충분히 정보를 제공하는 것이다.

모델이란?

구조
과정
내용
방식

과정 모델

그 동안의 경험을 보면 수퍼비전을 처음 접하는 사람들은 회기에서 '무슨 일이 일어날지'를 알고 싶어하기에 이를 '과정 모델'로 분류했다.

CLEAR 모델

많은 코치가 GROW 모델(목표, 현실, 옵션, (실천)의지: 전체 코칭 과정이 아닌 코칭 대화의 과정 모델; Whitmore, 1992)을 사용하는 코칭 방법을 배웠다. 이와 똑같이 많은 수퍼바이저는 CLEAR 모델을 사용하여 수퍼비전을 배운다. 이는 피터 호킨스에 의해 1980년대에 수퍼비전 모델로 개발되었고, 이후 코칭수퍼비전 커뮤니티에서 발전되었다. 호킨스와 쇼헤트(2010년) 공동 저서 '수퍼비전: 조력 전문가를 위한 일곱 눈 모델'에서 더욱 세련되게 언급했다.[184]

많은 과정 모델과 마찬가지로, 경험상 CLEAR 모델도 약어가 제안하는 것보다 더 유동적으로 활용한다. 수퍼비전-주체는 CLEAR 순서로 회기가 진행되는 것을 인식하지 못할 수 있다. 그래도 '과정'의 각 요소는 다른 이유로 모두 중요하다. 수퍼비전-주체가 수퍼비전 과정의 구성 요소를 이해하면 각 요소에 대해 책임을 갖고 [호흡을 맞춘] 진행에 도움이 된다.

CLEAR 모델은 무엇인가?

CLEAR를 '과정'으로 활용하고, 각 글자는 계약Contract, 경청Listen, 탐

---

184) CLEAR 모델과 일곱 눈 모델은 모두 영국 코칭계 안에서 실천 적용을 통해 개발되었다. 2010년 초판이 발행된 이 책은 현재(2020년) 제5판까지 업데이트되었고, 컨설팅, 팀코칭 분야로 확대 적용되고 있다. 역자는 제3판(2012년)을 처음 접했던 기억이 있다. CLEAR는 회기 중 대화 모델로 활용하고 일곱 눈 모델은 마치 컴퓨터 운영 프로그램처럼 수퍼비전의 기본 운영 시스템으로 활용하고 있다. 이 운영 체계 위에 특정 부분에는 필요에 따라 다른 수퍼비전 모델을 통합해 집중한다.

험Explore, 실행Action, 검토Review를 이어가는 연쇄 고리를 나타낸다.

> 끝을 염두에 두고 시작하라.

1단계: 계약

이 단계는 ①원하는 결과와 ②기본 규칙, ③역할에 합의하는 것이다. 코비Covey(1989)의 말처럼 "끝을 염두에 두고 시작하라."라는 의미로 활용한다.[185] 수퍼바이저가 던질 만한 질문[186]은 다음과 같다.

> 코칭 대화란 마치 부채의 주름과 같다(코칭 아포리즘).

- 이 시간을 어떻게 활용하고 싶은가?
- 이 회기에서 결과를 위해 가장 필요한 것은 무엇인가?
- 나(집단)에게 가장 가치 있는 것은 무엇인가?
- 특별히 집중하고 싶은 것은 무엇인가?

이것이 수퍼비전에 어떻게 도움이 되는가?

수퍼비전 목표는 코칭 목표보다 **구체성이 떨어진다**. 수퍼비전은 오직 발전을 위한 과정이라 회기의 강조점이나 중요성은 매회기마다 바뀔 수 있다. 계약 내용 일부는 모든 회기에 적용된다. 가령 회기는 90분이며 대화 **내용을 결정하는 것**은 수퍼비전-주체의 책임이다. 어떤 경

---

185) '대화'를 중심으로 볼 때 전체 회기는 첫 회기에, 한 회기의 대화는 대체로 첫 머리 대화의 실마리가 중요한 의미를 지닌다. 코치 역시 대화의 '첫 시작은 전체와 종결을 포함한 첫 걸음'의 의미를 지닌다. 코칭 대화란 마치 부채의 주름과 같다(코칭 아포리즘(4)).
186) 열거된 질문 이외에 다음 질문을 추가할 수 있다.
    Q.수퍼비전 회기와 진행 관련 특별히 요청하고 싶은 내용(규칙)이 있나요?
    Q.제가 어떤 역할을 해 주었으면 하는지 좀 더 자세히/솔직하게 이야기해 줄 수 있나요?
    Q.지금까지 합의한 내용 외에 더 추가할 사항이 있나요?

능동적 대처

우는 "당일 회기"에서 합의하기도 한다.[187] 수퍼비전-주체가 검토해야 할 코칭 파트너가 세 명이면, 각 코칭 파트너에게 동등한 시간을 투자하고 싶은지, 그렇지 않은 다른 생각이 있는지 판단한다. 수퍼비전-주체로서 수퍼바이저와 맺은 합의나 계약의 본질에 대해 사전에 능동적으로 대처하는 것이 필요하다. 또 이미 합의된 계약이 '우산'처럼 포괄적으로 모든 회기에 충분할 것으로 기대할 수 있다. 그래도 이번 회기에 가져올 내용을 미리 검토하며 특별히 합의해 논의할 내용을 미리 염두에 두는 것이 도움이 된다.[188]

합의된 계약이 '우산'처럼

2단계: 경청

예상했듯이, 적극적인 경청, 카타르시스적 개입 cathartic intervention은 수퍼바이저 역할의 핵심이다(Heron, 2001, 아래 참조).[189] 수퍼바이저의 의도는 수퍼비전-주체가 현재 말하고 보고 있는 상황을 이해하게 하는 것이다. 수퍼바이저에게는 본질적으로 '정보 수집' 단계이지만 수퍼비전-주체는 상황에 대한 개인적인 통찰을 만들어 내는 데 도움이 되는 시간이 된다. 수퍼바이저가 던질 질문은 아래와 같다.

수퍼바이지(수퍼비전-주체) 중심성

---

187) 코칭 후 수퍼비전 회기에 오는 동안 숙고를 거듭하게 된다(역자 부록 5.1 참조). 그러나 코치는 수퍼바이저에게 준비나 의견 메일을 보내고 ①수퍼바이저를 만나러 가는 동안, ②사무실 문 앞에서, ③의자에 마주 앉는 순간, ④수퍼바이저의 첫 질문이나 초기 대화에서 전혀 다른 주제나 이슈를 수퍼비전 회기에서 합의하게 된다. 때로는 이 점을 반복하고 나서야 인식하기도 한다.

188) 특히 여러 사례를 진행할 경우 코칭 파트너 사례와 다른 사례를 연결해 대화가 전개되거나, 예상하지 못하게 한 사례에 많은 대화가 집중될 수 있다. 이 경우 두 사람 모두 그때마다 합의 내용을 확인하거나 재 조정할 수 있다. 이때 수퍼바이저는 수퍼비전-주체 의사를 중심으로 결정하게 지원하고 격려해야 한다. 내용과 선택 모두 **수퍼비전-주체 중심**이다.

189) 이 장 뒤에 나오는 Heron은 여섯 가지 범주의 개입을 제시한다. 그 중 한 가지를 이 지점에서 언급하고 있다. 장벽에 마주한 수퍼비전-주체는 자신의 생각과 감정, 의문점을 충분히 설명하면서 이를 펼치고 해소해야 한다. 이를 통해 자신의 상황과 관점에 대한 스스로 이해하고 발견하는 공간이 열린다.

- 이에 대해 조금 더 자세히 설명해 줄 수 있나요?
- 혹시 코칭 파트너에 대해 더 알고 있는게 있나요? *과거 경험과 지금 경험*
- 회기 중에 당신이 그렇게 말했던 근거는 무엇이었나요?
- 더 넓은 맥락에서 보면 아직 보지 못한 어떤 점이 새롭게 벌어지고 있나요?
- 이슈를 한 문장으로 요약해 볼까요?[190]

이것이 수퍼비전에 어떻게 도움이 되는가?

선 경청, 후 질문

많은 수퍼바이저가 코치, 상담자, 심리치료사로 활동하기도 한다. 따라서, 자신이 직면한 많은 상황들은 과거에 직면했던 상황들과 유사하다(중요한 것은 직면한 각각은 모두 다른 맥락을 갖고 있다는 점이다).[191] 과거 경험과 지금 경험은 똑같지 않다. 따라서 수퍼바이저는 자기 경험에 따라 섣불리 **결론을 내리지 말고** 매번 특정 '상황'을 어떻게 경험했는지 알아내는 데 시간을 할애하는 것이 중요하다. 이때 '경청'은 수퍼바이저에게만 유익한 것이 아니다. 명료하게 표현하는 과정은 배움의 중요한 부분이다. 우리가 말할 때, 우리의 뇌는 아직 연결되지 않았을 생각, 감정, 감각을 연결하려고 노력한다. 이것이 '이해'

말을 하면 뇌가 연결을 시도한다.

---

190) 경청 단계에서는 일단 대화의 주도를 말하는 사람에게 충분히 보장되어야 한다. 코치나 수퍼바이저는 점차 뒤에 따라간다. 〈선 질문, 후 경청〉에서 〈선 경청, 후 질문〉으로 변화가 중요하다. 이런 조건에서 제시된 질문은 그 파장이 커진다. 이 질문을 연속 질문으로 파악하면 새롭게 이해할 수 있다.

　상황을 충분히, **인물**에 대한 추가 묘사와 다른 인물도 포함한다. **사건**이나 계기도 내러티브 안에 드러나게 한다. 대화당시 수퍼비전-주체 코치의 의도나 판단에 접촉하며 (숨겨진) **역동**을 파악한다. 카메라로 보면 천천히 줌-아웃하는 이미지이다.

191) 현재 각 전문 분야는 상호 영향을 받으면서도 독립된 분야이다. 특정 수퍼바이저가 하나 이상의 분야에서 해당 전문가 또는 수퍼바이저로 활동할 수 있다. 한 가지 이상의 분야에서 병행해 활동한다 할지라도 각 분야는 자신이 견지해야 할 윤리적 자세와 실천 윤리 규정이 있다.

이다. **수퍼바이저**가 귀를 기울이면 그것이 곧 수퍼비전-주체 입장에 서는 말할 수 있는 '**공간**'을 제공받는 것이다. 수퍼바이저가 아무 것도 하지 않아도 수퍼비전-주체는 **말하는 것 만으로도 새로운 통찰**을 얻을 수 있다! 일반적으로, 이는 수퍼바이저가 제공하는 "명료한 질문"이나 통찰보다 더 **본능적인 배움**을 만들어 낸다.[192]

(코칭 아포리즘(5))
'칭찬은 고래를 춤추게 하나 경청은 고래를 깨닫게 한다.'

3단계: 탐구

행동으로 옮기기 전에, 수퍼비전-주체가 자연스럽게 생성하는 것 **너머**를 보는 것이 중요하다. 이 단계는 수퍼비전-주체의 추가 경험[자원]을 활용할 수 있는 지점이다. 수퍼바이저는 새로운 통찰을 위한 질문을 통해 수퍼비전-주체의 알아차림을 높이고, 코칭 파트너 관계 또는 이슈를 대처하는 다양한 선택지를 만들어 내도록 돕는다. 이는 수퍼비전-주체가 코칭 파트너 상황이 자신에게 미치는 영향을 이해하도록 지원하는 것도 포함된다.[193] 수퍼바이저가 물어볼 수 있는 질문은 다음과 같다.

경청 행위
과정
경험
사건

- 지금 기분이 어떤가요?
- 표현하지 않은 감정이 있나요?

---

192) 경청은 주의 집중해 듣는다는 행위로 끝나지 않는다. 경청하는 과정 내내 경청자의 수용적 자세가 깊을수록 말하는 사람은 말하는 과정에서 자신의 이야기를 들으며 성찰/깨달음이 일어난다. 즉 자신의 이야기와 존재가 경청 받고 있다는 경험과 '경청-한다'라는 사건을 목격하게 된다. 이를 통해 경청을 통한 성찰이 깊어진다. (코칭 아포리즘(5)) '칭찬은 고래를 춤추게 하나 경청은 고래를 깨닫게 한다.'
193) 수퍼바이저는 수퍼비전-주체의 코칭 전체, 코칭 파트너, 전개된 상황을 코치와 함께 바라보면서도 그 안에 있는 수퍼비전-주체와 지금 자신 앞에 있는 수퍼비전-주체를 모두 한 화폭canvas, 한 카메라 앵글에 넣고 있다.

- 이 사람을 보면 어떤 사람이 떠오르나요? 그 사람에게 무슨 말을 하고 싶은가요?   수퍼바이저의 질문
- 이 상황은 어떤 패턴을 반복하고 있나요?
- 지금 어떤 선택지를 가지고 있나요?
- 달리 무엇을 할 수 있을까요?[194]   성찰의 폭과 깊이

이것이 수퍼비전에 어떻게 도움이 되는가?

수퍼비전은 여러 형태의 성찰적 실천 가운데 하나이다. 수퍼바이저와 같이 코칭 작업를 검토하는 **가치**는 어디에 있는가. 그들이 독자적으로 또는 동료들과 함께할 수 있는 성찰의 폭보다는 이를 넓히고 깊게 하는데 수퍼바이저 자신의 경험을 보태 줄 수 있다는 점에 있다. 수퍼바이저가 묻는 질문은 물론 자기 경험에서 비롯된 '예감hunch'에 근거할 것이다. 미리 갖고 있던 가설을 **제시하면** 배움에 방해가 될 수 있다는 점을 염두에 두고, 수퍼바이저는 수퍼비전-주체가 다른 관점에서 사물을 탐구하도록 안내하는 섬세한 질문을 던진다.[195]

때로는 회기가 거듭되면 수퍼비전-주체와 코칭 파트너 사이에 어떤 일이 벌어질지에 대한 추가적인 통찰을 얻을 수 있다. 예를 들어 수퍼바이저가 병렬 과정의 진행 여부와 특정한 이론 모델을 염두에 두고

---

[194] 경청 단계의 질문은 그때-거기there & then에 초점이 있다면 이 질문은 수퍼비전 회기 지금-여기에 초점을 맞춘 질문이다. 이점의 구별을 위해 점진적으로 두 지점의 에너지가 다르다는 점을 드러내야 한다.

[195] 자신의 모델에 근거한 작업 가설을 준비하지 않거나 불필요하다는 의미는 아니다. 여행 계획을 세워둬야 하지만 현지에서는 무엇보다 그 장소와 순간을 즐기며 집중하는 것과 같다. 수퍼비전-주체는 모델이나 가설을 앞세우거나 설명하지 않아도 이미 알고 있거나 귀가하며 자연스럽게 알게 된다. 또 알지 못하더라도 **스스로 질문할 수 있는 선택과 결정**을 수퍼바이저가 설명해 빼앗을 필요가 없다.

상황을 분석하는 경우이다. 수퍼바이저는 항상 코치와 코칭 파트너에게 "한 걸음" 떨어져 있어야 한다. 이런 관찰 자세[수퍼바이저의 포지션]는 두사람 모두에게 진정한 호기심을 불러일으키며, 코치나 코칭 파트너가 지닌 '가정'을 [두 사람 모두] 발견하게 이끈다.

enact   **4단계: 실행**

리허설   상황이 지닌 다양한 역동 관계를 살펴보고 선택 옵션을 개발한 수퍼비전-주체는 이제 앞으로 나아갈 길을 선택할 수 있는 위치에 있다. 수퍼비전 회기의 안전을 위해 향후 첫 단계를 실연하고enact 테스트하기 위해 "빨리 감기 리허설fast-forward rehearsal"을 하는 것이 도움이 된다.[196] 수퍼바이저가 할 질문은 다음과 같다.

- 코칭 파트너에게 어떤 의미가 있는가?
- 가능한 각 전략의 장단점은 무엇인가?
- 코칭 파트너/ 코칭 프랙티스에서 장기적으로 목표로 삼는 것은 무엇인가?
- 가장 먼저 해야 할 단계는 무엇인가?
- 정확히 **언제** 그렇게 할 계획인가?
- 계획이 현실적인가? 성공 확률은 몇 퍼센트인가?
- 다음 회기에서 활용할 첫 발언은 무엇인가?

---

196) [1]경험이 적은 수퍼비전-주체, [2]매우 복잡한 이슈를 어렵게 탐색 과정을 지나온 경우, [3]선택한 대처를 힘들어하는 경우 수퍼바이저는 회기 안에서 실제로 해 보게 하거나(실연), 연극 무대의 리허설처럼 구두로 묘사하게(다시-말하기) 안내할 수 있다. 이 작업 이후에 이어지는 질문을 한다.

이것이 수퍼비전에 어떻게 도움이 되는가?

우선 먼저 수퍼비전 회기는 코칭 파트너에 관한 논의만 포함되는 것이 아니라는 점을 기억해야 한다. 예를 들어, 수퍼비전-주체가 코칭 파트너 작업으로 받은 **개인적 영향**을 파악하는 데 도움을 주는 '회복 회기restorative session'가 될 수 있다. 이런 상황은 회기의 대부분이 개인적인 내용일 수 있지만, 회기를 코칭 작업으로 다시 연결할 필요가 있다 (이것이 없다면, 단순히 수퍼바이저가 "코치를 코칭하는 것coaching the coach"이 될 것이다).[197] 따라서 이 "실행하기" 단계는 수퍼비전 논의가 향후 코칭 파트너 작업 방식에 어떤 영향을 미칠지 검토할 수 있는 창을 제공한다.

> 코치더코치

다음으로 수퍼비전 회기는 리허설을 위한 **안전한 공간**이다. 여러 가지 "주제에 대한 변형variations on a theme"을 테스트해 볼 기회를 제공하므로 자신에게 가장 일치하는 것이 무엇인지 생각해 볼 수 있다. 또한 수퍼바이저는 제안하는 접근 방식이 코칭 파트너에게 어떻게 착륙할지에 대한 피드백도 제공할 수 있다.[198]

> 코칭수퍼비전은 실천과 성과에 대한 피드백이며 실천할 과제를 위한 피드포워드의 연쇄

---

197) 'coaching the coach'는 '코치를 대상으로 코칭을 제공하는 행위'로 설명한다. 코치의 역량, 코치의 성장 목표를 다룰 수 있으나, 이미 '코칭한 것the coach을 코칭하기coaching'라는 점에서 '코칭수퍼비전'이라 할 수 있다. 여기서는 코치 자신을 다룬 다는 점을 부각해, 코칭한 내용(공동 텍스트)를 다루는 것과 둘을 엄밀히 구별해 언급하고 있다.
그러나 코칭수퍼비전은 이 둘을 구별하면서도 포함할 수 있고 수퍼비전-주체 자신을 다룰 수 있다. ①소진, ②미해결 과제와 ③코칭의 구별, ④자기 강화 등의 주제가 이에 해당한다. 기술skill, 기법technique이 그 활용자 자신self과 무관할 수 없기 때문이다. 이는 수퍼바이저의 의도와 기획, 두 사람의 계약에 속한다.
아울러 코칭수퍼비전은 수퍼비전-주체의 코칭 관계와 과정을 대상으로 하듯 수퍼바이저와의 관계와 과정 그 자체도 포함하는 상호 협력 과정이다.
'coach the coach'라는 표현 역시 '코치를 코칭한다'라는 의미로 기본적으로 'coaching the coach'와 같은 의미이다. 우리가 통칭 언급하는 '코더코'는 편의상 표현이다. 한국코치협회는 이에 대한 지침에서 이를 '수퍼비전'으로 부기하고 있다.

198) 이런 점에서 코칭수퍼비전은 곧 '실천과 성과에 대한 피드백이며 실천할 과제를 위한 피드포워드의 연쇄이다'라는 한 문장으로 정의할 수 있다.

5단계: 검토

이 단계는 수퍼비전 회기 자체와 관련된다. 첫째, 회기 중에 다루어진 내용을 점검하고 보강하며 약속한 사항을 명확히 한다. 둘째, 수퍼비전 과정과 관련해 무엇이 도움이 되는지, 무엇이 어려웠는지, 앞으로의 수퍼비전에서 무엇이 달라지기를 원하는지에 대한 피드백을 장려한다. 수퍼바이저가 던질 질문은 다음과 같다.

- 다음은 어떻게 하기로 결정했는가?
- 이 회기에서 무엇을 배웠는가?
- 비슷한 상황을 다루는 능력이 어떤 방식에서 향상되었는가?
- 이 수퍼비전 과정에서 도움된 것은 무엇인가?
- 다음 회기에서 어떤 새로운 시도를 해 보고 싶은가?

수퍼비전-주체가 실천하기로 한 과제가 어떻게 "진행되었는지"를 "보고"하기로 합의한 경우 "검토" 단계는 회기 시작에서도 제기할 수 있다.

- 실천하기로 한 내용은 어떻게 진행되었는가?
- (지금 보면) 어떻게 했다고 생각하는가?
- 어떤 피드백을 받았는가?
- 무엇을 잘했고 더 잘할 수 있었던 점은 무엇인가?
- 이번 실천 과제를 통해 배운 것은 무엇인가?

이것이 수퍼비전에 어떻게 도움이 되는가?

이 '검토' 단계는 회기 시작과 끝, 또는 둘 다 할 수 있다. 수퍼비전-주체가 자신의 프랙티스를 점검하고 다음에 무엇을 할지 결정하는 데 도움이 된다. 또한 배움을 확인하고 실험을 위한 더 많은 기회를 찾을 수 있다.

내용 모델

내용 모델content models은 두 가지를 다룬다. 두 모델은 수퍼비전에서 "논의 된talked about" **내용**을 설명하는 데 도움이 된다. 이 유용성은 아주 간단한 진리truth에 근거한다. 코치가 아무리 경험이 많더라도 한 회기에서 처리할 수 있는 것보다 언제나 **더 많은 일**이 "일어난다". 질문할 수 있고 하지 않을 질문도 많고, 일단 대화가 시작되면 탐색할 수 있는 길이 많다. [회기 중에] 질문을 던지고 나면 되돌릴 수 없고 바로 다음 대화에 영향을 미친다.[199]

흥미로운 점은 무엇이 우리의 선택에 영향을 미치는지 생각해 보는 것이다. 어떤 선택을 하느냐에 따라 결과가 달라진다(^{Q.}무엇이 이 방향 말고 다른 방향으로 나아가게 했는가?).

이 선택 가운데 일부는 의식적일 수 있지만 때로는 무의식적인 과정이나, 코칭 파트너와 관계의 역동에 의해 선택이 좌우되기도 한다.

'질문자에게는 정확하고 절제된 외과 의사의 **메스**와 **드론**이 필요하다.'(코칭 아포리즘(6))

---

[199] 코칭 대화나 수퍼비전 대화에서 '질문'만이 아니라 질문에 첨가된 감정과 의도는 속도와 톤, 표정 주름 등도 방향과 반응에 영향을 미치며, 곧 코칭 주체와 수퍼비전-주체의 태도에도 영향을 미친다. 이점을 감안하여 질문을 제공해야 한다. '질문자에게는 정확하고 절제된 외과 의사의 메스와 드론이 필요하다.'(코칭 아포리즘(6))

수퍼비전 훈련은 코칭 파트너와 함께 일할 때 이런 선택을 "순간적으로" 더 잘 인식할 수 있다. 그런데도 코칭 관계의 복잡성으로 인해 다른 전문 코치나 수퍼바이저 코치와 함께 검토하는 것이 도움이 된다.

일곱-눈 모델이란 무엇인가?

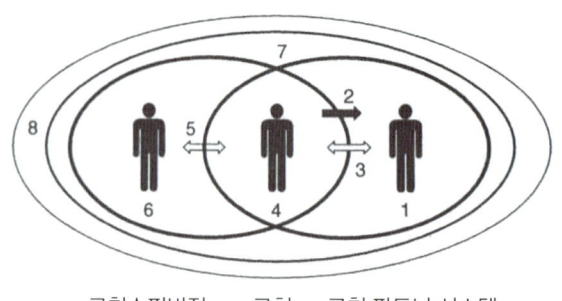

코칭수퍼비전   코치   코칭 파트너 시스템

[그림 4.1] 일곱 눈 모델[200]

'일곱-눈 모델'은 호킨스Hawkins와 스미스Smith(2013 [2006])에 근거한다. 경험상 일곱-눈 모델이 제공하는 구조는 의식과 무의식 수준에서 회기에서 어떤 일이 일어날 수 있는지 파악하는데 도움이 된다. 각 '눈'은 코칭 회기에서 어떤 일이 일어났는지 다른 관점을 제공한다.[201]

---

200) 본 저서에는 없지만 이해를 위해 첨부한다. 일반적으로 알려진 그림보다는 하나로 종합한 이미지를 선택했다. 이는 다음 책을 참고로 했다. Hiary Cochrane, Trudi Newton. 『Supervision and Coaching: Growth and Learning in Professional Practice』 Routldge. 2018. 8번은 SoS.

201) 이 모델을 두 저자들의 저서에서 상세히 설명하고 있다. 여기서 설명하는 내용은 이 모델을 활용하고 연구한 저자 가운데 한 명의 글이다. 이렇듯 모델은 이를 활용하고 해석하는 수퍼바이저에 따라 다르게 설명할 수 있다.

일곱-눈 모델 첫 번째: 코칭 파트너 시스템

코칭 텍스트를 읽다 보면 코칭 코칭 파트너가 코칭을 위해 자신이 무엇을 하고 싶은지 분명히 말하고, 회기가 끝날 때까지 코칭 파트너가 실천에 전념할 것이라고 생각하는 경우가 있다. 실제 경험상 코칭은 그렇게 간단하지 않다! "[현실과 목표의] 틈을 메우기"보다는 잠재력을 활용하기 위해 주력하는 코칭 파트너조차도 실제로는 복잡하고 혼란스러운 개별적인 특성의 묶음을 갖고 있다. 코칭 파트너가 룸에 들어오면 만나는 것은 바로 "지금-여기"에서의 그 사람의 생각과 필요needs만이 아니다. '개인의 역사'라는 "그 밖의 모든 것"이 같이 다가온다. 어떤 동료가 말하듯 흔히 코칭룸에 들어오는 사람은 "**복잡한 전체로서의 한 인간**the whole messy person"이다.

코칭 파트너의 이슈와 세계

따라서, 코칭 파트너와 잘 협력하려면 코칭 파트너의 개인 스타일을 이해해야 한다. 가장 간단하게는 코칭 파트너의 **학습** 스타일(이론가인가/활동가인가, 성찰 중심인가/실천 중심인가), 선호하는 **참조 시스템**(예: 시각visual, 청각auditory, 근감각kinaesthetic), 새로운 정보를 받아들이는 방식에 영향을 미치는 **성격**personality 등이 최선의 작업 방식에 어떻게 영향을 미치는지 분명히 하는 것이다. 수퍼비전-주체가 코칭 파트너와 연결되지 않는 듯 보이면 다른 이유를 찾기 전에 기본으로 돌아가 그가 눈앞에 있는 코칭 파트너의 기본적 개인 특성characteristics을 제대로 이해했는지 검토하게 안내하는 것이 도움이 된다.

마찬가지로, 코칭 작업이 현재 상황에서 발생한 필요에 초점을 맞추고 있더라도 코칭 파트너의 대응 방식에 영향을 미치는 **과거 역사**에 있는 무언가가 있기 마련이다. 예를 들어, **제한적 신념**은 이전의 경험에 근거한다. 이는 신념을 채택한 이후 코칭 파트너에게 어떤 변화

과거의 역사
제한적 신념

가 있었는지(또는 변화할 수 있는지) 재검토할 만한 요소이다. 코치가 치료사나 상담사가 되어야 한다는 제안은 없지만, 때로는 현재에 무슨 일이 일어나고 있는지 알기 위해 **과거를 보는 것**은 도움이 된다.[202]

고고학자로서의 코치

일곱-눈 모델 두 번째: 개입

이 두 번째 '눈'은 코칭 회기를 스스로 되돌아보는 가장 주목받는 지점이다. 거의 모든 사람이 "내가 무엇을 했는가?", "그것이 효과가 있었는가? … 없었는가?"라는 의문으로 시작한다. 대부분 수퍼비전-주체들은 수퍼바이저에게 "당신이라면 어떻게 했겠는가?"라고 질문하며 염두에 두는 것이 바로 이 두 번째 눈이다.

그러나 이 '눈'은 많은 다른 눈과 마찬가지로 고립되어 작동한다고 볼 수 있으나 실은 코치와 코칭 파트너 모두가 서로 영향을 받는다. 예를 들어, 초보 코치가 활용할 수 있는 기법techniques은 제한적일 수 있으나 경험이 풍부한 코치는 더 많은 기법을 갖고 있다. 또 코칭 파트너를 위해 독특한 기법을 만들어 내기도 한다. **선택하는 기법**의 범위는 **코칭 파트너의 특성**을 반영한 것이다. 예를 들어, 어떤 코칭 파트너는 이성적으로 구조화된 대화를 좋아하고 창의적인 작업을 하는 것을 주저할 수 있다. 또 다른 코칭 파트너는 다르게 시도하는 기회를 즐기며, 은유를 사용하거나 그림이나 조각을 만들어 사안을 탐구하는 등 실험적 작업을 좋아하기도 한다.

기법 선택

관계의 단계도 코치 개입에 영향을 미칠 수 있다. 예를 들어, 코치가

---

202) 흔히 설명하듯이 '상담과 심리치료는 과거를 다루고/향하고, 코칭은 미래를 다룬다/향한다'고 하지만 코치나 수퍼바이저가 과거를 다루는 것은 그의 자원을 탐색하기 위해 과거로 여행할 수 있다. 바로 고고학자로서의 코치/수퍼바이저이다.

익숙하지 않은 기법을 사용하고 싶으면 아직 신뢰가 쌓이지 않은 신규 코칭 파트너보다는 이미 신뢰가 두터운 코칭 파트너(잘 되지 못하더라도 관리가 용이하다고 느끼는 코칭 파트너)와 함께 할 가능성이 높다.

수퍼비전의 수퍼비전

코칭이 이루어지는 **상황/맥락**도 기법에 영향을 준다. 일부 조직은 코치에게 특정 기법을 사용하도록 권장하기도 한다. 마찬가지로 어떤 조직은 코치에게 훈련을 위해 특정 훈련 기관의 다양성이 제한되기도 한다.[203] 따라서 수퍼비전의 관점에서 코칭 파트너와 함께 사용하는 기법을 고려할 때 핵심적인 이슈는 "Q.어떤 근거로 특정한 접근을 선택하게 되었는가?"를 검토하는 것이다.

이는 풍부한 탐색의 원천이 되고 수퍼비전-주체가 개인적 선호와 편견에 대한 알아차림을 높이는데 도움이 된다. 그러나 수퍼비전은 때로는 매우 실천적이고 전술적tactical이다. 예를 들어 수퍼비이지가 수퍼바이저의 경험을 공유해 줄 것을 요청하면 수퍼바이저는 비슷한 상황에서 사용할 수 있는 몇 가지 기법과 전략strategies을 제시할 수 있다.[204]

---

[203] 코치 훈련 기관마다 특성을 갖고 훈련 과정에서 코칭 기술skills 습득을 위해 기법techniques 훈련을 강조하나. '반복에서 응용으로', '단순에서 복잡'으로 단계적으로 제공한다. 그러나 우리나라의 경우 코칭 조직이 교육 내용을 세부적으로 규제하여 인증 내용을 관여하는 경우 프로그램이 동종 교배를 통해 대체로 유사하고 단순해진다. 심지어 실기 검증 과정에서 실천의 단순성은 더욱 강화된다.
이런 점은 전문 코칭수퍼비전 과정에서 해소되고 코치 개인과 코칭 현실에 응용될 수 있게 안내하는 것은 중요한 과제이다.

[204] 이 경우 수퍼비전-주체는 수퍼바이저라는 '대상'과 수퍼비전 상황을 활용하는 역량이 부족할 수 있다. 수퍼바이저는 이를 충분히 감안해야 한다. 수퍼바이저의 제시가 '**양**'이 넘쳐서는 안 되며, **시기**가 앞서지 않은 적절성'도 있어야 한다. 또 제안을 위해 '전달'하는 **방식**도 고려해야 한다.
①설명인가 ②시연인가, ③수퍼비전-주체의 경험이나 사례와 연결하여 제공하는가 ④이와 무관하게 자신의 것을 그대로 제공하는가 등…. 수퍼바이저의 이런 내용과 방식 역시 수퍼비전의 대상이 된다. 〈수퍼비전을 수퍼비전하기supervision of supervision(SoS)이다.

일곱-눈 모델 세 번째: 코칭 관계

<small>코칭 관계의 질</small> 코칭 파트너와 코치 사이는 어떤 연결감이나 유대감^{rapport}이 형성되어 있다. 그렇지 않았다면 코칭이 이뤄지지 못했을 것이다! **코칭 관계의 질이 코칭의 질을 결정한다**는 것은 일반적으로 알려진 사실이다. 코칭 받기 위해 그냥 "보내진" 코칭 파트너이나, 어떤 코치와 함께 일할지 선택할 수 없었던 코칭 파트너와 경험을 되돌아보면 자연스러운 유대 관계가 부족하거나 결여 된 느낌이 어떤 것인지 알 수 있다.

이 모델의 세 번째 '눈'은 코치와 코칭 파트너 사이에 만들어지는 역동 관계를 탐구하고 이것이 코칭 대화에 어떤 영향을 미치는지 검토한다. **정신 역동적 사고**에 익숙하다면, 전이(코칭 파트너가 실제로 다른 사람의 삶에서 차용한 특성을 코치 안에서 보는 경우), 혹은 역전이(코치가 코칭 파트너의 특성을 스스로 흡수하기 시작할 때) 개념에 대해 들어봤을 것이다. 그렇다면 수퍼바이저는 코치가 여러 가지를 검토할 수 있게 다음과 같이 수퍼바이지를 지원한다.[205]

<small>결과적으로 보면 '질문은 질문하는 사람의 것이기보다는 질문받는 자의 것이다'(코칭 아포리즘(7))</small>

<small>'의심이 아니라 의문에 머물러야 한다'(코칭 아포리즘(8))</small>

> Q. 이 사람은 나에 대해 어떻게 느끼는가? 이 사람은 내가 어떤 느낌을 갖게 하는가?[206]

---

205) 결과적으로 보면 '질문은 질문하는 사람의 것이기보다는 질문받는 자의 것이다'(코칭 아포리즘(7)). 열거된 질문은 모두 질문받는 자가 얼마나 깊이 성찰적으로 응답하는가에 따라 질문의 의미, 대답, 그 이후 연속 질문에 영향을 주며 다양하게 변주될 수 있다. 전이 역전이를 검토하기 전에 질문 받는 자의 응답에 호응하며 응답하는 태도가 선행되어야 한다.

206) 우리말로 질문이 어색하며, 두 질문의 차이가 두드러지지 않는다. 그러나 후자의 질문은 나의 어떤 점, 코칭 관계 안에서의 어떤 점이 코칭 파트너가 나에 대한 느낌을 갖게 하는가 라는 자연스런 **의문**이 배경에 있다. 여기서 중요한 점은 코치는 '의심이 아니라 의문에 머물러야 한다'(코칭 아포리즘(8)).

Q. 그 결과 나는 상대에게 어떻게 응답하는가^{respond}?[207]

Q. 우리가 함께 코칭한 지 얼마나 되었는가?

Q. 여전히 자신은 '최선의 행동'을 하고 있다고 느끼는가, 아니면 몇 가지 위험과 실험을 감수할 준비가 되어 있는가?[208]

Q. 이 코칭 파트너는 누구를 생각나게 하는가?[209]

Q. 나는 이 코칭 파트너가 실제 어떤 사람인지가 아니라 **마치 다른 사람**인 것처럼 응답하고 있지는 않은가?[210]

반응과 응답
도전과 수비
일렁임

---

[207] 코칭 파트너가 자신을 보는 시각에 영향을 받아 이에 대해 내가 어떻게 응답하는지 자신을 보는 제3의 눈이 배경에 있는 질문이다. 우리 식으로는 "그래서 어떻게 대답(대응)하셨나요?" 정도가 될 것이다. 그러나 질문의 본래 의미는 내가 상대가 주는 영향에 (즉시) 반응^{react}하는지, 응답^{respond}하는지, 또 얼마나 투명하게 반응하는지를 스스로 성찰하게 한다.

이 같은 설명이 가능한 이유는 이 순간에 대해 저자가 '정신역동'과 전이, 역전이로 이를 설명하기 때문이다.

[208] 수퍼비전-주체가 코칭 파트너와의 맥락에서 이 같은 질문을 수퍼바이저에게 받았다.
1) 우선 수퍼비전-주체로 하여금 세션 안에서 어떤 생각을 했는지? 관찰하는 자기와 경험하는 자기가 어떤 내부 대화를 했는지? 2) 자신의 개입이 최선인가, 적절한가, 주저하는가 도전해야 하는가와 관련한 자신감이나 확신이 얼마나 분명한지, 3) 코칭 파트너와의 관계가 상호등등한가 아니면 이를 내가 흔드는가, 지금 이것은 내가 위에 있고자 하는 권력의지 발현인가, 하심下心의 순간인가 4) 상처를 감수^{vulnerability}에 의한 **도전**인가 **수비**$^{vulnerable\ defend}$인가, 자신을 넘고자 하는 자기 도전에 근거한 것인가 등 다양한 **일렁임**이 일어나는 순간이다.
수퍼바이저의 철학적 접근(3장)이 어떠한가에 따라 다양하게 반응하거나 해석될 수 있는 부분이다.

[209] 이 질문과 다음 질문은 모두 직접적으로는 질문을 받은 수퍼비전-주체에게 어떤 '전이'가 있는지 점검하게 하지만 때로는 수퍼바이저 자신의 '역전이'를 구별하게 하는 질문이다.

[210] '마치~처럼'의 기법 활용은 양면을 지닌다. 코칭 파트너나 수퍼비전-주체를 새로운 역할이나 상황으로 초대하는 것인가, 아니면 그들이 '~척, 채'를 하는 방패나 페르소나인가를 구별하게 하는 것인가. 후자일 경우라도 코칭 파트너/수퍼비전-주체의 이것은 코치나 수퍼바이저가 전염시킨 것은 아닌지 언제나 마지막 선까지 성찰해야 한다.

수퍼바이저는 이를 상대의 성장에 지렛대가 되는 방식으로 사용할 수 있게 알고도 모른 척하거나 은유를 제공하며 모른 척, 또는 속는 척 격려할 수 있다.

코치와 코칭 파트너 관계의 질을 탐구하여 코칭 대화의 초점과 방향에 영향을 미칠 수 있는 요소를 훨씬 더 잘 파악할 수 있다. 이는 코칭 파트너가 코치에게 어떻게 행동하는지는 곧 다른 사람에게 어떻게 행동하는지에 대한 좋은 "대용물/대리인proxy"인 경우가 많다는 관점에서 검토할 때 더욱 유용하다.[211] 이를 통해 코치는 지지적이고 건설적인 구조frame에서 발생하는 코칭 파트너의 개인적 영향에 대한 피드백을 제공하는 **독특한 위치**에 놓일 수 있다.[212]

> 코치의 다섯 가지 톤과 세 가지 손(의도, 방편, 마음)

일곱-눈 모델 네 번째: 코칭 과정

코칭 대화가 펼쳐지는 동안 코치에게 어떤 일이 벌어지고 있는지에 관한 것이다. 경험상, 이 '눈'을 인식하게 하는 두 가지 공통적인 방아쇠가 있다. 하나의 방아쇠는 "수행/성과 불안performance anxiety"과 비슷하다. 어떤 이유에서 코칭 파트너에게 주의를 기울이기보다는 자기 자신으로 관심이 전환된다shift. 일반적으로 가장 많은 의문은 "Q.내가 잘하고 있는가?"이다.

> 침범적, 공격적 질문, 힐문

대화가 ①빙빙 돌거나, ②"어설픈clunky" 질문을 던졌거나, 아니면 ③깊이를 잃었다는 느낌이 들 수 있다.[213] 또 하나의 방아쇠는 코칭 파트너

---

211) 코칭 파트너가 평상시에 타인에게 어떻게 대하는지는 코치에게 하는 태도로 유추할 수 있고, 이는 수퍼비전-주체도 마찬가지다. 그러나 이 반대의 방향도 유념해야 한다. 또 내가 '코칭 받는 사람'이다. (언제나 부족한 점이 있더라도 이를 해결하려고 노력하는 사람이다)라는 사실을 '배지'나 '트로피'로 활용할 수 있다. 이 역시 수퍼비전에서도 마찬가지다.
212) 코치가 피드백 제공할 때의 '**코치의 위치**'는 동등하고 수평적인 위치를 단호하게 고수한다. 이 위치가 흔들려서는 안 된다. 그러나 **말의 톤**은 달리할 수 있다. 친구의 톤, 마법사의 톤, 전사의 톤, 지혜자의 톤, 어머니의 톤을 활용한다. 이 점에서 코치의 위치는 매우 독특하다. 코치의 다섯 가지 톤과 세 가지 손(의도, 방편, 마음)
213) 또 하나의 경우는 질문이 ④침범적이거나 공격적인 경우이다. 이 네 가지는 적절하지 못한 질문이거나 트집 잡고 따지는 힐문詰問이 된다.

이야기에서 어떤 점에 공명되어 코치가 그 경험 당시/과거로 확 들어 갈flipped back 때이다. 이는 매우 유사한 "실제" 경험, 즉, "(불필요한 반복redundancy"에 의해 촉발될 수 있고prompted, "거부/퇴짜rejection"와 같은 유사한 정서에 의해 떠오를 수 있다evoked.214) 이런 일이 발생하면, 코치 자신의 "이야기story"가 코칭 파트너의 이야기에서 무엇인가 알아차리거나 알아차리지 못한 것에 영향을 받는다.215)

경험이 쌓이면 코치들은 이런 일이 왜, 언제 일어날지 잘 알아차릴 수 있게 된다. 하지만, 경험 많은 코치들도 회기를 진행하며 이런 '간섭interference'을 관리하느라 너무 '바빠서' [놓치고 이후에] 회기를 되돌아보면 자신이 어떻게 대처했는지 '불만'을 갖게 된다. 따라서 이는 수퍼비전을 위한 **일반적인 주제**이다. 수퍼바이저의 역할은 코치가 언제 그리고 왜 이러한 '간섭'이 발생하는지 더 잘 알도록 지원하는 것이다. 이때 중요한 것은 간섭을 **제거**하려는 의도가 아니라 단지 그것을 **이해**하려는 의도이다. 이런 간섭은 유익한 정보가 된다. 때로는 코치가 스스로 노력해야 할 필요가 있다는 신호일 수 있다.216)

'밖에서 안으로, 천천히 허락하는 만큼 들어간다.'
(코칭 아포리즘(9))

촉발과 연상

---

214) 역자는 '촉발되다prompted'는 (외부) 자극에 의해 빠르게 나오는 것에 방점이 있다. 반면에 '떠오를 수 있다evoked'는 (부드러운) 자극을 위해 (천천히) 올라오거나 우러나는 의미가 있다. 비슷한 용어로 불러일으키다/유발하다provocate는 밖에서 자극을 주어 꺼내는 의미로 이해한다.

215) 수퍼비전-주체 자신의 이슈와 어떻게 접촉되는가에 따라 아하와 이크가 교차하는 순간이다. 수퍼바이저는 이점을 주목하고 필요한 만큼 천천히 들어간다. 코치 내면에서 어떤 반응이 있었고 그것이 어떻게 영향을 미쳤는지를 살피는 것이다. 대화의 속도, 수퍼비전-주체의 질문 톤이나, 틈과 침묵이 어떤 방식으로 생성되었고 관리 되었는지, 보이는 것(본질적으로는 수퍼바이저의 설명)에서 시작하며, 상황을 좀 더 구체적으로 묘사하게 초대하면서, 질문과 격려, 지지와 인정aknowledgement과 배합된 질문을 통해 조금씩 조금씩 들어간다. '밖에서 안으로, 천천히 허락하는 만큼 들어간다.' (코칭 아포리즘(9))

216) 매우 중요한 지점이다. 각주를 통해 여러 차례 언급된 바와 같이 이런 '뒤늦은 깨달음'은 소중한 것이다. '실천-직후-성찰reflection-on-Action'이다. 수퍼바이저가 이 지점에 늘 랜턴을 비춰야 한다.
Q. 그것은 어떤 느낌인가요? Q. 그것을 통해 새롭게 든 생각은 무엇인가요?

병렬 과정의 이해와 구별

그러나 코치가 개인적으로 경험하고 있는 것이 때로는 '병렬 과정'의 증거(여섯 번째 눈에서 이에 대해 더 많이 확인 할 수 있음)이기 때문에 더 깊은 통찰을 얻는 기회이다! 물론 어떤 것이 병렬 과정인지 아는 것은 가끔은 혼란스러울 수 있다. 그렇기에 코치로서 자기-알아차림을 심화하기 위해 지속적인 노력이 중요하다. 경험을 통해 코치는 자신에게[코칭 파트너와 코칭 관계에서] 무슨 일이 일어나고 있는지, 왜 그런 일이 일어나고 있는지, 그리고 어떻게 코칭 파트너의 유익을 위해 활용할 수 있는지를 인식하는 데 더 능숙해진다.

일곱-눈의 모델 다섯 번째: 코치와 수퍼바이저의 관계

이점은 검토하기에 매우 흥미로운 지점이다. ^Q당신은 어떻게 당신의 수퍼바이저를 선택했는가? 때로는 선택의 여지가 없다. 훈련 기관이나 일하는 조직에서 수퍼바이저를 배정하기 때문이다. 추천을 받거나 적극적으로 찾아 나서야 할 경우도 있으나 어떤 방식으로 함께 일하든 이 관계의 질에 따라 내면 대화를 얼마나 "자유롭게" 나눌 수 있는지가 결정된다.

안전하다고 느낄수록 수퍼바이저 앞에서 더 많이 드러낼 것이고 함께 탐색할 정보가 많아진다. 일하는 시간이 길어질수록 수퍼바이저는 수퍼비전-주체가 어떻게 발전하고 있는지 '추적'하고, 코칭할 때 반복되는 패턴을 파악하는 데 도움을 얻는다. ^Q그렇다면 이것이 코칭 파트너에게 어떤 도움이 되는가?

일반적으로 수퍼비전-주체는 수퍼비전을 받고 나면 코칭 파트너 작업에 대해 홀로 성찰하는 동안 수퍼바이저의 말이 다시 떠오른다고 보고한다. 이것이 바로 수퍼비전-주체의 "내적-수퍼바이저internal supervisor"[셀프 수퍼바이저]의 시작을 알리는 신호다. 필자들의 경험에서 보면 수년 후에도 여전히 이 목소리를 들을 수 있을 것이다!

그러나, 이 다섯 번째 눈은 그 이상 다른 것이 있다. 진정한 가치는 수퍼바이저와 수퍼비전-주체의 유대감rapport이 잘 확립될 때 드러난다. 수퍼바이저는 "지금-여기"에서의 관계 역동을 통해 코치-코칭 파트너 관계[그때-거기]에서 어떤 일이 일어났는지 단서를 얻는다. 이것이 바로 '병렬 과정'이다. 그렇다면 수퍼바이저는 자신이 경험하는 것이 병렬 과정이라는 것을 어떻게 알 수 있을까?

유대감

물론 언제나 알 수 있는 것은 아니다. 수퍼바이저는 높은 수준의 자기-알아차림을 통해 개인적인 간섭을 구별해 낼 수 있다. 이는 여섯 번째 눈에서 더 자세히 살펴보기로 한다. 확립된 수퍼바이저와 수퍼비전-주체 관계에서 수퍼바이저는 수퍼비전-주체의 ①코칭 모델, ②전형적인 스타일, ③기법 레퍼토리, ④개발 분야에 대한 감을 갖게 된다. 수퍼바이저는 또 수퍼비전-주체가 코칭 파트너와의 ⑤코칭 관계를 "어떻게" 경험하는지도 확실한 감을 갖게 된다. 이를 바탕으로 수퍼바이저는 병렬 과정에 대한 단서를 담을 수 있는 이 역동의 변화를 주의 깊게 살펴볼 수 있다.

병렬 과정의 단서

이는 코치의 현재 알아차림을 "바로 너머just beyond"에 있는 무언가와 관련이 있다. 수퍼바이저는 실제 코칭 상황과 분리되어 있기에 더 넓은 관점을 갖는다. 병렬 과정은 강력한 현상powerful phenomenon이 될 수 있지만, 수퍼바이저가 이에 끌려 들어가더라도 코치의 경험보다는 조

분리와 희석

수퍼바이저의 짐과 점검

금 희석되어 있다. 한 단계 떨어져 있기 때문이다.[217] 이런 일이 일어나도 수퍼바이저는 코치보다는 "사로잡혀" 있지 않게 된다. 여기에 수퍼바이저 자신의 높은 개인적 알아차림이 결합한다면 눈에 보이지 않는 곳도 시야에 들어와 [또 다른 병렬 과정을 알게 되어] 작업 가능할 수 있게 된다.

일곱-눈 모델 여섯 번째: 수퍼비전 과정

말려들어가는 것을 허용하는 용기

이는 수퍼바이저에게 무슨 일이 일어나고 있는지에 관한 것이다. 첫 번째와 네 번째의 눈처럼, "지금-여기"에 관한 것이며, 수퍼바이저가 갖고 있던 짐과 **뒤섞임**이 일어날 수 있다. 좋은 점은 수퍼바이저가 자기 경험을 '**통찰을 창출하는 방식**'으로 회기에 가져와 수퍼비전-주체와 코칭 파트너 작업 자체에 '**도움이 되는 방식**'[218]으로 수퍼비전 회기

---

217) 수퍼바이저는 사례를 직접 경험하지 않고 수퍼바이저를 통해 듣는다는 자체가 일단 간접 경험이다. 그러므로 경험의 농도는 수퍼비전-주체보다 진하지 않다.

　코치의 내러티브와 다양한 태도, 회기 자체가 지닌 '장field'의 흐름, 수퍼바이저의 담아내기 등으로 어느 정도 말려 들어가지 않을 수 없다. 때로는 오히려 말려 들어가는 것을 허용하는 용기도 필요하다. 그러나 한편으로는 코칭 파트너와 완전히 일치할 수는 없기에(시간도 다르고, 간접적인 경험 상황이기에, 또 그때-거기를 보는 구조 자체 때문에) 다른 것, 코칭 파트너가 넘는 **경계선 바로 넘어**도 시야에 들어오게 된다. 그러나 이를 병렬 과정으로 알아차릴 수 있는 것은 수퍼바이저의 실천능력이다.

　경계선까지 최대한 다가가고 경계에 서고 난간을 놓을 수 있을 때 창발하는 '경계-앎'은 수퍼비전의 **여덟 가지 앎** 가운데 하나이다.

218) 자기가 통찰한 것을 그대로 소개하는 것이 아니라 수퍼비전-주체가 통찰을 촉진하는 방식으로 잘 정제해 제공해야 한다. 일방적으로 설명하거나 코칭 파트너에게 그대로 복제하도록 하기보다는 코칭 파트너와 코칭관계에 적절하게 적용할 수 있게 성찰과 영감을 자극하는 방식이 고민되어야 한다.

　수퍼바이저의 이런 고민과 자세가 곧 수퍼비전-주체에게 코칭 파트너를 위한 '개별 맞춤'을 정교히 세공細工하는 일의 모범이 된다. 그러므로 수퍼바이저 자신의 것이기보다는 빌려 온 것, 흉내 낸 것, 아니면 천편일률적으로 늘 하던 대로 던지는 질문이나 개입은 아닌가? 수퍼비전-주체, 그의 작업, 현재 회기의 내용과 맥락에 맞는 적절성을 염두에 두는지 점검해야 한다.

에 임하는 능력과 관련 있다.   네 가지 질문

　이렇게 접근한 정보가 유용하기 위해서는 수퍼바이저는 우선 자신
이 가져온 "덩어리들stuff"의 출처가 어디인지 파악할 수 있어야 하며,   의심이 아니라 의문에 근거
탁월한 자기-알아차림이 필요하다.[219]

　Q. 그것이 코칭 파트너의 작업와 관련이 있는 것인가?[220]   무심함에 머무는 노력

　Q. (그 자신의) 분투struggles인가 환상fantasies인가?[221]

---

[219] 아래 네 가지 질문은 이를 위한 최소한의 대책이다. 수퍼바이저가 자신에게 얼마나 철저히 질문했는가에 따라 수퍼비전-주체에게 제공될 수 있고, 반향을 기대할 수 있다. 수퍼바이저의 발걸음만큼, 그 모습 그대로 영향을 주고받게 된다.
　또 수퍼바이저가 '회기 전-중-후' 언제나 자기 자신과 수퍼비전 회기, 수퍼비전-주체와의 관계 등 전반에 걸쳐 ①자기-점검, 자기-성찰을 위해 늘 들고 있는 질문 리스트에 포함된다. 기본에는 ②'알고 있지 못함'에 머물러 자신의 불안을 견디어 낼 수 있어야 하며, ③배우려 하니 제발 답을 달라는 간절한 눈길의 유혹을 뿌리칠 힘, ④수퍼비전-주체가 자신을 떠날 수 있음을 언제든 축하할 수 있는 수용력이 필요하다. 이 작업과 길은 수퍼바이저 자신을 위한 길이기도 하다.

[220] 수퍼바이저 역시 자기 질문이 수퍼비전과 수퍼바이저와 관련 있는지가 전제된 질문이다. 의심이 아니라 의문에 근거한 것인가, 필요한 호기심에 근거하고 이를 상대도 갖게 하려는 질문인가도 구별이 필요하다. 수퍼비전-주체를 통해 건너온 '코칭 파트너'의 영향에 따른 것인가? 이 질문 앞에 서서 자기 자신과, 수퍼비전-주체와 자신, 수퍼비전 과정, 이 과정 너머에 있는 수퍼비전-주체/코치와 코칭 파트너와의 관계 전체를 조망하고 살피는 것이 불가피하다. 그러나 주된 초점은 자기 자신이다.

[221] 수퍼바이저가 걱정과 우려, 안타까움을 품고 있기에 스스로 힘들어하며 고군분투하거나, 자신만의 짐작으로 이뤄진 착각이나 환상 안에서의 해석과 대응이어서는 안된다. 이를 언제나 털어내고 **무심함에 머무는 노력**이 필요하다. 이것은 수퍼바이저 자신의 미해결 과제이다.
　수퍼비전-주체의 주저, 저항, 불안에 사로잡힌 멈춤이거나 심지어 모르는 것일 수 있다. 물론 수퍼비전-주체의 미해결 과제, 성찰의 어려움 등이다. 이 단계에서는 이것 역시 수퍼바이저의 과제로 안고 있어야 한다. (그의 탓으로 돌려지면 이런 자신을 알아차려야 한다. 자기성찰의 한계가 수퍼비전-주체 성찰의 한계를 틀지울 수 있기 때문이다.) 물론 이것은 코칭 파트너의 것, 코치의 것일 수 있다. 그러나 이 역시 수퍼바이저의 것으로 성찰할 과제이다. 이런 전체를 거리를 두고 살펴보며 성찰할 수 있는 질문이다.
　결국 아주 간단한 질문으로 귀결된다. (수퍼바이저 자신에게 묻는다.) 이것은 나의 환상인가, 나의 고군분투인가(… 아니면 그들 또는 코칭 파트너의 과제인가?) 코치/수퍼비전-주체를 사이에 두고 연결될 뿐, 전혀 만난 적이 없는 코칭 파트너와 수퍼바이저는 서로를 짐작하며 환상 속에서 관계를 형성할 수 있다. 이는 곧 '환상의 삼인조'로 역동하게 된다.

미지 영역에 들어가기	Q. (아니면 그들이 지닌) 미해결 과제인가?[222]
	Q. 아니면 알 수 없는 무엇가와 관련이 있는 것인가?[223]

병렬 과정과 구별하는 방아쇠	수퍼바이저가 자신의 "지금-여기"의 경험이 주로 자신이 들고 온 '덩어리'에서 비롯된 것이 아니라고 [스스로] 평가한다면 그것은 다섯 번째 눈과 관련 있는 병렬 과정과 구별하는 방아쇠일 수 있다. 그렇지만 여섯 번째 눈에는 더 도전적이고 알려지지 않은 잠재적 **미지의 영역**으로 들어가는 **입구**가 있다. 이를 "알 수 있는" 방도를 순서대로 살펴보자.

장에서 온 지혜	첫째, 수퍼바이저도 과거의 어느 시점에서 수퍼비전-주체와 비슷한 감을 경험한 적이 있을 것이다. 예를 들어, 어설픈 질문을 하고는 "제대로 못했다"라고 자책하면서 코칭 파트너에 대한 집중력을 잃었던 경우이다. 수퍼바이저가 이런 이슈를 스스로 인정하고 acknowledged, 이에 대해 **작업했던 시점의 자기 이야기**를 공유하는 것은 적절하다. 수퍼바이저가 자신의 취약성을 표현하면 수퍼비전-주체는 자기 통찰을 심화시키기

---

[222] 우리는 모두 미해결 과제를 갖는 불완전하고 취약한 존재이며 언제나 이 함정으로 미끌어질 수 있다. 오직 〈코칭 파트너-코치/수퍼비전 주체-수퍼바이저-수퍼바이저의 수퍼바이저〉의 긴 연쇄의 한 고리가 되어 서로를 잡아주고 밀어주며 기다리며 성장해 가는 **행렬**이다. 이들 간의 등가적 연대가 미해결 과제를 지닌 채 코칭과 수퍼비전 코칭을 실천한다. 수퍼바이저의 미해결 과제는 자기가 실천하는 수퍼비전 안에서 그 끝자락을 발견하거나 자신도 수퍼비전을 받으며 발견할 수 있다.

[223] 결국은 차후에 알 수 있게 되거나, 직감이나 직관에 의해 포착되어서나 알게 되는 어떤 것이다. 그러기 전까지는 오히려 '알 수 없는' 상태에 머물러 있는 힘이 필요하다. 이런 순간은 불안이 올라오기에 불안과 함께 머물고 견뎌내야 한다.

　직관과 직감, 연상을 통해 불현듯 '앎-조각'이 올라오거나 퍼즐이 이어지거나 별이 별자리로 보이는 컨스텔레이션이 출현/창발할 수 있다. 수퍼바이저는 이를 감사의 마음에 담아야 한다. 이는 자기 것이기보다는 수퍼비전-주체, 또는 그와의 관계, 수퍼비전 회기라는 '장field'에서 온 지혜일 가능성도 있기 때문이다. 그렇기에 이를 더욱 적절하게 사용해야 한다.

위해 어떻게 할 수 있을지 단서를 얻는다. 수퍼바이저의 '발달 이슈'가 해결되었거나 적어도 스스로 수용되었다면 이는 작업하기 "더 쉽다".

둘째, 수퍼비전-주체의 이야기에는 수퍼바이저에게 반향을 불러일으키지만 아직 해결을 위해 "진행 중인 [자기] 작업"[224]이거나 [자기 만의] 적극적인 환상fantasy일 수 있다. 예를 들어, 수퍼바이저가 수퍼비전-주체[또는 그의 코칭 파트너]에게 "진실로" 가치를 더해주고 있는지 걱정하는 경우이다. 이런 경우는 수퍼바이저는 자기 경험을 공유하기가 (조금) 어렵게 된다. 물론 이는 수퍼바이저에게는 사적인 자기 문제이다. 이 상황에서 수퍼바이저의 도전 과제는 자기 이슈를 해결하기 위해 회기를 활용하는 것이 아니라 토론의 촉진에 필요한 만큼만 [적절히] 공유하는 '감/느낌'을 드러내는 것이다.[225]

> 누구도 자기 얼굴을 거울 없이 볼 수 없다.

마지막으로, 논리적으로는 의미가 없지만 왠지 중요해 보이는 "어디서 갑자기 나와" '불안하게 만드는 출현unnerving emergence'이 있다. 예를 들어, 필자의 경우 수퍼비전-주체와 통화를 하면서, 어린 시절 발레 레슨이 떠오르면서, 마치 머리 꼭대기에서 천장까지 끈이 달려있는

> 출현
> 미해결 과제

---

[224] 수퍼비전 회기 중에 대화하며 무엇인가 불러일으키는 자기 안의 반응에 주목할 경우, 회기 중 또는 직후 성찰에서 이것이 해결하려고 공부하는 자기 과제, 즉 미해결 과제임을 알게 된다. '미해결 과제'는 스스로 발견할 수 없다. 이는 오직 낯선 타자와의 '관계'에서 발견할 수 있다. 자기 얼굴을 거울 없이 볼 수 없는 것과 같다. 그렇기에 코치와 수퍼바이저는 '관계' 안에서, 또 관계를 통해 발견되는 자신의 '미해결 과제'를 소중하게 여기고 지속해서 도전해야 한다. 이것이 곧 '관계-앎'에 의한 자기 작업이며 성찰이다.

[225] 자기 이슈를 해결하기 위해, 또는 자신이 수퍼바이저 또는 코치임을 유지하기 위해 회기에서 ①다양한 '~~인 척', '~~인 채' 대응하거나 ②조금만 덧칠하거나 ③완전히 꾸며낸 이야기로 가장하거나, ④근본적인 철저한 성찰보다는 그저 피상적 성찰만을 진지하게 제공하는 태도여서는 안된다. 깨끗한 대화clean conversation가 대안이며, 적절한 양을 위한 **절약의 원칙**이 요구된다.

수퍼바이저의 시작을 위한 질문은 Q.내가 해야 할 과제가 아닌가 하는 생각이 드는데 저만의 생각인가요? Q.꽉 막힌 느낌이 드네요. 이 느낌이 어떤 것인지 조심스럽네요. 어떠신가요? Q.제가 지금 조심스러워지네요. 좀 더 살펴보고 싶군요? 등의 질문이 연상된다.

'장 안에 있는' 수퍼비전-주체

것처럼 똑바로 서도록 무언가 당기는 강한 감각을 경험한 적이 있다. 수퍼비전-주체와 이를 공유하자 그들에게는 이것이 **명확한 순간**이 되었다. 그들의 자녀 가운데 한 명이 전문 무용수였다. 수퍼비전-주체는 갑자기 [자신이] "키를 크게 우뚝 서 있어야 한다"라는 사실을 깨달았다. 이 느낌은 "논리"에서 나온 것이 아니라 수퍼바이저 자신의 경험을 공유하는 데서 비롯되었다. 그렇지만 수퍼비전-주체에게는 무엇인가 "찰칵"하는 것이 되었다.[226]

이중 점검

이렇게 여섯 번째 '눈'에서 중요한 것은, 수퍼바이저가 자기 자신을 '참조의 장field of reference'으로 작업한다는 점이다. 따라서 수퍼바이저는 개입을 제공한 후 수퍼비전-주체에게 얼마나 유용했는지 "이중 점검"을 해야 한다.[227] 수퍼바이저가 방아쇠가 어디서 오는지 알 만큼 수퍼비전-주체가 충분히 "자기-인식self-aware"하기를 희망할 수 있지만,

---

[226] 이 상황은 우선 수퍼바이저가 수퍼비전-주체의 막힌 점을 충분히 듣고 공감했을 것이다. 미리 계획했기보다는 이런 공감적 경청, 상황과 맥락을 함께 듣는 맥락적 경청이 있었다고 이해된다.

수퍼바이저는 회기 안에서 떠오르는 자신의 어린 시절 이야기를 비유로 그냥 편안하고 수평적으로 이야기했다. 그러나 이를 듣는 '**장 안에 있는**' 수퍼비전-주체는 어떤 알아차림이 출현했다. 물론 수퍼바이저에게 이런 알아차림/직관이 먼저 출현했을 수 있다. 그러나 이를 직접 날 것으로 사용하지 않고 자기 연상을 공유하는 내러티브를 활용한 '연상적 개입evocative intervention'을 한 것이다.

[227] '이중 점검'이란 작게는 자기만의 '창조의 장'의 경험이기에 자기 스스로 점검하고 수퍼비전-주체에게도 유용성이 있는지 점검하는 것이다. 수퍼비전 회기에서 수퍼바이저의 개입이 수퍼비전-주체에게 충분히 적절했는지, 의미 탐색과 성찰의 계기에 도움이 되었는지는 물론, 코칭 파트너와 코칭 회기에서 유용하게 적용할 수 있는지/했는지도 점검할 수 있다. 실제로는 수퍼바이저의 의도나 비유, 공유된 감이 수퍼바이저 자신의 것(미해결 과제, 해결 중인 과제에 의한 출현)에서 좀 넘치는 개입인지, 아니면 수퍼비전-주체와는 동떨어진 수퍼바이저에 의한 (때로는 과도할 수 있는) 숨겨진 의도의 조각인지 점검도 포함된다.

언제나 자신이 실수할 가능성이 있다.[228]

교정 코칭
독성 리더
몰락의 지연
부드러운 손

일곱-눈 모델 일곱 번째: 더 넓은 맥락

코칭 관계의 일대일, 기밀 유지라는 특성은 코칭이 진공 상태에서 이뤄지는 것이 아니라는 사실을 모호하게 만든다. 그러므로 임원 코치로 일하는 경우, 조직의 맥락이 코칭 파트너와 작업에 어떤 영향을 미치는지 검토해야 한다. 예를 들어, [1Q]조직에서 코칭은 어떤 모습으로 보이는가? [2Q]그것은 퇴사 전략의 일환인가? [3Q]저-성과자를 위한 **교정 활동**remedial activity으로 간주되는가? 아니면 [4Q]인재 풀의 정예만을 위한 것인가? 이런 맥락은 경우에 따라 코칭 파트너와의 관계에 다른 수준의 질을 불러일으킬 수 있다.[229]

마찬가지로, 코칭의 필요성이 조직 맥락에서 어떻게 결정되었는지

---

228) 우선 다른 동료의 피드백, 들여다보기를 허용하지 않고 자기만의 성을 쌓는 경험 많은 수퍼바이저는 자기 실수를 볼 기회가 없다. 쉽게 '자만'에 들게 되고 이런 자만은 언제나 이런 저런 미끼를 통해 자기 경험을 중시하는 골목을 찾게 되어 비성찰적 시도가 쌓여 자기 '기만'으로 미끄러진다. 이는 '교만'이 되고 '오만'에 머문다.

229) 이는 코칭 산업의 발전, 코칭 발전 전반의 성격과 수준을 포함하며, 직접적으로는 코칭-계약의 내용과 한계가 모두 포함되거나 배경이 된다. 질문을 추가한다면 [5Q]조직과 시스템이 제기하는 과제 이외에 코칭 파트너 자신이 자유롭게 주제와 회기를 얼마나 기획할 수 있는가?이다.
코칭 구매자의 요구와 코칭 비즈니스 현실에서 이런 두 가지 경우로 코칭이 배정되는 것을 피할 수 없다. 저성과자나 독성 리더에 대한 교정 코칭이 과연 성공할 수 있을까. 경쟁하는 조직 내에서 이는 성공한다 해도 현재 위치나 승진이 어려운 '몰락의 지연'일뿐 '실패가 예정된 작업'일 수 있다. 리더십 개발 역시 동료 압박을 우회하는 길임을 피할 수 없다. 이로 인해 코칭은 결국 조직, 오너, 권력의 의지를 관철하는 '부드러운 손'이나 하위 파트너가 된다는 비판에 놓여있다.
이런 코칭의 위상에 대한 검토는 여러 코치들이 제기하고 있으며 다양한 사례를 중심으로 나름의 돌파구를 찾고 있다. 참조:『10가지 코칭 주제와 사례 연구 - 20개 사례, 40개 논평, 720개 주석, 19개 실습 사례』디마 루이스, 폴린 파티엔 디오숑 지음, 김상복 옮김. 2022.

코칭 소유권	검토하는 것도 도움이 된다. 혼자 독립적으로 결정했는가? 아니면 넓은 리더십 프로그램을 통해 결정되었는가? 코칭 결정의 배경이나 과정에 관한 질문은 코칭 관련한 코칭 파트너의 소유권 수준을 가늠하게 한다.[230] 조직 문화에 대한 감도 필요하다. 예를 들어, 코칭 파트너가 집중하는 비즈니스에 지원, 도전, 피드백은 어떤 모습일까? 우선 이를 이해하면 일하는 코치의 작업 방식이 코칭 파트너에게 어떻게 "도달" 하게 될지 기대를 조정하거나 적어도 투명하게 소통할 수 있다. 이 모든 요소는 코칭 파트너가 코칭을 위해 "드러내 보여주고" 경험하는 방식에 영향을 미칠 가능성이 높다.
사전 실사	또한, 코칭 파트너의 변화를 끌어내기 위해 도움을 제공할 때는 반드시 필요한 사전 실사due diligence를 해야 한다. 코칭 파트너가 어떤 변화를 선택하든 그 변화는 주변 사람들에게 영향을 크게 미친다. 코칭 파트너가 코치의 주된 관심 대상이기는 하지만 코칭 파트너의 변화로
변화의 파급 효과와 부작용	인한 파급 효과와 부작용을 어떻게 관리해야 하는지 고려하는 것이 적절하다. 마찬가지로 더 넓은 시스템이 코칭 파트너에게 영향을 미칠 수 있다. 예를 들어, 코칭 파트너의 라인 관리자가 코칭 파트너의 프로필을 높이는 공론장에서 발언할 기회를 열어주지 않는다면 코칭 파트너가 자신의 역량과 위엄gravitas을 관리하는 데 도움을 주기 어렵다.[231]

---

230) 교정을 위한 코칭이든 리더십 개발을 위한 코칭이든 코칭 참여는 근무 시간에 해야 할 추가 작업이다. 자신에게 주어진 RnR을 감당하면서도 회사의 요구에 맞춤하기 위해 '자신을 깎아내거나 덧붙이는' 추가 노력을 해야 하는 것이 코칭이다. 또 비용을 조직이 부담하며 자신은 시간만 투자한다.

이런 상황에서 이뤄지는 코칭인데도 **코칭의 소유권**을 코칭 파트너가 움켜쥐게 해야 한다. 코치가 이점에 대한 체계적인 시도를 코칭에 다양하게 구현하도록 수퍼바이저는 섬세한 설계를 지원해야 한다. 수퍼비전-주체가 이점에 집중하지 못하더라도 코칭 성공을 위해 수퍼바이저는 이를 반복 확인하거나 우회 개입해 들어가야 한다.

231) 특별한 경험이 없는 코칭 파트너는 코치를 만나는 상황을 '내가 왜'라는 의문을 갖는다. 코칭 '받는 것'을 조직원들이 어떻게 볼까라는 의문을 갖는다. '코칭 받으니 나아졌다. 변했

이런 식으로 **코칭 작업**은 코칭 목표로 설정한 것보다 훨씬 더 광범위 할 수 있다.

전인적 인간

또 다른 중요한 요소는 코칭 프로젝트를 어떻게 따냈는가이다. 만약 코칭 작업이 고위 이해관계자를 알고 있기에 그 일을 직접 수주한 것이라면 이는 코치의 인식에 영향을 미친다. 과연 얼마나 객관적일 수 있나? 기밀 유지를 어떻게 처리하는가? 중요한 것은 이런 점들은 실제로 전문성과 관계없이 기본으로 관리해야 하는 부분이라는 점이다. 반면에 프로젝트가 제삼자를 통해 이루어졌다면(컨설팅 회사와 관련 HR이 코치를 배정), 코칭 프로그램의 규모와 범위는 자기가 아니라 다른 사람이 설계했을 것이다. 이 경우 **불가능한 과제**를 맡게 되거나 예산 때문에 이슈를 처리할 회기가 너무 적을 수 있다. 반대로 다른 경우는 시간이 너무 많이 제공되어 코칭 파트너가 조직의 눈에 배은망덕해 보일까 봐 일찍 끝내기를 꺼릴 수 있다.

코칭 프로젝트 직접 체결

하청 관계

마지막으로, 라이프 코치든 임원 코치든, 삶의 다양한 요소를 사생활과 조직의 일로 구별해 벽을 칠 수 있는 경우는 드물다. "전인적 인간whole person"의 맥락에서 직장생활은 가정생활에 영향을 미치고 그 반대도 영향을 미친다. 그래서 코치로서 자기 입장 어떻든 "단순히" 범위를 벗어난 것이라면 그 이슈를 검토하게 될 가능성이 높다.[232]

다'라는 의미가 맥락에 따라서는 다양한 의미를 지닌다.
    시스템 안에서 언제나 선의로 논의되거나 매우 바쁘고 변화되는 상황에서 한 리더의 변화 시도는 '주목'할 만한 사건이 아닐 수 있다. 코칭 도입 자체가 사내 정치의 일환으로 도입된 경우도 있고, 코칭 성과를 통한 코칭 코칭 파트너의 변화나 새로운 시도가 의외로 벽에 부딪힌다.

[232] 임원 코칭은 개별 '개인'이자 '조직 안의 개인'으로 위치한다. 양 세계는 삼투막으로 구분되어 독립되며 상호 영향을 받는다. 또 내면 세계, 알 수 없는 무의식의 세계를 지닌 복합적인 한 개인이다. 당연히 코치의 작업 가설에 염두에 두어야 할 요소이다.

| 모든 다양한 변수 | 이런 간단한 설명에서 알 수 있듯이 코칭 파트너와 코치에게 영향을 미치는 요인들은 매우 많다. 따라서 일대일 관계에서 이해되지 않는 일이 보일 때마다 이는 실제로 무슨 일이 있는지 더 깊이 탐구하기 위해 넓은 맥락에서 보아야 하는 좋은 징후이다. 수퍼바이저의 역할은 수퍼비전-주체가 코칭 룸에서 일어나는 일에 영향을 미칠 수 있는 이 **모든 다양한 변수**를 탐색하도록 돕는 것이다.[233]

이것이 수퍼비전에 어떻게 도움이 되는가?

이 모델은 수퍼비전 대화에 어떤 구조를 제공하는 데 도움이 되도록 구체적으로 고안되었다. 각 지점은 우리가 코칭 파트너의 작업을 탐구할 수 있는 다양한 관점을 성찰한다. 처음에는 복잡해 보일 수 있지만, 수퍼바이저와 조금만 프랙티스를 하면 독립적인 성찰에 도움이 되는 유용한 구조-틀을 제공한다. 각 지점을 의도적으로 취하면 얼마나 많은 정보에 접근할 수 있는지를 알게 되어 놀라울 것이다. 이전에는 알아차릴 수 없었던 정보가 시야에 들어온다. 또한 어떤 시점을 가장 많이, 또는 가장 적게 언급하는지 추적해 보면, 강점과 확장 영역에 대한 단서를 제공하는 "주제"를 찾게 된다. 이는 코치의 성장과 개발을 위한 계획에 많은 정보를 준다.[234]

---

[233] 이 저서 이후 일곱-눈 모델이 판을 거듭하면서 내용이 추가 되었다. 일곱 번째 눈은 다음과 같이 세분화되었다. 1) 코칭 파트너의 맥락, 2) 코치의 전문성과 해당 조직의 맥락, 3) 수퍼비전-주체와 코칭 파트너 관계의 맥락, 4) 수퍼비전-주체의 더 넓은 세계, 5) 수퍼비전 관계의 맥락, 6) 수퍼바이저의 맥락 등이다.
  참고.『수퍼비전: 조력 전문가를 위한 일곱 눈 모델』, 피터 호킨스, 로빈 쇼헤트 지음. 이신애, 김상복 옮김. 2019.

[234] 이 모델은 일곱 가지 '눈'과 각 지점에 대한 세부적 내용 등은 여러 가지 층위를 갖고 있고 그 내용도 현실에서는 종횡으로 복잡하게 출현할 수 있다. 이 모델을 체득하는 수퍼바이저는 이를 포괄하고 대처하는 힘을 갖게 한다. 때에 따라 각 지점은 계속 세분될 수 있으며 연결될 수 있다.

코칭의 일곱 가지 대화

이 모델은 메긴슨Megginson과 클러터벅Clutterbuck(2009)에 의해 개발되었다. 코치가 코칭 대화에서 무엇이 가장 효과적인지 검토하도록 설계되었다. 특히 코칭 대화가 하나가 아니고 그 이상이라는 코치의 알아차림을 높이는 역할을 한다. 이 모델은 코칭 회기 전, 회기 중, 회기 후에 코치와 코칭 파트너의 마음 안에서 진행되는 대화에 주목한다. 또 여러 가지 다른 관점에서 코칭 상황을 "찬찬히 살펴보기unpick"를 제공하는 수퍼비전의 유용한 도구이다. 이 모델은 대화를 일련의 진행 순서chronology로 검토한다. 코칭 회기에서 일어난 대화 너머에 양측이 회기 준비부터 성찰한 대화를 살펴보게 한다.[235]

수직적 깊이

다음은 각 대화에 대한 설명과 그것이 수퍼비전 안에서 어떻게 활용할 수 있는지에 대한 설명이다.

일곱 가지 대화는 무엇인가?

1. 코칭 대화 전 코치의 성찰
2. 코칭 대화 전 코칭 파트너의 성찰
3. 코칭 대화 중 코치의 내적, 무언의 대화

---

[235] 이 모델은 저서가 발행된 이후 업데이트되어 최신 내용이 다음 책에 수록되었다. 두 내용은 모두 이 모델 연구의 당사자가 집필한 것으로 보인다. 내용이 겹치기는 하지만 모두 검토하는 것이 좋다. 이 모델 활용의 어려움으로 인해 임상경험에 의한 연구가 활발하지 못하다. 그렇지만 앞의 일곱-눈 모델이 수퍼비전 인식의 범위를 수평적으로 확대한다면 이 모델은 수직적인 깊이를 더해준다.
　데이비드 클러터벅「수퍼비전의 일곱 가지 대화 활용」『코칭수퍼비전의 이론과 모색』타티아나 바흐키로바, 피터 잭슨, 데이비드 클러터벅 편저. 김상복, 김현주, 이서우, 정혜선, 허영숙 옮김. 2024.

일곱 가지 대화의 순환 구조

4. 실제 코칭 대화
5. 코칭 대화 중에 내적, 무언의 대화
6. 코칭 대화 후의 코치의 성찰
7. 코칭 대화 후 코칭 파트너의 성찰

이 대화를 차례로 살펴보면서 이것이 수퍼비전과 어떤 관련이 있는지 살펴본다.[236]

1. 코칭 대화 전 코치의 성찰

이 대화는 코치가 코칭 대화에 대해 정신적으로 어떻게 준비할 것인가 그 방법의 하나로 다음 사항을 검토한다.

- 맥락/상황
  - Q 코칭 파트너가 처한 상황에 대해 알고 있는 것이 무엇인가?
  - Q 마지막으로 코칭 파트너를 본 후 어떤 일이 일어났을 것이라고 상상하는가?
- 회피
  - Q 코칭 내용을 성찰하며 작업의 초점은 무엇이며, … 무엇에 집중하지 않았는가?

---

[236] 일곱 가지 대화 순서는 코칭 대화 준비에서 실행 후까지 과정이 연결되고, 다시 처음으로 이어지는 순환구조이다. 이 과정을 수퍼비전 회기에서 수퍼바이저와 복기하며 다시 검토가 필요한 부분을 상세히 나누게 되는 구조이다. 반대로 수퍼비전 회기에서 수퍼바이저는 일곱 가지 대화 부분을 순서에 따라 랜턴을 비추듯 집중하게 해 대화를 나누고, 이후 회기에서 섬세한 대응을 하도록 자극한다.
당연히 수퍼비전 회기를 이 같은 일곱 가지 대화 영역으로 나눠 선택해 회기에서 성찰할 수 있다.

> Q. 코칭 목표의 맥락에서 본다면 이것이 얼마나 적절한가?
- 태도
> Q. 코칭 파트너와 함께 일하는 것을 어떻게 느끼는가?
> Q. 그것은 나에게 무엇을 말해 주는가? 그것은 코칭 파트너에 대해 무엇을 말해 주는가?
> Q. 코칭 파트너와 공유할 만한 도움이 되는 것이 있는가?

이것이 수퍼비전에 어떻게 도움이 되는가?

일반적으로 수퍼비전은 코치가 코칭 파트너 사례를 회기에 가져오고 코칭 대화에서 일어난 일을 묘사하며 시작한다. 그러나 따져보면 코칭 회기는 실제 회기가 시작되기 전 이미 대화가 시작된다는 것을 경험으로 알 수 있다. 어느 정도는 준비가 도움이 될 수 있으나 이런 사전 대화는 코치가 코칭 회기 전에 논의될 내용에 대한 기대를 갖고 있음을 의미한다. 수퍼바이저는 코치가 "천천히 slow down" 생각해 보게 하고, 사전에 준비했던 [내용과] 방식이 코칭 대화의 방향과 성격에 어떤 영향을 미쳤을지 검토하도록 안내한다.

코칭 회기 전 내적 대화

간단한 예로 코칭의 목표가 자기 경력 방향을 바꾸려는 경우를 생각해 보자. 코치는 지난 회기에서 파악했던 여러 옵션을 탐색하게 하는 일련의 질문은우 수퍼비전에서 어느 정도 용납될 수 있다. 그러나 코칭 파트너가 현재 역할과 관리자에게 불만을 품고 있다면 코치는 이 이슈에 코칭 파트너의 참여를 끌어내는 데 어려움을 겪을 수 있다. 반대로, 코칭 파트너가 다소 예민하고 집중력이 부족한 상태로 코칭 회기에 임한다면 질문을 통해 코칭 파트너의 적극적 참여를 끌어 낼 수

있다.[237]

수퍼비전-주체의 코칭 준비 검토

따라서 수퍼비전의 목적은 코치가 자신의 준비가 코칭 작업에 어느 정도 도움이 되었는지 또는 방해되었는지 알아차리도록 도움을 주는 것이다. 수퍼바이저는 코치가 다양한 준비 방법을 생각할 수 있도록 돕고 다른 접근을 시도할 때 이를 지원한다. 또한 코치가 준비를 강장 풀고 "가볍게" 하도록 격려하고, 코칭 파트너가 코칭 당일 필요로 하는 것에 언제나 [반응이 아니라] 응답할 수 있도록 responsive 한다.[238]

준비를 가볍게

2. 코칭 대화 전 코칭 파트너의 성찰

적절한 준비 네 가지

이 부분은 코칭 파트너가 코칭 대화를 위해 정신적으로 어떻게 준비했는지에 관한 것이다. 이 모델은 코칭 파트너가 다음의 질문을 검토할 수 있다고 제안한다.[239]

---

237) 중요한 점은 코치가 코칭 대화 전 코칭 파트너와 코칭에 대해 사전에 성찰하는 것이다. 처음이라면 주어진 정보에 근거한 코칭 파트너 분석과 작업 가설을 검토하거나 유사한 자신의 과거 사례를 훑어 보며 준비한다. 지난 회기 코칭을 했다면 당연히 지난 대화의 맥락, 뒤늦게 보이는 회피, 태도 등의 내용을 검토하게 된다. 수퍼비전 회기에서는 당연히 이런 준비와 사전의 코치의 성찰 대화가 회기에 어떤 영향을 주었는지 검토한다.

238) 수퍼비전-주체의 ①너무 많은 준비, ②무거운 준비, ③꼼꼼한 준비, ④준비 내용과 실제의 불일치 등은 수퍼비전에서 직간접적 방식으로 검토하게 되며 조정과 조율을 통해 '**적절한 준비**'로 향해 간다. 타성에 젖어서도 안 되며 실험적 도전을 마다해서도 안 된다. 또 '개별 맞춤'을 위한 **유연함**을 위해 지속적인 격려가 필요하다.

239) 코칭 파트너가 코칭 회기 후 이 같은 성찰을 할 수 있게 코치의 관심과 노력이 전제된다. ①회기 끝에 직접 질문할 수 있거나 ②회기 후 피드백 답변지를 보내거나 ③간단한 설문지 형식의 구글 링크를 보내는 방법이 있다. 코칭 파트너가 저극 수용한면 ④회기 전에 〈코칭 준비 보고서〉를 제공한다.

물론 모든 것을 코칭 계약서와 동의서 작성시 안내하는 것이 먼저다. 상투적이거나 형식적이지 않게 코치는 이를 회기 중에 다루어야 한다. 이 같은 노력은 코칭 파트너로 하여금 코칭을 자기 것으로 소유하게 하고 코칭 여정을 운전하게 한다.

수퍼바이저는 코치가 이점에 주목해 코칭 파트너의 준비와 코칭 오너십 형성을 염두에 두고 작업하게 한다. 그러나 이 같은 다양한 설치는 코칭 파트너가 '코칭 전 스스로 성찰 대화

- Q. 지난 회기 이후로 나는 무엇을 배웠는가?
- Q. 다음 회기에서 어떤 부분에 도움이 필요한가? 그리고 그 이유는 무엇인가?
- Q. 코칭 대화와 코칭 관계에 대해 어떻게 느꼈는가?

이것이 수퍼비전에 어떻게 도움이 되는가?

코치는 코칭 파트너 이슈를 수퍼비전에 가져올 때, 일어난 일 또는 **일어나지 않은 일**에 대한 개인적인 책임(감)을 함께 가져온다. 또 회기 안에서 "기법"이나 준비 방식을 재빨리 **자기 탓**으로 돌릴 수 있다.[240] 그러나, 수퍼비전에서 이 책임감과 자기 탓 두 항목 모두 탐구할 가치가 있지만 중요한 점은 "코칭 파트너가 코칭 룸에 들어온 방식"[241]도 이해하는 것이 초점이다.

세 가지 탓과 두 가지 책임

- Q. 이들의 준비 수준은 어땠는가?
- Q. 코치와 코칭 파트너는 회기와 관련된 준비와 성찰의 시간을 할당했는가?

수퍼비전-주체의 학습 스타일

를 하는 것'이 목적이다. 기본적인 방법은 수퍼바이저가 위에 열거한 방법을 실행해 모델과 경험을 동시에 제공하는 것이다. 수퍼비전-주체는 이를 '알기만 하고, 알아두는 것에만 머물고', 자신과 코칭 파트너에게 적용하지 않는 경우가 자주 있다. 이런 태도는 때가 되면 꼭 다루어야 할 수퍼비전의 이슈이다. 수퍼비전-주체의 학습 스타일의 하나이기 때문이다.

240) **자기 탓, 코칭 파트너 탓, 상황 탓**은 '~척, 채'만큼이나 수퍼비전에서 중요하게 다뤄야할 주제다. 수퍼비전-주체가 맥락과 책임감을 분리하지 않고 '나는 못한다'는 전제, 이를 늘 섞어서 일어나지 않은 일에 대한 (사전) 책임감이나 모든 것이 '내 책임이라는 전제' 등은 중요한 이슈이다.

241) 코칭 파트너가 코칭 룸에 들어온 방식과 태도는 코칭 파트너가 방문하는 경우, 코치가 방문하는 경우로 구분된다. 또 후자의 경우는 업무 공간과 얼마나 어떻게 분리, 독립되어 있는가로 나뉜다. 수퍼바이저의 관심은 코치가 이에 대한 주의 깊은 관찰과 인식을 갖게 한다.

> Q.아니면 지난 회기에서 이번 코칭 회기에 오는 길에 그냥 아이디어가 떠올랐는가?

코칭 파트너가 준비한 방식은 코칭 관계에서 일어난 일에 대한 개인적 책임(감)을 나타낸다.

> Q.코치는 코칭 파트너를 진정한 파트너십으로 보는가, 아니면 단지 "(뜻밖에 찾아온 듯) 나와서turn up" 그냥 "코칭 받기"를 기대하는가?[242]

코치가 코칭 파트너가 예상보다 앞으로 나가지 않는다고 인식하는 경우 이를 살펴보는 유용한 "대화"가 될 수 있다. 코칭 파트너가 준비에 책임지지 않는 경우 수퍼바이저는 코치가 이점에 주의를 기울이고, 코칭 파트너에게 어떻게 알려야 할 지 검토하도록 도울 수 있다.[243]

3. 코칭 대화 중 코치의 내적, 말 없는 대화

이것은 쉔Schön(1983)의 '실천 중 성찰reflection in action'과 유사하며, 음성

---

[242] 코칭 파트너가 자신의 작업 장과 과제에 집중한 후 모드 전환이 다를 수 있다. 잊고 있을 수 있다. 심지어 특별한 준비가 꼭 필요하지 않을 수 있다.
①편안한 기대와 가벼운 준비에서 나오는 유머, ②이런저런 접촉contact과 합류joining, ③뜻밖의 예상하지 못한 주제 발견, ④진실/진리 즐기기 등의 코칭 대화를 배제하는 것이 아니다. 이런 코칭 대화와 진행도 코치의 기획과 의도이기에 이 자체가 수퍼비전의 주요 내용이다. 그러나 여기서는 코칭 파트너가 코칭에 임하는 **몰입도와 소유성, 준비성**을 주목하는 것이 주제이다.

[243] 수퍼비전-주체가 제출한 '사례'와 '의제'만 다루는 것이 아니다. 수퍼비전 회기 밖에 있는 코칭 파트너(코칭 파트너와 이해관계자, 조직)와 상황, 코칭 파트너가 코칭 회기를 어떻게 임하고 다루는가, 이를 위해 코치가 어떻게 기획하고 대응하는가도 관심을 갖는다. 코칭 파트너와 시스템, 삶의 생태계까지 렌즈에 넣는다.

대화spoken dialogue와 병행하여 일어난다. 이 내면의 대화는 말로 표현되지는 않지만, 코치의 마음은 (현재) 무슨 일이 일어나고 있는지 관찰하는 역할로 "분주"하게 움직인다. 이러한 관찰의 초점은 "내면 지향inner directed"(Q.내가 어떤 가정을 하고 있는가?) 또는 "외부 지향outer directed"(Q. 코칭 파트너가 말하지 않는 것은 무엇인가?) 두 가지 방향이 있다.[244]

내면 지향
외부 지향

밖에서 안으로, 천천히 허락하는 만큼 들어간다.
(코칭 아포리즘(10))

이것이 수퍼비전에 어떻게 도움이 되는가?

분석하지 말고 구별하라.
(코칭 아포리즘(11))

이 대화는 아마도 수퍼바이저와 수퍼비전-주체에게 **가장 풍부한 정보의 원천** 가운데 하나일 것이다. ①'병렬 과정'에 대한 단서는 물론 ②코치 성장과 발전에 대한 단서, ③코칭 파트너 시스템에 대한 정보도 얻을 수 있다.[245] 따라서 코칭 파트너 사례를 검토할 때 코치의 내부 대화internal dialogue의 성격을 검토하는 것은 흥미롭다.

---

244) 수퍼비전에서 중요하게 다뤄야 하는 부분이다. ①수퍼바이저의 접촉은 수퍼비전-주체의 언급이 내면 지향인가(자기 지향)인가, 외부 지향(대상 지향인가)의 구별로 시작한다. "밖에서 안으로, 천천히 허락하는 만큼 들어간다." (코칭 아포리즘(10))
  수퍼비전-주체가 어느 하나로 쏠리면 반대 방향을 질문하며 균형을 갖게 한다. 그러나 이런 시도는 내면 대화의 실제 모습이 '부정적 독백↔대화'일 경우 이를 먼저 집중해 다루며 이를 넘어서야 한다. 때로 이를 우회하며 회기마다 조금씩 반복하면서 '(자기)의심을 (자기)의문으로 (슬그머니) 전환'할 기회를 준다. ②조금 적극적으로는 반대의 경우를 직접 질문한다. 코칭 파트너와 회기 중 대화하며 코치/수퍼비전-주체의 '관찰하는 자기'가 어떤 생각을 했는지 질문한다. 실제 회기에서 대화하는 '경험하는 자기'와 구별하게 하지만 수퍼비전 회기의 '지금-여기'에 더 집중하고, 코칭 회기인 '그때-거기'와의 구별을 조금 더 선명하게 한다. "분석하지 말고 구별하라." (코칭 아포리즘(11))
  ③이를 통해 도널드 쇤Schön의 '실천-중-성찰'을 활성화한다. ④코칭 파트너 역시 '경험하는 자기', '실천-중-성찰'이 활성화되고(다섯 번째 대화인 대화 중 코칭 파트너의 내적 대화), 이는 마치 두 사람이 인터넷 클라우드에 각각 접속하여 그 차원에서 대화하듯 (암묵적/무의식적) 대화가 일어난다. 코치와 코칭 파트너의 경우도 이와 같다.
  이 작업은 미해결 과제인 자기 의심, 비난, 자책, 내면의 비판자…, 또는 '강한 부정을 동력으로 행동하는 습관적 태세 **전환**' 등이 가장 큰 걸림돌이다.
245) 네 번째로는 수퍼비전의 수퍼비전-주체를 통해 수퍼바이저 자신에 대한 정보도 연결해 얻게 된다. (수퍼비전 회기 중의 내적 대화)

예를 들어 코치가 대화 중에 속으로 이런 생각을 한다. "Q.생산적이었는가?" 이 경우 코칭 파트너의 내러티브에 주의를 기울이고 패턴이나 가정을 찾는 좋은 질문으로 이어진다. 반대로, 코치 자신의 성과/수행 불안performance anxiety으로 Q.내가 지금 잘 따라가고 있는지 모르겠다… 다음엔 무엇을 물어봐야 하나? 의심에 시달리게 되면 좋은 질문이 나오지 않는다. 코칭 파트너와 대화에 집중하지 못한다는 의미이다. 또는 Q.지금-여기 이 순간에 대한 호기심 때문일 수 있다. 예를 들어 지금 나는 매우 긴장한 상태이지만, 평소에는 이 코칭 파트너와 함께 있으면 "집에 있듯 편안한" 느낌이 든다. Q.그 이유는 무엇일까?

뒤늦은 깨달음   코치가 토론을 위해 더 많은 정보를 코칭 룸에 가져오고, 코치와 수퍼바이저는 '말하지 않은 대화'를 논의할 수 있게 되면 '뒤늦은 깨달음 hindsight' [246]으로 유익을 얻는다. 무엇이 내면의 내러티브를 자극한 것인지 탐구하고, 이것이 얼마나 도움이 되는지 알아차림을 높이고, "세심함/주의력에 주의attentive attentiveness" 기울이는 것이 유용하다. 이는 수퍼바이저가 이 시점에서 코치와 함께 회복적 노력restorative work을 기울여야 할 필요가 있음을 알 수 있다. 예를 들어 코치가 코칭 파트너를

---

[246] 반드시 부정적인 것은 아니다. 뒤늦은 깨달음hindsight ↔ 앞선 깨달음[선견지명/예지]foresight은 수퍼바이저가 제공할 수 있는 매우 중요한 선물이다. 역자 역시 오랫동안 수퍼비전을 받으며 실천을 통해 얻게 되었다. 프로이트가 이를 언급했으면서도 중요하게 주목하지 않았다는 점을 알고 논문으로 발표한 바 있다. 〈프로이트의 der Einfall 연구〉(2023). 코치/수퍼비전-주체, 수퍼바이저 모두 회기가 끝난 직후 '아차 이런 것이었구나' '이를 잊었네 … 이러면 되는데' 하는 **뒤늦은 깨달음**이 번쩍 습격하듯 침입해 온다. 이는 언어로 올 수 있으나 이미지나 정서로도 따라온다. 수퍼바이저는 세심한 비판단적 접근으로 이에 대해 주목하게 해야 한다. 이는 회기의 산물이며 상호 관계의 산물이기에 수퍼비전을 통해 얻는 중요한 앎(수퍼비전-앎)을 구성하는 밑걸음이다.

코칭 연구자 에릭 드 한Erik de Haan은 이를 프로이트의 저서 '꿈의 해석'에서 인용해 '계단 심리der Treppenwitz'로 포착한다. 계단을 내려오며 드는 '뒤늦은, 뒷북치는 생각'으로 사례 분석을 한다. 참고. 『코칭·컨설팅 수퍼비전의 관계적 접근』 에릭 드 한 지음. 조선경, 김상복, 최병현 옮김. 2019.

위해 좋은 관심good attention을 유지할 수 있다면 자신의 **불안감**을 개선해야 할 수도 있다.[247]

불안
담아내기
주의 기울임
랜턴 비추기

4. 실제 코칭 대화

이것은 코치와 코칭 파트너가 함께할 때 발생하는 대화에 초점을 맞춘다. 중요한 것은 단지 '언어에 의한 대화'만을 검토하는 것이 아니다.[248]

- Q.언어적 대화와 비언어적 행동이 일치하는가? [이유가 상호작용일 수 있다.]
- Q.코칭 파트너는 논리적이거나 정서적이거나 개념적 차원에서 자신을 표현하는가?
  [코칭 파트너의 특성이지만 코치가 개념적 언급을 자주 하거나 코칭식 어투 역시 살펴야 한다.]
- Q.대화는 코치와 코칭 파트너의 관점만을 대변하는가? 다른 사람과 관점이 "방 안에" 있는가?

---

247) 이 작업이 수퍼비전의 회복적 기능이라는 점을 주목하자(이 책 1장 참조). 수퍼비전-주체는 한쪽으로는 코칭 파트너와의 코칭, 다른 한쪽으로는 수퍼바이저와의 수퍼비전이라는 이중의 연결망 속에서 자신과 자신의 작업에 노출된다. 이중 불안에 직면하고 자신의 '주의 기울임'이 자기 자신에게 향하기 쉽다. 수퍼바이저는 이런 불안을 '담아 내기containing' 하며 수퍼비전-주체가 자신의 '주의 기울임에 주의'를 기울여 이를 관리할 수 있게 지원해야 한다.

248) 이 모델은 수퍼바이저가 수퍼비전에 가져온 사례의 실제 대화가 어떻게 진행되었는지에 주목할 때 활용할 수 있다. 특히 실제 대화를 텍스트로 하기에 1) 수퍼비전 회기에서의 회상 2) 녹음 테이프나 화상 자료 3) 축어록 등이 중요한 텍스트가 되며 이때 검토할 수 있는 주요한 요소들이다.

그러나 실제 임상에서는 이런 지점들을 모두 다루게 되면 자칫 제출한 텍스트가 붉은 색의 피바다가 된다. 발견과 발굴 지점은 대체로 수퍼비전-주체에게 일임하여 다루고 한 회기에는 조금씩 다루거나, 다루는 듯 마는 듯 랜턴을 비치듯 지나가기도 하고, 점차 반복하며 순환하듯 깊게 들어간다.

| 기다림
속도 조절
성찰의 창발 | [코칭 파트너는 물론 코칭을 둘러싼 시스템은 대화에 직접 간접으로 영향을 미친다.]

^{Q.}토론은 어느 정도 깊이에서 이루어지는가? 보호받는 느낌이 드는가? 안전감을 느끼나? (잡아당기듯) 늘어나고 있는가^{stretching}? 얼마나 취약할^{vulnerable} 수 있는가?

[더 확대된 목표나 탐색으로 도전이 되거나 코치가 취약함에 노출될 수 있다. 둘 다 코치가 어떤 태도를 취하는가를 다루게 된다.] |
|---|---|

이것이 수퍼비전에 어떻게 도움이 되는가?

| 말 안에는 타자가 있다. | 수퍼비전 토론에서 가장 자주 제시되는 것은 바로 이런 실제 코칭 대화이다. 수퍼비전 대화는 거의 대화의 "교류^{transaction}"를 되풀이 하는 것으로 시작한다. 수퍼바이저의 역할은 코치가 '교류'의 범위를 넘어 더 많은 것을 발견하도록 돕는 것이다.²⁴⁹⁾ 앞서 위의 네 가지 사항을 검토하게 코치를 지원하는 것 외에도 누가 대화를 "통제하고" 있었는지 탐구한다.²⁵⁰⁾

특정 모델에 의해 정보를 받는 코치는 대화에 규정된 접근 방식을 따라야 할 필요성을 느낀다. 이는 코치가 코칭 코칭 파트너보다 **코칭 과정**에 더 관심이 있음을 의미한다. 반대로, **코칭 파트너 중심**의 코치 |
|---|---|

---

249) 코칭 파트너의 특성과 회기에서 보이는 태도에 따라 시작점이 다를 수 있다. 코칭 파트너 주도인가 코치 주도인가를 스펙트럼으로 접근하게 하며, 점차 기다림과 속도 조절을 통해 코칭 파트너 주도를 강화하게 하는 것이 역자의 코칭이자 수퍼비전이다. 이런 시도는 경우에 따라 과소 개입으로 비춰지는 코칭/수퍼비전이 될 수 있다. 그러나 코칭 파트너/수퍼비전-주체의 인식과 성찰의 창발을 선호하는 입장에서는 이런 지적을 감당할 수 있다.

250) '^{Q.}누가 이/우리 대화를 통제하는가?' 매우 강력한 질문이다. 우리의 말 안에는 언제나 타자가 있다. 그가 말을 지배하거나 영향을 준다. 여러 명의 목소리일 수 있다. 다성성^{多聲性}이다. 부모, 스승, 심지어 또 다른 자기, '그'. 이어지는 또 하나의 강력한 질문은 '^{Q.}그 말이 오직 당신의 말인가요?'이다.

는 코칭 파트너의 에너지에 전적으로 반응하고 [코칭 모델이나] **코칭 프로그램**이 지향하는 목표를 잠시 우회할 수 있다.[251]

발효냐, 부패냐
내면의 목소리

"기법적으로technically" 수퍼바이저와 수퍼비전-주체는 대화에서 이루어진 일이 "옳았는지right" 여부에 견해를 가질 수 있지만, 더 흥미로운 점은 'Q.이 대화를 그렇게 만든 것이 무엇인지?' 검토하는 것이다. 경험상 이런 질문에 대한 답은 대체로 다른 '여섯 가지 대화' 가운데 하나에 있다!

5. 코칭 대화 중에 코칭 파트너의 내적, 무언의 대화

이 대화는 코치의 내적 대화와 마찬가지로, 말해지고 있는 대화와 병행하여 이루어지며 말이 없는 무언의 내적 대화이다. '내면의 목소리'에 귀 기울이고 "그것을 밖으로 끌어내는" 프랙티스는 코치와 달리, 코칭 파트너들은 내면의 대화를 숨기는 데 매우 익숙하다.[252] 조직(사회나 가족 내에서도)에서는 정치적으로 올바르게 행동해야 하는 경우가 많으므로 코칭 파트너는 자신의 마음을 말하지 않고 "허용되는 얼굴"만 드러내는 데 능숙해져 있다. 물론 코치는 코칭 파트너의 내부 대화에서 무슨 말을 하고 있는지 파악하지 못한다. 그러나 코칭 파트너에게 무슨 일이 일어나고 있다는 단서는 자주 발견할 수 있다. 이런 단서

허용되는 얼굴

---

251) 모델이나 대화 프로세스 중심인가, 코칭 파트너와의 대화 자체와 흐름 중심인가? 언제나 선택의 순간에 직면한다. 코칭 파트너 중심성에 대한 수퍼비전-주체의 정의와 태도가 중요하게 영향을 미치나 '관계' 역동을 무시할 수 없다. 결국 윤리적 성숙성과 관련된다.

252) 코치가 자신의 내적 독백과 내적 대화의 내용과 경향을 성찰해야 한다. 수퍼바이저와의 작업은 좋은 경험이다. 이런 작업과 경험은 코칭 파트너와의 작업에 적절성과 효율성을 섬세하게 작업할 수 있게 한다. 내적 대화의 내용과 경향이 부정적으로 흐르고 반복되어 '부패'로 향해 있다면 이를 긍정적이고 '발효'로 전환하는 작업은 매우 중요한 코칭/수퍼비전 과제와 기법이며 수퍼바이저의 관심과 노력이 필요하다.

에는 생각을 정리하기 위해 ①잠시 멈추거나, ②간결한 답변보다는 장황하게 말하거나, ③대답하기 전에 코치를 바라보는 등[253] 코치는 섬세한 관찰이 필요하다.

유능한 코치는 코칭 파트너의 거울 역할을 하는 기술skill을 개발하여 내면의 대화가 일어나는 시점을 파악하고, 내면의 "편집자"가 꺼질 수 있도록 충분히 안전하다고 느끼게 도와서, 코칭 파트너가 솔직한 대화를 코칭 대화로 끌어들여 함께 작업할 수 있도록 돕는다.[254]

내면의 편집자
말하기 방식 아홉 가지

이것이 수퍼비전에 어떻게 도움이 되는가?

이 대화가 수퍼비전에 유용하게 사용되려면 이런 대화가 존재한다는 것을 알아야 한다! 수퍼비전 "작업"은 ①코칭 파트너가 내부 대화를 하고 있을 때 코치가 알아차릴 수 있도록 돕고, ②코칭 파트너가 코칭 회

---

253) ④특별한 행동을 한다. 코칭 파트너가 말하기 방식에는 때로는 여러 가지 불일치와 특색이 있다. 이것 자체가 코치가 개입할 수 있는 다양한 근거가 된다.

수퍼바이저는 코치가 이를 잘 파악하는지 어떻게 파악하는지 질문하고 묘사하게 안내해야 한다. 코칭 파트너(수퍼비전-주체 포함)의 말하기 방식에는 이것 이외에도 더 다양하다. ①묻는 대로 그냥 말하기 ②불편해도 숨긴 채 시치미 떼고 말하기 ③말하는 자기를 의식하며 말하기 ④다른 사람처럼 슬그머니 흉내 내며 말하기 ⑤타인의 관심과 눈빛을 붙들기 위한 '유혹하며 말하기' ⑥언제나 자기 증명을 깔고 말하기 ⑦자기-변명이 숨어있는 말하기, ⑧마치 신처럼 또는 신이 된 양 말하기 ⑨사태가 지난 뒤, 후일담 또는 후회하는 듯 말하기 등이다. 이상이 역자가 코칭과 수퍼비전에서 발견한 방식들이다.

수퍼비전-주체가 이런 유능감을 개발하도록 지원하기 위해서는 회기 안에서 보이는 코칭 파트너의 말하기 방식에도 민감하게 관찰하고 묘사하게 하는 것에서 시작해 '말하기 방식'을 구별하고 해석할 수 있게 지원한다.

254) 우리는 모두 거울 없이 자기 모습을 볼 수 없다. 어떻게 거울 역할을 할 수 있는가? 이것이 코치/수퍼바이저의 '경청'의 종점이다. 코칭 파트너/수퍼비전-주체가 수퍼바이저의 경청으로 자기 모습을 충분히 볼 수 있을 때 '경청-했다', '경청을 사건으로 경험했다'가 된다. 이것이 곧 알아차림-경청이다.

기 안에서 그것을 표현할 수 있게 ③안내하는 '기술'을 개발하도록 한다.[255] 코치와 코칭 파트너가 적절히 성숙한 경우, 수퍼바이저는 코치가 내부 대화가 얼마나 유용한지 투명하게 공유하도록 격려한다. 코칭 파트너가 과정의 "작동 방식"을 알게 되면 이런 내부 대화를 말로 표현spoken conversation하기에 더 많은 노력을 기울이게 된다.

> 들여다 보는 유일한 외부인

그러나, 수퍼바이저의 역할은 또한 코치가 코칭 파트너가 이러한 종류의 코칭 개입에 대해 "아직 준비되지 않았다"면 이를 알아차리도록 돕는 것도 놓쳐서는 안 된다. 코칭 파트너가 특히 취약하거나 방어가 강한 경우는 실제 음성 대화로 작업하는 것이 더 적절하다.

이런 구체적 경계와 관련해 코칭 파트너가 "어디에 있는지" 탐색하는 것은 곧 수퍼비전에서 다뤄야 할 일반적인 **윤리 주제**이다. 즉, ^Q이 코칭 파트너는 무엇을 준비하고 있는가? 코치의 도전이 너무 적으면 코칭 파트너는 "설렁설렁할coast" 수 있고 도전이 너무 많으면 '괴롭힘'으로 느껴질 수 있다.[256]

---

255) ④이를 위해서는 코치가 코칭 회기 중의 내적 대화(3번)을 잘 인식하고 이를 코칭 대화(4번)에서 발견하고 이해할 수 있어야 한다. 수퍼바이저는 이런 점을 먼저 다루면서 수퍼비전-주체가 코칭 파트너에게 이를 안내할 수 있는 기술과 기법을 습득하게 안내한다.

256) 코칭 파트너와 코치 두 사람만의 공간에서 이뤄진다. 수퍼바이저는 이를 들여다볼 수 있는 유일한 외부인으로 윤리적 책임을 갖는다. 수퍼바이저가 이를 놓치면 수퍼비전-주체가 내밀한 공간에서 이뤄지는 실상과 자기 모습을 윤리적으로 검토할 수 있는 유일한 기회를 박탈하는 것이다. 수퍼바이저는 이에 자발적으로 연루되어야 한다. 그렇지 않으면 이는 수퍼바이저 윤리적 둔감함으로 미끄러진다.

설렁설렁함과 괴롭힘의 경계와 적절성은 코치와 코칭 파트너의 관계와 코치 자신의 성격적 특성에서 드러난다. 코치가 이에 대한 관점을 갖고 주의 기울임을 하는 것 자체가 윤리적 민감성 확보의 시작이다.

6. 코칭 대화 후의 코치의 성찰

쉔Schön(1983)의 실천-직후-성찰reflection-on-action과 유사하며, 코칭 대화가 끝난 후에 일어난다. 코칭 대화 중에는 의식적, 무의식적으로 많은 일이 일어나기에 코치는 당시에는 알아차리지 못했던 "사후에after the fact" 알아차린 것에 특히 주의를 기울인다.[257] 코치는 이 성찰을 위해 선호하는 구조preferred structure를 갖고 있다. 일곱-눈 모델은 이 시점에서 특히 유용하다. 그러나 더 일반적으로 코치는 다음과 같은 질문을 자신에게 던진다.[258]

'코칭수퍼비전이란 피드백과 피드포워드'의 선형적 비선형적 연쇄이다.

사후 성찰

Q. 내가 어떻게 도왔는가?

Q. 내가 어떤 선택을 했고, 그 이유는 무엇인가?

수퍼바이저 핵심 질문

Q. 내가 무엇을 배웠는가? 코칭 파트너에 대해? 나에 대해? 맥락에 대해 무엇을 배웠는가?

Q. 내가 무슨 우려를 갖고 있는가?

---

257) '사후 성찰'을 수퍼비전 회기에서 다루는 것은 매우 일반적이다. 수퍼비전-주체에 의해 코칭 회기 후 수퍼비전 회기를 위해 가지고 온 것이기에 그 자체로 중요하다. 이를 텍스트로 성찰'한 내용과 맥락을 살피며 코치의 작업을 새로운 지금-여기에서 다룬다.

이 과정에서 코치의 특성과 과제를 도출하게 된다. 실천한 것을 피드백feedback을 통해 성과를 확인하고, 이를 근거로 실천 과제와 결함을 예비하는 피드포워드feedforward한다. 피드백과 피드포워드를 코칭수퍼비전 방식으로 이해해도 무방하다. 이런 점에서 코칭수퍼비전은 이미 코칭 안에 있는 것이며 특별히 별도의 것이거나 실행하기 어려운 기법/작업, 또는 굉장한 듯 신비화할 이유가 없다는 것이 역자의 생각이다. '코칭수퍼비전이란 피드백과 피드포워드'의 선형적 비선형적 연쇄이다.

프로이트의 '사후성Nachträglichkeit'을 염두에 두고 이런 성찰 구성물을 다루게 된다. [역자 부록 4.1] 참조

258) ①개입 결과, ②개입 선택의 근거, ③개입을 통한 배움, ④개입 후의 과제 등 네 가지는 수퍼바이저가 빼놓을 수 없는 핵심 질문이다. 이 각각에 대한 세심한 질문 리스트를 준비하는 게 필요하다.

이것이 수퍼비전에 어떻게 도움이 되는가?

코치가 이 대화를 어느 정도 했는지에 따라 **수퍼비전 대화**가 시작될 "지점"이 결정되는 경우가 많다. 코치로서 이 대화에 참여할 여유가 없었다면, 수퍼비전-주체로 이를 여전히 "날 것 그대로" **가공하지 않은 이슈**로 가져올 것이다. 이는 수퍼비전-주체의 제시[첫 호소]가 조금은 혼란스러워 보일 수 있음을 의미한다. 그렇지만 아직 처리되지 않았기에 이는 수퍼바이저에게 가져올 수 있는 가장 풍부한 정보이다. 반대로, 코치가 이 대화를 통해 성찰을 많이 했다면 수퍼비전에게 가져오는 이슈는 상당히 세련된 방식으로 제시될 수 있으며 이 때는 코치가 이해하고 탐구하고 싶은 **특정 측면**이 분명하게 드러난다.[259]

대화 지점

이미 성찰한 주제

발달적 관점에서 특히 유익할 수 있는 것은 코치가 스스로에게 던지는 질문이다(7장. 수퍼비전의 준비에서 다시 언급될 것임). 여기서 보이는 패턴을 통해 수퍼바이저는 코치의 ①선호도와 ②잠재적 편견, ③사각지대와 ④잠재적 개발 영역에 대한 단서를 얻을 수 있다. 이런 성찰은 코치에게 떠오르는 질문을 기록하고 추적하는 것이 도움이 된다.

네 가지 단서

---

[259] 〈가공하지 않은, 있는 그대로의 생생한 이슈〉는 그 자체로 의미가 크다. 다회기 수퍼비전의 경우 언제나 이를 다루게 된다. 그러나 이것이 반복되는 경우는 또 다른 이슈가 있을 수 있다. **자기-되새김질**self-rumination을 거부하거나 게으른 경우이다. 성찰의 민감성이 부족하다면 큰 이슈는 아니지만 그렇지 않은 경우 수퍼비전-주체 자신을 주제로 해야 한다는 점을 제안해야 한다.

〈처리하고 가공한/이미 숙고하고 특정 부분으로 제기된 이슈〉는 이미 성찰한 결과물 안에서 수퍼비전-주체가 드러낸 이슈이기에 수퍼바이저가 발견한 이슈보다 먼저 다뤄야 한다. 이것은 다른 것과 연결될 수 있거나 항해할 수 있는 새로운 마법의 황금실이다. 그러나 때로는 수퍼비전-주체의 실천과 경험을 **다루는 방식**, 실천과 경험에서 **배우는 방식**과 **깊이** 역시 주목해야 한다. 이에 대해서는 필요와 상황에 따라 제안할 필요가 있다.

[역자 부록 4.1] 프로이트의 사후성

사후성事後性. deferred action, Nachträglichkeit, après-coup

일정 시점에서 경험한 어떤 체험, 인상, 기억 흔적이 그 이후의 시점에 새로운 체험으로 정신적 발달이나 성숙과 동시에 **새로운 의미**나 **정신적 작용, 영향력을 획득**하는 과정을 말한다. 프로이트는 이를 부사나 명사로 사용하며 명확한 정의를 내리지는 않았다. 프로이트 전집 영역자인 스트레이치Strachey, J가 '사후작용deferred action'으로 번역했다. 라캉Lacan, J.은 이 말의 중요성에 주목해 프로이트의 정신적 시간성과 정신적 인과성psychical temporality and causality에 관한 하나의 정신분석적 개념으로 다루었다.

우선 첫째, 이 개념은 주체의 생활사에 관한 정신분석적 사고를 오로지 과거로부터 현재에의 영향에만 주목하는 **직접적 결정론**으로 환원한다는 오해를 부정한다. 오히려 프로이트는 처음부터, 주체는 사후적으로 과거의 사건을 수정해 고쳐 쓴다고 한다. 이 과거 사건의 기억에 의미나 효과, 혹은 병인적인 힘을 부여하는 것이 '고쳐쓰기'이다. 「기억 흔적의 형태를 취하며 존재하는 소재는, 새로운 여러 조건에 의해 새로운 순간을 만날 때 마다 재체제화되어 다시 작성을 한다」(1896년 12월 6일자 플리스Fliess, W.에게 보낸 편지). 프로이트의 생각에 따라 융Jung, C. G.은 **소급적 환상**zurückphantasien이라는 용어를 사용했다. 성인은 과거를 여러 환상 속에서 재해석하는 환상은 그가 현재 사로잡혀 있는 문제의 수만큼 존재하며, 각각이 문제를 상징적으로 표현한다. 잠깐의 재해석은 주체에게 현재의 '현실적 요구'를 피해 상상 속 과거로 도망치는 수단이 된다.

실제로 사후적으로 고쳐 쓸 수 있는 것은 체험된 것 일반이 아니다. 그것은 지금 살아난 순간에 의미 문맥 중에 완전히 통합될 수 없었던 것이다. **동화되지 않고 고쳐 쓰지 못한 체험의 전형이 외상적인 사건**이 된다. 사후 고쳐쓰기는 사건이나 상황 경험, 신체적 성숙에 의해 촉진된다. 이런 경험에 의해 주체는 새로운 유형의 의미작용에 접근하고, 자신의 선행 경험을 재가공한다. 성의 발달, 특히 사춘기의 성은 그것이 인간의 경우 시간적인 차이에 따른 것이기에 사후성과 깊게 관련되어 있다.

현대의 정신분석학자 모델$^{Modell, A.}$은 첨단 신경생물학에서의 에델만$^{Edelman, G.}$의 '기억은 뇌의 정적인 기록으로 이루어진 것이 아니라 오히려 **동적인 재구성**에 의한 것이며 카테고리에 따라 구분되어 만들어지고 있다. … 장기기억은 활성화되기를 기다리는 잠재적인 것이다'라는 주장이다. 정신분석의 사후성 이해와의 일치를 찾고 동시에 반복 강박되는 외상 체험, 나아가 콤플렉스는 그 후의 체험에 의해 수정되지 않는다고 주장한다. 그리고 정신분석의 목적은 이 고쳐 쓰지 않았던 기억을 다시 쓰기, 의미의 확대를 이뤄내는 **사후성의 운영**이다. 전이 해석도 이런 의미에서 기억의 재카테고리화라고 본다.

小此木啓吾. (2014)『精神分析 事典』岩崎學術出版社 P.181. 사후성事後性. 역자 번역 요약

7. 코칭 대화 후 코칭 파트너의 성찰

코칭 대화 후 코치가 성찰하듯이 코칭 파트너 역시 '실천-직후-성찰'   소화하기
이 일어날 수 있다. 이는 코칭 파트너가 회기에서 일어난 일을 제대로
"소화"할 수 있는 기회이다. 이 기회는 코칭 대화 자체만큼이나 중요해
일부 코치는 코칭 파트너가 코칭에서 최대한의 가치를 끌어내기 위해
'계약서'에 이 부분을 포함시키기도 한다.[260]

[260] 코칭 계약서에 '코칭을 위한 양자의 책임' 항목을 두고 두세 가지 문장을 삽입한다. '코치(이름)는 ~~한다'와 대비해 '코칭 파트너(이름) 코칭 회기 종결 후 소정 양식의 성찰 보고서를 제출한다.
수퍼비전 계약에서도 역시 회기 후 성찰 보고서나 실천 과제를 실천하는 항목을 강화할 수 있다. 현실에서는 오히려 코치/수퍼비전-주체가 계약의 실행 강도가 낮거나 형식적인 경우가 있다.

평소 업무 공간에서 떨어진 장소에서 코칭을 진행하는 것만으로도 이런 성찰의 기회를 가질 수 있다. 보통은 하루를 회의 일정으로 꽉 채워서 다음 활동으로 바로 넘어가기에 이런 일정을 최대한 조정하거나 자신을 점검하고 성찰하는 시간을 일정에 삽입하도록 격려해야 한다.[261]

이 모델은 코칭 파트너가 성찰하는 데 도움이 되는 영역을 제시한다.[262]

- 코칭 파트너의 배움
  - Q. 내가 얻은 통찰은 무엇인가?
  - Q. 더 생각할 필요가 있는 것은 무엇인가?
- 코칭 파트너의 의도
  - Q. 배움을 어떻게 적용할 것인가?
  - Q. 이제 나는 무엇을 다르게 할 것인가?
- 코칭 파트너의 행동과 코칭 과정
  - Q. 나는 충분히 마음을 열었는가?
  - Q. 내가 코치를 도왔는가 아니면 코치가 나를 도왔는가?[263]
  - Q. 다음번에 무엇을 어떻게 다르게 준비해야 하는가?

---

261) 대학 캠퍼스의 코칭 센타에서 코칭했던 경험이다. 코칭 회기 후 아름답고 활기찬 긴 교정을 걸어서 오고 가게 안내했고, 이런 회기 전후 경험의 변화에 대해 상세히 점검했다. 이를 통해 코칭 회기 전후 오고 가는 '과정'이 **사후 성찰**과 **자기-되새김**에 매우 중요하다는 점을 확인했다.

이후 역자는 코칭 파트너가 되도록 방문하도록 했다. 이제는 거의 모두 코칭 사무실로 방문한다. 임원 코칭도 한 번은 꼭 초대하거나 직무상 외출 일정을 활용해 코칭 사무실에서 코칭 회기를 한다. 이런 경험을 한 후에는 스스로 방문 일정을 잡는 편이다. 일과 연속된 스케줄 안에서 코칭하는 경우와의 차이를 확인하며 이 차이를 실감하고 자유롭게 선택한다.

262) 코칭 파트너가 아래 질문으로 코칭 후 성찰을 강화한다면 코칭에 대한 **소유권**, 여정에 대한 **주도력**과 **책임성** 높아지고, 코칭 **파트너십**은 강화된다. 이는 바로 **코칭 효과**로 이어진다.

263) 축어록 분석이나 회기 분석을 함께할 때 코칭 파트너가 코치를 맞춰주며 대화하거나 대응했다는 것을 발견할 수 있다. 코칭 여정의 여러 회기를 연결해 보며 이런 결론을 발견한다. 이 경우 코치(방치인가 유도인가)와 코칭 파트너(행동과 심리 패턴인가 성격 특성인가) 모두를 각각 수퍼비전에서 다뤄야 한다.

이것이 수퍼비전에 어떻게 도움이 되는가?

코칭이 진전이 없어 좌절감을 느끼는 코치가 이슈를 수퍼비전에 가져올 때마다(특히 회기 자체에서 에너지가 크게 단절된 경우), 수퍼바이저가 가장 주목하는 부분이 바로 이 대화이다.[264]

코칭 대화 전 코칭 파트너의 대화(2번)에서 설명했듯이, 코칭 파트너는 코칭룸 밖에서 코칭 대화에서 일어나는 일을 "활용할working with" 책임이 있다! 따라서 수퍼비전은 코치와 코칭 대화의 내용을 함께 탐구하며 코칭 과정에서 이를 어떻게 안내할 수 있을지 방법을 검토해야 한다. "회기 후 어떤 일이 있었는지" 상세히 살펴보고, 이와 관련해 계약에 이슈가 있는지 검토해야 할 수 있다. 수퍼바이저는 다음 질문으로 또 다른 차원의 정보를 얻는다.

- Q. 각 당사자의 기대는 무엇인가?
- Q. 그것이 현실적인가?
- Q. 코칭 파트너는 시간을 내어 성찰하고 있는가?

수퍼비전을 통해 코치는 성찰에 대한 코칭 파트너의 코칭에 임하는 방식이 코칭 파트너와 그 시스템에 대해 "우리에게 무엇을 알려 주는지" 검토할 수 있다. 예를 들어, 코칭 파트너의 의문이 모두 "Q. 나는 어떻게 해야 하는가?"[자기에 집중], 아니면 "Q. 다른 사람들은 어떻게 생각하지?[타인 집중]"에 관심이 있는지, 또 코칭 파트너가 자신의 실천

---

[264] 코칭 파트너가 코칭 후 실천 과제를 어떻게 잘 이행하는가 여부에 관심을 기울이면서도 코칭회기에서 나눈 대화를 성찰하며 이를 얼마나 소화했는지 더 주목한다.
　수퍼바이저는 계약 내용 점검은 물론 코칭 파트너의 배움 방식과 속도, 정도를 세심하게 검토하도록 수퍼비전-주체의 시각을 확대해 전체를 조망하도록 안내하며 회기 후 코칭 파트너의 성찰 여부에 수퍼비전-주체가 주목하게 한다.

수준에 어떤 느낌을 갖고 있는지 감을 잡을 수 있다. 코칭 파트너는 실천을 계획하며 지나치게 낙관적이거나 비관적이고, 또 성찰하며 어디에 강조점을 두는지 파악한다. 아니면 전혀 성찰하지 않을 수 있다!

물론, 이 부분의 대화 자체가 코칭 파트너의 참여나 전념의 수준에 대한 (자기)성찰일 수 있다. 또한, 그들이 선호하는 작동 스타일을 나타낼 수 있다. 이런 점들이 코칭 목표와 관련이 있는 경우 유용한 정보가 될 수도 있고 아닐 수 있다.[265]

통합적 모델

최근에는 코칭과 수퍼비전 관계 및 대화가 지닌 복잡성을 성찰하기 위해 다양한 관점에서 접근하는 모델이 개발되었다.

통합적 관계적 수퍼비전 모델은 무엇인가?

이 모델은 실천 코칭수퍼바이저인 앨리슨 호지Alison Hodge가 여러 접근 방식을 통합하고 박사학위 연구를 통해 발전시킨 모델이다. 호지(2014)는 자신의 모델에 대해 이렇게 말한다.

특히 조직 환경에서 코칭 과정의 복잡성과 요구를 검토해 보면 정기적인 일대일 또는 집단 수퍼비전을 통해 자신을 위해 지원받

---

[265] 코칭 목표가 불확실한 경우, 또는 코칭 회기를 통해 좌절하거나 새로운 목표가 보일 경우도 있지만 이와 달리 코칭 파트너가 지닌 '배움과 성찰을 실행에 옮기기'까지 어떤 특성을 보이는지 파악하고 이를 대처해야 한다. 어떠한 경우든 코치는 최종 확신이 올라올 때까지 검토해야 한다.

수퍼바이저는 코치가 이를 중도 포기하거나 합리화를 경계하고, 최선의 노력을 하도록 격려하며 지원한다.

는 것이 매우 중요하다고 생각한다. 이 실천을 "통합적이고 관계적"(Gilbert & Evans, 2000)이라고 표현한다. "나는 **초점**을 수퍼바이저와 수퍼비전-주체의 **상호작용 영역**에 둔다. 이점이 **수퍼비전의 기초**이고, 이를 통해 그 의미가 **공동-창조**가 된다"(Hodge, 2014). 나의 연구는 시스템 정신역동 이론(Brunning, 2006), 성인 발달 이론(Kegan, 1982)과 성인 학습 이론(예: Kolb, 1984; Mezirow, 1991)에 기반을 두고 있다.

> 시스템 정신역동 이론

코칭수퍼비전(Hodge, 2014)에서 어떤 일이 일어나는지 박사학위 논문의 연구 결과를 바탕으로 수퍼비전-주체에게 수퍼비전의 과정에 어떤 것이 포함되는지, 프랙티스에서 목적에 적합하게 유지하는게 어떻게 도움이 되는지 통찰을 줄 수 있는 수퍼비전 모델을 제시한다.

수퍼비전의 세 가지 기둥

연구 결과로 코칭수퍼비전의 세 기둥 three pillars(성인 학습, 수퍼비전 관계, 성찰적 실천)에서 세 가지 요소(점선으로)가 지속해서 드러났다[그림 4.2]. 이 요소들은 수퍼비전에서 이루어지는 작업을 뒷받침하고 억제하는 역할을 한다. 일단 이 세 가지가 [점선에서 실선으로] 확립되면, 프랙티셔너와 그들의 작업이 발전함에 따라 모델, 목적, 과제를 활용하고 적용할수 있다.[266)]

> 세 기둥
> 세 요소

> 절구통

---

266) 대화가 이뤄지는 **절구통, 용광로, 도가니** 이미지도 의미를 드러낸다. 여러 가지를 뒤섞고, 융합된다. 들어 있는 생생한 재료는 제 3의 무엇인가로 된다(요리/약 등).

수퍼비전-주체가 '관계' 안에서의 대화(통) 안에 넣은 것은 '관계-안에서의-대화'를 통해 무엇인가를 해결하고자 목적이나 과제이다. 위 이미지는 성인학습, 수퍼비전 관계, 성찰적 실천이라는 세 다리로 이뤄진 절구통 안에서 '대화'를 통해 제3의 결과를 만들어 내는 전통적인 생산 도구 '절구통'의 이미지와 함께 제시한다. 대화 과정에서 넣는 재료는 모델, 목적, 과제이다. 뒤섞이고 문드러지며 새로운 것이 된다.

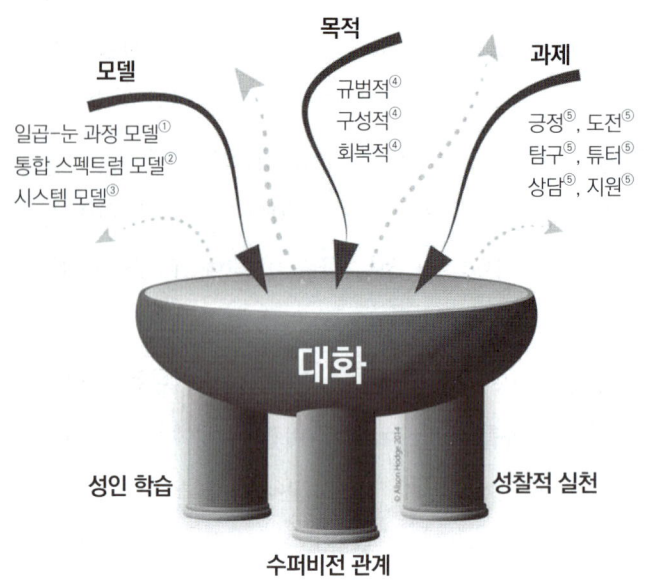

[그림 4.2] 통합적 관계적 수퍼비전 모델

모델	목적	과제
① 일곱 눈 모델(Hawkins & Smith, 2013)	④ Derived from Proctor(1997)	⑤ Derived from Carroll (1996) and Hawkins & Smith (2006)
② 통합 스펙트럼 모델(Murdoch,Adamson & Orriss, 2016)		
③ 시스템 모델(Gray & Jackson, 2011)		

수퍼비전 관계의 중요성

수퍼비전 관계의 발전

코치와 수퍼바이저의 '관계'는 수퍼비전이 효과적이 되게 만드는 중요한 요소이다. 신뢰가 커짐에 따라 코치가 두려움과 취약성을 드러내고 공유할 수 있는 안전함을 제공한다. 그러면 코치는 모든 의심을 완화하고, 자신감과 기술^{skill}을 다시 연결하며, 코칭 과제에서 어려움을 겪을 수 있는 프랙티스에 대한 명확성을 얻을 수 있다.

여기에 중요한 정보가 두 가지 수준에서 드러난다.

(1) 코칭 파트너 시스템에서 일어나는 일에 대한 정보를 제공하기 위해 알아차림과 통찰을 높일 수 있는 병렬 과정(Casey, 1993).

시스템 정보와 병렬 과정

(2) 관찰, 모델링, 수퍼바이저와의 피드백을 통해 코치는 자기 알아차림과 통찰을 얻어 코칭 관계에 적용할 수 있다.

성인 학습의 핵심 조건 만들기

코치와 수퍼바이저는 자신이 선호하는 학습 스타일(Kolb, 1984)에 대한 인식과 이해를 갖고 있다. 이를 바탕으로 학습자와 학습 과정이 가장 효과적이고 적절한 접근 방식과 성찰의 형태를 결정한다. 코치가 자기 주도적이고 자율적인 성인 학습으로 자신의 학습에 책임을 지게 되면(Cox, 2006), 그들은 학습에 대한 개인적인 동기를 발전시킬 수 있다. 학습자의 자율성과 자기효능감(Bandura, 1977)은 그 자체가 임의적인 규정과 지침과는 전혀 다른 결과를 가져온다.

자기 주도적
자율적
성인 학습

성찰의 가치를 높인다

내부 수퍼바이저

좋은 성찰적 실천을 통해, 코치들은 실제 수퍼비전 회기에서 일어나는 일들에 대해 반복적인 주제, 패턴, 새로운 학습을 포착하여, 케이스먼트Casement(1985)가 말하는 자신만의 "내부 수퍼바이저 inner supervisor" 형태를 개발한다. 코치가 수퍼비전에 대한 개인적인

자기에게 맞는 수퍼바이저 찾기

책임을 지게 되면 준비와 그에 따른 후속 성찰에 더 넓은 목적을 부여한다. 이 과정은 관계에 영향을 미치고 학습은 더 높은 가치를 갖는다.[267]

이것이 수퍼비전에 어떻게 유용한가?

이 모델은 코칭수퍼비전 작업를 위해 특별히 개발된 매우 다른 모델이다. 수퍼비전-주체로서 이 모델은 함께 일할 만하고 안전함을 느끼고 배울 준비가 되어 있는 "자신에게 맞는 수퍼바이저"를 찾는 것의 중요성을 강조한다. 이 모델은 또한 수퍼비전-주체가 자신의 학습에 책임지는 것을 상기시켜 준다. 현재 시장에서는 수퍼비전이 필수가 아니기 때문에, 이 점을 명확히 하는 것이 도움이 된다고 생각한다.

일대일 수퍼비전의 기능

마지막으로, 우리의 경험에 따르면 많은 수퍼비전-주체들이 성찰적 실천을 심화하는데 어려움을 느끼며 분투한다. 물론, 코치 훈련 기관 중에는 이런 실천능력capability를 키우는 데 중점을 두는 곳은 거의 없다. 따라서 이 모델은 수퍼비전-주체가 성찰적 프랙티셔너로 진정으로 진화하는 수퍼비전 관계의 '안전' 안에서만 가능하다는 현재의 현실을 반영하고 있다.[268]

---

267) 매우 인상 깊은 모델이다. 어떠한 전제보다는 도가니/절구에 모든 모델이나 수퍼비전의 세 가지 기능, 수퍼비전 안에서 대화 과정에서 여섯 가지를 넣고 나오는 모습을 자유롭게 생성해 가는 '대화 모델'은 마법과 같고 종교적이기까지 하다. 보임 없는 보임, 가르침 없는 배움을 위해 수퍼바이저는 세 가지 기둥으로 이뤄진 절구통만 준비하면 된다. 무엇이 나올지 어찌 알겠는가? 박물관에서 보는 '세 다리가 있는 고대 유물'을 보며 연상한다. 이른바 '유물 멍'이다.

268) 절구통에서 만들어지는 새로운 제3의 출현물, 수퍼비전-주체만의 독특한 창조물과 이를 위한 실천능력이 훈련 기관에서 이뤄질지는 의문이다는 점에 공감한다. 이는 일대일 코칭수퍼비전에서 가능하다고 본다.

통합 스펙트럼 모델

코칭수퍼비전의 '통합 스펙트럼 모델full spectrum model(FSM)'은 '코칭수퍼비전 아카데미Coaching Supervision Academy(CSA)' 팀에 의해 개발되었다. 이것은 전통적 방법과 현대적 방법을 결합하고, 몸body, 마음mind, 영성spirit을 아우르는 전체론적 접근 방식을 취한다. [그림 4.2]는 이런 다양한 에너지가 어떻게 결합 되는지를 설명하려고 종합한 시도이다.[269]

몸, 마음, 영성

수퍼비전-쌍

그 핵심에는 코치와 수퍼바이저 '관계'가 있다. 이점이 수퍼비전-주체의 작업을 이해하는 수단vehicle이 된다. 이 모델은 네 가지 영역을 다룬다. 첫째 영역은 기초가 되는 심리학, 조직이론의 영향이다. 두 번째 영역은 자기-지지self-support, 성찰, 에너지 관리와 같은 메타 기술meta-skill이다. 세 번째는 수퍼비전 관계가 어떻게 구축되고 지속되는가에 관한 것이다. 나머지 영역은 수퍼비전 작업 중에 수퍼바이저가 활용할 수 있는 도구와 프랙티스가 포함된다. 이 모델은 수퍼비전-주체의 코칭이 이뤄지는 전체 영역에 대해 탐색해야 한다는 알아차림을 갖게 하면서도 코칭 파트너의 존재를 탐구할 기회를 수퍼비전의 쌍pair[수퍼비전-주체와 수퍼바이저(관계)]에게 제공한다.[270]

존재의 탐구

---

[269] 역자가 회사 이름을 한국코칭수퍼비전아카데미Korea Coaching Supervision Academy(KCSA)로 바꾸고(2011), Praix and Presence 코칭수퍼비전1(한국코치협회 역량 프로그램, 인증번호 SC-ACPK01009)을 시작할 당시 매우 적극적으로 참고했던 모델이다.

[270] 'the supervision pair' '수퍼비전-한 쌍'이라는 용어는 두 사람이 각각 또 같이 엮여 있음의 의미를 강조한다. 동고동락하는 '깐부'의 이미지이다. 이런 용어는 마치 운명 공동체와 같은 결속감을 강조하며 이를 '한 단위'로 바라보게 하는 정신분석에서 분석가와 분석 주체의 관계를 설명하며 사용한다. 통합 스펙트럼 모델에서 주로 사용하는 용어이다.

이 모델은 코칭과 수퍼비전의 전반적인 모든 영역과 요소, 〈코칭 파트너와 코치/수퍼비전-주체와 수퍼바이저의 존재〉에 대한 탐구를 포괄한다. 수퍼비전의 대상을 크게 확대한다.

이것이 수퍼비전에 어떻게 유용한가?

명상적 접근

널리 사용되는 이 모델은 코칭수퍼비전을 위해 특별히 고안된 몇 안 되는 모델 가운데 하나이지만, 그 다방면적 성격eclectic nature은 처음에는 이해하기가 어려울 수 있다. 아마도 이는 우리가 선형적으로 생각하는 데 더 익숙하기 때문일 것이다.

이 모델은 수퍼비전 대화에 역동적이고, 시스템적이며, 명상적 접근contemplative approach을 제공한다. 이 모델로 작업한 경험에 의하면 '수퍼비전 쌍'이 좀 더 전체적인 관점holistic view을 갖도록 안내한다. 또 이 쌍이 수퍼비전 대화의 내용, 과정, 스타일이 모델의 다른 양상들different modalities 사이에서 밀물 썰물처럼 [한 몸이 된 듯] 오가며 어디에서 어떻게 변화하는지를 서로 알아차리도록 격려한다.

이 한 쌍이 추는 '춤'을 관찰하면 ①병렬 과정에 대한 풍부한 정보를 얻을 수 있고, ②선호도와 사각지대를 구별할 때마다 통찰을 생성한다. 또한 ③수퍼바이저와 수퍼비전-주체 사이의 탐색 범위를 유연하게 넓힐 수 있는 여러 경로를 제공한다. 이를 염두에 두고 수퍼비전-주체가 ④다양한 양상들을 코칭 프랙티스와 수퍼비전 관계를 지도화하는 체크리스트로 사용할 수 있다. 이 방법과 모델을 활용하면 이를 활용하기 전보다 광범위한 이슈와 개념을 탐구하는 데 도움이 된다.[271]

당신이 누구인지는 당신이 수퍼비전하는 방식에 달려 있다.

'내가 누구인지는 나의 코칭을 보면 알 수 있고, 나의 수퍼비전 방식에 달려 있다.' (코칭 아포리즘(12))

---

[271] 〈당신이 누구인지는 당신이 수퍼비전하는 방식에 달려 있다.〉 이는 통합 스펙트럼 수퍼비전 모델이 제기하는 모토이다. 역자 역시 이를 차용하여 받아들여 활동해 왔다. '내가 누구인지는 나의 코칭을 보면 알 수 있고, 나의 수퍼비전 방식에 달려 있다.' (코칭 아포리즘(12)) 참조.『통합 스펙트럼 수퍼비전 모델full Spectrum Supervision』 2025. 재키 아놀드, 에드나 머독 편집. 박미영, 한경미 옮김. 2015.

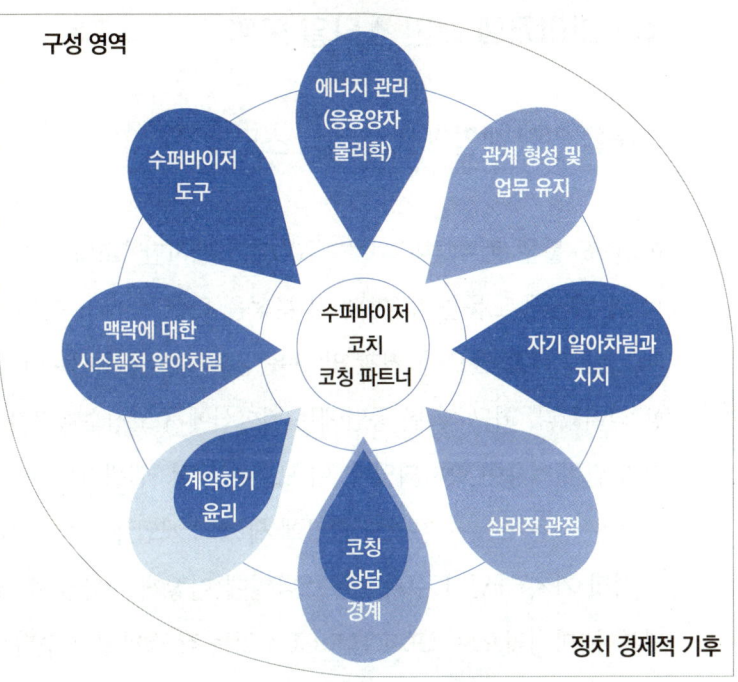

 사고/인식

양자 물리학 체계
심리학:
- 발달
- 변화
- 집단
- 조직

사회화:
- 조직

 상위 기술, 자료, 성찰

에너지 관리
프레즌스/마음챙김
내부 수퍼바이저
병행 현상
사람됨이 곧 수퍼비전 방법
저술과 기사
서평

 관계 형성 및 업무 유지

작업 동맹 만들기
지지하고 도전하기
가르치고 개발하기
윤리적·전문적 기준의 확정

 도구와 행동

심리 측정
다수와 계약하기
예술 기반 접근
일곱 눈 모델(Hawkins)
성찰적 프랙티스 개발하기
코칭심리학

[그림 4.3] 통합 스펙트럼 모델

수퍼바이저의 개인 스타일 모델

여섯 가지 개입

도움을 위한 개입의 여섯 가지 스타일

이 구조-틀은 존 헤론^{John Heron}(2001)이 제시한 "조력^{helping} 프랙티셔너"가 어떻게 도움을 제공하는지 분석을 위한 것이다. 이는 상담 연구에 기반을 두고 있으며, 건강 및 교육 전문가를 양성하는 데 더 널리 활용되어왔다. 최근 몇 년 동안에는 리더십에서 코칭수퍼비전에 이르기까지 널리 적용이 확대되었다. 이 모델은 우선 "권위적^{authoritative}"과 "촉진적^{faciloitative}"으로 구분하고 각각에 세 가지 개입 유형을 제시한다.

리더십에서 코칭수퍼비전까지

여섯 가지 개입이 수퍼비전 스타일에 어떻게 나타날 수 있는지 살펴본다. 마지막으로, [표 4.1]과 [표 4.2]는 각 스타일이 수퍼비전-주체에게 어떻게 도움이 되고 저해가 되는지를 정리한다.

세 가지 권위적 스타일

이 스타일 모두 '전문가'라는 틀에서 출발한다. 여기서 조력자(이 경우 수퍼바이저)는 정보를 제공하거나, 건설적으로 상대방에게 도전하거나, 상대방이 할 수 있는 일을 제안한다. 권위적 개입의 세 가지는 다음과 같다.

- 처방적^{prescriptive}: 수퍼바이저가 조언이나 방향을 제공하여 수퍼비전-주체에게 명시적^{explicitly}으로 지시하는 경우이다.[272]

---

[272] 분명하게 처방을 지시한다는 점에서 권위적 개입이다. 규범, 오래된 관행, 이미 실행되고 있는 것들을 명시적으로 명료하게 알려 주는 것이다. 수퍼바이저에게는 이것이 필요하다는

- 정보적informative: 수퍼비전-주체에게 안내guide와 강의instruct를 통해 정보를 제공한다.273)
- 직면적confronting: 수퍼바이저가 수퍼비전-주체의 행동이나 사고 방식에 도전한다.

  직면적 개입이 절실한 경우
  역설적 개입

  이는 "공격적인" 접근이 아니다. 오히려 대립/직면은 건설적이고 긍정적으로 이루어진다.

  가령 수퍼비전-주체가 알아차리지 못하는 경우 '대체 관점 alternative perspective'을 제시한다.274)

[표 4.1]은 이 스타일들이 각각 언제 유익할 수 있는지를 보여준다.

분명한 판단이 있어야 하며, 수퍼비전-주체는 책임을 가져야 한다. 이런 개입을 선호하는 경우 성장을 위한 양분이 될 수 있으나 이는 다른 면에서 보면 '독이 든 양분'이기에 쉽지 않은 접근이다.

수퍼비전-주체가 인식의 지평을 (아직은) 스스로 넓혀가지 못하거나, 콘텐츠를 생산하지 못하고 있는 와중에 이런 개입과 대안을 탐하는 경우와 이것이 수퍼바이저의 '신처럼 굴고 싶음godlikeness'이 맞물리게 되면 둘 만의 담합과 정체로 미끌어지기 쉽다.

역자는 이 대안으로 '자문적consultative 개입'으로 대처한다. 이는 수퍼바이저의 필요한 역할에서 온다.

273) 수퍼바이저와 수퍼비전-주체 간의 의존성을 허용하지 않고 수평적이고 등가적으로 진행할 수 있을지 다양한 간접적이고 우회적인 방안도 함께 검토해야 한다.
274) 수퍼비전을 위한 '작업 동맹'이 견고해야 가능하다. 대립의 경우가 관점과 가치 수준으로 비약되는 상황에서는 역설적 개입으로 전환될 수 있다.

때로 수퍼비전-주체는 ①자기 경험이나 인식 범위 내에서 자신 생각을 견고히 구성하며 공격적 언사나 에너지를 발산하는 경우, ②수퍼바이저에 대한 부정을 자기 동력으로 활용해 버티는 경우, 심지어 ③자신의 이런 사실을 인지하고 있으면서도 '관계'에 초래된 상황을 자기 스스로 해결하는 경험이 부족한 경우, ④이를 해명하거나 사태를 수습하는 과정에서 직면하는 정서의 두려움으로 회피/주저하는 경우 수퍼바이저는 '문제 있는 사람'으로 거부당하는 위치에 머물며 기다림으로 견디게 된다.

[표 4.1] 헤론의 세 가지 권위 스타일

권위적 스타일	언제 도움이 되는가?	언제 방해가 되는가?
처방적	코칭 파트너 다른 이해관계자와 "주의 의무duty of care" 이슈가 "정확하게precisely" 관리되어야 하는 경우	수퍼비전-주체가 스스로 생각하기보다는 "말해 주는 것"을 선호하는 경향이 있을 때
정보적	수퍼비전-주체의 교육에 차이가 있고, 수퍼바이저가 지금 당장 회기에서 "제안input"하는 것이 시기적절하거나 비용 효과적인 경우	수퍼비전-주체가 수퍼바이저의 "작은-나mini-me"가 되고 싶어하는 경우에는 수퍼비전-주체가 스스로 그 영역을 연구하도록 격려하는 것이 더 적절할 수 있다.
직면적	수퍼비전-주체에게 "사각지대"가 있고, 수퍼비전 계약에 수퍼비전-주체가 고려할 수 있는 대안적인 관점을 제시할 수 있다는 조항이 있는 경우	수퍼비전-주체가 취약성을 지니고 있고, 여러 관점에 압도당할 수 있는 경우. 현재의 관점을 "고수하고stick", 자신의 (현재) 경험에서 장단점을 고려하며, 미래의 경험에 접근할 때 더 신중하게 행동하도록 하는 것이 더 도움이 될 수 있다.

세 가지 촉진적 스타일

이 스타일은 "협력적collaborative" 틀에서 나온다. 여기서 조력자(이 경우의 수퍼바이저)는 수퍼비전-주체가 스스로 결정을 내리고 해결책을 생성할 수 있도록 돕기 위해 수퍼비전-주체의 아이디어와 해결책을 도출하고 자신감을 높이도록 노력한다. 세 가지 촉진적 개입은 다음과 같다.

- 카타르시스적cathartic: 수퍼바이저는 수퍼비전-주체에게 이전에는 '목소리'를 내지 않았던 생각, 정서, 경험을 표현하도록 격려한다.[275]

---

[275] 카타르시스적 접근은 수퍼비전-주체의 관점과 주장, 과제를 다루기 전에 자신의 기분과 정서, 알 수 없는 어려움 등을 충분히 호소하게 한다. 주장도 포함한다. 그러나 이를 막고 있는 답답함이 있다면 이것을 충분히 설명하게 한다. 이것 자체가 그가 갖고 있는 또 다른 목소리이다. 또 이것이 충분히 나오며 정서가 충분히 같이 나와 흩어져야 상황과 맥락, 관계와

- **촉매적**catalytic: 수퍼바이저는 수퍼비전-주체가 스스로 성찰하고, 발견하고, 배우는 데 도움이 되는 '질문'을 제공한다. 수퍼비전-주체가 배운 것을 표현할 수 있도록 격려하며, 나중에 스스로 '적용'할 수 있도록 한다.[276]
- **지지적**supportive: 수퍼바이저가 기존의 역량, 자질, 성취에 초점을 맞추어 수퍼비전-주체의 자신감을 키우려는 것이다.[277]

> 지지는 가는 길을 가게 하나
> 지적은 가던 길도 멈추게 한다.
> (코칭 아포리즘(13))

[표 4.2]는 각 스타일이 특히 유용할 수 있는지 없는지를 보여준다.

등장인물과의 역동을 볼 수 있다.

특히 자신의 정서와 생각을 구별하지 못하거나 정서를 몸으로 감지하기보다는 생각으로 표현하는 경우, 자신과 관련되는 사항에서는 언제나 정서 또는 눈물 반응을 관리하기보다는 과도하게 노출되는 경우 수퍼바이저는 '조금씩', 아기 걸음 가듯 탐색적 발걸음, 스스로 관리나 조절할 수 있는 기회를 넘기며 다루게 된다.

276) 수퍼바이저의 적절한 '질문' 제공으로 수퍼바이저의 '생각하기'에 촉매로 활용할 수 있게 한다. 이를 위해서는 수퍼바이저는 다양한 질문세트의 준비가 필요하다. 역자는 TnT⇔HnN 질문, 대상 지향⇔주체 지향 질문, 춤추듯 접촉contact과 합류joining를 위한 대화, 은유 질문 등을 기본으로 활용한다. 그러나 이를 '적용'하도록 지지와 지원, 리허설 등이 반복적으로 필요하다. 흉내내기보다는 **응용할 수 있는 근육**을 갖게 한다.

277) 행동이냐, 노력이냐, 존재냐 어디를 지지하고 표현을 어느 정도 드러내야 하는가에 대한 인식이 수퍼바이저에게 필요하다. 지지는 가는 길을 걸어가나 지적은 가던 길도 멈추게 한다. (코칭 아포리즘(13))

[표 4.2] 헤론의 세 가지 촉진적 스타일

촉진적 스타일	언제 도움이 되는가?	언제 방해가 되는가?
카타르시스적	수퍼비전-주체가 자기 작업에 새로운 반응을 경험하고 있고, 그 일이 자신에게 미친 영향을 이해하고자 하는 욕구가 있을 때	같은 반응을 반복적으로 탐구하려는 욕구가 있을 때 수퍼비전-주체가 주제를 개인 코치나 치료사에게 가져가는 것이 더 적절할 수 있다.
촉매적	수퍼비전-주체가 학습과 이해를 발전시킬 수 있는 이슈의 잠재력을 이미 파악한 경우 능동적인 에너지와 호기심, 그리고 "스스로 해결하려는" 욕구를 갖고 있을 때	코칭 파트너에 대한 즉각적인 돌봄 의무가 있는 상황에서 수퍼비전-주체가 아직 이슈의 "요점"을 파악하지 못한 경우
지지적	수퍼비전-주체가 자기 작업 영역에서 자신감을 갖기 위해 고군분투한다는 것을 이미 알고 있을 경우 수퍼바이저가 수퍼비전-주체의 성찰이나 대화 패턴에서 도움이 되지 않는 수준의 자기비판을 감지하는 경우	수퍼비전-주체가 수퍼바이저에게 "치어리더cheer leader"가 되어 달라고 의존하는 경우

[역자 부록 4.2] 역자가 수퍼비전에 활용한 추가 개입 유형

유형	설명	대표적 예시	
자문적 개입·중재 consultative intervention	코칭 파트너가 자신의 판단에 대한 비교나 확증을 얻기 위한 요청에 의해 이루어진다. 필요한 정보나 사례 제공하길 원할 경우 제한적 제공을 통해 개입한다.	코치의 자기개방, 예시. 자문 요청에 대한 제한적 응답	통찰 촉진
직관적 개입·중재 intuitive intervention	코칭 파트너가 한 순간에 사태나 사실의 전체를 파악하거나 단서를 포착해 내거나, 코치에게 포착된 직관을 코칭 파트너와 나누는 방식으로 개입한다.	부드러운 직면, 직접적대화, 포착한 직관 나누기	
개념적 개입·중재 conceptual intervention	감정, 사고, 행동 패턴에 대한 정리와 자기 검토, 과제 해결, 방향 상실에 대한 새로운 발상 촉구할 필요가 있는 경우 이론과 경험에 대한 통합을 돕는다. 일상적 창의성(little creativity)과 호기심, 기회 발견을 위해 개입한다.	이름 짓기, 정리 요청, 읽기 자료 안내	
역설적 개입·중재 paradoxical intervention	목표와 반대되는 인식과 실행을 제시, 제안하거나 특정한 자기 방식을 적극 지지하여 저항을 불러일으키거나 자기 논리에 대한 인식에 새로운 자각 촉진하기 위해 개입한다.	직접적 질문, 제안, 예시, 영웅담, 영화나 클립	
해석적 개입·중재 interpretative intervention	위대한 창의성(Big C), 의외의 성찰 등, 사태의 본질이나 전체 규모에 대한 새로운 이해를 얻어 자신의 자원을 자각하고 자립적 행보를 강화하기 위해 개입한다.	직접 설명 요청이나 제안, 직접 해석 촉구 질문을 통해 토론을 한다.	

결론적 사고

자기 선호 모델   활용할 수 있는 모든 수퍼비전 모델을 여기에 포함하는 것은 불가능하다. 부족하지만 선택한 모델들이 수퍼비전의 이유, 내용, 방법을 보여줄 수 있기를 희망한다. 수퍼바이저는 자기만의 선호 모델과 스타일을 가지고 있을 가능성이 높다. 심지어 서로 다른 모델을 혼합하여 독특한 접근 방식을 만들어 활용할 수 있다. 따라서 수퍼비전-주체는 계약 단계에서 수퍼바이저의 작업에 어떤 모델이 적용되는지 명확히 하는 것이 중요하다. 이 모든 모델을 깊이 이해할 필요는 없지만, 수퍼비전-주체가 수퍼바이저의 실천 토대과 모델을 알고 있다면 수퍼비전 과정이 더 협력적인 느낌을 받을 것이다.

주요 학습 요약

1. 이 모델에 대한 지식은 수퍼비전에서 원하는 바를 구별하고 효과적으로 준비하는 데 도움이 되는 알아차림을 제공한다.
2. 모델에 대한 지식은 수퍼비전에서 원하는 것을 확인하고 효과적으로 준비하는데 유용한 인식을 제공하다.
3. 모델은 개인의 성찰과 학습에 도움이 될 수 있다.
4. 코칭 파트너와 계약할 때처럼 수퍼바이저와 계약할 때도 엄격하게 계약하여, 그 과정을 통해 수퍼비전-주체와 코칭 파트너 모두에게 최선의 서비스를 제공할 수 있도록 하라.

성찰 질문

1. 지금까지 받은 수퍼비전을 뒤돌아보면 어떤 모델이 수퍼바이저의 작업에 영향을 미쳤다고 생각하는가?
2. 이 장에서 설명한 모델 중 어떤 모델이 마음에 드는가? 왜 그렇게 생각하는가?
3. 반대로, 이 장에서 설명한 모델 중 어떤 모델이 마음에 들지 않았는가? 왜 그렇게 생각하는가?
4. 여기서 설명한 모델들 중 어느 모델을 독립적인 성찰에 사용할 수 있다고 생각하는가?
   동료와 함께 사용할 수 있는 모델은 어느 것인가?
   훈련받은 수퍼바이저만 사용할 수 있는 모델이 있는가?

추가 연구를 위한 질문

1. 코칭수퍼비전의 모델에 구체적으로 포함할 필요가 있는 것은 무엇인가?
2. 수퍼비전의 가치를 어떻게 측정할 수 있는가?

참고 문헌

- Bandura, A. (1977) Self-efficacy: Toward a unifying theory of behavioral change. *Psychological Review*. Vol. 84, No. 2, pp. 191–215.
- Brunning, H. (2006) *Executive Coaching – Systems-Psychodynamic Perspective*. Karnac: London.
- Carroll, M. (1996) *Counselling Supervision: Theory, Skills and Practice*. Cassells: London.
- Casement, P. (1985) *On Learning from the Patient*. Routledge: Abingdon.
- Casey, P. (1993) *Managing Learning in Organisations*. Open University Press: Buckingham.
- Clutterbuck, D. (2011a) Coaching and Mentoring Supervision: Theory and Practice. McGraw-Hill: Berkshire.
- Clutterbuck, D. (2011b) Using the seven conversations in supervision. In T. Bachkirova, P. Jackson and D. Clutterbuck (Eds) *Coaching & Mentoring Supervision: Theory & Practice*. Open University Press: Maidenhead.
- Covey, S. (1989) *The Seven Habits of Highly Effective People*. Simon & Schuster: London.
- Cox, E. (2006) An adult learning approach to coaching. In D. Stober and A. Grant (Eds) *Evidence-Based Coaching Handbook*. Wiley & Sons: Hoboken, NJ.
- Gilbert, M. and Evans, K. (2000) *Psychotherapy Supervision: An Integrative Relational Approach*. Open University Press: Buckingham.
- Gray, D.E. and Jackson, P. (2011) Coaching supervision in the historical context of psychotherapeutic and counseling models: A meta-model. In T. Bachkirova, P. Jackson and D. Clutterbuck (Eds) *Coaching and Mentoring Supervision: Theory and Practice*. McGraw Hill: Maidenhead.
- Hawkins, P. and Shohet, R. (2010) *Supervision in the Helping Professions*. McGraw-Hill: Maidenhead.
- Hawkins, P. and Smith, N. (2013 [2006]) *Coaching, Mentoring and Organisational Consultancy*. Second edn. McGraw Hill: Maidenhead.
- Heron, J. (2001) *Helping the Client – A Creative Practical Guide*. Fifth edn. Sage Publications: London.
- Hodge, A. (2014) *An Action Research Inquiry into What Goes on in Coaching Supervision to the End of Enhancing the Coaching Profession*. Doctoral thesis, Middlesex University.
- Kegan, R. (1982) *The Evolving Self: Problem and Process in Human Development*. Harvard University Press: London.
- Kolb, D.A. (1984) *Experiential Learning: Experience as a Source of Learning and

- *Development*. Prentice-Hall: Upper Saddle River, NJ.
- Megginson, D. and Clutterbuck, D. (2009) *Further Techniques for Coaching & Mentoring*. Butterworth Heinemann: Oxford.
- Mezirow, J. (1991) *Transformative Dimensions of Adult Learning*. Jossey-Bass: San Francisco, CA.
- Murdoch, E., Adamson, F. and Orriss, M. (2006) Full Spectrum Model. coaching supervisionacademy.com/our-approach/full-spectrum-model/ (accessed 1 November 2013).
- Murdoch, E. and Arnold, J. (Eds) (2013) *Full Spectrum Supervision: "Who You are is How you Supervise."* Panoma Press: St Albans.
- Proctor, B. (1997) Contracting in supervision. In C. Sills (Ed.) *Contracts in Counseling*. Sage Publications: London.
- Schön, D. (1983) *The Reflective Practitioner*. Basic Books: New York.
- Whitmore, J. (1992) *Coaching for Performance: GROWing People, Performance and Purpose*. Nicholas Brealey: London.

[역자 부록 4.3] 코칭수퍼비전 이론과 모델 추가 검토

이 저서 이후 코칭수퍼비전 이론과 모델은 다양하게 전개된다. 어디까지가 이론이고 또 '모델'인지 어떻게 구별되는가에 대한 논의는 오늘날까지도 특별히 진전되지 않고 혼용되고 있다. '이론 기반 코칭수퍼비전', '코칭수퍼비전 모델과 방법'으로 잠정 구별하는 정도이다.

코칭수퍼비전 발전을 위해 다른 철학과 이론을 접목한 연구는 이를 적용하는 방안으로 '모델'로 활용 된다. 모든 철학과 이론이 현실에 기반을 두고, 또 현실을 해석하는데 동원 가능해야 한다는 점에서 코칭수퍼비전에 관한 이론적 탐색과 적용 연구는 당연한 추세이다. 실존주의 코칭수퍼비전, 해결중심 코칭수퍼비전, 페미니즘 코칭수퍼비전, 마음챙김 수퍼비전 등을 중요한 예로 들 수 있다. 이론 연구들은 자신의 이론에 근거한 적용 방안을 제시한다.

이와는 달리 코칭수퍼비전 실천 과정에서 상호 피드백을 통해 만들어진 코칭수퍼비전 모델이 있다. 전문 연구자의 수퍼비전 실천, 실천 연구자의 연구로 제안되며 곧바로 코칭수퍼비전 '모델'로 제시한다. 이런 연구 결과가 이론적 근거가 없는 것은 아니다. 그러나 모델의 산출에 큰 비중을 차지하는 것이 수퍼비전 경험과 실천이다. 이 책에 수록되지는 못했지만 '세 가지 세계와 네가지 영역3W4T 수퍼비전 모델'(Munro Tuner, 1996, 2008), 'several-to several' 수퍼비전 접근(Michel Moral, 2011) 등을 들 수 있다. 또 이런 코칭수퍼비전 모델은 동료 검토를 거친 연구 성과로 계속 연구되고 있다.

이미 알고 있듯이 코칭수퍼비전 이론과 모델은 정신분석, 심리치료, 상담 등 선행 분야의 연구에 영향을 받은 이론과 모델이 역시 다양하다. 이런 이론적 영향은 코칭수퍼비전 이론과 모델로 재 정리되어 발표되고 있다. 반드시 기존의 이론을 그대로 코칭에 적용하기 보다는 코칭 철학과 이론, 윤리를 수용하며 새롭게 제시된다. 대표적인 것이 정신분석 중심 수퍼비전 모델, 인간 중심 코칭수퍼비전, 게슈탈트 코칭수퍼비전 등이다.

물론 이를 모든 접근 방안을 근거로 다양하게 통합되고 변주된 모델도 제시된다. 이에 다양한 통합 모델까지 추가되고 있다. 이는 1920년대를 출발로 현재에 이르기까지 수퍼비전 분야의 역사적 흐름과도 맞닿아 있다. 환자와 내담자 중심에서 수퍼바이지 발달 중심, 수퍼비전 과정이나 관계 중심 등 수퍼비전의 초점이 변화되는 과정과 연동된 발전 과정을 이루며, 코칭 분야에 적용되고 있다. '수퍼바이지 중심 수퍼비전', '수퍼비전 매트릭스 중심 수퍼비전 접근' 등을 들 수 있다. 이제는 이런 모든 다양한 코칭수퍼비전 이론과 모델의 계보학이 요구되는 실정이다.

코칭수퍼비전 이론과 모델의 선택 역시 관심 있는 주제이다. 오늘 날 자신의 코칭 활동에 배경을 이루는 '중심 이론'의 선택이 중요한 요인이 되지 못한 현실에서 코칭수퍼비전의 이론과 모델 선택이라는 주제는 너무 막연하다. 코치를 대상으로 한 코칭 내부 시장의 경쟁이 격화되고 코칭에 필요한 철학과 이론의 소매점 활동이 다양한 선전 문구로 코치들의 학습 욕구와 필요를 자극하고 있다. 이는 코치들에게 새로운 선택의 기로에 서게 한다. 그러나 특별히 개인적 계기가 없는 한 이미 자격 과정을 통해 코칭에 관한 공부와 실천을 해왔다면 자신의 과거 자원에 근거한 정리와 선택을 하는 것이 필요하다. 단적으로 코칭을 위해 반드시 코칭 심리학이 필요한 것은 아니다. 심리학 접근 이외에도 코칭 이론과 연구 및 접근 방안 관련 연구가 활발하기 때문이다. 이런 이론 습득 만으로도 자신의 실천에 관한 이론적 탐색이 충분하다. 굳이 자신의 코칭 관련 중심이론에 대한 갈증이 있다면 선호하는 철학자나 철학 사조, 특히 현대 철학의 새로운 기조에서 찾기를 추천한다. 오늘 날의 경우 '포스트 모던 탈근대 현대철학', 페미니즘, 생태주의 또는 새롭게 종합되는 임상철학 분야의 연구가 도움이 된다.

코칭수퍼비전 이론과 모델 역시 이와 유사하다. 이론적 선호는 자신의 코칭 철학과 관련한 탐색의 연장선에서 검토하는 것이 필요하며 그렇지 않은 경우 곧바로 활용할 수 있는 '코칭수퍼비전 모델'의 활용에서 즉시 시작하는 것이 바람직하다는 입장이다.

5장 유능한 수퍼비전-주체(수퍼바이지) 되기

앞 장에서 살펴보았듯이, 좋은 코칭수퍼비전의 핵심은 수퍼바이저와 수퍼비전-주체 사이의 '협력관계'라고 믿는다. 이 책의 가장 중요한 주장이자 관점은 수퍼바이지는 '수동적인 수혜자가 아니라 적극적인 참여자'라는 것이다[곧 **수퍼비전-주체**이다]. 이제까지 문헌 연구에는 '유능한 수퍼비전-주체는 어떠 경우이고 어떻게 가능한가'[278], 또 실제로 코치가 어떻게 훌륭한 성찰적 실천가가 되는가라는 주제는 검토하지 못했다. 코칭수퍼비전의 이해와 실천을 위해 수퍼비전 회기를 준비하는 방법은 여기서는 분리해 7장에서 검토한다.

역량competence은 상황과 맥락에 영향을 받고 진화하기 때문에, 고정적인 접근으로는 파악하기 어렵다. 각 전문 기관은 코치를 위한 '역량 구조-틀'을 갖고 있다. 그러나 '**코치가 수퍼비전-주체로!**' 어떻게 성찰

수퍼비전-주체

---

278) 참고:『수퍼바이지와 수퍼비전 - 수퍼비전을 위한 가이드』에릭 드 한, 윌레민 레구인 지음, 김상복, 박미영, 한경미 옮김. 2024.
 이 저서는 코칭을 포함해 다양한 분야의 '수퍼비전-주체' 관점, 역할, 준비 과정, 사례 등을 중심에 둔 저서이다. 현재까지 25년 동안 수퍼비전에 참여하는 '수퍼비전-주체'를 위해 활용된 저서이다. 코칭수퍼비전에 관한 초창기 공식 문헌도 부록에 수록되어 있다.

적 프랙티셔너로 성장하는지에 대한 관심은 부족하다.

코칭 역량의 활용

이 장은 코치들에게 수퍼비전을 찾도록 어떻게 동기 부여할 수 있는지, 어떤 개인 특성이 좋은 수퍼비전을 가능하게 하는지 검토한다. 또 성찰적 프랙티셔너는 어떤 "기술^{skill}"이 필요하며, 코칭 역량이 어떻게 "전문가"인 성찰적 프랙티셔너를 위한 구성 요소로 활용할 수 있는지 살펴본다. 수퍼비전 시간을 쌓아가는 성장과 변화 과정을 검토하고, 수퍼비전-주체가 직면한 함정도 확인한다.

유능한 '수퍼비전-주체'-되기의 동기, 자질, 특성, 기술, 실천은 무엇인가?

수퍼비전을 위한 동기는 무엇인지부터 살펴보자. [표 5.1]은 몇 년간 많은 코치가 제시한 의견을 호킨스^{Hawkins}와 스미스^{Smith}(2006)가 수퍼비전-주체의 세 가지 우산인 "목적^{purposes}"에 따라 구성했다. 분류가 어려운 논평은 '기타'로 제시했다.

[표 5.1] 코치의 수퍼비전에 대한 동기

수퍼비전 목적	코치의 동기: 나는 ~~ 수퍼바이저를 원한다.
발달적 Developmental	• 수퍼바이저들이 나보다 코치로서 경험이 많기 때문에 배울 수 있다. • 내 코칭에 모델이 될 수 있다. • 코치로서 나 자신에 대해 배우는 데 도움이 될 수 있다. • 코치로서 내가 하는 일과 내가 누구인지 잘 통합하는 데 도움이 될 것이다. • 혼자 또는 동료들과 함께 전문성의 지속적 개발^{CPD}을 유지하고 집중하는 데 도움이 된다. • 코칭 파트너와 관계 관리하는 방법에 실질적인 통찰을 제공할 것이다. • 다른 이해관계자를 관리하는 방법에 대한 실질적 통찰을 제공할 것이다. • 코칭에 다른 관점을 제공하는 데 도움이 될 것이다. • 코칭에 대한 평소 내가 갖고 있는 '가정'에 도전 받을 수 있다.

수퍼비전 목적	코치의 동기: 나는 ~~ 수퍼바이저를 원한다.
발달적 Developmental	• 코칭 파트너에게 무슨 일이 일어나고 있는지 평소의 '가정'에 도전할 수 있다. • 새로운 기법techniques과 도구tools를 배울 수 있다. • 코치로서의 성과를 검토할 수 있다.
관리 행정적 Administrative	• 전문 기관의 정기적인 수퍼비전 요건을 충족할 수 있도록 해준다. • 코치로서 내가 하는 일에 책임을 공유한다. • 프랙티스에 대한 성찰을 통해 구조적 접근의 원칙을 제공한다. • 자신을 위한 양심conscience 역할을 할 수 있다. • 내가 보지 못하는 '경계 이슈'를 볼 수 있다. • 나에게 안전망이 될 수 있다. • 경계 이슈와 윤리적 알아차림을 높여준다.
자원제공 Resourcing	• 인간으로서 나 자신에 대해 배우는데 도움이 될 수 있다. • 나의 자신감self-confidence을 높여 준다. • 막혔을 때 도움을 요청할 수 있다.
기타	• 수익성이 있는 코칭프랙티스를 구성하는데 도움이 될 수 있다. • 수퍼비전/수퍼바이저와의 연결을 통해 나의 평판에 도움을 받을 수 있다. • 장기적인 우정을 쌓을 수 있다.

위와 같은 목록에서 흥미로운 점은 수퍼비전이 발달적·관리 행정적 이점을 가장 쉽게 파악할 수 있다는 점이다. 그러나 수퍼바이저로서 우리는 다음 사례 연구에서 보듯 이런 동기의 배후에 '자원 제공' 이슈가 있다는 점을 발견한다.

[사례 연구 5.1] 사내 코치 – 그 아래에 무엇이 있는가?

한 사내 코치는 전형적인 코칭 파트너보다는 더 선배인 코칭 파트너와 다음 회기를 계획하고 싶어 수퍼비전을 요청했다. 코치는 회기에서 어떻게 "가치를 더할 수 있는지" 방법에 여러 가지 아이디어를 갖고 있었다. 수퍼바이저는 모든 아이디어가 합리적인 수준에서 견고한 것을 알았지만 정서 수준에서는 여전히 자기-의심self-doubt을 분명하게 관리하기에 충분하지 않은 듯 보였다[가].

수퍼바이저는 코칭 파트너가 겪는 불안이 삶의 다른 어떤 영역에서 발생하는지 물었다.

잠시 침묵 후, 코치는 그들이 "일상 업무"에서 마주치는 "고위직"의 다른 사람들에게도 동일한 우려concerns를 하고 있음을 확인했다. 수퍼바이저는 고위직 모두에게 그 점이 사실true인지 물었다. 이 순간 그녀[코치]는 고위직 여성보다 남성에게 더 큰 불안이 있다는 점에 전구등이 켜지듯 알아차렸다. 그것만이 아니다. 그녀는 어린 시절의 경험과 연결되어 일반적으로 남성에 대해 불신을 갖고 있다는 점도 알게 되었다. 이 지점에서 코치는 자신의 불안이 코치로서의 효능efficacy과 관련이 없다는 것을 깨달았고, 자신이 "아버지 인물father figures"과 관련된 우려라는 것을 알았다**[나]**.

초기 탐색을 마친 후 코치는 이 이슈가 얼마나 "깊이 뿌리 박혀deep rooted" 있는지 알게 되었다. 수퍼비전은 코칭 작업과 관련하여 이 이슈를 관리하는 방법에 대한 전술적 논의로 옮겨갔다. 이를 마치고 그녀는 현재 코칭 작업을 방해할 가능성이 있는 이 역사적인 삶의 이슈를 개인 코칭personal coaching 받기로 결심했다**[다]**.

수퍼바이저의 관점에서 볼 때 "유능한effective" 수퍼비전-주체에게 어떤 동기를 기대할 지 검토하는 것은 흥미로운 일이다. 훌륭한great 수퍼비전-주체는 ①'스펙트럼의 균형'이라는 이슈를 수퍼비전에 가져오거나, ②그들이 가져오는 이슈 "아래underneath"에 무언가 있음을 인식하고 수퍼비전에 왔다고 말하고 싶은 유혹을 느낄 것이다. 그렇지만 사실 ③그것은 비현실적으로 보인다**[라]**. (나중에 코치들이 4단계의 발달 단계를 거치는 것을 탐구할 것이다.)

따라서, 수퍼비전-주체는 "준비ready"된 것만 가져올 수 있다고 가정할 수 밖에 없다. 해결을 위해 이 이슈를 담아서contain 배움을 최적화하는 것이 수퍼바이저의 역할이다**[마]**.

우선 수퍼비전-주체가 갖고 있는 ①"학습자로서as a learner" 기본 자질qualities을 탐구한다. 다음은 ②'좋은 수퍼비전' 경험을 가능하게 하는 자질과 특성characteristics에 대한 초기 생각과 관찰이다. 관찰 내용은 ③수퍼비전-주체의 수퍼비전 준비 상태(성)readiness, ④수퍼비전에 접근하는 방법과 이유, ⑤수퍼비전에 [자신을] "나타나는" 방법과 ⑥작업에 참여하는 방법으로 구성된다**[바]**.

[역자의 질문] 코칭 주제의 향방과 코칭수퍼비전 주제 발굴

Q. '사내 코치는 선배인 코칭 파트너'와의 코칭을 수퍼비전에 가지고 왔다. [가]항에서 찾을 수 있는 수퍼비전 주제는 무엇인가? 모두 나열해 보자.

Q. 코칭 회기를 다루며 [나]항이 제기되었다. 우선 수퍼바이저가 이 점을 발견하고 이를 어떻게 다뤄야 하는지 설명해 보자. 필요하다면 질문리스트를 작성한다.

   SQ. 수퍼비전 회기에서 다루기로 한 합의 사항은 어떻게 할 것인가?

   SQ. 수퍼바이저가 유념해야 할 점은 무엇인가?

Q. 제시된 그대로 [다]항이 진행되는 동안 수퍼바이저는 어떤 개입을 하는가?

   SQ. [다]항이 수퍼비전-주체와 수퍼바이저가 함께 진행했다면 수퍼바이저는 어떻게 개입해 이를 다룰 것인가?

Q. [나]에서 [다]까지가 한 회기에서 진행되지 않고 여러 차례 또는 시간이 있다면 수퍼바이저는 이점을 어떻게 진행하고 관리해야 하는가?

Q. 수퍼비전-주체가 결심한 '개인 코칭'은 어떻게 진행할 것인가?

   SQ. 만약 수퍼비전에서 이 이슈를 다룰 수 있는가? 그 근거와 필요충분 조건은 무엇인가?

Q. [라]항과 관련해 제기할 수 있는 이슈를 더 찾아보자.

   SQ. 라-①, 라-② 이슈를 수퍼비전에 제기 했다면 이를 어떻게 다룰 것인가?

   SQ. 라-③의 언급처럼 이점이 비현실적인 근거는 무엇인가?

Q. [마]항의 내용을 자기 입장에 근거해 충분히 설명해 보자.

Q. [바]항의 여섯 가지 항목을 제시하고 있다. 이를 주제로 보고 이에 속한 이슈를 열거해보자.

   SQ. 위 각각에 대한 접근 방법을 구상하여 제시해 보자.

Q. [바]항을 위해 이 저서 3장, 4장에 근거해 코칭수퍼비전 모델을 활용해 수퍼비전 기획을 해 보자.

Q. 이 사례 전체를 근거로 자신의 이슈를 발굴해 보고 셀프 수퍼비전을 위한 질문리스트를 만들어 보자.

수퍼비전 관계와 수퍼비전-주체의 자질과 특성

1. 수퍼비전 준비성

"자기 돌봄"의 중요성에 대한 인식

웰빙과 마음 상태

우리는 '전문적 조력자professional helpers'의 역할에서 코칭 파트너를 돌볼 수 있는 위치에 있기 위해 자신을 돌볼care 윤리적 책임이 있다고 믿기 때문에 이 점을 처음에 올렸다. 진정으로 최선을 다하고 싶은 프랙티셔너들은 수퍼바이저와 함께 자신의 웰빙과 마음 상태state of mind를 탐구하는 데 열린 마음을 갖고 있다. 물론 우리가 언제나 '최상의 상태excellent shape'를 유지할 수 있다는 보장은 없다. 그렇지만, 에너지가 어떻게 영향을 받는지에 대한 알아차림이 높아지면 의식적으로 에너지를 관리할 수 있으며, 동일한 어려움에 직면한 코칭 파트너와 공감할 수 있는 능력이 향상된다. 때로는 우리의 취약함vulnerabilities을 적절히 코칭 파트너와 공유하는 것이 학습에 도움이 될 수 있다.

2. 수퍼비전에 접근하기

수퍼비전의 가치 인식

열망과 의무감

이는 당연해 보일 수 있지만, 일부 프랙티셔너들은 **과정**에 참여하고자 하는 진정한 욕구/열망genuine desire보다는 의무감obligation에서 수퍼비전을 받게 된다. 아마도 이는 수퍼비전의 임무가 이미 실행된 것을 "점검inspection"하기 위해 가져오고, 일반적으로 "막혔던" 회기의 "사후

분석post mortem"을 기대하는 것이라는 가정과 연결된다. 서툴거나 어설픈 부분clunky bits을 검토하는 것은 유용하지만 성공 사례를 가져오는 것도 똑같이 중요하다. 저자의 관점에서는 프랙티스의 두 측면에 균형을 잡고 사례를 가져오는 것이 도움이 된다고 본다. 더 중요한 것은 수퍼비전은 제공된 것만이 아니라, 미래를 보고 **앞으로의 회기에 어떻게 접근**할 수 있는지 미리 살펴보고 시나리오를 계획하는 것이 더욱 유용하다.[279]

막힌 회기
성공 회기
예상 회기
사후 분석

가장 많은 유익을 얻는 프랙티셔너는 수퍼비전을 코치로서나 사람으로서 자신의 성장을 탐구하기 위한 목적으로 자신의 전체 프랙티스를 검토하는 방법으로 본다.

전체 프랙티스 검토

안심reassurance 보다는 통찰에 중점

수퍼비전-주체들이 코칭 파트너 이슈에 적절하게 접근했거나, 피할 수 있는 실수를 저지르지 않았는지 스스로 확신을 위해 수퍼비전을 활용하는 것은 매우 정상적인 일이다. 그러나 프랙티셔너가 지나치게/압도적으로over-whelmingly 자신이 '부족하다는 느낌'/'충분하지 않다는 느낌'을 수퍼비전 대화에 가져오면 이 이면에는 수퍼비전이 곧 **의존의 토양**을 만들고 있는 것이다.[280]

의존의 토양

---

279) 이 점은 코칭수퍼비전만의 고유한 특성이다. **앞으로 일어날 수 있는 사례**란 현재 자신이 실천하는 사례의 성찰 과정에서 제기할 수 있다. 이런 상황, 저런 조건, 코칭 파트너의 특성 등을 다룰 수 있다. 역자의 경우 이를 즐겼던 코칭의 선구자 토마스 레너드를 오마주하며 집단 수퍼비전에서 'HOW to COACH ANYONE' 사례를 최소 한 번은 정기적으로 다룬다.
280) '좋은' 수퍼바이저는 이를 알아차릴 수 있지만 실상은 그렇게 쉽지 않고 수퍼바이저가 빠지는 가장 일상적인 함정이다. 첫째는 〈코칭수퍼비전은 상호 협력하여 '배움'을 추구하는 과정이다〉라는 인식의 철저함 정도가 중요하다. 진정한 '협력'은 **상호 대등성**, 등가성의 확립에 있다. 배움은 위에서 아래로 또는 한 곳에서 다른 곳으로 흐르는 것이 아니라 상호 주고받음이라는 관점을 얼마나 철저히 유지하는가 하는 이 점이 관건이다. 수퍼바이저가 이런

좋은 수퍼바이저는 관계 초기에 이를 인식하고 '문제'를 직면하게 하지만confront[281], 코치/수퍼비전-주체와 동기를 균형있게 살펴 볼 책임이 있다.

간단한 기법은 수퍼비전 회기에서 그들이 원하는 쇼핑 목록을 만들고 안심이 필요한 항목 수(^{Q:}내가 그것을 제대로 하고 있는가?)와 얼마나 많은 항목이 개인의 성장과 관련되는지(^{Q:}어떻게 하면 더 잘 할 수 있을까?)를 점검하는 것이다.[282]

3. 수퍼비전 '과정'에 참여

호기심 curiosity

'유능한 수퍼비전-주체'는 새로운 관점과 배움을 간절히 열망한다. 그들은 각 과제assignment를 자신과 코칭 파트너를 위한 새로운 통찰의 출입구doorway로 여긴다. 수퍼비전은 외부에서 코칭 파트너 작업을 살펴

관점에 확고히 서면 수퍼비전-주체나 수퍼비전 관계에서 흘러나오는 '의존성' 자체를 관리하고 수퍼비전-주체의 배움에 활용할 수 있다.

둘째는 수퍼비전-주체가 지닌 '기대함', '배우고 싶음'의 의도를 당연히 여기고 자신도 모르게 이에 안주하거나 활용하게 되는 수퍼바이저의 지배성, 권력 유지 욕구, 자기 도취가 의존성을 슬그머니 허용한다. 이 역시 수퍼바이저의 **미해결 과제**이다. 이는 수퍼바이저가 얼마나 철저히 자기-성찰하는가 곧 **수퍼비전-삶**의 철저함에 달려 있다. 이는 필연적으로 수퍼바이저를 위한 〈수퍼비전-의^{of}/위한^{for}-수퍼비전〉이 왜 필요한지의 핵심 근거이다.

281) 수퍼비전-주체는 수퍼비전 관계를 성찰하며 '의존성' 자체를 자신의 이슈만이 아니라 관계, 수퍼바이저의 이슈로도 제기할 수 있어야 하며, 수퍼바이저를 바꾸는 용기도 필요하다.

282) ICF와 한국코치협회는 멘토 코칭과 코더코(코칭수퍼비전) 정의와 내용이 다르다. 자격 인증 과정을 지원하는 수퍼비전 활동은 협소한 활동이다. 코칭수퍼바이저는 수퍼비전 주제나 이슈 리스트를 별도로 제시할 수 있다. 코칭 사례와 고객 분석, 코칭 스킬과 코칭력 향상, 코치의 자기 강화, 수퍼비전 훈련 등이 그것이다. 역자 역시 수퍼바이저의 4대 활동을 축으로 코치 전문성, 개인 개발, 열정 유지, 연민심 강화 등 네 가지 면에 초점 맞춘 제안을 갖고 있다.

볼 수 있는 기회이다.[283]

도전에 대한 개방성

도전을 충분히 받아들이지 못하는 프랙티셔너는 자기-믿음self-belief을 **재확인**reconfirm할 수퍼바이저를 선호하는 경향이 있다. 반면, 유능한 수퍼비전-주체는 자신의 '가정'에 의문을 제기할 사람을 찾는다.[284]

의심에 머물지 않고 **의문**에 머무는 힘(코칭 아포리즘(14))

성취보다 숙련에 더 치중하기

성취ahievement보다는 숙련mastery 지향의 연구문헌은 매우 분명하다. 숙련 지향성을 지닌mastery orientation focus 사람들은 과제나 도전을 진정으로truly 이해하거나 숙련 자체에 초점을 맞춘다. 이들은 자기-개선self-improvement을 추구하고 현재의 성취 수준을 자신의 이전 성취와 비교하려 한다. 이런 지향성은 수퍼비전-주체에게 가장 도움이 된다. 수퍼비

숙련 지향성

---

283) "코칭은 간단하고 쉬울 것 같아 선택했다. (그런데 왜 이렇게 어렵게 구는가?)" "실제 코칭 파트너와 코칭하는 것이 그렇게 복잡하고 어려운 것은 아니다. 나름대로 최선을 다하면 되지 않는가?" 이런 질문을 자주 받는다.
    이것이 자신의 '무-사고', '생각하지-않음'이 아니라면 수퍼비전의 자기-필요가 올라 올 때까지 당연히 머물러야 할 것이다. 자기 안전지대에 머물러 그 경계 밖을 보지 못하는 두려움에 잡혀있다면 '동료수퍼비전'부터 시작할 수 있다.
    반면에 코칭 파트너와의 실천에서 자신이 해결해야 할 '과제'를 발굴하고 찾아내는 것 자체도 중요한 능력이다. 낯선 눈이 불편할 수 있는데도 들쳐보고 비춰보는 수퍼비전을 감당하고, 이 속에서 얻게 된 새로운 관점을 또 다른 상황의 코칭 파트너와 만남의 출입구로 설치하고 접촉을 시도하는 것에는 더욱 용기가 필요한 일이다. 이점에 도전하길 원한다면 수퍼바이저를 즉시 고용해야 한다.

284) 수퍼비전-주체의 '유능성'은 **의심**에 머물지 않고 **의문**에 머무는 힘에 있다. **의심**에 머물지 않고 **의문**에 머무는 힘(코칭 아포리즘(14)). 이는 자신의 가정, 이미 알고 있다는 전제에 스스로 질문할 수 있는 능력, 질문을 만들어 내는 힘에 달려 있다. 수퍼바이저는 이에 대한 근육을 강화할 수 있게 지속적 관심을 가져야 한다. 자유롭게 실문하기, 자기 안의 의문을 신뢰하고 중요하게 생각하도록 지원한다.

전은 언제나 코치가 코칭 파트너와의 작업을 어떻게 진화시킬 수 있는지에 대한 좀 더 강한 감각을 개발하는 알아차림을 위해 더 깊이 탐구하는 과정이기 때문이다.

성취 지향 반면, 성취 지향적인performance orientation 사람들은 다른 사람들과 비교하여 자신의 능력을 입증하고 보여주는 데demonstrating 더 집중한다. 이들은 다른 사람을 비교 대상으로 삼아 자신이 더 나은 성과를 내는 것을 목표로 한다. 이는 **결함이 있는 접근**flawed approach으로 보인다. 코칭 파트너와 진정성 있게 일하는 점이 중요하기 때문이다.

다른 사람과 비교는 **새로운 개발 영역에 영감**을 갖는데 도움이 될 수 있지만 "누가 최고인가"를 판단하는 기준이 되어서는 안된다.[285]

가장 잘 일할 수 있는 사람 찾기

최선의 코치best coach들은 진정성 있게authentically 일한다. 따라서 모든 프랙티셔너가 고유하다는 점을 인정하면서acknowledging, 어떤 코칭 파트너 그룹에 가장 가치를 더할 수 있는지 검토하는 것도 유용하다. 효과적인 수퍼비전은 그 과정을 안내한다.

정원사로서 수퍼바이저 네 가지 역할 이 책을 연구하는 동안 우리는 일부 수퍼바이저들에게 수퍼비전 파트너인 '유능한 수퍼비전-주체'를 어떻게 묘사할지 물었다.

유능한 수퍼비전-주체(수퍼바이지)는 용감하고, 개방적이며 진정으로 자기 생각, 상상력, 전문적인 관계 및 기술을 개발하는 데 관

---

[285] 수퍼바이저는 '정원사' 역할이 있다. 어지럽게 자란 마음과 잠재력의 정원을 가꾸고 안내한다. 수퍼비전-주체가 가지고 있는 여러 가지 ①자질과 역량, ②쓰지 않은 근육, ③두려움에 섞여 있는 원광석 등 모든 것이 다양하게 시차를 두고, 그러나 만발하게 꽃피우도록 정원을 가꾼다. ④비교의 함정이 잡초로 자라는 불가피성을 거름으로 삼게 한다.

심이 있다. 이들은 수퍼비전의 도전을 환영한다. 자신을 정직하게 드러내 보이는 것을 두려워하지 않으며, 부끄러움 없이 자기 작업에서 중요한 순간critical moments을 편하게 공유한다.

> 유능한 수퍼비전-주체의 수퍼비전 결정

수퍼비전의 일부인 ①개인적 탐구에 편안하며 ②코칭 파트너의 딜레마, ③시스템적인 패턴 또는 ④개입에 대한 탐구로 자기-발견self-discovery의 여정을 즐긴다. 이들은 자신과 수퍼비전이 조명하고 해결하려고 하는 일상적인 얽힘에 유머 감각을 갖고 있다.

― 에드나 머독Edna Murdoch, 코칭수퍼바이저

수퍼비전-주체가 수퍼비전의 '브랜드'를 이해했을 때, 수퍼비전은 가장 원활하게 작동한다. 즉 계약 절차를 통해 양 당사자가 공통의 기대를 설정할 수 있다.286)

― 데이비드 레인David Lane, 코칭수퍼바이저

수퍼비전-주체(수퍼바이지)들과 함께 일할 준비를 하며 나는 내 에너지가 달라지는 것을 느낀다. 이 가운데 일부는 수퍼비전을 발전의 기회라기보다는 필수 조건으로 여기는 경우가 많다. 나는 스스로 이들의 에너지를 끌어올리고 격려해야 한다며 자신을 다짐한다. 필수라서 어쩔 수 없다는 듯 권태로움/피로감을 갖는 그들에게 긍정적으로 균형을 맞추도록 더욱 격려를 아끼지 않는다.

그러나 내가 정말로 기대하는 사람들이 있다. **기대와 발견의 예**

---

286) 수퍼비전 계약과 계약 과정이 **유능한 수퍼비전-주체**의 중요한 점으로 언급하고 있다. 이는 수퍼비전-주체가 수퍼바이저의 브랜드 즉 그가 ①표방하는 내용, 방법, 구체적 진행, 그 가치 등을 이미 알고 있어야 하며, ②이것이 자신에게 지금 필요한지 결정할 수 있어야 한다. 또 ③이를 수퍼바이저와 계약과 계약 과정을 통해 확인하고 조정한다. 이는 또한 ④자기 책임감을 분명히 인식하고 실천하는 것이기도 하다.

|수퍼비전의 행복| **너지**를 지닌 수퍼비전-주체들이다. 이들은 만나는 순간, 탐구할 만한 흥미진진한 뭔가를 가져왔을 것이라는 느낌, 토론이 우리를 온갖 예상치 못한 장소로 데려갈 것이라는 확신을 준다. 이런 수퍼비전-주체는 수퍼바이저인 나에게도 새로운 배움을 촉발할 것이라는 점은 의심의 여지가 없다.[287)]

– 미셸 루카스Michelle Lucas, 코치 겸 수퍼바이저

|유능한 수퍼바이저의 자질| 내 경험으로 볼 때, 훌륭한 수퍼비전-주체의 자질은 ①안전한 환경에서 성찰을 통해 배우고 성장할 수 있는 개방성openness이다. 또한 ②전술적이고 피상적인 것을 넘어서는 이슈를 제기할 용기courageous와 ③치고 나가는 담대함/과감함brave이 있어야 한다. 그리고 ④새로운 알아차림이 표면으로 솟아오르는 깊이 있는 성찰을 북돋우는 진정한 프레즌스와 상호 신뢰, 존중의 결합을 알아볼 수 있어야(알아봄recognition/인식)한다.[288)]

– 마크 비슨Mark Bisson, 코치 겸 수퍼바이저

|네 가지 함정| 수퍼비전에서 흔히 볼 수 있는 일반적인 **함정**pitfalls을 관찰한 결과는 다음과 같다.[289)]

---

287) 이런 수퍼비전-주체를 만나고 이런 수퍼비전의 전개에 대한 기대는 수퍼비전-삶의 행복이다. 그러나 자신이 어떤 수퍼바이저이고 어떤 수준의 수퍼바이저인가는 그 자신의 수퍼비전 방식에 달려 있다. 맹자가 언급한 '군자君子'와 '왕도王道' 정치의 관계와 유사하다. 왕도 정치의 전제 조건은 자신의 군자-됨에 있듯이 이 같은 수퍼비전은 수퍼바이저가 준비하고 있어야 한다. 또 준비되면 유능한 수퍼비전-주체가 찾아온다.

288) 유능한 수퍼비전-주체의 네 가지 덕목을 가장 잘 정리한 내용이다. ①개방성, ②용기, ③과감함, ④지속적인 새로운 알아차림의 알아봄 등이다. 네 가지는 서로 영향을 주고 촉발하게 한다.

289) 열거된 네 가지는 '함정'이기보다는 매우 일반적인 현상이며, 현재 수퍼비전이 처한 현실이다. 현실을 탓하기보다는 수퍼비전의 일반적인 수준을 높이는 노력이 필요하다.

- 인증을 목적으로 한 수퍼비전은 인증이 달성되면 중단한다.[290]
- 수퍼비전 회기를 준비하지 않는다. 이미 스스로 독립적인 성찰을 적용한 내용을 가져오기보다는 수퍼바이저가 '모든 작업'을 해 주기를 기대한다.
- 코칭 작업을 제공해 줄 수 있는 사람을 기준으로 수퍼바이저를 선택한다.[291]
- 수퍼비전 참석을 위해 이만하면 충분하다고 가정하고, "자기 성찰을 성찰reflect on your reflections"하지 않는다.[292]

수퍼비전에 참여하는 코치의 일반적인 태도

기술

이미 내장hard-wired되어 **변화하기 어려운** 개인적인 자질에서 벗어나 배움을 주고 받을 수 있는 수퍼비전-주체에게 요구되는 역량skills에 대해 살펴보자.

유능한 코치를 위해 필요한 역량의 출발점부터 살펴보기로 한다.

---

290) 인증을 위한 조건으로 수퍼비전을 활용할 경우 수퍼바이저의 윤리가 강조된다. 횟수를 채우는 조건보다는 역량과 실천능력을 인정/승인aknowledgement한다. 수퍼바이저가 책임 있게 판별해서 이야기해야 한다. 부족하면 다른 방도의 길을 권유해야 한다. 수퍼바이저는 인증 실기를 위한 조련 상대와는 구별된다.
291) '성찰적 실천'보다는 코칭에서 '어떻게'만을 찾거나 집중하는 수퍼바이저가 이점에 호응하고 주목하게 되면 이는 수퍼비전-주체가 스스로 재적용을 위해 분투하고 수퍼비전에서 얻은 통찰보다 더 멀리 갈 수 있는 기회를 박탈하는 것이다.
292) 성찰의 중요성을 말만하거나 너무 얕은 말로 일관하는 경우까지 포함해 이런 코치는 과연 수퍼비전 관계를 선택할지 의문이다. 특히 코칭수퍼비전이 필수가 아닌 조건 하에서는 수퍼비전을 선택할 이유가 없다.
  반면에 수퍼비전-관계 안에서 이런 일이 반복되거나 자기성찰이 더디거나 진행이 안될 때는 수퍼바이저의 노력과 성찰이 필요하다.

수용력 개발 [표 5.2]에는 전문 기관에서 확인한 코칭 역량이 수퍼비전-주체로 성장하는 데 유용할 수 있는 역량을 나열했다. 이 코칭 역량/윤리 조항ethical codes을 살펴보면 자기-알아차림self-awareness과 자기-개선self-improvement을 둘러싼 구성을 제기하기에 도움이 된다. 그러나 성찰을 더 능숙proficient하게 하는 수용력capacity 개발 '방법'은 특별히 명확하지 않다.

[표 5.2] 수퍼비전-주체를 위한 코칭 역량과 윤리 강령 활용

코칭 역량과 윤리 강령 지침	효과적 수퍼비전-주체 되기에 어떻게 적용?
AC: 지속적 자기-개발self-development APECS: 배움과 성장을 위해 스스로 전념 EMCC: 자기self 이해하기 ICF: 코칭프레즌스 ICF: 윤리 강령- 지속적인 자기-알아차림, 자기-모니터링, 자기-개선self-improvement	자기-알아차림이 클수록 우리 자신의 이슈가 코칭 파트너와 회기의 역동에 방해가 될 가능성이 줄어든다.
AC: 전문성과 개인의 지속적 개발CPPD APECS: 지속적ongoing 전문성 개발 EMCC: 지속적인 자기-개발 ICF: 요구 받는 코칭 분야에 대한 지속적 학습	시간이 지남에 따라 우리가 어떻게 발전하는지 추적하는 습관은 모든 발달 상황에서 유용하다. 수퍼바이저도 예외는 아니다. 수퍼바이저가 무엇을 가져오는지 매핑하면 코치로서 발달 여정의 정보를 얻을 수 있다.
AC: 전문적 지식과 알아차림 APECS: 윤리 지침의 수용과 준수 EMCC: 경험과 지식 수준이 코칭 파트너 요구를 충족하기에 충분한지 확인 ICF: 윤리 지침과 전문가 기준standards을 충족한다.	이론적 윤리적 이슈에 대해 교육 받으면 수퍼바이저와 성찰하고 논의할 수 있는 잠재 영역을 파악할 수 있다.

성찰을 위한 수용력 개발하기

수용력 확장을 위하여

앞서 언급했듯이, 수퍼바이저의 역할은 수퍼비전-주체가 가져온 것을 받아들이고 그들이 학습을 최적화하도록 돕는 것이다. 그러나 수퍼비전-주체가 정기적인 수퍼비전을 받고 "어떻게 작동하는지 알게 되면", 그들은 수퍼비전을 잘 준비하여 최대한의 가치를 창출할 수 있는 위치에 있다. 어떻게 그렇게 할 수 있는지는 7장의 주제이다. 제안된 프랙티스는 모두 성찰의 질을 풍부하게 하기 위한 것이다. 문헌은 세 가지 유형의 성찰을 지적한다. 쇤Schön(1983)은 '실천에 대한 (즉시) 성찰reflection on action'과 '실천 중에 성찰reflection in action'을 구분하였고, 볼튼Bolton(2010)은 '반성성reflexivity'을 주요 개념으로 파악하였다.

실천-직후(즉시)-성찰 reflection-on-action

이는 흔히 이해하고 있는 '성찰'이다. 성찰은 일어난 일을 '돌이켜보고', 사물의 의미를 이해하려는 시도이다. 구조-틀(부록 5.1, 5.2, 5.3 등 3개의 템플릿 참조)과 모델(4장 참조)을 사용해 알아차림의 폭을 넓히는 질문을 스스로에게 던진다. 그 당시에 자신이 알고 있던 것보다 '뒤늦은 깨달음hindsight'으로 더 많이 알게 되는 후견지명後見之明으로 볼 수 있다.

뒤늦은 깨달음

실천-중-성찰 reflection-in-action

이는 두 가지 수준에서 동시에 알아차림이 작동할 수 있어야 하기에 더 어렵다! '실천-중-성찰'하려면 '작업하는 동안 관찰적 입장'을 취하

별도 수준과 전술적 수준

는 것과 같이, 우리 내면에서 일어나는 일에 대한 과정을 별도 수준에서 인식하면서도 전술적인 수준에서 계속 작업한다.[293]

이런 종류의 성찰은 '자신의 내적-수퍼바이저internal supervisor 개발'이라고도 한다. 작업하면서 실제 수퍼바이저의 목소리를 듣는다고 느낄 때가 많다. 8장에서 더 자세히 이야기할 것이다. 일반적으로는 '실천 직후 (즉시) 성찰reflection-on-action'을 이미 충분히 해 왔고, 자신의 패턴과 편견을 인식하게 되었을 때 이를 달성할 수 있다. 레이더가 특정 반응에 대해 미세 조정되었을 때 작동한다.[294] 이렇게 높아진 자기-알아차림을 통해 작업하는 그 순간에 더 많은 선택을 할 수 있다.

대화 진행에 영향 없음

[역자 부록 5.1] 다섯 가지 성찰 고리(In-On-To-For-About)에서 일곱 가지(with와 above)로

쇤Schön은 실천과 성찰 주제를 다루며 '실천-중-성찰reflection-in-action'과 '실천-직후-성찰reflection-on-action'을 구별했다. 역자는 수퍼비전 경험을 통해 이 두 가지가 순차적으로 이뤄지는 것이 아니라는 점을 발견했다. 실천-중-성찰(in)과 달리 실천-직후-성찰(on)은 회기가 끝나고 돌아가는 과정에서 몇 가지 형태로 출현한다. 방을 나서

---

293) 회기 안에서 코칭 대화를 하면서 말풍선처럼 대화 중에 떠오르는 생각을 연상하면 된다. '경험하는 자기'와 '관찰하는 자기'가 동시에 분리되어 있는 이미지이다. 이것이 흔히 말하는 잡념이나 판단, 우려 패턴과 다른 점은 이것들이 대화 진행에 전혀 영향을 주지 않는다는 점이다. 〈잡념, 판단, 우려, 패턴〉과 달리 대화의 흐름이 유지된다. 이것이 대화가 영향을 받는다는 것을 알게 되면 이를 알고 분리하며 대화의 흐름에 임하게 된다.

294) 이는 저자의 실천 경험에 근거한 설명으로 보인다. 우선 '실천 직후의 성찰'을 충분히 훈련하게 되면 자연스럽게 '실천-중-성찰'의 민감성이 높아져 '실천 중 성찰' 내용이 마치 '말풍선'처럼 출현하는 것을 인식하게 되고, 〈잡념, 판단, 우려, 패턴〉으로 작동하는 자신을 보게 된다. 이를 잠재우고 무심해지는 단계를 넘어, 이를 눈금 조정하듯 미세 조정하게 된다 (이런 자신을 보게 된다).

이 같은 현상은 역자의 경험과 유사하다. 이를 숙고해 오며 이미지로 그려 보기도 했다. 이 후 도널드 쇤의 저서를 알게 되었다. 이후 코칭과 수퍼비전 임상을 거쳐 다섯 가지 성찰 고리로 확대할 수 있었다.

자마자 '문득 떠오르는 것der Einfall'이거나, '뒤늦게 떠 오른 것der Treppenwitz'이다. 이는 회기 중 대화하는 자기self를 바라보는 관찰적 자기self에 의한 성찰(in)과도 다르다. 이는 두 사람 모두에게 일어날 수 있다. 역자는 우선 두 내용이 다르기에 이를 구별하게 안내했다.

이후 이런 성찰들(in, on)은 서로 연결되고 섞이며 '회기와 회기 사이'에 성찰과 숙고를 통해 이어지고 발전한다. 수퍼바이저는 이를 주목하며 지원한다. 또 일상생활의 경험(독서, 영화, 주변인과 담소, 지난 회기에 되는 거듭되는 사유, 명상과 기도 등) 안에서 여러 형태의 변형을 거친다. 때로는 **발효**되거나 **부정의 부정**을 거듭하고 첫 출발과는 다른 결과로 이어지기도 한다. 또 역자 자신의 이런 경험에 주목하며 다음 회기에 성찰 내용을 나누다 보면 각각을 구별하고 통합 과정을 조금 정밀하게 논의하게 된다.

역자는 수퍼비전에서 이를 구별하기 위해 지난 회기와 회기 사이의 성찰을 모아 이를 '(지난) 실천을-위한-성찰reflection-to-action'로 명명했다. 지난 회기 이후 모든 성찰을 주제로 **독립된 사유의 과정과 내용**의 진전이 모아진 것이다. 자신의 사고 방식과 패턴, 자신과 대상(타인, 관계, 상황 등), 정서 출현, 대화 중에 발화된 자신의 내러티브 등 전체를 살피게 된다. 즉 In-On-To로 구별되는 '성찰의 연쇄 과정'이며 이를 사고의 '여정'으로 다양한 성찰과 숙고를 하게 된다.

수퍼비전 회기가 거듭되며 이런 작업은 수퍼비전을 대상으로 한 성찰과 자기 자신을 향한 성찰로 분리된다는 점을 발견했다. 즉 수퍼비전-주체의 사고와 정서 **패턴을 구별**해 별도의 탐색이 필요하게 되고 이는 매우 자연스런 과정이 되었다. (˚나를 위해 필요한 것이 무엇인가?) 수퍼비전 회기에서는 때로 이를 주제로 독립된 논의로 이어졌다. 즉 코칭 파트너와의 회기 안에서 코치의 자기, 회기 후의 자기, 수퍼바이저와의 회기와 그 이후의 자기 등, 자신의 다양한 '자기'의 여러 측면이 상황과 흐름 속에서 중요한 논의 대상으로 부각되고, 그럴 필요성 또한 높아진 것이다. 즉 'to 성찰' 중에서 자기 자신을 위한 것을 별도로 구별할 필요를 수용하게 된다. '실천에서-나를 위한-성찰

reflection-for me-action'이다. 이는 자신에 대한 전지적 관점을 강화한다. 또 자기 자신에 대한 내적 성찰과 외부 대상(관계와 경험)과의 성찰 관련 균형감에 대한 알아차림을 높인다. 이를 위한 특별한 질문은 '(자신의) 무엇을 돕기 위해 그런 주제를 성찰 사유하는가?' 즉 'What for' 질문이 화두처럼 모아진다. ([역자 부록 8.2] WISDOM 모델 참조)

이런 논의는 회기 안에서 별도로 논의 되거나 때로는 한 회기를 꽉 채우기도 했다. 물론 이런 성찰 대화는 수퍼바이저가 먼저 자기 자신과 수퍼비전-주체에 대한 성찰이 선행되어야 한다는 점도 언제나 반복해 자각되었다. 이는 매우 중요하다.

이어서 이런 성찰 고리가 축적되고 수퍼비전-주체가 독립적으로 사유가 진행됨에 따라, 무엇보다도 역자 역시 수퍼비전을 준비하며 새로운 경험을 하게 되었다. 즉 수퍼비전을 준비를 앞두고 성찰의 고리와 내용이 결합되는 것이다. In-On-To-For 성찰을 종합한 일정한 산물을 다음 수퍼비전을 위해 다시 준비하며 성찰하게 된다. 이를 다시 실천에-관한 성찰(종합)reflection-about-action'로 구별했다. 이러한 성찰의 각 고리는 독립되고 이어져야 한다는 생각이 더욱 강화되었다. 성찰 구슬은 이어지며 훌륭한 사고의 고리loop(팔찌)'가 된다. 수퍼비전-주체는 자신의 성찰 과정을 총괄하며, 때로는 전혀 새로운 주제를 성찰 결과(about 성찰)로 수퍼비전에 가지고 오게 된다. (수퍼비전 준비 보고서)

역자는 이후 이를 'In-On-To-For-About 성찰 고리'로 정리해 수퍼비전 임상에 적절히 나눠 활용해 왔다. 그러나 종국에는 수퍼비전-주체가 이런 다섯 가지를 다 실천하도록 안내한다. 역자 또한 이런 관계 경험과 실천을 통해 다양한 수퍼비전 관계

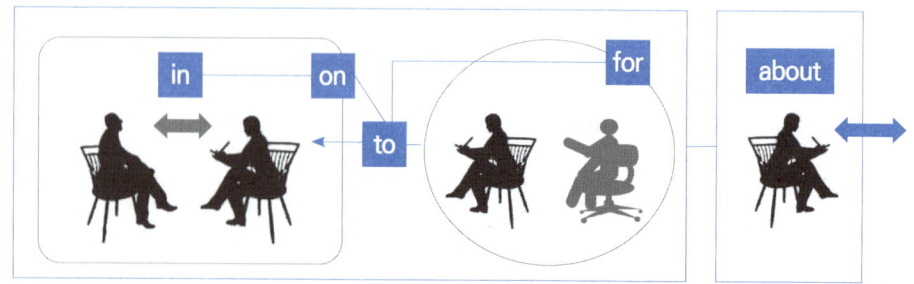

출처: 쇤Schön의 연구와 역자의 수퍼비전 경험, 논문 집필 과정에서 재구성한 것이다(2024.12).

를 통한 '앎', 즉 '여덟 가지 앎'을 정리하게 되었다. (각주 621 참조)

역자는 이를 위와 같은 그림으로 내용을 정리해 강의를 해왔다.

2025년 강의-'장'에서 코치들과 토론을 통해 두 가지가 추가 되었다. 하나는 수퍼비전-주체가 이와 같이 다섯 가지 성찰을 하고 수퍼비전에 참여하고 나면 이 전체를 통합하는 '실천을 통한 새로운 조망적 성찰'을 이룰 수 있다(한경미 코치). 즉 Reflection-Above-Action이다. 다른 하나는 지난 회기+회기 사이의 성찰(to)을 통해 자기 자신을 위한 성찰(for)를 분리할 수 있으나 수퍼비전이 거듭되며 성취하게 된 내면의 수퍼바이저inner supervisor와 함께 하는 성찰이 추가 될 수 있다는 제안이다(권순옥 코치). 즉 Reflection-With inner supervision-Action이다. 역자는 이 제안을 적극 수용했다. 또 이런 앎의 촉발은 집단 토론이 만들어 낸 '장의 앎knowledge of field'을 모두가 체험하는 순간이다.

결론적으로 코칭수퍼비전의 일곱 가지 성찰 고리는 'In-On-To-For-About-With-Above'로 정리해 공유한다. 이를 그림으로 그려본다.

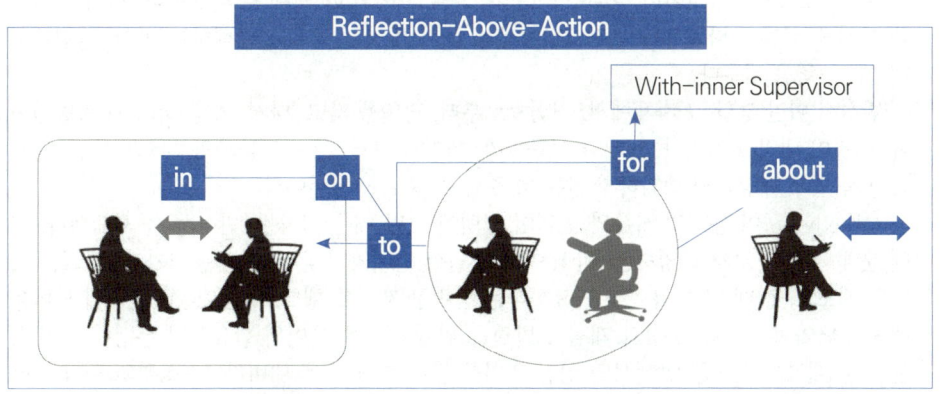

- 2025.4.27. Stand up1.
'윤리적 코치와 윤리적 실천' 1기(총 27명) 참석자를 대신하여 정리.

반성성

마음 자체를 돌아봄 이는 우리의 경험 안으로부터 from within [이에 근거해] 생각할 것을 요구하는 반성적 삶을 제안하는 볼튼 Bolton(2010)의 연구에 의해 알려졌다.[295]

다시 성찰함 옥스포드 영어 사전은 반성성 reflexivity을 "마음 자체를 돌아봄 또는 다시 성찰함 reflected back"이라고 정의한다. 반성성을 통해 우리는 다른 사람들이 우리를 어떻게 경험하고 인식하는지에 대한 인식에 최대한 가깝게 다가간다. 그것은 마치 연극에서 배우로서 자신을 지켜보는 자

비찰 신과 동시에 자신이 다른 역의 배우가 되는 것이 어떤 느낌인지를 상상할 수 있는 것과 매우 비슷하다.[296] 이 두 관점에서 만들어진 관계의 역동성을 인식하게 되고, 이 역동성이 다음에 무엇을 할 것인지에 대

---

[295] 반성성 reflexivity이란 경험에 근거하고 경험 안에서 자신의 경험으로 다시 깊게 '생각하기 thinking'이다. 이를 위한 계기는 '대상' 또는 '사건' 경험과 마주치면서 강화된다. 우선 자신의 경험을 '생각-하기'를 통해 다양한 생각(조각), 즉 '성찰'을 생성하고 '생각-하기'한 것은 이후 '사고 thought'된 것이며, 이는 사고-방식으로 고정되고 '견해'로 발전한다. 다양한 경험을 다시 들춰보고 다른 각도에서 보는 생각-하기 행위는 경험을 이해하는 방식, 경험에서 배우는 능력을 키운다.

'반성성'이란 경험 그 자체에서, 경험으로부터, 경험을 갖고 '다시-생각-하기'가 출발점이다. 이것이 내적 조건이다. 그러나 이를 위한 계기가 사건, 주요 인물과의 접촉과 만남, 영적 각성 등 외부 대상과의 회피하지 않는 '마주함'이 중요한 조건이다.

Reflexivity. 이 용어의 사유와 번역어 선택에 고민 해온 역자는 '반성성'을 채택했다. 이에 문제 제기한 **코치 허영숙**은 '반성'이라는 일상 언어와의 혼돈과 이 용어가 담고 있는 의미의 내포로 볼 때 다른 용어가 필요하다는 강력한 제기를 했다. 텅 빈 일상 언어에 의미를 새롭게 담아야 한다는 주장과 개념적 발전을 위한 새로운 용어의 필요성이 논쟁이 되었다. 논의 중 대안으로 동굴 안에서의 성찰 의미를 담은 통찰洞察에 대비하여, '성찰의 비약'이라는 의미를 담은 **비찰**飛察을 조립하기로 했다. 성찰의 축적이 외적 대상과의 접촉과 내적으로는 '나는 누구인가?'라는 질문을 지렛대로 한 성찰의 비약의 의미이다.

[296] 자신이 배우이다. 무대 위에서는 자신을 잊고 철저히 역할에 몰두한다. 자기와 주어진 배역은 혼연일체가 된다. 그러나 이를 풀어보면 공연 직후 자신의 연기에 관한 성찰을 한다. 다음은 연기를 하면서 자신이 무대 위에서 연기하는 자신을 의식하고 보면서 연기한다. 다음은 자신과 무대위의 자신은 물론 자신의 배역, 이 배역은 자신 안에 있는 또 다른 자기의 일부이다. 이것이 드러나 역할을 한다. 평상시 자기와 무대 위에서의 자기, 배역으로 드러나는 자기를 동시에 연상한다.

한 우리의 선택에 영향을 미치게 된다. 반성적이 되기 위해서는, 다른 사람과의 관계의 복잡성을 이해할 수 있도록 자기 경험을 전체론적으로 질문하는 데 도움이 되는 전략을 찾아야 한다.

자기 경험을 전체론적으로 질문

위에서 언급했듯이, "실천-직후(즉시)-성찰reflection-on-action"은 이처럼 성찰적 프랙티셔너로서 기술skill 개발의 시작점이다.

반성성을 향한 실천 능력 개발

이 실천 능력을 개발할 수 있는 몇 가지 방법을 소개한다.

1. **비판적 자기성찰**: 자기-정직self-honesty과 자기-도전self-challenge의 상호작용을 검토하는 능력. 성찰 기술skills은 다음과 같다.

   - 성찰 공간을 만들기: 아마도 내향적인 사람들에게는 조용한 시간일 것이고, 외향적인 사람들에게는 '생각하는 파트너'와 함께하는 시간이다.
   - 자문(자답)하기self-questioning: 예를 들어, Q.지금 여기에서 나의 동기는 무엇인가?[297)]
   - 단어와 개념의 의미에 의문을 제기하기: Q.이것이 내 해석의 전부인가?[298)]

---

297) 코치와 수퍼바이저는 셀프 코칭, 셀프 수퍼비전을 위해 자신과 함께 하는 다양한 주제 관련 질문리스트를 갖게 된다. 필요에 따라 자문 자답하기self-questioning에 활용한다. 역자의 경우 '비판적 자기성찰' 즉 나의 성찰을 스스로 비판할 때 사용하는 질문리스트는 '터-틀-틈-탓'이라는 역자가 만든 질문 세트이다. 나의 성찰 내용의 '터'(내가 습관적으로 머무는 이론적, 상황적 근거), 글 그대로 나의 발상이나 사고 패턴을 검토하는 '틀', 나를 합리화하거나 보호하려는 '틈', 외부나 조건, 상대에게 책임을 넘기는 '탓'을 질문으로 다룬다.

298) 코치와 수퍼바이저는 용어, 단어에 대해 스스로 정의를 하고 유사 개념과 비교와 구별을 통해 명료한 용어 정리 모음을 만들고 이를 생각하기와 사고 구성에 활용한다. 이는 해외 코치들의 다양한 용어 정리집(dictionary+distiction= distictionary)에서 배웠다. 우선 단어나 용어의 통상적 정의나 용법을 이해하고, 어원, 유사어 비교, 우리말 과정에서 다의적 의미 등을 중시하고 이를 코칭 대화나 관계, 상황 안에서 다시 검토하는 과정을 거친다. 이를 통해 하나의 단어, 개념어는 다양한 의미로 해석되고 새로운 의미 구성을 이룬다.

- '현실'에 의문 제기: ^{Q.}이에 대한 내 해석이 유일한 것인가?[299]

  ^{Q.}나는 무엇을 알고, 무엇을 가정하고, 내가 믿는 것은 무엇인가?

2. **주제 분석**thematic analysis: 반복되는 패턴과 주제를 파악하는 능력[300]

   ^{Q.}특정 주제가 논의될 때 같은 감정이 반복되는가?

   ^{Q.}내가 가장 만족하지 못하는 코칭 파트너와의 대화에서 보이는 공통점은 무엇인가?

3. **지식/앎의 통합**knowledge integration: 새로운 아이디어와 개념을 찾아 자신의 실천과 코칭 철학에 통합하는 것[301]

4. **경계 인식**recognising boundaries: 윤리적 직감instincts과 위험 지점을 파악하는 기술을 갖추는 것[302]

5. **직관의 표현**articulating your intuition: 다음과 같은 점을 알아차렸을 때[303]

   - 대화가 제대로 되지 않는다.
   - "방 안에 코끼리가 있다."
   - '불편한 순간'이다. *inkling glimmer*
   - 이제 아무 말도 하지 않을 때가 되었다.

---

299) '현실'은 매 순간이라는 고리로 연결되어 움직이는 물결로 흐른다. 햇살과 달빛을 만나 윤슬과 은결이 된다. 흔들리는 나뭇잎 사이로 들어오는 햇살こもれび[코모레비]로 수시로 흐르고 바뀐다. 그러므로 감지된 '일정한 시간' 안에서만 유의미하다.

300) 감정 패턴, 사고 패턴, 행동 패턴으로 구별할 수 있다. 그러나 한편으로는 '반복'으로만 자신을 알 수 있고 반복으로 구성되기이 이 반복 또한 바로 자신이다.

301) 앎과 의미의 종합을 위한 통합에 이르는 길도 여러 가지가 있다. ①병치juxtaposition해 두고 비교하거나 ②의외의 것을 연결하기도 하고, ③덜어내고 빼내거나, 더하거나 덧칠하기, ④꼭 맞지 않게 틈을 만들고 보강하고 들어오는 새로운 것을 기다리는 등 이런 많은 곡절이 의미를 만들고 이를 거치며 통합된다.

302) 그러나 이런 '경계'에 도달하는 과정, 경계에 서서 경계-앎을 얻기, 난간을 놓고 경계에 서서 얻게 되는 내면에서 오는 새로운 앎을 기다리기 등 경계-앎은 본질에서 새로운 것이다.

303) 만약 두 사람이 마주한encounter 회기에서 이런 직관을 포착하면 이를 수퍼비전-주체와 나눠야 한다. 이는 자기만의 것이 아니고 상대의 것, 공동의 것일 수 있다. 이를 통해 새로운 해석으로 나아가야 한다.

- 이제 어려운 도전을 할 때다.
- 물러서야 할 때이다.

6. **자기-알아차림**self-awareness: 코칭 회기 동안과 그 후에, 그리고 수퍼비전 대화 중과 후에 자신의 사고-과정thought process을 의식하는 것

7. **복합적 관점을 취하기**: 수퍼비전의 수혜자는 수퍼비전-주체인 당신만이 아니라는 것을 기억하는 것이 유용하다. 따라서, 수퍼비전에서 ①무엇을 원하는지(나의 욕구desire는 무엇인가?)를 검토하면서, ②코칭 파트너에게 가장 유익한 것이 무엇인지, 그리고 ③더 넓은 시스템이 수퍼비전에 초대하는 것이 무엇인지를 고려한다. 이 세 가지 관점은 일치하지 않을 수 있다.

> 세 가지의 불일치를 어떻게 할 것인가?

연구의 일환으로, 저자들은 코치들로부터 어떻게 그들이 자신의 **성찰 능력을 개발하는 과정**을 발견했는지에 대한 논평을 받았다.

> 나는 수퍼바이저와의 관계와 경험을 정기적으로 되새기고, 내가 수퍼비전에 가져간 특정 코칭 파트너와 관련된 메모를 검토한다.
> — 조앤 시얼Joanne Searle, 독립코치

> 되새김과 메모

> 대개 회기 중에 일지에 메모한다. 가끔 가장 최근의 회기를 돌아보기 위해 일지를 꺼내기도 하고 때로는 수퍼비전의 여정과 진화에 대해 성찰을 위해 다시 읽기도 한다.
> — 데이브 오브라이언Dave O'Brien, 내부/사내 코치 겸 수퍼바이저

적시에 출현하는 성찰 즉시 출현하는 성찰	처음에는 수퍼비전하기 전에 성찰적 실천과 성찰은 내게 힘든 일이었다. 나는 여러 가지 템플릿과 지침을 성찰에 사용하려고 노력해 왔다. 미리 시간을 정해 하려고 했으나 너무 공식적이고 [성찰한다는] 과정만을 중시하는 것처럼 보였다. 그 대신 적시에 그리고 **즉시 출현할 때** 접근하는 방식과 구조로 고쳐 보았다. 그 덕분에 코칭, 코칭 파트너와의 작업과 자기-성찰의 순간에 통찰과 질문을 포착할 수 있었다.
템플릿과 지침	

각 수퍼비전 회기를 앞두고, 나는 내 일지에 특별히 표시해서 코칭, 코칭 파트너와의 회기에서 얻은 통찰과 질문, 코칭 파트너와의 도전, 코칭에 대한 불확실성, 내 작업 관련이 있는 모든 것, 코치로서 내 자신에 대해 생각 등을 스크랩 노트에 기록해 둔다.

수퍼비전 회기 며칠 전에 나는 내 일지를 검토하고 코치로 나에게 일어난 일, 코칭 파트너, 비즈니스 요인, 개발할 점, 개인적 일들 등 관련 있어 보이는 사안의 뒷이야기를 작성한다. 나는 수퍼바이저에게 상황과 맥락을 알려 주기 위해 이메일 형식으로 작성한다. 그렇지만 사실은 그것은 **나와의 대화**이며, 내 생각을 검토하고 준비하는 것이다. 그런 다음 코칭 파트너와 사건에 대해 작성한 메모를 검토하고, 수퍼비전에서 다룰 수 있는 긴 주제 목록을 작성한다.

현재 이 순간 가장 유용

여기서 정말 중요한 것은 내가 그것을 보며 **무의식적 사고를 자극**하는 것이다. 수퍼비전 회기가 시작될 때는 그 배경 이야기에 대해 지금 당장 공감할 수 있는 모든 것을 논의할 수 있지만 그보다는 **주제 목록**을 새롭게 살펴보고 현재 이 순간 가장 유용해 보이는 주제로 작업하는 것이 더 중요하다. 겉보기에 자주 우선순위가 뒤바뀌는 듯 보이는 연결 고리와 주제는 결국 뒷이야기(배경 설명)와 주제 모두에서 나온다. 한두 가지 주제에 시간을 쏟기로 결정해도,

필연적으로 더 많은 연결 고리가 드러난다.

　이 과정은 정말 나에게 효과가 있다. 많은 것이 출현할 수 있는 가벼운 구조 속에서 성찰하도록 도와준다. 이런 식으로 준비하는 것은 무의식과 지금 이 순간에 가장 중요해 보이는 것에 집중하고 연결과 주제를 알아차리는 데 중요하다.[304]

　　　　　　- 앨러스테어 키드Alastair Kidd, 독립코치

나는 내용, 정서(나와 코칭 파트너), 학습 및 생각해야 할 미래 영역을 다루는 "성찰 요약reflection summary"을 하고 있다. 그렇게 하지 않았을 때보다 더 광범위하게 성찰하는 훈련이 나에게 개인적으로 도움이 되며 수퍼비전을 위한 진정한 주제를 파악하는 데도 도움이 된다.

　　　　　　- 캐서린Catherine, 독립코치

---

[304] 매우 바람직하고 모범적이며 수퍼비전을 잘 활용할 수 있는 사례이다. 우선 코칭 회기에서 떠오른 통찰과 생각들을 직후에 메모해 둔다는 점이다. 이 내용에는 회기 안에서, 또 직후에, 시간이 지나며 남게 되는 아쉬운 것들이 포함되어 있다.
　수퍼비전을 앞두고 숙제하듯 준비하거나 좋은 주제를 기준으로 선택하는 것이 아니다. 여러 주제 리스트를 보고 새롭게 떠오르는 것을 다룬다. 이미 수퍼바이저에게 이메일을 보냈다면, 이 과정은 곧 대상을 두고 자신의 성찰 메모를 정리하는 과정이기에 성찰한 것을 성찰하는 재성찰이자, 통합 과정이 일어난 것이다. 수퍼비전 참여를 위해 찾아가는 과정에서 주제 리스트에서 새로운 것이 떠오르거나, 수퍼바이저와 마주 앉자마자 이미 보냈던 이메일이나 '준비 보고서'의 내용, 리스트와 전혀 다른 것, 재해석된 주제는 놔두고, 이 만남의 순간 출현한 주제를 다룬다. 바로 자신의 '무의식 출현'을 중시한 선택이다.
　이러한 과정은 자신의 성찰 내용의 틈을 메우거나 새롭게 **통합**되거나 이를 딛고 **새로운 성찰**로 넘어가는 전형적인 과정이다. [역자 부록 5.1] in-on-to-for-about 성찰고리와 비슷한 경험이다.

성찰적 실천 개발

성찰적 프랙티셔너로 성장하는데 충분히 도움이 되는 활동은 많다. 7장에서 이 부분을 자세히 다루며 수퍼비전을 어떻게 준비할지 검토한다. 그러나 정기적으로 수퍼비전 할 때, 수퍼비전-주체가 효과를 얻을 수 있는 다양한 실천 요강이 있다.

- **정기적으로 학습 일지를 작성하는 시간을 만든다.**
  이것은 성찰적 실천과 주제 분석의 모든 기술을 지원하여, 코치가 더 넓은 범위에서 관찰과 직관을 수퍼비전에 가져올 수 있게 한다.
- **관련 학습 커뮤니티에 참여한다.**
  각 지역의 코치리스트, 그룹 및 주요 코칭 전문가 협회(EMCC, ICF, AC, APECS 등)의 회원 웹 사이트와 같은 관련 학습 커뮤니티에 참여한다.
  토론에 참여하는 것이 수동적으로 따르는 것보다 더 나은 학습 방법이 될 수 있다!
- **코칭 문헌을 두루 널리 읽는다.**
  이를 통해 수퍼바이저와 새로 접하게 된 아이디어를 토론할 가능성이 생긴다. 가끔은 이러한 아이디어는 수퍼바이저에게도 새로운 것일 수 있고 이는 양방향 학습 관계를 유지하는 데 도움이 된다.[305]

---

[305] 지식과 정보의 소매상 강의장에서 구입하거나 정제된 알약, 당장 쓰기 좋은 아이디어 중심 취득물, 유튜브 동영상으로 얻은 이미지와 결합된 생각 등만으로는 쉽게 한계에 도달한다. 스스로 자기 안에서 자기-앎을 구성해 내지 못하는 절망감에 잡아먹히게 된다.
수퍼바이저는 수퍼비전-주체가 이를 털어내고 자신의 의문을 중심으로, 코칭 파트너 수퍼비전에서 동의한 탐구 주제를 중심으로 문헌을 살피는 것, 〈배움과 사색함의 몸내림〉을 위해 조금씩 안내하고 실천으로 이끄는 노력이 필요하다. 수퍼바이저가 이를 위해 모범이 되는 노력이 선행되어야 한다.

- **여러 출처에서 피드백을 구하고 활용한다.**
  이것은 수퍼비전에 가져올 이슈를 파악하고 수퍼바이저의 응답을 맥락화하는 데 도움이 된다.
- **수퍼비전 과정을 이해한다.**
  수퍼비전-주체가 수퍼비전 전문가가 될 필요는 없지만, 수퍼비전의 핵심 목적과 접근 방식에 대한 기본 이해가 있다면 '과정'에 더 많은 기여를 할 수 있다.
- **관점 확대**
  코칭 주제에 관한 워크숍과 컨퍼런스에 참석한다.
- **가르치면서 배우기.** 컨퍼런스 및 워크샵에 참석한다. 청중의 질문에 대답하는 것처럼, 그 준비 자체가 성찰을 위한 풍부한 기회이다!

[역자 부록 5.2] 볼튼Gillie Bolton. 반성성Reflexivity(비찰성)[306]

반성성은 우리 자신의 태도, 사용 중인 이론, 가치, 가정, 편견, 습관적 행동에 의문을 제기하고 타자와 관련한 우리의 복잡한 역할을 이해하는 전략을 찾는다. 이는 우리의 존재 방식이 얼마나 문화적으로 결정되는지 인식하고 책임감과 윤리적인 행동을 개발한다. 타자들은 매우 다른 기대와 규범을 갖고 있다(Bager-Charleson, 2010). 반성적이라는 것은 예를 들어 우리 지식의 한계, 자신의 행동이 개인적, 전문적 가치와 상충되는 조직 구조에 어떻게 작용하는지, 그런 실천이 왜 집단을 소외시키거나 개인을 배제할 수 있는지 검토한다. 이는 우리의 행동이 우리가 지지하는 가치와 이론(예: 종교 또는 성별)과 얼마나 일치하는지 의문을 제기한다.

---

306) Gillie Bolton. Reflective Practice: Writing and Professional Development. 5th SAGE. 2018. p.10-11

우리는 주변 환경, 다른 사람과의 관계, 의사 소통 방식을 형성하는 데 적극적이다. 우리는 단순히 수용하거나 반응^{reactiong}하는 것이 아니라 비판적인 질문을 하기 시작한다. 윤리적인 존재 방식과 관계 방식을 검토하고 수정하는 데 도움을 준다(Cunliffe, 2009b). 반성성은 정치적, 사회적 또는 문화적 구조(예: 내가 고용한 조직)에서 불일치(예: 지지하는 가치와 행동-안에서의-가치 사이)에 의문을 제기한다.

반성적이 된다는 것$^{to\ be\ reflexive}$은 내면의 경험 즉 옥스퍼드 영어 사전에서 말했듯이 마음 자체를 뒤집어서 성찰하거나 되돌아보는 '경험 안에서 생각하기^{thinking}'와 '성격^{personality}이 탐색 대상에 미치는 영향'을 포함한다. 이는 복잡한 예술성^{artistry}으로, 우리의 프레즌스가 지식과 행동에 어떤 영향을 미치는지 알아내는 것이다. 반성성은 반성^{reflex}에서 비롯되는 것이 아니라 혁신적인 역동적인 방법을 포함하며, '자극에 대한 자동적인 응답^{response}으로 의지와 독립적으로 수행되는 행동(OED)'이다. 반성적 사고방식$^{reflexive-minded}$을 가진 프랙티셔너는 스스로에게 다음과 같이 질문하게 된다.

Q. 왜 이것을 지나쳤을까?
Q. 내가 알아차리지 못하게 만든 내 가정은 무엇이었나?
Q. 나의 인식을 방해한 조직 등의 압력이나 이념은 무엇인가?
Q. 내 행동은 다른 사람들에게 어떻게, 어떤 식으로 인식되었는가?
Q. 이러한 심오한 질문은 무슨 일이 일어나게 했는가?

또 다음 같은 문제-해결 질문보다 훨씬 더 많은 발전을 가능하게 한다.

Q. 나는 그것에 대해 어떻게 생각하고 느꼈는가?
Q. 다음에 어떻게 더 잘할 수 있을까?

반성성은 자기^{self}의 측면을 낯설게 만드는 매우 불가능한 모험이다. 믿음과 가치 체계에서 물러나 습관적인 사고 방식과 타인과의 관계, 우리 자신을 이해하는 구조, 세상과의 관계, 우리가 다른 사람과 경험하고 인식하는 방식과 세상이 영향을 미치는 방식에 대한 가정을 관찰하고 시도한다. 가정에 의문을 제기하는 것은 '상황이 그저 그런 것', 즉 '상식적이다'라는 불변의 감각에 맞서는 투쟁이다. 이는 '심리적 다이너마이트를 품는 것과 같다. 변형적 학습transformative learning을 촉진하는 교육자는 심리적, 문화적 파괴 전문가와 비슷하다'(Brookfield, 1990, p.178).

이렇게 자신을 바라보는 것은 '당혹스러운' 느낌을 준다(Bager-Charleson, 2010, p.x). 불확실성을 견뎌내는 용기, 타인의 인식을 알아내고, 깊이 자리 잡은 존재 방식을 바꿀 수 있는 유연성과 주목되는 것을 [감당하는] 의지willingness(아마도 '내부 고발자whistle-blowers'로서, Hargreaves & Page, 2013, p.160)가 필요한데, 이 모든 것이 매우 책임감 있는 사회적, 정치적 활동이다.

내부 대화internal dialogue와 같은 전략과 수퍼바이저나 동료-독자peer-reader와 같은 신뢰할 수 있는 다른 사람의 지원이 절실하다. 하이버트Hibbert(2012)는 성찰reflection에서 반성성reflexivity을 개발하기 위한 효과적인 교육 방법을 설명하고 핸슨Hanson(2013)은 비판적 성찰과 반성성을 중심으로 교육적 프랙티스pedagogical practices의 심화를 탐구한다.

[역자 부록 5.3] 뮤지컬 레 미제라블과 반성성(비찰성)reflexivity

유명한 뮤지컬 레 미제라블Les Misérables에서 장 발장Jean Valjean의 첫 번째 변신은 '반성성'에 대한 이해에 첫 영감을 준다.

주인공은 가난한 조카들의 양육을 떠안고 최선의 노력을 거듭하던 중 이들의 굶주림을 보다 못해 빵 한 조각을 훔치다 걸려 5년 형을 받았다. 4번의 탈옥으로 인해 5년+14년, 총합 19년을 법의 노예(수번 24601)로 살다가 형기를 거의 다 채우고 세상에 나온다. 죄수 번호 대신 자신의 이름 '장 발장'을 되찾는다.

"고개 숙여 넌 영원한 노예!, 고개 숙여 여기가 네 무덤!" 노래 음조와 가사가 위압

적이다. … "난 이제 자유, 땅은 고요하구나, 바람을 느껴, 난 다시 숨 쉬고, 저 맑은 하늘 세상이 깨어난다…. 샘물을 마시자 매우 상쾌하구나, 내 삶을 앗아간 지난 일을 절대 잊지 말자! 저들이 내게 한 짓도 잊지 않을 거야! 죄인은 저들이야 저들 모두가! 새날이 시작됐다. 어디 보자 **이 새로운 세상에서 나는 무엇을 할까?**"

무자비한 학대 끝에 얻은 새 삶은 **기대**와 분노를 함께 지닌 채 출소해 적응하려 노력한다. 그에게는 긴 터널을 지나 새롭게 맞이한 환경에 적응적 변화가 절실했다. '새로운 세상에서 나는 무엇을 할 것인가?' 실천$^{(doing)}$을 통한 새로운 삶의 지향이 절실했다.

그러나 그를 끝까지 감시하고 추적하는 '자베르' 경감과 전과기록으로 인해 사람들의 멸시와 일한 대가도 받지 못하고 쫓겨나는 등 정착하지 못하고 끝없이 거리를 떠돈다.

"이런 게 자유였군, 교도소장이 늘 쫓아다녀! 그것이 법! 이 종이 조각으로, 이 땅에서 난 저주받았어, 그것이 법! 마치 똥개처럼 거리를 거니네. 사람들 발을 핥고 밟히며…"

그에게는 지치고 힘든 본능적 반응만 남게 된다. 조롱과 천대, 굶주림에 악에 받쳐 떠돌던 어느 날 미리엘 주교의 도움으로 주교관에 머물게 된다.

"안으로 들어오게 지친 그대여, 밤바람이 차갑네, 비록 누추하지만 가진 걸 함께 나누면 되지, 포도주를 마시고 활기를 되찾게, 빵을 먹고 힘을 내게…. 부당함을 잊고서 침대에 누워 아침까지 푹 쉬게, 고통과 부당함을 모두 잊고서"

부드럽고 절실한 음악과 가사가 몸을 감싸고 흐른다.

"주교 덕분에 배불리 먹었어, 이 은식기는 내 품삯의 2배, 절망에 허덕였던 19년을 지나, 날 믿어주는 사람을 겨우 만났지만, 날 믿은 건 늙은이의 잘못, 그가 배푼 선의에 감사를 표하는 것으로 내 할 일을 했어. 이 고요한 밤 난 자리에서 일어나 은식기를 들고 몰래 달아나!"

절규하듯 노래한다. 손에 잡히는 기회를 놓쳐서는 안된다며 높은 음의 외침이다. '달아나!'

그는 후한 대접에 감사를 표했으면 된다고 자신을 합리화하며 주교관의 은식기를 훔쳐 도망치고 다시 잡혀 경찰에 의해 주교관에 끌려온다. 그렇지만 주교는 선물로 받았다는 장 발장의 주장을 확인해 주며, 서둘러 떠나느라 정신이 없었는지 더 좋은 은촛대를 잊었다며 이를 챙겨준다.

"그의 말을 믿네! 그런데 왜 서둘러 떠나느라 정신이 없었는지 이 은촛대를 잊었지, 이것이 가장 값나가는 것. 그러니 이자를 보내주게. 이자의 말은 사실… 그대들의 염려에 감사하네….

신의 축복이 그대와 함께하길… 기억하게 형제여 높으신 분의 뜻에 따라 이 귀한 은식기로 새사람이 되게…, 순교자들의 간증으로, 열정과 피로써 신이 자네를 어둠에서 구했으니 자네 영혼을 그분께 의탁하게…"

부드러운 음악이 그를 감싼다. 주교의 '무조건 수용과 절대적 용서'라는 '사건'과 마주친 장 발장은 홀로 고뇌한다.

"내가 무슨 짓을 한 거지? 야밤에 도둑이 되어 개처럼 도망치네! 난 정말 타락했어!…. 이 늦은 밤 들리는 건 내 증오의 울부짖음뿐, 아무도 듣지 않는 어둠 속 울부짖음! … **이것이 내 인생의 전환점인가?** … [아니] 달리 갈 길이 있었다 해도 [그것은 이미] 20년 전 지나쳤지, 내 인생은 이길 수 없는 전쟁, 수인 번호가 날 매장했지…, 사슬에 묶어 죽게 내버려 뒀어, 빵 한 덩이 훔친 죄로!…"

단호히 돌아서서 떠나는 중 다시 멈춘다. 노래는 잠시 멈추고 다시 이어진다.

"주교의 말이 **내 영혼을 어루만지고 사랑을 가르치는 건 어인 일일까?** 주교만은 달랐어, 날 신뢰하고 형제라고 불렀지, 천상의 신께 나의 축복을 빌었어, 어떻게 그런 일이?…" 다시 혐오와 회의의 노래가 이어진다.

"내가 증오하는 이 세상, 세상도 항상 날 혐오했지! 눈에는 눈! 마음 약해지지 마! 난 그렇게 살아왔어! 내가 아는 건 그것뿐…!" 혼돈과 갈등으로 노래는 또 다시 절규가 된다.

"주교 말 한마디면 난 다시 투옥돼, 채찍에 맞고 고문을 당할 거야, 그런데 주교는 나에게 자유를 줬지!, 예리한 칼 되어… **수치심이 날 찌르네**, 주교는 내게도 영혼이 있댔어! 그가 어떻게 알지? 어떤 영혼이 내 인생을 변화시킬까? 달리 갈 길이 있을까? 그 길로 뻗어보지만 나 추락하네, 밤이 다가오고 있어 허공을 응시하네… 내 죄악의 소용돌이를 향해…, **그 세계에서 벗어날 거야!** 장 발장의 세계로부터…, 이제 장 발장은 없어! … 다른 인생을 살 거야!"

높은 노래 음조와 함께 자신의 '석방 증명서'를 찢는다. '수번 24601'에서 장 발장으로 **자신의 이름**을 되찾았다. 절실한 노력과 지속된 실천이 벽에 부딪힌 좌절과 추락은 밑바닥에서 자신의 일깨워진 영혼과 만나 새로운 변신의 계기가 된다. 미리엘 주교의 '말'에 그의 진정한 '나'는 일깨워지고 자기 자신을 되찾은 것이다. 이후 그는 새로운 삶을 산다(doing→being).

장 발장의 삶은 바뀌었다. 새사람이 된 그는 몽트뢰유쉬르메르Montreuil-sur-Mer시에서 마들렌Madeleine이라는 이름으로 사업가가 된다. 혁신적 장식용 구슬 산업을 일으켜 큰 성공을 거둔다. 끝없는 선행과 시의 공헌을 인정받아 결국에는 시장직까지 역임하게 된다. 그러던 도중 자베르라는 사복 형사가 그의 정체를 의심하며 그의 뒤를 밟는다.

한편 장 발장의 공장에서 일하던 팡틴Fantine이라는 여성은 억울한 이유로 쫓겨나게 되고, 결국 매춘을 시작하게 된다. 팡틴의 삶이 나락으로 빠진 근본적 원인은 자신이 일 처리를 공장 책임자에게 일임한 실수 때문임을 알게 된 장 발장은 자베르에 의해 체포될 위기에 빠져있던 팡틴을 구해주게 된다. 이 일로 화가 난 형사 자베르는 자신의 직감과 의심, 여러 정황을 들어 상부에 마들렌 시장이 장 발장이라고 보고한다. 그러나 이미 샹 마티외라는 사람이 장 발장의 혐의로 잡혀 법정에 서 있다는 전보를 받고 자신의 실수를 장 발장에게 사과한다.

이 사건은 새로운 성찰을 촉발한다. 이 사태를 어떻게 할 것인가? 자신의 무심한 실수로 삶의 위기에 처해 자신의 손길이 절실한 팡틴, 깊은 병이 든 미혼모인 그녀에게 딸 코제트를 만나게 해 주겠다고 약속했다. 악행을 저질러 체포되었으나 자신이 버린 '장 발장'이 되어 억울한 재판을 받는 샹마티외의 인생은 어떻게 할 것인가? 코앞까지 찾아온 자베르에 의한 체포 위기, 자칫 오랫동안 노력해 새롭게 구축해 온 '마들렌'이라는 자신의 삶과 변신은 어떻게 할 것인가? 그의 노래는 처절하다.

"오랜 고생 끝에 오늘의 나를 이루었잖아! 진실을 말하면 그날로 난 끝이야, 침묵을 지키면 난 저주받을 거야! 난 수백 만 노동자의 주인…, 내가 잡히면 그들은 어찌 연명할까? 진실을 말하면 그날로 그들은 끝이야. 침묵을 지키면 난 저주받을 거야. **난 누구인가?** 내가 뭔데 그자를 노예로 만들 수 있단 말인가? 그의 고통을 무시할 수 있단 말인가? 날 닮은 죄로 무고한 그는 심판받겠지, **난 누구인가?** 정체를 영원히 숨길 수 있을까? 과거를 숨길 수 있을까? 죽을 때까지 내 이름을 숨겨야 하나? 거짓말한 채 사람들을 어찌 볼까? 내 자신을 어찌 볼까? 내 영혼은 하나님의 것…, 오래전 난 그와 흥정했지, 절망 끝에서 하나님은 희망을 주었어… 계속 살아갈 힘을 주셨어. **난 누군가? 난 누군가?** 난 장발장! 자베르 똑똑히 봐. 그자는 당신만큼이나 죄가 없어. **난 누군가**. 24601

마들렌은 '나는 누구인가'를 반복하며 장 발장으로, 24601로 자신의 과거와 만난다. 자신의 생을 걸고 고민하다 아라스 법정에 찾아가 자신이 장 발장, 즉 죄수번호 '24601'임을 선포한다(new being→new doing). 팡틴과의 약속을 지키기 위해 돌아오고, 자베르는 팡틴의 병실까지 찾아와 장 발장을 연행하며 팡틴에게 장 발장의 정체를 폭로해 버린다. 이 사실을 알게 된 팡틴은 장 발장에게 자신의 딸인 코제트를 부탁한다고 말한 뒤 요절했다. 장 발장은 이에 격하게 분노하여 자베르에게 "당신이 저 여자를 죽였다!"라고 외쳤고 굳건해 보였던 자베르도 이 일에는 꽤 충격을 받았다. 장 발장은 구속된다.

무엇을 할 것인가? 지속적 성찰과 새로운 삶을 위한 처절한 노력, 새로운 정체성으로의 변신은 변화하는 새로운 사태와 짊어져야만 하는 과제, 자신의 내적 진실을 마주하며 '나는 누구인가'라는 질문에 존재론적 전환으로 이어진다. 지속적이고 근본적인 성찰적 실천의 축적은 '반성성'으로 이어져 새로운 전개를 맞는다.

[역자 부록 5.4] 수퍼바이저를 앞세우며 걷는 길의 행복

코치에게 코칭수퍼비전을 선택하고 수퍼바이지 '코치'의 위치에서 걷는 길은 중요한 타인을 앞세우며 뒤에서 걷는 길이기도 하다. 누군가를 지원하며 앞서고 뒤서고 함께 걸어온 코치는 수퍼비전의 여정에서는 한편으로는 수퍼바이저를 앞세우고 동행하게 된다. 함께 걸으며 따라하고 호흡을 맞추기도 하고 다른 발걸음으로 여유를 가질 수 있다. 이 걸음은 곧 자신의 코칭 파트너와의 함께 걸음을 회상하고 검토하게 한다. 그가 보았을 자신의 모습을 회상하며 그의 눈과 걸음이 자신을 뒤에서 밀고 갔음을 자각한다. 변화와 성숙을 위한 절실한 노력, 분투하는 모습에 자신이 얼마나 최선을 다해 응답했는지, 무엇을 놓쳤는지 발견한다. 이런 자기 관찰은 수퍼바이저와 함께 걸으며 더욱 생생하게 복원되고 발견한다.

수퍼바이저와 함께 걸음은 때로는 그가 남긴 발자국을 보며 비틀거림이나 어지러움을 보게 되고, 오히려 자기 뒤에 남겨지는 발자국을 위해 자신의 발걸음을 곤추 세운다. 수퍼바이저의 앞선 걸음의 주저함이나 속도 낮춤에서 오는 답답함은 곧 내 발에서 눈을 떼 길을 살피고 주변의 숲을 보고 하늘도 보라는 의미로 알기 위해서는 많은 시간을 공들여야 한다. 이는 다시 코칭 파트너와 걸었던 자신의 여정을 더욱 상세히 보게 만든다. 배움과 성장이란 오직 과정에서 부딪치는 예상하지 못한 상황과 습격해 온 역동과 어쩔 수 없는 일렁임에서 이뤄진다는 알아차림을 얻는다. '과정'을 겪는 '관계'의 견고함이 새로운 앎을 출현하게 하고, 견고함의 정도가 깊이 있는 곳, 가보지 못한 곳에서 **건져 올리는 앎**을 만나게 한다는 점도 분명하게 된다.

아주 명료하게 함께 가는 수퍼바이저의 동작과 표정, 예상하지 못함에서 그의 의미 발견을 보고 난 후에, 자신도 이를 위해 처절히 집중하고 나서야, 언어적 비언어적 소통의 중요성을 절실히 안다. 또 한참을 따라 걸어야 자신의 실수와 한계가 배움의 지점이고 밑거름임을 안다.

코칭이란 결국 코치의 자기 알아차림과 자기를 분석하는 철저함이 질을 결정하는 데 결정적이라는 사실, 관계와 과정에 앞서 코치 자신이 질을 좌우한다는 사실을 수퍼바이저를 앞세운 길에서 알게 된다. 이를 통해 그는 수퍼바이저와 연결된 수퍼바이지가 아니라 스스로가 '수퍼비전-주체'임을 안다. 겪게 되며 안다.

불확실성과 미지의 영역은 어찌 기꺼이 갈 수 있는가? 인증을 위한 수퍼비전 길이라면 길따라 가면 되지만 본질적으로 수퍼비전은 숲속 걸음이다. 길게 나 있는 길가기도 바쁜데도 언제든 길이 아닌 길가의 숲으로 들어갈 수 있다. 믿고 따라가지 않을 도리가 없다. 때로는 그 숲에 길이 없다. 이런 숲에서도 편한 곳, 알만한 곳에 발을 디디면 맴돌기 십상이다. 대부분의 숲속은 알 수 없는 원시림을 방불케 한다. 불확실성과 불투명하고 안개와 적막이 가득하다. 숲속 안을 처음 걷는다면 침묵을 비로소 들을 수 있다. 침묵을 보고 알아 들어야 숲의 신비도 마주한다. 프로이트는 자기 꿈으로 자기 내면을 파헤치고 꿈을 해석하며 이를 마치 숲속을 걷는 비유로 한 치 앞을 내다보며 걷지 않았던가!

숲의 미로와 미궁은 홀가분히 겪어야 나아갈 수 있다. 오직 앞서거나 함께 걷는 수퍼바이저가 있어 인내심과 유연성을 그나마 가질 수 있다. 혼자 간다면 어찌 감당할 수 있겠는가. 표정과 몸짓이 있어 짐작과 안심이 되고 침묵이 알려주는 대로 걷는다. 걷기보다는 숲을 겪는다. 한다고 되는 것이 아니라 겪어야 '된다'는 것은 타인을 앞에 두고 걷고, 타인을 뒤에 두고 걷는 수퍼비전-주체의 행복이다.

집단 수퍼비전에 참여할 때 고려할 점

2장에서 언급했듯이, 수퍼비전 참여 방식에는 여러 가지가 있다. 그러나 집단에서 일할 때, 좋은 수퍼비전-주체는 어떻게 자신을 위한 기회를 최대한 얻을 수 있는지 뿐만 아니라, 동료 코치에게 가치를 제공해 줄 수 있는지 그 방법도 알고 있어야 한다. 코칭협회Association for Coaching(AC)는 전화 집단 수퍼비전을 회원들에게 제공하며, 이를 통해 많은 사람들이 처음으로 수퍼비전을 경험하고 있다. [자료 5.1]은 회원들에 대한 지원 문서에서 발췌한 것이다. 이는 그들의 접근 방식을 설명한다.[307]

[자료 5.1] 코칭협회의 집단 수퍼비전

AC 집단 수퍼비전 통화를 어떻게 최대한 활용할 수 있는가?(전화 지원 문서의 발췌)

모든 사람이 자신이 가져온 이슈를 논의할 기회를 갖도록 하려면 예약된 시간에 정시에 즉시 시작하는 것이 중요하다. 전체 집단은 시간을 알아야 한다. 호스트가 이에 대해 큰 책임을 지지만, 정시 참여의 '예절'을 준수하고 똑같이 시간을 공유할 수 있다.

- 적어도 시작 5분 전에 전화나 인터넷을 통해 접속하거나 접속할 수 있도록 일정을 짜서, 회기를 제시간에 시작할 준비를 하라.
- 집단과 토론할 이슈를 오직 하나만 제기하라.
- 이슈를 간결하고 명확하게 제시해 집단에 도움이 되는 지원이 무엇인지 미리 생각해 보라. (물론 우리 작업은 매우 혼란스럽고 바로 당신이 가져오고 싶어 하는 것이다!)
- 통화 중일 때, 자신과 다른 사람들의 시간을 염두에 두어라. 각 사람은 약 10분 동안 자신의 이슈를 발표하고 논의할 수 있다.

---

[307] [저자 주] 이 짧은 문서는 코칭협회AC에서 참가 지침과 함께 배포한다.

- 경험을 공유하는 것이 집단 수퍼비전의 핵심이다. 당신의 역할은 언제나 다른 사람의 프랙티스를 판단하는 것이 아니라, 호기심의 마음으로 그들의 작업에 접근하는 것임을 기억하라. 모든 면에서 자신과 다른 사람들의 목소리를 향해 열려있도록 노력하라.
- 방해받지 않고 충분히 집중하고 기여할 수 있는 위치에 있도록 준비하라. 배경 잡음이 불가피하다면, 음소거하고 호스트에게 이를 알려라.
- 통화 후 시간을 내어 성찰하고, 메모하고 아이디어, 생각, 감정을 성찰하고 기록하여 경험에서 최대한의 유익을 얻어라.
- 참고: 통화 후 동료 코치들과 연결하려면, 통화 중에 명시적으로 동의해야 한다. AC는 다른 회원들과 회원의 연락처를 공유하지 않는다.

수퍼비전-주체의 수퍼비전 활용은 시간이 지남에 따라 어떻게 변하는가?

코치의 성숙성 모델

평가 센터에서 코치 풀을 선정하는 작업을 통해, 우리는 실제 이슈로 코칭 파트너와 함께 일하는 수백 명의 실전 코치를 관찰했다. 메긴슨 Megginson과 클러터벅Clutterbuck(2009)은 〈코치의 성숙성 모델〉을 설명하면서 네 가지를 제시했다. 코치가 묻는 질문의 종류를 통해 구별되는 사고 방식/마음 가짐mind-set을 확인하여, 코치 성숙성 모델을 개략적으로 제시한다[표 5.3].[308]

직선이 아닌 지그재그의 길
상태인가 단계인가

---

[308] 코치의 성숙성 관점에서 발달 모델을 제시한 선구적인 연구이지만 짧은 설명으로는 전모를 알 수 없고 활용하기가 쉽지 않다. 그러나 관련 연구가 충분하지 않은 조건에서는 유용한 구별로 보인다. 철학기반(레벨 3)을 중심이론 기반으로 이해한다면 그 다음 단계는 나름의 원칙을 가진 이론의 절충과 통합, 임상 현장 상황과 현실에 작동하는 시스템을 포함한다는 점에서 최종 단계로 설정한 것이 우리 인식에 도움이 된다.

[표 5.3] 코치/멘토 성숙성의 진화

코칭 접근	스타일	효과적 수퍼비전-주체 되기에 어떻게 적용?
모델 기반 models-based	통제/조정 control	Q. 내가 그들이 가야 한다고 생각하는 곳으로 어떻게 데려 갈 수 있는가? Q. 이 상황에서 내 기술이나 모델을 어떻게 적용할 수 있는가?
과정 기반 process-based	담아내기 contain	Q. 어떻게 하면 코칭 파트너에게 충분한 통제 권한을 주면서도 목적 있는 대화를 유지할 수 있는가? Q. 이 경우 나의 '과정'을 적용하는 가장 좋은 방법은 무엇인가?
철학 기반 philosophy-based	용이하게 하기 facilitate	Q. 코칭 파트너가 스스로 이를 수행하도록 돕기 위해 내가 할 수 있는 일은 무엇인가? Q. 나의 철학이나 전문분야의 관점에서 코칭 파트너의 이슈를 어떻게 맥락화 할 수 있는가?
시스템적 절충 system eclectic (통합 모델)	가능하게 하기 enable	Q. 이슈와 해결책이 어떤 방식으로든 출현할 수 있도록 우리 둘 다 충분히 편안한 상태인가? Q. 어떤 기법techniques이나 과정을 적용해야 하는가? Q. 적용해야 한다면 코칭 파트너의 맥락에서 내가 이용할 수 있는 선택지 중에서 어떤 것을 선택해야 하는지 알려 주는 것은 무엇인가?

흥미롭게도, 실천 시간은 코치 성숙성과 거의 관련이 없는 느슨한 요인이었다. 수백 명의 코치와 경우에 따라 수천 시간의 코칭이 레벨 1에 고정되어 있었고 매우 작은 비율만이 레벨 4에 도달했다. 또한 코칭의 (발달)수준은 일방통행이 아닌 것 같다.[309] 코칭 파트너와 맥락이 다르면 다른 차원의 탐구 질문enquiry이 야기될 수 있다provoke. 즉 성

---

309) 각 단계의 상승이 직선으로 나가기보다는 지그재그 또는 전진과 후퇴를 반복하는, 박음질 바느질처럼 뒤로 가서 앞으로 나가는 방식으로 이해할 수 있다. 이를 통해 더 단단하고 충실하게 되는 자연스러운 발전 형태이다.
또 성장과 발전의 다음 단계를 상태인가 단계인가로 질문할 수 있다. 발전 과정에서 보이는 나아진 '상태'를 주기적으로 체험할 수 있는 것과 단계의 상승인가는 다른 것이다. 단계란 아래로 미끌어지기보다는 뒤돌아가지 않고 항시적으로 머물러 있는, 필요하면 언제든 오르고 내려 갈 수 있는 수준이다.

숙을 향한 여정의 어느 시점에서든 코치들은 나름 끌리는 "무게 중심 centre of gravity"을 갖고 있는 것으로 보인다. 따라서 레벨 2에 무게 중심을 가진 코치는 레벨 3 내에서 가끔 작동할 수 있지만(가장 흐름이 좋을 때) 무엇을 해야 할지 확신하지 못하는 상황에 직면하면 기본 수준이 레벨 1로 되돌아가는 경향이 있다.

코치가 처음 이 모델을 만났을 때, 더 높은 수준에 도달하기 위해 조급함이 있는 것 같았다. 우리가 보기에 이것은 실수라고 생각한다. 왜냐하면 모든 성숙 과정에는 시간이 걸리기 때문이다. 본질적으로 그것은 경험에 대한 광범위한 성찰을 통해 획득되는 **지혜**에 관한 것이다.

성숙의 시간

- 코칭 파트너가 제기하는 이슈의 성격에 따라, 이러한 모든 수준의 코치가 효과적일 수 있다. 비교적 간단하고, 직선적이고, 단기적이며, 과제 중심의 이슈라면 레벨 1 코치는 제공할 수 있는 것이 많고 GROW 모델(Whitmore, 1992 참조)로도 대체로 충분하다. 이슈가 더 복잡하고 시스템적이며 변형적일수록 전문성 수준이 높아질 가능성이 있다.

- 다음 단계로 들어가기 전에, 현재 수준에 대한 자신감과 편안함을 느끼는 것이 중요하다. 여기에는 자신의 역량competence 내에서 일해야 한다는 윤리적 고려 사항이 있다. 성숙도가 우리가 선택한 코칭 과제에 영향을 미칠 수 있다. 또한 코치가 자연스러운 성숙도를 넘어서는 수준에서 일하려고 노력할 경우 "너무 열심히 노력하다 보면" 오히려 낮은 수준으로 무게 중심이 끌려 가게 된다는 사실도 발견했다.[310]

지식은 긍정/감사의 마음에 담아야 지혜로 발효된다. (코칭 아포리즘)

5장

---

310) 제법 높은 단계로 보이는 코칭 대화가 진행되었지만 결론은 무엇인가? 그래서 어떻게 해야 하는가? 결국 답과 '어떻게'라는 의문에 스스로 착종되어 단순한 해법적 대화나 결론으로 미끄러진다. 수퍼바이저 스스로 이런 의문에 거리를 둘 수 있어야 한다. 어떤 의문이나 불안이 올라와도 수퍼바이저 포지션, 성찰 중심 포지션을 유지하며 견뎌 내야 한다.

- 수퍼바이저의 관점에서 보면 기예art는 수퍼비전-주체가 다음 단계의 성숙성을 향해 나아갈 수 있는 질문을 검토할 준비가 되었을 때 이를 알아차림으로써 수퍼비전-주체의 발전을 격려하는 것이다.

역량 구조-틀 결론적인 생각

유능한 수퍼비전-주체가 될 수 있는 능력은 코치의 핵심 역량core competence이며 전문 기관은 현재보다 '역량 구조-틀'을 훨씬 더 강조해야 한다는 것이 우리의 견해이다. 따라서, 이 장은 관찰, 온라인(Linkedin)과 다른 토론 포럼에서 수집된 논평, 일부 신중한 추측judicious speculation, 연구 의제를 만들고자 하는 열망을 기반으로 서술했다. 많은 인증 체계와 실제로 코치를 찾는 조직이 코치의 경력을 묻는다. 우리가 보기에 좋은good 코치와 훌륭한great 코치의 차이를 만드는 것은 코치의 코칭 시간이 아니라 그 시간에 대한 '**성찰의 질**'이다.[311]

---

[311] 코칭 자격증은 물론 코칭 시간도 코치의 성숙성, 질적 발달 단계의 주요 부분으로 지위를 점차 잃어가고 있다. 한편으로 이는 그만큼 성숙성이 전체가 평균화, 보편화되는 것으로 이해할 수 있다. 성숙성이 높은 코치들이 많은 것은 기쁘고 소중한 일이다. 그러나 한편으로는 시간과 자격과 성숙성이 일치되지 않거나 구별이 힘들다는 우려 또한 끊이지 않는다.

저자들은 그 감별은 '성찰의 질'에 달려 있다고 주장한다. 그러나 또 한편 그런 성찰의 질을 구별할 수 있고 알아볼 수 있는 것 또한 성찰의 질과 수준에 달려있지 않은가.

주요 학습 요약

1. 수퍼비전은 코치로서만이 아니라 그 사람 '전체'를 탐구하는 데 효과적이다.

   비교의 함정

2. 수퍼비전은 성장^{growth}과 숙련^{mastery}의 개발에 관한 것이다. 안심을 위해 의존성을 키우거나 성과를 비교할 기회를 찾는 것이 아니다. 주의하라. (특히 집단 수퍼비전에서)

   흡수할 시간

3. 준비할 시간을 갖고, 수퍼비전 회기에서 나오는 내용을 성찰하고 흡수할 시간을 가져라.

4. 성찰적 실천을 개발하는 것이 핵심이다. 이를 위해 창의적이고 용기 있는 방법을 찾아라.

5. 효과적인 수퍼비전을 통해 개별적으로 효과적으로 성찰하는 것은 '코칭 시간을 늘리는 것'만큼이나(그 이상은 아니더라도) 코칭 역량을 효과적으로 개발할 수 있다.

6. 수퍼비전을 위한 동기는 매우 개인적일 수 있지만, 크게 세 가지 영역으로 나눌 수 있다.
   - 나(코치로서 나의 웰빙, 배움 및 개인적 성장과 완전히 기능하는 개인)
   - 일반적인 나의 코칭 파트너(그들을 돌보고, 안전하게 지키는 일 등)
   - 특정 코칭 파트너(내가 놓치고 있는 것은 무엇이며, 특정 코칭 파트너 또는 상황을 다루는 데 어떤 다른 관점이 도움이 될까?)

성찰을 위한 질문

Q1. 수퍼바이저가 당신을 더 쉽게 도울 수 있도록 어떻게 해야 하는가?

Q2. 수퍼비전-주체의 이상적 자질 중에서 자신에 대해 가장 자신감이 있거나 없는 점은 무엇인가?

Q3. 수퍼비전에 대한 동기는 무엇인가?

Q4. 수퍼비전에 대한 동기는 당신에게 부적절한가? 이런 동기가 당신에게도 그다지 중요하지 않다는 것을 정말로 확신하는가?

Q5. 수퍼비전에 가져오거나 가져오지 않는 것은 무엇인가? 그 이유는 무엇인가?

Q6. 수퍼바이저와 계약할 때 어떤 대화를 나누는 것이 도움이 되겠는가?

후속 연구를 위한 질문

1. 성찰을 위한 수용력은 어떻게 개발하는가?
2. 얼마나 많은 코치 트레이너가 성찰적 실천 기술을 개발하는 방법에 대한 지침이나 수퍼비전 회기를 최대한 활용하는 방법에 대한 지침을 제공하는가?
3. 수퍼바이저를 찾는 주요한 동기는 무엇인가?
4. 코치들은 수퍼비전 관계에서의 성공 여부를 어떻게 측정할 것인가?
5. 사람들이 수퍼바이저를 교체하는 이유는 무엇인가?
6. 수퍼비전 관계의 평균 기간은 얼마나 되는가?

참고 문헌

- Bolton, G. (2010) *Reflective Practitioner: Writing & Professional Practice*. Third edn. Sage Publications: London.
- Hawkins, P. and Smith, N. (2006) *Coaching, Mentoring and Organizational Consultancy: Supervision and Development*. Open University Press/McGraw Hill: Maidenhead.
- Johns, C.C. (1991) The Burford Nursing Development Unit Holistic Model of Nursing Practice. *Journal of Advanced Nursing*. Vol. 16, No. 9, pp. 1090-1098.
- Megginson, D. and Clutterbuck, D. (2009) *Further Techniques for Coaching & Mentoring*. Butterworth Heinemann: Oxford.
- Rolfe, G., Freshwater, D. and Jasper, M. (2001) *Critical Reflection for Nursing and the Helping Professions*. Palgrave Macmillan: Basingstoke.
- Schön, D. (1983) *The Reflective Practitioner*. Basic Books: New York.
- Whitmore, J. (1992) *Coaching for Performance: GROWing People, Performance and Purpose*. Nicholas Brealey: London.

[부록 5.1] SOAP: 성찰에서 배우기

일기	로그(일지)
주관적 감정(그것을 어떻게 느꼈는가)에 대해 쓰라.	객관적 사실에 대해 써라(즉, 무슨 일이 일어났는가?)
저널	**그렇다면 무엇이란 말인가?**
사건에서 배운 것을 성찰한다(분석).	그것은 당신의 개인 학습에 어떤 영향을 미쳤는가 (다음 번에는 무엇을 다르게 할 것인가?)

역자의 추가 질문

Q. 주관적 감정과 객관적 사실을 각각 구별되지 않는다면?

Q. 감정과 사실을 비교하고 연결한다면 어떤 것이 발견되는가?

Q. 저널쓰기(컬럼, 사례 기술, 성찰 에세이)를 위해 추가로 필요한 것은 무엇인가?

Q. 글쓰기는 기승전결로 전개되고 이 과정에서 분석과 종합을 거치는 과정이다. 이 과정을 경유하며 얻게 되는 결론은?

Q. 무엇인가가 정확하게 정의 되어야 '어떻게'를 사유할 수 있다. 어떻게는 '무엇'이 상황과 조건, 자신의 의지와 결합되어야 나온다.

[부록 5.2] 성찰 구조 모델(Johns, 1991)

참고: "환자"로 언급된 Johns 원본 텍스트의 용어는, 이 책의 맥락과 읽기 쉽도록 "코칭 파트너"로 대체했다.

1.0 경험을 (생생하게) 묘사한다.
1.1 현상: '지금-여기'의 경험을 묘사하라.
1.2 인과 관계: 이 경험에 어떤 필수적인 요소가 기여했는가?
1.3 맥락: 이 경험에 중요한 배경 요인은 무엇인가?
1.4 명료화: 이 경험에서 (성찰을 위한) 핵심 과정은 무엇인가?

2.0 성찰
2.1 내가 성취하려고 애썼던 것은 무엇인가?
2.2 내가 했던 개입의 이유는 무엇인가?
2.3 내가 한 행동의 결과는 무엇인가? (아래 제시한 바에 따라)
- 나 자신을 위한
- 코칭 파트너/가족을 위한
- 내가 함께 일하는 사람들을 위한

2.4 일이 일어날 때 나는 관련 경험에 대해 어떻게 느꼈는가?
2.5 코칭 파트너는 그 경험에 대해 어떻게 느꼈는가?
2.6 코칭 파트너가 어떻게 느꼈는지 어떻게 알 수 있을까?

3.0 영향을 주는 요인.
3.1 내적 요인은 의사결정에 어떤 영향을 미치는가?
3.2 외적 요인은 의사결정에 어떤 영향을 미치는가?

3.3 나의 의사결정에 영향을 미치는 지식의 원천(그럴 만한 지식)은 무엇인가?

4.0 상황을 어떻게 더 잘 대처할 수 있었을까?
4.1 내가 다른 선택을 할 수 있었던 것은 무엇인가?
4.2 이런 선택의 결과는 무엇인가?

5.0 학습
5.1 이 경험에 대해 지금 나는 어떻게 느끼는가?
5.2 과거의 경험과 미래의 실천에 비추어 이 경험을 어떻게 이해하게 되었는가?
5.3 이 경험이 어떻게 나의 인식 방식을 바꿔놓았는가?
- 경험?
- 미학?
- 윤리?
- 개인적?

[부록 5.3] 성찰을 위한 "무엇" 구조(Rolfe et al., 2001)

WHAT: 상황(묘사)

- 내가 본 적/한 적이 있는가?
- 내 반응이 어땠을까?
- 다른 사람들이면 그렇게 했을까?
- 이 상황을 핵심적인 측면으로 보는가?
- 상황이 좋은/나쁜가?
- 결과가 나왔을까?
- 나는 성취하려고 노력하고 있었는가?

SO WHAT: (이론과 지식/성찰)

- 이 말이 나, 코칭 파트너, 타인, 나의 태도에 대해 말해주거나 가르쳐주는가?
- 행동하는 동안 어떤 생각을 하고 있었던가?
- 내가 내 행동을 토대로 삼았는가?
- 다른 이론으로 상황을 파악할 수 있는가?
- 내가 더 잘할 수 있었을까?
- 상황을 새롭게 이해한 것일까?
- 상황으로부터 더 광범위한 이슈가 발생하는가?

NOW WHAT (행동)

- 앎을 확대하고 상황을 개선하고, 막히면 멈추고, 자신의 돌봄을 개선하고 해결

책을 찾기 위해 내가 할 일은 무엇인가?
- 당신과 동료들, 코칭 파트너에게 어떤 영향을 미치는가?
- 상황을 바꾸기 위해 꼭 필요한가?
- 상황을 어떻게 할 것인가?
- 아무것도 바꾸지 않기로 결심하면 어떤 일이 일어는가?
- 비슷한 상황에 다시 직면하면 다르게 행동할 수 있는가?
- 비슷한 상황에 다시 직면했을 때 필요한 정보는 무엇인가?
- 상황이 다시 악화될 경우 상황에 대해 추가 정보를 얻을 수 있는 가장 좋은 방법은 무엇인가?

6장 유능한 수퍼바이저-되기

인증과 수퍼바이저의 유능함

앞장의 수퍼비전-주체(수퍼바이지) 논의에 비해 이 주제는 훨씬 탄탄한 기반을 갖고 논의할 수 있다. 코칭 전문 기관들이 이미 코칭수퍼바이저의 역량을 정의하는 데 많은 노력을 기울여 왔기 때문이다. 경험 있는 코치들이 전문 코칭 기관 한 곳에서 공인 코치가 되기로 선택했듯이, 이런 기관들 가운데 미래 지향적 기관들은 코칭수퍼바이저를 위한 교육과 인증 제도를 제공하고 있다. 따라서, '어떻게 유능한 수퍼바이저가 되는가?'라는 질문에 '빠른' 답을 찾고 싶다면, 인증을 위해 무엇이 필요한지 그 요건과 요구 사항이 그 답이 될 수 있다.

우선 각 전문 기관의 인증 기준을 요약한다. 우리는 이것이 예비 수퍼바이저들의 전문성을 테스트하기 위한 몇 가지 잠재적인 "벤치마크 지표"가 되기를 기대한다. 그러나 우리의 견해로는, 인증은 '전문성의 지속적 개발^{CPD}'을 진지하게 받아들이는 수퍼바이저의 좋은 지표가 될 수 있지만, 그 자체가 효과성을 보장하지는 않는다. 경험이 많은 수퍼바이저는 오히려 인증을 받지 않을 수 있다.

수퍼비전 역량 틀

이 장의 주된 목적은 '좋은 수퍼바이저'가 코칭수퍼비전 경험에 어떤 차이를 가져올지를 알아보는 것이다. 역량 구조-틀은 곧 수퍼바이저에게 기대되는 행동 유형을 설명한다. 그러나 좋은 수퍼비전은 그것 이상이라고 생각한다. 수퍼바이저의 기본 역량은 개인의 특성과 동기에 영향을 받는다고 믿기에 도움이 될 만한 특성에 대한 관찰 결과를 제시하겠다.

수퍼바이저가 되려는 내적/외적 동기는 무엇인가?

이 장의 시작은 수퍼비전의 세 가지 주요 역할, 즉 수퍼바이저가 수행하는 발달적developmental, 규범적normative, 회복적restorative 기능과 수퍼비전이 잘 작동할 때 이를 어떻게 경험할 수 있는지를 검토한다. 이를 바탕으로 코칭수퍼바이저가 보일 수 있는 행동이 무엇인지를 파악한다. 또 전문 코칭기관의 '역량 구조-틀'을 언급하고, 공통된 특징도 살펴본다. 코칭역량은 행동 수준에서 몇 가지 유사점을 발견할 수 있다. 따라서, 코칭수퍼바이저의 "태도"나 사고방식/마음가짐mind-set이 코치의 그것과 어떻게 다른지도 살펴보기로 한다. 이어서 수퍼바이저가 되기 위한 외적 내적 동기를 모두 살피고, 이것이 코칭수퍼바이저의 스타일에 어떻게 구체적으로 작용할 수 있는지와 수퍼바이저 선택을 위한 체크리스트도 제공한다. 여기서 전문 기관의 인증 기준도 다시 살펴보며, 인증을 선택하지 않은 수퍼바이저들을 검토하는 데 유용한 구조-틀로 활용한다. 또 코치 여정을 위해 현재 수퍼바이저에서 벗어나 다른 수퍼바이저를 찾아야 하는 이유에 대한 의견도 제시한다.

수퍼비전이 잘 작동하면 어떤 경험을 하게 하는가?

1. 수퍼바이저가 '발달적' 역할을 충분히 수행한다면

이론 기반 코칭은
수퍼비전을 통해 접근한다.

수퍼바이저의 이 역할은 아마도 가장 잘 이해할 수 있다. 코치들은 자기 전문 분야에서 '숙련감sense of mastery'을 키울 수 있는 수퍼비전을 찾는다. 코치가 수퍼바이저 선택에 영향을 미치는 실질적인 요소에는 위치, 접근성, 가격 등이 있지만, 자신과 **공감대**가 있고, 잘 맞는 **코칭 스타일**이나 **코칭 방식**을 가진 사람에게 끌릴 가능성이 크다. 이런 이유로 많은 코치가 트레이닝 받았던 동일한 "마구간stable"에서 계속 수퍼비전을 받는다.[312] 반대로 코치는 다른 접근법을 적극적으로 배우고 싶기에 특정 스타일 또는 이론 기반이 있는 수퍼바이저와 협력하려 한다.[313] 그러나 아이러니하게도 코치의 동기가 무엇이든 상관없이 수퍼바이저

---

[312] 필요한 비유이다. 경주마, 실제 주인을 만나기 전에는 태어난 마구간에서 충분히 조련 받는 것은 의미가 크다. 씨족주의를 염려하기보다는 오히려 양성기관마다 특성과 효과성이 다를 수 있고 이는 코칭의 다양성을 위해 필요하다. 그러나 한편으로는 배출 인원 위주가 아니라 질이 구별되고, 또 그만큼 자부심도 보장되어야 한다.

'코치-되기'를 자격 취득 중심으로 보면 이 과정에서 제공하는 코치 양성을 위한 훈련 프로그램과 운영 과정, 멘토 코칭, '코치 더 코치'를 한 곳에서 감당하고 있다. 양성 기관에서 교육 시간만 확인하기보다는 역량도 확인하고 보장해야 한다. 반면에 전문 기관이 제시한 자격을 취득하면 이는 곧 그 자격이 정의한 '역량 수준'을 공인한 것이 된다. 그러므로 수퍼비전의 발달적 기능에서 보면 이 역할을 부분적으로 담당하는 '멘토 코칭'과 '코치 더 코치'의 기능은 실천능력capability을 강화하고, 실전 코칭 역량에 맞는 수준을 갖추는 여과 기능을 높여야 한다.

[313] 자격 취득과 역량을 갖춘 코치가 코칭과 관련된 다른 필요한 접근법을 습득하기 위해서는 다른 접근 이론의 인증 과정이나 그 부분의 기초 과정을 다시 '교육'받기보다는 특정 접근법에 전문성을 지닌 수퍼바이저에게 **수퍼비전을 통해 습득하고 훈련**하는 것이 효율적이다.

독창적 사고와
새로운 앎의 생성

들은 커다란 곰을 위한 덫을 설치하고 기다리고 있다.[314]

두 길 모두 [훈련받는] 수퍼바이저를 일련의 "작은-나^{mini-me}"의 연속/연쇄^{succession}를 만들어 내도록 유혹할 수 있다. 특정한 스타일이나 이론적인 토대를 모색해 왔기에, 수퍼바이저로서 자신의 관점, 지식, 경험 기반, 직관을 바탕으로 의견을 제시하는 것은 매우 자연스러운 일이다. 그러나 좋은 수퍼바이저는 코치의 성장과 발달을 지원하는 다른 여러 가지 방법을 가지고 있다. 또 수퍼바이저는 어떤 식으로든 이를 달성한다. 그렇지만 이를 알 수 있는 "리트머스 시험지"는 코치만이

수퍼바이저-되기의 디딤돌

아니라 수퍼바이저도 갖고 있어야 한다. 이는 스스로 독창적 사고를 얼마나 새롭게 생성해 내는지에 달려 있다.[315]

더욱이 이 독창적인 사고는 코치의 코칭 모델과 스타일의 발화^{articulation}에 통합될 수 있도록 육성/양육되고^{nurtured} 점진적으로 발전/진화된다^{evolved}. 이런 일이 일어나면 수퍼바이저는 "작은 자기"의 연쇄를 만들어 내기보다는 개성적이고 진정성 있는 코치들의 [성장의] 긴

---

314) 코치를 상대로 한 교육 시장으로 소액 소득에 매달리는 활동을 한다. 코칭수퍼비전도 이에 한몫하는 경우를 언급하고 있다. 한편으로는 좋은 양분이지만 독이 든 양분이다. '독이 든 활동'이며 때로는 시장을 황량한 서부 시대로 더욱 악화시킬 수 있다. 심지어 '진정한 배움은 가르치면서 얻는다'는 주장으로 2학년이 되자마자 돌아서서 1학년을 가르친다. 슬그머니 다른 사람이 되어 자신과 타인을 구별하며 활동하기도 하고 이렇게 올라온 사다리를 걷어내며 절차와 수준을 주장하기도 한다. 이를 정화하고 서로 협력하는 노력이 바로 '코칭과 코칭수퍼비전 윤리'이다.

315) 수퍼비전 '관계'와 '상호 협력 학습'은 그 자체가 상호 성장을 가능하게 한다는 점에서 수퍼바이저는 코치 성장에 어떻게든 유용하다. 수퍼바이저 역시 자기 경험의 일부, 아직 통합되지 않은 '작은 자기'에 근거한 정체성으로 타인을 안내하며 지원하며 수퍼비전-주체와의 관계 안에서 자신도 성장한다.

그러나 관건은 수퍼바이저의 '독창적 사고와 새로운 앎의 생성'이다. 이것이 부족하면 수퍼비전-주체가 자기 성장에 도움을 받을 수는 있으나 '독창적 사고와 새로운 앎의 생성'은 멀고, 상상력도 그 안에 갇혀버리기 때문이다. '수퍼바이저/코치 발달 단계에서 보면 자신의 코칭 실천 경험 안에서 독창적 사고와 새로운 생성'을 할 수 있는 단계가 곧 '수퍼바이저-되기'의 디딤돌이 된다.

길^{long line}을 만들어 낸다.³¹⁶⁾

역량은 흉내에 있지 않고 적용에 있다. (코칭 아포리즘)

2. 수퍼바이저가 '규범적' 역할을 충분히 수행한다면

수퍼바이저의 규범적 역할은 코칭 프랙티셔너의 작업에 대한 일종의 통제(거버넌스)로 코칭 파트너의 안전을 보장하는 것이다. 따라서, 코칭수퍼바이저 역시 여러 코칭 파트너의 상황과 내용의 **윤리적 복잡성**을 탐색하고 헤쳐 나가는 방법을 잘 알고 있고 이를 기대한다. 이는 배경과 경험이 크게 다른 코치의 자기 경험에서 비롯되며 수퍼비전에서 노출될 가능성이 크다.³¹⁷⁾

연상 연쇄의 이음은 곧 길이 된다. (코칭 아포리즘(15))

그러나 코치가 코칭 파트너와 함께 나아가는 가장 적절한 경로는 코치가 지지하는 코칭 접근 방식에 따라 달라지는 경우가 의외로 많다. 그러므로 수퍼바이저가 규범적 역할을 잘 수행하려면 먼저 코치의 개별 코칭 접근을 깊이 이해하고 있어야 한다. 이점은 코치가 아직 자신의 작업 방식에 대해 명확하지 않을 수 있기에 코칭 여정 초기에는 이

---

316) 〈'작은 나'의 연쇄〉에서 〈'작은 나'의 긴 길〉이라는 비유의 대비가 여러 가지 생각을 촉진한다. 배움은 곧 내 안의 것을 꺼내서 깎고 다듬는 것이기에 수퍼비전 과정을 통해 '작은 나'를 발견하거나 조각하게 된다. 이러한 작은 자기의 잇따름은 각각 목소리를 내기에 작은 자기의 아우성으로 복닥복닥할 수 있다. 또한 자갈이 되어 소리를 낼 수 있으나 결국에는 여정을 겪으며 연쇄의 이음은 **곧 길이 된다**.
  수퍼바이저는 자신의 성장 발달 경험과 연구를 통해 '코치 발달 단계'에 대한 성찰과 방안을 갖게된다. 가령 자격증과 조응한 역량을 다룬다면 각 역량을 구별하고 보여준다. '역량은 흉내에 있지 않고 적용에 있다(코칭 아포리즘(15))'라는 점을 개별 맞춤으로 안내할 수 있어야 한다. 역량 실연을 위한 다양한 노력을 위한 태도 역시 처음에는 울퉁불퉁할 수 있으나 순일한 흐름으로 드러나야 한다.

317) 수퍼비전 받지 않은 수퍼바이저는 어떻게 자신의 코칭을 성찰할 수 있는가? 윤리적 민감성, 타인을 피드백할 수 있으나 자신의 실천 그 자체를 성찰하기에는 한계를 겪는다. 그러나 이를 밀봉한 채 SNS를 통해 성찰과 비평을 섞어 공개하며 자기를 드러낸다. 이런 허세는 실제 수퍼비전에서 드러난다.

| 내발적 자원 | 과정이 어려울 수 있다.[318] 그렇지만 위에서 언급한 발달적 역할, 즉 좋은 수퍼바이저는 코치가 코칭 모델을 명확히 하고 구체화하도록 다듬는 것을 돕는 역할이 필요하는 점을 강조한다. 일단 코치가 자신의 작업에 대해 접근 방식을 명확히 하면 할수록 수퍼바이저의 역할은 더 분명해질 수 있다. |

코치의 철학과 일치하는 접근 방식

수퍼바이저는 코치가 자기 작업을 탐구하도록 지원하고, 코치가 지지하는 코칭 접근 방식과 실제 작업 방식이 어느 정도 **일치**하는지에 대한 피드백을 제공한다. 중요한 것은 조정이 필요한 곳을 결정하는 것은 코칭수퍼바이저의 역할이 아니라는 점이다. 코치가 자신의 코칭 철학을 충족시키기 위해 코칭 프랙티스을 조정하는 것이 적절하다. 반대로 코치가 코칭 철학을 조정하여 코칭 프랙티스을 충족하게 하는 것

다듬는 과정

도 적절할 수 있다.[319]

경험상 코치들이 겪는 어려움은 "비지시성non-directivity"과 관련된 의

---

318) 수퍼비전-주체의 코칭이 지닌 윤리적 복잡성, 코칭 경로(매 회기와 코칭 회기 진행 모두)의 적절성은 수퍼바이저의 관점이 선행되어 규범적으로 교정이나 수정하려는 시도는 적절하지 않다. 수퍼바이저는 코치가 그 자신의 철학에 근거해 자원과 경험을 꺼내서 자신을 수정하게 할 수 있는 마지막 기회이다.

이런 내발적 자원에 근거한 변화는 코칭 철학의 출발점이기 때문이며 곧 코칭수퍼비전의 특징이다. 수퍼바이저의 규범적 역할은 이런 관점을 전제하는 노력이다. 그러므로 초기 과정에서 수퍼비전-주체인 코치가 자신의 접근 방식이 무엇인지 스스로 구별하지 못할 수 있거나 이 과제 자체를 힘들어 할 수 있다. 이때 수퍼바이저의 백화점식 접근 방식의 나열은 금물이다.

319) 이미 코치로 활동하고 있는 수퍼비전-주체에게 수퍼바이저는 거울이 되어 모습을 비춰주는 역할이 출발이다. 거울에 비친 자기 모습을 보며 스스로 일치를 위해 조정하는 힘을 기르게 돕는 일이다.

곧 '일치성'을 위해 다듬는 과정이다. 자신이 알고 있고 개입하고자 하는 접근 방식과 실제 코칭 파트너와 이루어진 코칭 내용이 일치하는지, 코칭 철학과 코칭 프랙티스가 상호 조응하는지, 심지어 자신의 코칭 철학과 프랙티스 어느 것이든 모두 조정 가능하다는 일치를 위한 **유연성**, 일치를 위한 **과정**을 스스로에게 허용하는 것이 필요하고, 일치의 **결정 주체**를 더 중시한다. 이점에서도 〈수퍼비전-주체 중심성(7)〉을 확인할 수 있다.

문이다. 대부분 코치는 "순수한pure" 코칭을 위해서는 비지시적일 필요가 있지만, 혼란스럽게도 코치들은 의견, 지침, 또는 영향력을 제공하는 것이 코칭 파트너와의 성공을 달성하는 것처럼 보일 것이라고 믿는다.320) 수퍼바이저는 코치가 이런 **역설**을 인정하도록acknowledge 돕고, 자신의 행동을 이끌어가는 것이 무엇인지 파악하도록 한다. 코치가 현장에서의 실천능력capability과 일치성integrity의 감각을 유지하면서 코칭 파트너에게 진정으로 도움이 되는 것이 무엇인지 결정하게 돕는다. 이것이 "좋은 수퍼바이저"의 **신호**이다.321)

> 자발성과 주체적 능동성

> 회복-되돌려 놓기
> -되찾기-복원

3. 수퍼바이저가 '회복적' 역할을 충분히 수행한다면

'회복restorative'이라는 단어는 "되돌려 놓기putting back" 또는 "되찾기regaining"를 의미한다. 유능한 수퍼바이저는 코치가 '충분히 기능하는 코치fully functioning coach'가 되기위해 필요한 것을 '복원restore'하도록 도와 준다. 물론 수퍼바이저가 상담자나 치료사가 될 필요는 없지만, '충

> 코칭 시장의 혼란

---

320) 비지시성과 지시성을 스펙트럼으로 이해해도 그 스펙트럼의 어느 지점이 적절하며 이는 (코칭 관계와 대화 현장에서) 어떻게 결정해야 하는가. 이는 쉽지 않은 사안이다. ①코치의 '의견, 지침, 영향력'을 코칭비의 대가로 보는 코칭 파트너, ②이를 주지 않으면 자신의 코칭이 싱겁고 별 볼 일 없는 것이 될 것 같은 코치 자신의 우려와 걱정, 이로 인한 ③코치 손맛의 혼란, ④코치의 노력으로 코칭 파트너가 아주 좋은 반응을 보였다고 소란 피우는 자랑 짓, ⑤흘러다니는 인증 시연의 대본이나 이야기 조각 등이 바람 부는 코칭 시장의 황야에서 수퍼비전-주체는 많은 혼란을 갖는다.

321) 코칭은 코칭 파트너의 ①잠재력 개발, ②가능성 확대, 자기 자원에 근거하고, 스스로 갖고 있는 더 적합한 해결 방안을 ③안에서 밖으로 꺼내게 하는 것이다. 그래서 무엇보다도 자발성과 주체적 능동성을 주목하고 강조한다.

그렇지만 일반적 인식과 실행에서는 '질문'을 코칭의 주요 특징으로 강조한다. '질문' 자체가 매우 개입적이다. 우리 사회 일반적인 인식도 '코칭한다'라는 표현에는 코치의 적극적 노력/개입/뻥 뚫어주기 등의 이미지가 결부되어 있다.

이런 가운데서도 코칭의 본질을 사수하고 코칭에 대한 인식의 지나친 실용성과 거리를 둘 수 있는 힘을 갖게 하는 것이 규범적 기능의 또 다른 면이다.

진정한 자기 자신 되기

분히 기능하는 개인'을 지원할 필요가 있다는 점에서는 크게 다르지 않다.[322] 어려운 이슈를 코칭하며 즉각적인 영향을 볼 수 있을 때는 짜릿하지만, 코칭 파트너가 스폰서나 본인이 생각하는 것만큼 진전을 보이지 않을 때는 매우 실망스러울 수 있다.[323]

코칭에서 **회복적 기능**은 [그림 6.1]에서 보듯, 코치들이 에너지를 회복하는 방법과 코칭 준비 정도에 영향을 미치는 요인에 대한 토론에서 우리 가운데 한 명(데이비드 클러터벅)이 개발한 것이다. 좋은 수퍼바이저는 이 모든 영역에서 도움을 줄 수 있어야 한다.

회복적 기능 **관점**

수퍼바이저는 객관성과 자신의 '경험/지식'을 사용하여 코치가 한 걸음 물러서서 자신과 자신의 프랙티스에 대해 더 균형 잡힌 관점perspectives을 갖도록 돕는다. 자기 의심의 감정을 갖거나 코칭 파트너와 그들의 세계에 대해 '추측/가정'하는 것은 모두 너무 쉽다. "헬리콥터"의 관점은 지상에서 일어나고 있는 일과 더 큰 그림을 모두 인정한다acknowledge.

---

322) 어떤 의미에서 보면 우리 모두 '충분히 기능하는 개인'이 되기 어렵다는 점에서 '충분히 기능하는 코치'가 되기도 쉬운 일은 아니다. 다만 '충분히 기능하게-되기' 위해 걷고 있으며 그 여정에서 만나고 헤어진다. 오로지 여정의 일부를 함께 걸으며 '만남' 중에 서로가 서로를 위한 회복과 복원의 손을 맞잡게 된다.

그러나 '충분히 기능하게 되기'는 오로지 '진정한-자기 자신이-되기'이다. '자기=코치'의 일치성도 그 일부이다. **되기-과정**이 곧 '코칭-삶'이며 바로 '수퍼비전-삶'이다. 이 점에서 〈내가 누구인가는 수퍼비전을 어떻게 하는가이다〉는 말의 여진餘震 속에서 흔들리며 활동하는 것이다.

323) 코칭수퍼비전 관계에서 회복적 기능은 눈에 잘 보이지 않더라도 매우 중요하다. 코치/수퍼비전-주체는 코칭 관계에서 부딪치고 씨름하기도 하고, 지지하고 지원하며 **좌절과 소진**을 경험한다.

코칭수퍼비전의 회복적 기능은 **좌절 다루기**와 **소진 방지**에서 시작하지만 종국에는 '전문성' 자기 계발과 자기 강화', '열정 관리', '연민심 개발' 작업으로 귀결된다. [그림 6.1]의 좌표와 12가지 항목은 수퍼비전에 좋은 참조 틀이다.

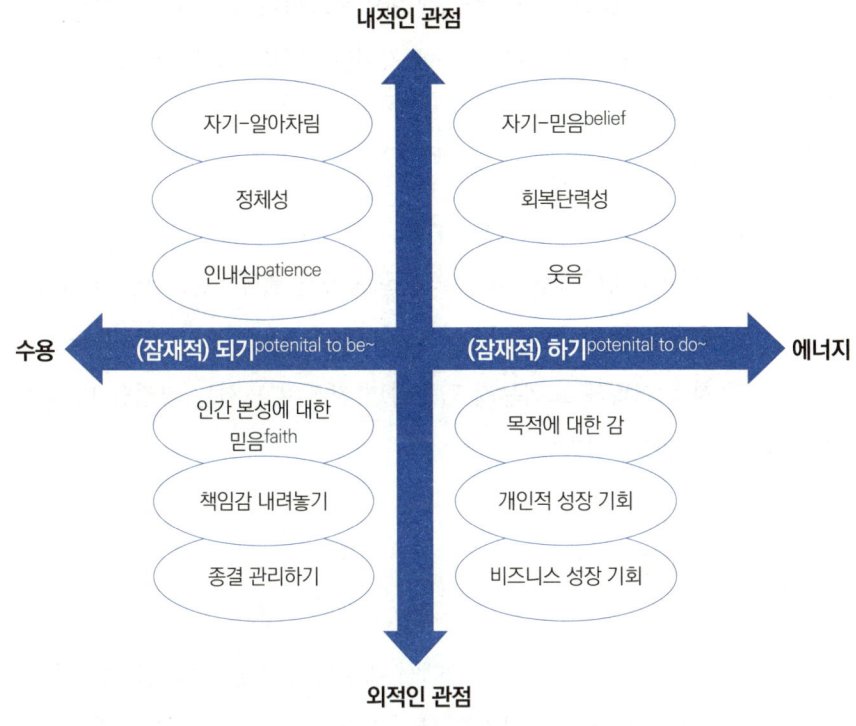

[그림 6.1] 효과적인 수퍼바이저의 회복적 기능(데이비드 클러터벅)

수용

수용acceptance은 코치가 될 수 있는 잠재력에 관한 것이다. **에너지**는 곧 할 수 있는 잠재력이다. 효과적인 수퍼바이저는 코치가 도움이 되지 않는 신념, 가정 및 정서를 버리고, 에너지 저장소를 새롭게 갱신하도록 도와준다.[324]

몸과 공간을 산사처럼 하라

---

324) 오래된 코칭 문헌에 나온 글이다. '몸과 공간을 산사山寺처럼 하라'. 산속의 절처럼 만들고 관리하라는 의미이다. 누구든 깊은 절에서 체험하는 손끝이나 발걸음으로 닦아낸 정갈함이나 고요와 적막을 경험한다. 방문 자체가 주는 적막함에서 자신을 만나고 에너지를 얻는다. 수퍼바이저와 함께 하는 체험은 새로운 에너지를 얻고 확신과 가능성을 강화하는 시간이 되어야 한다.

[그림 6.1]의 기능은 수퍼바이저로서의 경험과 수퍼비전 받는 코치의 경험만이 아니라, 연구에 기여한 코치의 성찰에서 도출한 것이다.

자기-알아차림

코치에 대한 '적합성fitness'을 회복하기 위해서는, 어떤 정서와 가정이 우리를 방해할 수 있는지를 이해해야 한다. 코칭 파트너와의 코칭 관계를 어떻게 느끼는지 탐구하면 자신이 느끼는 감정을 바꿀 수 있는 선택권이 생긴다.[325]

구술성orality

정체성

희미한 징조

특히 코치로서 초기 단계에서 대부분 정체성identity 위기를 겪는다. "코치로서 나는 누구인가?"라는 질문은 곧 "인간으로서 나는 누구인가?"가 될 수 있다. 가치가 무엇이고, 주변 세계에 어떻게 기여하는가에 초점을 맞추면 자신이 누구인지, 그리고 더 중요한 것은 자신이 어떤 사

---

325) 자기-알아차림self-awareness은 어떻게 드러나고 구성되는가? 이를 성취하게 되면 어떤 '감정'이나 정서를 경험하는가? 이는 개인과 경험의 조건마다 다르다.
    수퍼바이저는 우선 이런 통찰, 직감, 직관, 순간의 알아차림 등을 일방적 주장이나 완성된 표현이나 문장만으로 한정해서는 안된다. 그 내용을 더욱 명료하게 한다든지, 이를 함께 더욱 개발한다. 또 그 알아차림의 희미한 징조가 가루처럼 스치는 느낌, 서서히 빛을 발하는 듯하거나, 사라질 수 있기에 섬세한 대응이 필요하다. 상대가 스스로 불안이나 사소한 것일 것이라는 짐작을 헤치고 점차 드러나게 지원해야 한다.
    우선 자신이 앞에 있는 수퍼비전-주체와의 대화에서 갖는 경험을 민감하게 주목한다. 가루처럼 눈에 흩어지는, 너무 섬광처럼 스친다면 함께 기다리기도 하고, 점차 말로 표현해 '문장'만이 아니라 이를 말하는 과정에서 '구술성orality'의 힘을 체험하게 해야 한다. 또 한 회기의 것이 아니라 몇 회기에 걸쳐 작업할 수 있다. ①여유와 ②기다림, ③상상력과 ④자기 자신에 대한 확고한 믿음이 동반되며 자기-알아차림의 '깊이'를 성취할 수 있다. 이 과정에서 환희나 미소로 드러나는 다양한 정서 체험도 함께 드러난다.

람이 되어 가고 있는지를 수용할 수 있는 기회가 생긴다.[326]

인내

존재에 집중

초기 단계의 코치들은 또한 지금까지 경험한 것을 깊이 성찰하는 대신 경험과 실적을 쌓기 위해 서두르는 경우가 많다. 수퍼비전은 균형을 부드럽게 회복하여, 행동보다는 **존재**에 다시 집중할 수 있는 '차분한 공간calm space'을 제공한다.[327]

코치-되기 과정

인간 본성에 대한 믿음

대부분의 사람은 인간 본성에 믿음faith in human nature에 대체로 긍정적인 시각을 갖고 코치 역할을 하게 된다. 그러나 교묘한 조작적인 상사manipulative bosses의 손에 고통받는 코칭 파트너, 또 코치를 자신의 목적대로 조종하려는 코칭 파트너에 의해 이런 믿음은 자주 훼손된다. 유

자기-자신이 되는 가장 빠른 길

---

326) '코치-되기' 과정을 검토하고 이를 다시 꼼꼼히 다지게 지원해야 한다. 누구든 엉겁결에 출발했고, 허둥대며 걸어왔을 수 있다. 경쟁과 분위기에 휩쓸리거나 어쩌다 정말 과거의 나와 결별하기 위해 새롭게 출발하려고 시작하기도 한다. 또 자기 이슈를 코칭으로 해결하기보다는 코칭 교육으로 대체하기도 한다. 그러나 지나올수록 과거의 자기 '습㬛'이나 싫은 점을 떨치지 못하는 자기부정과 환멸을 느낄 수 있다. 이런 점에서 '**정체성**이란 곧 **자신이 숙고하는 마음이 가는 곳**'이다. 자기 안의 이런저런 자기에 대한 상념을 '코치'라는 새로운 정체성으로 묶어 세우게 동행한다.
  '**내가 누구인가는 내가 어떻게 코칭하는가이다**'라는 한 점으로 자기 실천 모습을 모아내는 과정을 겪도록 격려하는 일은 수퍼바이저가 자기 자신이 되는 길과 통한다. 반면에 "자기 자신이 되는 가장 빠른 길은 타인을 통해서이다."(폴 리쾨르Paul Ricoeur) 수퍼바이저와 수퍼비전-주체, 코치와 코칭 파트너 역시 중요한 타인으로 만난다. 오로지 '자기-자신이 되기' 위해.

327) 비교의 함정에 빠져있거나 종종걸음으로 달려왔기에 층계참에서 숨 고르며 드는 초조함, 생각만큼 잘 안되는 실제 코칭 등…, 오직 인내patience로 넘어야 할 언덕은 많다. 인내란 **감당하는 마음**에서 시작된다. 수퍼비전 관계가 이 마음을 손에 쥐고 있게 하고 이를 위해 돌볼 수 있는 '공간'이 되어야 한다.

코칭수퍼바이저의 4대 의무

능한 수퍼바이저는 인간성에 대한 자신의 믿음을 여러 번 시험당해 본 경험을 갖고 있다. 그러므로 코치들이 소수 사람들의 이런 행동에 제대로 대처할 수 있도록 도울 수 있다.[328]

책임감 내려놓기

코치는 코칭 파트너와 스폰서에 대한 책임뿐만 아니라, 사회와 코칭 직업에 대한 일반적인 책임을 지고 있다. 언제나 **균형**이 중요하다. 코치는 코칭 대화의 결과로 코칭 파트너가 하기로 한 일, 또는 하지 않는 일에 지나치게 많은 책임을 떠맡는 경우가 있다. 코칭 파트너가 회기에서 명확한 해결책을 갖고 나오지 못하거나 의도된 코칭 결과가 발생하지 않으면, 죄책감이나 부적절함을 느낀다. 결국에 이런 태도는 사실상 코칭 파트너가 자신의 행동에 책임을 지는 기회를 빼앗는 것이다. **수퍼바이저의 회복적 역할**은 코치가 책임감을 내려놓고 letting go of

---

[328] 코치는 일선에서 이런 독성을 지닌 사람들에게 시달려 온 코칭 파트너의 회복과 성장을 지원하며 언제든 자신도 소진될 처지에 잠긴다. 또 다양한 독성적 특성을 지닌 사람들과 직접 씨름하기도 한다. 더욱이 코치 사회의 이런저런 관계에서도 이런 독에 더 깊이 물든다. 즐겁고 자발적인 봉사, 아낌없는 기회 제공이라는 명분으로 오히려 더 미세하게 다양한 마찰과 실망과 좌절을 겪으며 마모되기도 한다.

이는 수퍼바이저 역시 마찬가지다. 스스로 원인이 되기도 하고, 결과로 오랫동안 상처를 품고 있게 된다. 일방적 단정, 이곳저곳을 이용하고 떠나기, 자문을 빙자해 작은 정보를 캐내 활용하기, 질시와 견제, 무관심으로 공격하기….

이런 경험들은 때로는 '인간 본성'에 대한 근본적 회의에 직면하게 만들고 이를 관리하지 못하면 코칭계에서 멀어지는 손실을 초래한다.

수퍼바이저는 이런 소중한 코치들의 회복과 보존을 위해 헌신해야 한다. '연민심의 지속적 개발 Continued Compassion Development(CCP)'은 '열정의 지속적 개발 Continued Passion Development', '전문성의 지속적 개발 CPD', '지속적인 개인 개발 CPD' 등과 함께 코칭수퍼바이저의 4대 의무이다.

responsibility 책임의 합리적인 균형을 파악하도록 돕는 것이다.[329]

책임의 합리적인 균형

종결 관리하기

코치는 과제/임무assignment를 시작하는 방법과 코칭 대화 방법을 많이 훈련을 받는다. 코치들이 일반적으로 하지 못하는 교육 가운데 하나는 코칭 파트너의 '이탈/파기disengagement'를 다루는 방법과 종결 훈련이다. 코치 역시 코칭 파트너와의 관계가 가깝고 친밀할수록 그냥 쉽게 떠나는 것이 어려워진다. 그렇지만 코치는 '과제'를 연장함으로써 의존성dependency을 유발해 내는 것은 피해야 한다.[330]

**파종해 두기
기다림으로 도피**

코치가 더 성숙해짐에 따라 바로 이전에는 당연해 보였던 상업적

---

[329] 코치는 코칭 파트너의 책임감을 계약 전부터 염두에 두고 준비하도록 안내한다. 또 코칭 회기 과정에서도 코칭 파트너가 코칭을 소유하고 책임지도록 보이지 않는 노력(두 번째 트랙)을 한다.
①코칭 계약, ②코칭 파트너 준비하게 하기, ③코칭 파트너 세우기, ④회기와 회기 사이의 실천 설계 등에서 코칭 파트너의 책임을 강화하는 많은 기회가 있다.
이에 대한 관점과 기획, 개입이 부족하거나 코치 자신의 미해결 과제로 인해 언제든 책임 회피나 상황으로 도피할 수 있다. 수퍼바이저는 이런 이슈와 코치 자신과 관련된 주제에 도전하도록 격려한다.

[330] ①계약 전과 후 관리, ②코칭 회기와 회기 진행 전체 관리와 함께 ③코칭 중단, 지연과 이탈로 드러나는 코칭 파트너의 저항, ④종결과 이를 둘러싼 코치와 코칭 파트너와 그 관계 즉 **종결 관리**managing endings는 코칭 교육에서 진행하기가 매우 어렵다. 시간도 많지 않지만 훈련 코치들의 경험이 전제되지 않기에 한계가 있다.
이는 수퍼비전에서도 크게 다르지 않다. 수퍼비전-주체가 이에 대한 문제의식이 없다면 사태가 벌어지고 나서야 회기에서 다루게 된다. 수퍼바이저는 종결 관리와 이와 관련된 이슈, 이를 각 코치에게 적합하게 체득하게 안내하는 적절한 능력을 갖추는 것이 요구된다. 무엇보다도 이를 회기에 가져오게 해 사전에 부드럽게 파종해 두는 것부터 시작한다.
코칭 파트너가 코칭 관계를 유지하면서도 지연, 약화시키는 태도, 절차적 또는 노골적인 이탈이나 파기 등을 관리하는 역량은 코치의 실천능력capability에서 중요한 과제이다. 또 코치 자신도 과제를 쪼개거나 기다림으로 도피해 합리적으로 지연하거나 의존성을 야기하며 공모할 수 있다. 그러나 이런 이슈를 수퍼비전 관계 안에서 다루기는 매우 어렵다. 수퍼바이저의 도전이 필요한 영역이다.

현재 경험에서 배우고, **지금** 올라오는 정서를 느끼는 힘

관계commercial relationship를 벗어나고 넘어서게 된다. 이에 따라 비즈니스 계약business arrangement 안에서 새롭게 나아갈 이슈에 대해서도 수퍼비전에 제기한다.[331]

경험에서 방법을 찾고 그의 소원에서 가치를 찾는다.

자기-믿음

코치가 해야 한다고 생각하는 대로 일이 잘 풀리지 않을 때, 유능한 수퍼바이저는 '자책'에서 '경험을 통한 배움'[332]으로 초점을 전환하는 데 도움을 준다. 코치가 자신의 최상의 모습을 기억하고 감사하며, 어떻게 하면 자신만의 규범을 더욱 최상으로 만들 수 있는지 성찰하도록 도와준다. [그 시작이 자기-믿음self-belief이다.]

현재 경험에서 배우고 지금 올라오는 생생한 정서를 느끼는 힘

---

331) 코치가 코칭 파트너, 그 밖의 관계에서 상업적 관계commercial relationship나 시각에서 벗어나는 것, 더 넓은 시각에서 '비즈니스를 기획'하고 실천하는 과제는 매우 중요하다. 이 용어의 차이만큼 의미가 크다. 이 주제를 수퍼비전에 가져온다는 것 자체가 수퍼비전-주체의 큰 성취이다.

멘토 코칭의 전문성과 영역이 확대되지 못한 현실에서는 준비된 코칭수퍼바이저가 이 영역을 담당할 수 있다.

332) '경험에서 배우기'는 '기능하는 사람'의 징표이다. 모든 경험이 곧 배움과 성장의 근원이다. 자기 경험에서 (스스로)배우는 능력이 부족하거나 너무 늦다면 이에는 반드시 이유가 있다. 코치는 코칭 파트너가 '**현재** 경험에서 배우고, **지금** 올라오는 생생한 정서를 느끼는 힘'을 점검해야 한다. 이는 코치가 염두에 두는 코칭 파트너의 '배움의 속도와 방법'의 문제만이 아니다.

수퍼비전의 쟁점은 수퍼비전-주체가 '경험에서 배우기'에 대한 민감성과 깊이가 부족한 경우다. 오래전 나이 차가 많은 수퍼비전-주체에게 강한 피드백을 받은 적이 있다. "코치님의 대학 시절은 그런 식의 공부가 가능한 분위기였지만 저희는 전혀 다릅니다. 대학 전이나 대학에서도 받아적고 외우기도 분주했어요. 토론은 생각도 못했고, 교수들도 마찬가지로 이를 요구하지도 않았어요!"

수퍼비전 회기에서는 여건이 허락되는 한 최대로 서로의 경험에서 끌어내는 집요한 노력으로 '경험에서 배우기'를 환기하고 새로운 방식을 개발하는 등 이 역량을 발굴해야 한다. 코칭 아포리즘으로 "코칭 파트너의 경험에서 방법을 찾고 그의 소원에서 가치를 찾는다."를 늘 앞세우고 강조하고 있다.

회복 탄력성

코치들은 쓰러진 후에 다시 일어날 수 있는 대처 전략이 필요하다. 수퍼바이저는 회복 탄력성^{resilence} 전략을 개발하고 적용하는데 공감과 실천적 지원을 동시에 제공한다.[333]

웃음

웃음^{laughter}이 에너지를 회복해 주는 힘은 많은 임상 연구에서 입증되었다. (프로이트는 100년 전 웃음의 메커니즘과 영향을 분석했다![334]) 유능한 수퍼비전은 코치가 복잡한 상황에서 부조리한 점을 보고, 이를 통해 관점을 잡을 수 있도록 스스로 웃을 수 있게 지원한다.[335]

> 앉아서는 일어날 근육을 만들지 못한다.
>
> 발효는 시간을 필요로 한다.
>
> 일상 활동의 언어 생활
>
> 놀 수 있는 힘

---

[333] 수퍼비전 계약 구조 안에 머물러 있는 공간이 유지되어야 할 필요이다. **정기성**이 유보되더라도 **지속성**을 유지하며, 계약 관계 안에서는 언제든 찾아오는 고향같은 거처가 되어야 한다. 때로는 계약 이후에도 어느 정도 주목하고 문턱을 낮추고 있을 필요도 있다. 변화와 성장을 위한 ①임계점도 필요하지만 **휴지기도** 필요하다.
②'기다림', ③'자기-되새김^{self-rumination}', ④일어나는 근육 만들기, ⑤정체성 조정과 재정립을 위한 '시간'이 필요하다.
발효는 시간을 필요로 한다. 이제까지 바라보고 왔던 북극성을 확인하고 조정과 조율하는 거울, 자신의 영향력의 경계선 등 여러 가지가 필요하다.

[334] 프로이트는 농담, 유머, 웃음, 기지, 거짓말, 실수, 말 바꿈 등 일상 활동의 언어생활에서 드러나는 무의식 욕동을 다양하게 분석했다. 이런 언어생활과 반응 행동에는 무의식 역동의 반영이며 이에는 또 다른 의미가 있다는 점은 일반적으로 받아들여진다.

[335] 회복을 지원하는 수퍼바이저는 수퍼비전-주체이자 코치가 마주치는 부조리, 이해할 수 없음을 웃음과 유머로 넘기고 이해하는 여유를 갖게 한다. 또 웃음, 유머, 농담을 넘어 '놀기^{playfulness}, 틈 보이기, 헐거움 등이 수퍼바이저에게 부족하더라고 이를 공유하고 수퍼비전-주체와 함께 이를 개발해야 한다. 유머와 놀 수 있음^{playfulness}은 구비해야 할 수퍼바이저의 능력이다.

목적의식/목적에 대한 감

대부분 코치는 자신이 왜 코치인지/코치가 되었는지에 대해 의문을 품는 시기를 거친다. 수퍼비전은 ①'내면의 배터리'를 재충전하고 ②**열정**을 재발견하는데 중요한 자원인 핵심 가치와 열망을 다시 연결하는데 도움을 준다.[336]

열정 개발의 네 가지 영역

개인적 성장 기회

코치로서 점점 더 나아지는 느낌을 갖는 것은 중요한 자기 동기부여이다. 그러나 항상 자신이 얼마나 발전하고 있는지 의식하고 있는 것은 아니다. 수퍼비전은 자신이 어떻게 발전하고 있는지 확인하고 자신의 목적의식에 부합하는 학습 기회를 파악하도록 도와준다.[337]

자기 계발의 네 가지 영역

---

336) 수퍼바이저는 목적 의식sense of purpoe을 근거로 '열정과 연민심의 지속적 개발과'이를 관리하는 다양한 스킬과 기법을 구비하고 수퍼비전 기획에 반영해야 한다. 두 가지 외에도 인식 전환과 의식 확대, 포부 개발에 의한 지평 확대 등이 추가 된다.
　이는 ①코칭 파트너와의 코칭에서 오는 실망, ②코치 활동에서 오는 좌절, ③성장통을 위한 침체, ④코칭 비즈니스의 어려움 등으로 언제든 초기 열정이 식을 수 있다. 수퍼바이저는 이런 난국을 함께 하며 길을 함께 걷는다.

337) 개인적 성장 기회opportunities for personal growth. 자기 계발 계획과 점검, 이를 위한 개인적 노력은 코치 윤리의 출발이다. 그러나 그 계획이 코치 자격증이나 관련 자격증 취득 계획인 경우가 많다. 자격증이 코치의 '전문성 개발과 확대' 계획과 꼭 일치하는 것은 아니다.
　자기 계발 계획은 이와 다른 영역이다. ①코치 활동에 따른 '자기-관리/돌봄' 노력, ②코칭 과정에서 발견된 자신의 미해결 과제에 대한 도전, ③더 '충분히 기능하는 인간'이 되기 위한 성숙 지향 등이다. 그러므로 ④혼자 하기보다는 중요한 타인과 관계 안에서의 점검이 필요하다. 수퍼비아저는 계약이나 필요에 따라 이 계획을 점검하고 지원한다.

비즈니스 성장 기회

코칭수퍼비전만의 특징
– 비즈니스 다루기

유능한 코치가 되는 기술과 효과적인 비즈니스를 운영하는 기술은 반드시 일치하는 것은 아니다. 효과적인 수퍼비전은 관점을 제공하고 코치가 개인의 **진정성**과 비즈니스 **요구** 사이에서 균형을 달성하도록 도와준다.[338]

수퍼바이저가 '잘 하면' 프랙티셔너들은 어떤 경험을 하는가?

이 저서 집필 과정에서 실천하는 코치들에게 '유능한 수퍼바이저'는 어떤 특징이 있는지 질문했다.

유능한 수퍼바이저의 특징

> 그들은 나의 프랙티스의 모든 면과 이전에는 알아치리지 못했던 나 자신에게 직접적인 관심을 궁극적으로 집중시켰다. 그리고 "불편한awkward" 질문에 직면할 수 있도록 격려하고, 긍정적이든 불안

---

338) 비즈니스 성장 기회 oppertunities for business growth. 변동성, 불확실성, 복잡성, 모호성 등 VUCA 시대, 위험이 일상화된 재난 사회, 디지털과 AI가 본격화되는 사회, MZ 세대에 의해 주도되는 정치, 경제, 문화의 급변 등 현대사회의 일상 안에서 코칭 시장을 개척하는 과제가 독립 코치들에게 놓여있다.
  이런 환경을 코치는 개인적으로 진정성을 갖고 관찰하고 사유하며 코칭비즈니스를 개척하고자 하는 절실한 요구를 지닌다. 이를 다루는 것은 코칭수퍼비전 초기부터 지닌 특징 가운데 하나이다. 수퍼바이저는 이점을 함께 씨름하는 일은 빼놓을 수가 없다. 수퍼비전-주체의 진정성과 비즈니스 요구에 적절한 코칭 상품 개발과 시장 개척의 틈새를 씨름해야 한다. 이를 위해 수퍼바이저는 언제나 사회 현실의 최전선과 호흡하고 있어야 한다.

한 성격이든 내 반응에서 모든 에너지를 사용하는 방법을 알게 했다.[339]

- 켄 스미스Ken Smith, 독립코치 겸 수퍼바이저

내 경험으로 볼 때 유능한 수퍼바이저의 자질은 ①진정성 있는 프레즌스와 호기심이 최우선이다. 이것은 ②질문을 통해 새로운 알아차림을 창출하는 능력임과 동시에 자신의 전문 분야의 경험적 배움을 이끌어 내고, ③자기 경험에서 통찰을 제공하는 능력과도 결합 된다. 또 다른 자질은 ④내가 지닌 이런 점을 훌륭하게 관리하는 능력이다.[340]

- 마크 비슨Mark Bisson, 코치 겸 수퍼바이저

복제가 아닌 사다리 역할

수퍼바이저란 개인적으로 내가 일하는 방식, 내가 생각하는 방식. 나에게 적합한 방식을 활용하는 사람이다. 수퍼바이저는 자신의 **복제품**이 되기를 바라는 것이 아니다. 함께 일하는 방식에 이해가 공유된다면 두 사람 다 최선이다.[341]

- 마트Matte, 독립코치

---

339) 수퍼비전-주체가 안전지대에 머물렀던 충전과 회복의 힘을 바탕으로 그 경계선을 최대한 넓히도록 이끌어내고 직면하게 한다. 최적의 좌절을 마다하지 않게 하며 딛고 넘어가게 격려한다.

340) 열거한 것 가운데 자신에게 부족한 부분, 좀 더 개발할 부분은 무엇인가?
 전문성을 자신의 경험에서 '배움'으로 이끌어내고, 이를 통찰로 벼려내어 '보여주는/알아보게 하는' 능력은 오랜 훈련을 필요로 한다.

341) 코칭수퍼비전은 특정한 틀이 있어 그것에 맞추게 하거나 자기 경험과 방식을 복제하게 하지 않는다. 초기 발걸음에 모방이 필요하다면 이는 코칭 파트너 체험과 코칭 체험, 수퍼비전-주체 체험을 통해 스스로 걷게 하기 위한 초기 모델링이 필요할 경우다. 수퍼바이저를 복제하기보다는 어깨를 내어주거나 사다리 역할이 적절하다.

이런 의견은 수퍼비전에 대한 매우 개인적인 경험을 보여준다. 그렇지만 이 분야를 처음 접한 경우, 수퍼바이저가 되기 위해 **기본 요소**를 파악하는데 유용할 수 있다고 생각했다. 이제 수퍼바이저의 **행동**, **태도**, **동기**를 살펴보자.

유능한 코칭수퍼바이저는 어떤 '행동'을 보여줄 수 있는가?

자신의 경험을 활용하여 배우기

이 장에서는 공인된 코치/멘토링 수퍼바이저에게 요구되는 "역량"에 대해 전문 기관이 작성한 내용을 차용하여 설명한다. 수퍼비전 역량에 대한 자세한 설명은 각 전문 기관의 웹사이트에서 확인할 수 있다.

이 장의 목적은 스스로 수퍼바이저가 되도록 훈련하자는 것이 아니다. 수퍼바이저의 행동을 이 정도의 수준까지 이해하는 것은 그다지 중요하지 않다. 그러나 수퍼비전 관계에서 스스로 개선할 점이 있다면 이 장의 세부 내용이 유용하다. 수퍼바이저로 경험한 세부 역량과 경험하지 못한 세부 역량을 검토하며 수퍼바이저 스스로 피드백을 받는 기회가 될 수 있다. 이는 어려운 일로 보이지만, 전적으로 수퍼바이저와 수퍼비전-주체 사이에 존재하는 협력적이고collaborative 동료적인 관계collegiate relationship에 부합하는 것이다.[342]

대부분은 새로운 정보를 연결하기 위한 발판으로 자신의 경험을 활

---

[342] 각 조직의 역량 모델을 활용하는 방법을 제시하고 있다. 즉 역량 모델을 자기 활동의 피드백으로 점검하는 출발로 삼고, 수퍼비전-주체와의 관계 안에서 살펴보기를 방법으로 제시하고 있다.

용하여 배운다. [표 6.1]에서 코칭수퍼비전을 위한 AC 및 EMCC 역량 구조-틀에서 수준을 가져와 코치 역량 수준을 매핑했다.[343]

실망스럽게도, 코치와 코칭수퍼바이저의 역량은 놀라울 정도로 비슷해 보인다. AC는 코치의 웰빙 보장에 대한 역량이 추가되어 있고, EMCC는 경계 관리에 대한 역량이 추가되어 있다.[344] 두 조직 모두 수퍼비전이 일대일 설정[환경]만이 아니라 집단에서 이루어지는 경우가 많다는 점을 인식하고 관련 행동을 추가한다. 이 추가 내용은 **중요한 사항**이다. 모든 유능한 수퍼바이저가 수퍼비전 집단 운영에 능숙할 것이라고 가정해서는 안 된다. 수퍼바이저가 어떤 경험과 훈련을 받았는지 확인하여 그들이 집단 역동을 건설적으로 관리할 수 있다는 확신을 주는 것이 좋다.[345]

---

343) AC, EMCC, ICF 등 국제조직은 코칭 역량, 코칭수퍼비전 역량을 제안해 왔으며, 이후 서로 영향을 주고 받으며 주기적으로 변화했다. 이 저서의 집필 당시 내용이지만 그대로 수록한다. 최근 확정된 역량은 부록에 첨부한다.

344) 2016년 이 저서의 발행 후, 2024년 9월 ICF는 '코칭수퍼비전 역량 모델'(여덟 가지 기본 역량과 세부 역량), '멘토 코칭 역량 모델'(여덟 가지 기본 역량과 세부 역량)을 발표했다. 역자 역시 그동안의 코칭수퍼비전 역량은 ICF이외의 조직이 제안한 역량을 참고로 해 왔다. 이 책의 부록에는 수퍼비전 역량 관련 주요한 코칭 단체의 문헌을 첨부했다.

345) '집단'을 코칭과 수퍼비전으로 운영하며 코칭 및 수퍼비전 역량을 견지하고, 실천능력과 수용력을 활용하는 것은 또 다른 훈련을 필요로 한다. '집단 분석'은 그 자체 독립된 연구 분야로 상당한 연구 성과가 집적되어 있다. '집단 수퍼비전'을 위해 전문성을 구비하는 것은 수퍼바이저에게 중요하다.
참고: 『집단 코칭수퍼비전』 Jo Birch 엮음. 김현주, 이서우, 박정화, 정혜선, 허영숙 옮김. 2025(예정). 『현대집단분석』 Sigmund Karterud 지음. 고윤주, 김태연, 이미진, 이호영 옮김. 2025(예정).

[표 6.1] 국제 조직의 코칭수퍼비전 역량과 코칭 역량 비교

코칭협회AC	
코칭수퍼바이저 역량	코치 역량
• 과정을 촉진한다. • 코치의 코칭 파트너를 위한 윤리적, 전문적 행동을 보장한다. • 코치의 웰빙을 지지한다. • 코치의 성찰, 학습 및 개발을 촉진한다.	• 코칭 계약 수립과 결과에 대한 합의 • 윤리적, 법적, 전문적 지침을 충족한다. • 해당사항 없음 • 인식과 통찰력을 높힘 • 전략과 실천을 디자인 • 효과적인 의사소통
• 심리적 마음자세mindedness를 실례로 보여준다. • 코치로서 신뢰성credibility을 실례를 들어 보여준다 demonstrate. • 코칭 파트너와 이해관계자를 위한 가치 창출을 지원한다. • 집단 역동 지식 • 용이하게 하는facilitation 기술 역량	• 코칭프레즌스를 유지하고 자기self를 관리한다. • 코칭 파트너와 신뢰에 기반한 관계를 구축한다. • 지속적인 코치 개발을 수행한다. • 선도적 모멘텀과 평가를 유지하라. • 해당사항 없음 • 해당사항 없음

* 이 내용은 2016년 자료 비교임. 이후 업데이트 내용은 부록 참조

유럽 멘토링 코칭회의EMCC	
코칭수퍼바이저 역량	코치 역량
• 수퍼비전 계약과 동의를 수립한다. • 수퍼비전 과정을 관리하고 유지한다. • 코칭/멘토링 프랙티스의 효능감을 높이기 위한 학습을 용이하게 한다. • 윤리적 인식 및 경계 관리를 포함한 민감도를 촉진하여 효과적이고 윤리적인 코칭/멘토링 실천을 보장 • 위의 행동을 효과적으로 수행하는 데 필요한 특성적인 행동characteristic behaviour • 스스로 자신의 작업을 위한 CPD와 수퍼비전 • 집단수퍼비전을 위한 집단과 효과적으로 협력하여 일하기	• 계약의 관리 • 관계를 구축하는 것 • 통찰력과 학습을 가능하게 한다. • 해당사항 없음 • 해당사항 없음 • 자기 개발self-development에 대한 전념 • 해당사항 없음

* 이 내용은 2016년 자료 비교임. 이후 업데이트 내용은 부록 참조

[역자 부록 6.1] 국제코치연맹ICF

코칭수퍼바이저 역량 모델(2024)	핵심 코칭 역량 모델(2019)
• 윤리적 지침을 제공한다provide.	• 윤리적 실천을 보여준다demonstrate.
• 지속적 성찰과 자기-돌봄/관리를 한다engage.	• 코칭 마인드셋을 몸에 익힌다embody.
• 계약을 수립하고 갱신한다update.	• 코칭계약을 수립하고 유지한다maintain.
• 수퍼비전 과정을 관리한다manage.	• 신뢰와 안전을 쌓아 나간다.
	• 프레즌스를 지속해서 유지한다.
	• 적극적으로 경청한다.
• 지원 환경을 만들어 낸다creat.	• 세부 항목에 포함
• 코칭 파트너의 성찰을 용이하게 한다facilitate.	• 알아차림을 불러일으킨다evoke.
• 코칭 파트너의 발전을 안내한다guide.	• 코칭 파트너의 성장을 용이하게 한다facilitate.
• 집단 수퍼비전을 관리한다.	• 해당사항 없음

유능한 수퍼바이저의 특성

이렇게 높은 수준에서 검토하면 코칭수퍼비전 역량은 단순히 코칭 기술skill의 연장선에 있는 것처럼 보일 수 있다. 이 때문에 많은 코치가 경험이 많은 다른 코치에게 자신의 프랙티스를 검토하는 것을 수퍼비전과 동일하다고 생각하는 이유일 수 있다. 그러나 코칭수퍼비전은 단순히 코칭 전문성의 연장선이 아니다. 유능한 코칭수퍼바이저는 유능한 코치(또는 치료사)일 가능성은 높지만, 유능한 코치(또는 치료사)가 당연히 유능한 코치 수퍼바이저가 될 것이라는 견해는 지지할 수 없다. 유능한 수퍼바이저에게는 '**다른 무엇인가**'가 존재한다. 아직까지 이 '다른 무엇'이 무엇인지 명확히 밝혀낸 연구는 없다.[346] 집필팀 가운데 한 명(루카스Lucas, 2015)은 코칭수퍼비전 마음가짐/사고방식mind-set의 특징이 무엇인지 연구했다.

[346] 코칭과 코칭수퍼비전의 역량competence, 실천능력capability, 수용력capacity이 유사하면서도 코칭수퍼비전만의 다른 추가된 부분이 있다면 그것은 무엇인가? 수퍼비전은 코칭보다 더 높고 넓은 것인가. 대부분 그렇다고 대답한다. 역자는 '높고 넓음'보다는 대상과 목적에 차이가 있는 상호 독특성이 있다는 입장이다. 현재 각 조직에서 제기한 수퍼비전 역량은 최소한의 역량competence과 부분적으로 실천능력capability만을 한정하고 있다. 이 이외에 더 추가 되어야 할 부분에 대해서는 수퍼비전의 전문성, 즉 수퍼비전학에서 앞으로 논의해야 할 과제이다.

좋은 코칭수퍼바이저는 어떤 '태도'를 보일 수 있는가?

수퍼비전 마인드셋

피터 블루커트Peter Bluckert(2006)의 코칭 마인드셋의 일곱 가지 원칙 구조-틀347)을 활용한 루카스Lucas(2015)는 각 원칙을 확장해 "코칭수퍼비전 마인드셋"을 검토하였다. 이 원칙은 여전히 코칭 커뮤니티에서 테스트 중이다. 각 원칙의 요약이 [표 6.2]이다. 수퍼비전-주체가 수퍼비전의 마인드셋[마음가짐/사고방식]을 "실천 중에" 어떻게 경험할 수 있는지에 대한 검토이다.348)

코칭수퍼비전 역량 모델의 한계

---

347) 피터 블루커트Peter Bluckert는 선구적 연구(2006)로 이후 코칭 이론 연구에 많은 영향을 주었다. 임원 코칭의 성공 요인, 코치 핵심 역량의 심리적 측면, 코칭과 치료의 유사점과 차이점 등을 2006년부터 제시했다. 이 책은 비즈니스 코치와 경영 컨설턴트들이 조직과 임원들에게 심리적 차원의 이슈를 다루고 잠재력 발휘를 돕기 위한 심층적 작업 방식을 다룬다. 이를 위해 코치의 바람직한 역량, 코칭 관계의 중요성, '코칭 가능성/힘coachability'(본문 [부록 6.2] 참조) 등을 강조한다.
그의 일곱 가지 코칭 마인드셋은 ICF를 비롯한 초창기 코칭 핵심 역량에 영향을 주었으며 그 내용은 다음과 같다. ①말하기에서 질문하기로 ②수행 성과와 잠재력 ③알아차림과 책임 ④자기-믿음 구축하기 ⑤비즈니스 초점 ⑥시스템 관점, ⑦마인드셋으로서의 코칭이다.
Peter Bluckert. *Psychological Dimensions To Executive Coaching*. Open University Press. 2006.

348) 미셸 루카스(2015)는 코칭 수퍼바이저의 마인드셋에 대한 일곱 가지 원칙을 제안한다. 이 저서가 집필 당시 각 전문 조직은 이미 코칭 역량-구조 틀을 발표했다. 또 이 역량에 근거해 코칭수퍼비전 관련 역량-틀도 제시했다(ICF는 2024년 발표). 이에 대한 학계의 검토이다.
우선 수퍼바이저의 **관점**을 뒷받침하기보다는 **행동**을 설명하는 데 그치고 있으며, 이에 대한 의존은 코칭 프랙티스와 전문성을 지나치게 단순화한다고 주장(Bachkirova & Lawton Smith, 2015)한다. 미셸 루카스 역시 "역량은 미래에 필요한 마인드셋을 다루기보다는 과거에 성공했던 행동을 확인하는 것"일 가능성이 높다고 비판에 동의하며, 이를 위해 코칭수퍼바이저 작업 방식을 살펴볼 수 있는 대안적 렌즈를 연구로 제시했다.
수퍼비전은 관계적, 시스템적, 비상적emergent인 특성에서 볼 때 '행동 역량'은 수퍼비전 훈련생이 수퍼비전 관계 안에서 어떻게 있어야 하는가를 이해하는 데 필요한 요소 가운데 하나일 뿐이라고 전제한다. 연구 발표가 이뤄진 2014년 직후에 이루어졌고 이 저서가 발행되면서 [표 6.2]로 일곱 가지 원칙으로 요약했다.

[역자 부록 6.2] 코칭 가능성 coachability 수준

심각한 심리 문제	대인관계 문제	타인 인식	경력 탈선 위협	수행성과 이슈	코칭 동기	코칭 가능성
부재	부재/낮음	훌륭/좋음	부재	부재	높음	1. 훌륭
부재	부재/낮음	훌륭/좋음	부재/낮음	부재/낮음	중간/높음	2. 좋음
부재	낮음/중간	중간	낮음/중간	낮음/중간	중간	3. 평균
부재	중간/높음	중간/부족	중간/높음	중간/높음	변수: 하-상	4. 부족
높음	높음	부족	높음	높음	변수: 하-상	지금 당장 개입하기 부적절

[역자 요약]

블루커트가 제시한 고객의 '코칭 가능성coachability'은 위와 같다.[349] 코치가 역량과 전문성을 갖추고, 코칭 원칙에 따라, 효과적인 프로세스를 진행하면 반드시 긍정적인 코칭 결과가 뒤따를 것으로 생각하기 쉽다. 그러나 또 다른 가장 중요한 요소가 바로 코칭 파트너인 고객 요인이다. 코칭 구매자와 프랙티셔너 모두에게 더 나은 코칭 결과를 도출할 수 있는 근거를 확보하고, 일부 코치들의 코칭 효과에 대한 지나친 과장으로 상황을 악화시키는 것을 방지해야 한다. 이를 위해 코칭 파트너의 코칭 가능성을 검토하기 위해 위와 같이 다섯 가지로 분류한다.

'가장 훌륭한 코칭 가능성'은 부정 요소가 전혀 없고 강력한 긍정 요소가 존재하는 경우다. 지속적인 개선에 대한 강한 의지, 배우고자 하는 열망, 최고가 되고자 하는 열정을 지닌다. 높은 동기 부여와 적극적인 참여 의지로, 코칭 회기의 성과를 자신뿐 아니라 함께 일하는 사람들과 봉사하는 사람들에게도 도움이 되는 실질적인 행동으

---

[349] coachability 연구는 이 연구가 선구적이다. 핵심 내용만 정리했다. 이후 이 연구 주제는 활발하게 연구되었기에 관심이 필요하다. 코칭수퍼비전에서 이른바 '고객/코치 파트너'를 분석하고 이에 대한 코치의 방안을 검토하는 것은 중요한 노력의 일부이다.

참고: Peter Bluckert. Psychological Dimensions To Executive Coaching. Open University Press. 2006. p. 34-42

로 전환한다.

　대부분의 성공적인 프로 스포츠 선수들, 비즈니스 분야에서 찾을 수 있다. 일부 코치들은 항상 자신에게 유리한 이런 작은 금광을 찾고 있다. 비즈니스 환경에서도 이 기준에 부합하는 임원, 조직 리더, 신입 직원들이 코칭의 주요 후보이다. 그렇지만 코칭이 이런 고성과 집단이 아닌, 성과 문제가 있는 사람들에게만 제공될 위험이 있다. 이 범주에 속하는 사람들은 이미 잘하고 있기에 코칭이 필요하지 않다는 핑계로 기회가 자주 간과된다. 이미 높은 수준의 성과를 내고 있지만 더 높은 목표를 설정하고 싶어 하는 사람들에게 가장 효과적이다.

다음으로 '좋은 코칭 가능성'을 갖춘 경우다. 임원 코칭이 고위 경영진과 전체 임원진에게 제공될 때, 많은 사람이 이 범주에 속한다. 수행 성과나 경력 이슈 모두 또는 한 가지가 크지 않은 경우이다. 강한 성과 지향과 경력 관리에 책임감이 강하지 못하면 고위직에 오르지 못한다. 이들은 이런 의지를 코칭에 반영한다. 다시 말해, 조직이 자신에게 투자하고 있다는 것을 인지하고, 이를 진지하게 받아들이며 코칭 과정에서 자신이 얻을 수 있는 것을 얻으려고 노력한다.

　첫 번째 범주와는 달리, 이들은 개선에 대한 강한 의지와 열망이 있으나 적극적으로 피드백을 구하지 않을 수 있다. 코칭에서 무엇을 원하는지 명확하지 않고, 편안한 상태에 머물러 있을 수 있다. 고객이 코칭의 폭넓은 잠재력을 이해하고 문제 너머를 생각하도록 돕는 데 더욱 주의를 기울여야 한다. 특히 코칭을 처음 접하는 고객에게는 코칭의 다양한 가능성을 보여주는 실천을 통해 코칭의 방향을 제시하는 것이 도움이 될 수 있다.

'평균적인 코칭 가능성'을 지닌 경우이다. 저조한 성과 범주에서 벗어나려고 고군분투하는 경우가 아니라면, 자신을 평균적인 사람으로 평가받고 싶어 하는 사람은 거의 없다. 360도 피드백 과정을 통해 관리자는 타인이 자신을 자신이 평가하는 만큼 높게 평가하지 않는다는 사실을 자각하게 된다. 자기 인식은 '좋음' 또는 '매우 좋음' 수준일 수 있지만, 타인이 자신을 '적정' 또는 '평균'에 가깝게 평가한다는 것을 알게 될 수 있다.

이런 단계에서는 동기 부여가 매우 다양할 수 있다. 이 점이 코칭 과정의 성공 또는 실패를 좌우하는 중요한 요소가 될 것이다. 동기 부여는 전염성이 강하기에 코치의 영향력 자체가 잠재적인 영향을 행사한다는 점도 유의해야 한다. 이 범주는 오히려 더욱 어려울 수 있다. 고객으로부터 높은 수준의 동기 부여와 헌신을 기대할 수 없기에 조직과 코치 코칭에서 무엇을 기대하는지, 고객이 코칭에 진정으로 공감하는지 명확히 하는 것이 중요하다.

'코칭 가능성 부족'은 성과 문제, 상사, 동료, 직속 부하 직원 등 중요한 사람들의 부정적 인식을 지닌 상황을 의미한다. 이는 좋지 않은 예후를 시사한다. 어떤 면에서는 이 범주에 속하는 사람과 함께 일하는 것이 이전 단계보다 더 수월할 수 있다. 고객이 이미 조직에서 무시당했는지 확인하는 것이 필요하다. 그렇지 않으면 코칭은 허울에 불과하고, 코칭 담당자와 고객 모두에게 강한 부정적 감정을 남길 것이다.

안타깝게도 조직이 상황을 어떻게 인식하고 있는지 명확하게 파악하는 것이 항상 가능하지 않다. 조직의 의도를 명확히 파악하지 못할 수도 있다. 심지어 코칭 과정에서 상황이 바뀌어 원래 계획이 엉망이 되기도 한다. 이런 맥락의 코칭은 많은 문제를 안고 있지만, 직장이 위태로운 위기에 처한 사람에게 실질적인 변화를 가져올 수 있는 기회도 제공한다.

'현재에는 부적절한 개입'의 경우이다. 열거된 문제의 존재가 확인된 경우, 코칭은 부적절한 개입으로 간주 된다. 이러한 상황은 흔하지는 않으나 조직에서 언제든 발생할 수 있다. 우울증, 심각한 불안, 중독 등이 그 예이다. 또한 임원들이 조현병과 인격 장애를 겪는 사례도 있다. 이 질환이 인지되면 치료 가능성을 갖고 의료 및 정신 건강

서비스 담당 임상의를 만나게 되며 일반적으로 일정 기간 휴직 후 계획된 일정에 따라 복귀한다. 많은 경우 복귀를 통해 원하는 결과를 얻고 다시 경력을 쌓는다. 그러나 때로 이런 노력에도 불구하고 건강 악화로 인해 조직을 떠나기도 한다.

안타깝게도 항상 그런 것은 아니다. 모든 조직에는 심리적으로 복잡한 사람들이 많이 있다. 물론 고위직에도 있다. 동료들은 그가 문제를 알고 있다고 생각하지만 자신은 어떻게 해야 할지 모르기도 한다. 반대로 성격 문제가 있는 사람들은 자주 상대방과 온갖 어려움을 겪지만 정작 자신은 무엇을 겪고 있는지 제대로 이해하지 못한다. 상황은 몇 달, 심지어 몇 년 동안 지속되어 파괴적인 결과를 초래할 수 있다. 이러한 상태는 결코 진단 되지 않는다.

마지막으로, 코치의 궁극적인 역할은 고객이 스스로 코칭할 수 있도록 돕는 것이라는 중요한 점을 간과해서는 안 된다. 코칭 관계는 궁극적으로 더욱 효과적인 자기 지원으로 이어지는 근본적인 다리 역할을 해야 한다.

| 코칭수퍼비전의 마인드셋 | **코칭수퍼비전 일곱 가지 마인드셋**[350] |
| 일곱 가지에서 아홉 가지로 | |

특정 방식으로 행동하려는
성향 disposition

[표 6.2] 코칭수퍼비전 마인드셋[351]의 원칙

원칙 1: '질문ask'에서 '제안offer'으로 이동

코칭 원칙	수퍼비전 원칙	수퍼비전-주체의 경험
코치들은 질문하도록 권장받는다. 이들은 자신의 '세계관'을 반영하는 의견 제공을 하지 못하게 한다.	교육적이고 멘토링적인 역할의 일환으로 수퍼바이저는 합리적으로 경험을 제안할 수 있다. 물론 수퍼비전-주체의 학습의 독립성을 침해하지 않는 수준에서 "가볍게" 제안한다.	시간이 지나며 당신의 수퍼바이저의 코칭 경험에 대한 감을 갖게 된다. 당신은 수퍼바이저의 개인적 지식인지 그들의 시나리오인지 아닌지 예상하게 된다.

[해설 1][352] 코칭이 말하기tell에서 질문하기ask라면 코칭수퍼비전은 '질문하기'에서 '제안하기offer'로 비교된다. 코치는 조언을 극히 자제하고 코치의 전문성을 유지하며 '질문'을 권장한다. 반면에 수퍼비전 공간에서는 전문가 '역할'로 배운 바를 벗어나unlearned 수퍼비전 구조에 적절히 다시 개입한다. 경험을 공유하는 것은 관계가 목적이 아니기에

---

350) 코칭수퍼비전 미인드셋[마음가짐/사고방식] 일곱 가지 원칙은 각 국제 조직의 코칭수퍼비전 역량, ICF의 코칭수퍼비전 역량 모델(2024) 등과 비교해 다른 관점을 지닌 주장으로 수퍼바이저의 태도와 관련한 내용이다. 이후 관련 연구는 다양하게 진전되었다. 최초 논문으로 이후 코칭수퍼비전 활동 안에서 검토하며 연구를 지속할 필요가 있다.

351) 저자는 'mindset'이라는 용어는 1930년 '이전의 경험에 의해 형성된 **마음의 습관**'이라는 의미로 처음 사용되었다(Vocabulary.com, 2023). 현재는 '**특정 방식으로 행동하려는 성향**disposition'으로 정의한다. [우리 사전에 의하면 마음가짐, 사고 방식으로 번역한다.]

352) 이 저서에서는 [표 6.2]로 시작되는 일곱 가지 코칭 수퍼바이저의 태도 관련 항목 전체는 간단한 표로 요약되어 있어 그 내용을 충분히 알 수 없다. 이해를 돕기 위해 저자들이 인용한 원논문의 해설을 **역자가 추가**로 첨부한다. 이는 저서에 없는 부분이라 [해설]로 덧붙였다. 되도록 원논문 저자의 주장을 충실히 요약했다.

 이 논문(2017)에 대한 이후 피드백을 근거로 다시 동일 주제와 관련한 추가 연구로 최근 논문(2025)이 발표되었다.

 Michelle Lucas,(2017) *From coach to coach supervisor-a shift in mind-set*. International

이점이 멘토링과 다르다. 수퍼바이저는 오히려 자기 경험의 공유가 코치의 배움 기회를 **가리지 않도록** 해야 한다.[353]

그러나 수퍼바이저는 영감, 취약점, 모범 사례를 보여주기 위해 자신의 경험을 **제안할 수 있다**. 어려운 점은 이런 역할에는 어느 정도 '권력'이 수반된다. 수퍼바이저는 자신이 가장 잘 안다고 쉽게 추측해 버릴 수 있다. 마찬가지로 많은 수퍼비전-주체는 특정한 스타일, 전문성, 명성을 가진 수퍼바이저를 적극적으로 찾아 나선다. 그러므로 수퍼바이저는 **자신의 경험을 어떻게 전달**할지 고민하는 일은 매우 어려운 일이다. 반대로 비지시적non-directive 태도를 중시하는 코칭수퍼바이저에게 '제안offer'이라는 단어는 다소 불편하게 느낄 수 있다.

나는(미셸 루카스) 나의 스타일이 비지시적이지만, 실용적이며 pragmatic, 수퍼비전 환경에서 전문 지식을 공유할 수 있다는 것을 승인/인정한다. 공유하는 전문 지식은 유사한 코칭 파트너 상황에 대한

> 말하기, 질문하기, 제안하기
> StEWARD 모델
>   Stewardship(관리),
>   Exploring(탐험),
>   Wisdom(지혜),
>   Agility(민첩성),
>   Relationship(관계),
>   Doubt(의문)

> 보임과 보임 없는 보임
> 말 없는 배움
> 말 없는 가르침
> 가르침 없는 가르침
> 가르침 없는 배움

Journal of Evidence Based Coaching and Mentoring Vol. 15, No. 1, February 2017.
  Michelle Lucas, (2025) *Introducing the StEWARD framework: a perspective on the Coach Supervisor Mindset.* International Journal of Evidence Based Coaching and Mentoring, 22 (2), pp.290-304. DOI: 10.24384/4W0C-KZ25 (Accessed: 21 January 2025).
  이 연구는 StEWARD 모델로 Stewardship(관리), Exploring(탐험), Wisdom(지혜), Agility(민첩성), Relationship(관계), Doubt(의문)의 약자이며, 소문자 "t"는 tailor(맞춤형) 즉 모든 내용의 개별 맞춤을 강조하는 의미이다. 프랙티셔너가 자신의 수퍼비전 접근 방식에서 뉘앙스를 포착하는 구조-틀의 구축을 제안한다. 'StEWARD 모델'로 steward가 남성을 지칭하긴 하지만 '여객선 승무원'으로 수퍼비전 '항해', 여정에 함께 하는 동승자로서의 상징적 의미를 제공한다.

353) 코칭수퍼비전이 '상호 협력적 학습 과정'일 때 수퍼비전 구조 안에서 서로 경험을 공유한다. 멘토링은 **경험의 수직적 전승**이 목표이다. 그러나 수퍼비전은 **상호 배움(수평적 전승)**이다. 수퍼비전-주체가 스스로 배울 기회, 그만의 방식과 배움 속도를 보장해야 한다. 이런 자세는 우선 구전심수口傳心授로 '입으로 전하고 마음으로 받는다'로 시작한다. 말이나 행동으로 보이게 드러내 앎을 전달하고, 마음으로 공감하며 앎을 받아들인다. 암기하거나 수동적으로 받지 않고 자신의 경험과 연결하며 체득한다. 다음으로 '보임과 보임 없는 보임'의 창발을 통해 두 사람 사이에 '말 없는 배움'(不言之學), '말 없는 가르침'(不言之敎), '가르침 없는 가르침'(不敎之敎), '가르침 없는 배움'(不敎之學)을 이룬다.

불완전한 언어의 가치

이야기나 기술 노하우의 전달 그 이상의 의미를 지니기 때문이다. 경험이 풍부한 성찰적 프랙티셔너인 나는 코칭 작업에서 일어난 일들에 대해 내가 **느낀 감각**felt sense을 명확하게 표현할 수 있다. 코칭 파트너와 함께 일하며 경험한 신체적 경험을 설명(취약성 또는 흐름 감각 sensations of flow 등)으로 제공해, 수퍼비전-주체가 자신의 내부 경험을 점검하는 데 도움이 될 수 있게 한다. 이는 이전에는 발견, 탐색, 표현되지 않았던 세부 사항에 해당한다. 그러므로 수퍼바이저의 '제안'은 수퍼비전-주체의 **사고**를 **대체**하는 것이 아니라 내부 경험을 검토하는 방법을 공유하는 것이다. 수퍼바이저는 이런 경험을 설명할 때 '불완전한 언어의 가치value of an imperfect language'를 역할 모델로 보여줌으로써 토론에 활용할 수 있는 내용으로 확장한다. 이점에서 수퍼바이저가 자신의 경험을 제공하는 **시점**은 매우 중요하다.[354]

독립적인 생각하기

수퍼바이저는 수퍼비전-주체가 스스로 '생각하기thinking'가 고갈되었음을 확인한 후에만 '제안'을 제시한다. 또한, 수퍼바이저는 수퍼비전-주체가 더 많은 정보를 받아들일 수 있는 수용력capacity이 있는지 판단해야 한다. 예를 들어, 수퍼바이저는 수퍼비전-주체가 독립적인 '생각하기'의 결과가 '채워지지 않았다/불완전하다'라고 생각하더라도 그것이 수퍼비전-주체에게는 독립적인 사고의 결과로 충분할 수 있다.

상충되는 경험

수퍼바이저의 스타일과 의도도 관련이 있다. 수퍼바이저가 자신의 경험을 공유할 때는 에고ego를 버리고 가볍게 제안하는 것이 좋다. '어

---

[354] 수퍼바이저가 자신의 경험을 여러 형식으로 말할 때 톤과 자세는 ①완성된 표현, ②개입의 여지가 없다는 톤, ③선점하듯 말 머리를 잡기 등을 철저히 포기해야 한다. ④이런 '꽉 찬 언어', '포화되어 흘러 넘치는 언어'는 금물이다. 심지어 코칭에서 필요한 명료한 표현, 깨끗한 언어를 포기하는 취약함에 머문다.

'불완전한 언어'-사실 우리의 모든 언어는 언제나 불완전하다-는 언제나 '채움'에 열려있다. 그 채움을 수퍼비전-주체에게는 선물이 된다. 이는 수퍼바이저에게 필요한 소극적 능력negative capability(비온)에서 시작된다.

떻게 해야 하는지'를 보여주고자 하는 것showcase이 아니라는 것을 분명히 알 수 있도록 상충되는 경험conflicting experiences을 공유하는 것도 도움이 될 수 있다. 또 그 대신에 실제 경험을 공유함으로써 코칭 과제의 **풍부함**, 작업 환경의 **복잡성**, 단 한 명과도 함께 이뤄지는 **다양한** '진실'을 설명한다. 이를 잘 수행한다는 것은 과학이라기보다는 예술에 가깝다. ①근거의 확고함grounded-ness, ②겸손, ③개인의 다름에 대한 관대한 존중 등과 ④그 조합에 의존해야 할 것이다.

조용한 희망-잠재된 알아차림

마지막으로, 수퍼바이저의 경험은 '개인적 진술anecdote'이 코치가 [회기에서] 어떻게 일해야 하는지에 대한 얇은 베일에 가려진 짧은 강의instruction로 보지 않도록 신중하게 제공해야 한다. **수퍼비전-주체**는 [코칭 회기에서의] 유용성을 판단할 수 있게 검토할 수 있는 데이터로 제공받는다. 그러나 그가 이를 무시하기로 결정하더라도 수퍼바이저는 진정으로 괜찮은truly OK 상태로 있어야 한다. 그렇지만 수퍼바이저의 **조용한 희망**은 수퍼비전-주체가 제안의 구체적인 세부 사항은 거부하더라도 **잠재된 알아차림**을 표면화하여 자신에게 맞는 무언가를 만들 수 있으면 한다.[355]

---

355) '개인적 진술'이 '짧은 강의'가 되고, 이를 ①어떤 가르침으로 받아들이는 모습에서 ②넘사벽으로 느끼며 역시 좋은 설명으로 간주되는 경우, ③이를 쉽게 써먹으며 심지어 이를 탐하는 경우, ④자신이 어떤 태도였는지는 잊고 다른 상황에서 타인에게 자기식으로 행동하는 경우… 심지어 고객에게 똑같이 할 지 모르는 등 빗나간 활용은 많다. 그런데도 수퍼바이저는 스스로 '진정으로 괜찮은 상태'를 지향하며 끊임없이 (자신의) 좌절을 관리하게 된다.
    수퍼바이저의 '조용한 희망'은 인간에 대한 믿음과 자신과 관계한 수퍼비전-주체에 대한 근본적 신뢰 때문에 가능하다. 이와는 반대로 '무자비한 연민심'에 의한 '칼 같은 단호함'의 예도 있을 수 있다.
    조용한 희망-잠재된 알아차림은 '시간의 흐름', 관계의 유지 안에서 새로운 앎으로 발아할 것이다.

원칙 2: '해결책 찾기solutioneering**'에서 '탐색(탐구, 탐험)하기**exploring**'로 이동**

코칭 원칙	수퍼비전 원칙	수퍼비전-주체의 경험
코칭은 일반적으로 목표 지향적이며, 정해진 시간 틀이 있다. 코칭 파트너는 잠재적인 "해결책"을 실천하고 돌아올 것이라는 암묵적 가정이 있다.	수퍼비전은 전반적인 "발달적" 목표를 갖고 있으며, 관계가 [상대적으로] 더 오래 지속되는 경향이 있다. 수퍼바이저의 주된 관심사는 수퍼비전-주체의 경험을 탐구하고, 알아차림을 높이기 위해 성찰을 심화한다. 이 점이 성취되면 독립적으로 앞으로 전진할 수 있는 해결의 감 sense of resolution을 경험하게 될 것이다.	회기의 에너지는 다음에 무엇을 할 것인지에 대한 것보다는 일어난 일에 대해 아직 발견하지 못한 것을 활용하는 것에 중점을 둔다. 수퍼바이저는 수퍼비전-주체의 자기-알아차림이 높아지면 행동으로 옮길 것이라고 믿는다.

암묵적 목표 지향   [해설 2] 블루커트가 언급한 코칭 두 번째 원칙은 '성과/수행performance 과 잠재력potential'이다. 코치가 어떻게 개인의 잠재력을 발휘할 수 있도록 돕는 촉매제 역할을 하는지를 밝혔다(이점과 관련해 코칭 파트너 개인이 자기 자신을 믿을 수 있도록 돕는 네 번째 원칙인 자기-믿음 구축과 연결해 안내하고 있다[356]). 그러나 '성과(수행)와 잠재력'이 코칭수퍼비전에 어떻게 적용될 수 있을지 검토한다면 이에 대한 목표 지향성은 암묵적인 것이 적절하다(**암묵적 목표 지향성**).

프랙티셔너가 촉매제catalyst 역할을 한다는 개념은 코칭과 코칭수퍼비전의 맥락에서 모두 도움이 된다. 그러나 코칭에는 [변화의] 탄력/가속도의 감sense of momentum이 중요하다. 코칭 파트너가 해결책을 찾고

---

[356] Peter Bluckert. Psychological Dimensions of Executive Coaching. Open University Press. 2006. p.4~8. 건전한 코칭 원칙으로 일곱 가지를 제안한다. (1) 말하기에 질문으로, (2) 수행성과와 잠재력, (3) 알아차림과 책임, (4) 자기-믿음 확립, (5) 비즈니스에 초점, (6) 시스템 관점, (7) 마인드셋으로 코칭. 이 연구는 향후 모든 조직의 코칭 핵심역량 마련에 중요한 영향을 주었다.

행동을 취하도록 돕는다는 전제assumption로 작업하는 것이다.[357]

이와 반대로, 나는 수퍼비전의 가치란 '다음에 일어날 일'을 검토하는 것이 아니라 '**이미 알고 있는 것**을 더 깊이 탐구'하는 데서 나온다고 생각한다. 불가피하게도 이미 알고 있던 것의 일부는 의식적인 사고conscious thought 너머에 있다. 따라서 수퍼바이저의 역할은 수퍼비전-주체가 **자신의 경험을 충분히 검토**할 수 있도록 도와줌으로써 작업에 활용할 수 있는 데이터의 양을 늘리는 것이다. 기존의 경험existing experience에 주의를 집중하면 높은 알아차림의 도움으로 의도적으로 조작된 것이 아니라 자연스럽게 **해결의 감**이 생겨난다.[358] 따라서 수퍼바이저는 어떤 것이 무엇에 영향을 미치는지 이해하기 위해 **더 큰 호기심**을 가지고 대화를 시작하는 것을 목표로 한다. 우리가 자연스럽게 시야의 장field of vision[359] 너머를 바라보면 갑자기 모든 것이 눈에 들어

> 코칭 목표의 3P
> 변화의 탄력성

> 경험-앎
> 되새김질
> 관계-앎

> 시각 지평
> 인식 지평
> 행동 지평

---

357) 코칭 목표의 3P(Performance, Potential, Powerfulness)는 명시적으로 드러낼 수 있다. 코칭수퍼비전에서는 수퍼바이저는 암묵적으로 제시하고 기획에 임한다. 수퍼비전-주체 중심이기에 더욱 그렇다. 코칭에서는 **촉매적 개입**을 할 수 있다. 외부에서 첨가하는 영향으로 촉매제적 개입을 활용할 경우 코칭 파트너가 지닌 **변화의 탄력성**을 고려한다. 즉 코치 개입의 '적절성'이 기준이 된다.

358) 이미 진행한 '기존의 경험'에 집중하여 새로운 '**경험-앎**'을 얻는다. 이런 집중과 새로운 알아차림이 수퍼비전의 관계에서 자극받고 내용이 새롭게 구성되는 계기가 된다. 즉 '경험-앎'이다. 누구나 경험에서 배우나 그 속도, 방식, 성과는 모두 다르다. 수퍼바이저는 이에 도전해 자신의 경험을 다시 돌아보게 해 방식, 속도, 성과를 자극한다. 이는 특히 수퍼비전-주체의 자기 경험이기에 자신감 강화와도 쉽게 연결된다. 자신의 경험을 되새김질을 통한 새로운 경험-앎을 얻는다.

이 과정은 곧 두 사람에 의한 '주고받음의 총체'에 집중하게 되고 이는 곧 (수퍼비전)관계를 통해 관계 안에서 생성되는 '**관계-앎**'을 얻게 된다. 이는 바로 눈 앞에 있는 바로 그 '수퍼바이저'와의 관계에서 대화와 작업을 통해 얻은 앎이라는 점에 독특성이 있다.

359) 수퍼바이저의 호기심은 적어도 수퍼비전-주체보다는 '더 큰 호기심'이어야 한다. 그래야 수퍼비전-주체의 호기심으로 **자연스럽게** 전환되기 쉬워진다. 언제나 깜짝 놀라듯 하는 수퍼비전-주체의 태도에 좌절하지 말아야 한다. 수퍼비전-주체의 '시각 지평', '인식 지평', '행동 지평'을 확대하도록 알아차림을 갖는 것, 이를 위한 지평 너머를 새로운 용기로 간척하고 개간하게 격려할 수 있다. 이 활동은 바다를 육지로 만드는 일이다. 앎과 무지의 경계에 서는 것, 알 수 없음을 앎을 위한 간척이 가능하다.

whole self 오는 것처럼 마법의 눈 그림과 비슷한 점이 있다. 이런 일이 수퍼비전 과정에서 발생하면, 일반적으로 코치는 기법이나 다음에 무엇을 해야 할지 걱정을 그만둔다.[360]

수퍼비전-주체는 다시 땅에 발을 딛고, 다음 코칭 회기에서 자신의 '전체적 자기 whole self'가 작업에 나타날 것이라는 확신이 더 커진다. 따라서, 이 원칙은 수퍼비전의 목표는 어떻게 앞으로 나아가는가 그 길과 방식 자체가 아니라 수퍼비전-주체의 높은 알아차림이라는 것을 의미한다. 물론, '길과 방식'은 부수적인 좋은 결과이다.[361]

원칙 3: 소유의식 owership에서 후견인 의식 guardianship의 격려로 이동

코칭 원칙	수퍼비전 원칙	수퍼비전-주체의 경험
앞에 있는 코칭 파트너가 스스로 책임지고 자기-실현 self-actualise 할 수 있도록 힘을 실어주기/권한 부여 empower하기 위해 노력한다.	수퍼비전의 수혜자가 수퍼비전-주체만이 아니라는 것을 인식하라. 코치와 마주 앉는 코칭 파트너가 안전하게 보호되고, 코칭 전문성의 일치 integrity가 유지되게 보장하는 것은 돌봄의 의무 duty of care이다.	회기에서 무엇을 논의하든, 코칭 파트너의 관심사를 염두에 두고 있다는 느낌을 가져야 한다. 당신이 원하는 것과 코칭 파트너에게 가장 좋을 것 사이의 단절을 발견하면 불편함을 느낄 것이다.

후견인 의식 = 규범적 기능 **[해설 3]** 블루커트가 주장한 코칭의 세 번째 원칙은 '알아차림 awareness과 책임감 responsibility'이다. 이는 좋은 코칭을 구별하는 가장 잘 알려진 요소 가운데 하나이다. 이 원칙은 코칭 파트너가 앞으로 나가기 위해서는 '해결책'을 스스로 찾아야 한다는 근본적인 믿음을 나타낸다. 코

---

360) '어떻게'에 한정된 집중, 기법을 알고 싶다는 욕구가 완화되고 마음이 평온해진다. 사실 '어떻게'와 '기법'은 온 세상에 많고 널려 있다. 이를 찾는 ①눈과 촉감, 이를 ②자신의 상황과 코칭 파트너에게 적절히 맞춤하는 '조각'의 손, 이를 시도하는 ③호기심, ④끈이 풀린 자유로운 연상 등을 갖추면서 무수히 발견할 수 있다.

361) '성과(수행)와 잠재력, 강인함(3P)' 확장이라는 코칭의 목표 지향은 수퍼비전에서는 '알아차림과 성찰' '전체적 자기와의 조우', '새로운 지평'의 획득이다. '어떻게'라는 기법인 나아갈 '길과 방식'은 부수적인 얻음이다. 길과 방식은 걷는 이 앞에 자연스럽게 펼쳐진다.

칭과 마찬가지로 수퍼비전도 개인적, 전문적 발전을 위해 수퍼비전-주체가 스스로 앞으로 나아갈 길을 찾도록 지원하는 등, 발달적 역할 developmental role을 수행한다.

나는(루카스) 수퍼바이저는 수퍼비전-주체만이 아니라 코칭 의자에 앉아 있는 코칭 파트너에 대해 긍극적으로 책임을 갖는다고 생각한다. 이런 '후견인 의식guardianship'이라는 개념은 수퍼비전의 **규범적 기능** normative function으로 특히 중요하다. 수퍼바이저가 언제든지 자신의 코칭 파트너를 위해 [수퍼비전-주체의] 잘못을 바로잡거나 최악의 경우 경고whistle할 준비가 되어 있어야 한다. 수퍼바이저의 역할은 코치와 협력적이고 발전적인 관계를 맺는다. 그러나 수퍼바이저는 수퍼비전 작업의 수혜자가 단순히 코치만이 아니라 과거, 현재, 미래의 코칭 파트너라는 점을 염두에 두어야 한다. 더 나아가 수퍼바이저는 코치가 **적절한 속도**로 발전할 수 있도록 하면서도 궁극적으로 **코칭 파트너의 안전**을 염두에 두어야 한다. 예를 들어, 코칭 시간이 얼마나 쌓였는지, 코칭 계약서에 합의된 내용을 고려하여 기대하는 것이 적절한지 판단한다.[362]

수퍼비전이 **잘 수행된다**는 것은 코치의 알아차림을 위해 밀기보다   모퉁이 돌 진 치기
는 끌어낸다.[363] 긍정적인 영향으로 코치가 자신이 놓친 것에 압도당

---

362) 현실에서는 ①코칭 파트너의 안전, ②수퍼비전-주체 성장의 적절한 속도, ③코칭 수준과 명망성을 위한 대처 등이 서로 상충될 수 있다. ①②③으로 중요도를 설정할 수 있다. 그러나 이에 대한 대처와 관리는 상황과 조건에 따라 다를 수 있으며 수퍼바이저의 '수용력'이 관건이다.
　이때 활용할 근거가 '코칭 계약' 내용이다. 그러나 많은 사례를 보면 코칭 계약(서)의 내용과 코칭 과정에서 상호 동의와 합의 내용은 수퍼비전에서 직면하는 실제 현상과의 격차는 매우 크다. 이는 코칭 계약서가 너무 단순하거나 코칭 여정에서 변화에 따른 새로운 동의와 합의의 중요성에 둔감하기 때문이다. 이에 따라 실제로 ①②③을 고민하는 경우 수퍼바이저의 지나친 문제의식으로 압도하게 되거나 언제나 본질을 운운하는 원칙주의자로 밀려나게 된다. 이를 제어하는 것이 **코칭수퍼비전 윤리 성숙성**이다.
363) 코칭이나 코칭수퍼비전에서 '관계 관리'에서 'Pull↔Push'는 스펙트럼으로 유연하다. 또한 지점에 정지되면서도 수시로 움직여 진동할 수 있다고 이해해야 한다. 그러나 코치의 '알아차림'에 관해서는 수퍼바이저에 의해 끌어내져야 한다고 주장한다. 이는 어떻게 가능한

하기보다는 개선하도록 격려한다. 수퍼비전에서 특히 중요한 경우는 초보 코치이다. 더 육성/양육적인 접근^{nurturing approach}이 적절할 수 있다.³⁶⁴⁾ 이 원칙이 **수행되지 않으면** 코치가 개인적인 성과에 더 신경 쓰게 되어 불안감이 증가하고, 코칭 파트너에게 집중하는 능력이 감소할 수 있다. 따라서 이 원칙은 섬세한 실행이 요구되는 원칙이다.³⁶⁵⁾

수퍼비전-주체의 네 가지 성격

거버넌스[후원/관리(방식)] 개념은 수퍼비전-주체가 코칭 파트너를 유아화^{infantilise}하는 부모의 역할로 이동하라는 권유로 보일 수 있다.³⁶⁶⁾ 수퍼바이저는 수퍼비전-주체가 좋은 의도를 갖고, 지식 기반에 따라

가. 수퍼바이저의 알아차림이 먼저 또는 더 깊어야 한다는 의미이다. 넓고 깊은 알아차림에 '머물러 있음'으로 수퍼비전-주체가 알아차리거나 자신의 알아차림을 늘리도록 안내해야 한다. 또는 그 자체로 발밑에 빛을 비추거나 향기를 공유하며 물드는 시간을 기다린다. 그러면 수퍼비저-주체는 스스로 자기 안의 것을 발견하고 꺼낼 수 있게 된다.

364) 육성적, 양육적 접근^{nurturing approach}은 대인관계 조력 분야가 모두 지니고 있다. 수퍼비전 역시 당연히 이런 접근이 기본으로 깔린다. 양육의 내포적 의미는 돌봄, 먹임, (위험)보호, 훈육, 가르침, 길들임 등이다. 이를 대인 관계의 '접근 방식'에서는 '**돌봄과 기다림**'이며 또 하나는 양육/성 관계 안에서 '양육 대상'의 네 가지 대응 태도를 **감당**하는 것이다. 육성적 접근에서 감당해야 할 네 가지는 대상의 관심 끌기-힘겨루기-공격하기-무능하기이다.

365) 코치는 코칭 과정에서 발견되는, 코칭 성과의 소유자가 아니다. 이것은 오로지 코칭 파트너의 것이며 그의 것으로 돌려져야 한다. 그러나 이를 수퍼비전 관계 안에서는 자신의 성과로 드러내고 인정받고 싶어하는 것은 당연하다. 이를 격려하면서도 수퍼비전-주체인 코치와 달리 후견인 의식으로, 태세 전환을 넘어 존재 전환으로 대응해야 한다. 수퍼바이저는 속도를 조절하며 이 같은 전환이 격려 제공으로 섬세히 풀어가야 한다. 수퍼비전-주체가 자기의 실천에 근거한 성찰의 힘으로 밀고 나가 성취해 내도록 '모퉁이 돌'이나 진^陣array을 치는 것이 최대치 대응으로 생각한다.

366) 거버넌스, 가디언, 적절한 거리두기에 의한 지지와 지원의 긍정성을 유지한다. 그러나 이런 관계가 관계 방식 또는 두 사람이 지닌 미해결 과제가 작동할 경우, 황야에서 외로운 늑대로 홀로 성장하는 것보다 못할 수 있다.

너는 처음이니 어느 정도는 가르침이 필요하다. 처음 시작하는 '초보자'라는 규정에 가둬 유아화를 부추길 수 있거나 안주하게 할 수 있다. 그러나 수퍼비전-주체는 ①이미 충분한 인생과 직업 경험을 가진 주체이며 ②인생 여정에서 코치-되기를 결심하고 실천해 왔으며, 그 와중에도 ③자신의 성장과 성숙을 위한 파트너가 필요해 수퍼비전을 선택한 사람이다. 그러므로 유아화는 금물이다. 유지하고 오래 간직하게 해야 할 자세는 ④초보자가 아니라 '초심자', '늘 처음처럼'이라는 마음-가짐이다.

선호하는 코칭 모델에 적절하게 맞춰서 congruently 작업하고 있다고 **가정** assuming하며 이런 긴장을 극복할 수 있다.[367] 이런 방식으로 일하기 위해서는, 먼저 수퍼바이저가 가진 정보나 관점이 수퍼비전-주체가 가진 정보나 관점보다 더 관련성이 높을 **가능성**은 **배제**해야 한다[고객을 더 잘 알고 있다]. 수퍼바이저는 수퍼비전-주체의 세계에서 그 개입이 적절한 행동 방침이 된 이유가 무엇인지 이해하기 위해, 탐구의 정신으로 모든 우려 concern에 **질문**으로 접근한다. 이를 통해 지식의 격차, 이해의 차이, 의도한 것과 실연된 것 enacted 사이의 미묘한 차이를 탐구한다.[368]

> 의도와 실연의 미묘한 차이

이 지점부터 수퍼바이저는 정보를 제공하는 **허가**를 구하는 교육적 역할을 수행할 수 있다. 추가 정보를 통해 수퍼바이저와 수퍼비전-주체는 이 정보가 다른 접근법으로 이어질 수 있을지 여부를 알아보기 위해 좀 더 협력적인 탐구 질문 collaborative enquiry을 할 수 있다. 수퍼바이저의 모범 사례 best practice에 대한 견해와 수퍼비전-주체 사이에 불협

> 허가 구하기

> 협력적인 탐구 질문
> collaborative enquiry

---

367) 원문의 가정하기(assuming)로는 약하다. 누구든 '좋은 의도', '선호 모델', '적절한 시행'을 한다는 **전제**인데 이런 전제와 가정 역시 영향을 끼친다. 한 발 더 나가 포스트 모던적, 탈식민지적 관점에서는 더 철저하다. 과연 한 가지 답이 있을 수 있는가. 이를 구별한다 해도 이는 그 당시 두 사람이 검토한 조건에서나 가능한 것일 뿐이다. 이런 점에서 무엇이 옳거나 적절한가는 구별보다는 더듬어 가는 '산보散步'일 뿐이다. 가정하기보다는 내려놓거나 거리를 두는 것이 수퍼바이저에게 더 필요하고 중요할 수 있다. 비-권위적, 무-권위적, 영향력을 소거하는 '보임 없는 보임'으로 철저히 후퇴하는 길이다.

368) 수퍼비전에서 다루는 사례의 주인은 수퍼비전-주체이다. 듣는 수퍼바이저보다 주인이자 직접 당사자가 가장 많이 더 잘 알 수 있다. 수퍼바이저에게 먼저 '알지 못함'의 자세의 철저함이 필요하다.

격차, 차이, 다름을 파악하고 이를 통해 새로운 정보와 사실을 발견하게 하는 수퍼바이저의 질문에는 어떤 것이 있는가? 새롭게 보기를 지원하기 위해 역자는 **'4M 질문'**을 활용한다. ①미시적 보기 micro-view, ②거시적 보기 macro-view, ③새로운 차원에서/조망하며 보기 meta-view, ④연결과 배열을 통해 보기 metrix-view이다. 이를 통해 병치, 추가하기, 삭제하기, 틈새 발견을 촉진한다.

불협화음

4M 질문

화음dissonance이 있는 경우, 수퍼비전-주체가 더 깊이 생각할 수 있는 시간을 주고 난 후, 수퍼바이저가 직접 수퍼비전에 착수하는 것이 도움이 된다. 차이가 계속되고 수퍼바이저가 수퍼비전-주체 프랙티스의 안전성이 우려되는 경우, 여전히 '점차적 강화escalation'[369]를 상호 협력적으로collaboratively 수행할 수 있다. 수퍼바이저는 '점차적 강화'를 결정하는 과정에 투명성을 유지하고, 그 결정이 자신의 가치 체계에 미치는 영향을 공유해야 한다.[370]

실천적 차원에서, 수퍼바이저는 다음 단계의 '점차적 강화'를 준비하기 위해 수퍼비전-주체와 협력해야 한다. 단순히 작업상 실수가 발생했다고 가정하기보다는, 접근 방식의 **차이**를 보고하고 추가적인 설명을 구하는 것으로 **사안**을 제시한다.

---

[369] escalation을 '점차적 강화'로 번역하며 그 의미의 외연을 살피며 다양한 연상에 머문다. 천천히 올라가고 머물다 필요하면 다시 올라갈 수 있는 상승/확대/증가에는 여러 모습이 있다. 한 번에 목표 층에 오르는 엘리베이터elevator, 많은 계단을 오르며 층계 참에서 언제든 숨을 고르고 다시 오르는 계단 오르기, 중간에 방향이 바뀌거나 내릴 수 있는 에스컬레이트 등 어느 것이 이 경우에 적당한가. 선택의 근거나 이유는 무엇인가.

필자는 주어진 사례에 비춰 무엇이 가장 모범 사례인가를 둘러싸고 견해의 대립이 있어 그 차이가 좁혀지지 않는 경우를 들고 있다. 이런 경우 코치의 프랙티스의 '안전성' 즉 코치와 코칭 파트너, 코칭의 **안전성**이 제기될 경우를 들고 있다. 이점이 인상적이다. 에스컬레이션은 계단 오르내리기와 엘리베이터 중간 정도의 속도로 천천히 오르고, 방향 전환, 중간 내리기기가 언제나 가능하다.

[370] 수퍼바이저의 판단에는 수퍼바이저의 가치, 이론적 입장, 철학적 태도가 모두 포함되어 있다. 그것에는 역시 수퍼비전-주체에게 감염될 '독毒'이 있거나 될 수 있다. 이 점에서 투명한 공개, 수퍼비전-주체가 '자기-되새김self-rumination'에 대한 환기를 함께 제공해야 한다.

원칙 4: 자기-믿음self-belief 늘리기growing에서 자기-의문self-doubt의 활용으로

코칭 원칙	수퍼비전 원칙	수퍼비전-주체의 경험
코칭은 가능성의 예술로 자주 묘사된다. 코치는 긍정적인 면을 찾아 격려한다. 코칭 파트너들은 자신을 믿기 전에 코치를 더 믿기 때문이다.	수퍼비전은 혼란스러운 현실을 포용한다. 수퍼바이저는 '알지 못함not knowing'을 두려워하지 않으며, 코칭 파트너의 유익을 위해 우리의 약함frailties을 지렛대로 활용하도록 격려한다.	시간이 지남에 따라 수퍼비전-주체는 편집되지 않은 진실을 말하는 데 진정한 위안/편안함을 느끼게 될 것이다. 다른 어떤 곳에서도 거의 할 수 없었던 말을 부끄러움이나 수치심 없이 감히 말할 수 있을 것이다. 이는 가장 불편한 경험을 털어놓았을 때 수퍼바이저의 반응을 테스트해 봤던 경험에서 나온 것이다. 즉 그 경험이란 자신이 그렇게 말할 때 수퍼바이저에게 받은 공감과 경험을 넘어 지지받으며 갖게 된 안정감과, 그 결과 행동에 나서게 동기부여될 것이다.[371]

[해설 4] '자기-믿음self-belief'의 구축이라는 원칙을 통해 블루키트는 자원이 풍부한resourceful 개인을 긍정/확인하는affirm 것을 강조한다. 수퍼비전 맥락에서 코칭 파트너를 긍정/확인한다는 개념은 관계 구축과 회복의 관점에서 여전히 적절하다. 그러나 수퍼비전 구조-틀에서는 '자기-믿음'이 처음에 보이는 것처럼 보편적으로 언제나 도움이 되지는 않는다고 주장한다.

---

371) 신뢰가 형성된 관계라면 대부분 경험한다. 그러나 수퍼비전 관계에서는 더욱 촉진된다. '자신의 진실을 편집해서 이야기-하기', 그러나 상대의 반응과 수용에 대한 신뢰만큼 편집하지 않고 자신이 갖고 있는 그대로 노출하게 된다. 사로잡혀 있던 가장 불편한 기억과 감정 역시 털어놓은 후 속 시원함을 느끼는 일은 당연하다.
비구조화를 지향하는 대화 흐름으로 〈하소연↔홀가분↔흔쾌히↔한걸음〉을 권한다. 수퍼비전 관계도 신뢰 관계를 위한 반응을 테스트하며 신뢰하는 만큼 자신을 보여주는 한 걸음씩 신뢰를 쌓아가는 것이 중요하다.

코치의 성숙함과 안주

코치가 코칭 숙달mastery을 목표로 향해가는 과정에서 코칭 개입이 '올바른' 것인지는 대체로 '끄덕임↔긍정 확언affirmation'과 확실성certainty을 향해가면서 시작하는 경우가 많다. 사실, 이때 과연 무엇이 정확하고 올바른지를 평가하는 것은 거의 불가능하다. 건설적인 결과를 가져온 모든 개입에는 말 그대로 더 적거나 많은 가치를 위한 통찰과 학습을 가져다준 다른 개입이 있을 것이다.372)

코치가 성숙해짐에 따라, 코칭 파트너의 결과를 위한 '투자'는 줄어들고, 완벽한 개입을 위한 노력도 자제하고, '충분히 좋은good enough'이라는 개념 정도에서 느끼는 안도감comfort이 더욱 커지게 된다. 그러나 수퍼비전은 이런 현 상태에 만족하는 **안주complacency를 묵인하지 않는다**. 수퍼비전은 프랙티셔너가 다른 어떤 일이 일어났을지 호기심 어린 태도를 유지하게 하고, 알지 못함not knowing에 대한 불편함discomfort에 편안해질 수 있도록 도와준다.373) 그러므로 나는 수퍼바이저로서 프랙티셔너들이 모르는 점['알지 못함']을 검토하도록 격려한다. 이것이 그

---

372) 대화 시작은 처음에는 긍정적 표시로 끄덕임으로 반응하고 이런 태도는 반복되며 점차 긍정적 반응과 긍정 확언을 제공하기 마련이다. 점차 내용과 정서, 그의 의도 등으로 확대되면서 긍정적 강화가 필요한 부분은 재구성하기reframing를 제공하거나 요청하게 된다. 보다 적극적으로는 ①긍정적 인식을 너머 재해석을 하게 자극하거나 제공한다.

반면에 수퍼비전 회기 대화에서 동의와 확인 과정과 결과에는 이런 ②긍정적이고 수용적인 흐름 이외의 것, ③이런 흐름 너머의 것, ④흐름 깊이에 있는 보이지 않은 것을 발견하는 개입(기쁨)을 추구한다. 기본적으로 이러한 '대화의 시간 안에서의 전개-내러티브의 순환'은 4M 질문(각주 368) 참조)이나 일곱 가지 성찰 고리(5장 [부록 5.1] 참조)가 없더라도 최소한 '사후 생각afterthought'이 덧붙여지면서 굳어졌던 '자기-믿음'은 '다시-생각하기'를 자극한다.

373) 코치의 실천 경험과 성숙은 말이나 개입으로 꽉찬 '포화된 코칭회기'에서 점차 코칭 파트너의 자발성, 코칭 가능성/힘의 활용 등을 중심에 두며 '소극적 능력'에 머문다. 이를 통해 '완전하지 않을 수 있는 용기', '충분히 좋은'이라는 의미의 깊이를 이해하게한다. 한편으로는 파트너인 수퍼바이저의 '알지 못함'의 지속과 긍정적인 호기심은 수퍼비전-주체의 comfort zone ↔ discomfort zone과 접촉된다. 이는 자연스러운 것이다. 이 과정에서 '자기-믿음'을 돌아보고 들춰보게 되며 '자기-의문'을 갖게 된다.

들의 성찰과 자기-알아차림을 한 차원 더 높이는 기회라고 생각한다.

이 [원칙 4] 구조-틀을 다른 수퍼바이저들과 함께 테스트하면서, 이 원칙을 좀 더 긍정적인 언어로 다시 표현하라는 제안이 있었다. 'doubt'이라는 단어가 부정적인 의미를 지닌다는 우려이다. 그러나 이 원칙을 구체적으로 분명히 밝히려는 목적에서 볼 때 '회의, 의심, 의문'를 지각하는 방식에 대한 패러다임 전환이 필요하다는 점에서 이 단어를 사용한다.[374]

doubt
의문, 의심, 회의

수퍼바이저가 수퍼-비전[다시 위에서 보도록]을 요청하게 만드는 요인이 무엇인지부터 생각해 보자. 실천적인 수준에서 '발전하고 있는 코치'는 막힘/고착stuckness, 누락omission, 불확실성uncertainty 등의 이슈를 제기한다. 수퍼비전-주체의 관점에서 볼 때, 이것은 자기-의문self-doubt 으로 먼저 경험될 것이라고 주장한다[이런 의문 또는 의심과 회의를 지닌 채 이를 수퍼비전에 제기한다]. 수퍼비전 대화를 통해 수퍼바이저는 이를 더 깊이 탐구하도록 도울 수 있고, 이를 정상화하고normalise 수퍼비전-주체가 이러한 '불확실성'이 지닌 채 배움을 수용하도록 격려한다. 시간이 지남에 따라 **수퍼비전-주체**는 성찰적 실천을 통해 성장함에 따라, 불확실성에 내재된 잠재력이 '알지-못함의 풍요로움the

의심에 머물지 말고
의문에 머물러라.

---

374) '의심에 머물지 말고 의문에 머물러라'라는 아포리즘은 역자의 오랜 명상의 산물이다.

코칭에서 일찍이 제기되었던 부정적인 내면의 비판자를 인식하고 이에 대처하는 개입을 위한 설명 용어가 많이 있다. Inner glemlin, Self-talk, Inner-critic, Inner-monologue, Self-saboteur 등이다.

코치나 수퍼바이저는 이를 다루며 시작점인 의문과 의심의 출처가 같고 동일한 현상의 여러 측면이며, 대처의 지름길은 곧 '의심과 의문을 분리' 구별하고, 의문이란 곧 '자기 안의 질문'으로 적극적인 해석해 의문을 자기 질문으로 적극 전환하는 것이다.

'self-doubt'를 폭넓게 자기-의심疑心, 자기-회의懷疑, 자기-의문疑問 등으로 번역할 수 있다. 그러나 필자의 주장과 역자의 위와 같은 문제의식에서 보면 의심과 회의는 너무 넓어 이해에 혼란을 준다. 이는 〈자기 믿음 강화 방식에서 '자기-의문'의 활용으로〉 이해하는 것이 수퍼바이저의 마인드셋으로 적당한 표현이다. 의심과 회의를 품고 있는 의문이며, 이 두가지는 의문 즉 질문을 지속하게 한다.

알지-못함의 풍요로움	richness of not-knowing'으로 받아들여질 수 있다는 인식이 커지게 된다.375)
	수퍼비전-주체가 어느 정도 의문[의심, 회의]을 느끼더라도 그것을 적敵으로 간주하지 않고 친구로 받아들일 수 있을 때, 그것은 믿을 수 없을
경험 안에서의 전환	정도로 힘을 실어 주는empowering **경험 안에서의 전환**shift in experience이 될 수 있다. '자기-의문'은 우리가 미개척된/손대지 않은 통찰을 보유하고
무엇을 돕고자 이런 '알지-못함'이 내게 오는가?	있다는 그 **잠재력**을 인정하는 순간 우리의 프랙티스에 유용하다.376) 의문[의심, 회의]를 배움을 위한 긍정적인 기회로 간주할 때 패러다임의 전환이 이루어진다.
	코치가 이러한 패러다임의 전환을 이루도록 돕기 위해 **수퍼바이저**
질문 근육	는 '자기-의문'이 지닌 긍정적인 잠재력의 역할 모델을 할 수 있다. 수퍼바이저는 자신이 평소에는 거의 말하지 않는 주제를 수퍼비전 룸에 가져와서 코치에게도 그렇게 하도록 초대해 이를 실례로 보여줄 수 있

---

375) 수퍼비전과 코칭 관계에서 '알지 못함'에 머무는 힘은 성취해야 할 능력이다. '알 수 없다', '알고 있지 못하다'라는 언사나 마음에 불안을 느끼는 것은 우선 그것이 부정적이기에 자연스럽다. 알지 못함의 자세를 견지하는 과정은 자기 내면과 지금의 관계, 코칭 장field에 흐르는 불안을 감당하는 과정이다. 그런데도 이 불안은 끝이 있는 불안이라는 희망으로 전환하거나 그런 믿음faith으로 간직할 수 있다. 또 '알지 못함'을 상호 공유할 수 있을수록 코치나 수퍼바이저의 끝이 없고 매우 큰 호기심을 이해하고 수용 받을 수 있고, 코칭 파트너와 수퍼비전-주체가 자신의 호기심으로 '전환'할 수 있다. 자기 호기심은 곧 자기 실천과 자기-믿음을 들춰보게 한다. 이는 새로운 발견의 길이다.

'알지 못함 ↔ 자기-의문 ↔ 호기심 ↔ 새로운 발견'은 곧 '알지 못함이 주는 풍요로움'이다. 이 과정에서 불안이 주는 '알지 못함'의 부정성은 해소되고 긍정화 된다.

376) 프로이트는 정신분석을 간척사업에 비유하기도 했다. 바다를 간척하듯 무의식을 인식하는 과정, 의식화를 간척 사업을 비유로 설명한다.

'알지-못함'은 '앎'의 경계에서 시작되고, 경계에 머물게 한다. 경계 너머 미지의 영역을 앎으로 간척하는 일은 '자기-의문'으로 시작된다. 이는 자기 의문/질문을 중시하는 질문적 사고를 자극한다. 의심을 의문으로 전환하는 과정은 흔들리고, 붙잡는 의심을 의문, 곧 질문으로 다듬고 전환하는 일 자체가 **질문 근육**을 만든다. 질문하는 힘은 **질문적 사고**를 강화한다. 그러므로 자기-의심은 이처럼 '알지 못함'을 간척하는 시작이다. 경계-앎에 서서 과감하게 난간조차 놓는다. 이는 곧 새로운 통찰을 지닌 모습인 '잠재태, 잠재력'이다. 다만 이 과정이 '주름'처럼 숨겨져 있을 뿐이다.

다demonstrate. 이것은 분명히 **높은 신뢰** 환경과 **관계**에서만 발생할 수 있다. 또한, 수퍼바이저는 실질적인substantive 무언가가 거주하는reside 것처럼 보이는 공간의 형태shape of the space로 명확하게 표현할 수 있는 **용기**를 가져야 한다.[377] 수퍼바이저는 코치가 개인적인 '자기-의심'과 각오의 내용과 취약성을 드러낼 용기 자체가 수퍼비전 관계에 가치를 가져다 준다는 것을 인식하도록 도울 수 있다. 이것이 바로 수퍼비전 관계에 가치를 부여하는 방법이다. 의문[의심, 회의]을 갖고 일하는 방법을 역할 모델로 보여줌으로써, 수퍼바이저는 수퍼비전-주체에게 이런 방식으로 일하는 것이 코치가 자신의 코칭 파트너에게 가치를 가져다줄 수 있는 가장 독특한 방법일 수 있다는 확신을 심어 준다.

<small>수퍼비전 관계에 가치를 부여하는 방법</small>

'자기-의문'을 지낸 채 일하는 것은 용기 있는 행동으로 지각된다. 그러나 수퍼바이저의 위치는 **불완전한 응답을 잠정적으로 정당화**할 수 있다. 그러나 수퍼바이저가 한 걸음 물러나서 무언가를 탐구할 때 불가피하게 발생하는 복잡성, 모호성, 불확실성을 인지하는 것은 오히려 합리적인 위치이다. 이는 수퍼바이저를 역설적인 위치에 놓이게 한다. 수퍼바이저는 겸손하게 임해야 한다. 무언가를 놓친다는 것은 불가피하다. 수퍼바이저 역시 근거를 갖고 있어야 하고, 누락이 자동으로 무능을 나타내는 것은 아니라는 것을 편안하게 받아들여야 한다. 이런 조합을 통해 수퍼바이저는 '알지 못함'을 갖고 작업할 수 있으며,

<small>누락=무능이 아니다</small>

---

[377] 누구나 쉽게 감지하게 되는 자기의 또 다른 면, 자기 안의 다양한 성향, 이를 표현하는 자기 안의 작은 자기, 의심의 출처, 속말로 속삭이는 **말하는 자** 등 다양한 언어로 표현되는 내면세계, 또 두 사람 관계 안에서 이뤄지는 교류 현상, 생각과 마음의 (불)일치, 영향의 주고받음 등, 두 사람 관계 밖과 안의 경계와 영향 등 이 모든 것은 비유나 은유, 이론적 개념으로 과감하게 표현할 수 있다.

수퍼바이저의 실제 경험이 동반되기에 그만큼 생생하다. 이때 두 사람의 경험 현상은 또한 모두 독립된 공간이다. 이를 과감하게 묘사하기 위한 '용기'를 강조한다. 반면 이를 장이론에 근거한 공간을 '코칭의 장field'으로 설명하기도 한다.

그 자체가 잠재적으로 유용한 정보로 간주할 수 있다. 이를 위해 진정성, 깊이, 신뢰성을 결합하면서도 '알지 못함'에 열린 자세를 유지하는 수퍼바이저의 의사소통 언어가 필요하다.

많은 코치가 전문성을 인정받는 역할로 경력을 시작했다. 따라서, '알지 못함의 풍요로움'으로 '자기-의문'를 받아들이는 여정은 **두려움**으로 가득 차 있을 것이다. 그 여정은 '믿음의 도약$^{leap\ of\ faith}$'으로 완성되지 않으며, 서두를 수도 없다. 그것은 지적 전환$^{intellectual\ shift}$이라기보다는 **발달적 전환**이며[378], 더 넓은 관계의 안전 안에서 **미묘하게 진화**할 것이다.

보임과 보임 없는 보임
말 없는 배움
말 없는 가르침
가르침 없는 가르침
가르침 없는 배움

---

[378] 인간 생애 발달의 성장과 성숙의 '분기점'이다. 이 점에서 믿음을 딛고 뛰어오르는 순간의 결단으로 전환되어 상승하는 '믿음의 도약'이거나, '지적 전환'으로 이어지는 통찰과 구분하며 이에 한정되지 않는다는 점을 강조한다. 이 두 가지로도 담아질 수 없다.

이는 다이아몬드는 같은 다이아몬드로 조각하듯 사람의 성장과 성숙은 사람과의 관계 안에서 사람의 손이 닿아야 얻어지며, 알 수 없는 미묘한 모든 것이 계기가 된다.

특히 반복해서 언급하는 말로 전하고 마음으로 받는 구전심수^{口傳心授}를 넘어 '보임과 보임 없는 보임'의 창발을 통해 두 사람 사이에 '말 없는 배움'(不言之學), '말 없는 가르침'(不言之敎), '가르침 없는 가르침'(不敎之敎), '가르침 없는 배움'(不敎之學)을 이 만들어 내는 미묘함이다.

원칙 5: 단일 맥락에서 다중 맥락으로

코칭 원칙	수퍼비전 원칙	수퍼비전-주체의 경험
기법적으로 코치는 경험의 유사성에 관계없이 코칭 파트너에게 서비스를 제공할 수 있지만 우리는 포화된 시장에서 활동하고 있다. 따라서, 대부분 코치는 현실적으로 자기 배경과 관련된 틈새시장에 특화되어 있다.[379]	정반대로, 이용 가능한 전문 수퍼바이저가 적어서 더 넓은 맥락에서 활동하는 경향이 있다. 결과적으로 넓은 관점과 더 큰 실험/망설임tentativeness으로 시간을 더 할애해 결론을 도출하여 수퍼비전 작업에 추가적인 가치를 부여한다.	수퍼비전-주체인 당신은 자신의 경험과 수퍼바이저 경험의 유사점과 차이점을 파악하는 능력을 위해 수퍼바이저의 민첩성agility과 통찰력 있음insightfulness을 발견할 수 있을 것이다. 수퍼바이저는 자주 다른 맥락으로 배움을 이전하게 할 수 있다. 이는 '진단'보다는 호기심과 탐구 정신으로 이루어질 가능성이 높다. 이를 통해 수퍼비전-주체는 수퍼바이저의 경험에서 자신에게 가장 유용한 요소를 자유롭게 선택할 수 있다.

[해설 5] 블루커트가 제안한 코칭 원칙의 맥락은 임원 코칭을 근거로 한다. 그의 다섯 번째 원칙인 '비즈니스 중심'은 코칭이 진공 상태에서 이루어지지 않는다는 것을 지적한다. 그가 기준으로 하는 임원 코칭의 성공 척도는 코칭 파트너와 더 넓은 조직이 미치는 영향력을 모두 고려한다. 이를 코칭수퍼비전에 적용할 경우 그대로 확장하기는 어렵다. 이 원칙이 임원 코칭에서 코치가 고려해야 할 상업적 성격을 위한

---

[379] 처음부터 자기 자원에 근거해 틈새 시장을 공략하는 경우 앞선 코치들을 보고 따라하며 좌절하기도 한다. 틈새 시장 역시 자신의 성숙함과 코칭 실천능력이 뒷받침되지 않는 경우 실패한다. 성숙성과 발효된 코칭 경험이 뒷받침 되지 못한 지식이나 아이디어 중심의 소매상 활동은 코치들로부터도 배척받게 된다. 코치 양성이나 훈련, 새로운 소개 중심의 강사나 트레이너 활동은 더욱 그렇다. 때로는 자격증 취득을 위해 밀물처럼 왔다가 이런 활동에 집중하다 썰물처럼 사라지는 현상을 본다.

실패를 피하고 지속 가능한 틈새 시장 개발은 변화하는 현실과 높아지는 코치 내부의 경쟁에 필요하며 포지션을 확보해야 한다. '코칭'수퍼비전이 이를 과제로 하는 것은 고유한 특징 가운데 하나이다.

실천하는 코치	것이라면 코칭과 코칭수퍼비전이 이루어지는 시장을 검토할 필요가 있다.

현재 코칭과 코칭수퍼비전 시장은 뚜렷하게 다른 역동성을 갖고 있다. 코칭 시장은 넘쳐나고, 코칭 파트너에게 선택의 폭이 넓다. 코치 서비스가 차별화되지 않으면 코칭 파트너를 만나기 어렵다. 코치들은 저마다 전문 분야를 특화하여 틈새시장을 공략하고 있다. 좋은 코치가 되기 위해 유사한 경험이 직접 필요하지 않다는 것은 훈련을 통해 배운다. 그러나 현실에서 코치를 선택하는 코칭 파트너는 자신들에게 익숙한 것을 선호하는 경향이 있다.[380]

코칭 작업을 수주하는 데는 추천이 일반적인 방법이다. 코치가 특정 주제 영역에서 코칭 파트너에게 영향을 미치면, 같은 종류의 더 많은 일로 코칭 파트너를 유치할 수 있다. 그러므로 **실천하는 코치** practising coach는 원칙적으로 다양한 맥락에서 일할 수 있지만, 일반적으로 코칭 작업은 코치의 배경과 역사를 반영한다. 이를 설명하기 위해 '**단일 맥락**'이라는 표현을 사용한다.[381]

코칭수퍼비전을 살펴보면 특별히 '훈련된 수퍼바이저 코치'의 수는 시장에 있는 코치 수에 비해 적다. 수퍼비전 받을 코치는 상대적으로

---

[380] 일반적으로는 우리 시장과는 다르다. 우리 시장은 자격증 취득한 코치는 넘치나 실제로 코치로 활동하는 코치는 일정 규모이다. 많은 사람이 들어오고 또 멀어지기 때문이다. 코칭 교육 프로그램은 다변화되었다고 평가할 수 있으나 코치 나름대로 자신의 경험과 관찰에 따른 틈새 훈련 프로그램은 협소하다. 현재 우리 사회의 다양성에 조응하지 못하고 있다. 코칭수퍼비전 시장은 전혀 형성되어 있지 않다. 반면에 코칭을 구매하는 고객은 자신의 업무 분야와 관련성이 있는 코치를 중심으로 찾는다.

[381] 대체로 코치들은 자기 삶과 직업적 배경에서 크게 벗어나지 않은 맥락에서 코치 활동을 이어가거나 개발한다. 초기에는 더욱 그렇다. 이런 의미에서 '단일 맥락'이며 이와 대비해 코칭수퍼바이저는 '다중 맥락'을 지녀야 한다고 대비한다. 우리의 경우 조기부터 강사 활동을 병행하는 경우가 있고, 또 활동 기간이 조금 길어지면 코칭 트레이너 활동을 병행하거나 그것에 더 비중을 둔다.

선택의 폭이 제한적이다. 실제로, 일부 코칭수퍼바이저 가운데 상당수는 다른 전문직 프랙티셔너일 경우 이들은 직접 코칭 경험을 갖고 있지 않다. 그렇지만 수퍼바이저는 광범위한 맥락에서 일한다.[382] 예를 들어, 거의 전적으로 민간 부문에서 경험을 쌓은 사람들은 비즈니스 부문 코칭 파트너만큼이나 "비영리" 코칭 파트너와 함께 일하게 된다. 마찬가지로, 수퍼바이저는 개인적인 경험이나 훈련을 받지 않은 철학이나 접근 방식을 전문으로 하는 코치와 일할 수 있다.

나는 수퍼비전 작업에서 이점은 대조적인 경험과 대안적인 관점을 가져옴으로써 추가적인 통찰을 얻을 수 있다고 본다. 이를 설명하기 위해 '**다중 맥락**'이라는 표현을 사용했다.[383] 따라서, 현재의 시장에서 수퍼바이저 코치는 다양한 배경에서 얻은 개인적인 경험을 가볍게 받

---

[382] 이 역시 우리 현실과는 다르다는 점을 쉽게 알 수 있다. 우리는 유사 분야의 수퍼바이저를 찾지 않으며 유사 분야에서 활동하는 전문적 수퍼바이저들이 코칭 분야를 대상으로 하고 있지 않다. 극히 예외가 있을 뿐이다. 역자 같은 경우 심리치료와 상담 수퍼바이저와 초기 수퍼비전을 경험했으나 그들은 '코칭' 경험이 없었다. 그래서 역자의 사례와 관련된 분야를 선별하고 관계를 구분해서 가능한 수퍼바이저를 선택했다.

또 현재는 수퍼바이저 코치 활동이 미약한 심리치료와 코칭 사례 발표 단계이기에 '광범위한 맥락'이라는 표현이 과하다. 반면에 코칭수퍼비전 활동은 자신의 코치 활동 맥락보다는 넓은 맥락의 사례와 상황 즉 다중 맥락인 점은 타당하다.

[383] '멘토 코칭'이나 '코치 더 코치' 활동을 코칭수퍼비전의 초기 형태로 볼 수 있는가? 자격 취득을 위한 조건으로 코칭수퍼비전이 필수 조건임을 활용하여 실습 시험 합격을 위한 활동에 '수퍼비전'이라는 명칭을 붙이는 것에 의문을 제기할 수 있다. 이런 문제 제기에는 '윤리적 실천' 이슈가 포함되어 있다. 모든 활동을 광의의 의미에서 코칭수퍼비전의 맹아, 보급 활동으로 볼 수 있다면 우리의 수퍼비전도 '다중 맥락'으로 이해할 수 있다. 〈역량기반 코칭수퍼비전〉으로 분류할 수 있기 때문이다. 코칭수퍼바이저에게 필요한 '다중 맥락'이란 코칭 분야, 수퍼비전 영역과 다룰 주제, 사례의 다양성은 물론 기술과 기법까지 모두를 포괄한다고 이해한다.

아들이면서도 각 배경이 제공하는 통찰과 다양성diversity[384]을 무시하지 않는 모순을 받아들여야 한다.

시간이 지나면서 수퍼바이저 코치의 수가 증가함에 따라 특정 분야에 특화된 수퍼바이저를 볼 수 있을 것이다. 그러나 그동안은 수퍼바이저 코치는 다양한 맥락에서 유연하게 일해야 할 것이다. 즉, 다양한 경험이 통찰과 맹점을 가져올 수 있는 부분을 구별할 수 있을 만큼 충분히 인식할 수 있어야 한다.

원칙 6: 비즈니스 맥락에서 병렬 과정으로 이동

코칭 원칙	수퍼비전 원칙	수퍼비전-주체의 경험
임원 코칭은 조직적 맥락에서 이루어진다. 이는 수행 성과에 "변화/차이를 만든다"라는 눈에 보이는 실재하는tangible 결과에 대한 욕구를 불러일으킨다.[385]	코치와 수퍼바이저의 **관계**를 활용하여 코치와 코칭 파트너 사이에서 무슨 일이 일어나는지 이해하는 통로conduit[매개체]로 활용한다.	수퍼비전-주체는 수퍼바이저와의 관계에서 어떤 일이 일어나고 있는지 알아차리도록 초대받을 것이다. 수퍼비전에 무엇을 가져오느냐에 따라 그 관계가 언제 어떻게 변하는지 함께 모니터링하게 된다. **수퍼비전 룸** 안의 지금-여기에서의 경험과 **코칭 룸**에서의 작업 사이의 연결을 찾을 수 있을 것이다.

384) 다양성diversity은 출신과 성장 배경에 따른 대분류로 인종, 계급, 성별, 빈부, 지역, 문화 등의 차이에 한정되지 않는다. 우리 사회의 다양한 이해와 가치 충돌, 성별, 세대, 연령대별 사고와 감수성의 차이, 이런 모든 것이 결합 된 삶의 태도와 방식의 차이 등은 이슈로 제기된지 오래된 **복잡 사회**이기에 다양성 이슈로 세밀히 분류된다. 우리 사회는 빈부격차와 불평등, 전체 사회적 수준의 갈등 증폭과 사회적 재난의 반복에서 오는 혼돈과 고통이 중첩되어 있다. 이런 사회 맥락에서 코치 개인들 역시 생존 경쟁하며 자신의 '코치성'을 유지하고 코칭에 대한 '열정'을 관리해야 하는 처지이다. 다양성은 이런 점까지 포함된다.
바야흐로 '한국 사회에서 코치로 살기'라는 근본적 질문에 답을 찾으며 이를 감당하는 것이 코칭수퍼비전이 지닌 다중 맥락과 다양성이다.

385) 임원 코칭은 의사결정권자의 요구와 조직 시스템 요구와 그 작동 안에서 이뤄진다. 그러므로 단순히 개인 개발과 문제 해결에 한정되지 않는다. 조직 전체의 효율성과 효과성에 실질적인 변화를 가져오는 구체적 과제를 수행한다. 이는 코치와 코칭 파트너 두 사람의 요구 그 이상의 것을 측정 가능한 결과로 이룬 것을 요구한다. 이를 두 사람 외부에서는 알기 어렵다.

[해설 6] 블루커트의 '시스템 관점'은 코칭 파트너가 복잡한 환경의 일부이며, 코칭이 코칭 파트너의 균형에 영향을 미친다는 점을 제기한다. 이 코칭 원칙을 수퍼비전 분야로 확장할 수 있는 것은 수퍼비전에서 가장 많이 일어나는 요소인 병렬 과정parallel process 때문이다. 병렬 과정은 수퍼바이저가 수퍼비전 회기의 현재에서 코칭 회기 안에서 작용하는 역동을 경험할 때 발생한다.[386]

<small>병렬 과정</small>

수퍼바이저로서 한 걸음 물러서면 자연스럽게 도움이 된다. 아마도 방에서 무슨 일이 일어나고 있는지 객관성이 더 커지고, 수퍼바이저가 역동을 알아차릴 수 있게 해 준다. 수퍼바이저가 일정 기간 코치와 함께 일하는 경우 추가적 관점을 얻는다. 코치가 어떻게 일하는지 경향을 경험하게 되어 수퍼바이저는 특정 코칭 파트너에 대한 코치의 반응을 알아차릴 수 있다. 표준norm의 변주/변형variations은 다른 일이 발생할 수 있음을 암시한다.[387] 병렬 과정이 가능하다는 것을 알면, 수퍼바이저는 더 넓은 시스템의 영향에 대해 질문할 수 있다.

<small>변형과 변주</small>

이를 잘 수행하기 위해서는 수퍼바이저는 일반 코치보다 훨씬 **더 깊은** 자기-알아차림이 필요하다. 물론 수퍼바이저는 탐구 대상에 대

수퍼비전에서는 바로 수퍼비전-관계를 통해 임원 코칭, 작용하는 조직의 맥락을 이해할 수 있는 매개체/통로를 갖는다.

386) 병렬 과정parallel process은 수퍼비전의 관건적인 스킬이자 중심 내용이다. 이를 위해서는 다양한 경험을 통한 발견이 중요하다. 설명 듣게 되면 보게되어 쉽게 발견할 수 있거나 이를 **알게 된 것**으로 확정하는 태도는 신중하지 못하고 더 깊은 배움과 성찰을 막아버린다. 모든 것이 손쉽게 병렬과정으로 보일 수 있다. 언제나 처음처럼, 매번 실제 경험에서 세세한 발걸음을 통해 병렬 과정의 **순간에 알아차림**을 얻어야 한다.

387) 변형과 변주를 알기 위해서는 먼저 수퍼비전-주체의 코칭 패턴, 코칭 파트너를 접하는 태도의 일반적 모습을 알아야 한다. 이런 특성이 파악되지 않은 상태에서는 변화를 알기 어렵다. 또 상당 기간 '배우려는 자세'를 앞세우기에 이에 가려서 패턴과 변주를 구분하기는 쉽지 않다.
  수퍼바이저는 먼저 이 지점을 넘어야 한다. '배우려는 자세'에 휘말려 판단은 '그가 하니까'(다만) 알려주는 것이다'라는 식이 된다. 또는 쉽게 '가르치는 위치'로 미끌어져 성급한 판단이나 자기 패턴의 함정에 먼저 빠지기 쉽다.

구성-앎

한 심층적인 (이론적, 상황적, 실천적) 전문 지식을 갖고 있을 수 있다. 그러나 수퍼바이저의 자기-알아차림의 본질은 이성적인 이해보다 더 **전체론적**이다.[388] 수퍼바이저는 ①수퍼비전의 마주함encounter에서 떠오르는evoke '정신 신체적 경험somatic experience'과 ②'느껴지는 감각felt sense'으로 채널을 맞춰 집중할 것이다.[389] 수퍼바이저는 ③자신의 '지금-여기'의 경험을 바탕으로 용기 있게 [이 순간] 자신이 주목하고 있는 것을 수퍼비전 룸에 [신중하게] 넣어본다. 수퍼바이저의 ④**현재 경험**은 수퍼비전-주체의 코칭 파트너 작업에서 발생하는 이슈를 밝혀내는 데 도움이 된다[될 수 있다는 생각이 드는 경우만 그렇게 한다]. 그러나 실제로 발생한 일이 **수퍼바이저** 자신의 개인적 발전personal development에서 아직 활용되지 않은 부분일 가능성이 언제나 존재한다. 즉, ⑤수퍼바이저의 개인적 **미해결 이슈**가 작용하고 있을 수 있다.[390]

나를 통해, 나를 갖고 나를 공부한다.

앞서 언급했듯이, 수퍼바이저의 언어는 핵심이다. 수퍼바이저는 진

---

388) 수퍼비전에서의 알아차림은 수퍼바이저의 수용력에 따라 다르다. 여기서 중요한 것은 지적 알아차림으로 이어지는 아이디어나 생각 조각에 머무르지 않는다. 이론-상황-실천(현장)과 관련 되고 관계, 경험, 만남의 순간과 더 관련이 깊다. 이에는 앎에 대한 다양한 접근, 열린 자세가 필요하다. 가루처럼 흩날리는 앎의 각종 직관과 조각, 흐름과 자유로운 조각 연결의 맞춤을 통한 구성, 즉 '구성-앎'이 요구된다.

389) 우선 ①연결될 신호를 알아차리고 ②이것이 수퍼비전-주체와 진정한 참만남encounter이 초래하는 것이며, ③지금-이 순간의 것으로 인지하게 된다(그런 자신을 본다). ④새롭게 지속해서 떠오르는 것과 이미 올라와 느껴진 감각이 구별되고, ⑤두 물결이 마주치며 번지는 현상, 그 현상의 전체가 혼합되는 과정이 점차 눈에 들어온다. ⑥성급히 언어로 드러내기보다는 이것이 무엇인지 알아차림이 올라오기를 기다리게 된다. ⑦이런 전 과정이 한 번에 오지 않는다. 순서가 있지 않다는 것도 알게 되고 반복될 때마다 다르며 깊이가 구별된다.

390) 가장 우선하는 것은 이런 알아차림이 수퍼비전-주체와 수퍼비전 관계에서 수퍼바이저가 먼저 새롭게 배우는 것이다. 이는 다른 여지가 없다고 생각한다. 수퍼바이저 스스로 배움에 열려있어야 한다. 또 '가르치며 배운다'라는 격언에서 수퍼비전 관계나 수퍼비전-주체에 의한 고마운 배움이 아니라 수퍼바이저 자신의 이슈, 미해결 과제일지 모른다. 이런 인식이 선차적이어야 한다. 즉 '나를 통해, 나를 갖고 나를 공부한다'라는 것은 **수퍼바이저의 성찰의 출발점**이다.

정성을 갖고 관찰해야 한다.[391] 이를 위해서는 **확신**confidence과 **겸손**이 라는 이중성duality이 필요하다. 코치가 아직 제안된 내용을 이해하지 못할 수도 있기에 가설은 '확신'과 신뢰성credibility을 가지고 전달되어야 한다. **겸손**은 수퍼바이저가 제시한 사례보다 코치가 주목한 것이 그의 발전과 더 관련이 있을 수 있기에 언제나 필요하다.[392]

확신, 겸손, 신뢰성

수퍼비전-주체 중심성(8)

따라서, 수퍼바이저가 어디서부터 시작해야 할지 고민하는 동안 어떤 일이 벌어지는지가 특히 흥미롭다.[393] 수퍼바이저는 **시스템**이 알려 주는 것에 확신과 겸손이라는 **이중성**을 열어 놓으면서도 동시에 지금 이 '순간의 경험'을 활용한다. 이 두 가지 요소[394]의 오염을 피하면서 둘 사이의 **연결**이 출현하게emerge 해야 한다.

불명료함
불일치

---

391) 비록 수퍼바이저가 이를 알아차렸더라도 그것을 ①어떻게, ②언제 쓸 것인가. ③무엇을 통해 쓰임을 알게 할 것인가, ④잘 쓰여지게 덜어내거나 더할 것은 없는가, 즉 '씀utilizing'에 대한 연구(씀학)가 필요하다. 물론 이는 '자기 자신을 도구로 사용'하는 수퍼비전의 한 방식이다.

392) 병렬 과정 역시 마찬가지다. 이것이 분명하다 할지라도 수퍼비전-주체가 주목하고 요청한 것이 병렬 과정보다 그의 발전에 더 필요하고 절실한 것이다. 수퍼비전-주체가 자신의 발전에 필요한 지점에 도달하면 그는 수퍼바이저가 알고 있거나 제시하려는 것을 이미 발견할 것이다(조금 더 기다리면 알게 된다). 이런 점에서 걸음과 속도 방향은 모두 수퍼비전-주체가 중심이 되어야 한다. 여기서도 수퍼비전-주체의 중심성(8)이 중요하다. 병렬 과정조차 수퍼바이저는 알지만 간직하게 된다.

393) 이 역시 매우 중요한 지점이다. 수퍼바이저가 자기 저항이나 숙고 부족으로 주저하거나 시점을 포함한 활용(위 씀에 대한 연구)에 대해 결정을 고민한다. 그 동안 수퍼바이저에게 일어나는 것과 이와 연동되어 수퍼비전-주체, 관계에서 무슨 일이 일어나는가는 우선 시스템이 작동하는 영향이다. 또 두 사람이 발전해야 할 미해결 과제가 순차적 또는 동시에 혼합되어 일어난다. 이런 양상과 결과는 새로운 배움에서 배움의 중단을 넘어 배움에 무심함까지 양태가 다양하다.

394) ①시스템의 작동으로 알 수 있는 것에 대한 확신, ②알수 없음의 자세와 수퍼비전-주체가 알려 줄 것이라는 기다림에 머물게 하는 겸손 또는 주저, ③이런 장 안에서 새롭게 올라오는 순간의 '앎' 등 각각은 ④서로 영향을 주며 혼합/오염을 초래할 수 있다. 이를 감당하는 것이 중요하다.

반면에 수퍼바이저의 미해결 과제나 주저에 의한 **불명료함**이 초래하는 것, 수퍼비전-주체 요구(발달) 지점과 **불일치**의 작동 영향도 포함된다.

원칙 7: 코칭 마인드셋에서 코칭수퍼비전 마인드셋으로 이동

코칭 원칙	수퍼비전 원칙	수퍼비전-주체의 경험
코칭 대화를 공식 코칭 프로그램에 국한하지 말고, 코칭-지향 대화가 다양한 환경에서 효과적으로 활용될 수 있다는 점을 격려한다.	수퍼바이저는 일반적인 경계를 넘을 수 있는 멘토나 상담가 등 다양한 역할을 수행해야 할 수 있다는 점을 인정한다. [즉 유연성] 그러나 모든 것을 한 자리에서 처리하는 "원 스톱숍"[만능 해결사]보다는 수퍼비전 관계의 특성은 코칭 관계보다 이를 더 폭넓게 관리하는 자유latitude를 갖는다.[395]	당신은 수퍼바이저를 당신의 멘토, 개인 코치, 사고의 리더thought leader, 촉진자, 교육자, 상담자, 협력자, 마케팅 컨설턴트, 조언자, 친구, 동료라고 쉽게 부를 수 있다. 또한 필요한 경우 수퍼바이저는 위의 대안적 프랙티셔너 가운데 그 누구라고 당신에게 추천할 수 있다. 반면에 이런 다각적인 접근을 제공하기에 당신은 그를 '수퍼바이저'로 경험하게 된다.

수퍼비전 관계는 포괄성

[해설 7] 블루커키가 주장했던 마지막 코칭 원칙은 '도구로서의 코칭 coaching as a tool'에서 '마인드셋으로'이다. 여기서 중요한 점은 코칭을 단순히 공식적인 코칭 '회기'에서 이루어지는 대화로만 제한할 필요가 없다는 점이다. 대신, 어디서든 다양한 유형의 대화에서 코칭 방식을 적용할 기회를 찾는 것이 더 바람직하다. 기회가 어떻게 생기든 어디에서든 관계 없다.[396]

---

395) 코칭은 일반적으로 특정한 목표와 역량 향상에 초점을 맞추는 것에 비해 수퍼비전은 코칭 작업 전체에 대한 책임을 갖기에 상황에 따라 유연하게 역할을 조정할 수 있다. **수퍼비전 관계는 포괄성**을 지닌다.

396) 블루커키의 주장인 코칭을 '도구'가 아니라 '마인드셋'으로 갖춘다는 것은 mindset을 '마음가짐/사고방식' 또는 이전의 경험에 의해 형성된 마음의 습관 '특정 방식으로 행동하려는 성향disposition'으로 정의하듯이 **생활 전반의 태도**가 되어야 한다는 의미이다. 일상 생활이나 조직에서 코칭적 대화를 활성화 하고 코칭 리더십을 갖는 것이 그것이다. 이점은 코치-되기 과정에서 새로운 것은 아니다. 코치의 코칭 문화 생활에서 익숙하다. 일상생활과 관계, 즉 삶의 전반에서 '코칭 마음가짐'으로 생활한다.

코칭을 도구에서 코칭 마인드셋으로 변화가 중요하듯 이 글의 저자는 '코칭'-마인드셋에서 '수퍼비전'-마인드셋으로의 전환을 일곱 번째로 제시하고 있다.

이 코칭 원칙을 수퍼비전 분야로 확장하는 데는 적지 않은 생각이 필요했다. 다양한 대화에 코칭 스타일을 적용하는 데는 장점이 있을 수 있다. 반면에, 수퍼바이저는 다양한 스타일을 활용하여 코치를 지원할 의지와 능력을 갖추면 [서로에게도] 유익이 될 것이라고 나는 주장한다.[397)]

수퍼비전 관계

자문 대화

나는 수퍼비전 관계를 협력적이고 전문적인 관계로 본다. 만약 '수퍼바이저 코치'라는 명칭이 없었다면, 이 역할은 코치 멘토, 코치를 코칭하는 사람, 사고의 리더, 조력자, 교육자, 상담자 또는 비판적 친구로 불릴 수 있다. 이것으로 실제 수퍼비전 관계에 대한 경계를 설정할 수 있지만, 이론적으로는 그 경계는 모호하다.[398)] 순수주의자들은 우리에게 **경계를 인식**하고 더 적절한 지원을 요청하도록 권장할 수 있지만, 단순히 시간, 돈, 또는 기회가 없는 경우라도 실제로는 그들이 코치가 계속 일할 수 있도록 개입해야만 하는 **상당한 압력**이 존재한다.[399)]

수퍼바이저 포지션

---

397) 코치의 마인드셋을 넘어 이와 구별된 수퍼비전-마인드셋, 더 나아가 코치-삶과 다른 수퍼비전-삶을 적극화하는 모습으로 연결할 수 있다.

398) 이미 코치 활동을 하며 수퍼바이저의 길을 가는 코치에게 이 역시 새삼스러운 것은 아니다. 다만 코칭수퍼비전은 1차 상대가 '코치'라고 할 때 수퍼비전 회기 이외에 대화, 또 수퍼비전 관계를 맺지 않은 코치들과는 필요한 **'자문' 대화**를 한다. 코치 생활과 활동에서 직면하는 검토해야 할 다양한 '의문', 현재는 소소할 수 있지만 향후에는 중요하다고 생각되는 '우려' 등이다. 이런 자문 대화가 일상 대화와 다른 점은 대화의 내용과 영향이 '수퍼바이저로서 최소한의 책임'이 필요한 것이기 때문이다. 이런 자문 대화는 수퍼비전 계약, 또는 계약 전후와 무관하게 이뤄지는 경우가 많다.

399) 수퍼비전 마인드셋, 수퍼바이저 포지션을 유지하는 과정에서는 다양한 별도의 요구를 갖게 된다. 올바른 코칭, 코칭 효과에 관심, 개별 코치가 되도록 코치로서 잘 정착하게 하는 지원 등이 필요하다.

　그러나 매우 까다로운 주제이다. 수퍼바이저로서 필요한 다양한 역할과 그 경계가 적절해야 한다. 과연 윤리적 우려를 위한 개입과 다른 수퍼바이저/코치 활동의 건설적 비판은 어떻게 구별하는가? 어디까지가 잠재적 수퍼바이저 확보를 위한 비즈니스의 미끼이고 덫인가? 수문장gatekeeper 역할의 강도와 범위는 어떻게 해야 하는가? 실제 성찰적 적용이 쉽지 않다. 수퍼비전 윤리가 필요한 영역이다.

수퍼바이저의 기도

결과적으로, 수퍼바이저는 평온을 비는 기도문 Serenity Prayer(Shapiro가 2014년에 Niebuhr가 1951년에 인용한 것으로 인용됨)[400]에서 빌려온 것이지만, 넘을 수 없는 선이 있다는 것을 인정할 수 있는 **겸손**, 넘을 수 있다고 믿는 선을 넘을 수 있는 **용기**, 그 차이를 알 수 있는 **지혜**를 가져야 한다.

수련 코칭수퍼바이저에게 필요한 요소 학회에서 토론한 다섯 가지 초점

두 가지 추가 코칭수퍼비전 마인드셋[401]

[원칙 8] '진정성'에서 진정한-공생으로

[해설 8] 수퍼비전의 여덟 번째 마인드셋은 코치의 마인드셋을 확장한 것이다. 코치에게 진정성 authenticity이 매우 중요하듯이 수퍼바이저에게도 중요하다. 코칭 마인드셋을 수퍼비전 마인드셋으로 확장하며 검토

①코칭 실천이 취약하고 집중하고 있지 않으면서도 과잉 포장하고 뽕을 넣어 활동할 경우, ②무대 위와 아래에서의 모습에 차이가 불 보듯 뻔한 경우, ③눈에 훤히 보이는 수준의 내용을 솔직과 순진함으로 포장하는 경우, ④심지어 이렇게 설익은 채 반발 앞서거나 들은 내용 정도를 유료로 타인을 안내하는 무모함을 시도하는 경우 등 다양하다. 이것이 자연스럽게 시장에서 걸러질 것으로 기대하기는 어렵다. 더 어려운 점은 이런 상황에서도 수퍼바이저는 코칭문화 확산과 코칭 발전, 코치의 실천능력 증대, 수퍼비전 확대를 위해 노력해야 한다는 것이다. 수퍼바이저로서는 단 한 명의 진실한 동행자로서 수퍼바이지를 만나기 쉽지 않다.

400) Serenity Prayer 신학자인 라인홀드 니버 Karl Paul Reinhold Niebuhr가 쓴 기도문이다. "주여! 우리가 바꿀 수 없는 것을 평온하게 받아들이는 **평정**과 바꿔야 할 것을 바꿀 수 있는 **용기**, 그리고 이 둘을 분별하는 **지혜**를 허락하소서(God, give us grace to accept with serenity the things that cannot be changed, courage to change the things that should be changed, and the wisdom to distinguish the one from the other). **수퍼바이저의 기도**로 제시하고 있다.

401) [표 6.2]로 제시된 「코치에서 수퍼바이저로 마인드셋 전환」(M. Lucas, 2017)의 일곱 개 원칙이 발표된 컨퍼런스(Oxford Brookes 5th International Supervision Conference)에서 참석자들의 토론에 의해 두 가지 원칙이 추가 되었다. 이 내용 역시 학습과 연구를 위해 이를 소개한다.

현재 코칭 조직의 코칭이나 코칭수퍼비전 역량 구조틀은 ①'핵심 원칙'보다는 '행동을 구체화'라는 점. ②이에 의존하면 코칭 프랙티스와 전문성이 지나치게 단순화 된다는 점. ③역량

해야 할 질문은 '^{Q.}수퍼바이저가 작업하는 것은 무엇이며, 우리가 자연스럽게 **진정성**authenticity이라고 부르는 것 이상으로 중요한 것은 무엇인가?'이다.

코치로서 진정성은 로저리안들이 말하는 의미 안에서 일치성congruent 로저리안
에 관한 것이다(Rogers, 1957). 그의 '일치성'은 코칭 파트너와 프레즌스 안에서 프랙티셔너의 '지금-여기' 경험에서 비롯된다. 이는 매우 독특한 의미이다 – 개입은 치료사의 전문적인 페르소나 위치position에서 비롯된다.[402]

은 미래에 필요한 마음가짐/사고방식으로는 부족하고, 과거 행동의 성공을 구별하는 데 활용될 수 있다는 점 등의 비판을 수용하여, 기존의 코칭수퍼비전 역량 구조는 **수련 코칭수퍼바이저**에게 필요한 요소로 위치 짓는다. 코칭수퍼비전 분야의 대안적 렌즈로 제시된 일곱 가지 원칙을 제안하고 학회 토론을 통해 두 가지를 추가한다. 이를 위한 학회에서 토론한 다섯 가지 초점은 다음과 같다.

^{Q.}수퍼바이저 코치로 일할 때 이 원칙이 어떻게 나타나는가? ^{Q.}이 원칙이 코칭수퍼비전 분야에서 여전히 관련이 있는가, 그렇지 않은 경우 대신 무엇이 더 필요한가? ^{Q.}이 마인드셋을 채택하면 무슨 일이 일어나는가? ^{Q.}내부 서사는 무엇인가? ^{Q.}이 마인드셋이 작동할 때 – 느껴지는 경험은 무엇인가? 이것을 다른 사람들에게 어떻게 설명할 수 있는가?

402) 로저리안의 핵심 개념 가운데 하나는 일치성congruence/congruent이다. 진정성genuineness, 진솔성realness 등을 의미한다. 코칭에서는 진실성/일치성intrgrty도 같은 용어로 활용해 왔다.

우선 코치가 자신의 내적 경험과 그 표현의 일치를 추구하는 상태를 의식하고 노력한다. 코칭 대화에서 자신의 감정, 생각, 태도를 솔직하게 인정하고 코칭 파트너에게 있는 그대로 드러낸다. 현재 느끼는 감정을 부인하거나 억누르지 않고 '적절한 방식'으로 표현하고 이를 코칭의 개입의 하나로 선택한다. 이는 코치 자신이 자기 내면을 깊이 자각하고 있는 회피하지 않고 있는 그대로 수용하는 능력에서 일치성으로 다가간다. 가장 중요하게는 특정한 기술이나 역할보다는 코칭 파트너와 상호작용이 이뤄지는 '지금-여기'에서 자신이 매 순간의 경험을 솔직하게 개방적으로 반응하고 그 모습이 드러난다.

로저리안은 이런 일치성 추구가 긍정적 변화를 촉진하는 핵심 요인으로 본다는 점이다. 신뢰 형성, 모델링 효과, 진정한 관계를 경험하게 되어 코칭 파트너 역시 스스로 자신의 내면을 개방적으로 탐색하고, 현재 경험하는 '정서'를 자각하게 된다. 이런 마주함을 통해 자신의 진실, 진심, 진리로 향해 나가게 된다.

수퍼바이저는 코치가 코칭 파트너의 내면에 흐르는 정서와 현실의 경험과 항상 접촉하고, 필요한 적절한 시점에 이를 제공하는 민감성을 갖도록 수퍼비전 회기와 관계에서 이를 중심으로 다루게 된다.

저자들은 8장 [표 8.1] 시스템적, 절충 기반 즉 통합적 기반 코치의 성숙도를 설명하면서 다시 강조한다. 각주에는 '인간 중심 수퍼비전' 자료가 제시되어 있다.

|작은-자기| 수퍼바이저는 많은 역할을 수행한다^{fulfill}(원칙 7). 따라서 코칭수퍼비전 맥락에서 진정성은 우리가 누구이고 어떻게 존재하는지에 대한 다양성을 인식하게 해 줄 것이다. 바흐키로바^{Bachkirova} 코치의 '개인 발달' 연구(2011)는 "작은-자기$^{mini-self}$"라는 개념을 검토한다. 이것에서 도움을 받을 수 있다. 예를 들어, 우리는 수퍼바이저의 정체성을 "보여줄$^{show\ up}$" 수 있지만, 그 외에도 여러 가지 다른 정체성을 가질 수 있다. 특히 **수퍼바이저도 학습자**이다. 실제로, 일부 프랙티셔너들은 특정 코칭 파트너를 우리 **자신의 발전/발달**을 위해 우리에게 **끌린다**$^{gravitate\ to}$고 주장한다.[403] 인스킵^{Inskipp}과 프록터^{Proctor}(2001)는 수퍼비전을 '작업 동맹$^{working\ alliance}$'이라고 설명한다. 이 렌즈로 보면 일종의 공생^{symbiosis}[404]이 존재하기 시작한다.

|기존의 역량 구조는 수련 코칭수퍼바이저에게 필요한 요소|

|작업 동맹 working alliance|

|공생 symbiosis|

코칭수퍼비전의 마인드셋은 코칭 파트너의 작업이 여러 가지 진정한 자기$^{authentic\ self}$를 시험하고 확장할 수 있는 기회가 될 수 있게 그 가능성을 허용하면서 코칭 파트너를 지원하기 위해 노력한다. '진정한 공생$^{authentic\ symbiosis}$'은 이런 기회를 설명하는 용어이다.[405]

|스승으로, 스승의 모습으로|

[403] 이 상황을 경험할 수 있는가?

수퍼바이저 활동과 생활 속에서 수퍼비전-주체가 (새롭게) 찾아오거나, 기존 관계에서 새롭게 경험한다. 이는 곧 수퍼바이저 자신의 현재의 발전, 개인 성숙의 발달을 돕기 위해 새로운 배움의 기회로 수퍼바이저에게 찾아 온다. 또 스스로 끌어당긴다. 수퍼비전-주체의 곤경과 과제, 이와 씨름하며 갖게 되는 수퍼바이저의 고민과 좌절, 고착된 수퍼비전 관계와 환경 모두가 수퍼비전-주체를 만났으므로 (배움을 위해) 발생한 것이나 이는 당연히 수퍼바이저가 만들어 낸 것이기도 하다.

전체적으로 수퍼바이저에게는 나 자신을 돕기 위해 (스승으로, 스승의 모습으로) 내게 온 것이다라는 **인식의 전환**을 얻는다. 수퍼비전을 '작업동맹'으로 정의할 때 이런 의미에서 필자는 수퍼바이저가 자기를 위한 '작업-동맹'으로 인식하고 공생관계로까지 확장된 인식을 얻는다.

[404] Symbiosis 공생: 숲 생태계에서 두 종류의 식물과 동물의 관계에서 존재의 지속성을 위해 필요한 조건이며 넓게 보면 숲 전체, 자연과 인간 전체의 기본 관계로 확대할 수 있다. 모든 인간관계, 또는 조력 분야에서도 공생 관계, 적대적/비적대적 공생 관계를 발견한다.

[405] '코칭 파트너 ⇔ 코치/수퍼비전-주체 ⇔ 수퍼바이저 ⇔ 수퍼바이저의 수퍼바이저'는 진

[원칙 9] '자기-관리/돌봄'의 역할

[해설 9] 자기-관리/돌봄self-care은 코치에게 필수적인 원칙이다.406)

코칭 파트너를 위한 좋은 에너지를 갖는 것은 우리 자신을 위한 좋은 에너지를 갖는 것에서 시작된다. 이것은 진정성에 관한 위에서 논의와 유사한 도전 과제를 우리에게 제기한다. 나머지 구조-틀과 일관성을 유지하기 위해 자기-관리/돌봄과 관련된 코칭수퍼비전 원칙이 코칭 원칙을 기반으로 구축되어야 하고, **그 이상이어야 한다**. 이런 점에서 코칭수퍼비전 맥락에서 유용하게 사용될 수 있도록 자기-관리/돌봄의 확장을 어떻게 표현해야 하는지는 아직 명확하지 않다. 이 잠재적인 아홉 번째 원칙을 정의하기 위해서는 추가 작업이 필요할 것으로 보인다.407)

자기 관리
자기 돌봄
자기 강화

생명 돌봄과 생명 살림 수행자로서의 코치이며 뭇 생명의 부양자로서의 수퍼바이저

정한 자기authentic self를 서로 고리로 연결된 **진정한 공생**authentic symbiosis 관계를 지향하는 긴 연쇄 사슬이다. 우리는 '인간의 성장과 성숙, 능동적 실천의 주권적 자기를 강화하고 잠재력 개발과 가능성 확대'를 도모하며 공생한다.

406) ICF 코칭수퍼비전 모델(2024) 2항. '지속적인 성찰과 자기-돌봄/관리self-care을 한다engage'라고 제시되고, 여덟 가지 세부 항목이 있다. 정의는 수퍼바이저로서 '자기 돌봄'에 지속해서 '관심갖고 관계/참여한다engage'라는 의미이고 특히 세부 항목(2)에는 '코칭수퍼바이저로서 **정서적, 정신적, 신체적 웰빙 관리**에 관여한다'라고 명시한다.

수퍼바이저가 자신과 수퍼비전을 위해 자신을 '돌봄care'하는 것은 중요하고 필요한 일이다. 이런 노력은 곧 수퍼비전-주체 코치가 자기-돌봄을 지원하고 공유하게 한다. 한편 수퍼비전-주체의 소진 방지와 좌절을 다루며 자기-돌봄을 넘어 자기-돌봄의 힘을 갖도록 돕고, 자기-강화를 위한 개입을 한다. 이런 의미에서 자기-'관리'와 돌봄도 병행하고 차후 검토로 미룬다.

407) 필자는 코칭 마인드셋의 마지막으로 자기-돌봄/관리를 제기하고 이를 코칭수퍼비전의 마인드셋 용어로 재정의하는 것은 유보하며 다음 과제로 제기한다.

역자는 마지막 코칭수퍼바이저의 마인드셋으로 '생명 돌봄과 생명 살림'을 주장한다. 이는 역자의 마인드셋이기도 하다. '수행자로서의 코치이며 뭇 생명의 부양자로서의 수퍼바이저'는 세상과 자연, 우주와 공생 관계를 맺으며, 자기 돌봄/관리를 넘어 모든 생명을 돌보고 살리는 마음-씀이 필요하다. 즉 자기-돌봄/관리에서 '뭇 생명의 부양자'이다.

수퍼바이저의 '동기'에 대한 이해

신입 수퍼비전-주체들과의 대화에서 "수퍼바이저가 되기로 결심하게 된 동기는 무엇인가?"라는 질문을 자주 받는다는 사실을 발견했다. 이런 질문은 일반적으로 현재의 자리에 오기까지 어떤 일이 있었는지에 대한 여정을 공유하는 것으로 이어진다.

아마도 우리 인생 이야기에 공통 요소가 있는지 확인하며 어떤 유대감을 느끼고 싶은 **인간적 호기심**과 **관계 구축**과 관련이 있을 것이다. 그러나 아래 설명처럼 수퍼바이저가 되려는 동기도 수퍼비전하는 방식에 어느 정도 영향을 미친다. 물론 이런 연결은 지나치게 일반화하는 면이 있다! 그래서 수퍼바이저와 함께 일한 경험에서 이것이 사실인지 아닌지를 "테스트"할 수 있도록 아래의 제안을 제공한다.

| 치료 분야의 사촌 | ### 외적 영향: 수퍼바이저 활용성의 역사 |

수퍼바이저로 일하게 된 내재적 동기를 검토하기 전에, 코칭수퍼바이저로 일하는 사람들이 이끌리게 된 외적 요인을 먼저 살펴보자. 우선 코칭수퍼비전의 역사를 살펴보자. 코칭수퍼비전의 개념은 **치료 분야의 사촌**에서 차용된 것이라고 앞에서 언급했다. 초창기에 많은 코치가 수퍼비전 없이 활동했다! 이유는 코칭 커뮤니티가 아직 수퍼비전이 유익하다는 점을 알지 못했고 실제로 코칭수퍼바이저가 존재하지 않았기 때문이다. 코치들이 수퍼비전이 도움이 될 수 있다는 점을 알게 되자 자기 작업을 위해 치료 분야의 수퍼바이저를 찾게 되었다. 따라서 처음에는 코치를 지원하는 수퍼바이저가 코치가 아니라 치료 분야에서 수퍼바이저로 훈련을 받은 치료사였다. 코칭수퍼바이저의 시장이

성장함에 따라, 코칭수퍼바이저를 위한 구체적인 훈련 과정이 등장하였다. 이에 따라 코칭수퍼바이저의 유형이 다양해졌다. 우선은 코치에게 적용할 수 있는 기술을 넓히려고 하는 치료사와 치료사의 수퍼바이저들이 있었고, 다음은 자신의 기술을 수퍼비전까지 확장하고자 하는 숙련된 코치와 치료사들이 있었다.[408]

외적 영향: 재정적 인센티브… 아닌가?!

코칭수퍼비전 시장에서 특히 흥미로운 외부 요인 가운데 하나는 코칭수퍼비전을 위한 "진행 비용going rate"에 대한 "기준benchmark"이다. 일반적으로 코치의 회기당 비용은 상담/치료 회기 비용보다 비싸다. 따라서 수퍼바이저가 치료사를 수퍼비전할 때보다 코치를 수퍼비전할 때 더 많은 비용을 청구하는 것이 가능할 수 있다. 반대로 코치(특히 임원 코치)는 대체로 조직에서 비용을 지불해 가격이 높아도 수퍼비전 비용은 코치 개인이 지불한다. 따라서 코치의 수퍼바이저는 코치가 코칭

회기당 수퍼비전 비용

---

[408] 역자의 수퍼비전 동기는 두 갈래이며 본질적으로는 고객(코칭 파트너)과의 실제 코칭 경험이다. 처음은 코칭 파트너와 코칭 중 코칭 파트너가 처한 '위기'에 대처하는 위기 코칭에 대한 대처를 위해서였다. 코칭 파트너의 위기에 대처하기 위해 또 코칭의 위기를 관리하기 의해 대략 3달 간 거의 매일 코칭을 해야 했다. 이를 위해 역자는 동료 수퍼비전 구조와 외부 전문가(당시 매우 유력한 심리치료사, 상담가)와 일대일 수퍼비전을 병행했다. 이를 계기로 일대일 수퍼비전과 해당 분야 수퍼비전 심포지움 참여, 당시 국내 나와 있는 모든 수퍼비전 저서를 탐독했다. 이후 코칭수퍼비전을 연구하고 동료 수퍼비전을 실천하게 되었고 이 경험을 한국코치협회 코칭 콘퍼런스(2014)에 발표했다.

또 다른 갈래는 임원 코칭을 하던 중 고성과자의 성격의 고약함과 어려워하는 호소를 씨름하게 된 계기다. 이를 위한 연구 끝에 정신분석과 리더십을 동시에 연구한 저서를 만나고, 이를 계기로 정신분석 공부와 훈련을 병행하게 되었다. 이 과정은 장기적 개인 분석과 수퍼비전이 필수였다.

이 저서가 언급하듯 역자도 다른 분야의 전문가를 통한 수퍼비전을 훈련하게 된 흐름과 괘를 같이 한다.

회기 요금에 상응하는 비용 지불을 거부하는 경험을 많이 보게 되는데 이는 수퍼비전 비용을 지불하는 당사자가 대규모 기업이 아닌 혼자 여러 악기를 연주하는 "1인 밴드one-man band"인 경우가 많기 때문이다.

아이러니하게도, 치료 경력이 있는 수퍼바이저는 "치료 회기의 요금"을 높일 수 있는 반면, 코칭 경력이 있는 수퍼바이저는 "임원 코칭 비용"을 할인해야 하는 경우가 많게 된다.[409] 물론 조직에서 수퍼비전 비용을 지불하는 사내 코치들과 함께 일한다면 이런 차이는 덜할 것이다. 그렇지만 조직의 사내 코치는 코칭 분야에서 비교적 최근에 등장한 작업이므로 일부 제한적인 부분이 있다.

그러므로 개인이 코칭수퍼바이저가 되는 데에는 서로 다른 전문적 뿌리와 재정적 동인 두 가지가 중요한 영향이다. 이는 촉진하거나 억제하는 요인이다.

지불 능력과 그 적절성

코칭 파트너 3인(회기) 당 수퍼비전 1회

네 가지 내적 동기

내적 동기

여기서는 수퍼바이저 코치가 되는 공통된 내적 동기 가운데 일부만 검토한다.

---

[409] 임원 코치들의 경우 유럽 상황과 우리 상황도 비슷할 것으로 보인다. 임원 코칭 수준과 동일한 수준으로 임원 코칭을 수퍼비전하는 것은 사실 불가능하다.

역자는 외부 전문가에게 수퍼비전 경험을 하면서 회기당 요금이 코칭이 높다는 점을 자주 지적받았다. 경험에 따르면 수퍼비전 비용은 그 분야 1회당 비용과 조금 차이가 나거나 비슷한 수준임을 자주 경험했으며, 수퍼비전-주체가 유료 코칭 파트너 3명 정도를 상시적으로 유지하는 조건하에서 유료 수퍼비전 요금 지불 능력을 갖추도록 권장한다는 사실을 배웠다. 정신분석 윤리에는 회기당 요금을 제시하고 합의하더라도 상대의 '지불 능력과 그 적절성'을 확인하고 조정해야 한다는 사실을 접했다.

이런 조건에서 역자 역시 당시에 수퍼비전-주체의 1회 코칭 비용을 기준으로 수퍼비전 비용을 산정했으며 현재에도 이런 수준에서 유지한다. 이런 경우라도 임원 코치의 수퍼비전은 코치가 고객을 3인을 확보하고 그 조건에서 임원 코칭 1회당 비용 수퍼비전 회기 비용으로 계약하기는 어렵다.

도움을 주고자 하는 욕구

수퍼바이저의 동기는 대체로 이타적이다. 애초에 코치나 치료사가 되기 위한 주된 동기가 바로 이것일 수 있다. 이들은 사람들이 해결해야 할 이슈가 있을 때 이를 보자마자 이미 끌리는 그런 사람이다. 대인관계 기술이 준비되어 있고 공감하는 경청자이며, '공통 감각common sense'을 지닌 문제 해결사일 수도 있다는 의미이다.[410]

경험상 이런 특성을 지닌 수퍼바이저는 작업에 깊은 직관을 갖고 있는 경우가 많다. 이들은 자신의 '경험을 기반으로 상황에 접근'하는 경향이 있으며, 코칭수퍼비전 프랙티스에 "멘토링"의 감각을 더하게 된다. 대체로 실천 경험이 풍부하기에 공적 코칭수퍼비전 훈련을 받지 않았을 수도 있다. 수퍼비전-주체는 이점이 중요한 기준인지 확인하는 것이 필요하다.[411]

> 공통 감각 common sense
>
> 건전한 구조자
> 구조자 증후군
>
> 경험을 기반으로 상황에 접근
>
> 거침없이 나누기가
> 나의 가치다

---

410) 이런 사례를 접하며 초기 학습자로서 코칭에 감동해 이를 공유하고 싶거나 배운 바를 실천하고 싶은 마음 그 이상으로 이런 끌림이 우연과 곡절을 지닌 여러 사례를 듣게 한다. 잠재적으로 지닌 구조자 증후군 성향이 드러난 것으로 해석할 수 있다. 이는 훈련 과정에서 '건전한 구조자'로서 정화되어야 한다. 이와 관련한 사례는 다음을 참조할 만 하다.
『임원 코칭의 블랙박스』 맨프레드 F.R. 케츠 드 브리스, 콘스탄틴 코로토브, 엘리자벳 플로랑 트리시, 안드레아스 베른하르트 지음. 한숙기 옮김. 한국코칭수퍼비전아카데미. 2018. 2장. 구조자 증후군

411) 〈도움을 주고자 하는 자기 욕구〉에서 상위 자격증을 취득한 이후 실천 과정(새로운 되기 과정) 없이 즉시 후진 양성이나 적극적인 강의 활동에 쉽게 뛰어든다. 실전 코칭보다는 이런 활동의 비중이 더 높다(이런 비밀은 잘 드러나지 않는다). 그러므로 자격증을 유사 분야로 횡적으로 확대하기도 한다. '거침없이 나누기가 나의 가치다'라는 행동으로 이런 태도는 더욱 강화된다. 이런 활동의 긍정적 면을 무시할 수 없고 코칭이 규제 분야가 아니듯 수퍼비전도 규제 분야가 아니기에 이 같은 내적 동기의 활동이 활발해도 특별한 방법이 없다. 오직 수퍼비전-주체가 판단할 몫이다.

무언가를 되돌려 주고 싶은 욕구

이타적인 특질 altruistic quality

이런 동기 역시 이타적인 특질altruistic quality이다. 그러나 코칭수퍼비전을 직접 받고, 자신의 전문적인 프랙티스에 상당한 긍정적인 영향을 받는 경우 이런 동기는 더 촉발된다. 이는 코칭수퍼비전이 주는 '차이'에 긍정적인 믿음을 갖고 있음을 의미한다. 또한 코칭수퍼비전 과정이 어떻게 작동하는지 잘 이해하고 있다. 이들은 코칭 수퍼바이저로서의 구체적인 훈련을 받았을 가능성이 높다. 오히려 합법적으로 보답할 수 있는 "면허"라는 느낌을 주기 때문이다.

도움을 주고자 하는 자기 욕구

전도사 같은 자질

우리의 경험에 따르면, 이런 수퍼바이저들에게는 '전도사 같은evangelical' 자질이 있을 수 있다. 코칭수퍼비전의 이점에 대해 너무 열정적이어서 일부 코치나 상황에 따라서는 수퍼비전이 우선 순위가 낮다는 현실에 대해 충분한 주의를 기울이지 않는다.

긍정적인 면은 코치들의 프랙티스를 기꺼이 지지하는 의향이 매우 강하다(이 때문에 높은 수준의 수퍼비전 비용을 받지 않는 동기를 지닌다). 반대로, 이들은 자신의 작업이 다른 사람에게 어떤 영향을 미치는지 지나치게 염려하는 것으로 보일 수 있다. 아이러니하게도 이들의 주된 동기를 고려할 때 때로는 약간 궁상스러워 보일 수 있다.[412]

수퍼비전 윤리의 확립

---

[412] 이 같은 〈되돌려 주고 싶다는 자기 욕구〉는 'teach-back' 문화에 지원받고, 프랙티셔너 자신도 이를 하면서 비로소 제대로 이해하는 유익한 경험으로 더욱 촉진된다. 코치 양성과 초기 훈련 체계 주변이나 하위 체계, 코칭 기관에 참여로 위치를 확보하며 적절한 활동을 확보하기도 한다.

이런 경우 자칫 '**빌려온 앎**', '**정보로 구성된 앎**'에 머물 수 있다. 상호 실전적 경험이 필요하고, 코치 아위의 필요 등이 맞물려 있다. 그러나 이 역시 긍정적 면을 모두 무시할 수 없다. 수퍼비전 윤리의 확립이 중요한 대안이다.

문제를 해결하고자 하는 욕구

이 같은 수퍼바이저의 동기는 [상대적으로] 이타성이 덜하다. 이런 욕구는 실제 일어나고 있는 일을 이해하기 위해 '코칭 파트너'-코치라는 시스템과 어떻게 협력할 수 있는지에 대한 보다 객관적인 호기심에서 비롯된다. 이는 수퍼비전-주체들에게 객관적이고 분석적인 관점을 가져다준다. 코치와 코칭수퍼바이저가 되기 전의 경력을 살펴보면 사람들 사이의 **중재와 합의**를 위한 진전 능력과 균형 있고 합리적인 접근 방식을 갖고 있다는 증거를 발견할 수 있다.[413]

> teach-back 문화
>
> 빌려온 앎
> 정보로 구성된 앎

경험상 이런 유형의 수퍼바이저는 "유연한/털털한fluffy" 사람이 아니다. 수퍼바이저가 되기 전에 치료사보다는 코치였을 가능성이 높다. 이들은 "바로 본론으로 들어가기cut to the chase"를 원할 것이며, 더 넓은 코칭 프랙티스를 지원하기보다 코칭 파트너 작업을 검토하는 쪽을 선호할 것이다. 사람들을 대할 때 그다지 잘 돌봐주지 않는다고 느낄 수 있다. 그렇지만 이는 일반적으로 "성인 대 성인adult-to-adult"이라는 구조-틀에서 일하는 것이며 단순히 보살핌을 제공해야 한다는 전제보다는 필요한 것이 있으면 요청할 것이라고 믿고 있기 때문이다.

> 바로 본론으로 들어가기
> cut to the chase
>
> 필요한 것이 있으면 요청

숙련mastery을 이루고자 하는 욕구

이런 동기는 자신이 정말 잘할 수 있다는 기대감에서 비롯된다. 이들은 대개 이미 상당한 경험이 있는 마스터 코치 프랙티셔너들이다. 이들에게 수퍼비전은 코칭 기술을 적용하는 자연스런 다음 단계이다. 코

> 여정에서 배우기

---

413) 깔끔하고 명확한 해결책이나 대응을 강조하기에 일정한 영역을 짓거나 섬으로 독립해 활동하기도 한다. 때로는 복잡성과 즉시성조차도 언제나 '답'이 있고, 교정적 학풍이 강한 면모를 지닌다. 언제나 많은 사람이 몰리고 또 떠난다.

치들은 이미 이런 사람을 신뢰할 수 있는 멘토로 삼을 가능성이 크다. 또한 이런 수퍼바이저들은 코칭수퍼비전 훈련을 받기 위해 노력했을 것이다. 일반적으로 이때 훈련은 실천적 경험과 독서를 통해 얻을 수 있는 것 **이상**의 전문성을 **심화**시키는 수단이다.

경험에 따르면, 이런 수퍼바이저들은 그 과정에서 "주행 시험road tested"을 거친 풍부한 경험, 도구tools와 기법techniques을 가지고 있을 것이다. 전문 지식을 비교의 기준이 아니라 **영감을 얻기 위한 재료**로 중요하게 여긴다. 이런 수퍼바이저들 가운데 최고는 "여정을 따라along the journey" 여정에서 배우며 자신이 능숙해지기 전에 어땠는지, 또 어떤 우여곡절이 있었는지 잘 기억한다는 점이다.[414] 이들은 학습 과정에서 극복한 어려움을 훈련에 유용한 방식으로 공유할 수 있다.

반면에 자기 여정의 초기를 잊어버린 수퍼바이저들을 주의하라. 그들은 수퍼비전-주체에게 참을성이 없어 조바심을 내거나, 비현실적인 기대를 품고 있는 듯 보이거나, 아니면 자신과 함께 일하기가 충분하지 않다고 생각할 수 있다.[415]

그렇다면 이 모든 것이 **좋은 수퍼바이저의 특성**에 어떤 의미가 있을까?[416] 멘토링에 관한 클러터벅Clutterbuck의 연구(2012년)에서 빌려

'나만-자만-기만-교만-오만'은 손목에 걸고 있어야 한다. (코칭 아포리즘(16))

---

414) 〈여정에서 배우기〉에 익숙해 이 경험에서 오는 앎이 더해진다. 때로는 길을 잘 걷는다는 점에서 모델이 될 수 있다. 반면에 어떤 시스템 안에 머물지 않고 '나만'에 빠지면 함정에 빠지고 만다. 나만은 '자만'을 낳고, '기만'으로 미끌어질 수 있다. 그러므로 바로 자신이 수퍼바전 안에 있어야 한다는 것을 놓칠 수 있다. 소위 '숙달된 전문가' 통상적으로 '대가'로 호칭되는 단계에 대한 연구가 필요하다. 그 연구 결과만으로도 '교만'과 '오만'을 교정할 수 있다. '나만-자만-기만-교만-오만'은 손목에 걸고 있어야 한다. (코칭 아포리즘(16))

415) 이런 수퍼바이저들은 모든 곳-것-때에서 스승의 모습을 볼 수 있는 안목을 갖추고, 나를 갖고 나를 통해 나를 공부하는 과정을 겪어야 한다. 타자를 통해 자기를 보는 거울을 멀리해서는 안 된다.

416) 내적 동기에서 보이는 ①돕고 싶은 욕구, ②돌려주고 싶은 욕구, ③문제 해결 욕구, ④숙련 욕구 등은 자연스런 욕구이다. 코치에서 수퍼바이저까지 모두 볼 수 있고 경험하게 되는 욕구로 이해한다. 어느 한쪽으로 지나치게 기울어 있거나 이럴 수 있는 자신을 점검하며 살펴야 하는 자기 동기 요인이다.

와 좋은 멘토를 어떻게 경험할 수 있는지를 설명하기 위해 고안된 머리글자acronym인 PRAIRIE를 수퍼비전으로 차원에서 다시 살펴본다. 왜냐하면 여러 가지 면에서 이 항목들은 현재 상황에 쉽게 적용될 수 있기 때문이다.[417]

좋은 수퍼바이저를 감별하기

- 개인적Personal: 수퍼비전-주체는 수퍼바이저를 보는 순간 자신과 자신의 상황과의 관련성을 쉽게 알 수 있다[어떤 공명을 감지한다].
- 공명적Resonant: 수퍼바이저는 정서적으로 영향을 미친다.
- 예민한/기민한Acute/Incisive: 수퍼바이저 질문의 요점을 정확히 짚어낼 수 있다.
- 잔잔히 울려퍼지는Reverberant: 수퍼비전-주체는 대화가 끝난 후에도 오랫동안 생각에 잠긴다[대화의 여진이 남는다].
- 먼저 제기할 이슈가 없다Innocent: 대화가 오로지 수퍼비전-주체의 의제에 관한 것이지, 수퍼바이저의 의제는 없다(참고: 수퍼바이저가 잠재적인 윤리적 이슈를 발견하면 예외가 있을 수 있다).
- 명시적Explicit: 수퍼바이저의 의견이 매우 단순하게 표현된다.

수퍼바이저를 선택할 때 고려해야 할 사항

처음에 말했듯이, 수퍼바이저의 적합성을 평가하는 한 가지 "빠른 방

---

[417] 멘토링 경험 이후 자신의 경험을 통해 멘토를 바라보듯, 수퍼비전 후 자신의 경험을 반추하며 수퍼바이저의 태도를 점검하는 것으로 유용해 보인다. 수퍼바이저 역시 자신의 수퍼비전 방식이 곧 자기 자신이라는 점에서 이를 염두에 두고 점검하는 것이 필요하다.
　이를 보며 역자에게 현재 가장 중요한 점은 마지막 '**단순하고 간단하게 제공하는 힘**'이 가장 부족하다고 성찰한다.

법$^{quick\ way}$"은 수퍼바이저가 전문 기관 가운데 한 곳에서 인증을 받았는지 여부를 확인하는 것이다. 만약 그렇지 않다면, 그들이 이 경로를 가지 않은 충분한 이유가 있을 것이다. [표 6.3]에서는 전문 기관 가운데 3곳의 인증 제도에 사용하는 기준에 대한 요약을 제공한다. 이런 요건을 통해 수퍼바이저에게 적절한 질문을 하여 다른 수퍼바이저의 경험을 벤치마킹할 수 있다.

또한 다음과 같은 질문을 하고 싶을 것이다.

[표 6.3] 전문직 단체의 인증 요건

요구사항	AC	EMCC	APECS
코치 훈련	최소 40시간	언급 없음	전문적인 훈련에서 배우는 포트폴리오 증거
코치 전용 CPD(년간)	30시간	언급 없음	명시된 시간이 아니라 CPD의 증거를 매년 제시해야 하며 수퍼바이저의 진술서로 확인해야 한다.
수퍼비전 전문 훈련	일반적으로 적어도 6개월에 적어도 60시간 이상	60시간	전문적 훈련에서 배우는 포트폴리오 증거
수퍼비전 전문 과정 CPD(년간)	코칭 시간보다 10시간 더 실행	20시간	CPD에 대한 증거 및 전념
코칭 시간	적어도 500시간	약 3년/100시간	수퍼비전 실천에 대한 기여, 5년 이상 지속된 일대일의 광범위한 코칭 경험
코칭수퍼비전 시간	적어도 60시간	약 3년/120시간	최소 2년
수퍼바이저로부터의 추천서	필요	주석을 사용한 수퍼비전 로그의 유효성 검사	수퍼바이저와 짧은 연례 보고서의 진술
수퍼비전-주체의 추천서	2명	다섯 가지 코칭 파트너 피드백	상세한 피드백을 제공하는 두 명의 심사
윤리 강령의 승인	필요	필요	필요
전문적 보상 보험	필요	필요	필요 참고: 대화를 통해 평가된 증거로는 정량적이지 않다.[418]

418) 전문 보험 가입에 필요한 정확한 정량적 평가(수퍼비전 시간 중심)이기 보다는 이를 보충하는 다른 추가 조치로 이해되나 역자도 현재 상세한 내용을 파악 중이다.

- 얼마나 자주 수퍼비전을 하러 가는지
- 수퍼바이저의 수퍼바이지와 대화 할 수 있는지
- 개인과 그룹 수퍼비전을 제공하는지 여부
- 대면이나 화상 및 전화로도 작업하는지 여부
- '긴급한' 경우 회기에 참여할 수 있는지
- 수퍼비전이 프랙티스에 얼마나 도움이 되었는지
- 수퍼바이저로 이끈 계기

다음은 이 책 집필을 위해 인터뷰한 코치들의 일화이며, 함께 일할 수퍼바이저를 찾는 몇 가지 다른 접근법이다.

> 사례로 본 수퍼바이저 결정 요인?

> 나는 내가 찾을 수 있는 가장 효과적인 사람들에 둘러싸여 함께 하는 것이 매우 중요하다고 생각했다. 수퍼바이저를 찾는 것도 마찬가지였다. 코치로서 전문적으로 발전하고 나의 **상업적 도전**도 이해할 수 있는 사람을 원했다.
>
> 임원 코칭 파트너가 직면한 요구와 도전에 대해 잘 알고 있고, 관련이 있는 코치와 함께 일하려고 할 때처럼, 나는 수퍼바이저에게도 같은 것을 원했다. 5~6명의 수퍼바이저를 찾아가서 이야기를 나눴다. 현재 수퍼바이저는 이 모든 조건을 충족하고, 스타트업의 현금 흐름 등의 이슈를 반영해 유연한 가격을 책정할 수 있었다. 서로를 알아갈 때까지 대면으로 진행할 수 있었고, 정확한 결정을 내릴 수 있는 시간과 공간을 존중해 주었기 때문이다. 함께 일하고 있는 지금 나는 후회하지 않는다. 모든 것이 매우 유용하고 가치 있다고 생각한다.
>
> — 재스퍼 월시 Jasper Walshe, 독립코치

> **수퍼비전을 어떻게 활용했는가?**

나는 새로 자격을 갖춘 수퍼바이저와 무료 수퍼비전 몇 번을 시도했지만, 수퍼비전의 가치에 대해 확신하지 못했다. 수퍼비전과 코칭의 차이가 무엇인지 몰랐으므로 의문에 대한 어떤 대답도 얻지 못했고, 의문은 다시 나에게로 돌아왔다. 그러나 얼마 후 나는 수퍼비전이 내가 "해야 할 일"이라는 것을 알고 새로 자격을 갖춘 다른 수퍼바이저와 더 많은 무료 회기를 하겠다고 자원했다. 결국 이전과는 다른 결과를 발견하게 되어 기뻤다. 나는 즉시 편안함을 느꼈고 전문가로 친밀하고 "동등한" 인간관계가 형성되었기 때문이다.

그녀는 내가 하는 어떤 질문이든 개방적으로 솔직하게 대답해 주었다. 나는 관계를 계속 이어갔고, 그룹 통화와 일대일 수퍼비전에 모두 참여했으며 5년 이상 부담 없이 다른 사람들보다 더 규칙적으로 참여했다. 그녀는 인증 신청서와 자기소개에 대한 피드백, 내가 막막할 때 코칭 파트너와 함께 살펴볼 수 있는 다른 렌즈 제공, 코칭 프랙티스를 쌓는 등 내가 필요한 모든 방식을 기꺼이 지원해 주었다. 항상 인간적이고, 지원적이고, 존중해 주었다. 이제 수퍼비전의 가치를 제대로 알고 있다.

- 길 힉스^{Gill Hicks}, 독립코치

수퍼비전은 아무리 경험이 많고 비판적으로 성찰하는 코치라도 코칭 작업을 풍부하게 할 새로운 수용력을 발견하게 한다. 코칭의 혜택을 받을 수 있는 가장 적합한 코칭 파트너를 구별할 수 있도록 확장하게 한다.

- 리즈 반스^{Liz Barnes} 박사, 독립코치 겸 수퍼바이저

특정 분야에 대한 지식이나 수퍼비전-주체의 유익을 끌어낼 수 있는 특정 전문 지식을 가진 수퍼바이저를 선택하는 것이 도움이 될 수 있다. 코칭 파트너와의 코칭과 수퍼비전을 위해서는 코칭 파트너의 최선의 이익을 위해 배워야 할 것을 바탕으로 수퍼바이저를 선택한다.

- 재키 아놀드Jackie Arnold, 독립코치 겸 수퍼바이저

> 선택의 기준은?

현재 수퍼바이저에게서 벗어나야 할 때를 어떻게 알 수 있을까?

수퍼바이저와의 종결

또한 어떤 코칭수퍼비전 관계든 자연스럽게 "유효 기간shelf life"이 있다고 믿는다. 시간이 지나면서 수퍼바이저가 코치를 지원하는 방식이 "습관화habituated" 될 수 있으며, 수퍼바이저가 가치를 더하는 방식에도 패턴이 생길 수 있다는 사실을 발견하게 된다. 이런 일이 발생하면 수퍼비전-주체가 그 가치를 더하는 방법을 스스로 배우도록 돕는 것이 수퍼바이저의 우선 과제라고 생각한다.

습관화와 패턴

스스로 배우도록 돕는 것

이런 시점은 두 가지 가운데 하나로 드러난다. 두 사람이 관계와 배우는 방법을 **새롭게 발견**하거나 아니면 이것이 **지체되는 일**이 발생한다. 후자라면 이는 수퍼비전-주체가 배움을 위해 다른 촉매 역할을 할 수 있는 새로운 수퍼바이저를 찾아야 할 때라는 **분명한 신호**이다. 그러나 그렇게 말처럼 간단하지 않다.

새로운 수퍼바이저 찾기

저자들의 경험을 살펴보면 한동안 코치에게 다소 "예측 가능한tread water" 수퍼비전을 제공하면서 다음 단계의 프랙티스에서 어떤 종류의

| 점진적 발견 | 수퍼바이저가 가장 도움이 될지 점진적으로 발견할 수 있도록 그를 지원했다.[419] |

수퍼바이저를 선택하기 위한 체크리스트

해야 할 일

| 계약 전 사전 체크 사항 세 가지 | • 수퍼비전 관계에서 특별히 원하는 것이 무엇인지 분명히 한다. 예를 들어 이론적 토대가 비슷하거나 자신이 다른 사람과 함께 일하고 싶은가?
• 몇 가지 조사를 통해 가능한 수퍼바이저를 파악하고, 가능한 경우 "샘플 회기"[또는 시범 회기]를 통해 소개 대화를 나누며, 그와의 수퍼비전이 어떤 것인지 경험한다. 이를 통해 당신은 정보[경험]에 근거한 선택을 할 수 있는 위치에 놓이게 된다.[420] |
| 인증 자격 취득 후 한계 인식 | • 인증에 대해 어떻게 생각하는가? 즉 그 길을 택하거나 그렇지 않은 계기는 무엇인지 검토한다. 특히 당신이 인증을 고려하고 있다면, 그들의 생각을 자신의 생각 |

---

[419] 수퍼비전 관계의 종결과 방식은 어떻게 해야 하는가? 수퍼비전-주체는 어떻게 이를 알고 어떤 준비를 해야 하는가? 경험적 연구가 필요한 부분이다. 반면에 수퍼바이저로서는 이런 계기는 수퍼비전-주체가 새로운 동료가 되어 다시 만나길 기대할 수 있는 **기쁜 순간**이기도 하다.

[420] 찾아오는 잠재적 수퍼비전-주체가 이런 점검이 부족하다고 판단되는 경우 수퍼바이저는 오히려 이를 환기하고 1) 점검과 경험을 통해 최종 결정하게 하고, 2) 본인 이외에 다른 수퍼바이저를 검토했는지 여부와 비교를 해 보고 결정하게 한다. 그러나 3) 이런 절차나 의례가 그를 거절하거나 관계를 주저하는 것으로 비춰지지 않게 해야 한다. 이런 비공격적 점검 요청은 수퍼비전의 윤리이다. 4) 그렇지 않을 경우 '무자비한 연민심'이 필요하다.

과 비교하는 것도 흥미로울 것이다.[421]

하지 말아야 할 일

- 수퍼바이저 역할의 핵심은 객관성이다. 자신의 개인적 또는 전문적 삶과 거의 겹치지 않는 수퍼바이저를 찾아야 한다.[422] 비즈니스 파트너나 동료를 수퍼바이저로 삼는 것은 "이중 관계 dual relationship"에 해당하기에 이를 가능한 한 삼가야 한다(10장 참조). 만약 사내 코치라면, 라인 관리자도 당신의 수퍼바이저가 되어서는 안 된다. 이것은 "이해 충돌 conflict of interest"을 일으킬 수 있기 때문이다(10장 참조).

  경험과 삶이 자신과 다른 수퍼바이저

  이중 관계와 이해 충돌

- 수퍼바이저와 좋은 관계를 맺고 있다고 해서 그 수퍼바이저를 선택하지 마라.[423]

  수퍼바이저와 멘토의 구별

---

421) 인증 제도 자체가 곧 코칭과 수퍼비전의 질적 차이를 보장하지 않으며, 매우 권력적이고 불가피한 부정적 요소, 또 때로는 소신을 갖고 인증을 불필요하게 생각하는 프랙티셔너가 있다. 성장과 발달 단계에서 이 점을 충분히 나누는 것도 필요하다. 반면에 어떤 프랙티셔너들은 인증 자격을 취득한 후에나 그 한계를 통감하는 경우도 있다. 이런 경우는 때로는 아직 가지 않은 길을 갈 것으로 예상할 수 있다.

우리의 현실은 수퍼바이저가 인증 자격을 갖추지 않았거나, 다른 분야 수퍼바이저와의 회기를 '훈련 과정'이나 시간으로 쉽게 인정받기 어렵다. 또 긍정적으로 권장하는 문화를 갖고 있지 않다. 심지어 같은 코칭 분야의 경우라도 교류가 제한적인 편이다.

422) 이해가 쉽지 않은 주장이다. 이중관계, 이해 충돌은 회피해야 할 윤리적 이슈이다. 반면에 동일한 회사나 학파, 분야에서 자체 내 수퍼비전 구조를 갖추는 경우 그 구조 안에서 전문성 강화를 위해 필요하다. 동일한 이유로 자신의 전문성 심화를 위해 연결된 다른 수퍼바이저를 찾는 것은 당연하다고 본다.

그런데도 〈자신의 개인적, 전문적 삶과 겹치지 않는 영역에서 수퍼바이저를 찾기〉를 강조하는 것은 수퍼비전 관계가 갖는 본질적인 의미의(상하의) 권력 관계나 영향력을 배제한다는 회피 노력이다.

423) 트레이너 관계와 수퍼비전 관계를 분리하는 것이 필요하다. 이를 엄격히 제도적으로 구별하는 분야도 있다. 또 자신과 친밀한 관계의 수퍼비전은 기밀유지, 공모, 안주의 가능성이 있어 이를 회피해야 마땅하다.

관계가 중요하지만, 그 이상으로 수퍼비전에서 특별히 필요한 것이 무엇인지, 당신의 요구를 잘 충족할 수 있는 위치에 있는지 검토한다.

수퍼바이저의 역할이 아니다.

- 코칭이나 비즈니스 커뮤니티에서의 권력이나 영향력 때문에 수퍼바이저를 선택하지 마라.

    추천이나 인증을 목적으로 수퍼바이저로부터 승인을 구할 수 있지만, 그는 당신의 스폰서가 아니다. 멘토처럼 '당신을 위한 문을 열어주는' 것은 수퍼바이저의 역할이 아니다.

- 코칭수퍼바이저가 당신에게 일을 제공할 수 있다는 생각에 코칭수퍼바이저를 선택하지 마라.

    경험이 많은 코치들이 자주 경험이 적은 코치들을 동료로 참여시키거나 고용하는 것은 사실이지만, 대규모 조직에 있지 않는 한, 당신에게 정기적인 일을 제공할 가능성은 낮다.[424]

    또한 윤리적으로 그런 일이 일어난다면 다른 수퍼바이저를 찾아야 할 것이다. 그렇지 않으면 '이중 관계'가 존재하게 된다(10장에서 더 자세히 설명). 일반적으로 **코칭 작업**은 오랜 시간 동안 쌓아 온 관계로 인해 수주되며, **코칭 파트너**는 특정한 코치만 신뢰하는 경우가 많다.

비즈니스 발전을 위한 멘토링 제공

숙련된 코치는 역시 어렵게 얻은 인맥을 쉽게 포기하지 않을 가능성이 높지만 비즈니스 발전에 대한 **멘토링을 제공하는 것**이 이상적 위치이다.

---

[424] 해외의 경우가 이렇듯 수퍼비전 관계가 코칭 고객이나 사업기회 제공이 전제되지 않는다. 물론 이런 기회가 오면 적극 추천할 것이다. 그러나 이것이 수퍼바이저 선택의 기준이 되어서는 안된다.

주요 학습 요약

1. 수퍼비전의 주요 역할은 발달적, 규범적, 회복적인 역할로 세 가지이다. 수퍼비전이란 코치의 전문성의 지속적 개발^{CPD}에서 필수적인 부분이지만 수퍼바이저가 반드시 인증을 받아야 하는 것은 아니다.
   Q. 인증이 과연 얼마나 중요한가?
2. Q. 수퍼비전을 통해 얻고자 하는 것은 무엇인가?
   새로운 이론적 지식, 기존 이해의 확장 등을 고려하여 이를 수퍼바이저 선정 기준의 일부로 포함시킨다.
3. 수퍼바이저는 역할에 대한 자기만의 동기를 갖고 있다. 이는 그들의 접근 방식에서 드러날 수 있다.
4. "PRAIRIE"는 수퍼바이저의 효과를 평가하는 데 도움이 될 수 있다.
5. 집단 수퍼비전을 선택하는 경우, 수퍼바이저가 구체적으로 어떤 경험과 훈련을 받았는지 확인하여 수퍼바이저가 집단 역동을 잘 관리할 수 있는지 확인한다.
6. 수퍼비전의 요구는 코치가 성장과 발전하면서 바뀔 수 있고, 수퍼바이저와 수퍼바이저 모두 이를 의식해야 한다.

성찰 질문

1. 코칭수퍼비전 역량은 코칭 역량과 어떻게 다른가?
2. 현재 수퍼바이저와 함께 일하기로 결정할 때 서비스 비용 요소에 따라 결정 비중이 얼마나 달라지는가?
   그들의 개인적 특성은 결정에 얼마나 고려되는가?

3. 좋은 수퍼바이저는 어떤 모습인가? 이 장에서 우리가 얼마나 많이 포착했는가? 무엇을 놓치고 있는가?

4. 수퍼비전 과정을 마친 후에도 얼마나 많은 생각을 계속하는가?

추후 연구를 위한 질문

1. 코칭수퍼비전 역량은 코칭 역량에 따라 어떻게 차이가 있는가?
2. 수퍼바이저가 코치로 출발하거나 아니면 다른 조력 직업에서 출발했는지 여부가 코칭수퍼비전 경험에 어떤 차이를 만드는가?
3. 어떤 수퍼바이저가 자격증을 취득하려고 하는가?

참고 문헌

- Bluckert, P. (2006) *Psychological Dimensions of Executive Coaching: Coaching in Practice*. Open University Press: Buckingham.
- Clutterbuck, D. (2012) *Powerful Questions for Coaches and Mentors* (e-book). Coaching & Mentoring International: Maidenhead.
- Lucas, M. (2015) *What is a Coaching Supervision Mindset?* Presentation at 5th International Supervision Conference, Oxford Brookes.

7장 수퍼비전 준비하기

2장에서는 자신에게 가장 잘 어울리는 성찰 활동과 수퍼비전의 조합mixed을 어떻게 선택하는지 간략히 설명했다. 어떤 수퍼비전을 선택하든 잘 활용하기 위해서는 충분한 준비가 필요하다. "노력한 만큼 결과가 나온다you get out what you put in"라는 옛말과 같다. 그러나 우리가 알고 있는 훈련 프로그램에는 수퍼비전 준비에 관한 설명은 매우 부족하다.

공식적, 비공식적 성찰 실천의 결합

수퍼비전이 처음이라 수퍼바이저에게 어떤 주제topic를 가져가야 할지 모르면 '걸림돌'이 된다. 먼저 코칭 작업의 네 영역과 프랙티셔너들이 자주 "생각을 멈추고" 검토해야 할 몇 가지 예시를 제시한다.

이 장은 수퍼비전에 무엇을 가져갈지 알려 주는 다양한 성찰 활동을 다룬다. 성찰에 도움 되는 템플릿을 사용해 공식적, 비공식적인 '성찰적 실천'을 어떻게 혼합하여 최상의 효과를 낼 수 있는지 간략히 설명한다. 이런 성찰이 실제로 어떻게 작용하는지 예를 들어 상세하게 설명한다. 또 성찰적 실천을 위해 어떤 이슈는 동료나 개인 코치와 다루고, 공식 수퍼바이저와 적절히 논의할 이슈는 무엇인지 제시한다. 수퍼비전 용어인 "사례 검토case reviews"를 해 보고, 수퍼비전에서 어떻게 다룰 지 관련된 신화를 벗겨 볼 것이다. 단일 수퍼비전 회기를 준비하는 간단한 구조-틀과 전체 코칭 포트폴리오를 수퍼비전에서 다루는 몇 가지 선택 사항으로 장을 마무리한다.

학습 목표 요약과 수퍼비전 제공 방식을 선택할 때 고려해야 할 체크리스트도 첨부한다. 숙고를 위한 여러 가지 성찰적 질문, 실제로 어떤 일이 발생할 수 있는지 도움이 되는 수퍼비전-주체의 실천에 대한 몇 가지 의견도 포함한다.

프랙티셔너들이 수퍼비전하는 실제 예시

대표적 코칭 딜레마 네 가지

코칭 작업이 복잡해 코치들의 토론할 주제는 매우 다양하다. 그렇지만 집단 수퍼비전 작업에서 저자들은 코치들이 가져온 사례들은 몇 가지 주제로 넓게 분류할 수 있다는 것을 알았다. 이를 일련의 "코칭 딜레마" 카드©(Whitaker & Lucas, 2014)로 정리했다.[425] 이는 수퍼비전-주체들이 수퍼비전에 가져올 주제를 신속하게 논의하는데 도움이 된다. 우선 여기서는 네 가지 범주를 설명하고, 각 범주에 대한 시나리오를 예시로 다룬다.

카테고리 1. 기밀유지: 복수의 이해관계자와 작업할 때 정보 처리

카드: "코스를 위한 말?"

---

[425] 이 카드는 현재 파악할 수 없다. 이를 연구했던 필자의 다른 연구 저서에 반영된 것으로 보인다.
참고: 『101가지 코칭수퍼비전 질문과 기술』 미쉘 루카스 편집. 김상복, 김현주, 이서우, 정혜선, 허영숙 옮김. 2025.

당신은 코칭 파트너의 효과적인 리더쉽 스타일 개발을 위해 협력하고 있다. 그러나 코칭 파트너가 표방하는 스타일은 당신의 가치와 충돌한다는 것을 알게 되었다. 당신이 이해한 바로는 조직의 가치와도 충돌한다.

가치 충돌 다루기 네 가지

Q. 당신은 어떻게 해야 하는가? 잠시 멈춰 이 주제를 어떻게 수퍼비전할지 숙고하고 메모해 보자.[426]

카테고리 2. 경계: 전문 코칭 영역에서 이탈

카드: "코치인가, 컨설턴트인가?"

코칭 파트너는 어떻게 해야 하는지에 거듭 조언을 구한다. 당신이 조직에 대해 잘 알고 있고 코칭 과정과 결과에 도움이 되는 관점을 줄 수 있다고 믿는다.

Q. 당신은 어떻게 할 수 있는가?[427]

---

426) 이러한 코치/수퍼비전-주체의 가치 갈등을 수퍼비전에서 어떻게 다룰 것인가? 비즈니스 실정과 연속성에 민감한 코치는 실제 현장에서 어떻게 행동할 것인가? 실제 상황은 교육장에서 토론하는 것과는 다르다.
　이 주제를 회기에 가져왔다면 수퍼바이저가 고려할 내용은 매우 많다. (1) 코칭 파트너의 가치와 조직의 가치가 다른 점(가치 차이)을 코치가 어떻게 인식하고 다루는가? (2) 코치/수퍼비전-주체의 가치 명료화를 주제로 다룬다(가치 명료화). (3) '가치' 자체(가치 판단 배제 value-free 포함)를 다루는 경험으로 자신의 가치를 성찰하는 기회를 얻게 한다. (4) '가치 갈등' 자체(가치 통합) 등을 다룬다. 이를 통해 수퍼비전-주체가 코칭 회기에서 어떻게 다룰 것인지 대응 역량을 높인다. 수퍼바이저 스스로 코칭에서 '가치'와 관련한 숙고와 경험이 필요하다.

427) 코치 훈련과 교육에서 많이 논의되는 주제이다. 그러나 실제 코칭 회기 안에서 이것이 이슈가 되는 경우는 그 나름의 맥락이 있다. 수퍼비전 회기에서는 ①코치의 견해와 ②실제 개입 행동, ③적정선을 찾기 위한 판단 근거, 코치의 대응과 관련해 ④새롭게 드러나는 이슈 등 다양하다.
　또 다른 관련 이슈로는 컨설턴트와 협업으로 코치가 하청으로 일부 조직원을 코칭하는 경우이다. 이때 코칭과 코칭 회기 진행 관련 **독립성**과 **자율성**을 어떻게 확보할 것인가 등 여러 이슈가 제기될 수 있다. 코칭과 컨설팅은 상호 독립 영역이지만 겹치는 부분이 있다.

카테고리 3. 이해 상충: 코칭 관계를 방해할 수 있는 조직의 복잡성

카드: "실제 이슈real issue는 무엇인가?"

당신은 조직에서 "재능 있는" 사람을 코칭하라는 요청을 받았다. 함께 작업하는 중 코칭 파트너의 숨겨진 이슈는 다른 회사로 이직하는 것이 커리어 목표라는 점이 분명해졌다. 그는 이직 시장에서 자신의 명성을 높이는 데 초점을 맞춰 코칭하겠다고 제안한다.

Q.당신이 무엇을 어떻게 할 수 있는가?[428]

| 태도, 말투, 의사소통 방식 | ### 카테고리 4: 이중 관계: 공유된 지식의 영향과 결과를 인식하기 |

카드: "누가 무슨 말을 했는가?"

같은 팀에서 온 두 사람과 함께 일하고 있다. 당신은 그들 가운데 한 명의 동료가 전해준 코칭 파트너에 대한 정보의 당사자가 당신이라는 것을 알게 된다. 당신은 어떤 파트너와 무슨 말을 했는지, 또 어떻게 알았는지 잊을 때가 있다.

Q.당신이 어떻게 할 수 있는가?[429]

---

[428] 코치가 어떤 견해와 실천능력이 어느 정도인지에 따라 수퍼비전에서 다룰 이슈가 정해진다. 코칭 계약, 코칭 파트너와 합의한 내용, 이 같은 이슈가 제기되는 (코칭 파트너) 상황과 조직 시스템, 코치의 시각, 코칭 윤리 등에 의해 다양한 이슈로 세분화된다.

[429] 같은 사업부의 다른 팀 몇 사람을 일정을 달리해 코칭한다고 상정해 보자. 어떤 한 명과 회기에서 했던 내용 가운데 일부를 다른 파트너에게서 듣게 된다. 또 다른 예로는 팀이 되어 코치가 각각의 코칭 파트너를 코칭한다. 이때 코치들 논의 테이블에서 한 파트너 A에 관한 이야기가 다른 코치가 담당하는 파트너 B를 만나는 코치가 알게 된다. 이때 내용이 정보, 사안에 대한 견해, 활용했던 특별한 표현 등 그 정도나 내용도 매우 다양할 수 있다. 또 코칭 파트너의 반응도 내용에 따라 다를 수 있다.

코칭 파트너가 특별히 이슈로 제기하지 않더라도 코치가 이를 발견하고 또 위 사례처럼 누구에게 언제 어떤 식으로 이야기했는지 기억하지 못하는 경우 등은 수퍼비전 대화에서는 이를 방지하기 위한 '**태도**', 습관적 **말투**, 명료한 **의사소통** 방식까지 검토하게 된다.

이처럼 코칭 딜레마 카드ⓒ는 대화와 토론을 자극하는 수단을 제공한다는 것을 알 수 있다. 정답이 하나인 경우는 드물다. 오히려 수퍼비전(특히 집단 환경에서)의 이점은 모든 **사고의 다양성과 폭**을 함께 만들어 내는 데 있다.[430]

즉흥적 선택
주제 메뉴판

우리는 집단이 딜레마에 대응하며 "가능한 선택"을 다양하게 발견할 수 있다는 것을 안다. 중요한 것은 이 내용을 각 개인이 스스로에게 질문하게 격려하는 것이다. 이를 통해 그들이 미래에 무엇을 할 것인지에 훌륭한 아이디어를 충분히 얻게 된다.

Q. 나의 개인적 선택에 영향을 준 것은 무엇인가?[431]

코칭 딜레마 카드ⓒ는 두 가지 이유로 정기적 수퍼비전을 위한 다리를 놓는 데 도움이 된다. 우선 논의할 수 있는 내용을 정하는 실천적인 아이디어를 제공한다. 더 중요한 것은 수퍼비전과 관련해 "두려운 요인 fear factor"이 많은데, 이 카드는 수퍼바이저가 전문가로 보이는 환경보다는 편안하게 수퍼비전-주체가 이슈를 선택하도록 다양성을 제공한다.

같은 도구의 크기와 용도

좋은 수퍼비전은 공동으로 만들어가는 것이다. 이 카드 또는 유사한 메커니즘을 활용해 코치들이 서로의 차이를 인정하고 이 차이를 "나란히 함께" 참고 자료로 두도록 권장한다.[432]

---

430) 정기적 일대일 수퍼비전의 경우 수퍼비전-주체가 특별한 이슈를 제기하지 못하거나 제기한 이슈가 쉽게 마무리되면 대화의 확장을 통해 다양한 사고 활용의 폭을 넓힌다. 주제 카드의 활용은 즉흥적 선택을 하게 된다. 또 수퍼바이저가 메뉴판으로 주제 리스트를 보여 줄 경우 가져온 이슈나 자기 경험에 근거해 밀접한 이슈의 구성을 자극된다.
431) 이런 질문 전에 먼저 확인해야 할 질문이 있다면 이런 질문이 가능하다.
　Q. 지금 나온 여러 아이디어 가운데 자기에게 필요한 것 한 가지는 무엇인가요? 그것을 자신의 사례에 적용해 볼까요? Q. 이런 방안 중에 가장 하기 어려운 것/쉬운 것은 무엇인가요?
432) 수퍼비전은 정답 찾기가 아니다. 수퍼비전에서 마주하는 상황과 이슈가 어떤 한 가지 정답으로는 해결될 수 있는 것이 없다. 항상 상황과 시기에 따라 유동적이다. 이런 점에서 조금씩 다른 다양한 '차이'를 나열해 둔다. 목공실, 수술실에는 비슷하거나 **같은 도구가 크기와 용도**에 따라 나란히 나열되어 있는 것과 같다.

준비가 도움이 되는 이유

코칭 파트너의 코치 활용

코칭 파트너를 잠시 생각해 보자. 그들의 준비 정도와 코칭 룸에서 어떤 일이 일어나는가? 그 과정에서 무엇이 보이는가. 우리가 관찰한 결과 ①코칭 파트너의 준비 수준, ②회기 시작 시점의 강도와 ③집중도, ④회기 시간의 효과적 활용 사이에는 직접적인 연관성이 있다. 또 코치를 어떻게 활용할지 충분히 생각해 본 코칭 파트너는 대화 "따라잡기catch up"에 에너지를 덜 사용한다. 이들은 당면 이슈를 바로 해결하고 싶어 한다. 반면에 준비되지 못한 코칭 파트너는 회기의 시작부터 작업할 내용을 합의하는 데 시간을 많이 보낸다. 만약 그것이 "검토"할 이슈였다면, 이를 다루는 세부 사항을 기억하기 위해 열심히 노력해야 한다.

코칭 파트너의 준비 정도

준비한 만큼만 성찰할 수 있다

수퍼비전도 이와 유사하다. 코치들도 비슷한 방식으로 수퍼비전에 접근한다. 어떤 코치는 일상적으로 준비하나 그렇지 않은 코치들도 있다. 성찰적 프랙티셔너가 되는 과정은 상황을 더 많이 보고, 그럴수록 더 많은 것을 발견하는 과정이다. 물론 준비가 부족해도 가치를 창출할 수 있다. 이를 돕는 것이 수퍼바이저의 역할이기 때문이다.[433] 그러나 수퍼비전을 잘 준비할수록 가져가야 할 자료가 많아지고, 당신의 수퍼바이저에게 코칭 스킬의 발전에 도움이 되는 더 깊고 풍부한 면을 발견할 수 있다.[434]

---

[433] 수퍼비전을 선택하는 코치는 **성찰적 실천**을 해 왔기에 이런 기본적 성찰의 힘은 수퍼비전을 통해 더욱 자극받기 마련이다. 그러나 이 때문에 오히려 준비를 게을리하는 코치가 의외로 많다. 이를 조금만 세심하게 주의를 기울여 보면 코칭 실천의 부실함과 무관하지 않다.
또 수퍼비전 환경이 주는 기본적인 억압 환경 때문에 주저나 지체, 느린 반응 등이 저항의 일부로 드러난다. 성찰은 오직 '준비한 만큼 성찰된다'라는 것이 역자의 생각이다. 철저한 준비가 예상할 수 없는 성찰과 발견의 기쁨을 준다는 점은 경험해 본 사람만 안다.

[434] 꼼꼼한 준비 또는 발견한 이슈에 집중할수록 수퍼바이저는 이를 확장하고 갈 수 있을 곳까지 최대한 집중해 함께하게 된다. 창발은 이런 과정에서 일어난다. 한 번의 회기에서도 성장과 성숙의 씨앗이나 촉진을 위한 중요한 기회이자 계기가 되기 때문이다.

[사례 연구 7.1] 수퍼비전을 위한 코치의 준비

나의 수퍼비전 준비는 일대일 수퍼비전인가 집단인가에 따라 달라진다. 나는 프랙티스를 위해 두 가지를 병행하고 있으며 각각 다른 접근을 한다.

집단 수퍼비전은 특정 사례에 대한 다양한 접근을 탐구할 때 특히 도움이 된다. 준비 과정에서 **의문점을 준비**하며 다양한 렌즈를 활용한다. 코칭은 때로는 혼자하는 외로운 일이기 때문이다.[435] 집단 회기는 영감을 줄 뿐 아니라 (정신건강) '기본 점검 sanity check'[436] 역할도 한다.

일대일 수퍼비전은 나의 사례 caseload를 일반적인 말로 끝까지 설명하기 talk through보다는 이슈를 심도있게 탐구하려고 한다. 이미 알고 있는 내용도 준비 과정에서 노트를 모두 읽으며 흥미로운 통찰을 새로 얻는다. (사례) 공식화 formulate를 대비해 답변이 필요한 질문을 지금까지의 성찰에 대한 메모에서 찾아 준비하며 사례의 핵심을 회기에서 빠르게 파악할 수 있도록 한다.[437] 가령 '일곱 눈 모델'을 활용하여 준비할 경우 각 부분별로 나눠서 검토할 수 있기에 회기에서 다루고 싶은 질문에 집중하는 데 도움이 된다.

---

435) 수퍼비전-주체 스스로 다른 관점(이론적 입장, 상황이나 시스템의 변화나 그 위치 변화 등)을 상정해 자신의 **의문을 질문으로 준비**하며 수퍼비전 이슈를 발견한다는 점에서 매우 능동적인 준비이다. 특히 혼자 했던 코칭을 다양한 렌즈를 통해 살펴보는 과정은 집단을 준비하는 과정이자 셀프 수퍼비전하는 과정이 된다.

436) 코칭 파트너와 코칭 내용의 (정신건강) 기본 점검 sanity check이란 무엇인가? 정신건강을 체크하기 위해서는 외모 관리와 옷차림, 말 습관이나 얼굴 표정 등 깊이 관련 없어 보이는 것부터 점검하게 된다. 특히 처음 듣는 동료는 다양한 시각에서 기본 점검을 할 수 있다. 오늘날 정신건강의 어려움을 다양한 수준에서 경험하는 고객들을 코칭에서 만날 가능성은 점점 높아지고 있다.

코칭에서 경험하는 아주 기본적 실수나 잘못된 가정, 불가피한 조건 등 이외에도 이런 기본 점검도 확인하게 된다. 때로는 일대일이든 집단이든 특별히 체크하지 않더라도 발표나 대화 중에 때로는 지난 회기와 비교하면서 이런 점검이 자연스럽게 드러나기도 한다. 물론 수퍼바이저 역시 (때로는) 이런 기본 사항을 점검한다.

437) 자신의 코칭 기획, 공식화한 접근, 더 나아가 합의해 둔 사례 개념화가 있다면 우선 이를 근거로 자신의 코칭 과정을 먼저 검토한다는 의미이다. 아무런 의도를 갖지 않고 진행한 사례라 할지라도 준비하는 과정에서 자신이 코칭 파트너와 춤춘 모습을 다시 살펴보며 자신이 하려 했던 '의도'를 발견할 수 있다. 이러한 준비는 수퍼비전의 수준을 높인다.

내 스스로 명확한 의제를 갖고 회기에 임하며 수퍼바이저와 같이 필요한 점에 집중해 서로가 최선의 효과를 얻는다.[438]

— 플로 반 디멘 반 토르 Flo van Diemen van Thor, 코치, 멘토, 퍼실리테이터

역자의 추가 질문

Q. 수퍼비전 준비를 위한 자신의 일상의 시간 배정, 준비 방식은 어떤지 점검해 본다면?
Q. 수퍼비전 이슈를 발굴하고 발견하기 위해 사례 이외에 무엇을 더 성찰하는가?
Q. 준비한 내용을 다 다루지 못했을 경우 이를 어떻게 하는가?

추가 설명

Q. 성찰적 실천이 코치의 일상 활동으로 정착된 생활은 어떤 모습인가?

코치는 코칭 사전 사후 준비, 수퍼비전 회기 전과 후에 대한 준비 등은 숙제하듯 해 나가기보다는 이를 숙고하는 일상생활로 설계되어야 한다. 수퍼바이저는 이를 틈틈이 파악하고 스스로 강화하게 안내한다.

수퍼바이저의 생활과 삶에서 드러나는 '보임 없는 보임'이 필요하다.

준비 과정은 대체로 회기와 회기 사이에 진행된다. 이 과정에서 시간이 지남에 따라 자신의 성찰 내용이 어떻게 변화하는지 그 변화의 계기와 흐름 등도 중요한 성찰 내용이다.

①실천-중-성찰(in)은 ②실천-직후의-성찰(on), ③다음 성찰을 위한 기간 내내 다양한 연결과 연상으로 성찰이 발효되고(to), ④이 내용 가운데 자기 자신을 위한 것을 추리게 된다(for). ⑤이후 수퍼비전 회기를 앞두고 수퍼비전을 위해 종합한다(about). 수퍼비전의 준비는 이런 성찰 사슬 안에서 건져진다.

---

438) 의제 중심 접근의 경우 수퍼비전 방식의 하나로 내러티브적 접근이 있다. '코칭 사례'의 경우는 날것 그대로가 아니라 제기할 이슈를 중심으로 (재)구성된 내러티브로 전개하게 한다. (일대일이든 집단이든) 준비한 만큼 회기 현장에서 '구술로 이야기하기'이다. 사례 발표 지침이나 틀을 제시할 수 있으나 자율에 맡긴다. (집단의 경우) 발표자 보호와 윤리적 우려 사항을 중심으로 사전 검토하는 경우가 있으나 이는 구술 발표를 위한 사전단계로 진행한다.

반대로 어떤 경우에는 준비가 도움이 되지 않는다

수퍼바이저는 실제로 가져온 자료로만 작업할 수 밖에 없다. 어떤 이유로든 프랙티스 전체를 수퍼바이저에게 가져갈 수 없다고 느낀다면 준비 시간을 활용해 진정으로 더 많은 성찰이 필요한 사례나 이슈를 선별하거나 "걸러 낼screen out" 수 있다. 제기하지 않은/못한 이슈

이 때문에 수퍼바이저들은 가끔 Q."수퍼비전에 가져오지 않은 것은 무엇인가요?", Q."이야기하고 싶지 않은 것은 무엇인가요?"라고 질문한다.[439]

마찬가지로, 혼자서 또는 동료 코치와 함께 프랙티스의 일부만 성찰하던지, 그 사안은 이미 "다 끝난 [이제는] 먼지 투성이done and dusted" 뒤늦은 깨달음
뿐이라며 만족감으로 확대를 저지하거나 빗겨가며 피할 수 있다. 그렇 출현하는 조각
지만 의식적이든 무의식적이든 이곳이 뭔가 중요한 것을 놓칠 수 있는 어쩌면 맹점일 수 있다.[440]

이런 사례에 '발전[성장과 성숙] 정보'가 있는 경우, 수퍼바이저는 세련된 해석
이 '지원 영역'을 찾는 데 더 오랜 시간이 걸릴 수 있다. 이런 경우는 대체로 "좀 더 세련된more polished"[441] 해석이 제시되었거나, 사례에 있

---

439) 물론 가져온 이슈와 자료를 먼저 다룬다. 이를 개입하며 확대와 심화해 가며 제기하지 않은/못한 이슈로 확대할 수 있다. 그래도 이런 질문은 언제나 필요하다.
440) 당연히 모든 것을 다 발견할 수 없다. 그러나 공식처럼 성찰을 진행하고 정리하기보다는 점차적으로 번져가듯 확대의 여지가 있는 개방적 정리가 필요하다. 또 회기에서는 언급되지 않더라도 회기 사이에서 불현듯 '뒤늦은 깨달음'으로 출현하는 '조각'을 언제나 주워 담는 것이 중요하다.
441) 일부만 성찰되었거나 수퍼비전-주체에 의해 걸러진 사례 가운데 그 이유가 '세련된 해석'일 경우는 어떤 경우인가? 우선 수퍼바이저 입장에서 보면 지나치게 이론적 접근(주지적 접근)에 기울거나 수퍼비전-주체와 충분히 접촉되지 않은 '좋고 도움이 되는 내용' 중심으로 수퍼비전이 전락한 경우이다. 이런 원인으로 수퍼비전-주체가 (무의식적으로) 조응한 경우인지 점검이 필요하다. 수퍼비전-주체의 입장에서는 수퍼바이저 교체 후 초기이거나 포장을 즐기는 태도에 기인한다는 점도 부정하기 어렵다.

는 "처리되지 않은/미가공 원시 데이터raw data"를 놓쳤기 때문이다.[442]

> **[사례 연구 7.2] 특별한 준비 없이 수퍼비전에 임한 사례**
>
> 사실, 나는 수퍼비전에 헌신적인 준비dedicated preparation를 하지 않는다. 나의 과제 가운데 하나는 바쁜 업무에도 시간을 내야 한다는 점이다. 그렇지만, 수퍼바이저와 동료들과 공식적인 수퍼비전 회기를 위해 시간을 내는 것도 내 일과 나 자신을 돌아볼 수 있는 정기적인 틈regular slots이라는 의미가 있다. 시간이 지남에 따라 나는 가장 중요하고 유용한 이슈가 탐구를 위해 수면 위로 방울 튀듯 올라올 것이라는 점을 믿게 되었다.
>
> 나는 막혀서 막막할 때 자주 나 자신에게 묻는다. Q.수퍼바이저에게 가져가거나 반대로 가져가기 싫은 것이 무엇인가? 기다리며 올라오는 이 대답은 대개 정확히 수퍼비전 테이블에 올려야 할 **단서**가 된다![443]
>
> 나는 수퍼바이저와 좋은 작업 관계를 발전시켜 왔다. 그는 내가 충분히 인식하지 못했던 내 안의 패턴을 발견한다는 사실에 놀라곤 한다. 때로는 내가 할 수 있는 최선의 준비는 아무 것도 하지 않고 내 "엉성한 자기messy self"를 온전히 가지고 방으로 불러들여 그것이 어디로 가는지 지켜보는 경우도 있다.
>
> – 미셸 루카스Michelle Lucas, 코치 겸 코치 수퍼비전

---

442) 이런 '놓침'은 오직 수퍼바이저의 둔감함이다. 수퍼비전-주체의 감춤이나 여과를 우회하거나 관통하지 못하고 주저한 탓이다. 수퍼바이저 역시 다양한 실전 코칭 경험에서 이를 철저히 성찰한 경험, 자기성찰의 축적이 없으면 대처하기 어렵다. 방지를 위한 최선의 노력은 바로 지금 다루고 있는 수퍼비전 관계 안에서 다양한 앎을 추구하는 노력이다.

443) 이 사례의 주인은 곧 이 저서의 저자 중 일인이다. 오랫동안 강의와 코칭, 수퍼비전을 하고 있으며 그 와중에 수퍼바이저에게 수퍼비전, 또는 동료 수퍼비전 준비 사례로 이해된다. 수퍼비전 시간 자체가 자신에게는 매우 중요한 시간/장소/틈regular slots이 되는 중요한 순간이다. 이미 구축된 자기 안의 내적-수퍼바이저와의 질문 대화로 사례의 이슈를 발굴하는 모습이다.

역자의 추가 질문

Q. 내 안의 이슈가 떠오르게 허락하는 상황을 자기 경험에서 충분히 찾아본다면?

Q. 엉성한 자기, 엉망진창인 모습이 수퍼비전 회기로 들어와 어디로 갈 지 지켜보는 상황은 어떤 질문으로 함께하면 가능하겠는가?

Q. 이렇게 다뤄진 이슈를 통해 얻은 앎은 어떠한 것인가? 그것을 풍성하게 할 수 있는 질문은 무엇인가?

역자의 추가 설명

두 사람은 자연스럽고 편안하게 의도적 이슈를 내려놓고 지금-여기의 이 순간에 떠오르는 이야기를 하며 상호 호응한다. 이야기는 즐겁거나 자연스런 흐름을 갖게 되고 두 사람은 다양하게 이런저런 다양한 접촉^{contact}이 이뤄지고 때로는 합류^{joining}해 대화가 깊어지거나 다른 방향으로 꺾어지게 된다. 오직 두 사람이 추구하는 진실과 진리를 향해갈 수 있을 만큼 간다. (자유로운)접촉-(합류)하는 부분을 함께하는 반복으로 진리와 진실을 즐긴다.

그렇다면 **수퍼비전 준비는 언제 하는가**? 우리는 세 영역으로 구분했다. 각 준비는 서로 다른 시점에서 서로 다른 강도로 이루어진다.

일반적 교육

수퍼비전의 세 가지 준비 영역
– 수퍼비전 과정 이해
– 회기 사이의 성찰
– 회기 준비

수퍼비전 파트너가 수퍼비전 전문가가 되길 기대나 계획하고 있지 않더라도 수퍼비전 과정 전체를 한번 읽어 보는 것이 도움이 된다. 수퍼비전 과정을 더 많이 이해할수록 준비에 많은 도움이 되며 더 많은 것을 얻을 수 있다. 이점이 이 책을 쓰게 된 가장 중요한 이유 가운데 하나이다! 코칭수퍼비전 관련 저서를 먼저 읽어 보는 것이 도움이 된다.[444]

회기와 회기 사이에 코칭 과제에 대한 성찰

코칭 회기가 끝난 직후, 마음속에서 회기를 "되감기rewind"하고 재생한다replay. 스스로 다음과 같은 질문을 하고 그 내용을 근거로 수퍼비전을 준비한다.

단절의 순간 흐름 안에 있기
갑자기 떠오른 우려

- 질문할지 말지를 결정하게 된 기준은 무엇인가?
- 어떤 "단절의 순간"이 있었는가?
- "흐름 안에 있다"라고 느낀 것은 언제인가? 전혀 그렇지 않았다면 이유는 무엇인가?
- 이 코칭 관계에 어떤 우려(명확히 표현된 것이든, 갑자기 떠오른 것이든)가 있는가?
- 이 코칭 파트너의 상황과 시스템을 얼마나 잘 알고 있는가?

---

[444] 이 저서가 출판된 후 코칭수퍼비전 관련 책이 많이 출판되었다. 특별히 수퍼비전 준비와 관련해 수퍼바이지 입장에서 준비를 위해 검토할 책은 다음과 같다.
『수퍼바이지와 수퍼비전 – 수퍼비전을 위한 가이드』 에릭 드 한, 윌레민 레구인 지음. 김상복, 박미영, 한경미 옮김. 2024(원제: Being Supervision: A guide for supervisees)

- 나의 진정성 또는 코칭 파트너의 진정성에 영향을 미치는 요인은   진정성에 미친 요인
  무엇인가?
- '일곱 가지 대화 모델'[445]에서 볼 때 각각 어떤 일이 일어나고 있는가?

위의 각 지점에 대해 생각을 정리해 구체적인 성찰일지를 작성해 둔다. 이런 모든 기록은 실제로 수퍼비전에 가져올 내용을 결정할 유용한 자료가 된다.[446]

수퍼비전 회기를 준비한다

이제 수퍼비전 회기에 가져올 내용을 결정하는 법을 자세히 설명한다.   자신에게 가장 도움이 되는
그렇지만 수퍼바이저와 어떤 접근 방식을 합의했든 잠시 멈춰서 지금   것은 무엇인가?
자신에게 가장 도움이 되는 것이 무엇인지 점검하는 것이 가장 좋은 프랙티스이다.

---

[445] 수퍼바이저와 합의한 수퍼비전 모델이 있다면 그것을 활용하게 된다. 이 저서는 데이비드 클러터벅의 〈일곱 대화 모델〉을 제안한다. 대화의 특정 부분을 선택할 수 있는 모델로는 이 저서에 있는 피터 호킨스의 〈일곱 눈 모델〉과 코칭 파트너의 세 가지 세계와 네 가지 영역을 다루는 마이크 먼로 터너Mike Munro Turner의 〈3W4T 모델〉이 준비에 적절하다. 무엇보다 먼저 코치가 선호하는 모델에 근거해 검토하고 수퍼바이저의 안내에 따라 다른 모델로 선택하거나 종합할 수 있다.

[446] '회기와 회기 사이의 성찰'을 통해 수퍼비전 과제를 어떻게 준비할 것인가? 역자도 수퍼비전을 받고 수퍼비전을 하는 과정을 스스로 관찰하고 교정하면서 발견해 활용한다. 발견한 것이 내용과 관련해서는 '문득 떠오름', '뒤늦게 떠오름', '사후 생각aferthought' 등이다. 과정과 관련한 것이 '실천-직후의 성찰(on)', 회기와 회기 사이 시간 동안 자신의 '실천을 향한 성찰(to)', 수퍼비전을 준비하기 위한 자신의 성찰을 종합하는 '성찰에 관한 성찰(to)', 성찰하는 '자신을 위한 성찰(for)'을 별도로 정리하는 성찰 연쇄 과정이다.

7단계 준비 과정

표준적인 준비 과정은 다음과 같다. ①검토할 수 있는 코칭 파트너를 선정하고, ②성찰을 통해 떠오르는 이슈를 파악한다. 그런 다음 ③긴급성, ④놓치고 있는 것이 있는지…, ⑤이 주제topic가 자신에게 얼마나 중요한지 의문이나 의미를 중심으로 분류한다. ⑥두 명 이상의 코칭 파트너나 회기에서 반복되는 패턴이 있다면 이는 중요하다.

이런 과정을 거친 내용에서 수퍼비전 회기의 "의제agenda"를 준비한다. 이 의제가 수퍼바이저와 합의한 접근과 일치하는 것이 바람직하다. 만약 일치하지 않으면 잠시 시간을 내어 이런 ⑦'단절'이 무엇인지 꼭 살펴본다.[447]

Q. 회피를 하는 것은 아닌가?

Q. 우선 순위에 나에게 필요한 회복적 이슈가 있는가?

실천 경험에 근거하기보다는 학습(과제)에 근거

Q. (위 두 가지가 아니라면) 수퍼바이저와 함께 수퍼비전 방식 자체를 검토할 때인가?

코비Covey(1989년)가 "[이것이] 끝이다는 생각을 염두에 두고 시작하라start with the end in mind"라는 말처럼 일단 수퍼바이저와 함께 무엇을

---

[447] 수퍼비전 준비와 관련한 일곱 가지 내용은 기본으로 잘 이행하는 것이 필요하다. 코칭 파트너와 코칭하고 있고 이러한 안내에도 어떻게 준비할지 모르거나 준비 일정에 호응하지 못하고 있다면 이는 자신의 활동과 공부 방법에 대한 근본적 검토가 필요하거나 수퍼비전이 자신에게 최적의 학습 방법이 아닐 수 있다.

수퍼바이저와 합의한 접근 방식과 내용을 다뤘고 만족감과 성과를 얻었다 하더라도 **일치**보다는 **단절감**을 느끼면 이는 반드시 점검해야 한다. 코치가 스스로 점검할 질문이 아래 세 가지가 제시되어 있다. 회피, 회복적 이슈, 수퍼비전 방식 검토 등이다. 단절의 이유 가운데 하나는 코치가 자신의 실천 경험에 근거하기보다는 학습(과제)에 근거하기 때문이다. 물론 양자가 다 필요하지만 수퍼비전은 실천에 근거하고 실천한 내용을 중심으로 학습하는 것이다. 수퍼비전 강의를 듣거나 무엇인지 교육 받는 것과 수퍼비전을 통한 배움은 차이가 분명하다. 물론 실천과 학습은 언제나 잘 조정하고 잘 연결되어야 한다. 이런 경우 수퍼바이저 역시 이를 중요한 자기-과제로 검토해야 한다.

다루고 싶은지, 수퍼비전 결과로 무엇을 원하는지 감을 잡고 그 정도를 파악하는 것이 도움이 된다. 예를 들면 이런 질문으로 점검한다.

> 수퍼비전 이슈를 위한 3대 질문

- 나는 코칭 대화에서 필요한 일부를 검토하고 개발에 필요한 추가 아이디어를 원하는가?[448]
- 코칭 파트너에 관한 구체적 이슈를 분석하고 접근 방식이 유효한지 확인하고 싶은가?[449]
- 코칭 관계의 '역동'을 살피며 더 깊은 통찰을 개발하고 싶은가?[450]

> 암묵지에 따른 검토 지점

물론 수퍼비전 결과와 관련해서는 "열린" 자세로 임하는 것도 중요하다. 수퍼비전 회기에서의 논의와 토론이 두 사람을 어디로 데려갈지 정말 누가 알겠는가?!

많은 수퍼비전 파트너에게 그들이 다루고자 하는 이슈를 설명하는 짧은 이메일을 회기 며칠 전에 보내는 것이 도움이 된다. 물론 수퍼바

---

[448] 코칭 대화 자체에 대한 검토는 언제나 필요하며 변화가 쉽지 않다. 실제 코칭 대화에는 코칭의 모든 것이 담겨있다. 수퍼비전 회기에서 코칭 대화 자체를 검토할 지점은 무엇인가? ①경청 방식과 깊이, ②질문의 다양성과 섬세함, ③적절한 공간과 침묵의 활용, ④대화 전개의 방향을 위한 반영과 요약의 활용, ⑤최적의 격려와 필요한 만큼의 인정과 승인 ⑥주저와 저항의 발견과 이를 다루기 ⑦코칭 대화에 대응하는 코치의 위치(변화) 등 매우 다양하다.
수퍼바이저의 경험에서 오는 암묵지에 따라 검토 지점이 확대된다.

[449] 코칭 파트너의 이슈 자체에 대한 이해와 분석, 코치의 작업 가설 확인이 해당된다. 〈코칭 사례 분석〉 또는 〈고객 분석과 코칭 기획〉 차원에서 수퍼비전-주체의 고객 리스트에서 다양하게 발굴하도록 안내한다. 현재 가져오는 코칭 파트너 이슈의 경우 대체로 과거 유사한 이슈를 다룬 사례와 연결된다. 이슈 발굴 능력이 강화될수록 새로운 이슈를 가져오는 다양한 코칭 파트너를 만나게 되고 코치의 코칭도 깊어진다.

[450] 관점에 따라 모든 관계에는 나름의 '역동'이 있다. 코칭 관계의 역동은 코칭 결과와 성과와 관련 있으며 대체로 코치의 미해결 과제와도 연결되어 있다. 코칭 대화의 착종, 코치의 좌절 등 어떤 사태가 발생하고 나서 '역동' 유무와 정도, 패턴을 발견하게 된다. 그러나 사전에 이를 알고 회피나 완화할 수 있는 힘이 필요하다. 이를 위한 〈개인 분석과 자기 강화〉도 코칭수퍼비전의 한 영역이 된다.

코칭 준비성readiness **과 코칭 가능성**coachability

이저에게도 도움이 된다. 코칭 파트너들이 코칭을 위해 정신적으로 준비하기를 기대하듯이, 수퍼비전 당일에 서로 숨을 돌리는 시간을 가지면서도 비교적 ①편안하고 ②관계적이고 ③개방적이며 ④창의적인 마음가짐frame of mind이 필요하다.[451]

"준비"해야 하는 것은 무엇인가?

코칭을 슬그머니 다듬어가는 기회

제1장에서 언급한 바대로 크게 **네 가지 수퍼비전 과제**에 따른 "이슈"를 수퍼비전에 가져올 수 있다.[452]

형성적 이슈

코치로서 레퍼토리를 개발하는데 필요한 지점이다. 대표적인 예는 특정 코칭 과제assignment를 수행할 때 선호하는 도구, 기법, 질문을 발견

---

451) 코칭에서 코칭 파트너의 코칭 준비성readiness과 코칭 가능성coachability이 중요하다. 코칭 과정에서 주인의식과 소유권을 강화하도록 배려하고, 내적 코치inner coach가 형성-강화되게 지원한다. 수퍼비전 회기도 똑같다. 오히려 수퍼비전 회기 준비는 회기 사이의 〈성찰적 실천〉이 충분히 심화한 만큼의 '준비 보고서'(Reflection-about-Action)를 제출하게 안내할 수 있다. 준비성이 진전될수록 내적 수퍼바이저의 성장을 점차적이고 계획적으로 적용한다. 수퍼비전 준비성에서 내적 수퍼바이저 형성과 강화를 위한 수퍼바이저의 적절한 시도를 통한 경험 자체는 코치가 자신의 코칭을 슬그머니 다듬어가는 기회가 된다. 또 코치의 이런 실천 정도와 태도는 그의 코칭 파트너와 병렬 과정의 일부로 유사성을 지닌다. 즉 코칭 파트너 역시 자신의 내적 코치를 갖추고 키우게 된다.

452) 이 저서는 ①형성적, ②규범적, ③회복적 과제라는 전통적인 세 가지 이외에 ④수행적 과제(상업적 또는 비즈니스 과제 포함) 등 네 가지로 과제를 분류했다. 이는 각각 독립되지만 상호 연결되어 있다. 수퍼바이저의 수퍼비전 (사전)기획은 이런 네 가지 대분류에 근거하고 각각 역량-실천능력-수용력의 수준에 따른 세분류하는 나름의 가로세로 매트릭스로 구분하면 도움이 된다.

하고 비슷한 상황에서 활용할 수 있을지 고민해 보는 것이 대표적인 예이다.[453]

도구, 기법, 질문 개발

규범적 이슈

작업에서 발생하는 잠재적인 **갈등**이나 **윤리적 딜레마**가 발생하는 것을 알고 이를 관리하는 쉬운 방법이 없다고 느끼게 된다. 전형적인 예를 든다면 회기 중에 코칭 파트너가 울음을 터뜨리는 경향을 발견하고 이를 관리할 쉬운 방법이 없다고 느끼는 경우이다. 회기에서 우는 경향이 있다는 것을 알아채고 코칭 파트너가 우울해 질지 모르니 상담자와 일하는 것이 더 유익할 수 있다고 걱정한다. 그렇지만, 이를 코칭 파터너에게 제기하는 것을 매우 쉬운 일이 아니다.

코칭을 코칭답게

어려운 상황
난해한 조건

또 다른 규범적 이슈는 자신의 코칭 방식이 자신이 운영한다고 말하는 코칭 모델과 얼마나 **일치**하는지 검토하는 것이다. 전형적인 예는 회기가 끝나 갈수록 시간 **압박**을 느끼며 [어쩔 수 없어] 더 지시적인 태도를 취하면서도 자신의 코칭 모델은 비지시적이라는 점을 강조하는 경우이다.[454]

---

453) 코칭 역량과 실천능력에 초점을 둔 〈코칭 대화 분석〉, 〈코칭 주제와 관련한 이슈 분석〉, 〈코칭 윤리와 성찰적 실천〉 등 세 가지가 대표적이다. 코칭 스킬과 기법 관련 자신의 코칭에 부족한 부분을 채우고, 자기만의 코칭 스타일 개발, 발전 계획을 만들고 하나하나 채워 나가는 자세로 수퍼비전 받기 전략을 세울 수 있다.

454) 코칭 실천에서 느끼는 어려움, 갈등, 드러내지 못한 의문 등이 이에 해당한다. 자신의 코칭 스타일이나 주장이 코칭 내용과 일치 여부를 검토하는 것 역시 매우 중요한 주제이다. 코칭과 코칭이 아닌 것을 분명히 하거나, '코칭을 코칭답게'라는 슬로건이 이런 규범적 과제와 유사하다.
  일반적인 주제로는 〈코칭 계약과 여정 관리〉, 〈코칭 관계와 코치 포지션 관리〉, 〈코칭 파트너 분석과 코칭 기획〉, 〈코칭의 중심이론 구별과 선택〉, 〈코칭 윤리의 민감성과 성숙성: 주저와 저항, 담합과 공모의 구별과 관리〉 등이다. 코치의 실전에서 부딪치는 능력은 물론 '수용력 개발' 역시 충분히 반영해야 한다.

회복적 이슈

코칭 파트너와의 작업에서 다양한 요인이 코치 개인에게 영향을 끼쳤기 때문에 수퍼비전의 필요한 경우이다. 전형적인 예는 정리해고 redundancy의 해결을 다루며 코칭 파트너를 지원하면서도 이런 논의가 자신의 경험을 다시 떠올리게 해 자기 안에서 정서적 반응을 일으키는 경우이다.[455)]

수행적 이슈

수행적 이슈 performative issues는 전체 인간 whole person 으로서의 자신과 계속되는 **자기-발견**의 여정을 되돌아볼 수 있다. 자기 작업이 어떻게 배움을 지원하고 새로운 관점, 해석, 선택을 열어가는지 논의할 수 있다.[456)]

수행자 sannyasi로서의 코치 문인가 하였더니, 다시 길 이어진 길의 아름다운 동행이 수퍼비전의 길

이를 위한 가장 일반적인 방법은 코칭 파트너와 작업한 사례를 수퍼비전하는 것이다. 흔히 ①"사례 검토" 또는 "코칭 사례"라고 한다. 대부분 이미 설명한 바 있지만, 이를 수퍼비전에 가져올 수 있는 "유일한" 것이라는 생각은 잘못이다. ②아직 준비 또는 계획 단계에 있는 작

---

455) 코치는 코칭 파트너에게 연민심과 사랑, 긍정적 지원과 무조건적 수용 그 자체로 많은 에너지를 쓰게 된다. 경우에 따라서는 이런 노력은 코치 삶의 다른 영역에서는 자기 돌봄을 위한 집중이 필요하다. 하루에 여러 명의 코칭 파트너와 회기를 진행하는 경우 더욱 그렇다. 코치의 '소진 방지와 대처', 정서적 정신적 회복을 위한 내용, 코치의 '정서 관리와 미해결 과제'에 대한 발견과 도전 등이 이에 해당한다. 〈자기-돌봄과 관리의 힘 개발〉, 〈자기 분석과 강화〉, 〈역전이 중심 수퍼비전〉 등을 통해 접근할 수 있다.

456) 본문에 제시한 것 이외에 더욱 확장할 수 있다. 과제의 수행遂行에서 출발하나 궁극적으로는 자신을 갈고닦는 수행修行 asceticism의 여정에 있는 '수행자 sannyasi로서의 코치'로 연결해 본다. 이철수 화백이 그림과 함께 건져 올린 화두에 '문인가 하였더니, 다시 길'이 있다. 문으로 이어진 길이다. 이렇게 이어진 길의 아름다운 동행이 수퍼비전의 길이다. 〈코칭 모델 중심 수퍼비전〉, 〈사례 중심 코칭 파트너 분석과 코칭 기획〉, 〈주제별 코칭 기획과 사례 개발〉 등을 들 수 있다.

업을 가져오는 것도 가능하다. ③코칭 작업 이외의 다른 것을 수퍼비전하는 것도 적절하다는 것을 기억하라. 더 ④일반적인 코칭 사안을 논의하거나, 실제로 코칭 작업에 영향을 미칠 수 있는 지극히 개인적인 사안도 논의할 수 있다.[457)] 실제로 어떻게 작동하는지 살펴보자.

이미 발생한 사안 검토

이미 작업했던 사례를 제출할 때는 수퍼바이저에게 많은 정보를 제공할 수 있기에 무슨 일이 일어났는지 명확하게 알 수 있으면 더 좋다. 이를 위한 방법에는 여러 가지가 있다.

회상, 상기, 연상

노트 검토

특정 코칭 파트너와 있었던 일을 회상하는 가장 좋은 방법은 당시의 성찰 메모와 모든 후속 조치를 검토하는 것이다. 이는 무슨 일이 있었는지 "상기remind"하는 데 도움이 된다.

수퍼바이저는 이를 활용하여 수퍼비전-주체의 경험을 회기에서 다시 살아나도록re-live 촉진하여, 당시에 경험했던 기억을 새롭게 되살리게refreshing 격려할 것이다. 그러나, 이것은 수퍼비전-주체가 경험한 **방식**과 **기억하기로 선택한 내용**만 포착한 것이기에 코칭 파트너의 관점

---

457) 이미 진행했거나 진행 중인 사례를 다룬다. 수퍼바이저 나름대로 다양한 접근이 있다. 새로운 계약을 앞둔 코칭이나 계약한 새로운 내용을 사전 기획할 수 있다. 새로운 코칭 대상이나 사회적 아젠다, 코칭 영역의 확대와 진출과 관련한 기획 등도 가능하다. 경험하지 못한 코칭의 난국, 코치 활동에서 직면할 수 있는 전문적, 윤리적 어려움을 주제로 할 수 있다.
역자의 경우 위와 같이 열거한 것 이외에 토마스 레너드의 작업을 오마주하여 〈이런 코칭 파트너 어떻게 코칭할 것인가?〉를 통해 다양한 사례를 선경험하는 집단 수퍼비전을 운영한다.

내러티브 활성화 과는 다를 수 있다는 점에서 경고도 뒤따른다.[458] 코칭 파트너에게 피드백을 요청했거나 그에 대한 후속 메모가 있다면 이를 같이 검토하는 것도 유용하다. 실제 회기에 대한 수퍼비전-주체의 느낌과 코칭 파트너와의 느낌 사이에 차이가 있다면 그 자체가 흥미롭고 유용한 수퍼비전 자료가 될 수 있다.[459]

녹음하기

IPR 코칭 파트너의 허가를 받아 그것을 프랙티스의 일상적인 부분으로 만들 수 있다면, 회기를 녹음하는 것은 실제로 말한 것을 포착하는 환상적인 방법이다. 회기의 실제 녹음를 검토하거나 또는 수퍼바이저와 녹음을 들어보는 요청은 가장 좋은 준비 방법이다.[460]

---

458) 우선 수퍼비전에는 이를 위한 다양한 접근이 개발되어 있다. 역자가 선호하는 방식은 수퍼비전-주체의 내러티브를 활성화하는 접근이다. 수퍼비전 회기라는 현재에서 코칭 회기의 코칭 파트너를 회상하는 내용을 두 사람은 새로운 '텍스트'로 접근한다. 가장 대표적인 것으로는 내러티브나 '대인관계 과정 회상(IPR)', '오디오 테입', 축어록 분석 등이 모두 이에 해당한다.

459) 수퍼비전 회기에서 아무런 전제 없이 대화를 시작할 수 있으며 그의 내러티브에서 구술성orality이 확인된다. Q.코칭 파트너는 어떤 사람인가요? Q.그에게서 새롭게 발견한 것은 무엇인가요? Q.코칭대화가 자신에게 어떤 의미/과제를 던졌나요? 등 매우 개방적 질문에서 시작할 수 있다. 이를 통해 수퍼바이저가 회기 안에서, 회기 후에 코칭 파트너가 어떠했는지, 또 수퍼비전-주체의 구두 설명이나 피드백 사이를 주목해 질문한다. 대화의 전개에 따라 회기 중 메모, 회기 후의 성찰일지, 신체에 있었던 반응 등을 드러내게 하며 내러티브 구성을 강화하거나 촉진한다.

460) 수퍼비전-주체가 있는 그대로 녹음테이프를 제출하는 일은 그 자체가 큰 용기이다. 수퍼바이저 역시 이를 모두 깊게 청취하는 일은 시간이 든다. 오직 일대일 수퍼비전에서만 활용한다. 격려와 함께 충실히 사전 청취를 하고 임하는 경우 수퍼비전-주체의 반응과 개입을 종합적인 맥락에서 대처하거나 수용적 대처가 가능해 수퍼비전의 깊이가 남달라지고 수퍼바이저 역시 많이 배우게 된다. 물론 사전 청취 없이 회기 안에서 즉시 활용하는 것도 이와 구별되는 좋은 방법이다.

역자의 수퍼비전은 한동안 축어록을 다루며 함께 읽는 방식이었다. 이후 테입 듣기를 틈틈이 요청했고 이 과정에서 축어록에서는 볼 수 없는 다양한 접근이 활성화되었다.

녹취록 만들기

회기에는 생각할 거리를 주는 "특별한 순간particular moment"이 있다. 녹음이 있는 경우에는 비교적 간단한 작업으로 내용을 기록할 수 있다. **녹음이 없는 경우**에도 여전히 녹취록을 작성하는 것이 유용하다. ^{Q.}어떤 부분을 기억할 수 있는가? ^{Q.}어떤 부분이 비어 있는가? 주고받은 내용 중 기억나는 일부만으로 시작하더라도 작업하다 보면 더 많은 내용이 떠오르는 것을 발견할 수 있다. 또 비어 있는 부분만 메모해 두는 것도 흥미롭다. ^{Q.}당신의 개입이었나요, 코칭 파트너의 개입이었나요, 아니면 특별한 주제였나요? 이 모든 것은 그 자체로 유용한 정보를 지닌다.

이런 방식으로 사례를 수퍼비전에 가져오는 것은 이미 많은 "발품을 팔아온 일leg work"이기에 수퍼비전 대화에서는 탐색과 분석으로 빠르게 이동할 수 있다.[461]

> 녹음 없이 녹취록 작성
>
> 녹취 작성하며 떠오르는 것
>
> 녹취록의 가치는 결과가 아니라 과정에 있다.

결정적 사건 분석

결정적 사건 분석critical incident analysis은 진행해 온 회기와 관련한 ^①우려 사항이나, 반대로 ^②코칭 파트너나 코치의 "아하!" 순간이나 [또는 ^③이크! 순간], ^④스스로 잘 되었다는 느낌sense of mastery을 받을 때마다 이를

---

461) 녹음 없는 축어록 작성은 '회상적' 접근을 활성화한다. 대체로 회기 직후에 하게 된다. 역자 스스로도 유료 코칭 400회까지 일일이 축어록을 작성했던 경험이 있다. 녹음이 거부된 경우 회기 끝나고 주요 내용과 기억되는 입말을 그대로 적어 둔다.
축어록 작성에 대한 안내도 필요와 수준에 맞게 단계적으로 안내할 수 있다. 있는 그대로 의미와 문장 중심에서 점차적으로 비언어적 소리, 침묵과 공간 시간 첨부, 행동이나 몸짓 삽입, 대화 중 떠오르는 이면의 생각 등을 첨부하는 것이다. 물론 경험 있는 코치는 문장 중심 축어록을 자체 분석하거나 대안을 삽입하거나 1차 분석을 해 오는 경우도 있다.

"포착"하고 추가 분석한다. 이 또한 대단히 유용하다.[462]

결정적 사건 분석

[부록 7.1]에 첨부된 "결정적 사건 분석" 템플릿 양식이 있다. 이 양식을 사용하면 어떤 일이 일어났는지 파악하고 이 일의 원인에 대한 더 큰 통찰을 얻을 수 있다. 이를 통해 의식적으로 반복하거나 뭔가 다른 방식으로 시도할 수 있는 선택이 가능하다. 결정적 사건 분석 양식은 다음 네 가지 단계로 안내한다.[463]

1. 마치 보고서의 헤드 라인을 작성하는 것처럼 상황의 핵심을 "기록Log"한다.

   일부 사람들은 2단계 작업을 거친 후에 이 작업을 하는 것이 쉽다고 생각하는데 이는 일어난 일이 여전히 "진행" 상태이기 때문이다.[464]

2. 그 사건에 대해 느낀 내용을 상세한 일지처럼 "일기Diarise"를 작성한다.

---

[462] 최소 열거한 네 가지에 수퍼비전-주체가 민감하게 자신을 살피도록 안내한다. [역자 부록 7.1]을 참고로 분류를 넓히며 민감성을 높인다.

코칭(수퍼비전)에서 '결정적 사건 분석' 관련 연구는 매우 부족하다. 코칭 과정 연구는 코칭 결과연구 만큼이나 장애가 많고 어렵기 때문이다. 수퍼비전과 코치 훈련과 연구의 주요 그룹인 Ashridge '결정적 순간 연구 그룹'은 '결정적 순간'을 "코칭 회기 중에 경험하는 흥미롭고 긴장되거나 중요한 순간"으로 정의했다. 이를 주목해 온 연구자로 에릭 드 한Erik de Haan의 선구적 연구가 있다.

참고: Erik de Haan. Critical Moments in Executive Coaching: Understanding the Coaching Process through Research and Evidence-Based Theory Routledge. 2019

[463] 이러한 〈결정적 사건 분석〉은 수퍼비전에서 빼놓을 수 없으며 수퍼바이저 훈련에 필요하다. 네 가지 단계를 꼼꼼히 거치며(이 과정 자체가 성찰의 연쇄를 심화하는 과정이다) 글을 쓸 경우 효과적인 〈사건 중심 사례분석〉이 된다. 집단 수퍼비전에서 이 과정을 별도로 운영하면 효과적이다.

[464] 2단계를 거치면 사후 생각과 감각이 덧칠되게 된다. 즉 코칭 회기 안에 있고 운영 중에 생생함을 지닌 상태에서 떠 오르는 신문 헤드 라인 문장, 단어나 이미지의 출현을 그대로 포착하는 것을 의미한다. 결정적 순간에 압도되어 있다 하더라도 그 상태에서의 느낌에 충실한다.

이것은 의식 속에 있는 모든 것을 "토로/배출^{vent}"할 수 있게 해 준다.$^{465)}$

<small>전지적 시점</small>

3. 그런 생각과 느낌을 중심으로 에세이로 "글쓰기^{Journal}"한다.

   이 작업은 한 발 뒤로 물러서서 그 밖의 무엇이 진행되는지 다른 상황과 "원인과 결과"의 역동이 무엇이었는지 좀 더 이성적으로 생각할 수 있다. 이는 그 사건을 이해하는데 도움을 주고 사건에 대해 "근거/현실감^{grounded}"을 갖게 한다.

   <small>주관적, 객관적, 분석적, 계획적</small>

4. 이전 단계에서 나타난 새로운 통찰과 성찰을 바탕으로 다음에 비슷한 상황이나 사례를 접하는 경우 어떻게 해야 할 지 "계획^{Plan}"한다.

이런 정도의 세부 사항으로 작업의 "순간"을 검토하기 위한 두 가지 대안적 접근이 있다. 둘 다 부록으로 제공된다. [부록 7.2]에서 "SOAP" 템플릿이다. 이 템플릿은 주관적, 객관적, 분석적, 계획적 단계를 수행하도록 한다. [부록 7.3]은 "회기 검토" 양식이다. 때로는 탐색하고 싶은 특별한 순간이 없더라도 오히려 전체 회기가 혼란스럽거나 즐거울 수 있기에 전체 회기를 검토하기 위해 활용한다. 이런 검토 양식은 단순히 전체 회기의 좋은 점과 아쉬운 점을 검토하고 어떤 배움을 얻을 수 있는지 되돌아보고, 마지막으로 앞으로 무엇을 다르게 할 것인지 생각하게 한다.

<small>자신만의 양식</small>

이 세 양식([부록 7.1], [7.2], [7.3])을 모두 사용하고 어떤 것이 자신에게 가장 많은 배움과 성찰을 생성하는지 확인해 보자. 시간이 흐르면서 자신만의 양식을 만들 수 있다. 어떤 형식이 자신에게 적합한지

---

465) 일지는 사건의 진행 시간을 중심으로 정보를 나열한다. 그러나 일기는 주어가 '나'가 된다는 점에서 차이가 있다. 전지적 시점과 '나와 내면의 나'의 시점이 분리되는 것이 중요하다.

메타-성찰 간에, 이러한 개별 성찰을 한데 모아 **패턴**이나 **주제**가 나타나는지를 확인할 수 있다. 이런 종류의 "메타-성찰"은 처음에는 보지 못했던 추가적 세부 사항들을 인식하는데 도움을 줄 뿐 아니라, 성찰 내용에 무엇이 "누락"했는지 파악할 수 있으며, 코치로서 자신의 발전 상황을 추적할 수 있다.[466]

[역자 부록 7.1] '코칭의 결정적 순간' 분류에 사용되는 12가지 코드

1. 배움의 순간-새로운 통찰 insight
2. 배움의 순간-새로운 연결 또는 관점
3. 관계의 긍정적 변화
4. 관계의 부정적 변화
5. 코치 주도 순간, 하는 행동의 중요성
6. 코칭 파트너 주도 순간, 하는 행동의 중요성
7. 순간의 중요성 관련 코칭 파트너의 긍정적 정서
8. 순간의 중요성 관련 코치의 긍정적 정서
9. 순간의 중요성 관련 코칭 파트너의 부정적 정서
10. 순간의 중요성 관련 코치의 부정적 정서
11. 순간의 중요성 관련 코칭 파트너의 의문/의심
12. 순간의 중요성 관련 코치의 의문/의심

de Haan, E., Bertie, C., Day, A., & Sills, C. (2010b). Critical Moments of clients and coaches: A direct comparison study. International Coaching Psychology Review, 5, 109–128.

이론적-실천적 심층 보고서 ### 코칭 파트너의 피드백

저자들은 코치들이 코칭 파트너의 피드백을 받기 위해 매우 다양한 방식을 취한다는 점을 발견했다. 어떤 코치들은 매우 규칙적으로 각 회기에서 코칭 파트너로부터 공식적인 피드백을 요청한다. 또 다른 코치들은 훨씬 더 "자유롭게" 프로그램 끝에 후기만 수집한다. 일부 코치들은 전혀 신경 쓰지 않는다.[467]

---

466) 4단계를 거친 〈결정적 사건 중심 사례 분석〉에 덧붙여 **중심이론 기반 분석**을 추가하고, 코칭 파트너와 코치의 대처와 변화의 흐름 등으로 확대하여 종합한다면 곧 〈이론과 실천을 종합한 사례 분석 보고서〉가 된다. 이론적-실천적 심층 보고서를 복수의 전문가 검토를 거치는 단계를 최종 인증 과정으로 설정하는 분야도 있다.

467) 구글 링크로 설문지를 만들어 피드백만이 아니라 코칭 내용을 정리할 수 있는 기회가 되게 할 수 있다.

코칭 파트너의 피드백을 수집하지 않는 데는 몇 가지 타당한 이유 가 있다. 첫째, 코칭 파트너에게 코치의 실천능력capability을 기대하는 것은 좀 과대한 요구일 수 있다. 코치를 너무 편하게 여기게 할 수 있고 반대로 코칭 파트너의 에너지는 오직 자기 자신에게 집중되어야 한다. 둘째, 코칭 파트너가 자칫 자신이 함께한 실제 코칭 경험에 근거하기보다는 자신이 알고 있는 '정보'에 근거해 의견을 제공할 수 있다.[468]

> 코칭 파트너의 피드백
>
> 수집의 한계

피드백과 관련해 코치는 다음과 같이 자기 스스로 점검할 의문이 있다.

Q. 코칭 파트너가 자신에게 "좋은" 것이 무엇인지 알고 있는가?
Q. 넓은 의미에서 그저 좋은 관계를 위해 피드백을 할 뿐 실제 하고 싶은 말은 감추고 있지는 않은가?
Q. [또 그저 좋은 예절로 반응하거나 사탕발림으로 대답하는 것은 아닌가?][469]
Q. 사과와 배를 비교하듯 잘못 비교할 여지는 없는가?
Q. 다른 코치들이 하는 것과 비교하고 있을 수 있는 것은 아닌가?

> 거래 분위기
>
> 긍정적 반영
> 긍정적 피드백

그러나 이런 주장이나 의문이 정당한데도, 적절하게 요청된 코칭 파트너의 피드백은 여전히 가치가 있다고 생각한다. 그렇지 않으면 코칭 작업이 파트너에게 어떤 영향을 미치는지 파악할 다른 방법이 과연

---

468) 코칭 여정에서 코칭 파트너의 에너지가 자기 자신에게 집중하게 해야 한다는 점은 중요하다. 피드백 작업을 하며 분산되거나, 다른 코칭 경험과 비교에 머물거나, 코칭을 코치와 주고받는 '거래 분위기'가 조성되면 피드백 요청 자체가 코칭을 방해할 여지가 있다.
469) 코칭 파트너는 공적 활동에서 언제나 견지해 온 좋은 태도good attitude를 유지하며 생활화되어 피드백하거나, 코치가 제공했던 '긍정적 반영'의 연장선에서 훈련하듯 피드백을 할 수 있다. 또 저항이나 방어의 의미로 긍정적 피드백을 활용할 수 있다.
수퍼비전에서는 코치가 피드백 내용을 어떻게 다루고 활용하는가에 초점을 맞출 필요가 있다. 이는 수퍼비전-주체의 학습 방법과 속도를 엿볼 수 있는 창이다.

있는가도 의문이다. 또 피드백 요청 자체가 코칭 파트너의 성찰 과정에 알아차림과 배움의 기회가 될 수 있다.

자기 패턴 찾기   코치도 여러 파트너를 통해 어느 정도 피드백을 수집하게 되면 자신의 패턴을 찾는 데 유용하다. 자기 강점과 개발 영역이 무엇이라고 보는지, 파트너들은 그것을 어떻게 인식하는지 비교하는 것도 가능하다.

우리의 경험에 비춰보면 코칭 파트너의 피드백은 수퍼비전-주체의 "깃털을 부풀리거나fluff our feathers", "부끄러움에 움찔wince in embarrassment"하게 만든다. 두 가지 모두 수퍼비전 논의를 위한 풍부한 자료이다.[470]

아직 일어나지 않은 사안 다루기

과대 포장   모든 코치는 자신에게 코치라고 부르면서도 도대체 자신이 무엇을 하는지 의문을 품게 만드는 코칭 파트너를 경험했을 것이다! ①자신감이 무너지거나, ②가치를 더할 수 있다는 믿음이 사라지거나 ③코칭 파트너에게 무슨 일이 일어나고 있는지 파악하기 어렵다고 느끼게 되면 당연히 다음 회기에 "더 잘" 진행할 수 있도록 준비하고 싶어 한다.[471]

수퍼비전 구조

경험상 코칭 파트너와 어떻게 해야 할지 '미리 계획을 세우고 싶을

---

470) 두 모습 모두 코치 성장 단계에서 볼 수 있는 모습이다. 수퍼바이저도 예외는 아니다. 우리는 모두 자신도 모르게 자기 모습을 과대 포장하거나 이에 휘말리게 된다. 코치들의 과장된 긍정 행위나 논쟁이나 진지한 검토를 통해 드러날 자신의 취약점을 감추기 위한 포장한 행동 등이 과정과 지체를 부추긴다. 계약과 합의 내용을 갱신하면서 수퍼비전이 이런 경향까지를 다루는 것은 어렵지만 도전해야 한다.

471) 코칭하면서 열거한 대략 네 가지 느낌 이외에 하나 더 추가한다. ④Q.나라면 이런 비용을 내고 이런 코칭을 받겠는가? 라는 좌절감이다. 이런 코치의 느낌은 수퍼비전 구조가 설치되어 있지 않으면 무시하거나 깊게 성찰하지 못하고, 참고 넘어간다. 또는 너무 서두르는 마음에 '어떻게?'를 찾아 외부로 돌게 된다. 수퍼비전 구조가 없더라도 내적 성찰은 꼭 필요하다.

때'는 다음 회기를 위한 "좋은 계획"을 찾기 전에 **잠시 멈추고** ^{Q.}무엇이 그런 필요를 불러일으키는지 살펴보는 것이 꼭 필요하다. 이를 위해 주로 세 가지 관점에서 살펴본다.[472]

1. 무슨 일이 일어나고 있는가, 누구의 의제인가?

이미 자기 작업 방식에 스스로 불편함을 가졌기에 이 지점에서부터 시작해야 한다.

다음 질문을 통해 점검한다.

Q. 코칭 파트너와 함께 작업한 결과로 어떤 경험을 하고 있는가?
Q. 회기 중에 어떤 느낌을 받았는가?
   SQ. 당신 안에서 뭔가 촉발된 특별한 순간이 있었는가?
Q 회기가 끝난 직후의 기분은 어떠했는가?
   SQ. 결과적으로 무엇을 하고 싶었는가?
Q 회기를 성찰하면서 어떤 느낌을 받았는가?
   SQ. 회기 후 뒤늦게 명확히 알게 되어, 다르게 했으면 하는 순간은 어느 순간인가?[473]
   SQ. 회기에서 시도한 선택을 하게 된 동기는 무엇이라 생각하는가?

> 뒤늦은 깨달음 hindsight
> 미리 깨달음/예견 foresight
> 사후에 드는 생각 afterthought

---

[472] 코칭 파트너에 의해 촉발된 상황이 아니더라도 평소 숙고해 온 과제나 어려움을 위해서도 '아직 일어나지 않은 사안'을 수퍼비전 주제로 구성해 제출할 수 있다. 이때 제시된 질문 리스트는 매우 의미가 있다.

[473] 뒤늦은 깨달음 hindsight, 코칭 파트너를 만나러 가거나 기다리며 갖게 되는 미리 깨달음/예견 foresight, 사후에 드는 생각 afterthought 등은 성찰적 실천에 중요한 구성 요소이다. 이에 대한 민감함으로 오히려 '회기'에 임하면서는 이를 편안하게 내려놓고 스케닝한다.

한 발 물러서서 바라 보기

이런 질문의 답을 통해 풍부한 자료가 생성될 것이다. 이 같은 질문을 통해 작업을 하고 나면[하는 과정에서] 실제 코칭 파트너의 경험으로부터 조금 "한 발짝 물러서서 stand back" 생각할 수 있다. 이제 이 특정 코칭 파트너와 함께 일할 때 **"보여진" 자기와 자기 패턴**에 대해 알고 있는 것이 무엇인지 즉시 생각해 본다.

2. 코칭 파트너에게 무슨 일이 있었는가?

자신의 '불안'을 스스로 탐색하여 **마음을 비우고 나면** 코칭 파터너에게 어떤 일이 일어났었을지 초점을 맞추고 다시 검토하는 것이 쉬워진다. **코칭 파트너의 관점에서 질문**을 던진다.

자기-구성
(덧붙이거나 깍아내기)

Q. 나와 같이 작업한 후 코칭 파트너가 겪고 있는 것은 무엇이라고 생각하는가?

SQ. 이를 뒷받침하는 증거는 무엇인가?

Q. 코칭 파트너에게 무언가를 유발하는 특별한 순간이 있었는가?

SQ. 구체적으로 어떤 일이 일어났는가?

Q. 코칭 파트너가 어떤 반응을 보였는가?

SQ. 이를 이전에 본 적 있는가?

Q. 해당 회기의 반응을 해석하는 데 도움이 되는 이전 회기에서 코칭 파트너가 배운 것은 무엇인가?[474]

---

[474] 코치는 파트너와 협업하는 과정에서 ①그의 고군분투, 코칭을 활용하는 방식, ②코치라는 대상을 활용하는 능력, ③성찰을 통한 자기-구성(덧붙이거나 깍아내기)을 보며 오히려 많은 배움을 얻는다. 매 회기 이에 대한 성찰 노트를 활용해 왔다면 이를 통해 배움을 얻는데 도움이 크다.

수퍼비전 회기에서도 자주 출현한다. '이번 코칭에서 ~~~점을 배웠네요'라는 언급이 그것이다. 이런 성찰의 분기점은 나의 배움을 위해 이 파트너를 만난 것인가? 라는 알아차림의 떠오름이다.

Q. 회기 이후 코칭 파트너에게서 연락을 받은 적이 있는가?[475]

    SQ. 이를 통해 회기가 어떻게 진행되었는지에 대한 단서를 얻었는가?

Q. 회기 종료 시 코칭 파트너가 어떤 피드백을 제공했는가?[476]

    SQ. 그것이 어느 정도 자신의 인식을 지지하거나 도전하는가?

이런 질문에 대한 성찰을 통해 몇 가지 자료를 파악했다면 앞의 질문과 관련한 **자신의 응답**과 비교할 수 있는 몇 가지 자료가 생긴다. 코칭 파트너가 경험하고 있는 것이 자기 경험에 비춰 **일치하는 부분**이 있는지 살펴본다. **병렬 과정**이 발생하는 경우 일 수 있다.

문고리 대화

3. 시스템에서 무슨 일이 일어나고 있었는가?

코칭은 파트너가 없는 진공 상태에서 이뤄지는 경우는 없다. 그러므로 코칭 파트너의 시스템이나 "더 넓은 세계"에서 무슨 일이 일어나고 있는지 파악하는 것이 중요하다. 다음 질문은 회기에서 경험한 방식에 영향을 미칠 수 있는 더 넓은 영향을 고려하는 데 도움이 된다.

---

475) 회기와 회기 사이에 코칭 파트너의 필요에 의한 '짧은 회기 spot coaching'를 할 수 있는 계약에 있는 경우, 적절한 정도로 문자 교신을 허용해 온 관계인지가 관련이 된다.

476) 의도적으로 코치가 회기 마지막에 묻는 피드백 대화만을 의미하지 않는다. 코치가 방문하는 경우 코칭 후 배웅하며 나누는 대화, 파트너 방문 코칭시 마치며 나가면서 하는 이른바 "문고리" 대화 등도 포함된다.

    또 코칭 회기 녹음이 허용되었을 경우 녹음 종료를 완전히 헤어진 후 종료한다. 오래전 종료하지 않은 채 사무실로 돌아오는 차 안에서 녹음을 듣고 이 사실을 발견한 경험이 있다. 고객 방문형 코칭에서는 코칭 룸에 들어와 의자에 앉는 과정, 끝나고 나가는 과정에서 보이는 몸짓과 움직임 자체도 민감하게 눈에 담아두고 있다.

Q. 작업에 어떤 부담이 있는가?

Q. 영향을 줄 수 있는 조직 내 변화는 무엇인가?

react response   Q. 조직의 위, 아래, 주변의 계층 구조에서 어떤 일이 일어나고 있는가?

Q. 코칭을 위한 맥락/상황은 무엇인가?

SQ. 코칭 작업의 공개적 의제와 은밀한 의제는 무엇인가?

Q. 코칭 이슈의 연혁과 역사는 무엇인가?

Q. 코칭은 코칭 파트너의 문화(의식)에 어떻게 부합하는가?

시스템 영향을 위한 질문

이런 질문의 대답은 코칭 파트너에게 작용하는 **다른 힘**과 **영향**을 파악하는데 도움이 된다. 이는 코칭 작업에서 어떤 "조금이라도 정확하지 않은 not quite right" 것이 있다면 이 조차 놓쳐서는 안된다. 코치로서 "잘못한 wrong" 부분이 있다면 코치인 당신이 '잘못'한 것이라고 생각하는 '인간적인 응답 human response'과 이를(다른 힘과 영향) **균형**있게 맞추는 데 특히 유용하다.[477]

코칭 사례 이외의 다른 작업

수퍼비전은 위에서 언급했듯이 코칭 파트너 사례의 구체적 이슈를 수퍼바이저와 함께 작업하는 경우가 많다. 그러나 그 외에 다른 것도 가져올 수 있다.

---

477) 코칭 파트너에게서 드러나는 다른 힘이나 영향, 이에 따른 코칭 진행과 상황에 미친 영향, 이와 연동된 코치 자신의 반응 등은 모두 일단 '시스템의 영향'으로 파악한다. 인정할 수밖에 없는 코치의 오류와 균형을 잡아 검토해야 한다고 강조하고 있다. 코치는 자신의 오류나 부족함을 손쉽게 인정하고 이를 거침없이 드러내는 풍모를 지닐 수 있다. 이는 자세로서는 탓할 수 없으나 '시스템이 끼친 영향'이나 이에 따라 초래된 '대응'이라는 살아있는 생생함을 놓칠 수 있다. 이를 어떻게 구분하는가 역시 코칭수퍼비전의 중요한 과제이다.

코칭 파트너의 몽타쥬

가끔은 코칭 파트너에게 어떤 패턴이 출현하는 것을 발견할 수 있다.[478] 어떤 식으로든 연결되어 보이는 코칭 파트너의 작업 모음collection을 가져오게 된다. 그러면 코칭 대화에서 "헬리콥터 뷰helicopter view"를 통해 더 많은 것이 생성된다.[479]

코칭 파트너의
작업 모음collection
성격적 특질, 코칭 상황과
과제를 조립
수퍼바이저 중심성의 완성

개인적 이슈

우리는 코치일 뿐 아니라 모두 인간이다! 우리 자신의 개인적인 삶과 직업적인 삶은 코칭 파트너의 삶만큼이나 복잡하고 지저분하거나 문제적이고problematic 혼란스러울 수 있다. 그러나 우리가 확실히 알고 있

---

[478] montage는 프랑스어로는 '조립한다'는 의미이다. 코치는 자신이 만났던 코칭 파트너의 상황과 조건의 반응만이 아니라 성격적 특질, 코칭 상황과 과제를 조립하여(몽타쥬) 주제로 제시할 수 있다. 이는 때로는 전혀 다른 모습이 된다. 이때 조립은 코치의 손으로 이뤄진다. 이 과정에는 코치의 인식과 시각 지평, 배움의 과제가 반영된다. 곧 배움의 주체가 되는 과정이다. 수퍼바이지 중심성의 완성이다.

우선 수퍼비전-주체가 자기 코칭 파트너의 경험을 이런 몽타쥬 기법으로 의도적, 비의도적으로 조립하는 과정 자체가 많은 배움과 과제를 설계하는 주체가 되고, 본문에 언급한 '헬리콥터 관점'을 얻을 수 있다. 더 나아가 이 작업은 한 사람만을 대상으로 하지 않는다. 여러 사람과 이슈를 몽타쥬할 수 있다. 이를 통해 자신의 코칭 패턴이나 이슈를 다양하게 발견할 수 있고 수퍼비전에서 다룰 경우 매우 풍부한 소재가 된다.

〈이런 코칭 상황, 고객의 특성 등을 어떻게 코칭할 것인가〉라는 수퍼비전 과제가 되며, 이는 코칭수퍼비전의 독특한 특성이다. 이런 과제는 토마스 레너드에 의해 일찍부터 시도된 심리치료와는 다른 코칭의 독특한 특성이다. 그 기원은 프로이트의 성격 연구이다. 그는 레오나르도 다빈치, 멕베드 등 많은 작품에서 드러난 인물을 분석한 글을 남겼다. 이를 연구 방법론으로 확대해 심리 전기 연구가 진행되었다. 역자는 집단 수퍼비전에서 중요하게 활용하고 있다.

[479] 역자는 코칭 파트너와 다룬 이슈를 오랫동안 종합하고 분류하며 사람 중심 몽타쥬 이외에 **주제별 분류**와 세분류, 종합을 통해 12가지 코칭 주제로 구분해 이에 맞는 통합적 코칭 접근을 정리한 바 있다. 이는 수퍼비전에도 좋은 경험이 되었다.

7장. 수퍼비전 준비하기

코치의 컨디션

듯이 파트너를 위해 좋은 에너지를 유지하는 능력은 더 넓은 삶에 영향을 미친다는 사실을 인식해야 한다.[480]

코치가 파트너와 코칭회기를 하기에 충분한 커디션이 아닌 상황는 어떻게 해야 하는가. 판단이 어려울 경우 이는 수퍼바이저와 논의해야 할 전문적이고 윤리적인 이슈이다. 자신이 어떻게 할지 결정을 넘어 그 결정을 코칭 파트너와 이해관계자에게 어떻게 전달할지도 함께 다뤄야 한다.

특정 이론/철학 기반 수퍼비전-개념 배우기

교육/훈련/이론 내용

이는 특정한 철학이나 전문 분야에서 온 수퍼바이저를 선택할 경우와 관련 있다. 수퍼비전 시간에 특정한 개념을 더 깊이 이해할 수 있도록 꼼꼼히 이야기하는 것이 좋다. 코칭 파트너 가운데 한 두명을 예로 들거나 요점을 설명하기 위해 사용할 수도 있다. 여기서 차이점은 코칭 파트너가 초점이 아니라 **개념을 배우는 것**이다.

상업적 고려 사항

수퍼바이저마다 이런 유형의 내용에는 서로 다른 입장을 취할 수 있다. 그렇지만 기본적으로 개별 코칭 파트너보다는 코칭비즈니스와 관련 있는 이슈에 대해서는 수퍼비전-주체를 지원하는 것이 적절하다고

---

480) 우리는 모두 누군가의 자녀이며 또 누군가의 부모이다. 또 많은 초보 시절을 경험했다. 넘어지거나 비틀거리고 또 그럴 수 있어야 이런 아픔과 실수에 공감할 수 있다. 자신의 '경험에서 배움'을 통해 '앎'을 버려내고 이를 통해 됨을 엮어간다. 그래야 이런 '됨의 향기'를 코칭 파트너와 나눌 수 있다. 이는 수퍼바이저에게도 그대로 적용된다.

생각한다. 예를 들어 코칭 틈새 시장을 명확히 하는 데 도움을 주고 이를 마케팅하는 방법에 관한 아이디어를 교환하는 것까지 확장할 수 있다. 또한 코칭비 구조의 적절성, 기존 코칭 파트너와의 가격 인상 관리 방법에 대해 논의할 수 있다.[481]

   많은 코치가 동료와 연합해 일하려고 한다. 이런 방식이 자신에게 적절한지 수퍼바이저와 검토하고 해당 이슈에 대한 경험을 공유해달라고 요청할 수 있다.[482]

> 상업적 준비를 위한 네 가지

> 하청 계약 준비하기

전문가의 사업 관계

많은 코치는 동료들과 코치 풀pool 안에서, 코칭 기회를 제공하는 사업체의 하청 계약으로 일한다. 이런 상황은 경계, 윤리성 및 관계 관리의 이슈가 자주 발생한다.[483]

> 개인의 노력과 성장 발걸음의 차이

---

481) ①각종 코칭 주제 개발, ②판매 가능한 코칭salable coaching 상품 개발, ③판매할 만한 코칭 실천 능력, ④코칭 실행 계획logistics 개발 등은 개인 수퍼비전의 주요 내용이다.

482) 코치 훈련 및 실습 관계가 공동 작업 또는 공동사업으로 이어지며 제기되는 이슈이다. 이 외에도 개인의 노력과 성장 발걸음의 차이, 가치와 윤리의 정립 과정에서 드러나는 갈등 등 많은 이슈가 제기된다. 성인기 후반 사회생활에서 코칭에 입문해 비교적 의미 있는 관계를 경험하며 코칭 문화에 긍정적 경험을 한다. 그렇지만 이후 점차적으로 작은 갈등이 큰 실망으로 이어지거나 상처가 되기도 한다. 또 코칭과 관련된 유료 관계에서도 코칭은 고객의 개입도가 높은 상품이기에 관계 관리에 많은 노력이 필요하다. 이런 활동에서 부딪치는 어려운 이슈 역시 코칭수퍼비전에서 다룰 수 있다.

483) 의외로 많이 제기되는 수퍼비전의 이슈이다. 바로 위에 언급한 코치 간의 (수직/수평) 사업 관계, 코칭 회사와의 불평등 관계로 파생되는 개인적 어려움을 겪는다. 작은 시장과 코치 간 경쟁이 심한 것이 배경이다. 코치이자 컨설턴트로 겸업하는 경우까지 포함해 코칭 프로그램과 아이디어 모방과 갈취, 코칭 회사의 보이지 않은 견제와 경쟁 관계 등 사안은 매우 복잡하다. 이런 코칭계 안에서의 크고 작은 갈등이나 직업적 비-직업적 관계 갈등이 잘 정리되지 않으면 의외로 많은 코치가 좌절하고 코칭과 멀어진다.

수퍼비전에 가져갈 자료를 결정하는 실천 단계

한 사례 집중 검토

수퍼비전에 무엇을 가져갈지 그 범위가 어느 정도 파악되었다. "무엇"이 가장 유용한 이슈인가는 스스로 고민해야 한다. 90분 동안 수퍼바이저와 함께 혼자 만나는 시간은 긴 시간이다. 실제로는 두세 가지 "코칭 사례"를 검토할 수 있지만 한 사례만 검토해도 그렇게 놀랄 일은 아니다. 이는 이슈가 얼마나 복잡한지, 사안에 대해 사전에 얼마나 많이 고민했는지에 따라 달라진다. 또 한 달 이상 후속 수퍼비전 기회가 다시 오지 못할 수 있다는 점도 고려될 수 있다. 이런 점에서 코칭 사례를 현명하게 선택하는 것이 더욱 중요하다.[484]

수퍼비전과 성찰적 실천의 차이

2장에서는 공식, 비공식 수퍼비전과 성찰적 실천이 서로 어떻게 보완할 수 있는지 간략히 설명했다. 수퍼바이저가 훈련 받은 동료와의 수퍼비전과 다른 형태의 성찰적 실천은 수퍼비전에 어떤 것이 유용한지 결정하는데 도움이 되는 좋은 방법이다.

이런 메커니즘을 통해 **의식 밖에 있던 이슈**를 인식할 수 있다. 때로는 비공식적인 논의만으로도 자신에게 무슨 일이 일어나고 있는지 "이름"을 붙일 수 있고, 모든 것이 제자리를 찾아 해결된 것처럼 느껴질 수도 있다. 분명한 것은 **이슈가 의식적으로 떠오를 때** 더 많은 관심과 탐색이 필요하다는 것이다. 이는 공식적 수퍼비전 관계의 맥락 안에서만 가장 잘 이루어진다. 특히 이슈가 코칭 파트너와 관련된 것보다 자신과 더 관련 있는 경우는 더욱 그렇다.

---

[484] 역자의 경우 수퍼비전은 한 회기에 90분으로 격주 12회 계약을 기본으로 한다. 그러나 합의한 내용이외에 추가로 발견되는 이슈가 중요할 경우, 때에 따라서 매주 진행을 상호 요청할 수 있다. 또 12회 단위 계약을 몇 차례 한 후에는 한 달에 1회 진행하기도 한다. 이 경우 1회기 두 시간 정도 운영하며 여러 사례나 이슈를 다룬다. 수퍼비전-주체의 준비 정도와 깊이가 매우 중요한 결정 요인이 때로는 필요에 따라 여러 주제를 동시에 진행하기도 한다.

다음은 비공식적 수퍼비전/성찰적 실천의 몇 가지 예와 공식 수퍼비전에 가져갈 내용을 결정하는 데 특히 유용한 방법들이다.

동료와 같이 성찰하기

코칭 프랙티스에 대한 토의와 검토에 초점을 맞춰 동료들과 모든 종류의 토론이 가능하다.[485]

공통 특징

기밀 보장이 되는 환경에서 동료들과 임시 토론을 한다. 자문적 토론
프랙티스 사례를 비교하고 "X를 접해 보았는가?" 또는 "만약 … 라면 어떻게 하겠는가?" 등의 질문을 한다.

장점들 혼자 성찰하는 노력

- 코칭 작업실에는 두 사람 외에 아무도 없으며, 기본적으로 외로운 작업이다. "노트 비교"는 자신이 최대한 효과적으로 일하고 있는지를 판단하는 한 가지 방법이다.[486]

---

[485] 이 내용은 동료수퍼비전(관계)과 구별되는 동료와의 (상호 자문하는) 토론 관계를 말한다. 이런 영역도 코칭 윤리(생활)에 근거해야 함은 당연하다. 자문적 토론이 하소연으로 변질되거나 호기심에 의한 소문이나 '첫인상 갖기'로 귀결되어서는 안 된다.

[486] 사례를 띄어놓고 서로 보며 논의하는 방식이 아니라면, 작성한 성찰 노트를 작성 근거로 혼자 성찰하는 노력이 더 효과적이다.
성찰의 첫 단계는 코칭 경험에서 올라오는 불편한 느낌, 상황에 대한 자신의 반응이 불충분했다는 알아차림이다. 다음은 자신의 개입이 지닌 비효율성에 대한 자각이다. 이는 실수와 실패 지점이 있다. 개선과 성공의 밑걸음이다. 그러나 대체로는 자신의 개입과 대응에 대한 합리화와 방어이나 이를 혼자 발견하기란 어렵다. 또 다른 차원에서는 이런 알아차림을

버디 코치와 대화에서 유의할 점?

- 자신과 비슷한 관심을 가진 "버디 코치"가 있다면 "작업을 곰씹으며" 기회와 훈련discipline을 제공하며 무엇이 우려 사항인지 명확하게 표현할 수 있도록 도움을 주고 받을 수 있다. 또한 자신이 속한 코칭 기관의 전문적인 행동 강령에 따라야 하므로 상대적으로 논의하기에 적절하다. 간혹 일반적인 친구나 가족과 나눌 경우가 있는데 이는 삼가야 할 일이다.
- 다른 코치와 네트워킹하고 스토리와 접근 방식을 공유하면 **코칭 모델에 대한 감각**을 개발하고 코칭 비즈니스의 고유한 판매 포인트를 파악하는 데 도움이 될 수 있다.
- 동료는 자기 경험과 다른 방식으로 훈련받았거나 관련 서적을 읽었을 수 있다. 이는 그들이 풍부한 창의성의 원천을 제공할 수 있음을 의미한다. 물론 그 반대의 경우도 마찬가지다.[487]

동료와의 결과를 수퍼비전에 활용하기

일반적으로 이런 동료와의 성찰 토론을 통해 자신에게 어떻게 "결론이 나는지" 알 수 있다. 진정으로 이슈가 해결되었다는 느낌이 든다면 더 이상 이슈를 탐구할 필요가 없을 것이다. 수퍼비전 시간을 이런 이슈로 낭비할 필요는 없을 것이다. 그렇지만 위에서 언급했듯 동료와 사안을 논의하고 거기서 얻은 교훈을 수퍼바이저에게 **알리는 것**은 그 자

인지한 시간과 때, 이와 관련된 사태를 놓치지 않는 것이다.

성찰일지 작성과 이를 활용해 스스로 성찰하는 방법, 동료와의 성찰적 실천 관계를 지렛대로 하여 성찰을 강화하는 방법 등은 개인 수퍼비전에서 꼭 다뤄야 할 과제이다.

487) 인식 지평을 확대할 수 있는 기회이다. 그러나 코칭이나 수퍼비전을 '책'으로 배우는 것은 한계가 있다는 점을 유념해야 한다. 인식 지평은 실천 지평의 확대와 함께 진행될 때 효과가 크다. 책으로 공부하는 경우는 경험이 풍부한 코치, 또는 각자의 경험과 책이라는 두 가지 텍스트로 진행한다는 관점이 필요하다.

체 도움이 된다.

수퍼비전을 통해 ①동료와의 토론에서 남게 된 불확실한 느낌, ②토론을 통해 예상치 못한 방향으로 흘러갔을 수 있다는 점, 동료가 제안한 해결책이 ③"나와 맞지 않은 것 같다"거나 이슈의 일부만 해결되는 경우도 있고, ④아니면 해야 할 "작업"이 더 많다는 것 등을 알게 된다. 또 ⑤"미해결 과제 unfinished business"라는 느낌이 남는다면 공식 수퍼비전이 필요하다는 좋은 신호이다.[488]

> 동료와의 토론을 수퍼비전에서 총화하기(다섯 가지)

3인조 코칭

적어도 한 명의 다른 코치와 함께 적극적으로 코칭을 훈련할 수 있는 기회이다.[489]

공통 특징

- 규모가 큰 실천 공동체의 하위 집합 또는 하위 활동인 경우가 많다.
- 일반적으로 3인조로 작업하며, 각 사람이 코치, 코칭 파트너, 관

---

[488] 이 같은 동료와의 자문 대화나 동료수퍼비전의 성과가 그 자체로 큰 의미가 있다. 그러나 이것이 코칭수퍼비전을 대체할 수는 없다. 수퍼비전은 오히려 이를 바탕으로 확대와 심화에 깊은 성찰의 밑걸음이 된다. 또 이미 (동료와) 성찰한 것을 (수퍼바이저와) 다시 성찰하는 과정에서 자신의 성찰 방식, 자신의 '경험'을 사유하는 특성에 대한 새로운 시각을 얻을 수 있다.
또 코치 자신의 '미해결 과제'는 코치 활동과 이해관계, 동료와의 수평적 관계 등에서 더 쉽게 노출될 수 있다. 수퍼바이저는 이미 알고 있더라도 이 기회를 활용해 자연스럽게 이 이슈에 접근할 수 있다.

[489] 트레이닝 현장에서 경험하는 방식을 전문코치가 되어서도 일정한 계약을 체결하고 실천한다면 좋은 훈련 구조이다. 실습 중심 훈련이다. 관계의 깊이와 결의 수준에 따라 좋은 훈련 모델이 된다. 이를 특별히 강화해 수퍼비전에 활용하는 예가 있다.
린다 애스페이 Linda Aspey. 「코칭수퍼비전을 위한 사고-환경적 접근」, 『101가지 코칭수퍼비전 질문과 기술』, 미셸 루카스 편저. 김상복, 김현주, 이서우, 정혜선, 허영숙 옮김. 2025.

찰자가 되는 시간을 차례로 갖는다. 시간은 균등하게 나뉜다.
- 코치와 코칭 파트너 모두 관찰자가 피드백을 제공하기 전에 회기에 대한 피드백을 제공한다.
- 일반적으로 상호 및 무료로 수행된다.
- 코칭 전문 기관과 코칭 회사, 연구소 등 다양한 성격의 코치 공동체가 있다.

특정 기법에 대한 반복 연습

장점들

- 모든 사람이 새로운 기술을 배우려고 할 때 가장 유용하다. 코칭 훈련 프로그램에서 배운 기술을 반영하여 훈련할 수 있다.
- 다른 기법을 "실천으로$^{in\ action}$" 볼 수 있는 기회를 제공한다.

코칭은 어떻게 작동하는가?

- 코치 역할 중에는 "코칭이 어떻게 작동하는지 아는 사람"으로부터 자신의 코칭 스타일을 피드백 받을 수 있다.
- 코칭 파트너 역할에서는 자기 개발 이슈를 해결할 수 있으며 시간으로 비용을 대신한다.
- 관찰자로서는 관찰 및 피드백 기술을 훈련할 수 있다.

3인조 경험을 수퍼비전에 활용하기

의문에 주목하기

만약 새로운 기술을 훈련하기 위해 3인조 코칭을 활용한다면, 어떤 기술은 기존 실천이나 스타일과 순조롭게 잘 맞고, 어떤 기술이 "불협화음^{jar}"으로 어색하고, 과연 어느 정도 쓸만한지 의문을 느낄 수 있다. 또 이를 어떻게 진정성 있게 사용할지 구체적으로는 모를 수 있다. 자신의 반응이 무엇이든 이는 수퍼비전을 위해 정말로 유용한 경험이

된다.[490]

3인조 코칭의 세 가지 질문

> Q. 자신의 개인적인 스타일, 가치관 또는 코칭 접근 방식 중 이런 반응을 설명하는데 도움이 되는 것은 무엇인가?
>
> Q. 이 기법technique을 기존 도구 상자toolbox로 통합할 지 여부를 어떻게 결정할 수 있는가?
>
> Q. 이런 반응은 "전형적인" 코칭 파트너의 반응과 어떻게 비교할 수 있으며 이것이 기법을 사용하는 데 어떤 영향을 미치는가?

코칭 레퍼토리를 확장하기 위해 3인조 코칭을 사용한다고 해도 기법은 잠시 제쳐둔다. 3인조 코칭 회기에서는 일반 코칭 파트너와의 회기와 마찬가지로 더 깊이 생각해 볼 "좋은 부분"과 "까다로운tricky 부분"이 나올 가능성이 높다. 따라서 유료 고객이 아닌 동료 코치와 함께하는 3인조 코칭 프랙티스는 수퍼비전에서 검토 할 또 다른 "코칭 사례"를 제공한다.[491]

3인조 코칭 경험을 개인 수퍼비전 주제로 판단 세 가지 기준

자신의 이슈를 코칭 받은 3인조 코칭 프랙티스를 수퍼비전에 가져갈 수 있는지를 판단할 수 있는 데는 세 가지 방법이 있다.

첫째, '코칭 파트너'로 다른 코치의 기법이 "진부하거나trite", "어설프거나clunky" 또는 "우아한elegant" 느낌을 받을 때 이를 알게 될 것이다.

---

490) '**훈련 도장에서의 자유대련**'의 성격을 갖는다면 한계와 단점도 있다. 가장 전형적인 예가 인증 실기 시험을 중심으로 반복 훈련에서 갖게 되는 '**초기 버릇이나 습관**'이다. 이는 때로는 '**실전 코칭의 독**'이 되기도 한다. 이를 최소화하기 위해서는 잘 설계된 집단 수퍼비전이나, 개인 맞춤 수퍼비전에서 검토하는 것이 유용하다.

491) 경험하지 않은 사례나 이슈를 다루는 수퍼비전 이슈로 가능하다. 또 "이런 코칭 파트너(또는 이슈)를 어떻게 코칭할 것인가"에 대한 집단 수퍼비전, '특정 코칭 스킬과 기법을 다양한 코칭 파트너에게 적용'하는 집단 수퍼비전에서 3인조 코칭 경험을 활용하는 것도 유효하다.

이는 자신의 코칭 파트너에게 언제, 어떻게 이런 느낌을 줄지 검토해야 하는 계기/신호가 된다.[492]

문제 고객과 고객의 문제

둘째, 코치로서는 상대 코치가 자주 "문제 고객 problem client"[493]이 될 수 있다! 일반적으로 우리는 어떻게 코칭 받고 싶은지 감을 갖고 있다. 동료의 코칭이 내가 코칭할 때와 같은 방식으로 코칭하지 않으면 어느 정도 저항을 경험하게 된다. 이는 자신도 코칭 파트너와 함께했던 코칭에서 어느 정도 저항을 경험할 수 있기에 이는 곧 수퍼비전에 유용한 콘텐츠이다. 따라서 ①저항이 어떤 느낌인지, ②저항이 어떻게 나타나는지, 그리고 ③그 시점에서 무엇이 가능하거나 불가능하게 하는지를 탐구하는 것은 ④향후 자신의 코칭 파트너와 공감하는 능력을 향상시키고, **저항이 작용할 수 있는 시점**을 파악하는 기술을 연마하는 데 도움이 된다.[494]

수퍼비전-주체의 저항이 주제가 되는 네 가지 경우

---

[492] 코치 훈련이나 역량 개발 과정에서 꼭 필요한 '코칭 파트너 체험 ⇔ 코치 체험 ⇔ 코칭 체험'을 피드백 환경하에서 **자신이 직접** 경험하거나, 동료 코칭을 보고 **비교하거나, 관찰자로** 발견하는 경우다. 이때 발견한 자신의 과제는 실전 코칭의 경계에 서서 수퍼비전할 수 있다. 수퍼비전-주체 입장에서는 자신의 코칭 실천능력을 가늠하는 중요한 기회가 된다. 그러나 이는 자기 성찰에 대한 개방성에 달려 있다.

[493] '문제 고객 problem client'은 초점이 코칭 과정, 관계에 어려움을 초래하는 고객이다. 약속이나 실천 과제 이행을 하지 않거나 소극적인 경우, 지나치게 방어적이거나 비현실적 기대, 자기 과시, 감정 기복이 심하다. 자신이 아쉬울 때는 지나치게 친절하며 관계 중심 태도를 지니다가도 해결되면 차가워지거나 전혀 배려가 없는 등 성격 특성이다. 이런 특성이 타인의 마음에 아쉬움과 배신감을 준다는 사실을 모른다. 코치들의 경우도 예외가 아니다. 반면에 '고객의 문제 problem of client'는 코칭의 주요 내용이자 해결하고자 하는 어려움, 과제, 목표에 맞춰진 표현이다.

[494] 코칭에서 코칭 파트너의 '주저와 저항 다루기'가 매우 중요하다. 이는 코칭 계약 목표 달성과 성과와도 관련이 높기 때문이다. 그러나 이를 실제의 텍스트가 되어 다루기가 쉽지 않다. 또 수퍼비전에서 수퍼비전-주체의 주저와 저장 다루기는 ①병렬 과정에서 발견하거나 ②수퍼비전-주체가 코칭에서 경험한 자기-성찰, 이 같은 ③3인조 코칭에서 직접 체험, ④수퍼바이저의 제안 등으로 주요하게 다루게 된다.

장점은 수퍼바이저가 밖에서 3인조 경험 내용과 성과를 수퍼비전 회기에서 직접 다루게 되면 수퍼비전-주체의 주저와 저항 자체를 실제로 다루는 기회가 생긴다.

코칭이 수퍼비전과 연결되는 또 다른 방식은 "역으로in reverse" 작동하는 경우이다. 예를 들어, 수퍼비전 대화 중에 코칭이 필요한 이슈를 발견할 수 있다. 때로는 이 작업이 중추적인 성격/본성pivotal nature일 수 있다. 코칭수퍼바이저의 전문지식을 이용하여 이 해결을 훈습working through495)하는 것은 가치 있다. 그러나 다른 경우 이 이슈가 3인조 코칭을 통해 더 적절하게 해결하거나 최소한 [건드려져서] 시작되어 수퍼비전에서 코칭 파트너 작업 자체에 더 집중할 수 있는 시간을 확보하게 된다.

마지막으로, 관찰자 역할을 할 때 목적은 코칭 회기를 관찰하면서 떠오른 이슈에 대해 말하기보다는 동료 작업을 위해 "서비스"하는 것이다. 그렇지만 어느 정도는 눈앞에서 벌어지는 현상를 비교하고 판단하고 있을 가능성이 높다.

예를 들면 ①"나 같으면 그렇게 하지 않았을 텐데", ②"정말 잘했는데 나는 절대 그렇게 할 수 없을 거야", ③"음 … 진행된 줄거리를 잊어버렸는데 어떻게 필요한 피드백을 하지?" [④"이렇게 하면 더 좋겠군"] 등 다양한 내적 내러티브를 하며 관찰한다.

<small>자신의 반응과 내면의 내러티브</small>

<small>유능감과 무능감</small>

3인조 코칭 작업에서 동일한 순간에 같이 작업하는 동료들을 지켜보며 자신의 반응과 내면의 내러티브는 때로는 유능감과 무능감을 만들어 낼 수 있다. 수퍼바이저와 이런 이야기를 나누면 지금까지의 경험에 비추어 자신의 '실천능력capability'에 대한 근거 있는 감각을 되찾는데 유용하다.496)

---

495) work(working) through를 '훈습薰習하다'로 번역하는 데에는 논란이 있다. 그러나 이 용어가 코칭에도 필요하다고 보기에 이 용어를 유지한다. 집중적으로 열심히 훈련하여 숙달하도록 몸으로 익힌다는 의미이며 '집중 노력', '철저 금지 행동' 등으로도 표현한다. '훈습'은 불교에서 온 용어로 좋은 향기를 몸에 배게 하고 그 향기를 풍기게 되듯 신체와 언어, 마음가짐, 에너지 차원에서도 익히는 느낌을 주는 용어이다. 가장 적합한 예는 구전심수口傳心授이다. '입으로 전하고 마음으로 가르치고 익힌다'로 우리의 전통에서 온 교육 방식이다.
496) 내면에서 제기된 풍경을 수퍼바이저와 나눌 수 있다. 이를 텍스트로 하여 상세히 토론할 기회를 만들면 풍부한 분석을 얻는다.

프랙티스를 위한 모임

가장 쉬운 "프랙티스를 위한 모임"은 함께 훈련한 코치 동문이나 전문 기관이 조직한 이벤트로 정기적 네트워크를 갖는 온라인 또는 지역의 코치 그룹을 말한다. EMCC와 ICF는 많은 국제적인 지역 네트워크 그룹을 제안해 활동하고 있다.[497]

공통 특징

- 제3자 또는 중앙 코디네이터가 조직하는 정기적인 모임 기회
- 연사, 마스터 클래스, 웨비나로 "주제 중심"으로 진행되거나, 그룹이 서로 연구하고 배우는 자기-관리^{self-manage} 학습이 될 수 있다.
- 프랙티스를 공유하는 다양한 수단을 실험할 수 있다. 예는 다음과 같다.
  - 계약 또는 코칭 피드백과 같은 코칭 과정의 구체적 **부분**을 주제로 하거나 주제별 훈련 교환이나 학습 교류 모임
  - 코칭 사례 연구를 함께하는 모임(예: [부록 7.4])
    Q. 다른 사람들은 어떤 알아차림을 얻는가?
    Q. 다른 사람들이 어떻게 접근하고 있는가, 그 이유는 무엇인가?

---

[497] 이 같은 전문 기관 주도 훈련이나 실천 모임 이외에 독립 코치 중심의 자발적인 다양한 코치 훈련과 사회활동 연대를 위한 모임이 활발해야 한다. 다양한 수준과 형식의 조직 활동을 통해 코칭 접근의 다양성이 꽃필 수 있다.

 단순한 훈련이나 학습 모임을 넘어 코치들이 자신의 생애 경험과 가치에 근거해 코칭 활동을 하며 이를 통해 필요한 코칭 접근 방법을 개발하는 환경이 매우 중요하다. 국제적으로는 기후 위기와 지속 가능 사회를 위한 코치들의 국제조직인 '기후코치동맹^{Climate Coaching Alliance}'을 들 수 있다. 이런 주요 담론과 현실의 다양한 이슈 중심 코치들의 실천 모임이 중요하다.

○ 코칭 딜레마 논의

　Q. 무엇을 할지 분명하지 않을 때 어떻게 앞으로 나아갈 것인가?

전문직의 외로움

장점들

- 동문 행사와 전문 단체 행사는 보통 "합리적sensible" 가격으로 제공되며 CPD를 "최신 상태keeping up to date"로 유지하는 좋은 방법이다.
- 커뮤니티로 모이면 코치가 자주 경험하는 "전문직의 외로움professional loneliness"을 줄일 수 있다.498)

텅 빈 프랙티스는 무엇인가?

- "충실한 프랙티스full practice"을 갖춘 코치들의 경우 새로운 관점으로 접근하는 비교적 효율적인 방법이다. "텅 빈 프랙티스empty practice"를 하는 코치들에게 이는 실제 코칭 작업과의 연결감을 유지하는 좋은 방법이다.

추천의 원칙

- 시간이 지남에 따라 다른 코치와 코칭 비즈니스가 자신의 사업을 어떻게 보완할 수 있는지에 대해 알게 된다. 전문적인 코치로부터 혜택받을 수 있는 잠재 고객이 찾아오면 신뢰하는 코치에게 추천할 수 있어 비즈니스에도 유리하다.

　그 대가로 커뮤니티의 다른 코치들도 당신의 전문성을 알게 되면 그들의 잠재 고객을 소개받을 수 있다.499)

---

498) 전문가의 '외로움'은 전문 활동에서 직면하는 자기 나름의 과제와 홀로 씨름해야 하는 외로움이다. 동일한 길을 가는 전문가의 소통이 필요하지만 이를 통해 모든 것이 해결되지 않는다. 이런 네트워크에 의한 활동이 이를 얼마나 해결할 수 있는지는 내용과 모임 수준에 따라 다르다. 대체로는 각자에게 유익한 자기 홍보로 귀결되거나, 뒤에 오는 코치들에게는 매혹으로 작용하는 활동이 되어 오래된 코치는 남지 않는 상황이 될 수 있다.

499) 코치 간에 잠재 고객을 추천, 의뢰하는 경우와 관련된 윤리적 검토사항은 무엇인가 자기 나름의 원칙이 요구된다. 역량과 실천능력, 자신의 전문성과 차이가 큰 경우, 정신건강 관련 이슈의 경계 또는 진단 범주에 속하는 경우는 '의뢰' 판단 기준, 의뢰 할 대상 선정과 절차 등을 정해 두어야 한다. 참고: 『코칭과 정신건강 다루기: 코칭에서 심리적 과제 다루기』 앤

프랙티스 모임의 경험을 수퍼비전에서 활용하기

앞서 언급한 다른 성찰적 실천 활동과 거의 같은 방식이다. 다른 코치와의 경험에서 얻은 정보는 자연스럽게 자신의 기존 코칭 프랙티스를 검토하게 만든다. 이를 위한 점검 질문 리스트이다.

*점검 질문 리스트
개인 수퍼비전에서 활용하기*

Q. 이미 "X"를 실행하고 있는가?
Q. 만약 그렇다면, 어떻게 실행되고 있는가?
Q. 그렇지 않다면, 이유는 무엇인가?
Q. 이 코칭 철학/접근에 대해 어떻게 생각하는가?
Q. 계획에 의한 것인가? 아니면 자연스럽게 출현한 것인가?
Q. 코칭을 즐기고 있는가?
Q. 자신의 코칭 작업의 에너지와 다른 코치의 에너지와 어떻게 비교되는가?
Q. 그렇게 생각하는 이유는 무엇인가?
Q. 누가 당신을 유능하거나 무능하다고 느끼게 하는가?
Q. 그것이 자신에게 뭐라고 말하는가?
Q. 이것이 당신의 코칭 파트너들에게 어떤 의미가 있는가?

보다시피 질문 목록이 매우 길다. 이 모든 질문을 검토하고 제기한다면 수퍼비전 대화에 유용한 근거가 되며 그 만큼 성과가 클 것이다.

드류 버클리, 캐롤 버클리 지음. 김상복 옮김. 2019.
　이와 비교해 사전에 '추천'할 경우는 서로 도움을 주고 받기보다는 대상 선정 기준과 절차에 대한 원칙이 필요하다. 가령 자신이 직접 확인했거나 경험한 코치만을 추천하거나 '복수'로 추천하고 결정은 잠재 고객에게 넘기는 경우 등이다. 사실 현실에서 코치를 추천하는 일은 쉽지 않다. 한 번은 어떻게 가능할지라도 지속해서 옆에 두고 소개하기는 매우 어렵다.

수퍼비전에 장기적 관점으로 접근하기

수퍼비전에 가져갈 수 있는 주제는 무궁무진하다. 정확히 표현하면 선택할 것이 너무 많기에 선택을 위한 구조-틀을 제안한다. 경험상 코치와 수퍼바이저가 수퍼비전 시기와 대상을 선택하는 방법에는 여러 가지가 있다.

1) '수퍼비전-주체 되기' 훈련의 안정된 길
2) 전략적 관점
3) 수퍼바이저의 높은 책임감

전체 사례 중심 접근

어떻게 진행하는가

코치는 자신의 전체 사례를 목록으로 작성한다. 코치와 수퍼바이저는 모든 코칭 파트너를 정기적으로 검토하는 방법에 같이 합의한다.[500]

이점들

- 철저하게 검토할 수 있다. 모든 사례를 수퍼비전을 통해 점검하도록 보장한다.
- 어려운 사례에 대한 검토를 피하거나 잘 진행한 코칭 사례에서 추

---

[500] 아래에 열거된 장단점을 비교해 진행하면 도움이 된다. 또 일차적으로는 수퍼비전-주체가 적시성을 위해 시간별로 순서를 정하게 하고 코칭 파트너의 유형별 또는 회기 진행 상황을 감안하여 코칭 사례를 체계적으로 다룰 수 있다.

수퍼비전이 장기적으로 진행되어 서로 어느 정도 이해와 호흡이 맞을 경우 도움이 된다. 특히 지방에서 한 달 이상 회기를 진행하는 경우 충분한 시간을 합의하고 진행할 수 있다.

최대 5주 이내 방문, 최소 2시간에서 4시간 정도 진행하는 경우도 있었다. 매 회기 수퍼비전-주체의 충실한 준비가 없으면 효과가 그만큼 반감되고 수퍼바이저의 불필요한 애씀이 첨가되어 오히려 성과가 맴돌 수 있다는 단점이 있다.

사례 검토의 종합	가로 배움을 가능성을 줄여 균형있게 검토할 수 있다.[501]
	• 어려운 코칭 사례에 대한 검토 시간이 많아 불균형적인 할당 대신 각 사례를 비슷한 관심으로 검토할 수 있게 도와준다.
균형감 긍정감	• 성공에 대한 토론과 축하만이 아니라 도전 과제를 격려해 균형감과 긍정감이 높아진다.
	• 여러 사례와 연결되어 패턴을 발견할 수 있다.

단점들

적시성 무력감 권한 박탈	• 코칭 파트너의 목록이 긴 경우, 각 파트너에게 매번 수퍼비전 회기에서 주의를 기울일 가능성이 낮아지는 경우, 이 방법에 유연성을 허용하지 않는 한 수퍼비전이 필요한 **적시성**을 보장하기 어렵다.
	• 수퍼비전-주체가 원하는 것을 선택할 수 없다는 무력감을 느끼거나 권한이 박탈당하거나 불필요하다고 느낌을 가질 수 있다.
	• 일반적으로 전체 사례의 부하를 처리하기 위해 더 많은 수퍼비전 시간이 필요하다.
의존도 사색을 가장하기	• 코치가 자신의 우선순위를 정하는 책임을 회피하고 수퍼바이저에게 의존도가 심화될 위험이 있다.[502]

---

501) 개별 사례에서 도출되는 과제와 사례의 연결, 사례 진행 정도가 상호 연결되어 종합될 수 있다. 사전 준비가 철저할수록 배움의 크기와 질이 달라진다.
502) 사례 선정과 이슈 제기를 철저히 수퍼비전-주체가 하게 해야 한다. 수퍼바이저가 인내심을 놓치고 조금만 앞서가거나 선도적인 반응을 할 경우 이 함정에 빠진다. 수퍼비전-주체는 수시로 사색을 가장해 손 놓고 있거나 의존 영역으로 숨어 버릴 수 있다.

수퍼비전-주체가 주도하는 접근

주제의 우선순위 결정 질문

어떻게 진행하는가

수퍼비전 토론에 무엇을 가져올지 결정하는 것은 수퍼비전-주체이다. 물론 수퍼바이저마다 다른 방식으로 진행하지만, 코치가 주제의 우선순위를 정하는데 도움이 되는 세 가지 질문이다.[503]

- Q. 코칭 프랙티스에서 긍정적이고 축하할 만큼 잘 진행되고 있는 부분은 무엇인가?
- Q. 현재 막혀 있어 탐구하고 싶은 부분은 무엇인가?
- Q. 준비하고 싶은 부분은 무엇인가?

이점들

- 수퍼비전에 무엇을 가져올지 결정할 권한은 바로 수퍼비전-주체 자신에게 있다.

---

[503] 관건은 수퍼비전-주체가 **주도권**을 확실히 쥐게 하는 것이다. 사실 '수퍼비전은 수퍼비전-주체에게 달려있다'라는 강조를 거듭해도 이를 수퍼비전 관계에 섬세하고 일관되게 적용해 상호 '등가적 연대'를 관리하는 일이 여간 어려운 일이 아니다. 때로는 수퍼비전이 지닌 '양육적 관계'라는 근본 성격 때문인가하는 의문이 수시로 올라오게 된다. 관건은 '기다림'과의 싸움이다.

〈잘한 것-막힌 것-하고 싶은 것-(감춘 것)〉을 수시로 강조해 언제나 먼저 수퍼비전-주체가 제기할 주도권을 웅켜지게 격려하고 이런 방식에 익숙해진 후, 다음으로 나가는 식으로 근육 단련을 확인하며 나가야 한다. 수퍼바이저의 의견과 설명이 자기 경험에 근거하기보다는 수퍼비전-주체와 함께 검토한 과거 회기(즉 수퍼비전-주체의 경험)에서 검토한 사례와 연결에 설명하는 등 '연쇄 연결'을 유념하며 그의 발걸음을 따라하는 것이 효과적인 길이다.

가장 최근의 코칭 사례

- 가장 필요한 영역에 주의를 기울일 수 있다.
- 일반적으로 가장 최근의 코칭 사례를 수퍼비전에 가져온다. 이는 매우 신선한 정보를 제공할 수 있으며, 정확히 무슨 일이 일어났는지 기억하기도 선명하기 때문이며 일반적으로 생생하고 기억에 남는 토론으로 이어진다.

단점들

누락된 사례의 중요성

- 수퍼비전-주체는 자기 사례 중에서 진정으로 대표할 실례를 선택해야 할 입장이다.
- 일부 코칭 파트너 사례는 수퍼비전을 받지 못할 수 있다.
- 최근 코칭 사례로 편향되는 경우 최근에 만난 코칭 파트너라서 더 중요하게 검토해야 되는 것처럼 보이지만, 그것은 얼마 전에 보았기 때문에 '희미해진 더 중요한 코칭 파트너 이슈'를 감추는 것일 수 있다.[504]

코치의 성장과 발달 여정 주도 수퍼비전

어떻게 진행하는가

코치와 수퍼바이저는 코칭 사례가 올라오더라도 그것에 집중하기보다는 코치의 발전적 여정 developmental journey[성장 과정]에 대해 논의한다. 일반적으로 강점과 개발/발전이 필요한 영역을 파악하고(아마도

---

[504] 먼저 제기한 사례를 다룬 후에도 ℚ이에 따라 드러내지 못한 것은 무엇인가요? ℚ감춰진 것은 무엇인가요? ℚ감춰진 것인지 감춘 것인지 어느 쪽이 더 정확한가요? 이런 류의 질문이 필요하다. 이런 거듭된 질문은 과거 사례를 자극한다.

역량 구조-틀에 비교하여) 미래를 위한 전반적인 코치 개발 계획을 수립한다.[505]

일단 중점 영역이 정해지면 코치는 코칭 파트너와의 작업 중 어떤 특정 중점 영역을 발전시키는데 가장 유용한 정보를 제공할 가능성이 높은 부분을 파악한다.[506]

이점들

일종의 '되기'-중심 수퍼비전이다

- 수퍼비전의 목표가 프랙티스/개인 발달의 개선에 도움이 되는 방향으로 진행되도록 보장한다(수퍼비전 대상이 된 코칭 파트너 사례만이 아니라 모든 코칭 파트너에게 유익이 되어야 한다).
- 회복적이고 규범적 주제를 다룰 때에도 수퍼비전-주체의 발달과 성장 요소에 우선순위를 부여한다. 이런 집중의 정도는 배움을 가속화하고 전체 수퍼비전 경험이 더욱 연결되게 만드는 데 도움이 될 수 있다.

---

505) 'developmental journey'을 어떤 범위로 인식하는가에서 혼란이 따른다. 코칭 역량과 실천능력 향상과 이를 위한 기술과 기법 개발, 코치로서 (성장)발전 과정과 전략 등으로 이해할 수 있다. 그러나 사실 기술과 기법의 활용과 숙달이라는 것이 코치 자신의 성장과 밀접한 관계가 있다. 또 코치의 미해결 과제라는 것도 생애 발달 과정과 연동되는 경우가 많다. 이런 점에 주목한 매우 설득력 있는 연구도 있다.

이런 점에서 'developmental'은 생애 발달 과제, 코치의 자기self 성장과 스킬의 개발, 코칭 실천능력과 수용력의 발전 등 복합적인 의미가 포함되어 독해된다.
참고: Tatiana Bachkirova. *Developmental Coaching*. Open University Press; 2nd. 2022.

506) 코치의 실천 활동에 따라 수시로 출현하는 코칭 파트너의 이슈를 쫓기보다는 코치의 개발 계획이나 의도를 중심에 두고 계약하거나 이를 중심으로 설계된 (집단)수퍼비전 참여로 이뤄진다. '역량과 실천능력 개발인가', '코치의 성장 발달을 위한 실천능력과 수용력 개발인가'로도 나눌 수 있다. 후자의 경우 코치의 성장 발달과 인간 발달에 근거한 발달 중심 코칭수퍼비전을 이론적 근거로 한다.

- 구조와 방향을 제공하면서도 코치가 작업할 주제를 선택할 수 있도록 권한을 부여한다.

단점들

어둠 속의 작은 빛
- 특정 코칭 파트너의 요구/이슈보다 일반적인 개발/발달 요인에 우선 순위를 두게 된다.

경험의 여진
- 규율이 필요하며[507], 코칭 파트너의 이슈를 검토하고 특정 개발 영역으로 다시 연결하기 위해 회기 시간이나 횟수가 더 길어질 수 있다.[508]

사각지대에서 시작하는 발달적 접근
- 사각지대 및 어려운 코칭 파트너를 탐색하지 못할 수 있다.[509]

시스템 주도 수퍼비전

어떻게 진행하는가

수퍼바이저들은 이를 위해 다양한 방법을 사용할 수 있지만, 공통적인

---

507) 수퍼비전-주체의 개발과 발전에 주목하므로 그 자신을 위한 노력과 실천이 중요하다. 이를 그저 '알고 있는' 수준이라면 이는 책을 보고 알면 되는 과제이다. 수퍼바이저와 함께 하는 작업은 자신을 깎고 다듬으며, 부족한 부분을 덧붙이는 실제 작업이라는 점에서 '규율'이 강조된다. 그렇지 않으면 효과가 없다.

508) 이를 표면적으로 다루고 지나가는 것이 아니라 실제로 습득되거나 코치의 태도나 스킬을 활용하는 자세가 변화하고 이를 수퍼비전-주체가 실감을 해야 한다는 점에서 시간과 노력이 더 걸린다. 물론 **어둠 속 작은 빛이 변화의 시작**일 수 있고, 깊은 경험이 여진이 되어 향후 활동에서 점진적 성과가 드러날 수 있으나 이런 내용으로 계약할 수는 없는 일이다.

509) 현재 진행하고 있는 사례에서 코칭 파트너를 위해 '어려운 점', 코치의 당장의 '**어려운 과제'를 상대적으로 소홀히 다루는** 경우 선택과 조정이 필요할 수 있다(계약과 합의가 필요), 반면에 코칭 파트너와의 코칭 관계, 수퍼비전 관계 안에서 상호 협력적으로 작업하기에 '발달적 접근'은 '사각지대' 탐험에 오히려 상대적으로 유리해 도움될 가능성도 있다.

주제는 코치가 "자연스럽게naturally" 가져오는 것을 넘어서서 코치에게 가장 도움이 되는 것이 무엇인지에 대한 **더 넓은 관점**에서 조율하는 tune into 방법을 찾는 것이다.

예를 들어, 개별적으로 작업할 때, 수퍼바이저는 간단히 Q.시스템에서 수퍼비전에 가져와야 할 것은 무엇인가요? 라고 질문할 수 있다. 집단에서는 코치가 직접 제공하지 않는 정보에 접근하기 위해 '어항fish bowl 들여다 보기'나 컨스텔레이션 작업을 사용할 수 있다.[510]

> 시스템 과제를 수퍼비전 주제로

이점들

- 일반적으로 이런 접근은 더 긴급하고 더 깊은 수준에서 작업하는 데 도움이 된다.
- 코치들은 자연스럽게 "자아 중심적ego-centric" 관점에서 벗어나게 된다. 이는 작업에 대해 어느 정도 "성과/수행 불안performance anxiety"이 있을 때 특히 유용할 수 있다.[511]
- 자주 반복되는 패턴을 드러낸다.
- 시스템을 이해하면 다양하고 효과적인 코칭 솔루션을 발견할 수 있다.

> 이것이 왜 시스템적 주제인가?

---

[510] 시스템 작동은 '어항fish bowl 들여다 보기'를 통해 수퍼비전 진행을 관찰하는 집단에 의해 발견된다. 그러므로 진행 후 관찰자 집단과 이를 나누며 발견하고 심화한다. 반면에 컨스텔레이션 작업은 모든 참여자를 통해 시스템 정보가 드러나게 된다.

[511] 특정 접근, 기술, 기법이 실현되는 과정과 실현된 결과를 체험 또는 볼 수 있기에 자기 불안과 집착에서 벗어나는 데 안심을 제공하거나 수행 불안을 잠재우는 데 도움이 될 수 있다.

단점들

시스템에 대한 개념 혼란

- 경험이 부족한 코치라면 더 넓은 시스템에 대한 개념이 혼란스럽고, 두렵거나, 무력감을 느낄 수 있다.[512]
- 집단 환경에서는 더 넓은 시스템과 연결하기보다는 동료 코치에게 의존해 개인적인 시도personal interference를 최소화할 수 있게 된다.[513]
- 시스템적으로 사고하는 것은 습득하는 데 오랜 시간이 걸릴 수 있는 기술이다(특히 [일반적으로 생각하는] 코치 성숙도의 [초기] 1단계와 2단계에서).

[사례 연구 7.3] 앨리슨 – 수퍼비전 사례 연구

앨리슨은 뛰어난 커리어코치다. 여러 해 동안 HR 부서에서 업무 포트폴리오의 하나로 사내 코치로 일해왔다. 코칭을 받다가 스스로 코치가 되었다. 코칭을 통해 자신의 마음가짐mind-set이 바뀌는shift 모습에 감명받았고, 너무 흥미로워 직접 코치 훈련을 받고 활동해 왔다.

최근 조직의 구조 조정으로 어려운 역할 변화에 직면하자 도움을 요청했다. 사내 코치로 조직에서 그녀가 맡은 사례의 파트너들은 대부분 조직 변화로 인한 일종의 경력 전환career transition을 겪고 있는 고위급 전문가라는 비슷한 프로필을 갖고 있다. 대체로 3시간에서 6시간의 코칭 프로그램을 계약한다.

앨리슨은 걱정스러운 마음으로 수퍼비전 회기에 왔다. 재배치를 위한 면접에서 계속 성공

---

512) 옆에 가는 코치 따라 또는 그와 비교하며 쫓기거나 쫓아가며 교육훈련 프로그램이나 집단 수퍼비전을 선택하는 경우 초래된다. 이런 경우 진행자는 수강생이 확보되어 좋아할 수 있으나 프로그램을 소화하지 못하는 '슬럼 지대'에 머물거나 집단 전체의 더 높은 배움의 창발을 밑에서 '매달린 추'로 끌어 내리게 된다. 일대일 수퍼비전에서 이런 경우가 발생한다면 이는 수퍼바이저의 계약 단계를 스스로 검토해야 한다.
513) 집단 안에서 동료의 시연, 시도, 말로 묘사하기 등에 동의하는 수준에서 간접 체험하면서 머물게 된다. 배움을 위한 시스템 안에 체류하는 모양새이다.

못했다고 보고하는 코칭 파트너와의 회기를 제기했다. 내용의 많은 부분은 파트너들이 눈에 띄게 좌절하고 화가 나서 조직 내에서 벌어지고 있는 음모에 대해 빙빙 돌며 이야기하는 지점이다. 그의 말에 따르면 사례의 마지막에 코칭 파트너는 "내가 무엇을 더 해야 하나요?!" 그 순간 앨리슨은 "얼어붙은" 상태가 된다.

이 외침은 곧 앨리슨 자신에게 던져진 질문이 되어 자신은 멍하니 상대를 바라보며 무엇인가 영감이 떠오르길 기다렸다고 당시 상황을 묘사했다. 그러나 어떤 영감도 떠오르지 않았고 생각하면 할수록 무슨 말을 할 지 어려웠고 아무 생각도 나지 않았다고 한다.

회기는 코칭 파트너가 이력서를 업데이트했다고 말하며 앨리슨에게 검토할 의향이 있는지 물었을 때 침묵이 깨졌다. 앨리슨은 구명줄을 잡았고 회기는 다른 방향으로 진행되었다.

앨리슨은 사례를 검토하고 앞으로는 얼어붙지 않기 위한 몇 가지 팁과 기법을 찾고 싶었다. 그녀는 자신감에 큰 타격을 입었고, 이 경험은 이후 다른 코칭 파트너들과의 코칭 회기에도 영향을 미쳤다. 이제는 똑같은 일이 예고 없이 다시 일어날까 봐 두려웠다. 또 코칭 파트너가 자신을 "가까스로 궁지에서 벗어나게 saved the day"해 준 사실이 부끄러웠고, 파트너들에게 최고의 가치를 제공하지 못한 자신을 자책했다.

수퍼비전 회기 중에 우리는 그 코칭 파트너가 지닌 문제의 근원이 무엇인지 알아낼 수 있었다. 앨리슨은 문제의 코칭 파트너가 코칭 회기에서 보여준 좌절감이나 불만을 회사와의 인터뷰에서 아주 일부분(10% 정도)만 드러냈을 것으로 추측했다. 인터뷰에서 계속 그가 계속 선발되지 않은 것은 당연하다는 의견을 피력했다. 그는 자기 자신이 문제의 일부라는 것을 알지 못하고 있었다. 또 자신이 변하지 않고 주변의 모든 것이 (더 나은 방향으로) 변화되기만을 원했다.[514] 그녀는 그가 모든 회기를 다 마치기 전에 일자리를 찾을 수 있도록 도와줄 수 있을지 확신하지 못했다.[515]

---

514) 코칭 파트너는 내면에 있는 부정적 감정이나 태도가 인터뷰 과정에서 미묘하게 드러났을 것이고 채용 담당자는 아마도 좋지 못한 어떤 느낌을 받았을 것이라고 간접적으로 말하고 있다. 즉 보여지는 모습만이 아니라 숨겨진 감정이 면접 결과에 영향을 주었다고 보고 있다.

515) 코치는 상대가 자신의 변화가 아니라 주변 사람이나 환경을 탓하고 있다. 이런 이슈 해결의 핵심 주체가 자신임을 인지하지 못하는 상황이라 이를 코칭에서 근본적 변화를 이끌어내기가 어렵다는 점을 느끼고 있다. 이런 **자신의 태도**로 파트너가 취업을 성공할 수 있을지 확신이 없고, 파트너도 의지가 부족해 좌절과 책임감을 동시에 갖고 있다.

이어서 검토해야 할 또 다른 추가 사실[516]

- 이 코칭 파트너는 처음이 아니다. 앨리슨은 그를 과거에 몇 차례 코칭한 적이 있었고 회기에서는 모든 것이 잘 진행되었다. 피드백 양식에서도 이를 확인할 수 있었다.
- 구조 조정의 일환으로 이 파트너가 "쫓겨난" 일은 이번이 처음이 아니다.
- 이 코칭 파트너에게는 갚아야 할 대출금과 사립학교 다니는 자녀, 직장을 다니지 않는 아내가 있었다.
- 앨리슨은 코치 인증 신청을 위해 수퍼바이저의 추천서가 필요했다.

토론을 위한 질문

Q. 이 사례 연구에서 가장 주목되는 부분이 어디인가? 그 이유는 무엇인가?
Q. 만약 앨리슨과 이 주제를 논의한다면 어디서부터 시작하겠는가?
Q. 이 사례 연구의 어떤 부분이 자신의 경험과 공감이 되는가?
Q. 이 시나리오를 검토하면서 떠오르는 다른 생각은 무엇인가?

역자의 추가 질문

Q. 모든 자료를 종합하여 '앨리슨'을 중심으로 코치 되기 전부터 수퍼비전 회기(이후)까지 과정을 '이슈'를 넣어 이야기를 구성해 보자.
Q. 모든 자료를 종합하여 '코칭 파트너'의 입장에서 이슈를 포함해 이야기해 보자.
Q. 수퍼바이저를 중심으로 설명하고 어떻게 접근을 해야 하는지 작업 가설을 구성해 보자.

---

516) 앞 내용을 먼저 이해하고 충분히 분석한다. 그 후 추가 사실을 별도로 각각의 사실을 '만약 ~라면'으로 보고 분석한다.

생각을 결론지으면서

이 장을 통해 수퍼비전을 준비하는 다양한 방법을 소개했다. 처음 언급했듯 수퍼비전은 '협력적 대화'이다. 그러므로 수퍼비전-주체와 수퍼바이저 양쪽의 기대치를 명확히 하는 것은 '계약' 과정에서 중요하다. 이때 예상하지 못한 가능성을 최소화하기 위해 선택한 수퍼바이저와 함께 다음 질문을 충분히 논의해야 한다.[517]

예상하지 못한 가능성에 대처하기 위한 질문

Q. 회기에 앞서 어떤 준비를 하길 기대하는가?
Q. 준비할 시간이 없을 경우 어떻게 해야 하는가?
Q. 수퍼비전에 무엇을 가져와야 할지 모르는 경우 어떻게 해야 하는가?
Q. 수퍼비전에 가져가고 싶은 것이 없으면 어떻게 하는가?

계약 과정에서 점검

수퍼비전-주체는 코치 자신의 성장/개발 계획(8장 참조)을 세우고 이를 수퍼바이저와 공유하여 수퍼비전을 진행하는 것은 자기책임이다. 이를 위해 수퍼비전에서 이뤄지는 **발전과 발달의 맥락**을 충분히 파악하는 것이 유용하다.

수퍼비전에 가져갈 자료에 접근하는 방법 체크리스트

Q1. 앞으로 한 해를 생각해 보라. 모든 코칭-파트너 작업에 대한 수퍼

---

[517] 다음 질문은 수퍼비전-주체 입장에서 수퍼바이저의 의견을 들어야 할 최소한의 질문이다. 수퍼비전-주체가 이점을 질문하지 못하거나 명확히 하지 않으면 수퍼바이저는 다양한 접촉으로 이를 자극하고 충분히 대처하도록 준비하게 해야 한다.

비전을 어떻게 받을 수 있는가?

Q2. 수퍼바이저에게 가져갈 주제^{topics}의 송유관^{pipeline}을 제공하기 위해 적절한 비공식 활동의 조합을 어떻게 확보할 수 있는가?

비공식 활동의 조합

Q3. 다가오는 수퍼비전 회기를 어떻게 활용할지를 고려하는 간단한/빠른 "방법"이 있는가?

SQ. 만약 없다면 [직접] 만들 수 있는가?[518]

주요 학습 요약

도달할 각종 방안을 구비

1. 건설적인 일이라 생각될 때/느껴질 때 준비하라.

   수퍼비전 준비하면서 회기와 사례 메모를 작성하고, 적극적으로 생각하고 성찰하는 과정을 통해 유용한 배움을 얻을 수 있다는 점을 기억한다.

2. 어떤 "범주"나 어떤 유형의 이슈를 수퍼비전에 가져갈지 숙고한다.

3. 자신의 정서적 반응과 생각만이 아니라 일어난 일의 사실적 설명, 코칭 파트너의 정서적 반응을 포착한다.

4. 수퍼비전에서 무엇을 하고 싶은지, 수퍼비전을 통해 성취하고 싶은 것을 명확히 한다. 이점이 수퍼바이저 선택에 영향을 미친다.

   즉, 새로운 접근 방식에서 '개인 발달'은 해당 지식을 가진 수퍼바이저를 의미한다.[519]

---

518) 만약 수퍼비전-주체로서 Q2, Q3의 질문을 받았다면 무슨 답을 해야 하는가? 수퍼바이저는 이 같은 질문에 어떻게 답할 수 있는가?

519) 자격 인증이 이슈라면 각 수준에 맞는 '역량, 실천능력, 수용력'(3C), 코치의 성장 발달이라면 이것이 코칭 접근이나 실천 방안을 (3C로) 구별을 설명하거나 시연을 통해 보여주고 이에 도달할 각종 방안을 구비하는 것이 필요하다. '인간의 개인 개발 성장'에 근거한다면 각 발달 단계에서 이월된 과제가 코치 활동의 미해결 과제와 어떤 영향을 미치는지에 대한 연구가 필요하다.

5. 수퍼비전을 보완하는 활동을 위해 다양한 전문 기관이 주최하는 이벤트와 네트워크를 최대한 활용한다.

성찰 질문

1. 이 장의 내용은 자신에게 어떤 자극을 주었는가?
2. 자신이 수퍼비전에 주로 제기하는 내용의 경향은 무엇이며 그 이유는 무엇인가?
3. 수퍼비전에 가져오지 않는 것은 무엇이고 그 이유는 무엇인가?
4. 현재의 수퍼비전이 자신에게 정말로 최적화한 것이라고 생각하는가? [그 근거는 무엇인가?]
5. 수퍼바이저와 가진 시간을 "더 잘 활용"하기 위해 다르게 한다면 그 한 가지는 무엇인가?

[부록 7.1] 중요한 사건 분석

사건 날짜

성찰 날짜

일어난 일의 사실 기록 Log

일어난 일의 일지와 이에 따른 감정 기록 DIARY

객관적 자료를 근거로 무슨일이 일어났는지 분석하고, 일어난 일을 합리적으로 이해한 바를 글로 쓰기 JOURNAL

계획: 성찰과 분석을 바탕으로 향후 어떤 조치를 취하고 싶은지 계획하기 PLAN

역자의 추가

- 필요한 '은유', '아포리즘', 영화나 소설에 나오는 인물이나 상황 장면 등을 성찰 사유에 활용하거나 글쓰기에 활용할 수 있다.
- 자기 나름의 용어 사전, 코칭 아포리즘을 만들고 이를 활용할 수 있다. 모방에서 시작해 창조해 가는 사색 과정이 필요하다.

[부록 7.2] SOAP 성찰 학습 양식

다이어리 DIARY	기록 LOG
당신의 주관적인 감정을 쓰십시오. (즉, 당신이 그것에 대해 어떻게 느꼈는가?)	객관적인 사실에 대해 쓰십시오. (즉, 무슨 일이 있었는가?)
글쓰기 JOURNAL	그래서 어떻게 SO WHAT?
사건(예: 분석)에서 배운 내용 성찰하시오	그것이 당신의 개인 학습에 어떤 영향을 주었는가? (즉, 다음 번에는 무엇을 다르게 할 것인가?)

역자의 추가

1. 내용 관련 주제어를 몇 가지 적어 둔다.
2. 내용을 다룰 코칭 스킬 등이 연상되면 적어 둔다.
3. 향후 검토할 이론, 도서 등을 적어 둔다. 없으면 찾아야 한다는 체크를 해둔다.

[부록 7.3] 코칭 회기 검토 양식

Session Date(회기 날짜):

Client(코칭 파트너 성명):

Client session No(코칭 파트너 회기 번호):

Reflection Date(성찰 날짜):

중요한 점 HIGHLIGH	[상대적으로] 중요하지 않은 점 LOWLIGHTS
배운 점 LEARNING	약속할 점 COMMITMENT FOR FUTURE

참고 문헌

- Bachkirova, T., Jackson, P. and Clutterbuck, P. (2011) *Coaching & Mentoring Supervision: Theory and Practice*. McGraw-Hill: Maidenhead.
- Covey, S. (1989) *The Seven Habits of Highly Effective People*. Simon & Schuster: London.
- Hawkins, P. and Smith, N. (2006) *Coaching, Mentoring and Organizational Consultancy: Supervision and Development*. McGraw-Hill: Maidenhead.
- Hay, J. (2007) *Reflective Practice and Supervision for Coaches*. McGraw-Hill: Maidenhead.
- Whitaker, C. and Lucas, M. (2014) Risk Assessor. Road Test Feature: "The Coaching Dilemma Cards". *Coaching at Work*. Vol. 9, No. 6, Nov./Dec.

8장 내부-수퍼바이저 개발하기

수퍼비전 과정을 통해 이루어지는 배움의 상당 부분은 수퍼비전을 준비하며 자기 경험을 되돌아 보는 과정에서 일어난다. 실제로 '준비'는 '셀프-수퍼비전'을 위한 프랙티스가 된다. 특히 코칭 회기 '중'과 '후'에 "Q.수퍼바이저는 이에 대해 무슨 질문을 할까?"라고 스스로 생각할 때도 많기 때문이다(참고로 "Q.수퍼바이저가 나에게 무엇을 물어볼까?"라는 질문이 "Q.수퍼바이저가 나에게 무슨 말을 할까?"보다 더 강력할 때가 많다는 점을 유의하라!).

내부-수퍼바이저 internal supervisor[520]가 의미하는 바는 매우 개별적이지만 수퍼비전 받는 코치의 경험에서 볼 때 이 과정은 다음과 같이 추정할 수 있다.

수퍼비전 준비 과정에서 배우기

---

[520] 여기서 언급하는 'internal supervisor'는 조직 내에서 일하는 사내 코치를 대상으로 하는 조직 내부의 수퍼바이저를 말하는 것이 아니다. 자신의 내면에서 자기와 내면 대화를 하는 내면의 목소리로서의 수퍼바이저 inner voice of supervisor의 의미이다. 이를 구별하기 위해 여기서는 '내부-수퍼바이저'로 표현하기로 한다. 역자의 경우 케이스먼트의 표현인 inner supervisor로 '내부 수퍼바이저'로 설명해 왔다. 표현이 다른 동일한 의미로 이해한다.

이 개념을 처음 사용한 연구자는 사회복지사 출신 정신분석가 케이스먼트 Patrick J. Casement

내부 수퍼바이저 출현 과정

(1) 코칭을 시작할 때 우리는 내부 내러티브 internal narrative 가 없을 수 있기에 수퍼바이저가 묻는 몇 가지 질문에 자주 놀라게 된다.

(2) 점차 받게 될 몇 가지 질문을 예상하거나 수퍼바이저가 무엇을 질문할지 숙고하기 시작한다.

(3) 시간이 지남에 따라, 자기 작업을 되돌아보고 내면화하면서 수퍼바이저의 목소리를 듣게 된다.

(4) 프랙티스를 통해 우리는 코칭 파트너와 회기 중 "어느 순간"에 그 목소리를 불러낼 수 있게 된다. 회기 중에는 필요할 때 그 목소리가 한 말을 점차 신뢰하는 법을 배운다.

(5) 결국, 수퍼바이저의 목소리는 우리 자신의 지혜와 내부화된 수퍼

이다. 그의 연구는 코칭수퍼비전에도 자주 인용되며 영향을 많이 주었다. 그의 첫 저서는 내부 수퍼바이저 inner supervisor 를 위한 두 개의 장에 걸쳐 설명하고 이후에도 계속 저술의 중심 개념으로 이어갔다.

치료나 분석 관계의 두 사람은 그 관계 안에서 갖게 되는 내적 현실의 특성으로 중간적 존재, 중간적 위치를 취하게 된다. 내담자는 대상을 실제 대상이자 **자신이 기대하는 전이 대상**으로 만나게 된다. 반면에 치료사/분석가는 침범하지 않으려는 **방어적 태도**로 뒤로 물러나는 태도를 취하게 된다(마치 놀이하는 아이에게 침범하지 않고 함께 있어 주기만 하는 어머니처럼). 이에 따라 내담자는 **상대를 부재로 느끼면서도 현존하는 것**으로 왔다갔다 느끼게 된다. 두 사람은 **실재이면서도 환상인 중간지대**, 잠재적 공간에 머물게 된다. 두 사람의 분리되어 있으면서도 친밀해지는 이 관계의 발전은 두 삶이 밀고 당기는 힘의 한복판에 있다고 느껴야만 편해진다. 즉 두 사람의 춤인 이인무二人舞에서 편안함을 가지면서 균형감을 가져야 한다. 이것이 '양육적 삼각관계'라는 외적 측면이 된다. 결국 내적으로는 이를 감당하는 내적 주체가 형성되고 그와 각자 편하게 관계하면서 상대와 춤을 추게 된다. 바로 이런 내적 주체는 수퍼비전을 통해 내부-수퍼바이저로 성장한다(pp. 65-66).

이는 코치와 코칭 파트너 사이에서도 그대로 일어난다. 바로 '코칭 관계가 코칭한다'라고 할 때 그런 코칭 관계의 내적 주체를 내부 코치 inner coach 로 상징화하며, 바로 이런 내부 코치가 **내부-수퍼바이저**로 수퍼비전을 통해 발전할 수 있다. 코칭수퍼비전에서도 바로 이점에 주목해 이를 인용하고 주장해 왔다.

참고:『환자에게서 배우기』, 패트릭 J. 케이스먼트. 김석도 옮김. 한국심리치료연구소. 2003.

Learning Along The Way: Further Reflections on Psychoanalysis and Psychotherapy. Routledge. 2019.

바이저의 지혜를 통합한 목소리로 대체된다. 이 내면의 목소리는 대부분 우리 자신의 목소리이다.

(6) 시간이 지남에 따라 다양한 수퍼바이저들과 함께 작업하면서 내면의 목소리는 각 수퍼바이저에 의해 더욱 풍요로워진다.[521]

이 책 집필을 위한 연구에서 프랙티셔너들에게 "내부-수퍼바이저"의 발전을 어떻게 설명할 것인지 물었다.

> 내가 [코칭 프로그램] '코칭 마스터Coaching Masters'를 할 때 처음으로 내 자신의 '내부-수퍼바이저'를 알게 되었다. 많은 코치와 프랙티셔너들이 내 방식에 직간접적으로 도전하는 관점을 접하며 내 안에 형성되었다고 느끼고 그렇게 생각하기 시작했다. 나의 여정에 영향을 준 환상적이고 유능한 동료와 튜터들과 함께 배우는 혜택을 누렸고, 그 결과 '지금의 나'와 코치가 된 것 같다. … 나는 몇 년에 걸쳐 나의 실천과 발전에 중요하게 영향을 준 유능한 수퍼바이저를 만나는 축복을 받았다. 이런 성장은 내부-수퍼바이저를 점점 더 의식적으로 육성하는 데 도움이 되었다.
>
> 내부-수퍼바이저는 내가 직접 수퍼비전을 시작하고 자격을 갖춘 공인 수퍼바이저가 되자 또 다른 차원으로 변화했다. 수퍼바이저 훈련과 경험을 통해 병렬 과정의 복잡성과 시스템의 알아차림

내부-수퍼바이저를 점점 더 의식적으로 육성

병렬 과정의 복잡성

---

521) 이 여섯 가지 발걸음의 순서가 내부-수퍼바이저를 인식하고 실천을 통해 점차 구성/형성해가는 과정이다. 이를 촉진하는 것이 '성찰적 실천'이고 이를 더욱 개발하고 성숙하게 하는 것이 '성찰을 위한 연쇄 고리'(5장 부록 참조)이다. 또 수퍼바이저 코치는 수퍼비전-주체와의 관계 안에서 수퍼비전 실천을 통해 점차 '내부-수퍼바이저'가 성장하도록 지원한다. 수퍼비전-주체의 이 같은 경험은 코칭에서도 코칭 파트너에게 내부 코치inner-coach가 형성되어 자신의 셀프 코칭을 강화한다.

을 통해 나의 코칭이 한 단계 더 발전했다. 지금은 내부-수퍼바이저가 '내 자신의 목소리'를 내고 있지만 계속 발전하기 위해서는 다른 **외부 목소리**의 도전이 필요하다는 생각이다. 이는 이제까지 결코 "해 본" 경험이 아니다.[522]

- 조 코헨Zoe Cohen, 독립코치 겸 수퍼바이저

내 안의 스승
모든-것-곳-때
의도적으로 의욕을 거절한다
초연한 내맡김

수퍼바이저가 묻지 않았으면
하는 질문

개인적으로 수퍼비전을 준비하다 보니 수퍼바이저가 내게 어떤 질문을 할 것인지, 또 어떤 답변을 할지 생각하게 했다. 그렇지만 내 머리로는 이 목소리를 알아보는 데 시간이 좀 걸렸다. 프랙티스가 진전되고 더 넓은 관점을 얻기 위해 수퍼바이저를 바꾸면서 여러 수퍼바이저들로부터 다양한 유형의 질문을 자주 떠올리고 때로는 비교하는 과정에서 알게 되었다.

내 성찰은 내 편견에 의해 **채색**된다는 점을 알아차렸다. 이에 따라 수퍼바이저가 묻지 않았으면 하는 질문이 무엇인지 자신에게 물어보

---

[522] '외부 목소리external voice'는 어떻게 듣는가? 다가오기를 그냥 '의욕하지-않음'으로 내맡기고 기다릴 때 그 '외부'는 스승의 모습으로 다가온다. 자기 자신의 내부 목소리를 신뢰하면서 '외부의 목소리'와 그것이 내게 주는 도전을 기대하는 자세/마음-가짐에서 의욕하지-않음의 상태를 오가며 만나게 될 경험을 한다. 어떤 내적-수퍼바이저인가? 이는 곧 나를 위한 내 안의 스승의 모습으로 다시 출현하는 지평이 확대 경험을 한다.

이때 수퍼바이저는 '외부의 모든-것-곳-때'에서 스승의 모습을 발견하게 된다. 또 내적-수퍼바이저와 외부에서 다가오는 스승(두 스승)과 함께 3자 대화를 하며 길을 열면서 걷는다. 성숙의 길(곧 시숙時熟)을 간다. 내적-수퍼바이저가 성장할수록 자기 안의 내적 대화 이외에 상황과 맥락, 타자와 자연, 사회와 역사 안에서 다가오는 외적 목소리는 스승의 목소리로 더욱 깊게 발견되며 대화가 확대 심화된다.

역자는 이 대목에서 하이데거의 「초연한 내맡김의 해명」에 보인 3자(탐구자, 학자, 스승) 간의 들길 대화를 연상한다. 〈의욕하지-않음das Nicht-Wollen〉은 "여전히 일종의 의욕을 뜻하기에 그 안에는 어떤 아님Neim이 편재하고 있다. 이 경우에 〈의욕하지-않음〉은 〈의도적으로 의욕을 거절한다〉는 말이고 그 다음에 〈의욕하지-않음〉이라는 표현은, 온갖 종류의 의지 Wille에서 완전히 벗어난 채 그대로 머물러 있는 그런 상태"로 **초연한 내맡김**(그냥 내맡김) Gelassenheit"에 이르른다. 비로서 모든-것-곳-때의 '외부-목소리'는 **들림으로 다가온다.**

참조: 『동일성과 차이』 신상희 옮김. 민음사.

게 되었다. 이는 내게는 풍부한 배움의 원천이었고 지금도 그렇다. 이 과정은 내가 숨기거나 부끄러워할 수 있는 두려움과 이슈를 드러내게도 하고 동시에 성찰할 수 있는 [내적] 공간을 제공한다. 내 생각엔 이 내적-수퍼바이저는 이제 내 일부이다. 내가 이제 어딘가에 도달했다고 생각하면 바로 그 즉시 그것을 막고 있다.[523] … 배움의 여정은 끝이 없는 길이라고 생각한다.

내적 공간

경계-앎을 위한 네 가지 질문

- 캐롤 휘태커 Carol Whitaker, 독립코치, 멘토 및 수퍼바이저

내부-수퍼바이저를 개발하는 법

수퍼비전은 자기 프랙티스와 코치로서의 존재감을 숙고하고 개발하는 데 분명히 도움이 된다. 성찰해야 할 주요한 지점은 다음과 같다.

- 나 자신에게서 무엇을 배웠는가?[524]
- 코칭 파트너와 그들의 맥락/상황에서 무엇을 배웠는가?
- 수퍼바이저를 활용하는 방법에 대해 무엇을 배웠는가?[525]

---

523) 내가 혼신을 다해 도달한 '지점'이란 어디인가? 앎과 모름의 경계인가? 내가 웅크리고 있던 안전지대에서 찾은 탈출구인가?, 내게 절실한 변혁, 환골탈퇴換骨奪胎를 위한 일점돌파 지점인가? 이제 '되기-되었다'는 느낌에 숨돌리며 앉은 자리인가?
 이 경계에서 서면서도 붙들고 있는 '난간'마저 놓아야 한다. 이렇게 드러나는 경계-앞의 창발을 기대할 뿐이다.
524) '나를 가지고 나를 통해 나를 공부한다'. 이런 공부는 비유하자면 공부할 내용은 '오만' 가지다. 내 안에 있는 나만-자만-교만-기만-오만이다. (코칭 아포리즘(17)) 오만 가지를 해결하는 오만 가지 방법을 익히게 하는 안내는 수퍼바이저와 내부-수퍼바이저가 제공하는 보이지 않는 가치이다.
525) 이 질문은 '대상 사용 능력'으로 확장할 수 있다. 수퍼바이저라는 사람만이 아니라 그 관계, 상황/맥락, 장field 그 자체를 모두 자기 배움과 성장에 활용하는 능력을 말한다. 수퍼바이저는 수퍼비전-주체의 대상 사용 능력을 점검하고 개발하도록 유념하며 진행한다.

내적 수퍼바이저 개발을 위한 여덟 가지 질문

- 아직은 이해하기 힘들더라도 지금 알고 있는 더 큰 주제는 무엇인가?
- 수퍼비전에 어떻게 이슈를 가져오는지… 나에 대해 무엇을 배웠는가?
- 더 깊이 성찰해야 하는 것은 무엇인가?
- 무엇을 (다르게)하고 싶은가?

수퍼비전 과정 배움의 여정 비틀거리는 걸음

- 무엇을 버리길 원하고, 버려야 할 필요가 있는가? 이것이 나와 내 프랙티스에 어떤 도움이 되는가?[526]

버릴 것과 취할 것

이렇게 임시방편으로 하는 것도 유익할 수 있지만, 두 가지 개념을 중심으로 성찰을 구성한다면, 더 깊은 변화를 만들어 낼 수 있다. 첫 번째는 코치로서의 **배움의 여정**이다. 우리 모두가 전문적 성숙에 이르는 '비틀거리는 걸음 stumbling steps'(그리고 가끔은 큰 진전)을 걷고 있다. 자신이 어디에서 왔고 지금은 어디에 있는지에 대한 **감각**을 갖는 것은 안개 속에서도 자신이 어디로 가든 앞으로 나아갈 길을 보는 데 도움이 된다.[527]

되어 있으면 언제나 되는 것이다

두 번째는 **코치 개발 (성장) 계획**이다. 이는 더 유능한 코치가 되려

---

526) 생각, 강한 욕구, 관철하려는 의견, 알고 있다고 간주된 것 등 지금 들고 있는 것이 있으면 알아차리는 순간 **즉시 버려야 한다**. 반대로 싫거나 거부해 온 것이 자주 출현하면 이는 **취해야 한다**. 수퍼비전 과정은 '두 사람이 서로를 깎고 깎이고, 덧칠하고 덧붙이는 과정이며 끝내는 서로에게 힐거워지는 과정'이다.

527) 이리저리 비틀거리면서도 앞으로 간다. 코치-되기, 수퍼바이저-되기 등 모든 '되기'를 위한 배움은 긴 여정이 필요하다. 시간과 과정이 없으면 안 되는 일이다. 시습時習과 시숙時熟이 있을 뿐이다. 그러나 '여정' 자체가 배움을 촉진하고 구성하며 배움에 영향을 준다.

먼저 길을 재촉하며 앞으로 나가기보다는, 이미 깔아 놓은 계단을 서둘러 올라가기보다는 길에 오래 머물며 이리저리 가보고, 오고 가며 쉬어가고, 흔들리고 붙잡으며 많은 경험과 사안을 보며 배울 수 있기 때문이다. 언덕을 오르고 힘든 길일수록 걷는 근육이 필요하며 거든히 올라가야 지속해서 나아 갈 수 있다. 되어 있으면 언제나 되는 것이다.

는 목표를 향해 나아갈 수 있는 단계를 포착하는 실용적인 방법이다.
[7장에서 다룬 '코치의 성장과 발달 여정 주도 수퍼비전' 참조]

당신의 코칭 여정

은유이지만 상상으로 길가의 바위에 앉아 코치로 진화해 온 여정을 되돌아 본 적이 없었다면 이제 한번 되돌아 보기 바란다. 산행하는 실제 현실과 성장의 여정을 연결해 상상해 보면 그럴듯하다. 언덕을 올려다 보면 눈에 보이는 가장 높은 지점이 바로 산 정상이 아니라는 것을 쉽게 알 수 있다. 어떻든 이제까지 올라온 지점이 기특하고 만족하게 된다. 자신이 도달한 곳이라면 그곳이 어디든 다시 시작하기 좋은 지점은 지금 서 있는 지점이다. 어쩌면 뒤돌아보고 더 가파른 학습의 다른 경사면을 위해 에너지를 모을 수 있는 곳이기도 하다.[528]

이미 5장에서 언급했지만 클러터벅Clutterbuck과 메긴슨Megginson(2011)이 제안하고 상세히 기술한 '코치 성숙성coach maturity' 개념은 빠르게 경험이 풍부하고 성찰적인 코치로부터 지지를 받았다. 이는 인간의 사회-정서적, 인지적 성숙도에 대한 다른 모델에도 부합하며, 탐색한 코칭 파트너의 이슈와 그가 속한 시스템 맥락에서 그를 지원하는 코치 능력 모두에서 더 높은 수준의 복잡성과 불확실성을 허용한다.

코치의 학습 여정을 분석한 결과 네 가지 코칭 마인드셋[사고방식/

> 인식-지평
> 실천-지평
> 다시 시작하기 좋은 지점

> 앞으로 나가지 않으면 알 수도 볼 수도 없다.
> 길은 오직 걷는 자의 발밑에 있다.
> 길은 머리에 이고 갈 수는 없는 일이다.
> (코칭 아포리즘(18))

---

528) 눈에 보이는 지점, 즉 시각 지평 안에서 보이는 지점까지 최선을 다하며 나아간다. 앞으로 나가는 발걸음이 있어야 새로운 목표가 전경으로 떠오른다. 숲길도 나오고 하늘이 함께 보이는 벌판도 만날 수 있다. '앞으로 나가지 않으면 알 수도 볼 수도 없다'. 이리 갈까 저리 갈까, 언제 갈까, 가야 할 '길은 오직 걷는 자의 발밑에 있다. 길은 머리에 이고 갈 수는 없는 일이다.' (코칭 아포리즘(18))

네 가지 학습 여정	마음가짐]이 등장했다. 일반적으로 ①복잡성에 대한 이해가 점진적 증가하고, ②유연성이 향상하며, ③코칭 파트너가 스스로 코칭할 수 있도록 돕고, 나아가 ④주변의 세계를 코칭하는 것까지를 아우르는 '알아차림의 진전'을 형성한다.
성숙도를 학습 과정으로 연결	네 가지 수준은 **모델 기반**Models-based, **과정 기반**process based, **철학·전문(이론) 기반**philosophy or discipline based, **시스템적·절충적 기반**systemic eclectic[즉 통합적 기반]이다. 학습 대화의 질과 힘은 각 수순에 따라 기하급수적으로 높아진다.
관계보다는 개입 (정도) 중심	**모델 기반 코치**: 어디에나 적용할 수 있는 면밀하게 정의된 접근 방식이 주는 안도감을 추구한다. (이런 점에서 '푸드 코치'food coach[529]는 누구에게나 무엇이든 코칭할 수 있다는 위험하고 비윤리적 신화가 생겨난다.) 이들은 GROW와 같은 기계적 모델을 가지고 대본에 충실해 결국 코칭 파트너의 세계를 탐험하는 많은 기회를 잃게 된다. 코칭 파트너를 **위한** 코칭보다는 코칭 파트너에 **대한** 코칭, 코칭 **관계**보다는 코칭 **개입**에 초점을 맞추는 경향이 있다. 해결책을 찾아야 할 필요성도 코칭 파트너보다는 코치에게 있는 경우가 많다.[530]

529) 주어진 요리법대로 요리하듯 모델 그대로 반복한다. 물론 모든 요리 결과와 과정이 다 똑같을 수는 없지만 맛이 대동소이할 것이다. 후에는 자신의 레시피를 가질 수 있으나 '코칭 파트너' 반응은 언제나 머리에 남아있다 할 것이다.
  역자가 코치 초기 시절 훈련 중에 유명한 코치가 강의하며 자신이 코칭 아워를 쌓는 경험을 들은 적이 있다. 그는 중학교에 가서 DISC 진단서를 체크하게 하고 줄을 서서 천천히 반 학생들을 들어오게 해 차례로 GROW를 반복했다는 것이다. 그는 쉽게 아주 일찍 높은 자격의 코치가 되었다. 이후 강의를 많이 했고 누구든 한 번쯤 그의 프로그램을 들었다. 그러나 이런 코칭 아워에 의한 모델 반복 코칭이 지닌 의미가 무엇인지 묻게 된다. 그의 활동 내용은 이후 역자에게 매우 다른 반성성reflexivity과 성찰 기회를 주었다.
530) 그러나 이 단계는 필요할 수 있다. 마치 무술의 기본기와 유사하다. 그러나 경험과 성찰, 수퍼비전을 통해 모델은 변주되고 깊어진다. 차후에는 모델에서 자유롭고 다시 모델을 시연

과정 기반 코치: 관련 기법techniques과 모델에 대한 구조화된 도구 상자를 갖고 있다. 단순히 모델을 따르기보다는 **과정**을 따르는 것으로 진화한다. 골치 아프고 복잡한 코칭 파트너-코치 관계의 세계에서, 이슈가 비교적 단순하고 코칭 파트너가 즉각적인 해결책을 찾고 있다면, 이런 방식은 비교적 잘 작동할 수 있다. 여기서 '과정'에 기반한다는 점은 "이 모든 것을 공중에 던져버리고 다른 방법을 시도하자"라고 떨쳐버리기가 어렵다는 것이다. 이 수준의 코치는 코칭 파트너와 함께 코칭하는 것을 배우게 된다(즉 코칭 파트너와 더 많은 파트너십을 맺는다).531)

> 과정이란 곧 '겪기'를 중요시 한다.
> '하기'와 '겪기'를 엮는다.

> 과정의 다양성과 깊이를 엮어가는 '관계' 중심

철학·(전문) 이론 Philosophy or discipline **기반 코치**: 마인드셋[사고 방식과 마음가짐]은 '도움'과 인간 발달에 관한 훨씬 더 광범위한 가정 안에서 작동한다. 게스탈트의 요소를 활용하여 다양하게 실험하고, 자신이 누구인가에 대한 의문을 갖고 코칭의 넓은 철학 안에서 '과정'과 많은 '모델'들을 통합한다. 이는 이기적 진화egoistic evolution가 아니다. 오

한다 해도 같은 동작에서 남다른 모습을 드러낼 것이다. 이런 역자의 초기 경험으로 구조화 대화에서 반구조화 대화의 경계까지 활용한 경험을 정리했다. 2018년 이후 다시 개정판을 냈다.
  참고: 『누구나 할 수 있는 코칭 대화 모델: GROW-candy 모델의 이해와 활용』 김상복 지음. 한국코칭수퍼비전아카데미. 2024.

531) 모델에서 비교적 자유로우며 현재 진행하는 코칭 파트너와의 **코칭 그 자체와 과정의 다양한 전개**에 함께 하는 것으로 그 자체 의미가 크다. 여기서는 과정 자체를 벗어나는 자유로운 창발이 어렵다는 지적을 하고 있다. 코칭 파트너도 그렇지만 코치 역시 자신이 가보지 않은 길을 안내하기란 매우 어려운 일이기 때문이다.
  체득한 모델을 내려놓고 코칭 파트너와 지금-여기에서의 대화를 즐기며 함께 하는 순간과 과정에 눈을 돌린다. 이를 통해 과정의 다양성과 깊이를 엮어가는 '관계' 중심으로 코칭을 전환한다. 바로 매 순간 전개되는 새로운 경험에서 배우게 되고 결국은 '코칭 파트너'에게서도 배운다. 경험-앎이며, 관계-앎이 강화된다. 이는 또 다른 면에서는 외부에 의존해서 배우는 것이 아니라 '북치며 행진하듯이' 텍스트를 스스로 생산하며 활동하는 모양이 된다. 새로운 내용을 만들어 내고 살아있는 텍스트로 배우기, 스스로 창작하는 창작자로서의 코치가 된다. 왜냐하면 언제나 '과정'은 새롭고 의외의 전개를 보이기 때문이다.

상호작용은 상호 학습의 원천

히려 누군가를 이 지점에 이르게 하는 깊은 성찰은 아마도 예외적인 겸손을 통해서만 달성할 수 있을 것이다.[532]

시스템적·다방면/절충 기반 코치: 한 단계 더 넓은 인지적인 단계를 밟는다. 진정으로 지혜로운 사람(오랜 경험과 선행학습에 의한 성찰의 산물)이며, 코칭 파트너가 그들 자신과 대화를 나누는 동안 코칭 파트너를 '보듬고(안고) 있는^{hold}' 사람이다. 코칭 파트너와 자신 모두를 아주 침착하게 받아들이고(로저리안^{Rogerian}[533]의 긍극적 생각) 각 코칭 파트너의 상호작용을 상호 학습의 원천으로 여긴다.

---

[532] 내용의 중요도에 비해 설명이 부족하다. 모델과 과정 기반과는 달리 특정 철학과 전문 이론에 근거하고 그 적용을 중심으로 깊은 통찰로 이끄는 접근이다. 현실의 다양한 양상과 전개를 자신이 앞세운 철학/이론에 근거한 **개념적 분석**을 하게 된다. 그렇지 않으면 다른 단계와 그 질적 차이를 구별하기 어렵다.

"인간이란 주체로 이 무수한 다양한 현실과 경험들을 붙잡기 위해 사용하는게 바로 개념이다. 개념을 가지고 파악하지 않으면 그 경험들은 어떤 인상이나 희미한 기억, 순간적인 느낌으로 지나가 버리기 때문"이다. "개념은 경험들을 포괄하지만, 또한 경험은 개념들을 포괄"한다[상호 새롭게 비춰준다]. 철학에는 이런 많은 개념들이 복잡하게 주름잡혀 있다. 철학과 전문 이론에 근거한 코칭이란 현실의 다양성과 개념 주름을 지닌 철학/이론과의 긴장 속에서 코칭하는 것을 의미한다. 참조:『개념의 뿌리들』이정우 지음. 그린비. 2022. 16~26

수퍼비전의 경우 실존주의 중심 코칭수퍼비전, 해결중심 코칭수퍼비전, 마음챙김 중심 수퍼비전 등 특정 이론과 이를 뒷받침하는 철학에 근거한 수퍼비전 이론 등이 있다. 이런 이론 근거 수퍼비전은 다른 이론의 배타성보다는 **특정 이론에 입각한 철저한 작업**을 중심에 둔다. 수퍼비전의 이같은 다양한 철학적 이론적 발전은 가야 할 경로이다. 경험있는 수퍼바이저가 선도적 노력을 통해 이를 구축한다면 이런 이론에 기반한 코칭 역시 다양하게 발전할 수 있다.

[533] 칼 로저스$^{Carl\ Rogers}$(1902-1987)는 1940년대 후반에 인간 중심적 접근을 통해 인본주의 심리학의 문을 열었다. 코칭의 초기 형성기부터 절대적인 영향을 주었다. 이후 인간 중심적 접근 기반 코칭과 수퍼비전 역시 뚜렷한 문제의식으로 유지되고 있다.

참고: 버나드 쿡, 루이스 셰퍼드, 「인간중심 원리에 따라 수퍼비전하기」,『코칭수퍼비전의 이론과 모색』타티아나 바흐키로바, 피터 잭슨, 데이비드 클러터벅 편저. 김상복, 김현주, 이서우, 정혜선, 허영숙 옮김. 2024.

참고: 린다 애스피, 「인간중심적 접근」,『101가지 코칭수퍼비전 질문과 기술』, 미셸 루카스 편저. 김상복, 김현주, 이서우, 정혜선, 허영숙 옮김. 2025.

코치의 공감적 호기심은 한계를 모른다. 코칭 파트너를 넘어 코칭 파트너의 정체성, 행동, 잠재력을 형성하는 환경의 복잡성을 들여다본다. 모델 기반 코치가 터벅터벅 걷는 곳에서 시스템적 다방면/절충 기반 코치는 하늘 높이 날아오른다.[534]

[표 8.1] 클러터벅Clutterbuck과 메긴슨Megginson: 4단계 코치의 성숙도

코칭 접근	스타일	비판적 질문critical question
모델 기반 Models-based	통제/조정control	Q. 내가 그들이 가야 한다고 생각하는 곳으로 어떻게 데려 갈 수 있는가? Q. 이 상황에서 내 기술이나 모델을 어떻게 적용할 수 있는가?
과정 기반 Process-based	담아내기contain	Q. 어떻게 하면 코칭 파트너에게 충분한 통제 권한을 주면서도 목적 있는 대화를 유지할 수 있는가? Q. 이 경우 내 '과정'을 적용하는 가장 좋은 방법은 무엇인가?
철학·전문(이론) 기반 Philosophy or discipline based	용이하게 하기facilitate	Q. 코칭 파트너가 스스로 이를 수행하도록 돕기 위해 내가 할 수 있는 일은 무엇인가? Q. 나의 철학이나 전문 분야의 관점에서 코칭 파트너의 이슈를 어떻게 맥락화 할 수 있는가?
시스템적·다방면/절충적 System eclectic	가능하게 하기enable	Q. 이슈와 해결책이 어떤 방식으로든 떠오르는 것을 허용할 만큼 우리 둘 다 충분히 편안한가? Q. 어떤 기법techniques이나 과정을 적용해야 하는가? Q. 적용해야 한다면 코칭 파트너의 맥락에서 내가 이용할 수 있는 선택지 가운데서 선택 방법에 대해 내가 알 수 있는 것은 무엇인가?

출처: Clutterbuck과 Megginson, 2011년 저자의 허락을 받아 수록함.[535]

---

534) 시스템적 다양한 이론의 통합적 접근 코치는 모델 중심이나 과정 중심에서 선취한 다양한 경험, 자신이 지닌 철학과 이론적 입장에 근거하면서도 자유로운 절충적 통합성을 강조한다.
　상황과 맥락 안에서 이슈의 전개와 대화의 전개 양상 등이 **비선형적인 활성화**로 일종의 **나선형적 상승**이 언제든 일어날 수 있다. 대화 전개도 **비구조화된 자유로운 전개**를 연상할 수 있다. 이 점에서 Spiral Dynamic Coaching과도 유사하다.
535) [표 5.3]과 동일한 내용이다. 같은 책을 내면서도 필자가 달라 허락 하에 수록한 것으로 보인다.

여정에서 겪는 어섯 가지 변화	다음은 코칭 여정 중에 경험할 수 있는 몇 가지 변화이다.[536]

- 코칭에 대한 좁은 관점에서 **넓은 관점**으로 변화[537]
- 확실성 및 해결책을 요구하기보다는 불확실성과 변화에 대한 **편안함**comfort으로 변화
- 코칭 파트너의 현재 '문제problem' 해결에 집중하는 것에서 다가올 미래의 '문제'를 피할 수 있는 **자기-이해**self-understanding를 성취하는데 초점을 맞춘다.[538]
- 행동 집중에서 **존재**에 대한 집중으로 변화
- 코칭 파트너에 대한 집착(코칭 파트너 중심)에서 코칭 파트너와 코칭 파트너가 속한 **시스템** 사이의 **균형**으로 이행
- 코칭 **대화**에 집중하는 것에서 코칭 **관계**에 집중하는 것(예: 회기 내, 회기 사이에 코칭 파트너의 내부-대화internal conversations를 더 중점)으로 변화[539]

〈오늘에 서서 내일을 열고,
내일에 서서 오늘을 열자.〉
코칭 아포리즘(19)

이런 변화 여정에서 언제나 자신의 위치를 파악하기는 쉽지 않다. 코치의 **성숙성** 면에서 자신의 현재 위치를 돌아보는 몇 가지 실천적인 명제들이 있다. 이 문항은 대략적이고 준비된 분석으로 구성되었기에

---

536) 열거되어 있는 변화를 점검하면서 몇 차례 경험을 통한 변화로 이해해서는 곤란하다. 유사한 경험을 반복할 수 있다는 수준을 경험하는 **상태**가 아니라 뒤로 돌아가지 않는 **단계**의 변화이다. 그러면서도 변화의 앞 단계를 포함하고 있는 변화이면서도 새로운 단계를 지속하며 열어가는 '단계'라는 점에서 코치의 성장 발전 단계를 염두에 둔 변화로 이해한다.
537) 인식 지평과 시각 지평이 확대되고 사유의 지평 역시 자유로이 구성된다. 일상적 훈련으로 명상 기법의 하나인 SANYAMA를 제안하고 훈련하기도 한다.『평정심』톰 스톤 지음. 정채현 옮김. 아시아코치센터. 2010.
538) 〈오늘에 서서 내일을 열고, 내일에 서서 오늘을 열자.〉 코칭 아포리즘(19)
539) 4장 〈일곱 대화 모델seven conversations〉 가운데 다섯 번째 참조

지표로만 사용하며 다른 피드백 자료도 찾아보기 바란다. 첫 번째 블록에 답해 보고 두 번째 블록으로 넘어가기 전에 성찰한다.

블록 1

지표 질문 + 피드백 자료
+ 성찰

1. 코칭 파트너의 문제가 무엇인지 확실히 알게 되면 코칭 대화를 어떻게 관리할지 알게 된다.
2. 대화가 어디로 흘러가는지 대략 알고 나면 가장 편안함을 느낀다.
3. 코칭 파트너가 무엇을 다르게 해야 할지 명확한 생각을 갖고 회기를 떠나는 것이 중요하다.
4. 코칭 회기마다 명확한 목표를 세우는 것은 필수적이다.
5. 나의 역할은 코칭 파트너가 '생각하기'의 흐름을 유지하게 하는 것이다.
6. 나의 개인적인 경험(생활, 직장 등)은 코칭 대화에 관련이 없다.
7. 나의 코칭 회기는 거의 같은 패턴이나 구조를 따르는 경향이 있다.
8. 코칭 파트너가 회기에서 뚜렷한 진전을 이루지 못한 경우 때로는 좌절감을 느낀다.
9. 코칭 파트너가 무슨 말을 하는지 이해하기 위해 경청하는 것이 중요하다.
10. 코치가 되는 것은 전문적인 활동이다.

역자의 성찰 질문[540]

위 10가지 항목에서 의문이 드는 내용은 무엇인가?

위 10가지 항목에서 특별히 성찰할 지점과 내용은 무엇인가?

성찰 내용에서 성숙성 개발을 위한 이슈를 정리해 보자.

---

[540] 각 항목을 5점 척도로 체크하고 전체 통계를 그 정도를 파악한거나 3점 이하 지점을 확인해 보강할 점을 체크한다. 수퍼바이저는 이외에도 코칭 실천능력capability과 스타일을 진단해 성숙성이나 숙달 이슈를 발굴한다. 이는 수퍼비전-주체가 자신의 수퍼비전에 대한 기획과 대처를 강화한다.

블록 2

1. 대화를 관리하고 있다고 느낀다면, 나는 정말 코칭을 하는 것이 아니다. 〈밖에서 안으로, 천천히, 동의하는 만큼〉 (코칭 아포리즘(20))

2. 대화에 생명life과 방향direction이 있을 때 더욱 더 편안함을 느낀다.

3. 코칭 파트너가 계속 생각해야 할 것이 무엇인지 감/필요성을 갖고 떠나는 것이 중요하다. 생각하기 패턴

4. 목표는 때로 도움이 되나 언제나 목적의식과 (자기) 알아차림이 높아지는 것이 도움이 되지 않는다.

5. 내 역할은 코칭 파트너가 자신의 생각-패턴thinking pattern을 더 잘 알아차리도록 돕는 것이다. [541] 출현하는 앎

6. 나는 코칭 파트너의 '생각하기'를 지원하기 위해 나 자신과 내 경험을 **비지시적**non-directively으로 사용한다. [542]

7. 코칭 대화는 저마다 자체 구조를 만들어낸다. 코칭은 사진이 아닌 만화경kaleidoscope이다. [543]

---

[541] 역자는 생각(하기)thinking 패턴과 사고thought 패턴을 세심하게 구별한다. 생각 패턴은 ①'생각하기'를 미루거나 ②생각에 사로잡혀 멈추거나 머뭇거리고, ③생각을 억누르는 경우이다. 당연히 ④'생각-없이' 행동하는 경우도 포함한다.

'사고 패턴'은 생각-'하기' 동력이 줄어들어 이미 생각했고thought, 습관이 되어 버린 '사고-회로'로 자주 쓰는 언어로 드러나는 경우이다. 이에는 많은 예시가 있다(역자 부록 8.1 다섯 가지 습관적 사고 회로). 물론 이는 내적 정서와 핵심 감정, 과거 경험이 반영되어 있다. 그러나 이를 이슈로 덜컥 개입하는 것은 바람직하지 않다. 이런 겉모습에 주의를 집중하고 동의를 얻어내며 천천히 들어가야 하기 때문이다. 〈밖에서 안으로, 천천히, 동의하는 만큼〉 (코칭 아포리즘(20))

[542] 지시적-비지시적 개입은 스펙트럼으로 이를 오고 갈 수 있다. 그러나 **비-지시적 개입**은 어떤 것인지 분명한 이해를 갖고 스펙트럼에 따라 언어적, 비언어적으로 구별하여 활용할 수 있어야 한다.

[543] 똑같은 경우가 있을 수 없다. 정지된 화면조차 볼 때마다 다른 느낌과 해석이 가능하다. 그러나 같은 주제, 같은 사람과의 코칭 대화도 수시로 다르다는 것은 조금만 경험해 봐도 알 수 있다. 만화경은 들고 보는 순간 대상도 수시로 바뀐다는 점에서 볼 때마다 전혀 다른 모습이 되며 그 변화무쌍함이 크다. 이는 **보는 사람**과 **순간**마다 수시로 발견하는 앎이 구성된다는 의미이다. '출현(하는)-앎'과 '구성-앎'

> 한결같이 고르게 '배분된
> ↔떠 있는' 주의와 배려

8. 나는 진행이 잘 안되는 부분이 있을 때 **호기심**이 생기며, 지금까지 놓쳤던 내부와 외부 시스템에서 어떤 일이 일어나고 있는지 코칭 파트너와 함께 **탐구할 자극**을 받는다.

> 경청의 10가지

9. 코칭 파트너가 자신의 이슈를 **어떻게 이해하는지** 경청하는 것이 나에게 중요하다.[544]

> 의미-형성의 질적 체험

10. 코칭은 다른 사람의 '생각하기 thinking'의 질을 높이기 위한 서비스를 제공하는 것이다.[545]

---

[544] 코칭 파트너가 자신이 제기한 이슈를 스스로 어떻게 생각하는지? 어떻게 했기에 자신에게 해결하고 싶은 이슈가 되었는지? 정말 그 이슈를 해결하고 싶은지? 등이 중요한 알아차림으로 올라오는 지점이다.

코치는 ①코칭 파트너가 말하는 내용, 감정, 의도를 듣는다. ②이에 영향을 주는 내적 역동이 무엇인지 관심을 기울이기도 하고, ③한발 물러서 듣기도 한다. ④때로는 듣고 있는 장에서 위로 높이 올라가거나 (마치 상대의 속으로 들어가듯) 완전히 내려오며 듣는다. ⑤과거에 했던 내용과 연결되기도 하고, ⑥말하는 내용은 물론 말과 몸짓의 차이가 보이기도 하고, ⑦듣는 과정에서 다양한 지점에서 차이가 드러나 섞이기도 한다. 그러나 점차 이런 차이들이 연결된다. ⑧듣는 과정에서 호응하는 코칭 파트너와 이를 듣고 있는 내 자신의 반응과 응답, 마음의 움직임이 상호 연결되기도 한다. ⑨그리하여 코칭 파트너는 자신의 존재가 있는 그대로 경청 받았다는 ⑩'사건'으로의 경청을 체험했다는 느낌을 감지하게 된다.

'경청'의 근거가 된 프로이트의 Gleichschewebende Aufmerksamkeit는 〈한결같이 고르게 '배분된↔떠 있는' 주의와 배려〉이다.

[545] 일상에서 지금 느끼는 정서와 현재 경험을 즉시 중시하는 **'지금-여기' 중심의 삶**이다. 이는 미래 계획과 목표를 위해 현재를 유보하는 삶과 대립하지 않는다. 이때 유보하고 있는 '현실'과는 관련 없다. 목표도 내려둔 채 '지금-여기'의 체험과 정서를 향유하는 것이다. 느낌을 억압하는 것이 아니다. 이것이 '생각-하기'의 시작이다.

생각-없음. 무-사고를 조각내고, 스스로 '생각하기'를 즐기고 이를 통해 자기 나름의 '의미-만들기'로 나아가며, **의미 체계**를 구성해 가는 것, 옆에 중요한 타자와 관계 안에서 이뤄지는 것으로 홀로하는 것과는 전혀 다른 의미-형성의 질적 체험을 갖는 것이다.

> **역자의 성찰 질문**

위 10가지 항목에서 의문이 들거나 자신이 걸려 있는 내용은 무엇인가?

위 10가지 항목을 딛고 특별히 새롭게 성찰을 추가하다면 어떤 내용인가?

성찰할 지점에서 성숙성 개발 이슈를 찾고 이를 위한 실천 계획을 세운다.

    블록 1의 명제는 전부 또는 대부분에 동의한다면, 당신의 코칭 마인드셋은 '모델 기반' 수준에 근거할 가능성이 있다. 만약 두 리스트의 일부 항목에 동의한다면, '과정 기반'에 접지하고 있을 가능성이 있다.[546] 만약 블록 2에 있는 진술의 대부분 또는 전부에 동의하고, 블록

---

[546] 역자의 입장에서는 각 항목을 5점 척도로 체크하고 전체에서 최소 ⅔정도의 동의로 이를 구별할 수 있다.

1에는 그렇지 않은 경우, 당신은 '철학·전문(이론)기반' 수준[547], 잠재적으로 '시스템적·다방면/절충적' 수준에 있을 가능성이 크다(블럭 2 수준은 '사고 과정'이 매우 독특하고 다양하여 일반적인 질문 블록을 설계하기가 쉽지 않다[548]).

어느 때, 누구와 무엇을 하든 흐름 안에 있기

'기반'하고 있다grounded는 표현은 [성장 여정에서] 당황하거나, 스트레스를 받거나, 다음에 무엇을 해야 할지 확신하지 못할 때 [자신도 모르게] 기본적으로 사용하는 수준이라는 의미이다. 좀 더 넓은 시야를 얻으려면, 스스로에게 "Q.내가 코치로서 최선을 다한다면 그 노력이란 과연 어느 수준의 생각과 느낌인가?"라고 자문해 보라. 자신이 원하는 수준보다 낮은 수준이라 조금이라도 초조함을 느낀다면, "케세라 세라 Que sera, sera"(무엇이 되든지, 될 것이다/될 일은 결국 될 것이다) 노래를 부르며, 성장을 갈망하는 아이의 마음을 담은 노래를 기억하라.[549]

547) 자신이 집중하는 철학과 전문 이론 중심의 코칭은 모델보다 또는 다방면적인 이론적 혼합이나 통합적 접근의 자유로움과도 다르다. 이론에 근거한 개념적 사유를 중시하고 실천의 다양함과 개념의 긴장을 일관되게 유지하도록 강조한다. 주체 의식, 비판 정신을 강조하는 지점을 유지하는 코칭과 수퍼비전이다. 이런 점은 엄밀성보다는 유연성이 상대적으로 낮을 수 있다. 철학과 전문 이론 관점에서 깊이를 추구한다.

548) 다방면의 이론을 통합이나 절충eclectic을 통해 '접근'하는 경우 '성숙성' 측정을 어떻게 할 수 있는가? 또 여러 다방면 이론의 '절충'보다는 여러 방면의 이론을 하나의 체계로 결합하는 의미에서 '통합'이라는 표현이 적합할 수 있다. 이를 고정된 지표 질문으로 한다는 것은 의미가 없다.

이와 유사하게는 〈다원(주의)적pluralistically 접근〉이 있다. 실천을 위한 접근을 뒷받침하는 이론적 차원, 심리적 차원, 발달 차원의 이론을 종합하고 각각의 과제와 방법 등도 충돌하지 않는 차원에서 결합하는 방식 전체를 지칭한다. 즉 세 차원과 관련된 이론의 선택은 다양할 수 있다. 이런 관점에서 시스템적이고 다방면의 절충적 접근은 그 의미와 내용, 표현이 계속 연구되어야 한다.

549) 코치가 기반한 가치든 중심 이론이든 이를 기반으로 활동한다는 것이 어떤 모습인지를 설명하고 있다. 자신의 입장을 자신에게 어떻게 적용하는지를 언급한다. 이런 활동을 외부에서 보면 과연 어떤 모습인가? 바로 마음 편한 평정심에 머물고 있으며, 타인이 보면 가볍고 자유로운 모습이다. 어느 곳 어느 때, 누구와 무엇을 하든 흐름 안에 있기에 그렇게 드러나지 않고 드러내지 않는 상태이다. 언제나 지금-여기, 순간에 머문 삶이다.

실제로, 각 단계를 통과하는 통과 의례^{rite of passage}는 각 수준의 복잡함에 맞는 지혜를 얻는 중요한 부분이다. 지름길은 없다. 너무 빨리 성숙하려 하면 오히려 많은 것을 놓칠 수 있다. 또는 '여정'으로 은유해, 자신이 걸어온 길의 어느 지점에 있든 이 지점은 스스로 사색에 잠겨 성찰하며 앉아 있기에 매우 좋은 지점이다.[550]

> 통과 의례

> 분기점이 아니라 중간 지대 또는 휴경지

코치로서 **성숙함**을 위해 이렇게 느긋하면서도 목적의식을 갖는 접근을 취하면 스스로를 자책하기보다는 훨씬 스트레스 줄어든다. 또한 수퍼바이저로서 수퍼비전-주체의 발전 여정의 다음 단계를 계획하는 데 도움을 주기가 훨씬 쉬워진다. 수퍼바이저는 수퍼비전-주체의 성숙함을 비춰주는 거울 역할을 하면서도 얼마나 멀리 또 얼마나 빨리

> 단계 사이의 '통과-길'

---

[550] 코치의 성장 발전 단계에서 그 단계 사이의 '통과-길'은 어떤 것인가? 이 길을 지나며 코치는 스스로에게 어떤 내적-승인을 해야 하는가?

중요한 점은 적어도 스스로 부끄러움이 없어야 한다. 자신감과 자기 확신은 겸손과 하심下心으로 걸러질 일이다.

성장 과정에는 반드시 통과의례, 임계점이 있다. 사회적 개인적 의식/의례rite도 필요하다. 반대로 의식과 의례의 '통과'로 성장의 분기점을 마련한다. 이는 '계기'이거나 일정한 '기간'으로 의미 부여하기에 달려 있다. 인류학 연구는 "출항, 항해, 목적지 도착, 마지막 접근, 무사 귀환과 관련한 특별한 의례"(p.86)를 강조한다. 의례는 위험부담과 불확실성에 대처하는 기본 대응이고 성과와 성공 여부와 관련해서는 더욱 세분화되고 구조화된다. "언제나 '옳은' 방식으로 수행되어야 하는 **엄격성**, 같은 동작을 계속하는 **반복성**, 오랫동안 지속되는 **중복성**"을 특징으로 하며, **예측 가능성**을 위해 일상의 혼돈에 질서를 부여함으로써 통제할 수 없는 상황에 대한 통제감을 제공한다. (p.121)

참고: 『인간은 의례를 갈망한다 - 삶을 의미 있게 만드는 리추얼의 모든 것』 디미트리스 지갈라타스 지음. 김미선 옮김. 민음사. 2024.

코치의 개발/성장 중심 수퍼비전의 경우 이를 성장의 디딤돌로 의도적으로 설계하고 이를 경험하며 통과 하는 '과정'으로 설계할 수 있다. 이는 **변화와 성장의 계기**를 확대해 보면 이곳은 마치 분기점이 아니라 중간 지대 또는 휴경지와 같다. 비온은 'caesura'라는 표현으로 사고의 단절, 감정의 변화 인식의 확장을 위해 흐름을 방해하며 새로운 인식을 가능하게 하는 중요한 지점으로 보고 어떤 미지의 영역과의 접촉 지점으로 설명한다.

> 큰 돌보다는 잔돌에 넘어지기 쉽다

이 여정을 걸어 왔는지를 알아차리게 도움을 줄 수 있다.[551]

또 다른 대안적인 전략은 수퍼바이저를 초대해 코칭하는 모습을 보게 하고 피드백을 요청[또는 초대해 달라고 요청하여 수퍼바이저의 코칭을 관찰하고 피드백]하는 것이다. 이러한 **역할 역전**은 놀랍도록 효과적이다. 아직 수퍼바이저 훈련에서 표준적인 접근으로 제공되지는 않지만, 경험 많은 코치의 수퍼비전에서는 점점 더 확대되고 있다.(일반적으로 **보여주지 못하는** 다른 코치의 피드백은 많은 문제를 안고 있다. 코치로서 자신의 상대적 성숙도를 판단할 수 없다면 어떻게 다른 코치의 성숙도를 판단할 수 있겠는가?)[552]

> 열 번의 설명도 한 번의 시연만 못 하다. (코칭 아포리즘(21))

> 네 가지 배우기 태도

또 여러 나라에는 인터뷰를 통해 사회-정서적, 인지 성숙도를 평가하는 오토 라스케Otto Laske 기법[553]을 훈련 받은 코치들이 소수 있다. 이를 활용해 주의 깊게 평가하면, 매우 도움이 된다.

---

551) 헐레벌떡 뛰어왔다면 반드시 숨돌릴 시간이 필요하다. 그렇지 않으면 쉽게 넘어진다. 〈큰 돌보다는 잔돌에 넘어지기 쉽다.〉 이런 경우 수퍼바이저는 속도를 줄이거나 잠시 멈춰 성장 과정을 되돌아보게 한다. 오직 '지지Support'만이 가능하게 한다. 웃 자랐다고 자각하는 부분을 스스로 털어내게 격려한다. 깊은 공감Empathy과 적절한 격려Encourage를 통해 자기 자신에게 집중하게 하고, 수퍼바이저로서 승인/인정을 통해 디딤돌로 삼게한다. 이는 수퍼바이저가 해야할 놓치지 말아야 할 과제이다. 이미 주저앉아 있는 경우 적절한 기다림과 성찰하는 만큼 움직이게 '인정과 승인Acknowledgement'이 필요하다. 이런 SEEA는 수퍼바이저에게 필요한 기본 덕목이다.

552) 코칭 시연을 통해 보여줄 때 자신이 수퍼비전 회기에서 (이미) 경험한 것을 연결하며 분명한 이해를 얻을 수 있다. 열 번의 설명도 한 번의 시연만 못 하다. (코칭 아포리즘(21))
수퍼바이저는 활동과 생활을 통해 모델로 제시한다. 열 말이 필요 없는 것이 시연이다. 성장 과정에서 필요한 ①따라 배우기와 ②슬그머니 배우기, ③딛고 배우기(반면교사反面教師), ④지킨 것을 버리며 배우기가 시작된다.

553) '오토 E. 라스케Otto E. Laske'의 연구를 말하나 우리나라에는 어떤 연구로도 아직 소개된 바가 없다.
1975년 이후의 기존 연구를 바탕으로 성인의 사회 정서적 성숙도를 평가하는 교과서 같은 이론으로, 특히 코칭, 리더십 개발, 경영 컨설팅에 초점을 맞췄다. 저서 『숨겨진 차원 측정Measuring Hidden Dimensions』에 의하면 구조화된 인터뷰를 통해 사회 정서적 평가를 가르쳐 학습자에게 타인과의 소통에 엄청난 영향을 미치는 "발달적 경청" 능력을 다룬다. 경청자는 자신을 연민 어린 방식으로 지원을 거듭해 코칭 파트너에게 종속시켜 코칭 파트너가 가장 코치의 경험과 성숙도에 상관없이 코칭 파트너들과 일하며 자연스럽게 관심이 가는 부분에는 일정한 **선호도**와 동시에 **사각지대**가 있기 마련이다. 저자들 가운데 한 명은 '일곱 눈 모델'을 활용하여 코치들이 쉽게 주의를 기울이는 경향과 기본적으로 놓치기 쉬운 부분을 "매핑"하게 도움을 준다.

선호도
사각지대

간단히 말하면 수퍼비전에 가져온 내용을 기록하고 일곱 눈 모델의 어떤 지점을 수퍼비전에 제시하고, 어떤 점을 스스로 혼자 성찰할 부분으로 미리 다뤘는지 검토하는 것이다. 새로운 신입 코치는 '눈 2'(사용된 기법)에 많은 주의를 기울이는 반면, 경험이 많은 코치는 '눈 7'(상황적 또는 시스템)에 관심을 기울이는 경우가 많다. 그러나, 우리 자신의 개인적 관심사와 자질도 역시 우리의 끌리는 눈에 영향을 미친다. 예를 들어, 심리학 배경이 있는 경우, '눈 1'(코칭 파트너 시스템)에 주로 주의를 기울인다는 점은 그리 놀랄 일이 아니다. 이런 경향이 유용하긴 하지만 실제로는 다른 '눈'을 탐구하면 더 많은 것을 얻을 수 있는 코칭 파트너 상황도 있을 수 있다. 주로 자신이 "좋아하는favourite" 눈에 주의를 기울이는 것은 실제 작업이 필요한 곳에 집중하지 못할 우려가 있다. 수퍼비전 활동을 매핑하면 이러한 선호도와 사각지대를 더 쉽게 발견한다.[554]

일곱 개 눈의 세분화

좋아하는 곳과 실제 작업이 필요한 곳

깊은 사회적 능력과 두려움을 자유롭게 표현할 수 있도록 한다.

오토 라스케는 미국 매사추세츠주 글로스터에 있는 국제개발연구소(IDM)의 설립자이자 이사로, 건설적 성장 프레임워크(CDF) 방법론을 제안했다. 2000년부터 컨설팅 및 코칭을 제공 했다. 사회과학방법론에 대한 최첨단 연구와 'dialect'라는 고대 형태의 복잡한 시스템 분석의 재활화로 유명하다. 사고 성숙도와 '수직적vertical' 성인 발달 측정 방법을 저술했으며, 조직 업무 전달과 팀워크에 미치는 영향을 설명한다. 미국 매사추세츠주 글로스터에 있는 개발 간 연구소(IDM)의 설립자이자 소장이다. (www.interdevelopmentals.org)

554) 피터 호킨스의 '일곱 눈 모델' 활용에 유의해야 할 좋은 제안이다. 그러나 이를 바탕으로 다양한 응용이 가능하다. 앞의 제4장 해당 부분을 참조해 살펴보자. 역자의 경우는 7개 부분 이외에 더 세분한 13개 부분을 그림으로 첨부한 코칭 준비 보고서를 활용해 수퍼비전-주체가 자기 사례의 어떤 부분을 다른지 선택하게 하고 회기 대화 과정에서 몇 군데를 추가한다.

[역자 부록 8.1] 다섯 가지 습관이 된 〈사고 회로〉

'왜-나에게만' 회로	어떻게 나만 골탕먹지, 나만 당하지? 왜 내게 저런 능력이 없지? 밑바닥에는 이 상태, 상황이 싫다. 피해의식 말하기 특징은 늘 따지거나 자기를 드러내는 방식으로 말하기
푸념-투덜 회로	나 안돼, 남 탓, 사람 탓, 징징거리기 밑바닥에는 패배의식, 회피 말하기 특징은 상대를 꾸짖는 듯 말하기, 우는 듯 말하기,
걱정-염려 회로	언제나 난 못해, 난 아니야, 어떻게 하지? 큰일 났다. 신중함을 가장. 실패에 대한 두려움, 에너지를 너무 써 주기적으로 쉬어야 한다. 상대가 미쳐버리거나 거리를 두게 되어 이슈가 반복된다. 밑바닥에는 모든 것이 다 불안하다.
억측-추측 회로	모든 것, 사람, 상황을 미리 추측한다. 심지어 무엇이든 비디오 본 듯 다 안다고 생각한다. 안다-병으로 새로운 경험에서 배우기가 더디다. 연애도 책으로 한다.
산만-회로	집중하는 시간은 사람마다 다르지만 한 가지 생각을 잠시라도 집중하기보다는 여러 생각을 동시에 하고 복잡한 생각을 즐긴다. 말이나 관심의 시점과 종착점이 다르며 심지어 관련이 없다.

フコーチング入門 本間 正人 著, 日経文庫 新書 2006

코치로서 개인 개발 계획

코치들은 코칭 파트너들이 '개인 개발 계획'을 가지고 정기적으로 검토하기를 기대한다. 그러나 코칭 파트너들이 코치의 '개인 개발' 계획에 관해 묻는다면 어떻게 응답해야 하는가? 코치를 대상으로 한 워크숍에서 전체 응답자의 30% 미만이 '개인 개발 계획'이 있다고 답했다. 놀랄 일은 아니지만, 다음과 같은 경우 개인 개발 계획을 갖고 있을 가능성이 있다.[555]

- 전문적인 수퍼비전을 받았다.
- 코치의 성숙도가 더 높았다(경험이 많을수록 코치로서의 지속적인 개발에 더 주의를 기울였다).

<small>자격증의 네 가지 최면 효과</small>

이런 결과는 공식적인 연구를 통해 검증되어야 한다. 한 가지 설명은 코치 교육이 사람들에게 자신이 충분히 노력했다고 느끼게 만든다는 점이다(자격증을 받았으니 체크리스트에 그냥 체크할 수 있다). 또는 단순히 자신이 무엇을 모르는지 모르는 경우가 많기 때문이다.[556]

코치와 수퍼비전-주체에게 전문성의 지속적 개발[CPD] 계획은 코칭 파트너와의 신뢰도를 유지하는 것 외에도 다음과 같은 유익함을 제공한다.

- 코칭의 세계와 코칭 파트너의 요구를 비교하여 성장하는 방식을 더 주의 깊게 검토한다. 몇 년 전에 "좋은" 것이 이제 점점 **평균적**으로 보일 수 있다.[557]

<small>빠르게 평준화</small>

---

555) 코치와 수퍼바이저의 개인 개발 계획은 '전문성[professional]의 지속적 개발[CPD]'과 코치 개인의 '지속적 개인[personal] 개발'과 함께 제기되면서 '지속적인 전문성과 개인 개발[CPPD]'라는 용어를 사용한다. 이는 코칭수퍼비전에서 적극적으로 제기 되었고 다음 저서에서 처음 언급 되었다. 참조: Hawkins, P. & Chesterman D. (2006) Every Teacher Matters. London: Teacher Support Network.
수퍼바이저는 이 두 주제와 더불어 수퍼비전-주체의 '지속적 열정 개발', '지속적 연민심 개발'은 수퍼바이저의 4대 의무이다.

556) 자격증이 일종의 최면 효과를 만들어 내서 ①자격증 취득 하루 전의 모습도 잊는다. ②자격증이 풍기는 역량 수준을 갖추고 있다고 생각하고 활동한다. ③척과 체에 휘말린 활동, ④'영업을 위한 불가피한 활동' 뒤에 숨는다. '되기-과정'에 대한 성찰이 부족하거나 둔감한 경우이다. 자격증 이외에도 다양한 웃자란 가지는 수퍼비전에서 꼭 다뤄져야 할 영역이다.

557) 코칭 사회의 교류가 활발하고 아이디어나 코칭 상황을 포착하는 개념적 언급 등이 매우 빠르게 교환된다. 또 점차 코치의 역량, 코칭을 찾는 코칭 파트너에게 전달되는 정보 등도 다양하기에 쉽게 평준화된다. 코치 개인마다 자신의 독특성과 장점은 실제 코칭을 받기 전에는 구별되기 어렵다.

| 배움의 관점 전환 | • 효과적인 코칭에 필수적인 **겸손함**을 유지하는 데 도움이 된다. "경험이 많을 수 있지만, 지금도 배우고 있다"는 자세가 필요하다.[558]
• 성찰을 통해 수퍼비전을 받을 수 있는 풍부한 **주제의 자원**을 제공한다.
• 코칭 기술, 프랙티스, [코칭]철학 개발에 집중하고 방향을 제시한다. |

| 장기적 학습 계획과 구조화 | • 수퍼바이저에게 향후 12개월(또는 그 이상) 동안 필요한 특정 학습 요구에 집중할 수 있는 구조-틀을 제공한다.[559] |

| CPD | 이상적으로는 코치의 **전문성의 지속적 개발**CPD 계획은 다음과 같이 관리할 수 있다. |

- 6개월마다 정기적으로 스스로 검토한다. 이를 통해 다음 사항을 탐구할 수 있다.
  ◦ 특정 목표에 대한 진전 상황
  ◦ **목표**와 **우연**에 부합하는 새로운 배움의 기회
  ◦ 배움의 깊이와 폭의 균형
- 수퍼바이저와의 후속 대화로 비슷한 주제를 다루지만 추가할 만한 관점과 아이디어를 요청할 수 있다.

| 관점 전환 | • 지식 습득의 관점에서 월별 목표 설정(예: 독서, 훈련 과정, 전문 개발 이벤트 참여)을 한다. [이를 생활의 주요한 습관 기둥으로 설치한다.] |

---

558) 이때의 배움은 교육 수강이나 자격증 취득에 한정되지 않는다. 배움의 방식, 속도, 자신이 싫어하거나 회피해 온 경계 너머의 것을 공부하기 등으로 확대된다. 더 중요한 것은 '배움'에 대한 **관점 전환**이다.

559) 수퍼바이저는 이런 계획을 보며 장기적이고 체계적인 준비를 지원할 수 있다. CPD의 체계적이고 지속적 노력은 특히 내부 수퍼바이저 개발을 촉진한다.

- 온라인 또는 대면 학습 그룹에서 동료와 함께 참여하며 영감을 얻고 통찰력을 공유하며 다른 사람의 전문성 개발 활동을 벤치마킹한다.
- 분기별로 최소 한 번 이상 개발 과제를 설정한다.
- 코칭 파트너의 허락을 받아, 레퍼토리를 확장할 수 있는 다양한 접근법을 실험한다(그러나 항상 자신의 요구보다 코칭 파트너의 요구를 우선시한다).
- 다른 코치 또는 "실습 코칭 파트너"와 신중하게 계획적으로 협력하여 안전한 방식으로 새로운 기술이나 접근 방식을 사전에 테스트할 수 있다.

코치 전문성의 지속적 개발CPD 계획은 매우 개별적인 기록이기에 이를 작성하는 "올바른" 방법은 없다. 그러나, [표 8.2]에는 학습 스타일과 선호하는 학습 목표 설정 및 추구에 적합한 구조화된 접근 방식을 설계하는 데 도움이 될 수 있는 많은 질문이 수록되어 있다.[560]

☐ 지식   ☐ 자기 알아차림
☐ 기술   ☐ 개인적 특성
☐ 실천 범위의 다양성   ☐ 맥락과 상황
☐ 코칭 비즈니스   ☐ 전문성을 위한 기여

---

[560] 전문성, 개인, 열정 관리, 연민심 관리는 수퍼바이저에게 매우 중요한 과제이다.
　　[표 8.2]의 여덟 가지 주제는 이중 전문성과 개인 개발에 연결될 수 있는 적절한 내용으로 보인다. 저자들이 간단히 표로 정리한 내용이지만 역자가 보기에는 활용성을 높이고 실제 독자들에게 적용했으면 하는 좋은 내용이라 표로만 정리된 것에 역자의 경험과 의견을 해설로 덧붙인다. 질문에 대한 대답은 독자의 몫이다.

[표 8.2] 코치 개발 계획의 실천적 구조

1 지식	자신에게 물어볼 수 있는 몇 가지 질문
주요 영역에서 다양하게 이해를 넓힌다. • 코칭 • 비즈니스 • 심리학, 상담, 신경과학 등 관련 분야 • 업계 맥락 – 함께 일하는 코칭 파트너에게 폭 넓게 영향을 줄 시장 영향력/충격은 무엇인가?	Q. 내 도구 상자에 추가할 도구, 기술 또는 코칭 구성 요소는 무엇인가? Q. 어떻게 하면 안전하고 현명하게 적용할 수 있을 만큼 충분히 깊이 있게 이해할 수 있는가? Q. 기존 도구 상자와 새로운 도구를 어떻게 통합할 것인가?

역자 해설 1: 개인 노력과 수퍼바이저의 활용

지식 습득의 목적과 과제

주제 영역을 넓힐 것인가, 깊이 파고 들어갈 것인가? 코치는 자신과 관련 분야의 지식과 새로운 성과에 언제나 주목해야 한다. 그러나 반드시 이론 전문가가 되기 위한 것이 아니다. 또 이런 지식 습득이 주제 분야의 전문가 강의나 도서를 검토하고 이를 일반 대중을 만나 **소매로 판매하는 것**이 목적도 아니다. 코칭 실천의 깊이를 탐구하고 영역을 확대하기 위한 이론 학습이자 코칭 스킬 역량을 위한 지식 정리에 초점을 맞춰야 한다.

새로운 분야로 전문성을 확대하기 위한 시도라면 '지식 습득'에 한정해서는 안 된다. 실천을 위한 **재구성과 실습 훈련**이 동반되어야 한다. 또 마치 만물상을 차리듯 모든 것은 언제든 다 활용할 수 있다는 식으로 일단 공부해 둔다는 시도는 조심해야 한다. 이를 위해 수퍼바이저와 논의하고 협력을 추천한다. 수퍼바이저는 수퍼비전-주체의 경험과 현재 수준을 점검하고 지식 학습을 자극하며 적절한 설계를 같이 한다. [1]실용적 필요에서 이론적 학습으로 나가고, [2]이론적 정리를 통해 실용 도구를 정교화하기, [3]코칭 파트너의 이슈나 코칭 주제와 관련한 지식 습득과 활용을 위한 상상력 등을 자극한다. 이 과정에서 말만큼 뒤따르지 않는 학습의 게으름이나 방식 등도 새로이 성찰하게 안내할 수 있다. 또 실천적 활용을 위한 토론 상대도 마다하지 않는다.

2 자기-알아차림	자신에게 물어볼 수 있는 몇 가지 질문
자신을 더 잘 알수록 자신의 이슈가 코칭 관계를 오염시키지 않는다는 확신을 가질 수 있다. 자신의 동기, 사고 과정, 야망, 장점과 약점, 성격적 특성에 대한 더 큰 이해를 발전시키기 위해 내면을 들여다보는 것은 실천에 적합한 코치가 되기 위한 필수 불가결한 요소이다.	Q. 코치로서의 자신의 개인 철학을 어떻게 개발하고 더 명확하게 설명할 수 있는가? Q. 더욱 진정성있게 되려면 어떻게 해야 하는가? Q. 코치로서 가장 효과적인 최소한의 시점은 언제인가? 어떻게 알 수 있는가? 누가 코치를 측정하는 거울을 들고 있는가? Q. 1년, 2년, 5년 안에 내가 되고 싶은 코치의 비전은 무엇인가? Q. 내가 발전하고 있는지 어떻게 알 수 있는가?

역자 해설 2: 개인 노력과 수퍼바이저의 활용

이는 책이나 강의로 배울 수 있는 것이 아니다. 사색과 자기성찰, 지속적 명상, 기도 등의 실천을 통해 나름의 자기 길을 개척해야 가능한 배움의 영역이다. 민감성을 개발하고 배움을 위한 자세를 교정하지 않으면 효과가 쉽게 드러나지 않는다. 중요한 소재는 코칭 파트너, 관계, 함께 하는 과정, 이에 대한 자신의 반응과 마음 복닥거림 등이다. 무엇보다도 이를 위한 공부가 자기 자신을 대상으로 **뼈아프게 검토하는 과정**과 같이 진행되기에 지속하기가 어렵다. 일단 그 동안의 경험을 바탕으로 자신을 대상으로 셀프 코칭, 셀프 수퍼비전을 통해 적용하며 일궈 나가야 한다. 이것이 전제될 때 수퍼바이저를 대화 상대로 자기만의 배움 방도를 찾아나갈 수 있다. 수퍼바이저는 언제나 이런 도전을 환영하고 준비되었을 것이다.

민감성
배움의 자세

역자는 한 때 WISDOM 셀프 코칭 대화 모델을 근거로 이를 개발해 온 적이 있다.

[역자 부록 8.2] 셀프 코칭을 위한 WISDOM 모델[561]

Will	⇔	Image	⇔	Source	⇔	Drive Map	⇔	Operation	⇔	Maintenance
의지 세우기		이미지 그리기		에너지 확인		성공 경로 지도		행동 옮기기		지속화 습관화

	WISDOM 기본질문	역자의 18가지 질문
의지 세우기	1. 처음 뜻을 분명히 세운다. 2. 의미와 가치가 의지를 만든다.	① What/Why/How 질문 이것이 무엇인가? (의미 추구) ② 내게 무엇을 도와주려고 이것이 (내게) 왔는가? (What for~) ③ 먼저 나(아)가고 뒤돌아 서면 무엇이 보이는가?
이미지 그리기	1. 구체성이 관건이다. 2. 자기에 맞는 적절한 수준을 선택한다.	④ 무엇이 보이는가? (새롭게, 다르게) ⑤ 3개의 눈으로 보면 무엇이 다른가? 벌레/새/벽 ⑥ 감추고 싶은 것, 나만 간직하고 싶은 것은 무엇인가?
에너지 확인	1. 자신의 이기는 습관 파악 2. 나의 강점에 초점 3. 미래를 응용	⑦ 강함과 강점에 근거하고 충분히 부드러운가? ⑧ 의도의 힘인가, 마음의 힘인가? ⑨ 미래에 서서 오늘을 보는가?
성공 경로 지도	1. 필사적이 아니라 현명하게 운행한다. 2. 선택 가능한 옵션 확대	⑩ 성공을 다시 보고 실패에서 교훈 찾기/소원에서 가치를 경험에서 방법을 찾기 ⑪ 가능한 한 모든 수(手)가 찾아졌는가? ⑫ 비우고 내려놓아도 여전히/언제나 가능한가?
행동 옮기기	1. 첫 행동을 중요시 한다. 2. 스스로 최악을 고려한다.	⑬ 의심에서 의문으로 전환되었는가? ⑭ 머리에 인 것이 내려지고 발이 앞서 나아가는가? ⑮ 도움을 위한 처세(處世), 도리(道理)를 위한 운신(運身)은 무엇인가?
지속화 습관화	1. 목표 달성을 확인하는 장치가 필요하다. 2. 심리적 지원자를 확보한다.	⑯ 뒤 따르는 이에게 어지럽지 않은가? ⑰ 생명 돌봄/세상 구제에 도움이 되는가? ⑱ 힘들이지 않아도 충분히 자연스러운가?

- 〈셀프 코칭을 위한 18개 질문〉은 일본 코치 혼다 마사토의 WISDOM 모델을 근거로 역자가 만든 것이다. 참고: 『코칭 튠업 21』 김상복. 2017.
- 8장 [역자 부록 8.3] 템플릿으로 자신에게 맞게 실천할 수 있다.

---

[561] セルフ・コーチング入門コーチング入(셀프 코칭 입문) 本間 正人(혼다 마사토) (著), (日経文庫) 新書 2006.

3 기술skill	자신에게 물어볼 수 있는 몇 가지 질문
유능한 코치가 되기 위한 프랙티스 ①경청하기, ②질문하기, ③피드백 제공, ④요약하고, ⑤해석하고, ⑥일반적으로 코칭 파트너를 지원하는 방법 등 [이 같은 기본 기술 이외에도 코칭 기술은 매우 다양하다. 또 기법과 도구 습득으로 확대가 필요하며, 숙달 단계로 연마해야 한다.]	Q. 가장 개선하고 싶은 기술은 무엇인가? Q. 나의 어떤 기술이 향상하면 코칭 파트너에게 가장 큰 도움이 될 수 있는가? 예를 들어, 경청/마음 챙김, 자기-알아차림, 시스템 인식 또는 침묵 활용의 기술 Q. 실천에 대한 성찰의 질을 높이려면 어떻게 해야 하는가? Q. 모델, 과정, 도구 및 기술에 대한 의존도를 **줄이려면** 어떻게 해야 하는가? [Q. 그렇다면 무엇으로 코칭하는가?]

역자 해설 3: 개인 노력과 수퍼바이저의 활용

기술skill의 위와 같은 기본적 분류는 이를 깊이 탐색할수록 더 세부화되거나 넓은 기술 적용이 펼쳐져 새로운 발견과 응용의 기쁨을 맛볼 수 있다. 대인관계 인접 분야와 철학과 연결되면 더욱 풍부한 연구가 되어 있다는 점에 놀랄 것이다. 이런 기술 분류에 더해 필요한 것은 미세 기술micro skill에 관한 관심과 활용력을 갖는 것이다.

기술은 글로 배울 수 없다

그러나 이미 알고 있듯이 기술을 어떻게 책이나 글로 배울 수 있는가? 이는 자신의 코치-됨, 수퍼바이저-됨의 성숙과 연동되며 체득되고 깊어질 수 있다. 기술의 깊이는 이런 '됨'이 뒷받침되지 않으면 안 된다. 대체로 스킬 강화를 고민하는 코치의 경우, 기술의 숙달과 활용력에 더 관심이 있고 중요하게 생각했다면 이제는 **'하기'보다는 '됨'**에 더욱 주목해야 한다.

보기→하기→겪기→되기→(다시) 보기

스스로 중급 정도의 수준이라고 자임하는 코치라면 각종 스킬에 대한 이론적 설명, 배경 관련 정보를 정확히 검토해 보길 추천한다. 이를 통해 전체적 이해를 근거로 자신이 특별히 일부만 강조했거나 한쪽으로 기울어져 실천해 왔는지 검토하고 균형을 위한 노력을 해야 한다. 이것이 기술을 더 풍부하게 활용하고 응용을 강화하는 길이다.

수퍼바이저와 함께 한다면 성과를 공유하며 열거한 주요 기술을 중심으로 자신에게 적합하게 정교하게 다듬을 수 있는 기회로 활용해야 한다. 기술의 깊이를 가로 막는 요인, 자기 자원이나 특성에 근거한 기술 심화, 숙달과 응용 등을 수퍼바이저와 함께 모색한다.

4 특성 characteristics	자신에게 물어볼 수 있는 몇 가지 질문
당신이 개발하고 싶은 개인적 특성 예를 들어 호기심, 공감, 프레즌스, 진정성	Q. 코치로서의 자기 확신 self-confidence을 쌓으려면 어떻게 해야 하는가? Q. 비전을 실현하는 데 얼마나 많은 에너지, 시간 및 기타 리소스를 투자할 수 있는가?

역자 해설 4: 개인 노력과 수퍼바이저의 활용

코칭 특성의 구별점　코치가 지닌 코칭의 독특성을 통해 코치의 특성이 드러난다. 그러므로 코칭을 어떻게 하는가? 코칭 회기에 어떤 태도로 머무는가가 곧 '자신이 누구인가'이다. 코치는 코칭에 자기 자신을 사용하여 코칭한다는 것도 유사한 의미이다.

　좀 더 좁혀 호기심, 공감, 프레즌스, 진정성 등은 코치 자신과 코칭의 특성이 쉽게 드러나고 구별하게 하는 중요한 주제이다. 이런 각 특성은 분명하게 각이 있듯 구별되기보다는 경계가 파스텔 톤으로 겹치고 희미할 것이다. 그런데도 이런 요소를 중심으로 바람직한 특성을 실제 갖추기 위해서는 되풀이하는 실천적 점검을 통해야만 깊고 정확하게 갖출 수 있다.

　코칭 회기를 수퍼비전하면서 지속해서 발견하고 확인해야 할 병렬 과정, 역전이를 다루는 과정에서 알아차릴 수 있고, 성찰하며 갖춰질 수 있는 특성이다. 특히 사각지대와 강점으로 활용되었던 선호도에 대한 검토, 사용하지 않았던 근육의 활용 등은 혼자 하기 여렵다. 이러한 자기-구성은 오로지 **관계 안에서 형성되고 배열/구성** configuration될 수 있다.

'부정'을 통과해야만 새로운 진입, 이미 알고 있는 것의 '주름' 안에 있는 것을 볼 수 있다. "어떤 것이 자신의 존재 규정을 얻기 위해서는 그 자신이 아닌 것, 자신의 타자와 맺는 관계가 필요하다. 즉 어떤 사물은 자신이 '아닌' 것과의 (부정적) 관계 속에서 비로소 자신의 규정을 정립할 수 있다."[562]

> 주름

5 실천의 다양함/범위 range	자신에게 물어볼 수 있는 몇 가지 질문
어떤 상황에서 누구와 함께 일할 수 있는가? 자신을 성장시킬 수 있는 코칭 파트너 또는 다른 문화적 배경을 가진 코칭 파트너를 상대하여 포트폴리오를 확장하는 방법	Q. 코칭에 대한 추측과 코치 역할에 대한 적절한 도전을 어디에서 찾을 수 있는가? Q. 어떤 방식으로 코칭의 한계를 확장하고 싶은가? Q. 어떤 종류의 코칭 파트너가 나에게 끌리며 그 이유는 무엇인가? Q. 어떤 유형의 코칭 파트너와 협력하지 않는 이유는?

역자 해설 5: 개인 노력과 수퍼바이저의 활용

코치 개발 계획에서 가장 중요한 부분이라 생각된다. 처음에는 주변에서 소개해 주는 코칭 파트너에서 출발해 자신의 배경과 경험을 중심으로 코칭 분야의 코칭 파트너를 개발한다. 또 코칭 회사에 속한 코치의 경우 코칭 파트너를 소개받아 코칭한다. 개인 개발을 위한 노력 가운데 우선은 자신이 주목하는 이상적 코칭 파트너를 재설정하고, 코칭 파트너 대상을 확대하기 위한 계획이다. 이는 향후 자신의 코칭 방향과도 관계가 있다.

> 이상 고객 타겟 코칭 파트너 좁히기
>
> 코칭 영역 세분화와 점령을 위한 계획

먼저 그동안 자신의 코칭 파트너 사례를 주제와 나이, 합의한 코칭 이슈, 자신이 파악한 숨겨진 이슈 등으로 분류한다. 이런 정리 과정에서 위에 예시된 질문이 도움이 된다. ①자신이 잘 감당하고 보람을 느꼈던 코칭 파트너(이슈), ②가장 어려움을 초래했거나 자신에게 도전이 되었던 코칭 파트너(이슈), ③끌리는 코칭 파트너와 자주 찾아오는 유

---

562) 참조: 한상원 「규정적 부정과 내재적 비판-헤겔과 아도르노의 비판적 방법론」 철학 vol.,no.130 pp.49~73. 2017.

사한 이슈의 코칭 파트너, ④회피하는 코칭 파트너 등 이런 분류 작업을 통해 자신이 확대하고 싶거나 필요한 코칭 파트너 유형이나 주제 등을 찾고 준비한다.

역자는 이 분류 자체가 큰 도움이 되었다. 이런 분류를 통해 12가지 코칭 주제를 도출하고, 각 주제에 맞게 코칭 접근법을 정리하는 계기가 되었다. 이후에는 이런 주제를 비즈니스, 라이프, 커리어코칭 등 코칭 분야별 차이, 질문 중심 접근에서 내러티브, 기타 이론적 접근 등으로 실천하며 개발할 수 있었다. 물론 역자의 방법과 역자에게 유익한 방법이 모든 수퍼비전-주제에게 해당하기는 어렵다. 코칭 파트너 자료가 적거나 특정 분야에 한정되어 있기 때문이다. 그러나 자신의 경험과 실천의 전 과정을 검토하고 이로부터 향후 방향을 모색하는 것이 무엇보다 우선해야 한다.

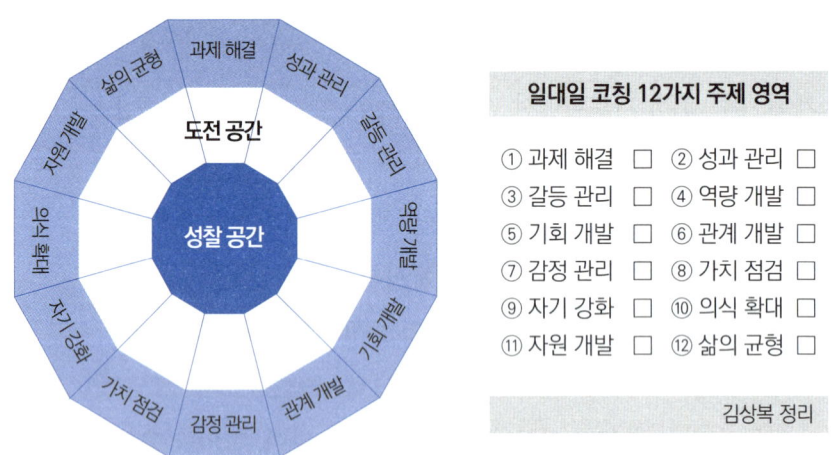

[그림 8.1] 코칭의 12가지 주제 영역과 실천 개발

그러나 코로나 재난, 25년 상반기 계엄과 대통령 선거 후 사회적 변화를 볼 때 이러한 코칭 주제와 실천 영역도 이제는 너무 넓고 낡았다

는 생각이다. 기후 위기, 사회적 불평등과 정의롭지 못한 정책, 가부장적 문화와 여성혐오 등 여러 담론에 대한 코치들의 대응에 따라 더욱 세분화된 접근이 새롭게 출현할 것으로 보인다. 또 이런 사회 변화에 따른 코칭 비즈니스 개발은 더욱 일상의 주제로 파고들어가 코칭 실천 영역을 세분화, 다변화해야 한다.

코칭 실천의 다변화와 풍성한 성공이 밑받침되지 않은 코칭수퍼비전에 대한 관심 증대와 자격 중심 활동은 그 자체가 한계가 있다.

6 맥락	자신에게 물어볼 수 있는 몇 가지 질문
네트워크 개발 등 코칭을 위한 더 나은 환경을 만드는 방법 및 수퍼비전 활용 방법	Q. 전문 수퍼바이저에게 필요한 것은 무엇인가? 수퍼바이저를 교체할 때가 되었는가? Q. 코치로서의 개발을 지원하는 데 사용할 수 있는 자원(예: 독서, 소셜 네트워크, 역할 모델, 과정, 수퍼비전)을 활용할 수 있는가? 누구에게 도움을 받을 수 있는가? Q. 코칭에 대한 피드백의 양과 질을 높이기 위해 무엇을 할 수 있는가? Q. 학습 네트워크를 확장하는 방법은? 좋은 프랙티스의 역할 모델로 누구를 활용할 수 있는가?

역자 해설 6: 개인 노력과 수퍼바이저의 활용

여기서 '맥락/전후 사정'이란 코치/수퍼비전-주체의 전문성을 포함한 개인 개발의 사정과 맥락이다. 또 이를 위해 암묵적 계약으로 수퍼바이저와 협력해 왔다면 그 성과와 한계를 검토할 것을 포함하여 제기된다. 코치들은 흔히 자기 네트워크와 관계를 활용해 전문성 개발을 위한 학습과 훈련, 개인 개발을 위한 계획에 익숙하며 필요한 만큼 잘 판단해 활용하고 있다.

계약의 명시적, 암묵적 비용 확인

수퍼비전에서 이 과제를 다룰 때 가장 기본적으로 다룰 이슈는 수퍼비전-주체의 활동에서 보이는 ①경험에서 배우는 능력, ②관계(방식)에서 배우는 능력, ③관계를 활용하는 능력(관계력), ④수퍼바이저라는

수퍼비전에서 개인 개발 지원을 위한 네 가지 점검

우리 모두는 관계에 서툴고 코치들도 예외는 아니다.	(의미) '대상'을 활용하는 '대상' 사용 능력이다.563) 결코 관계 네트워크나 활용하고 지원받을 구조가 빈약하지 않다. 이슈는 이를 활용하는데 유능하지 못하거나 실패, 또는 점점 좁아져 왔다는 점이다. 우리 모두는 관계에 서툴고 코치들도 예외는 아니다.
관계의 특징들	언제나 ⓐ새로운 사람을 만나고 그만큼 헤어지거나 소원해지는 관계 패턴, ⓑ늘 쫓아다니며 구하고 탐하며 기대거나, 가까워지는 만큼 요구가 많은 관계, ⓒ언제나 견해가 분명하고 절제된 태도를 유지한다고 하지만 사실은 싫고 좋음이 분명하고 때로는 공격적으로 되는 독을 품은 정돈된 모습, ⓓ만날수록 소진되고 이용된다는 느낌에 멀리하게 되고 당사자는 이를 만회하려는 듯 외부에서 새로운 것을 갖고 와 관계 유지에 힘쓰는 관계, ⓔ잘 활용하기 쉬운 사람으로 보이는지 늘 좋은 사람이 나타나 좋은 제안을 받지만 정작 본인은 힘들어 표현도 못 하는 관계 등 세상의 모든 일이 코칭 커뮤니티 안에서 다 일어난다. 코치들의 가치 공유와 윤리적 노력으로는 걸러지지 않는 **관계의 녹슬음**이
관계의 녹슬음 하나의 실마리	'맥락과 전후 사정'에 놓여있다.564)
	이는 개인 '이슈'이기에 수퍼비전에서 다루면 된다. 문제는 개인 이슈나 특성에 한정되기보다는 코칭 커뮤니티에서 활동하며 맺은 다양한 관계, 학습 과정에서 만난 관계, 이런저런 품앗이, 공동사업 등에서 관계가 때가 끼고, 평가된 관계가 되어 정작 본격적인 개인 개발이나 사업 확대 국면에서는 선택의 폭이 그리 넓지 않다는 현실이다. 이런

---

563) 이런 네 가지 능력에 주목하는 이런 자세는 구전심수(말로 전하고 마음으로 가르침) 이외에도 '보임과 보임 없는 보임'의 창발을 통해 두 사람 사이에 '말 없는 배움'(不言之學), '말 없는 가르침'(不言之敎), '가르침 없는 가르침'(不敎之敎), '가르침 없는 배움'(不敎之學)을 위해 매우 중요하다.

564) 그러므로 코칭 커뮤니티 안에서 일어난 수 많은 관계 착종과 녹슬음을 수퍼비전 관계 안에서 하나라도 해결한다면 이는 곧 코칭 커뮤니티에 있는 이슈 가운데 하나의 해결책을 마련한 것이 된다. 이는 곧 하나의 실마리이다.

현실과 접촉되지 않은 계획이거나 수퍼비전 회기에서 다루는 것은 종이 위의 계획이 된다.

7 코치로서 당신의 비즈니스	자신에게 물어볼 수 있는 몇 가지 질문
자신의 가치에 부합하고 원하는 수입을 제공하는 비즈니스를 구축하는 방법 서비스를 마케팅하고 비즈니스가 안정적으로 관리되는지 확인하는 방법	Q. 어떻게 하면 명성을 쌓을 수 있는가? Q. 시간당 비용은 얼마나 만족하는가? Q. 얼마나 많은 시간을 나의 비즈니스(즉, 비즈니스 개발) "작업"에 소비하는가? Q. 얼마나 많은 시간을 비즈니스(코칭) "작업"하는데 소비하는가?

역자 해설 7: 개인 노력과 수퍼바이저의 활용

전문성 개발과 개인 개발, 연민심 유치, 열정의 지속을 위해서는 개인 코치의 코칭 비즈니스가 활성화로 귀결되지 않으면 힘들다. 그러나 독립 코치라도 코칭을 전업으로 삼고 집중하거나 코칭 비즈니스를 위한 실질적인 노력을 기울이는 정도는 매우 취약하다. 자신의 코칭을 위해 실제 코칭 파트너가 절실함에도 대부분 '걱정' 수준에 머물러 있다. 그러나 코칭 비즈니스 결과는 자기 성정과 개발을 위한 매우 분명한 지표이자 결과이다. 이는 코칭 회사에 소속되었거나 운영하는 경우와도 크게 다르지 않다. 코치를 대상으로 한 내부 시장의 경쟁이 격화되는 가운데 자기 개발 시장의 틈새에 하청 고리로 잔류하거나 공익 사업 구조에 편입해 코칭 파트너 확보에 연연하는 경우가 대부분이다. 한편으로 보면 이는 대부분의 코치는 코칭 사업이 본업이 아니거나 자신의 수입에 직접적 영향이 크지 않기 때문이기도 하다.

반면에 우리의 사회 현실은 숨 가쁘게 변화하며 그 안의 개인의 욕구와 지향도 다양해지고 있다. 이 글을 쓰는 현재 25년 1월은 전형적인 '갈등 사회'의 모습을 적나라하게 드러내고, 조금만 뒤에서 봐도 모든 세대가 재난을 경험한 '재난 사회'가 계속되고 있다. 이런 두 가지 사회 성격의 **격동을 체험한 새로운 세대**는 거대 담론이나 당연하게 제시되는 기성세대의 모든 것과 서슴없이 단절하는 '재난과 갈등을 경유하는 경험 세대'이다.

<small>재난 세대</small>

오늘날 20대인 청년은 청소년 시절 세월호 사건(2014년)을 필두로 코로나 사건, 이태원 사건을 경험한 재난 세대이다. 갈등 사회 역시 그 양상은 사회 세력의 대립을 들여다보면 개인의 가치 갈등과 지향, 좌절에 대처하는 새로운 흐름도 함께 볼 수 있다. 과거를 무너뜨리면서 새로운 것을 만드는 그러나 아직 출현하지 않은 새로운 **가치 예비 세대**이다. 이같은 우리 사회의 내적 변화와 디지털 사회 AI의 일반화는 코칭에 새로운 적응과 활로를 요구하고 있다.

<small>예비 세대</small>

코칭의 실전 내용은 이런 현실과 연동되고 연루되지 않으면 안 된다. 현실을 코칭 룸 의자에서 체험하거나, 살아 있는 현실과 마주하지 않고 코칭 룸에서 들려 오는 현실에 귀 기울이는 베란다 수퍼바이저는 이런 변화에 활로를 기대하기 어렵다. 갈등 사회, 재난 사회, 새로운 세대의 출현 사회라는 상황 안에서 개인의 웰빙과 성숙, 주권적 개인 sovereign individual의 출현을 목도하며 코칭 비즈니스의 침로와 마케팅 전략을 정교화하는 코치들의 협력 구조가 필요하다.

<small>베란다 수퍼바이저
코칭할 파트너가 없는 코치</small>

<small>주권적 개인</small>

이런 배경은 코칭수퍼비전 안에서 코치의 개인 개발의 집약인 코치 비즈니스 설계와 기획 작업에 새로움과 긴급성을 촉구한다. 수퍼바이저는 단순한 개인 관심과 요청에 근거하기보다는 새로운 현실이 요구되는 상품 개발과 비즈니스 개척을 위한 기획이 되게 지원해야 한다.

8 전문성을 위한 기여	자신에게 물어볼 수 있는 몇 가지 질문
연구, 글쓰기, 경험이 적은 신규 코치 지원, 소셜 네트워크 사이트에 기여 등을 통해 코칭의 세계에 환원할 수 있는 것	Q. 어떤 "무료" 코칭 파트너와 협력할 수 있는가? Q. 어떤 내용을 블로그에 올릴 수 있는가? Q. 어떤 소셜 미디어 토론 포럼에 참여하는가? Q. [자신이 편집자라면] 어떤 작업 내용의 기사를 게재해 주고 있는가? Q. 지금까지 코치로서의 여정에서 어떤 교훈을 얻었는가? Q. 누가 당신의 배움으로 혜택을 볼 수 있는가?

역자 해설 8: 개인 노력과 수퍼바이저의 활용

코칭 발전의 출발과 흐름에서 결정적 차이는 코칭은 철학자 한 사람의 선구적 노력과 기여로 형성된 것이 아니라는 점이다. 특정 분야의 독자적 흐름이나 학파는 시조자가 있고, 이에 대한 후학들의 해석 논쟁으로 주류적 흐름이 형성되는 발전 과정이었다. 정신분석은 프로이트, 분석심리학은 칼 융, 개인심리학은 알프레드 아들러, 인간 중심의 칼 로저스 등과 비교해 코칭은 시조가 없는 분야이다. 이는 여러 철학 사조와 대중 운동의 산물과 흐름이 하나로 모이면서 탄생된 융복합적인 성격이 중요한 특징이다. 결정적인 기여는 철학자, 이론가가 아니라 실천 활동가들의 상호 교류였다. 이런 특징은 곧 '실천 기반 코칭', '경험 기반 코칭'으로 이론화된다. 이와 대비되는 접근이 증거 기반 코칭, 곧 이론 기반 코칭의 출현이다.

코칭은 시조가 없어 자유롭다

여러 철학 사조와 대중 운동의 산물

코치들은 성인기에 코칭에 진입하며 이미 풍부한 생활과 전문 경험을 지니고 있다. 코칭실천 윤리에 근거한 활동을 통해 실천적 경험을 정리하고 발전을 도모하는 것은 '경험과 실천 기반 코칭 연구'의 전통을 잇는 중요한 영역이다.

코치는 코칭 파트너와 수퍼바이저 양쪽과의 '관계' 안에서 실천과 성찰을 이어간다. 시장 개척을 확대하고, 출현하는 개인의 아젠다를 코칭으로 대처해야 하는 코치는 자신의 사유를 위한 글쓰기는 자기 발전을 위한 중요한 도구이지 기본 활동이다. SNS 활용한 짧은 글쓰기에서 연구 저널까지 그 영역은 다양하다.

이를 더욱 발전해 이론 기반 코칭과 긴장과 논쟁을 통해 코칭 전문성, 이론적-실천적 발전의 동력을 확보할 필요가 있다. 수퍼바이저는 글쓰기 특징과 성찰 근육을 점검하고 적절한 관심과 피드백을 통해 이를 지원한다.

코치의 성장과 발전에 역량 활용하기

역량-기반 모델에 익숙한 코치라면 전문 코칭 기관마다 인증 절차의 일부로 활용하는 '역량 모델'이 있다는 사실을 알고 유용하게 활용한다. AC, EMCC, ICF, [한국코칭협회] 등은 모두 코치 인증을 수준에 따라 "정교한" 수준으로 역량을 제시한다. 자세한 구조-틀은 웹사이트에서 확인할 수 있다.565) 역량은 [몸에] "녹아 내리게melt down"하는 것이 확실한 방법이다. 각 역량 정의와 세부 항목을 재해석하고, 회기 안에서 구현해 내며 알게 되는 '신체적 앎'에 주목하며 몸 내림의 길을 찾는다. 부분 항목에서 각 역량으로 또 각 역량의 결합과 종합하며 전체 구조-틀 안으로 집중할 필요가 있다.

역량은 몸에 녹아 내려야

예를 들어, EMCC 구조-틀의 예, 특히 모델과 기법의 활용을 살펴보자. [표 8.3]에서 각 코치의 특정 요구와 선호도에 맞춘 세부 개발 계획을 만들 수 있다. AC는 약간 다른 접근 방식을 취하며, 다양한 수준

---

565) 이 저서의 집필 당시인 2016년 이후 각 조직들은 코칭 역량 내용을 업데이트해 왔다. 이 과정에서 서로 영향을 주고받고 참고하여 대체로 내용이 유사성이 높아졌고 특성을 지녔다. 수퍼비전을 위해서는 이를 서로 비교하며 차이점을 구별하는 것이 '역량' 이해에 도움이 된다. 역량 내용은 코칭 상황을 염두에 둔 코치가 지녀야 할 '최소 역량'이기 때문이다.

의 숙련도를 설명한다. 예를 들어, 인증 코치는 "코칭 프랙티스에 대한 좋은 지식"을 가지고 있어야 하고, 인증 마스터 코치는 "코칭 프랙티스에 대한 전문적인 지식과 깊은 이해, 강력한 이론적이고 실천적인 기반, 코칭 관련 전문분야에 대한 인식(예: 심리적 모델, 코칭수퍼비전, 마음챙김 등)"을 갖춰야 한다.[566]

이 모든 것이 자신이 최고의 코치가 되기 위해 너무 많은 일로 들린다면 자기 자신과 코칭 파트너, 동료, 수퍼바이저와 파트너십을 맺길 권한다. 그러나 일반적으로 수퍼바이저와의 대화가 이런 모든 학습과 훈련 자원을 통합하는 데 도움이 될 것이다.

[표 8.3] EMCC 역량 설명서의 예

역량	통찰력과 학습 효과를 얻기 위하여 핵심 커뮤니케이션 기술을 넘어 모델과 도구, 기술 및 아이디어를 적용하라.
기초 능력 지표	• 코치-멘토링 모델 또는 프레임워크에 대한 기본 접근 방식
프랙티셔너 역량 지표	• 하나 이상의 기존 모델을 기반으로 일관된 코칭/멘토링 모델 개발 • 코칭 파트너가 결과를 도출할 수 있도록 몇 가지 확립된 도구와 기술을 활용 • 코칭 파트너 맥락에서 모델 설명 및 작동
선임 프랙티셔너 역량 지표	• 다양한 모델과 새로운 아이디어를 자신의 모델에 연결 • 모델, 도구 및 기술에 대한 심층적인 지식과 경험을 적용하여 코칭 파트너가 전체 결과 뿐만 아니라 특정 과제를 해결하는 데 도움이 됨 • 승인된 모델에 대한 비판적 평가와 자체 프랙티스 및 수퍼비전을 통한 학습에 기초한 코칭/멘토링에 대한 고유한 접근 방식 입증
마스터 프랙티셔너 역량 지표	• 효율성 향상을 위하여 자체 도구 및 시스템 구축

---

[566] 각 조직은 제시한 코칭 역량을 인증 수준 또는 역량 성장 수준별 이를 구별하고 알 수 있는 지표를 설명하고 있다. 각 조직의 내용은 물론 서로 비교하면 역량과 역량 구현을 위한 전체 매트릭스를 파악할 수 있다. 해석-비교-상호 연결하는 손작업 자체가 역량 이해를 돕고, 이를 실제 구현하는 감각을 기를 수 있다.

주요 학습 요약

CPD
1. 자신의 '전문성의 지속적 개발^{CPD}'을 위해 시간을 만든다.
시스템적 방식으로 발전에 적극 투자하면 여정이 어떤 모습일지 결정하는 데 도움이 될 수 있다.

성숙성
2. "코치 성숙성$^{coach\ maturity}$"은 그 달성을 위해 서두른다고 되는 것이 아니다.
자기^{self}가 인내하고 경험의 안내를 따를 때 적절히 앞으로 나간다는 점을 인정/승인한다.

역량 구조-틀로 자기 점검
3. 전문 기관 가운데 하나가 제공하는 구조-틀을 자신의 역량 개발에 매핑하는 방법으로 검토한다.

4. 수퍼비전은 코치의 성장 발달을 가능하게 하는 핵심 원동력이다.
이런 관점에서 수퍼바이저의 의견을 고려하고, 효과가 없다면 다른 수퍼바이저를 찾는다.

내부-수퍼바이저
5. 수퍼비전을 통해 얻은 통찰을 자신의 성찰적 실천에 적극적으로 통합하고, 자신의 "내부-수퍼바이저"가 어떻게 발전하는지 지켜본다.

성찰 질문

1. 코치로서의 학습 여정은 평생의 헌신인가, 아니면 다른 곳으로 가는 길의 연장인가?
2. 어떻게 하면 '전문성의 지속적 개발^{CPD}'을 코칭 프랙티스의 발전을 이끄는 살아있는 문서로 만들 수 있는가?
3. 당신에게 코치가 있는가?

4. 자신은 여정에서 만난 '은유의 바위'에 앉아서 무엇을 보고 있는가?   은유의 바위
   가야 할 앞을 내다보는가? 걸어 왔던 뒤를 돌아보는가?
5. 자신은 코칭 파트너들이 자기 스스로 일하도록 돕는 데 얼마나 많은 시간을 소비하는가?
   당신은 얼마나 많은 시간을 자기 자신을 위해 소비하는가?

추가 연구를 위한 질문

1. 전문 코치는 코치의 개인 개발을 어떻게 계획하고, 관리하고 검토하는가?

참고 문헌

- Clutterbuck, D. and Megginson, D. (2011) Coach maturity: An emerging concept. In L. Wildflower and D. Brennan (Eds) *The Handbook of Knowledge-Based Coaching*. John Wiley and Sons: Chichester.
- Laske, O. (2011) *Measuring Hidden Dimensions – The Art and Science of Fully Engaging Adults*. Laske and Associates.

[역자 부록 8.3] 역량 기반과 발달 기반 코칭수퍼비전

코치의 '성장/발달 단계'를 어떻게 구별할 것인가? 코치 자격 인증은 코치 발달 단계와 얼마나 일치하는가? 발달 과정을 촉진하는 발달 과정 중심은 무엇을 중심으로 어떻게 접근해야 하는가? 이런 발달 단계는 (코치) 생애 발달 모델과 어떤 관련이 있는가? 이런 이론적 지평이 우리 앞에 있다. 이점에 근거한 코칭수퍼비전이 발달-기반 코칭수퍼비전이다. 또 이를 배경으로 코칭수퍼비전 접근을 용이한 영역으로 문을 여는 것이 '역량-기반 코칭수퍼비전'이다. 역량 기반 코칭수퍼비전은 발달-기반 수퍼비전을 배경에 두고 현재 코치의 역량을 다룬다. 코치의 역량은 '코칭-하기'로 드러나야 하며, 이는 다시 '코치-되기'로 수렴된다. '하기'에 초점을 맞춰 시작하며(역량 기반) '되기'로 나가는 것(발달 기반)이다.

역량competence은 훈련을 통해 습득되고 이것이 특별한 행동과 실천으로 드러나야 한다demonstrate. 자격 준비 과정에서 필요한 역량을 습득하였는가. 이를 적절히 시도하고 발휘할 수 있는가. 적절한 훈련 대상은 물론 실제 코칭 파트너와의 코칭에 적용할 수 있는가? 이를 위해서는 충분한 숙달이 필요하다. 이는 각 개인의 특성과 자원을 활용하여 몸 내림이 되어야 마땅하다. 시장성을 위해 자격 과정과 결합할 수 있으나 결코 이에 한정될 수 없다.

유능한 코치라면 어떠한 코칭 파트너라도 또 어떤 주제와 환경 조건에서도 일정한 수준으로 구현하는 실천능력capability을 장착한다. [1]코칭 파트너를 넘어 코칭 파트너의 시스템, [2]코칭 계약의 내적 외적 조건의 다양한 변화와 복잡성, [3]코칭 파트너의 모든 대응을 수용하고 [4]이를 인간의 성장과 성숙을 위한 헌신으로 기여하면서도 충분히 자유로워야 하는 수용력capacity를 연마한다. 이는 숙달과 숙련, 성숙의 영역이다. 이 모든 과정을 포괄하는 것이 이른바 **역량 기반·발달 기반 코칭수퍼비전**이다. 물론 (인간) 발달 단계, 발달 과정, 생애 발달 모델이 이론적 기반이 된다.

실제 내용으로는 [1]경청, 질문, 피드백 등 주요 기술에서 미세 기술에서 시작한다.

②코치 역할과 포지션 유지와 다양한 변주, ③코칭 기술과 기법의 유연성과 적절성에 대한 기준, ④코치 자신의 특성 개발 등이 다뤄지며, ⑤고정된 사고, 정서, 행동 패턴이 조명된다.

방법으로는 무엇을 다루는가에 따라 다르지만 ⓐ코칭 시연과 (따라) 배우기에서 ⓑ코칭에서 '자기self' 활용하기, ⓒ사례분석 ⓓ코칭 모델과 사례 개념화, ⓔ수퍼비전의 수퍼비전 등을 들 수 있다.

역량 기반, 발달 기반은 코칭수퍼비전의 수요 개발에도 적절하다. 코칭 내부 시장을 분석하며 대응이 필요한 세심한 내용 개발이 필요하다. 실제 모든 코치들이 발달 과정을 겪게 됨에 따라 적절한 수준에 맞춘 프로그램 개발과 노력이 요구된다.

이를 위한 수퍼바이저의 준비에서 중요한 점은 무엇인가? 이는 수퍼바이저가 코치의 **발달 단계와 과정**에 대한 사전 연구 또는 나름의 준비이다. 흔히 역량을 자격증과 연동 시에는 각 자격 단계에 조응한 역량에 초점을 맞추면서도 이를 실제 현장에 적용하는 실천능력과 구별하고 코칭 파트너와의 실제 회기에서 구현하는 것에 초점을 맞춘다. 이점은 ICF가 주장하는 멘토 코치 역량모델(2024)와 차별을 갖는 '코칭수퍼비전'이 감당할 영역이다. (이는 시험 합격을 겨냥한 입시식 훈련과는 전혀 다르다.)

다음은 코치 발달 단계에 관한 기존 연구를 활용한 발달 **단계**와 발달 **과정**에 대한 준비이다. 훈련 과정, 인증 과정, 실제 코치 활동에서 수퍼비전-주체/코치의 **코칭 발전의 수준, 코치의 성장과 성숙 단계**의 현재 지점을 충분히 공유하고 이를 전제로, 코칭과 코치의 성장 발전 목표에 합의한다. 이때 수퍼비전-주체의 성장 발달 '과정'에 대한 독특함, 활용해 온 자원, 개발할 자원을 염두에 둔 수퍼비전 계획(수퍼바이저의 방안)이 중요하다. 물론 이른바 코치의 미해결 과제도 포함된다. 일반적으로 이런 접근은 생애 발달 단계의 과제와 매우 쉽게 연동된다. 또 수퍼바이저가 생애 발달 모델에 대한 이해, 발달 기반 코칭 등이 좋은 배경지식이 된다.

코치 발달 단계와 관련해서는 많은 코치가 나름 경험과 연구를 통해 제시한다. 가장 대표적인 것이 '코칭의 역사' 저자인 비키 블록의 주장이다. 그는 자기 나름대로 코치의 발달 단계를 세 단계로 구분했다.[567]

첫 번째는 **외부 의존 코치**Other-dependent Coach로 자기 역량과 지혜를 꺼내는 데 주목하기보다는 정보와 콘텐츠를 외부에서 흡수하는 데 주목한다. 코치로서 활동할 때에도 자립적 활동보다는 다른 코치나 외부에 대부분의 활동을 의존한다.

두 번째는 **자립적 자기 창작 코치**Self-authoring Coach이다. 스스로 자기 정체성을 유지하는 것을 중심에 둔다. 필요하면 자신에게 참조가 모범 사례에 대한 기대나 그런 내면의 요구에서 벗어나기도 한다. 자기 활동을 '**스스로 북 치며 행진한다**'라는 가치와 원리로 시스템화한다. 행진하며 북소리를 낸다. 북소리 내며 행진한다. 활동과 컨텐츠 생산이 동시에 이뤄지는 과정이다. 모든 활동에서 자기 지혜에 주목하며 코칭 파트너와 함께 코칭하고 곧 콘텐츠를 생산하는 데 힘을 집중한다.

세 번째 단계로는 오로지 **자기 인식 코치**Self-aware Coach이다. 자기-인식에 머물러 활동하는 코치다. 이 경우 모든 활동을 오로지 자기 알아차림에 근거한다. 자신의 전문 분야나 기술, 역량에 의해 자기 자신을 정의 내리지 않는다. 코칭 파트너를 향해 자신을 전면 개방하고 있으며, 코칭 파트너와 대화 흐름 속에 자기 노출하고 기꺼이 머물러 있다. 자기 중심의 동심원을 그리며 이에 근거해 활동할 뿐이다. 드러남 없이 머물러 있고 움직이는 모습이다.

다음으로는 피터 호킨스가 다른 연구자들의 연구를 인용해 제시한 4단계 발달 단계를 제시한다.[568] 수퍼비전 관계 안에서 코치/수퍼비전-주체의 발달을 다룬다.

---

567) International University of Professional Studies ICF Core Competencies Compared with IAC/Coachville Proficiencies By Vikki G. Brock. 논문으로 제시되지 않았지만 매우 중요한 경험 기반 제시이다.
568) 『수퍼비전: 조력 전문가를 위한 일곱 눈 모델』 피터 호킨스, 로빈 쇼헤트 지음. 이신애, 김상복 옮김. 한국코칭수퍼비전아카데미. 2019. p.127~133

수퍼비전-주체 발달 단계		
1단계	자기중심	내가 이 일을 해 낼 수 있을까?
2단계	코칭 파트너 중심	내가 이 코칭 파트너가 해낼 수 있도록 도울 수 있을까?
3단계	과정 중심	어떻게 우리는 함께 관련되어 있을까?
4단계	맥락 과정 중심	어떻게 과정들이 서로 깊숙이 스며들 수 있을까?

1단계는 자기중심 단계로 수련 과정에서 자기 성과를 평가할 근거 기준에 대한 검토가 부족해 수퍼바이저가 자기 작업을 어떻게 평가하는지에 좌우된다고 느낀다. 일반적으로 수퍼비전-주체가 자신을 스스로 되돌아보도록 돕는 것인데 수련 코치들은 불가피하게 불안을 유발한다. 수퍼바이저는 코칭 파트너와 자신에 대한 섣부른 판단에서 실제 일어난 일에 귀 기울이게 해야 해 수퍼비전-주체에게 긍정적 피드백과 격려를 포함해 명확히 구조화된 환경을 제공하게 된다.

2단계는 코칭 파트너 중심 단계로 수퍼비전-주체는 초기 불안을 극복하고 의존과 자율성, 지나친 자신감과 압도됨 사이에서 동요한다. 코칭 파트너와의 작업에서 수퍼비전-주체는 코칭 파트너의 발달 과정과 자신의 훈련에 대해 단순히 하나의 초점으로 만 보는 것을 넘어선다. 자신감과 접근 방식의 단순성을 넘어서게 되면 일부는 환멸을 느끼고 수퍼바이저에게 책임을 지우고 화를 내게 되거나 무능력한 모습을 보인다. 마치 사춘기에 비유 가능하다. 자신의 코칭 파트너에게 더 반응적이 될 수 있다. 수퍼바이저는 1단계보다 덜 구조화하고 덜 가르치는 태도를 보일 필요가 있다. 수퍼비전-주체는 잘 대처하지 못하거나 일을 못하는 경우 감정의 상승과 하강 사이에서 동요할 수 있기에 정서적 안아주기가 꼭 필요하다.

3단계는 해당 코칭 파트너의 특별한 개인 요구를 충족하기 위해 코칭 파트너에 대한 접근을 조정할 수 있다. 더 넓은 맥락에서 볼 수 있는 헬리콥터 기술을 개발한다. 회기 안에서 코칭 파트너와 온전히 함께 머무르며 동시에 현재 안에서 관계의 전체성, 삶의 패턴, 외적 상황, 생애 단계와 사회적 맥락을 본다.

4단계는 개인적 자율성, 통찰적 인식, 개인의 안전감, 개인적 전문적 문제를 직면할 필요성에 대한 인식 등 마지막 단계이다.

마지막은 이 저서에서 소개 된 클러터벅Clutterbuck과 메긴슨Megginson(2011년)이 제안하고 상세히 기술한 '코치 성숙성coach maturity' 4단계 모델이다.

모델 기반 Models-based, **과정 기반**process based, **철학·전문(이론) 기반**philosophy or discipline based, **시스템적·다방면/절충적 기반**systemic eclectic이다.

[역자 부록 8.4] Self Coaching WISDOM 모델 질문 연습

과제	질문	진행
첫 뜻(의도/목표)		의지
의미와 가치		
구체성		이미지
적절성		
효과적 상상		
강점 발휘 장면		에너지
강점의 언어화		
미래 활용 이미지		
필사적/현명		성공 경로
충분한 선택지		
최고·최적 선택		
최악에 대비		행동 착수
언제/누구		
내적 장애의 기습		
지속 가능한 방법		습관화
재미·유익		
SEA/심적지원자		

일본 코치 혼다 마사토의 WISDOM 모델과 '18가지 셀프 코칭'(김상복)

 9장 코칭수퍼비전에서 문화적 차이 활용하기
- '다름'을 지렛대로

이장은 코칭과 수퍼비전의 '차이/다름difference'[569]과 '편견/성향bias'[570] 이슈를 다룬다. 코칭 관계와 마찬가지로 수퍼비전 관계도 두 당사자가 회기에 서로 다른 경험, 관점, 성격, 지식을 다양하게 가져온다. 다양성diversity은 양자가 경험을 공유하고 풍부한 학습 환경을 조성하는 기회를 만들어 낸다. 그러나 기회를 지렛대로 활용하기는 매우 까다롭다.

'차이/다름'이 코치 관계에서 순응을 야기(어떤 문화권에서 사람들이 '나이'나 '전문성'에 대한 존중을 강요하는 경향)하듯이, 수퍼비전에서도 이것이 학습 환경의 이점을 방해한다. 그러나 인종, 문화, 성별

---

[569] 코칭과 수퍼비전에서 '문화'라는 주제, 본 장에서 논의하는 범-문화적 관점에서 볼 때 용어 번역이 큰 과제이다. difference는 우리 말에서 '차이'로 번역하는 것이 익숙하다. 그러나 탈식민지 관점에서 이 표현조차도 '권력'의 의미가 배어있다. '차이를 근거로 자신과 구분하고, 혐오와 분리로 활용해 왔기 때문이다. 이와 구별을 위해 '다름'으로 번역한다. 의미의 명확성을 위해 '차이/다름'으로 병행하며, 때로는 둘 중 하나로 표기해도 그 의미는 모두 '다름'으로 이해한다.

[570] bias는 편견, 편향, 성향, 최애 등 문장의 맥락에 따라 의미의 편차가 큰 단어이다. 이 역시 '편견/성향'으로 표현하며 문장에 따라 '편향'으로 표현하나 '성향(의 다름)' 정도의 의미로 이해한다.

배움의 잠재력과 활동성 수준에서의 '다름'은 물론 수퍼비전 관계 안의 문화적 '성향'을 이해하면 학습 성과를 높일 수 있다. 이장은 다음 사항을 살펴본다.

- 수퍼비전은 '차이/다름'에 대해 얼마나 추구하길 원하는가?
- 수퍼비전 과정에서 배움의 잠재력과 활동성을 높이는 방식으로 '차이/다름'을 관리하는 방법은 무엇인가?
- 수퍼비전 과정에서 자기의 문화-간 기술inter-cultural skills, 편견/성향, 잠재적 사각지대에 대한 알아차림을 높일 수 있는가?

문화적 맥락에서 '차이/다름' 정의하기

먼저 몇 가지 개념 정의를 한다. 다문화multicultural와 교차문화cross-cultural라는 용어는 자주 상호 교환해 사용하나 사실 그 의미는 다르다.

평화롭게 공존
- '다문화'는 특정 공간(예: 팀, 회사 또는 커뮤니티)에서 서로 다른, 자주 중복되는 여러 문화가 **평화롭게 공존**하는 것을 의미한다. 문화는 사상, 언어, 개념을 서로 차용하지만 이는 일반적으로 수동적인 과정이다.

개념적 요새
- '교차 문화'는 생각의 혼합이 훨씬 적다는 것을 의미한다. 각 문화의 대표자들은 대부분 **개념적 요새**에 머물러 있으며 필요에 따라 때때로 타협compromise과 협상/합의accommodation를 모색한다.

우리가 제안하고 싶은 것은 코칭과 수퍼비전 모두 전통적인 문화적 의미를 넘어서야 한다는 것이다. 이를 위해 새로운 용어인 '**범-문화적**

pan-cultural' 단어를 만들어 쓰고 싶다. 범-문화적 렌즈로 세계 내 '차이/다름'을 통해 세상을 어떻게 바라보는지를 ①소중하고 ②호기심을 갖고, ③더 큰 알아차림과 ④이해를 추구하기 위해서다. 이 렌즈로 보는 것은 우리 자신에 대한 인식perception 즉, 편견/성향, 문화적 유산과 배경, 코치로서 정체성에 영향을 미친다. 또한 코칭 파트너와의 코칭 관계에서 어떻게 작업하는가, 수퍼비전 관계에서 무엇을 보는지에도 영향을 준다.

> 범-문화적 렌즈

범-문화 렌즈를 통해 복잡성 보기

조직과 사회가 점점 더 복잡해지고 적응을 요구함에 따라, 코칭 역시 그런 흐름 안에 있다. 타울러Towler(2005: 309)는 조직을 수퍼비전 룸에 무의식적 영향을 미치는 "**보이지 않는 코칭 파트너**invisible client"라고 부른다. 따라서 코치의 수퍼바이저들은 개인의 관점에 대한 이해뿐만 아니라 조직의 시스템적이고 문화적 측면을 지식 세트에 추가할 필요가 있다.

> 보이지 않는 코칭 파트너

조직 문화의 영향은 개방적인 대화와 성찰을 억제할 수 있는 잠재력이 있기에 수퍼비전 과정에서 부수적인 요인이라기보다는 **중요한 요소**가 된다(Gray, 2007). 대표적으로 '편견' 이슈를 본다면 그 다양한 측면을 네 가지 차원에서 검토할 수 있다.

> 조직 문화의 네 가지 영역

- 코칭 파트너 내면의 편견
- 조직 내의 편견
- 코치 내면의 편견
- 수퍼바이저 내면의 편견

| 범-문화적 접근
네 가지 | 수퍼비전 관계에서 **범-문화적 접근**을 취하면 ①코치가 코칭 파트너와의 관계에서 자신의 추측과 관점에서 발생하는 암묵적 '편견'과 ②조직 구조와 내러티브에서 발생하는 '편견'을 구별하도록 돕는 '수용력capacity'을 높일 수 있다. 그렇지만, ③코치가 코칭 파트너를 돕기 위해서는 코칭 파트너가 코칭 대화에서 어떤 '편견'을 가졌는지도 이해해야 한다. 마찬가지로, ④코치를 돕는 수퍼바이저 역시 수퍼비전 대화에서 자신과 코치의 '편견/성향'을 이해하고 투명하게 만들어야 한다.[571]

범-문화적 접근 방식은 코치-코칭 파트너의 역동과 코치-수퍼바이저 관계의 잠재력을 포착하고 더 깊은 수준의 문화적 솜씨cultural dexterity와 공감appreciation을 발전시키는 것을 목표로 한다. 이를 통해 프랙티셔너에게 통찰력과 편견/성향에 대한 알아차림을 높일 수 있다. 코칭과 수퍼비전에서 범-문화적인 면을 인식하고 훈련하는 것은 수용력을 강화하고, 다문화적인 이슈와 '편견'의 역할에 새로운 시각을 가져올 수 있다. |
|---|---|
| 범-문화적 알아차림 | |

코칭 역동의 차이를 이해하기

범-문화적 알아차림을 극대화하기 위해 무엇을 성찰하고 수퍼비전 회

---

571) 수퍼비전-주체가 지닌 차이/다름, 편견/성향과 이것이 활동과 관계에서 어떻게 구별하고 인식하는지는 수퍼비전 과정에서 다양한 경로에서 드러나게 된다. 이는 흔히 말하는 인종, 국가, 문화, 성 정체성 등 거대 담론만이 아니다. 가치, 취향, 태도, 지향점 등에서도 드러난다. 수퍼비전을 통해 코칭 파트너와 코치, 수퍼바이저 간의 이런 다양성을 구별하고 분명하게 한다.

수퍼바이저의 다름과 성향은 반드시 드러나며 이는 '가치'와 세계관의 다름, 윤리의 민감성의 차이 등에 반영된다. 우선 수퍼바이저가 먼저 드러냄으로써 비롯되는 침범적 파장을 관리해야 하며, 이를 위해 스스로 명확한 인식과 태도를 가져야 한다.

기에 무엇을 가져와야 하는가를 먼저 살펴보자. 코칭과 멘토링에서 **침묵과 무의식적 대화**
'다양성'을 다루기 위한 작업에서 유용한 도구는 '다양성 알아차림 사다리diversity awareness ladder'이다. 이 도구는 기본적으로 [표 9.1]에서 보듯이, 사람들이 자신과 다르다고 인식되는 누군가와 마주했을 때 자기 내부에서 일어나는 **침묵**과 **무의식적 대화**의 종류를 도표화한다. 이 사다리를 통해 현재 다양성 인식 단계를 좀 더 진정한 단계로 나아가는 데 도움을 주는 대안적인 대화를 제공한다.

[표 9.1] 다양성 알아차림 사다리

단계	내면 대화	외부 대화
1. 두려움fear	• 이 사람에게 무엇을 두려워하는가? • 내 자신은 어떤 두려움을 느끼고 있는가? • 나 자신이 인정하기를 회피하고 싶은 것은 무엇인가? • 다른 사람의 판단 중 내가 두려워하는 점은 무엇인가?	• 우리 사이의 공통점은 무엇인가? • 당신은 나와 나의 의도에 대해 어떤 우려가 있는가?
2. 경계심wariness	• 내가 잘못된 말을 하면 어떻게 되는가? • 그들이 나에 대해 갖는 기대는 부정적이거나 고정관념에 근거한 것인가? • 그들과 얼마나 솔직하고 개방적일 수 있는가?	• 어떻게 하면 서로에게 더 개방적일 수 있는가? • 서로가 불편하거나 가치가 없다고 느끼는 행동을 어떻게 인식하고 관리할 수 있는가?
3. 관용tolerance	• 이 사람에 대해 어떤 판단을 내리고 있으며 그 판단의 근거는 무엇인가? • 이 사람을 대할 때 어떤 경계를 정하고 적용할 것인가?	• 어떻게 마찰 없이 함께 있고/일할 수 있는가? • 어떻게 하면 대화에서 비난을 피할 수 있는가?
4. 수용acceptance	• 이 사람을 있는 그대로 받아들일 수 있는가? • 비록 그것이 나와 다르더라도 이 사람의 관점의 타당성을 인정하고 함께 일할 수 있는가?	• 어떤 가치를 가지고 있는가? • 그 가치를 어떻게 적용하고 있는가? • 어떻게 하면 협업을 적극적이고 목적에 맞게 만들 수 있는가?
5. 감사/공감 appreciation	• 이 사람에게서 무엇을 배울 수 있는가? • 이 사람에게 알게되었으니 어떻게 하면 더 좋은 사람이 될 수 있는가?	• 서로에게서 무엇을 배울 수 있는가? • 어떻게 하면 서로에게서 배울 수 있는가?

| 차이로 인식되는 낯섦을 | 사다리는 다음과 같은 몇 가지 방법으로 사용할 수 있다.[572]
| 대하는 근육 |
| '다름'에서 오는 배움 |
| 만남에서 오는 배움 |

- **스스로**

  코칭 회기 후 성찰적 실천을 사다리를 통과하며 작업한다. 어떤 항목이 눈에 띄는지, 어떤 강점이 있는지, 어떤 분야를 더 발전하고 싶은지를 기록해 둔다.

- **수퍼바이저와 함께**

  내면 대화를 탐구하고 다양성과 관련하여 더 나은 전략과 사고 패턴을 개발한다.

배움을 차단하는 태도
- **코칭 파트너와 함께**

  코칭 회기에 사다리를 활용한다. 코칭 파트너가 문화적 문제를 극복할 수 있도록 돕기 위해 함께 노력한다.[573]

이 모델을 사용하는 핵심은 **정직**honesty이다. 직관intuition을 활용해 코칭 파트너와 함께 일하고 있다며 성장을 위해 노력한다. 수퍼바이저와 함께 일하고 있다면 질문을 받아들여 깊이 성찰한다. 스스로 성찰하고 있다면 자신의 사고에 도전해야 한다. 또 스스로 알게 되겠지만,

---

572) 문화적 차이와 편견을 넘어 모든 세상과 모든 사람, 모든 이슈에 대한 기본 태도로 확장되어야 마땅하다. 내면의 움직임을 다섯 가지 사다리 과정으로 이해하며 이를 구별해 검토하는 과정이 곧 차이로 인식되는 낯섦을 대하는 근육을 키우고 수용력을 높이는 자기 검토 과정이다. 특히 자신에게 가장 걸리는 지점이나 내용부터 시급히 점검해 볼 만하다. 내적 대화와 외적 대화가 상호 조응하는 과정이다.

때로 다양성을 대하며 '세상이 그렇듯 코칭과 수퍼비전 역시 모두는 서로 다르며, 각각은 그 나름의 성향을 지닌다. 나는 거리 두고 바라볼 뿐이다.' 이런 무관심과 거리두기 시각은 '다름'에서 오는 배움을 멀리하는 태도이며 상대의 만남에서 오는 배움을 차단하는 태도이다. 수퍼비전의 '상호 협력적' 성격에서 이탈이다. 접촉하며 연루되고 서로 교류하는 공생적 관계이다.

573) 이를 회기에서 활용하려면 코칭 파트너가 다양성 이슈를 야기하는 대상을 향해 '외부 대화'를 위한 질문을 하게 하고, 이와 연동한 '내부 대화'를 위한 질문을 상호 교차하게 한다. 이런 작업을 통해 질문을 다듬어 만들어 두어야 한다.

내면의 대화는 결코 진정으로 완전히 침묵하지 않는다. 그것은 상대방에게 아주 쉽게 **새어 나간다**.[574] 그러므로 그 당시에 주의를 기울이지 않았다면 지금이라도 주목해 생각해 보아야 한다. 시간이 지남에 따라 사다리를 활용하며 진행 상황을 기록해 두는 것이 좋다. 편견을 더 잘 이해하기 위하여 학습 일지를 작성해 둔다. 이는 이 장 후반부에서 다룰 것이다.[575]

코칭 관계 내의 편견

'편견'은 단순한 어떤 대상이나 사람에 대한 선입견이다. 긍정적이거나 부정적인 편견일 수 있다. 모든 사람은 "옳다"라고 느끼는 편안한 영역과 "틀렸다"라고 느끼게 되는 우려되는 영역이 있다. 이런 **양극성**은 자주 **편견의 단서**가 된다. 코칭이라는 공동-창조적인 특성을 감안할 때, 대부분의 코치 훈련 프로그램은 완전히 코칭 파트너 중심적이

양극성
편견의 단서

---

574) 역사도 돌이켜 보면 외도, 자유로운 성관계, 지나친 소비 패턴, 불평등 심화를 부추기는 부의 상속, 2세의 게으름과 무책임(대응), '서민(의식)'으로 대상화 하기, 양심 없음, 역사나 현실에 대한 무관심 이런 사안들이 힘들었다. 코칭이 깊어질수록 인간에 대한 이해와 함께 환멸도 동시에 차올랐다. 특별한 사안은 '명상'을 하지 않고는 견디기 힘들었던 적도 있다. 문제는 이에 대한 나의 태도가 내비쳐지거나 흘러나가지 않게 조절하는 것이 더 힘들었다. 돌아서는 길에 대상에 대한 분노, 때로는 자신에 대한 좌절이 더욱 힘들기도 했다. 당시에 늘 들었던 생각이나 투덜거림의 주된 내용은 '내 스스로가 목사나 스님이 안 된 것이 정말 다행이다. 이를 사랑과 연민으로 수용하기는 내 마음-품이 전혀 되먹지 못하다는 자각'이었다.
  이런 내적 갈등이 부패되지 않고 발효된 것은 지금 보면 여전히 걷고 있는 '성찰성reflectivity과 반성성reflexivity의 터널' 덕분이다.

575) 시간이 지나며 셀프 코칭을 하며 그 질문 자체의 전환이 일어났다. '의문의 전환'이다. 즉 '이 일이 나에게 무엇을 도와주려고 일어났는가?'이다. 또 이런 평범한 사다리의 문장이 깊이가 달라지는 것을 느꼈다. 내 안에서 일어나는 전부가 온통 바로 '나'라는 것이고, 일어나는 모든 사념이 먼저와 같다는 느낌이 올라왔다. 이는 자주 출현했다. 명상 중에도, 운전 중에도, 심지어 코칭 파트너를 기다리면서도. 그리고 이런 것들에서 점차 멀어지는 나를 보았다. 그렇다고 지금은 없어졌다고 볼 수는 없다. 사는 데 먼지가 없을 수야 없지 않은가?

고 "판단-중지/없음judgement free"의 중요성을 강조한다. 그렇지만 경험에 따르면, 많은 코치 훈련 프로그램은 '편견'을 다루지 않으므로, 코치들은 자신의 편견을 검토하지 않고 내버려 두기에 무의식적으로 드러나면 어떻게 해야하는지 이해하지 못한다.[576]

문화 연구에 따르면 우리는 우리와 유사한 사람들을 더 쉽게 믿는다. 그렇다면 코칭 파트너와 편안한 환경에서 일하는 코치는 유사점과 차이점을 발견하여 질문을 던지고, 도전하고, 성장을 지원하기 위한 기회를 어떻게 찾을 수 있는가?[577] 반대로, 코치가 자신이 "적합fit"하지 않다고 느끼는 환경에서 일한다면, 어떻게 편견 없이 일하기 위해 자신의 판단을 도입하지 않으면서 동시에 차이를 탐구할 기회를 제공할 수 있을까?[578]

'차이/다름'은 **대화의 기회**를 만들어 낸다. 코칭 파트너와 함께 그 순간의 '차이/다름'을 탐구하는 것은 개인과 더 넓은 조직 내에서 변화를 끌어낼 수 있는 비옥한 토양을 만들 수 있다. "리더는 자신이 누구인지와 화해하지 않고 문화적 이질감을 느끼는 행동 양식을 채택하면 성공을 누리지 못할 것이다."(Carroll, 2011: 16)

<small>'차이/다름'은 대화의 기회</small>

<small>문화적 이질감</small>

---

576) 편견과 차이 관련 주제는 코칭 윤리 차원에서 다뤄야 한다. 수퍼비전은 이와 관련한 주제를 실천 과정에서 드러나는 윤리 이슈로 다루기 위한 레드-카펫을 미리 깔아 두어야 한다. 더 자연스러운 것은 코칭과 코치의 '가치'를 다룰 때 이런 '차이/다름'에 대한 접근의 길이 열린다.

577) 코치들과 코칭 파트너들과 유사한 가치로 부족화되어 그 안에 머물러 일정한 성향을 드러낼 경우를 연상하면 된다. 코칭 실천 현실에 관한 깊은 연구와 소통이 부족하기에 부족-간 대화가 쉽지 않고 쉽게 거리 두거나 논쟁으로 달아오른다.

578) 자신의 '의문'을 소중하게 여기고 질문을 전환하는 질문적 사고가 도움이 되고 수퍼비전 대화는 이를 촉진한다. 혼자 탐색할 경우 현실의 다양한 사태를 표현하는 '단어-개념'을 찾고 의미를 다듬으며 탐색하는 방법도 있다. 이런 탐구는 단어 표현이 주는 차이에서 '다름'으로, 편견에서 '성향'으로 단어만 전환해도 알 수 있듯이 개념어의 철저한 탐색에 의한 코치 나름의 용어 리스트(coaching distinctionary, distinction+dictionary)를 만들어 가는 인식 전환의 시작으로 이어지기도 한다. 이는 회기 중 코치의 언어 활용의 민감성을 높인다.

불행히도, 많은 코치는 그들의 관찰 결과를 공유하거나 대화에 참여하며 자신의 '편견'이 코칭 파트너의 변화 능력에 영향을 미칠 것을 두려워한다. 마찬가지로, 코치들은 판단을 받거나 어떤 식으로든 수퍼바이저/수퍼비전-주체 관계에 영향을 미칠 것이 두려워 수퍼비전 과정에서 자기 편견을 표명하기 꺼릴 수 있다.[579] 그렇지만, 코칭이나 수퍼비전 대화에서 생기는 진정한 **호기심**genuinely curious과 차이점/다른 점을 탐구하는 능력을 활용하면, 자신과 코칭 파트너 모두를 위해 "범-문화주의pan-culturalism"를 발전시키는 데 적극적으로 참여할 수 있다.

진정한 호기심과 탐구

해정 홍Hae-Jung Hong과 도즈Doz(2013년)에 따르면 그 이점은 다음과 같다.

- 자기 문화와 다른 문화에 대한 민감성
- 문화적 알아차림과 호기심
- 문화적 공감
- 다중 언어 능력multilingual skills
- 상황 이해와 민감성
- 의미(론)적 알아차림semantic awareness
- 문화적 기준과 의사소통 방식의 전환 능력

코치, 수퍼비전-주체, 수퍼바이저로서 자기 문화와 잠재적 편견을 대화 나눌 수 있는 **용기**는 그 자체로 범-문화주의를 포함해 관계를 심화할 수 있는 잠재력을 지니게 해 준다.

---

579) 코치의 표명을 기다리거나 사태가 발생한 후 대처하는 수퍼바이저의 소극적 태도보다는 '다양성' 주제에 대해 민감함을 갖고 조용한 기획과 준비를 해 두어야 한다. 이를 다루는 기회는 미세한 틈으로 드러나 준비되어 있지 않으면 그런 기회를 포착하기 어렵다.

성찰적 실천을 통해 편견 이해하기

성찰적 실천에서 자신의 견해가 '편견'일 수 있다는 전제를 추가하고 이를 수퍼비전에 도입하면 코치의 '수용력'이 향상되고, 코칭 파트너에게 변화를 위한 기회를 추가로 제공할 수 있다.[580] 코칭 파트너가 예상보다 진전이 없어 보일 때마다 코치는 '**문화적 장벽**culturally based barrier'이 있을 수 있다는 점을 스스로 검토한다. 이럴 때 ①코칭 파트너가 상황을 어떻게 이해하는지, ②코칭 파트너가 인식하는 실제 또는 상상 속의 제약이 무엇인지, ③코칭 파트너가 가능한 선택을 강화하거나 약화하는 것은 무엇인지 이를 인식하는 ④가치가 무엇인지 깊이 파고들 필요가 있다.

문화적 장벽

아마도 필연적인 도전 과제 중 하나는 우리 자신이 곧 문화적 규범의 산물이기에 **유사점**이나 **차이점**이 있고 그 어디에든 **맹점**이 있다는 점이다. 플라이스터-텐Plaister-Ten(2011)이 문화 만화경을 개발하는 과정에서 수행한 작업은 어떤 '차이'가 존재할 수 있는지를 검토하는 유용한 참고-틀이 된다. [그림 9.1]은 그녀의 친절한 허락을 받아 수록되었으며, 문화마다 다를 수 있는 많은 요소를 보여준다.

문화 만화경

3자 걷기와 대화하기

---

580) 가령. 자신의 견해는 옳고 그름이 아니고 한시적이거나 나에게 적용되는 전체의 일부일 수 있다는 전제를 인정한다. 또 그의 주장은 나의 어떤 점을 위해 제기하는가를 숙고한다. 나와 그, 또 같이 걷는 자(내 안의 스승) 3자 걷기와 대화하기 등으로 성찰적 검토를 할 수 있다. 이는 **배움의 여정에서 배우는 코치의 태도**이다.

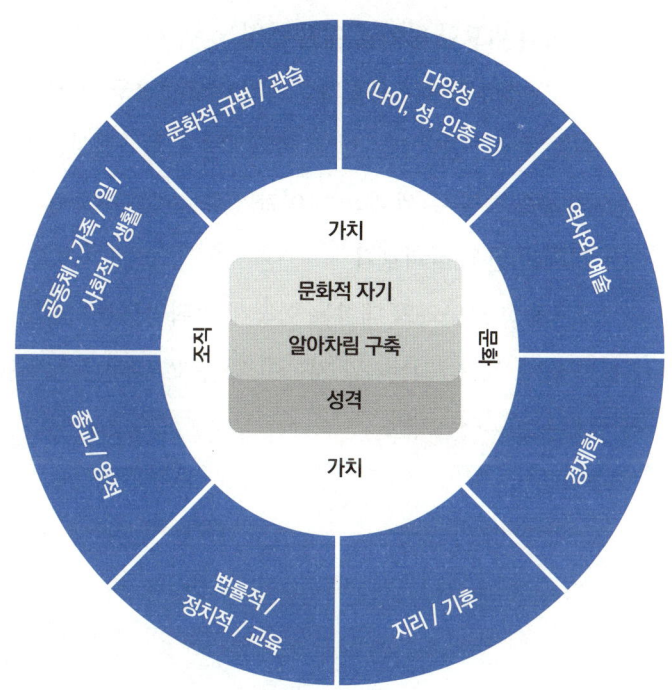

[그림 9.1] 교차-문화 "만화경cross-cultural Kaleidoscope"
출처: Jenny Plaister-Ten의 친절한 허락을 받아 재현

다음과 같은 방법으로 편견을 구별한다.

- **문화적 공감 강화**

    지적인 호기심을 넘어 다른 문화의 풍부함에 참여하고 이를 이해한다. 말 그대로 그들의 입장이 되어본다.

    Q.만약 내가 그 문화에서 (일하고, 살고, 떠나고) 자랐다면 이 문제를 어떻게 보고 있을까?

- **코칭 파트너의 문화 렌즈를 통해 이슈 보기**

    Q.이 사람은 자신의 독특한 관점(성, 인종, 민족 및/또는 성적 지향, 사회경제적 배경 등)에서 이 상황을 어떻게 보고 있는가?"

- **언어의 미묘한 차이에 대한 경청**

    Q.번역에서 단어나 구절의 의미가 어떻게 조금이라도 달라지는가? 예를 들어, 영어로는 한 단어이지만 모국어에서는 미묘하게 다른 의미를 가진 두 세 개의 단어가 있을 수 있다.[581]

- **정서적 반응 살펴보기**

    Q.코칭 파트너와의 대화는 어떻게 이뤄지는가? [나의 말이 그에게 어떻게 "도착"되는가?] 저항이 있는가? 그들은 무엇에 반응하고, 또는 회피하는가?[582]

'질문은 받는 사람의 것이다.'
(코칭 아포리즘(22))

술어 만들기
의미 구별하기

---

581) 이 점은 매우 중요하다. 코칭 파트너는 그의 언어로 사색하고 꿈을 꾼다. 교신하는 언어가 다를 경우 우리는 쉽게 그 차이에 주목하게 된다. 코칭 파트너 역시 두 언어의 차이가 이슈일 수 있다. 자기 내면의 복잡성을 충분히 표현하지 못하는 갈증을 갖게 된다.

코칭의 실천적 맥락에서 드러나는 의미에 주목해야 한다. 코칭 관련 번역과 이해 과정에서 우리 언어(말)이 자칫 텅 빈 의미로 전락했다는 느낌을 갖는다. 번역어로는 충분히 담아지지 않은 채/생략한 채 우리가 이해하는 의미로 번역어를 이해하는 과정에서 오차가 발생할 수 있다. 이는 영어 능력과는 관계가 적다. 사전에는 다양한 번역어가 있듯이, 필요한 경우 다양한 의미의 표현을 개발해야 한다. 이를 보충하는 방안으로는 이해를 위해 다양한 **술어 만들기**와 의미 **구별하기**가 요구된다.

582) 번역의 경우 출발어와 도착어의 차이를 극복할 수 없다는 점에서 '번역은 반역이다'. '번역은 창작의 일부이다'는 표현이 가능하다. 그러나 코칭에서는 더 근본적이다. 야구에서 투수가 던진 공을 포수가 어떻게 받는가에 따라 스트라이크와 볼 등 판별에 영향을 준다. 코치의 질문은 의도와 관련 없이 코칭 파트너가 어떻게 받고 이해하는가가 결정적이다. 물론 코치는 이런 코칭 파트너의 방식 자체에 민감할 수 있다. 그러므로 '질문은 받는 사람의 것이다.' (코칭 아포리즘(22)) 이런 점에서 코칭 파트너는 자신이 받은 질문을 그의 문화적 배경 하에서 판별하고 이해한다. 이를 고려해야 하는 쪽은 문화적 이슈 해결과 예방 모두 질문을 제공하는 코치의 몫이다.

코칭 파트너의 편견 탐색

코칭 파트너 문화와 자기 문화의 차이 탐색

- 어떤 종류의 직장/가정 분위기가 그들에게 편안하거나 불편한가?
- 코칭 파트너의 전통적인 환경에서 전형적인 하루는 어떠한가?
- 어떤 가치를 가장 소중히 여기는가? 그 이유는 무엇인가?
- 직원이나 직장 동료에게 어떤 무언의 규칙을 적용하고 있는가?
- 그의 자녀에게 들려주는 가장 생생한 이야기는 무엇인가?[583]

  (신화와 우화는 관계, 사회적 교류, 의무 개념을 이해하는 데 매우 중요)

- 코칭 파트너가 거주지, 근무지가 어디이든, 코치의 문화에 대해 이상해하거나 호소 또는 매력을 느끼는 점은 무엇인가?[584]

코칭 파트너의 언어 사용 살펴보기

- 어떤 단어가 그와 관련된 감정을 지니고 있는가?
- 어떤 단어에 어려움이 있으며 이해 능력에 미치는 영향은 무엇인가?
- 코칭 파트너가 사용하는 속도 또는 리듬은 어떠한가? 이것이 코칭 회기 및 기타 코칭 파트너 환경에 어떻게 영향을 미치는가?

---

583) 코칭 파트너가 반복하는 언어에는 '가족 신화', '부모에게 들어 온 반복된 이야기' 등이 깊게 남아있다. 반대로 코칭 파트너 역시 자녀에게 반복하는 신화와 이야기가 있기 마련이다. 수퍼바이저는 수퍼비전-주체가 이점을 효과적으로 포착할 수 있는 대화를 나눌 수 있다.

584) 가령 코치들이 해외 거주자, 현지인과 다양한 형태의 (지원) 코칭을 한다. 이때 코칭 파트너들은 한국 문화와 한국 코치에 대한 다양한 태도와 기대를 갖고 있다. 이에 코치들이 얼마나 어떻게 반응해야 하는지 수퍼비전에서 이슈로 제기되어 다루게 된다.

- 코칭 파트너가 이해하지 못하는 어떤 단어를 사용하는가? 코칭 파트너에게 명확히 설명해 달라고 요구하는가 아니면 보류하는가?

조직 또는 시스템 내 편견 탐색

문화 규범 조사

- 코칭 파트너의 환경에서 준수해야 하는 무언의 "규칙"은 무엇인가?
- 근무 시간, 재택근무, 유연 근무, 개인 사정으로 인한 조기 퇴근 등에 대한 리듬, 기대치는 어떠한가?
- 전통적인 공간(회의실, 휴식실 등) 외에 사람들이 서로를 알기 위해 모일 수 있는 비공식적 공간이 있는가? 아니면 사람들이 건물 밖으로 나가는가?
- "기분" 또는 분위기 – 고요함, 조용함, 긴장감, 분주함, 시끄러움, 웃음 등?
- 공식, 비공식, 전문 용어, 부모, 성인 등 포괄적 언어는 어떤 언어를 사용하는가?

무의식적 편향 탐색

- 사람들이 고수하는 무언의 "규칙"이 전반적인 문화에 어떻게 영향을 미치는가?
- 근무 시간, 근무 조건에 대한 리듬, 기대치가 코칭 파트너에게 어떤 영향을 미치는가?

- 특정인이 방을 비우거나 들어올 때 분위기가 달라지는가?
- 특정 성별, 인종, 능력, 다른 사람과의 관계가 승진을 의미하는가?

> 다른 문화권의 사람들이 이슈에 접근하는 방식

다른 문화권의 사람들이 이슈에 접근하는 방식을 생각하는 습관을 기르는 것은 코칭 수용력을 개발하는 데 중요하다. 단순히 "당신의 문화권의 사람들이 일반적으로 이 이슈를 어떻게 처리하는가?"라고 묻는 것만으로도 코칭 파트너의 문화, 변화 기회에 대해 배우는 다양한 기회를 얻을 수 있다. 잠재적으로 코칭과 범-문화의 예리함을 높인다.

수퍼비전 관계 내에서 편견을 명확히 하기

편견과 문화가 어떻게 편견을 형성하는지 수퍼비전 회기에서 강력한 학습 기회가 될 수 있다. 관찰 내용을 기록해 둔다.

- 학습 일지에 기록
- 코칭 파트너와 대화하기
- 동료와 대화하기

> 학습 기회

이를 수퍼비전에 가져가서 자신의 알아차림을 강화한다. 수퍼비전은 변화를 위한 전체 시스템의 일부이기에, 시스템 내에서 편견을 찾기 위한 수퍼바이저의 배경, 수퍼비전 관계 자체를 논의하고 명확하게 하는 것이 도움이 된다. 일부 예로는 다음을 들 수 있다.

편견이 수퍼비전 관계에 미치는 영향

- 수퍼바이저는 코칭 파트너, 조직, 수퍼비전, 코칭 등에 대해 어떤 기대를 갖고 있는가?
- 수퍼비전-주체와 수퍼바이저는 코칭 파트너, 조직, 이들의 선택에 대해 갖고 있는 판단은 무엇인가?
- 수퍼바이저의 조언이 자신의 조언을 앞질러서 명확한 선택을 할 수 없다고 느낄 때는 언제인가?

차이와 다름을 수용하여 지평을 확대한다.

수퍼바이저와 자신의 문화적 차이 비교

- 이것이 수퍼비전에 어떤 영향을 미치는가?
- 자신과 수퍼바이저에게 중요한 가치는 무엇인가?
- 수퍼바이저가 어떤 경험을 바탕으로 회기를 진행하는가?
- 수퍼바이저의 작업 방식에 영향을 주는 교육, 지식이 무엇인가?

수퍼비전 회기 활용하기

리듬과 기대치

- 수퍼비전 과정에 내포된 무언의 "규칙"을 어떻게 경험하였는가?
- 수퍼비전 과정의 리듬, 기대치는 무엇인가?
- 자신의 문화나 편견이 수퍼바이저나 수퍼비전 관계에 대한 기대에 어떻게 영향을 미치는가?

기분과 분위기

- 수퍼비전 회기의 "기분"이나 분위기는 어떠한가? (차분함, 조용함, 긴장, 분주, 시끄러움, 웃음 등)

'차이/다름'을 활용하여 수퍼바이저 선택하기

수퍼바이저와 코치 관계는 결혼과 유사하다. 친밀감을 위해서는 서로 유사한 부분이 충분해야 하지만 "굴 안의 모래"와 같다. 즉 예상하지 못하는 서로 다른 관점에서 오는 깊은 통찰과 배움을 위해서는 충분한 '다름'도 있어야 한다. 개인적 성숙도가 높고 **문화적 배경이 다른** 수퍼바이저를 둔다는 것은 도전이지만 흥미로운 경험이 된다.

코칭 관계와 결혼
굴 안의 모래

이런 경우 수퍼바이저가 하는 말에 도전받게 될 것이다. 수퍼바이저 역시 코치에게 도전받게 될 것이다. 코치를 선택하는 코칭 구매자에게 주는 조언과 유사하지만, 범-문화적인 이해를 심화할 수 있는 수퍼바이저를 찾을 때 검토할 점은 다음과 같다.[585]

- 수퍼비전 결과로 달성하고자 하는 것은 무엇인가?
- 이런 수퍼비전 관계의 목적은 무엇인가?
- 수퍼바이저의 배경과 경험, 가치관 등은 수퍼비전 관계 안에서 어떤 모습의 수퍼바이저가 되게 하는가?
- 배경, 경험, 가치관이 수퍼비전 관계 안에서 수퍼바이저의 관점을 형성하는데 어떤 영향을 주었는가?
- 수퍼바이저가 관계에 가져오는 정서 지능, 문화적 민감성의 수준은 어느 정도인가? 그가 성장해야 할 지점은 무엇인가?
- 그것이 상호작용에 어떤 영향을 미칠수 있는가?

수퍼바이지 선택에서
문화적 점검 여섯 가지

---

[585] 수퍼비전-주체가 이런 관점으로 수퍼바이저를 찾고 감별한다면 이것이 주는 수퍼비전 관계의 긴장은 매우 높고 생산적이 될 것으로 보인다. 서로와 관계, 과정에서 큰 배움이 창발할 것이다.

이에는 인종, 국가, 문화, 성적 지향성 관련만이 아니다. 가치와 편견, 편향, 사회적 아젠다 관련 태도 등 매우 다양하다. 다름과 차이를 전제로 한 수퍼바이저 선택을 의도적으로 해 본 적은 없더라도 이런 만남 자체가 배움으로 이어진다.

수퍼비전 준비

7장 내용에 근거하여, 문화적 알아차림을 포함하도록 프랙티스를 확장하기 위한 몇 가지 추가해야 할 선택 사항이다. 학습 일지를 검토하거나 자신의 코칭을 성찰해 보자.

맥락과 상황 설명하기

- 무슨 일이 있었는가?
- 그 상황에 관련된 사람은 누구인가?
- 관련될 수 있는 문화적 배경에는 어떤 것들이 있는가?
- 코칭 시나리오 내에서 어떤 편견(성향)과 차이(다름)이 있었는지 알고 있는가?
- 무엇을 시도하였는가?
- 결과는 어떠했는가?

문화적 통찰[편견(성향)과 차이(다름)]을 검토하기

- 내가 어떻게 의사소통했는가? 무엇이 효과가 있었고 효과가 없었는가?
- 다른 사람들과 어떻게 연결되었는가[소통했는가]?
- 그것이 내가 행동했던 방식과 관련이 있었는가?
- 왜 이런 식으로 의사소통했는가?
- 내가 그것에 편안했는가?
- 상대방은 내 행동에 어떻게 반응했는가?

- 상대방은 차례로 어떻게 행동했는가?
- 이런 행동은 어디에서 비롯되었는가?
- 내가 다르게 할 수 있었던 것은 무엇인가?

마무리 생각

본 장을 연구하면서 코칭수퍼비전에서 문화적 차이와 편견이 주는 영향 연구는 거의 없다는 사실을 발견했다. 물론 일반적인 교차-문화와 코칭과 관련된 자료는 많이 있다(Rosinski, 2003, 2011; Plaister-Ten, 2013). 점점 더 글로벌 공동체가 되어가는 우리에게 이런 점이 우려되는 모두의 관심사이다.[586] 사각지대, 의도치 않는 공모 unintentional collusion가 주는 영향은 심리치료와 임상 수퍼비전에서 잘 연구되어 있다.

다문화 3세대 시대

새로운 실천 분야인 코칭에서는 그 범위가 확장되지 않고 있다. 코칭의 모범 사례를 이해하기 위한 더 많은 연구와 개발이 코칭수퍼비전 안에서 다양성 문제의 범위와 효과에 영향을 미칠 것이다. 그 반대의 경우도 마찬가지다.[587]

---

[586] 코칭과 수퍼비전 이론서에는 '다양성' 주제로 다양한 연구물들이 수록되어 있다. 그만큼 이 주제는 코칭과 수퍼비전의 주요 이슈이기 때문이다. 재난사회, 갈등사회, 불안사회 등 급변하는 현재 우리나라의 현실에서는 이와 관련한 다양한 이슈가 제기된다. 이에 대한 각별한 준비와 연구가 필요하다.

[587] 우리의 경우도 예외는 아니다. 서울 중심에서 벗어나면 바로 '다문화 가정'과 청·장년들, 국내 거주 외국인, 사회 내의 다양한 문화적 차이/다름, 편견과 편향, 선호의 차이가 대단히 세분화되고 단절이 심하다.
  코칭은 이런 세부화된 사회적 의제에 조응한 코칭 접근을 개발해야 한다. 이 주제가 코칭과 수퍼비전에 매우 중요한 주제이다.

실제로, 문화적으로 민감한 수퍼바이저들은 코치와 코칭 파트너의 이슈와 반응 패턴을 보여주는 데이터를 수집할 수 있는 독특한 위치에 있다.

학습 목표 요약

1. 무의식적인 문화적 편견이 (가장 넓은 의미에서는) 모든 코칭 기반 대화, 즉 코칭 파트너, 수퍼바이저, 내면의 자신과의 대화에 영향을 미친다.
2. 코칭 파트너, 코치, 수퍼바이저, 조직과 시스템 안에서 다양한 편견을 검토하여 더 폭넓고 균형 잡힌 '범-문화' 접근을 개발하기를 제안한다.
3. 호기심을 가져라. 당신의 세계와 다른 나라들의 편견을 물어보고 차이에서 배우기 위한 탐색의 장에서 자신과 다른 사람의 편견에 대해 질문해 보자.
4. 능동적 성찰은 자신의 편견과 이것이 자기 작업에 어떻게 작용하는지 이해할 수 있게 한다.
5. 수퍼비전이 문화적 인식을 발전시키는 데 어떻게 도움을 줄 수 있는지 생각해 보자. 이것은 당신이 함께 일하고자 하는 수퍼바이저의 특성에 영향을 미칠 수 있다.

성찰 질문

1. 자신의 범-문화적 감수성의 수준은 어느 정도인가?
2. 자신의 문화적 알아차림을 어떻게 키우고 있는가?
3. 자신이 개인적인 편견에 사로잡힐 가능성이 있는 부분은 어디인가?
4. 편견에 눈이 멀었다는 것을 어떻게 알겠는가?
5. 수퍼바이저의 어떤 특질이 자신의 범-문화적 감수성을 가장 잘 키울 수 있는가?

추가 연구를 위한 질문

1. 공통의 문화적 입장을 가진 수퍼비전 "쌍"과 다양한 문화적 입장을 가진 수퍼비전 작업에는 어떤 차이가 있는가?
2. 범-문화적 수퍼바이저와 함께 일하는 것이 코치의 코칭 파트너 작업에 어떤 영향을 미치는가?
3. 다른 문화권과 함께 일할 때 가장 흔히 볼 수 있는 당혹감과 수치심은 무엇이며, 이것은 어떻게 수퍼비전을 통해 투명하고 접근을 가능하게 만들 수 있는가?

역자가 안내하는 학습 자료

• 「코칭에서 문화적 이슈」, 『10가지 코칭 주제와 사례 연구 - 20개 사례, 40개 논평, 720개 주석, 19개 실습 사례』 디마 루이스, 폴린 파

티엔 디오숑 지음, 김상복 옮김. 한국코칭수퍼비전아카데미. 2022 (원제: Complex Situations in Coaching : A Critical Case-Based Approach)

- 「차이 다루기」,『수퍼비전: 조력 전문가를 위한 일곱 눈 모델』. 피터 호킨스, 로빈 쇼헤트 지음, 이신애, 김상복 옮김. 한국코칭수퍼비전아카데미. 2019. (원제: Supervision in the Helping Professions)
- 「코칭과 다양성」,『코칭심리학 – 실천 연구자를 위한 안내서』. 스티븐 팔머, 앨리슨 와이브로우 편저. 강준호, 김태리, 김현화, 신혜인 옮김. 김상복 감수. 한국코칭수퍼비전아카데미. 2023. (원제: Handbook of Coaching Psychology: A Guide for Practitioners 2nd edition)
- 「다문화적 감수성과 코칭」,「다문화 간 코칭: 새롭게 떠오르는 프랙티스」『현대 코칭의 이론과 실천』, 타티아나 바흐키로바, 고든 스펜스, 데이비드 드레이크 편저. 김상복, 윤순옥, 한민아, 한선희 옮김. 한국코칭수퍼비전아카데미. 2024. (원제: The SAGE Handbook of Coaching)

참고 문헌

- Abbott, G. (2014) Cross-cultural coaching: A paradoxical perspective. In E. Cox, T. Bachkirova and D. Clutterbuck (Eds) *The Complete Handbook of Coaching*. Second edn. Sage Publications: London, pp. 342–360.
- Carroll, M. (2011) Supervision, a journey of lifelong learning. In R. Jessica Shohet (Ed.) *Supervision as Transformation: A Passion for Learning*. Kingsley Publishers: London, pp. 14–28.
- De Hann, E. (2008) Training and accreditation of the executive coach. In *Relational*

- *Coaching*. John Wiley: Chichester, pp. 157–183.
- Gray, D. (2007) Towards a systemic model of coaching supervision: Some lessons from psychotherapeutic and counselling models. *Australian Psychologist*. Vol. 42, No. 4, pp. 300–309.
- Hae-Jung Hong, Rouen and Doz, Yves (2013) L'Oréal masters multiculturalism. *Harvard Business Review*, June, pp. 114–119.
- Hawkins, P. and Smith, N. (2011) Organisational coaching and consultancy. In *Coaching, Mentoring and Organisational Consultancy: Supervision and Development*. Open University Press, McGraw-Hill Education: Berkshire, pp. 81–102.
- Plaister-Ten, J. (2011) *Developing Mentoring and Coaching Research and Practice: Towards Greater Cultural Understanding in Coaching*. Papers from the First EMCC Research Conference, Enschede, The Netherlands, pp. 126–143.
- Plaister-Ten, J. (2013) Raising culturally-derived awareness and building culturallyappropriate responsibility: The development of the Cross-Cultural Kaleidoscope. *International Journal of Evidence Based Coaching and Mentoring*. Vol. 11, No. 2.
- Rosinski, P. (2003) *Coaching Across Cultures: New Tools for Leveraging National, Corporate and Professional Differences*. Nicholas Brealey Publishing: London.
- Rosinski, P. (2011) Global coaching for organisational development. *International Journal of Coaching in Organisations*. Vol. 30, No. 8(2), pp. 49–66.
- Towler, J. (2005) *A Grounded Theory Study of Organisational Supervision of Counsellors: The Influence of the Invisible Client*. PhD thesis, University of Surrey.

[역자 부록 9.1] 교차 문화와 다양성 코칭[588]

교차-문화cross-cultural 코칭 모델에 대한 검토

로진스키Rosinski(2003, 2006), 트롬페나르스Trompenaars와 햄프덴 터너Hampden-Turner(1997)와 같은 대부분의 다문화 모델은 사회문화 인류학자 홉스테더Hofstede(1980)와 슈바르츠Schwartz(1994)의 연구에 기반을 두고 있다. 단순하게 모델을 그대로 사용하면 나이지리아 의사와 소말리아 의료 종사자 등 다양한 문화권의 코치와 함께 일할 때 정확하지 않을 수 있는 고정 관념적인 가정을 하게 될 위험이 있다. 두 사람 모두 아프리카 출신이지만 한 사람은 기독교인이고 다른 한 사람은 이슬람 문화권에서 자랐다. 한 사람은 특권층 가정에서 태어나 교육 기회를 누렸을 수 있고, 다른 한 사람은 경제적, 교육적 기회가 적었을 수도 있다. 아프리카 사람들에게는 매우 다를 수 있다. 문화는 서부와 동부, 북부와 남부, 부족, 카스트, 계급 집단에 따라 다를 수 있기 때문에 이는 대륙뿐만 아니라 국가 내에서도 마찬가지다.

로진스키(1999)는 '문화적 차이'에 대처하기 위해 다음과 같은 단계를 제안했다.

1. 차이를 인정하고 수용하기: 수용이 동의나 항복을 의미하지 않는다는 것을 인정하고acknowledge 감사하며 이해한다.
2. 다름에 적응하기: 자신의 안전 지대comfort zone를 벗어나 공감(일시적인 관점의 전환shift)하고 적응이 채택이나 동화를 의미하지 않는다는 것을 이해한다.
3. 차이점 통합: 다른 기준의 프레임을 염두에 두고 여러 문화적 관점에서 상황을

---

[588] 내용 보강을 위해 중요한 논문을 요약하여 제공한다. 출처는 다음과 같다.
  J. Passmore and Ho Law. Cross-Cultural and Diversity Coach. J. Passmore edited. Diversity in Coaching: Working with gender, culture, race and age. 2nd edition. KoganPage. 2013.

분석 및 평가하며 현실에 기반을 두되, 너무 많은 가능성에 현혹되지 않는 것이 중요하다.

4. 차이 지렛대로 활용: 차이를 최대한 활용하고, 시너지를 위해 노력하고, 다른 문화에서 **보석**을 적극적으로 찾고, 다양성을 통해 통합을 달성한다.

위의 연구를 바탕으로 로진스키(2003)는 다음 범주로 구성된 문화적 지향 구조틀을 추가로 개발했다.

1. 힘과 책임감: **통제**(사람들은 자신이 원하는 삶을 개척할 수 있는 결정적인 힘과 책임감을 가지고 있다). **조화**(자연과의 균형과 조화를 위해 노력한다). **겸손**humility(피할 수 없는 자연적 한계를 받아들임).

2. 시간 관리 접근 방식: **부족형**scarce(시간은 희소한 자원이므로 신중하게 관리하세요!) **풍부형**plentiful(시간은 풍부하니 여유를 가지세요!) **한 번에 하나 씩**monochronic(한 번에 한 가지 활동 및/또는 관계에 집중하세요!). **복합시간성**polychronic(여러 작업 및/또는 관계에 동시에 집중). **과거**past(과거로부터 배우기). **현재**present('지금 여기'와 단기적인short-term 혜택에 집중). **미래**future(장기적인 혜택에 편향되어 있다. 지대한 영향을 가져 올far-reaching 비전을 장려한다).

3. 정체성과 목적의 정의: **존재**being(삶 자체와 재능 및 관계 개발을 강조). **하기**Doing(성취와 눈에 보이는 성과에 집중). **개인주의**individualistic(개인의 특성과 프로젝트를 강조). **집단주의적**collectivistic(집단과의 소속감을 강조).

4. 조직적 준비: **계층 구조**hierarchy(사회와 조직이 제대로 기능하려면 사회적으로 계층화되어 있어야 한다). **평등주의**equality(사람들은 서로 다른 역할을 하는 동등한 존재이다). **보편주의자**universalist(모든 사례는 동일한 보편적 방식으로 취급되어야 함). **특수주의자**particularist(특수한 상황을 강조하고, 분권화와 맞춤형 솔루션을 선호). **안정성**stability(정적이고 질서 있는 환경을 중시). **변화**change(역동적이

고 유연한 환경을 중시). **경쟁적**competitive(경쟁적 자극을 통해 성공과 발전을 촉진). **협력적**collaborative(상호 지원, 모범 사례 공유 및 연대를 통해 성공과 발전을 촉진).

5. 영역과 경계에 대한 개념: **보호**protective(사생활과 감정을 사적으로 유지하여 자신을 보호: 정신적 경계, 물리적 공간에 대한 침입을 최소화하여 자신을 보호: 물리적 경계). **공유**sharing(심리적 영역과 물리적 영역을 공유하여 더 긴밀한 관계를 구축한다).

6. 커뮤니케이션 패턴: 높은 **맥락**high context(암시적 커뮤니케이션에 의존). **낮은 맥락**law context(명시적 커뮤니케이션에 의존). **직접적**direct(갈등이 있거나 전달해야 할 어려운 메시지가 있는 경우, 불쾌감이나 상처를 줄 수 있는 위험을 감수하고 요점을 명확하게 전달). **간접적**indirect(갈등 상황이나 전달하기 어려운 메시지가 있는 경우, 오해의 위험을 감수하더라도 친절한 관계를 유지하는 것을 선호). **정동적**affective(소통할 때 감정과 따뜻함을 표현). **중립적**neutral(의사소통 시 간결함, 정확성, 거리감을 강조). **공식적**formal(엄격한 프로토콜과 의식을 준수함). **비공식적**informal(친근감과 자연스러움/즉흥성spontaneity을 선호).

7. 생각하기 모델: **연역적**(개념, 이론 및 일반 원리 강조, 논리적 추론, 실제 적용 및 해결책 도출을 강조). **귀납적**(직관을 사용하여 경험, 구체적인 상황 및 사례로 시작하여 일반적인 모델과 이론을 공식화).

로진스키의 모델은 문화적 차이를 다루는 데 있어 상당히 포괄적인 지표를 제공하지만, 다음 단계에서 대안적인 구조-틀을 제안한다.

보편적 통합 구조-틀에 대한 설명

다양한 코칭 모델을 비판적으로 검토한 결과, 루우Law 등(2007)는 보편적 통합 구조-

틀Unversal Integrated Framework(UIF)로 알려진 **교차 문화 코칭 모델**이 개발했다. 이 구조-틀은 영국의 보건 및 사회복지 분야 코칭 프랙티스와 아프리카, 아시아, 중국, 유럽 기업이 참여하는 다국적 프로그램에서 나온 것이다. 코치들은 다양한 국적에서 왔고 국제적인 맥락을 다루어야 하기 때문에 비즈니스에 적용할 수 있는 '교차-문화 역량'에 초점을 맞춘다. 따라서 UIF는 실용적인 실천 모델이다. 여기에는 다음과 같은 측면이 포함된다.

- 학습 및 감독을 포함한 지속적인 전문성 개발(CPD)
- 문화적 환경에 대한 이해
- 코치/코칭 파트너 유동성/통합적 연속성
- 교차-문화 간 정서 지능
- 커뮤니케이션 방법 및 피드백 메커니즘

문화 환경에 대한 이해

코칭 구조-틀의 핵심 주제 중 하나는 문화의 중요성을 다루는 것을 목표로 한다. 문화를 이해한다는 것은 다른 사람의 삶의 경험을 이해하는 일반적인 문제이다. 학습, 관계, 의례적 행동ritualistic behaviours 이슈는 개인의 '내면적 삶'과 관계, 관습, 그리고 조직이라는 '외적 세계' 사이의 경계에 위치하기 때문에 **환상**을 불러일킨다. 크라우스Krause가 지적했듯이 문화적 주제는 이전 패턴에 따라 의식적, 무의식적으로 재생산된다(Krause, 1998).

UIF는 문화가 다층적이며 모든 코칭 관계의 특징이라는 점을 인정한다. 따라서 하나의 해결책이 모든 상황이나 관계에 적합한 것은 아니며, 자신의 환경에 대해 가장 잘 아는 사람은 그 환경을 경험하는 사람이다. 코치의 역할은 코칭 대상자가 이러한 신념, 가치, 문화적 요소를 전면에 내세우도록 지원하고, 무엇보다도 도전하는 것이다. 코칭 대상자가 이러한 행동 방식에 대항하여 일하려고 할 때 이런 신념, 가치, 문화적 요소가 **변화의 지렛대**이자 **장벽**이 될 수 있는 잠재력을 인식해야 한다.

일반적인 다양성 코칭 여정diversity coaching journey은 4단계로 구성될 수 있다.

첫 번째 단계는 **동화**Assimilation이다. 이 단계에서 코치는 코칭 파트너의 개인적인 경험을 동화하고 논제를 검증하여 코칭 파트너십을 구축하는 데 도움을 준다(Passmore, 2007).

두 번째 단계는 **공고화**Consolidation이다. 여기에는 코치와 코칭 파트너는 신뢰와 상호 존중을 바탕으로 관계를 공고히 하는 것이 포함된다.

세 번째 단계는 **탐구**Exploration이다. 이 단계에서 코치는 코칭 대상자의 동화 경험에서 새로운 통찰을 찾고 숨겨진 측면을 의식적으로 인식한다.

네 번째 단계 **성숙**Maturation이다. 코치가 다양한 방법과 매체를 사용하여 이러한 어려움을 해결하고 코칭 파트너가 문화적으로 적절한 해결책이나 행동 방침을 찾도록 도와준다.

코치/코칭 파트너의 유동성/통합적 연속체

UIF에서 코치는 코칭 파트너가 코치와 멘토로 훈련을 받도록 하여, 전체 프로세스에 대한 지식과 혜택을 실현하기 위해 최적화해야 할 요소를 파악하여 프로세스를 더욱 효과적으로 추진할 수 있도록 한다.

개인이 코치이자 멘토가 될 수 있도록 장려하여 두 역할 모두에서 학습 기회를 인식하고 정해진 '틀에 박힌' 직책이 아닌 학습을 돕는 **일시적인 역할**로 인식하도록 한다. 리더가 두 가지 역할을 모두 경험하는 것이 학습의 핵심이다. 이는 조직에서 소위 '이중 루프 학습double loop learning'이라고 불리는 것과도 일치한다(Argyris, 1977). 이 구조 틀은 코칭과 멘토링을 통합적인 연속체로 제시한다. 실제 사례를 통해 우리는 코칭과 멘토링이 질문, 적극적 경청, 요약, 다른 말로 바꾸기, 정서 지능, 적절한 리더십 및 비즈니스 모델을 사용하여 학습을 돕는다.

교차-문화 정서 지능

정서 지능(EI)이라는 개념은 골만^{Goleman}(1995)에 의해 대중화되었지만, 문화적 역량 차원은 제대로 개발되지 않았다. UIF에는 두 가지 차원이 추가한다: 문화적 역량과 360도 피드백을 통한 코칭 전문 역량이다. 이는 '문화사회지능$^{Culture\ Social\ Intelligence}$ $^{(CSI)}$'이라는 온라인 시스템으로 구축되어 있다(Law et al, 2008). [현재는 접속되지 않는다.]

1. (자기) 개인 역량
2. 사회적 역량
3. 문화적 역량
4. 전문 역량

차원 1: 개인 역량

이는 우리가 자신을 관리하는 방법을 반영하며 다음 두 부분으로 구성된다. (1) 자신에 대한 인식(자기 인식). 자신을 받아들이고 소중히 여기는지 여부를 측정한다. 자신의 내적 상태, 감정, 정서, 인지, 선호도, 자원, 직관에 대한 인식이다. (2) 자기 관리(자기 조절/자기 관리). 자신의 감정과 동기를 관리하고 생산적으로 통제할 수 있는 능력이다. 원칙적이고 신뢰할 수 있으며 일관성을 유지하여 타인의 신뢰를 이끌어내는지 여부(신뢰성)를 측정한다.

차원 2: 사회적 역량

이는 우리가 관계를 관리하는 방식을 반영한다. 사회적 역량은 개인이 사회적 상호작용과 타인에 대한 인식을 통해 통찰력을 얻는 교훈적인 과정이다. 이 사회적 과정은 개별적으로 존재할 수 없다(Senge, 1990). 공감(타인에 대한 인식)과 사회적 기술 모델로 구성된다.

　(타인 관리). 공감 - 타인의 감정, 필요, 관심사에대한 인식으로, 타인과 공감하는지를 측정한다. 사회적 기술 공통점과 공유 목표를 파악하고, 리더십 역할을 수행하며 팀 정신을 관리하고, 갈등을 해결하고, 대인 관계의 민감성을 발휘하여 명확하게 의사소통함으로써 다른 사람에게 영향을 미치고, 협업하고, 협력하는 능력이다.

차원 3: 문화적 역량

이는 조직의 변화를 관리하는 방법을 반영하며, 다른 문화에 대한 인식(깨달음)과 조직 문화 관리로 구성된다. 코치가 다른 사람의 문화, 생각, 가치에 대해 얼마나 개방적으로 질문하거나 반응하는지, 자신의 가정과 다른 사람의 가정에 대해 도전하고 의문을 제기하는지를 측정한다. 코치는 문화 간의 경계를 중재하고 자신과 타인의 문화를 연결할 수 있는 능력을 갖추어야 한다. 이를 통해 코치는 문화적, 영적으로 더 큰 집단 의식의 일부로서 자신을 경험하게 된다. 집단 의식과 도덕성이 조직과 사회 전체를 변화시킨다는 것을 인식한다.

차원 4: 전문 역량

코칭 결과에 영향을 미치는 몇 가지 코치 지식과 접근 방식을 검토한다. 이를 위해서는 코치가 전문적인 접근 방식을 채택하여 다른 사람과 진정성 있는 피드백을 주고받아야 한다.

10장 수퍼바이저를 위한 수퍼비전

> 큰 벼룩은 작은 벼룩을 등에 업고 있고,
> 작은 벼룩은 더 작은 벼룩을 업고 있다.
> 이런 식으로 끝없이 이어진다.
> – 빅토리아 수학자, 아우구스투스 드 모간 Augustus de Morgan

이 책의 주된 목적은 수퍼바이저를 위한 수퍼비전supervision for supervisors를 위해, '수퍼비전-주체의 관점'에서 수퍼비전을 보는 것이다. 일부 수퍼비전-주체는 다른 코치들을 수퍼비전하는 역할도 동시에 하기에 이 점을 검토하지 않고서는 저서를 마무리할 수 없다.

수퍼바이저는 누가 수퍼비전하는가?

한 대학에서 수퍼비전 회기 관련 경험이 풍부한 프렉티셔너들과 대화를 나눈 기억이 있다. 당시 이런 질문을 했다. "[그러면] 누가 당신을 수퍼비전하는가?" 당시에는 다양한 응답이 있었다. 대체로 평균적인 실전 코치에게 기대하기보다 훨씬 더 "임시적"이고 비공식적인 지원 네트워크에 의존한다는 사실을 알았다. 이는 바로 "이중 기준^{double} ^{standard}"을 갖고 있다는 증거 아닌가?[589] 또 그럴 수 있을지라도 실제로 대부분은 자신보다 더 깊고 폭넓은 경험을 가진 수퍼바이저를 찾는 점을 고려한다면 과연 **수퍼바이저**를 지원할 수 있는 프렉티셔너들이 그렇게 많지 않다.[590] 또한 전문 기관이 "수퍼비전을 수퍼비전하기^{SoS}"을 위한 최선의 실천을 구체적으로 밝힌 것은 비교적 최근(Association for Coaching, 2012; EMCC, 2015) 일이다.

지금까지 책에 수록된 지침과 통찰은 [수퍼비전 사례를 제안하는] 수퍼비전-주체와 관련이 있었다. 그러나 우리는 수퍼비전-주체가 돌아서서 수퍼바이저로 활동할 때는 몇 가지 미묘한 차이와 잠재적인 함정이 있다고 본다. 이에 대해 간략히 살펴보자. 또 수퍼비전 사례를 수퍼비전 받는 프랙티셔너 집단의 과제는 무엇이며, 당신이라면 이를 어떻게 관리할 수 있을까?

스스로 수퍼비전 필요성을 인식하기

실천하는 수퍼바이저$^{practising\ supervisor}$는 심도 있는 경험을 갖고 있다. 다

---

589) 그렇다. 수퍼바이저와 코치는 변화와 성장, 성숙을 위해 코치가 필요하다고 코칭 파트너와 다른 코치들에게 홍보하면서도 정작 자신은 코칭 받지 않는다. 임시적이거나, 기관이나 협회의 지원 서비스에만 의존하거나, 동료와 한시적 교신하는 정도이다. 이는 아이러니이다. 코치 스스로도 언제나 코칭을 받아야 한다. 또 기관에 근무하는 코치에게는 코칭 서비스를 제공해야 한다. 수퍼비전하는 코치라면 이들도 수퍼비전을 받아야 한다는 의견이다.

590) 우리 실정에 수퍼바이저가 자신의 수퍼비전 사례를 수퍼비전 받는 경우는 상상하기 어렵다. 그러나 수퍼바이저 역시 수퍼비전을 통해 자신의 수퍼비전을 개발하고 자기 성장과 성숙을 위한 지속적 훈련을 해야 한다는 것이 역자의 생각이다.

코칭수퍼비전의 특성으로 볼 때 현재는 수퍼바이저가 자신의 사례를 동료 집단 수퍼비전 구조 안에서 서로 수퍼비전 받는 것도 가능하다고 판단한다.

양한 코칭 파트너의 상황을 경험하며, 프랙티셔너로 여러 가지 수퍼비전 사례를 직접 경험한다. 특정 수퍼비전 교육을 받은 사람은 코칭과 수퍼비전 '과정'이 어떻게 작동하는지 매우 잘 알고 있다. 따라서 스스로를 수퍼비전할 만큼 충분한 자원이 있다고 생각하기 쉽다.

스스로 할 수 있다는 생각

수퍼바이저는 자기성찰에 능숙할 것으로 기대하나, 다른 수퍼바이저와의 수퍼비전에서 언제나 큰 가치를 얻는다. 예를 들면 다음과 같다.

- 수퍼바이저는 그들 자신의 신뢰성credibility을 위해 수퍼바이저가 필요하다. 즉, "말한 그대로 실행한다walking the talk"는 것이다.[591]

  능선 타고 다른 봉우리로 오르기

- 그것은 수퍼비전을 받는 것이 어떤 것인지에 대한 통찰의 흐름currency을 유지하도록 도와주고, 현실과 접촉을 유지하게 한다.[592]

  현실과 접촉

- 자기 계발 계획을 위한 유력한 수단을 제공한다.

  Q. 당신의 경험에 비추어 볼 때, 당신은 자기 작업을 어떻게 계속 "확장"할 수 있는가?

  Q. 자신의 작업 방식이 습관화되지 않도록 무엇을 하고 있는가?

---

591) 수퍼바이저가 수퍼비전 구조 안에서 수퍼바이저 삶을 사는 것. 자신의 수퍼바이저를 두고 정기적으로 수퍼비전 구조 안에서 자신의 삶과 사례를 검토하는 것은 수퍼비전 향상과 신뢰를 위해 매우 중요한 노력이다. 특히 자신의 전문성 확대를 위해 다른 이론적 입장의 수퍼비전에서 도움을 얻을 수 있다.

역자는 이를 '능선 타고 다른 봉우리로 오르기' 은유로 표현한다. 등산로 초입으로 내려와 다시 오르기는 필요한 경우에 선택할 수 있는 일이다. 이런 배움을 포기하면 "베란다 수퍼바이저"가 된다.

592) 코치 성장에서 코치의 코칭 파트너(고객) 체험이 중요하다. 실제 자신의 이슈를 코칭 받고 코칭 여정을 함께 하는 경험은 그 자체가 코칭의 힘을 강화한다. 동일하게 수퍼바이저 역시 수퍼비전-주체 체험이 필요하고 이것이 성장에 좋은 자원이 된다. 또 수퍼비전 경험이 쌓일수록 수퍼비전의 생생한 현실과 수시로 호흡해야 한다.

코치 양성과 인증 시장이 활성화되고 확대되면서 실제 코칭 파트너보다는 코치를 만나 코칭하는 코치가 증가하듯이 앞으로는 수퍼바이저 역시 훈련하는 코치만을 수퍼비전하는 비율이 더 많아질 수 있다.

Q. 당신은 누구에게 수퍼비전 받는가? 이 질문은 수퍼바이저에게도 해야 할 질문이 되어야 한다.

- 다양한 접근 방식을 가진 여러 수퍼바이저를 경험하면 대안적인 방법론을 경험할 수 있으며, 그중 일부는 자신의 기존 접근 방식에 통합할 수 있다.

당신의 수퍼비전 작업을 수퍼비전하는 수퍼바이저 찾기

위와 같이 코칭수퍼비전이 상대적인 유아기인 점을 감안할 때, 수퍼바이저를 수퍼비전할 프랙티셔너를 찾는 일이 어려울 수 있다. 이런 전문성을 가진 프랙티셔너가 많지 않기 때문이다.[593] 여기에 다음 **네 가지 옵션**이 있다.

1. 자신을 수퍼바이저로 훈련시킨 사람과 함께 일하기

이점들

- 여러분은 이미 그들의 전문성을 알고 신뢰하고 있다.[594]
- 당신은 좋은 관계를 가질 수 있다.
- 훈련받은 관점을 심화시킬 것이다.

---

593) '수퍼바이저를 위한 수퍼비전Supervision for Supervisors(SfS)'은 수퍼바이저의 성찰, 자기 강화, 새로 앎의 창발에 초점을 맞춘다. 반면에 '수퍼비전의 수퍼비전Supervision of Supervision(SoS)'은 '수퍼비전을 수퍼비전하기'로 수퍼비전 사례와 수퍼비전 전체 시스템, 모델과 이론/철학을 다룬다. 또 이를 〈실천하는 자신은 물론 수퍼비전 받는 수퍼바이저, 그의 수퍼비전-주체/코치, 또 코칭 파트너, 코칭 파트너의 작업장과 일상 생활의 현장과 사람들〉을 비행하며 모두 다룰 수 있다. 결국 SoS는 SfS를 포괄한다고 본다. 이런 구분과 활동으로 코칭수퍼비전의 유사 분야의 발전과 더불어 '수퍼비전학'의 발전에 기여한다.

594) 수퍼비전을 받아온 수퍼바이저에게 자신의 수퍼비전 사례를 검토하는 것이다. 이런 연속 과정을 통해 수퍼바이저로 정착하고 이후 관계를 지속할 수 있다.

단점들

- 공모 관계에 빠질 수 있다. 개인 지도tutor/수퍼바이저는 시장에서 자신의 수퍼비전-주체들을 보호할 수 있으며, 당신은 "편안함"을 느끼고 그들과 함께 있는 것에 영구히 만족할 수 있다.[595]
- 개인 지도/수퍼바이저는 상업적인 것보다 더 학문적인 것일 수 있으며, 이는 그들이 도전하는 것에 관한 특정한 맹점을 초래할 수 있다.[596]
- 폭과 다양성을 희생하면서 특정 이론 학파에서의 깊이를 강조하게 된다.[597]

수퍼비전을 수퍼비전하는 코치

2. 공개 시장에서 수퍼바이저 찾기

이점들

- 수퍼바이저를 찾기 위해 매우 어려운 "상당한 배려/사전 조사due

---

[595] 코칭 회사나 연구소 중심의 코칭 훈련 성장과 실습 기회 제공 및 활동, 제안적인 비즈니스 기회 제공 등으로 '부족주의'가 확대되는 현실에서 특별히 관계 갈등, 이해 충돌, 윤리적 우려 등을 경험하지 않는 한 새로운 관계를 갖는 것은 그 자체가 어려운 일이다.
   개인 성장을 위한 '훈련의 거처'를 고정할 필요가 있으나 성장에 따라 공모 위험과 안주함을 떨칠 필요도 있다. 특히 수퍼비전 분야가 다양하게 전문성으로 분화될수록 이런 현상을 극복할 수 있는 환경이 된다.

[596] 코치의 성장, 수퍼바이저-되기가 진전될수록 일정한 이론적, 철학적 학습이 불가피하다. 그러나 이런 점과 맞물려 수퍼비전을 수퍼비전하는 코치가 수퍼비전 실전과 거리가 커진다면 이는 우려될 일이다. 즉 수퍼비전의 실천 사례를 다루기보다는 이론적 탐색에 집중할 수 있다. 실천과 이론의 긴장과 교류를 통한 발전을 유념해야 한다.

[597] 수퍼비전을 수퍼비전하기(수퍼비전의 수퍼비전)는 대학원 박사, 박사 후 과정과는 다른 점이 있다. 이론적 심화와 탐색은 부수적 성과가 될 수 있다.

깨끗한 관계

diligence"를 해야 할 가능성이 높다.[598]

- 현재 프랙티스에서 어떤 종류의 수퍼비전이 가장 적합한지 정확히 결정할 수 있다.
- 이는 정식으로 계약할 "깨끗한clean" 관계가 될 것이다.[599] 전형적으로 향후 어느 시점에서 자신의 수퍼비전을 폭넓은 범위에서 "틈새edgy"를 유지하기 위해 새로운 수퍼바이저를 찾을 가능성은 점차 높아진다.[600]

단점들

- 이런 프랙티셔너를 찾기 어려울 수 있다. 전문 기관이 명부를 가지고 있지만, 이것은 이용 가능한 프랙티셔너들의 포괄적인 목록은 결코 아니다.
- (반대로) 선택이 너무 많아 고르는 것이 어려울 수 있다.
- 데이터를 수집하고 짧은 목록 선택 과정을 얻는 데 상당히 많은 시간이 걸릴 수 있다.

---

598) 이점이 유익한 점인지는 잘 모르겠다. 그러나 이를 찾는 과정에서 자기에게 필요한 ①수퍼비전 내용, ②형태와 수준, ③적합한 수퍼바이저를 찾는 기준, ④상호 만남을 통한 확인과 조정 과정, ⑤감별 역량이 명확해지면 더욱 좋다. 특히 다른 분야의 전문가에게 수퍼비전 받을 경우 더욱 명료해진다.

599) Clean, Clear, Cool 관계와 대화는 수퍼비전에서 더욱 필요하다. 코치와 수퍼바이저의 성장 과정에서 겪는 시행착오나 우여곡절에 의한 '관계의 복잡성'을 털고 새로운 수퍼바이저와 새로운 관계를 다시 재설정하는 계기로 나갈 수 있다.

600) 수퍼바이저 역시 현재 사회가 제기하는 코칭 시장의 다양성과 변화와 필요한 점을 포착하고 이에 대응한 코칭 개발, 코치, 수퍼바이저의 대응력 개발을 위한 준비가 요구된다. 이같은 상호 긴장이 코칭 발전으로 귀결된다.

3. 동료와 함께 수퍼비전 사례 다루기

이점들

- 동료colleague들과 수퍼비전 작업의 효과성에 대한 실적을 알고 있어 이를 잘 활용할 수 있다.[601]
- 동료들과 좋은 관계를 가질 수 있다.
- 동료들은 자신이 작업하는 상황과 맥락에 대해 잘 알고 있으며 동료로서 코칭 작업의 함정과 과제에 대해 통찰 가능성이 높다.

자신의 씨족장이거나 부족장

단점들

- 이런 종류의 관계는 특히 상호 간에 행해지는 경우 공모나 담합에 가장 취약한 유형이다.[602]

'사사로움보다는 의로움'에 서서 비권력적으로 활동

---

601) 코칭수퍼비전을 자신의 코칭 작업에 중요한 일부로 구성하려는 코치, 수퍼비전하는 코치는 동료와 수퍼비전 사례를 다루는 동료(집단) 수퍼비전을 즉시 시작할 수 있다. 이는 최소한 쉽게 할 수 있는 방안이다. 그렇지만 이를 위해서는 코치 성장 과정에서 동료수퍼비전을 하는 경험이 사전에 충분히 축적될 필요가 있다. 바로 똑같은 이유로 수퍼바이저는 동료 수퍼바이저와 수퍼비전 관계를 맺을 수 있다.

그러나 현실에서는 수퍼바이저마다 자신의 씨족장이거나 부족장이며 나누거나 교류하기에는 절차와 겪어야 할 과정이 복잡한 독립된 우주를 구성하고 있다. 이 경계를 넘어 수퍼비전 관계를 맺는 것은 너무 이상적인 것이 사실이다.

602) 코칭 실천 윤리에 대한 민감성과 성숙성이 이 이슈에 대처할 수 있는 대안이다. 그렇지 못하면 쉽게 미끌어질 수 있는 함정이다.

특히 수퍼바이저 집단은 그 자체가 유력 인사가 많고 유형무형의 영향력이 자신들의 의사와 무관하게 조성된다는 점에서 매우 조심해야 한다. **'사사로움보다는 의로움'**에 서서 비권력적으로 활동해야 한다.

"이중 관계" 및 "이해 충돌"
스스로 자신을 그런 위치에
놓지 않는 것

- "이중 관계" 및 "이해 충돌" 윤리적 이슈의 대상이 될 가능성이 가장 높은 파트너십 유형이다.[603]
- 전문 기관에서 인증 목적으로 인정될 가능성은 낮다.[604]

4. 다른 수퍼바이저의 체인에서 수퍼비전을 연결해 작업하기[605]

이점들

- 다양한 수퍼비전 스타일을 경험할 수 있다.
- 공동체 의식을 개발하고 공모의 가능성을 적극적으로 관리한다.
- 자신의 수퍼비전 작업에 피드백을 받을 수 있는 기회가 있다.

---

603) '나만', '우리만'을 중심으로 경계를 지으며 이해 일치 중심의 활동을 하는 경우, 즉 **개방성' 관리**에 대한 노력이 없으면 휘말릴 가능성이 쉽다. 이중 관계, 이해 충돌의 예시에는 자신이 트레이너나 멘토 코칭, 수퍼비전을 하는 위치와 심사위원을 겸하고 이를 문제의식 없이 활용하는 경우에도 해당된다. 물론 심사위원이면 이를 회피하는 태도로 윤리적 우려를 피한다. 그러나 이를 제도적으로 막거나 훈련 과정에서 완전히 분리하기 위해 스스로 자신을 그런 위치에 놓지 않는 것이 필요하다.
같은 부족 안에서 수퍼바이저간의 수퍼비전 관계는 사실상 훈련 과정에서나 활용될 수 있는 실정이며 이런 조건을 넘어 발전하는 것이 우리의 과제이다.

604) 일부 국제조직에서는 이에 엄격하다. 수퍼바이저를 위한 수퍼비전 입장에서는 시간 축적이나 인증 조건 때문에 동료 수퍼바이저와의 수퍼비전을 활용할 경우는 조금 상상하기 어렵다.
버디 코칭을 코칭아워에 포함하는 현재의 실정에서 우리 현실에서는 쉽지 않다. 자신의 코칭아워 로그를 어떻게 관리하는가는 코칭 윤리의 조문 이해를 불문하고 '윤리적 코치'의 첫 단추이다.

605) 자신이 속한 부족을 넘거나 또는 다른 유사 분야의 수퍼바이저를 포함하는 것이라면 현실성이 있다. ICF 역시 2025년 현재까지는 수퍼바이저 선택을 코칭수퍼바이저로 제한하지 않는다. '수퍼비전'의 전문성만을 강조한다. 우리의 경우 코칭 이외의 분야 수퍼바이저가 코칭 사례를 수퍼비전 다룰지는 일반적이지 않다. 이는 역자도 경험한 바 있다.
이 책의 저자들과 역자는 반드시 '코칭'수퍼바이저로 제한을 둘 필요가 없다고 생각한다. 결정은 수퍼비전 선택자의 몫이다.

단점들

- 연결chain을 관리하는 방법에 따라, 모든 수퍼바이저가 동일한 수준의 경험을 제공하는 것은 아니며, 누구와 함께 일할 것인지 선택할 기회를 얻지 못한다.
- 수퍼비전 연결이 맞지 않고 찾기가 어렵다. 대부분, 참여는 수퍼바이저의 "초대"를 통해 이루어지는데, 이것은 공모로 인식될 수 있다.[606]
- 모든 전문 기관이 인증 목적으로 이러한 유형의 수퍼비전을 인정하는 것은 아니다.

내부 역할 갈등의 잠재성을 관리

자기 스스로 수퍼비전을 "방해하는 것들"

아마도 수퍼바이저이자 수퍼비전-주체에게 가장 큰 도전 가운데 하나는 내부 역할 갈등의 잠재성을 관리하는 것이다.[607] 우리는 이것이 다

걸림돌을 디딤돌로
(코칭 아포리즘(23))

---

606) ①연결된 체인이나 같은 부족 안에서 선택해야 하는 경우, ②더 넓게 보면 자기 훈련을 포장한 채 일종의 미끼로 홍보하는 경우, ③다른 분야의 수퍼바이저가 자기 사업을 위해 코칭 분야를 포함해 코치들을 홍보하는 경우, 수퍼바이저를 선택할 코치는 이를 판별한 근거가 부족하다. ④코치들은 다른 코치의 활동에 대한 비판을 자제하길 권하는 윤리적 권고에 "~이 좋다더라 같이 하자"라는 제안은 쉽게 해도 "~은 ~ 이슈가 있다"라는 지적이나 적극적 길 안내는 자제하기에 정보 교류가 상대적으로 어렵다.

607) 수퍼비전-주체(수퍼바이지) 경험에서 출발해 수퍼바이저로 나서는 여정이 아직 정교하지 않다. 또 수퍼바이저로서 자신의 수퍼비전 사례를 수퍼비전 받을 필요성이 분명하지 않을 수 있다. 이런 불투명성, 불명확성이 자신을 방해한다. 또 자신도 코칭이나 수퍼비전 경험을 어느 정도 갖고 있기에 수퍼비전-주체 포지션에 머물러 몰두하기 힘들 수 있다. 또 상대는 어떻게 수퍼비전하는가를 **구경하거나 '관찰하듯'** 수퍼비전에 참여하는 경우로 미끌어질 수 있겠다. 이는 멘토 코칭이나 코치의 수퍼비전에서도 쉽게 경험하는 사태이다. 이런 역동과 자기 태도에 대한 경험과 성찰이 자기 성장에도 '걸림돌을 디딤돌로'(코칭 아포리즘(23)) 삼을 만하다.

음과 같은 방법으로 전개될 수 있다고 생각한다.

1. 이론과 과정만을 아는 것

긍정적인 면은 수퍼비전이 어떻게 작용하는지에 대해 더 많이 알수록 수퍼바이저로서 수퍼비전-주체를 더 잘 도울 수 있다.[608] 그러나 위험은 계속해서 수퍼바이저를 사후에 추측하거나 second guessing, 너무 많이 도와주게 되어 학습 대화의 정서적이고 이성적인 내용보다는 '과정'에 더 집중하게 된다.[609] "나라면 이런 식으로 하지 않았을 거야" 또는 "[그것이 아니라] 내가 물어보려는 질문은 ······?"이라는 생각을 하지 않는다는 것은 매우 어려운 일이다.

베끼기 체험

제안: 수퍼바이저와 계약하여 접근 방식과 스타일의 차이를 "주목 notice"하여 계약하고, 이러한 차이를 탐구할 수 있는 구체적 시간을 할당하라.

---

[608] 수퍼비전-주체가 수퍼비전의 과정과 이론을 알고, 수퍼비전-주체 체험이 많을수록 수퍼바이저가 되기 위한 훈련에 더욱 민감하고 효과적으로 개입할 수 있다. 어떤 점이 필요하고 어떤 곳에 집중해야 할지 또 효과적인 것이 어떤 것인지 잘 알고 있기 때문이다. 수퍼바이저가 수퍼비전 받게 되면 더욱 그렇다.

[609] 이 경우 '과정'에 집중한다는 것은 내용보다는 '수퍼비전을 어떻게 하는지, 이 수퍼비전을 (나와 달리) 어떻게 하는가'에 더 주목하며 정작 내용을 비껴가는 것이다. **베끼기 체험**으로 전락한다.

상대 수퍼바이저에 대한 관찰, 의심, 평가를 떨치지 못하고 임하는 경우, 이를 관리한다 해도 수퍼비전 회기가 주는 현실성으로 언제든 내면에서 순간의 성찰이 새롭게 올라올 수 있다. 대안은 성찰 연쇄 모델이다.

코치-되기와 비교한 '수퍼바이저-되기'이다. 수퍼바이저가 되기 위해 수퍼비전 '과정'을 경유했다는 과거보다는 실천하고 있는 수퍼비전 사례를 다루며 이성적인 검토, 내용 검토에만 집중하기보다는 '수퍼바이저-자기'와 새로운-되기를 더 깊게 검토할 만하다. 배움의 여정을 여전히 걷는 '진리와 진실의 탐구자'이다. 새로운 포부를 설계하는 길이다.

자신이 알아차린 것을 신호로 표시하고 "주차parking"함으로써, 수퍼
비전-주체가 내용에 다시 집중할 수 있다는 사실을 알게 된다.[610]   걷기를 멈추고 집중한다.

2. 나도 수퍼비전하고 있는데도 나보다는 나의 수퍼바이저에 게 더 많이 기대하는 것

(이 말을 스스로 고백하기 힘든 말이라는 것을 잘 안다we know it is a mouthful!)

물론 수퍼바이저를 존경하고 그들에게 구루guru 지위를 줄 수 있다. 단지 그들이 더 경험이 많고 더 현명해 보이기 때문이다. 그러나 이것은 비판적 사고critical thinking를 방해할 수 있고 수퍼바이저와 자신에 대해 의심을 덜 하게 만들 수 있다.[611]

상대를 그런 이미지로 덧씌우고 자신과 분리해 내는 것

구루화는 몰락의 길

---

[610] 자기 알아차림이 올라오는 경우, 특히 그것이 너무 희미해 불확실하거나 애매한 경우 다른 때 같으면 그냥 넘어갈 수 있다. 그러나 여정을 중단하고 바로 이 이슈를 더 철저히 깊게 다룰 수 있다. 수퍼바이저로서 수퍼비전 받으며 기대할 수 있는 매우 중요한 부분이다.

수퍼비전-주체로 수퍼비전 사례를 수퍼바이저와 다루는 경우, 이를 통해 수퍼바이저-되기 훈련을 하는 경우 모두 수퍼바이저의 작업 스타일의 차이, 수퍼비전 매 회기의 차이에 대해 민감하게 살피는 것은 매우 중요하다. 회기 안에서 점검 또는 피드백 대화를 적극적으로 요구해야 한다. 적극적인 의사 표현 또는 화제 전환이나 다른 이슈로 넘어가지 않게 한다.

[611] 수퍼바이저를 매우 훌륭한 사람으로 이상화하고 그 체계 아래 거주하며 장기간의 훈련 체계에 안주하는 경향이 있을 수 있다.

익숙한 관계는 비판적 사고를 무디게 하고, 이는 곧 자기성찰을 지연 또는 듬성듬성하며 자기는 늘 깊이 성찰했다는 착각을 갖게 할 수 있다. 지나친 빈 부분은 그냥 '알고 있는 것' 정도로 열거하게 된다.

그러나 이 부분은 경험 많은 코치/수퍼바이저 사이에서 좀 더 공모적이 될 수 있다. 상대를 그런 이미지로 덧씌우고 자신과 분리해 내는 것이다. 이는 간접적으로 자신은 그와 조금 다르나 누구에게나 도달가능하고 소통 가능한 겸손한 위치에 있음을 드러낸다.

이른바 부족끼리 모여 조성하는 '구루화는 몰락의 길'이다.

**모자 역할의 힘
해독제**

제안: 이런 방해의 상당 부분은 "수퍼바이저 모자"에 따라 오는 암묵적인 "역할 힘"[612]에서 온다. 아마도 가장 좋은 해독제antidote는 회기가 시작되기 전에 (수퍼바이저가 있든 없든 관계없이) 마음챙김 수행 mindfulness practice을 통해 회기에서 무엇을 가져오고 어떻게 "보여주는" 것인지를 바라보는 진정으로 스스로 "지금-여기"에 있는 것이다.

3. 공모적 수퍼비전 collusive supervision

이는 수퍼바이저가 자신의 철학이나 전문 분야에서 더 진보한 사람을 자신의 수퍼바이저로 선택했을 때 **무의식적으로 발생**한다. 두 사람 모두 외부 비평가로부터 자기 분야를 보호해야 한다는 암묵적 이해를 공유할 때 이는 중대한 문제이다(특히 NLP의 경우[613]). 이런 종류의 친족 관계는 전문적인 관계를 형성하는 데 큰 도움이 된다. 효과적인 수

---

612) 수퍼바이저 모자는 자격증, 학계의 지위와 결합하여 그 자체 권위의 아우라를 갖게 한다. 사실 수퍼바이저의 실제 능력은 경험해 보지 않으면 알기 어렵다. 이런 모호한 권위는 '함께 배우고 지혜를 나누는 여정'을 함께 하는 상호 존중으로 대체되어야 한다. 이를 위해서는 〈수퍼비전-주체 중심 수퍼비전〉이 더욱 강조되어야 한다.

613) 이에 대한 예시를 NLP 분야를 든 것은 역자로서는 정보가 부족하다. 사실 코칭 분야에서 NLP는 외부 다른 분야였는데 점차 코칭 분야와 접목이 되었다. 코치가 NLP를 훈련하고, 자신의 코칭 일반에 응용할 수는 있으나 회기 자체와 코칭 여정 자체의 많은 부분에 NLP 이론과 기법을 적용하여 코칭하는 경우(NLP 중심 코칭)가 얼마나 확대되었는지는 알기 어렵다. 그러나 NLP 중심 코칭은 NLP 전문 프랙티셔너가 수퍼비전해야 하는 경우 이는 다른 코치들이 접근하기 어렵게 된다. 이것은 NLP 역량 숙달인지 '코칭'수퍼비전인지 파악하기 어렵기 때문이다. 저자들은 이점을 말하는 것으로 이해된다.

그러나 근거 기반 코칭 연구를 중시하는 코칭심리학 연구에서는 NLP 활용 코칭을 이미 코칭의 한 이론 분야로 이해해 연구 성과를 소개하고 있다. 필요한 것은 이런 NLP 코칭에 대한 수퍼비전이다.

참고: 브루스 그림리, 「신경언어 프로그래밍(NLP)와 코칭」, 『코칭심리학 - 실천 연구자를 위한 안내서』 스티븐 팔머, 앨리슨 와이브로우 지음. 강준호, 김태리, 김현화, 신혜인 옮김. 김상복 감수. 2023.

퍼비전에는 깊이와 폭넓은 관점과 학습이 모두 포함되지만, 공통된 접근 방식을 가진 사람에게서 지침을 구하는 것은 **넓이**를 희생하면서 **깊이**를 강조하는 경향이 된다.

제안: 수퍼비전에 무엇을 가져오는지, 수퍼바이저로부터 어느 정도의 긍정과 도전을 받는지 의도적으로 deliberately 추적해 보자.

만약 불균형이 보이면 이것을 어떻게 해결할 것인지 수퍼바이저와 합의하거나 다른 철학적인 입장을 가진 수퍼바이저와 수퍼비전을 보완하는 것을 고려해 보아야 한다. 또한 계약을 체결하여 다른 관점을 적극적으로 탐구하고 의도적으로 협력하여 "**다른 이론적 틀** 안에서 작업한다면 무엇을 말할 수 있는가?"를 탐구하도록 할 수 있다.[614]

4. 수퍼비전 받는 것과 코칭를 받는 것을 혼동

1장에서 이미 논의했듯이, 수퍼비전은 "코치를 코치하는 것" 이상의 더 많은 것을 의미한다. 그러나 수퍼바이저라는 지위는 무의식적인 자

---

[614] 수퍼바이저가 다른 다양한 이론적 틀의 넓이와 깊이를 감당할 수 있는지가 중요하게 된다. 동일 부족 안에서 이론/철학적 전문성이 보장되면 가능할 수 있다.

지금은 옛 문건이 되었지만 이 저서가 출간되기 전 ICF의 과거 지침인 〈코칭수퍼비전 (2012)〉에서는 코칭수퍼바이저의 자격요건은 '최소 3년간 풀 타임 활동을 해온 코치'이고, '코칭수퍼바이저로서 서비스를 위해 적어도 **세 가지 다른 코칭 분석/방법론**에 숙달되어 있다는 것을 확인할 수 있는 코치'가 바람직하다고 명기한 바가 있다.

참고: 『수퍼바이지와 수퍼비전 - 수퍼비전을 위한 가이드』에릭 드 한, 윌레민 레구인 지음. 김상복, 박미영, 한경미 옮김. 2024. 부록. ICF 코칭수퍼비전 2012, 2014.

역자의 입장은 수퍼바이저는 수퍼비전을 위한 중심 이론과 통합적 이론을 포함해 적어도 세 가지 분야의 중심 이론과 실천 경험을 쌓을 것을 권유하고 있다.

만심hubris을 낳을 수 있다.[615]

제안: 수퍼바이저를 두는 것 외에, 당신의 프랙티스를 지원할 수 있는 프랙티셔너를 찾아라. 예를 들어, 개인 코치 역할을 할 사람을 고용하거나 비즈니스 멘토 역할을 할 수 있는 사람을 고용하라.

각 사람들과의 세심한 계약을 맺으면 당신은 각 사람들과 토론할 내용을 더 명확하게 알 수 있다. 회기를 준비할 때, 특정 프랙티셔너를 염두에 두고 자신이 지닌 질문을 누구와 논의할 것인지에 따라 더 명확하게 구분할 수 있다.[616]

이 간략한 장을 통해 수퍼바이저 자신도 여전히 수퍼바이저로부터 유익을 얻을 수 있다는 점이 전달되었으면 한다. 각 개인과 상황은 고유하며 구체적인 지원 구성이 필요하지만, 우리가 수집한 **수퍼비전의 수퍼비전을 위한 실용적인 힌트와 팁**은 다음과 같다.

---

615) '나는 코치를 코칭하는 코치다'라는 홍보 표현은 불가피하다. 이런 표현을 코칭 비즈니스에 내걸며 선전하는 경우 혼란을 야기할 수 있다.
  수퍼바이저는 코칭 이슈를 '직접 코칭하는 방식'으로 시연을 통한 수퍼비전이 가능하다. 그러나 위 표현은 자신이 직접 코칭 이슈의 해결자로 미끌어지거나, 코칭 사례의 이슈를 코치의 이슈로 간주하는 개입이다. '수퍼바이저'만큼 '나만'에 빠지고 오만과 자만에 기울기 쉬운 위치는 없다. '나만'에 빠져 보여주지 않고 보이지 않게 하는 실천이기에 시작이 된다.

616) 자신의 필요와 요구를 명확하게 하고 그에 맞는 전문 프랙티셔너와 계약할 것을 권하는 취지이다. 가령 자신의 전문성 확대, 비즈니스 영역의 개척을 위해서는 이에 적합한 다른 분야 프랙티셔너나 멘토 코치, 다른 분야에서 활동하는 코치를 고용할 수 있다. 이에는 멘토 코치, 전문 분야 수퍼바이저 코치, 또는 코칭 이외의 분야 전문가, 즉 컨설턴트, 다양한 검사 영역 전문가를 말한다. 정신분석 분야에서는 개인분석과 수퍼비전을 각각 독립하여 진행하도록 하고 있다.

- 다양한 관리 소스를 포함한 포트폴리오를 수립한다.
  이를 통해 프랙티스에 대한 다양한 관점을 취할 수 있다.
- 수퍼비전-주체의 역할 모델이 되는 것을 목표로 한다.
  특히 수퍼비전을 준비하고 성찰하는 방식에서 나중에 자신이 이상적인 수퍼비전-주체에게 기대하는 대로 행동하라.[617]
- 동료 또는 집단 수퍼비전을 선택한 경우, 동료와 본인 모두와 정기적으로 재계약하라.
  Q. 어떻게 하면 수퍼비전 회기에서 자신과 그들이 최대한의 가치를 얻을 수 있는지 확신할 수 있는가?
- 전문 지식이 학습에 방해가 되는 것이 얼마나 쉬운지 숙지하자.[618]
  겸손humility은 수퍼바이저를 기른다cultivate.
- 가능하면, 자신이 어떻게 수퍼비전하는지 피드백을 요청한다.[619]
  물론, 이는 자신의 수퍼비전-주체의 허락을 필요로 하지만, 자신의 프랙티스를 발전시키는 것에 대해 진지하다는 확신을 줄 수 있어야 한다.

> '알고 있는 앎'은 새로운 앎을 위한 가장 큰 위험이다. 이는 겸손으로도 치유하기 어렵다. (코칭 아포리즘(24))

---

617) 두 사람 관계에서 실제로 수퍼비전-주체 위치에 있듯, 철저히 수퍼비전-주체 체험에 집중하기 위해서도 필요하다. 스스로 이상적 수퍼비전-주체가 되려 노력하지 않고 이를 자신의 수퍼비전-주체에게 기대하는 것 자체가 불일치이다.
618) 이미 자신이 수퍼바이저 활동을 해왔기에 전문 지식과 이미 '알고 있는 앎'이 방해가 된다. '알고 있는 앎'은 새로운 앎을 위한 가장 큰 위험이다. 이는 겸손으로도 치유하기 어렵다. (코칭 아포리즘(24))
619) 수퍼바이저가 수퍼비전 회기를 시연하는 것을 관찰하거나 자신의 수퍼비전 회기를 수퍼바이저에게 관찰하게 하면서 이를 텍스트로 다시 학습하는 것도 포함한다.

학습 목표 요약

1. 회기의 목적은 **당신 자신의 수퍼비전**임을 의식하라. 만약 이 목적에서 벗어나는 경우 그것을 요구할 준비를 하라. 이를 위한 전략과 방법에 대해 사전에 합의한다.

공모의 위험

2. 공모(다양한 방법으로)의 위험이 높다.[620] 이를 인식하고 그것이 언제 왜 일어나는지 주목하라. 그것에서 배움이 있을지도 모른다.

3. 모든 수퍼비전과 마찬가지로, 함께 작업하는 사람을 다양하게 하는 것이 좋다. 다른 접근법을 탐구하는 데 개방적이어야 한다.

관성에서 벗어나기

성찰을 위한 질문

1. 코칭 파트너들이 스스로에게 기대하는 만큼의 작업을 스스로 하고 있는가?
2. 자신이 하는 일을 "관성으로 하기" 시작하는지 어떻게 알 수 있는가?
3. 이슈와 우려를 털어놓을 수 있는 지원 네트워크의 범위는 어느 정도인가?
4. 수퍼비전 지원을 받을 수 있다면 이를 활용하고 있는가? 그렇지 않다면 그 이유는 무엇인가?

---

[620] 각 조직의 수퍼비전 역량 및 실천 지침, 코칭 윤리를 활용한다. 현재는 '수퍼비전 윤리'가 별도로 연구되어 있다. 아직은 시작 단계이지만 실천을 통해 더욱 개발해야 한다. 수퍼비전 윤리는 다음 참조 가능하다.
  참고: 『코칭 윤리 사례 연구』 웬디-앤 스미스, 에바 허쉬 폰테스, 두미사니 마가드렐라, 데이비드 클러터벅 편저. 김상복, 김현주, 이서우 옮김. 2024.
  『코칭윤리 연구와 실천 핸드북: 윤리적 성숙성과 실천을 위한 가이드』 웬디-앤 스미스, 조나단 패스모어, 이브 터너, 이-링 라이, 데이비드 클러터벅 편저. 김상복, 김현주, 박정화, 이서우 옮김. 2025.

5. 현재 받고 있는 수퍼비전에 대해 어떻게 생각하는가? "비슷하다"라는 느낌인가, 아니면 회기에서 경험할 수 있는 것에 대한 기대가 넘치는가?

> 수퍼비전의 여덟 가지 앎

추가 연구를 위한 질문

1. 수퍼비전 관계에서 공모는 어떻게 보이는가? 그것을 어떻게 아는가? 당신은 그것을 어떻게 처리하는가? 또 그것을 어떻게 회피하는가?
2. 수퍼비전-주체보다 경험이 적은 사람으로부터 수퍼비전을 받는 것의 이점은 무엇인가?[621]

> 존재와의 관계 자체가 다양한 앎을 창발한다.

---

[621] 매우 도전적인 질문이다. 그러나 이는 꼭 필요하며 양자에게 큰 도움이 된다. 앎의 출현은 상대의 높낮이나 넓고 깊음에 결코 한정하지 않는다. 존재와의 관계 자체가 다양한 앎을 창발한다.

   수퍼비전을 통해 얻는 앎은 매우 다양한 암묵적 앎에 이를 수 있다. 수퍼바이저와 수퍼바이저의 수퍼비전 관계는 이런 다양한 앎을 더욱 촉진하고 깊어질 것이다. 역자의 임상 실천을 통해 수퍼비전의 여덟 가지 앎으로 분류한다. ①경험-앎, ②관계-앎, ③대화-앎, ④경계-앎, ⑤연상-앎, ⑥구성-앎, ⑦침묵-앎, ⑧역전이-앎이다.

[역자 부록 10.1] 수퍼비전의 수퍼비전 발전을 위한 과제[622]

1. **전담 시간**: 수퍼바이저로서 수퍼비전 실천을 적극 권장한다.

    a. 코칭과 수퍼비전을 같은 수퍼바이저가 실행한다면, 수퍼비전 훈련을 위한 "충분한 활용 시간airtime"을 확보해야 한다.

    b. 코칭과 수퍼비전을 다른 수퍼바이저가 실행한다면 공통된 주제가 등장하는 경우 두 실천 사이의 연관성을 확인해야 한다.

2. **성숙성**: 수퍼바이저의 수퍼바이저 역할을 할 경우 함께 하는 상대의 성숙성을 검토해야 한다. 경험 많은 수퍼바이저는 모델에 대해 잘 알고 있으며, 자기 개발을 더 잘할 수 있다.

    이는 진정한 협력적 파트너십을 보장하기 위해 수퍼바이저의 수퍼바이저로서 많은 것을 포기해야 할 수도 있다. 만약 수퍼비전 받는 수퍼바이저가 수퍼비전-주체 역할이 처음이라면 수퍼바이저는 더욱더 질적이고 발달적인 역할을 해야 할 수도 있다.

3. **윤리**: 윤리는 수퍼비전의 수퍼비전에서 특히 더 어려운 요소이다. 여러 가지 경계가 있는 가장 까다로운 상황이나, 복잡한 법적 요인과 기밀유지 요소가 제기될 가능성이 높다. 패스모어와 터너(Passmore & Turner, 2018)의 윤리적 의사결정 모델[APEAR 모델]은 가능한 모든 요소를 다루지는 않지만, 수퍼바이저와 코치에게 도움이 될 수 있다.

4. **전체성을 보기**: 복합적 층위가 있을 수 있다.

    a. (관계성 안에서) 관계의 **전체성**과 연결의 **복잡성**을 파악하고, 호킨스가 말하는

---

[622] 참고: Michel Moral, Eve Turner. 「Supervision of supervision」. 『Coaching Supervision: Advancing Practice, Changing Landscapes』 Jo Birch, Peter Welch Edit. Routledge. 2019. P.196~198

이 내용은 저서에 수록된 것이 아니다. 수퍼바이저로서 〈수퍼비전의 수퍼비전SoS〉을 실천하는 수퍼바이저들을 대상으로 설문조사를 통한 연구로 위 저서에서 제안한 것이다.

더 광범위한 초점의 공감과 연민(2019)을 개발해야 한다. 그는 "수퍼바이저(또는 코치)는 수퍼비전-주체(코칭 파트너) 이야기에서 언급된 모든 사람, 시스템 등 독립 실체entity에 주의를 기울여야 하며, 바로 앞에 있는 수퍼비전-주체와 코칭 파트너에게 하듯 각 존재에 대해 공감과 연민을 갖는데 집중해야 한다.

   b. (시스템에서) 대인관계 영향의 검토만이 아니라 개인 내적 요소와 코칭 파트너, 수퍼바이지, 수퍼바이저, 수퍼비전의 수퍼바이저가 속한 다양한 시스템에서 어떤 일이 일어나고 있는지도 탐구해야 한다.

5. **관련 분야**: 심리학, 치료, 상담, 사회복지 등 수퍼비전의 수퍼비전에 관해 오랫동안 연구해 온 다른 분야의 연구 결과를 활용한다.

6. **동료 작업**: 수퍼비전에 대한 수퍼비전 훈련과 개발이 제한적인 상황에서 학습 그룹에서 다른 수퍼바이저들과 함께 작업하는 것을 고려해 본다.

7. **필수 계약**: 계약에 충분한 시간을 할애해야 한다. 수퍼바이저를 수퍼비전할 때 "(그들이 모든 것을) 이미 알고 있다"라고 믿고 있을 위험이 있다. 그러나 클라인Kline은 자신의 롤모델 가운데 한 명을 통해 회상했듯이, 사람들은 "우리를 배우고 있다"(Kline, 1999, p.68-69), 그리고 수퍼바이저는 수퍼비전의 수퍼바이저가 주의를 기울이는 것에 따라 자기 모습을 모델링할 수 있다.

역자의 추가 질문

Q. 수퍼비전을 수퍼비전하기 위해 추가할 만한 과제가 있다면 무엇인가?
Q. 수퍼비전의 수퍼비전을 위한 수퍼비전-주체의 준비 사항이 있다면 무엇인가?
Q. 수퍼비전의 수퍼비전을 위해 수퍼바이저가 준비해야 할 것은 무엇인가?
Q. 수퍼비전의 수퍼비전을 통해 추가해야 할 새로운 수퍼비전-앎이 있다면 무엇인가?

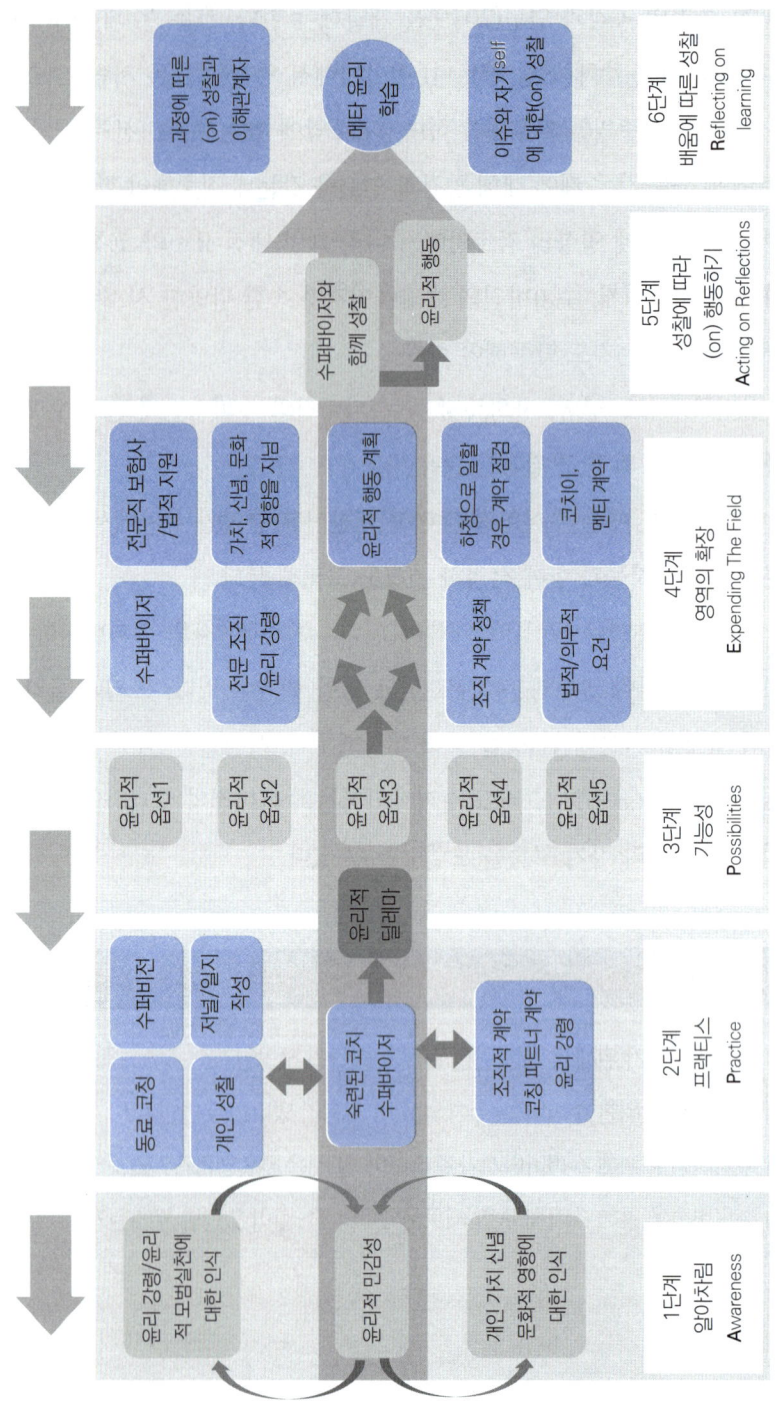

[그림 10.1] Reflection on Integrity-APPEAR 의사결정 모델 – Coaching at Work 2002.18

[APPEAR 모델 역자 해설]

윤리적 의사결정을 위한 APPEAR 모델은 복잡해 보이나 중앙에 있는 화살표를 중심으로 보면 된다.

1. 활동 과정에서 윤리 강령과 모범적 실천 사례, 코치 개인의 가치와 신념이 '윤리적 민감성'을 갖게 한다. (Awareness)
2. 코치와 수퍼바이저는 윤리 강령에 의해 조직과 코칭 파트너와 계약하고 기타 코칭 사회에서 활동을 통해 윤리적 딜레마에 부딪힌다. (Practice)
3. 윤리적 딜레마에 대한 대처에는 다양한 가능성이 있다. 이런 여러 가지 선택을 숙고하게 된다. 중요한 것은 가능한 모든 선택 방안을 찾아보는 것이다. (Possibilities)
4. 모든 선택자에 대한 윤리적 행동 계획을 모색하고, '윤리적 행동 계획'을 확정한다. 이때 고려해야 할 여덟 가지 영역이 4단계 위와 아래에 제시되어 있다. (Expending the Field)
5. 윤리적 행동 계획은 '윤리적 행동' 결정에 이르고 이 과정에서 수퍼바이저는 다양한 수준에서 함께하고 실천 행동 과정에서 수퍼바이저와 성찰한다. (Acting on Reflections)
6. 실천 과정은 이해관계자와의 관계와 접촉 과정에서 이뤄진다.(Reflect on the process and stakeholders). 또 이슈와 자기에 대한 성찰(Reflect on the issue and self)이 깊어지며 윤리에 관한 메타 학습이 이뤄진다.
7. 이런 APPEAR 과정은 코치와 수퍼바이저의 윤리적 성숙성을 높이고 이에 따른 활동에서 반복될 수 있다.

사례 연구

여기서는 각각 외부 및 내부 수퍼비전 실천을 포함한 '수퍼비전을 수퍼비전하기'에 관한 사례 연구를 제시한다. 이 사례들은 SoS(수퍼비전을 수퍼비전하기)에서 발생할 수 있는 일부 도전 과제와 딜레마의 실제 사례를 제공하며, 수퍼바이저들을 지원하는 데 SoS의 활용 가치를 강조한다.

사례 연구 1

이 사례 연구는 이브[Eve]의 수퍼바이저 가운데 한 명인 샘 길핀[Sam Gilpin]이 작성했다. 샘은 2018년 코칭수퍼바이저 교육 과정을 수료한 경험이 풍부한 코치이다. 대학에서 영문학 전공 후 조직 심리학 석사 학위를 소지하고 있으며 글로벌 리더십 컨설팅 회사인 YSC에서 상임 이사로 근무하고 있다.

나는 회사에서 경험이 풍부한 코치들에게 활동 수준을 보장하고 지원과 발전을 위해 수퍼비전을 제공한다. 이브와 함께 수퍼비전 회기를 정기적으로 진행하며, 탐구하려는 주제를 언제나 제시했다. 나의 코칭수퍼비전은 화상, 그룹, 다문화 수퍼비전, 사내 및 외부 코치와의 수퍼비전을 포함하는 광범위한 활동이다.

사례

내가 진행하는 수퍼비전 그룹 가운데 하나는 나와 같이 런던 사무소에 기반을 둔 동료 3명으로 구성된 트리오이다. 이 그룹은 세 명 모두 민감한 문제를 개방적으로 탐구하려는 의지가 강하다. 이들과 함께 일한 지 약 9개월 후, 조직에서 나의 역할이 변경되었다. 글로벌 관리 역할에서 런던 사무소 내 라인 관리 책임을 맡게 되었으며, 컨설턴트 인력의 관리 구조 재편에도 밀접하게 참여하게 되었다. 역할 변경이 수퍼비전 그룹의 역동 관계에 영향을 미치고 윤리적 딜레마를 초래할 수 있다는 우려로 이 문제를 이브와 논의했다.

상황을 탐색하는 과정에서 몇 가지 문제가 분명히 드러났다. 수퍼비전의 경계가 그룹과의 원래 계약을 변경시켰다는 점, 그리고 나의 역할 변화가 성과 압박을 증가시킬 위험(예: 그룹 구성원이 '잘 보이려고' 하는 것)이 있다는 점을 알게 되었다. 이브와 나는 수퍼비전 과정에서 알게 된 개인에 대한 지식과 이해 충돌이 미래에 발생할 수 있다는 점을 탐구했다.

그녀가 사용한 표현이 내 머릿속에 남았다. "우리가 이미 알고 있는 것을 모를 수 없습니다." 나는 조직 내 코칭수퍼비전의 거버넌스를 검토하기로 동의했다. 다음 단계로 YSC의 글로벌 코칭 담당자와 대화했다. 그 대화에서 나는 내가 책임을 맡은 사업 부문의 동료들을 수퍼비전하지 않기로 합의했다. 다음 코칭수퍼비전 회기에서 트리오와 함께 나의 결정을 공유했다. 한 수퍼바이지는 내 역할 변화와 수퍼비전에 대한 영향에 우려를 표현했다. 다른 수퍼바이저는 권력 역동 관계를 표면화한 것이 코치로서 "해야 할 것"과 "하지 말아야 할 것"에 대해 더 의식하게 만들었다고 불편함을 표현했다.

토론

다른 조직의 코칭수퍼바이저들과의 대화에서, 코칭수퍼비전은 내부에서 자주 진행된다는 경험적 증거를 얻었다. 즉, 수퍼비전 받는 사람들과 같은 조직 내의 개인에 의해 수행되는 경우다. 또한 경험적 증거에 따르면 코칭수퍼바이저는 수퍼바이지보다 더 높은 직위에 있는 경우가 많으며, 이는 필연적으로 권력과 지식에 관한 이슈를 초래한다. 이는 전혀 놀랍지 않다. 수퍼바이저는 일반적으로 더 경험이 풍부한 프랙티셔너이므로 더 높은 직위에 있을 가능성이 높다. 이런 경우 다음과 같은 점이 중요하다고 생각한다.

코칭수퍼비전에 대한 명확한 거버넌스 체계(프로세스와 책임 소재 측면 모두), 조직 외부에서 진행되는 수퍼비전의 수퍼비전(즉, 조직 외부에서 진행되는 수퍼비전)을 통해 윤리적 문제와 권력 역동이 시스템 외부에서 객관적인 관점을 가진 사람과 논의될 수 있도록 하는 것이다. 수퍼비전이 효과적으로 작동하려면 진정한 취약성을 감수하는 것이 필요하며, 이는 진정한 이슈가 표면화되기 때문이다. 수퍼바이지들의 성과 관리는 다른 포럼이나 중간 관리층을 통해 이루어지더라도 해당 그룹의 심리적 안전성에 영향을 미친다. 수퍼비전의 수퍼비전 경험에 기반해, 조직 내 기준을 유지하는 데 기여하는 더 넓은 유익을 위해 이를 권장한다.

역자의 추가 질문

Q. 조직 내에서 사내 코치의 수퍼비전 시스템 구성시 '수퍼비전의 수퍼비전'을 어떻게 반영하는 것이 현실적인가?
Q. 수퍼비전의 수퍼비전을 외부 수퍼바이저가 담당할 경우 계약과 주요 이슈를 개발해 본다면 어떤 내용있는가?

사례 연구 2

맥락과 상황

루시엔은 경험이 풍부한 수퍼바이저다. 애니는 그녀의 코칭 대상인 로메오가 일하는 시스템의 하나인 경영위원회에 대해 이야기한다. 그가 운영하는 영업 부서, 회사, 경쟁사 등 그녀는 이를 마치 외부에서 개미집을 관찰하는 것처럼 설명한다. 루시엔은 그녀가 이 다양한 시스템에 어떤 영향을 미치고, 미칠 것이라고 생각하는지 묻는다. 놀랍게도 그녀는 로메오의 코칭이 회사 거버넌스, 영업 부서, 그리고 전반적으로 모든 시스템에 다양한 정도로 영향을 미친다는 것을 깨닫는다. 애니의 코칭 성공의 기반은 그녀의 도전적인 방식이다. 그녀는 이 작업을 수퍼비전 회기에 가져와 루시엔에게 자신이 이 시스템에 미치는 영향이 무엇인지 묻는다. 공동 성찰 과정에서 그들은 여러 작은 '나비 효과'를 식별할 수 있었다.

사례

루시엔은 미셸에게 자신의 수퍼비전을 수퍼비전을 받고 있다. 이 상황을 논의할 때, 그들은 자신의 작업이 고객과 그 시스템에 어떤 영향을 미칠 수 있는지, 그리고 이것이 코칭의 목표와 어떻게 일치하는지 성찰하기로 결정했다. 애니와의 논의에서 루시엔은 수퍼바이저가 말하는 톤의 작은 변화가 고객과 그들의 시스템에 큰 영향을 미칠 수 있다고 믿게 되었다.

미셸은 수퍼비전 관계에서 구축된 신뢰로 인해 수퍼바이저의 신념이 직접적으로 고객과 그들의 시스템으로 전달된다고 믿는다. 예를 들어, 애니와 로메오가 영업 부서의 '사일로silo' 이슈를 논의한 회기를 들었다. 로메오는 다른 경영진 팀의 구성원들이 서로의 경영진 회의에 참석하는 것이 이슈를 해결하는 데 도움이 될 것이라는 아이디어를 갑자기 떠올렸다. 애니는 로메오에게 아무런 제안을 하지 않았지만, 이 아이디어는 이전에 미셸과 루시엔 사이에서 논의된 적이 있었다. 루시엔은 애니에게 미셸과의 대화를 언급하지 않았지만, 그녀에게 로메오와의 사일로 이슈 해결이 늦었다고 말한 것을 기억했다.

두 사람은 코치와 고객의 시스템, 상위 수퍼바이저, 그리고 최종적으로 수퍼바이저의 수퍼바이저가 고객의 시스템과 다른 고유한 정체성을 가진 시스템을 형성한다는 점을 인정했다. 또한 그들은 병렬 과정만로는 발생한 상황을 완전히 설명할 수 없으며 다른 요인이 작용하고 있다는 점에 동의했다. 마지막으로, 미래의 성찰을 위해 더 많은 사실을 수집하기로 결정했다.

토론

루시엔은 제2 시스템 이론(Heinz von Foerster, 1981)을 이해하는 데 능숙하며 카오스 이론(Lorenz, 1963)의 지지자이다. 반면 미셸은 사회 심리학 배경이며, 이전에 켈렌

> Kelman(1958) 모델[623]을 사용한 영향 연구를 수행했었다. 그는 수퍼바이저로부터 고객에게 아이디어가 전달되는 데 주요 메커니즘은 영향력과 도움주는 사람에 대한 신뢰/믿음이라는 것이다. 루시엔의 개념적 틀에 따르면 고객의 시스템은 불안정하며 작은 자극에도 민감해 갑작스러운 큰 변화를 유발할 수 있다. 미셸의 개념적 틀에 따르면, 고객의 시스템은 변화가 필요하다고 느끼기 때문에 영향력을 받을 준비가 되어 있다. 어떤 경우든 수퍼비전의 수퍼비전은 건조한 숲에 불을 붙일 수 있는 불꽃과 같은 역할을 한다.

참고 문헌

- Hawkins, P. (2019). Resourcing: The Neglected Third Leg of Supervision. In Turner, E. and Palmer, S. (eds), *The Heart of Coaching Supervision - Working With Reflection and Self-Care*. Abingdon: Routledge.
- Kline, N. (1999). *Time to Think Listening to Ignite the Human Mind*. London: Cassell Illustrated.

---

[623] 개인이 타인의 영향에 의해 태도나 행동을 변화시키는 세 가지 주요 과정을 세가지로 제시한다. 즉 순응Compliance, 동일시Identification, 내면화Internalization를 든다. 이 모델은 사회적 영향이 일어나는 다양한 수준과 그에 따른 지속성을 설명하는 데 매우 유용하다.

즉 미셸의 주장은 코칭 파트너는 코치에게, 코치는 수퍼바이저에게 갖고 있는 믿음과 신뢰 자체가 영향력을 교류하게 이미 배선되어 있다는 관점이다.

권말 부록

[권말 부록 1] 국제코칭연맹^{ICF} 코칭수퍼비전 역량 모델

(2024.9)[1]

ICF 코칭수퍼비전 역량: 코칭 및 코칭수퍼비전의 질적 향상

요약

ICF 코칭수퍼비전 역량 모델을 개발하는 중요한overarching 목표는 엄격한 증거 기반 방법을 활용하여 코칭수퍼바이저가 작업에서 사용하는 지식Knowledge, 기술Skills, 능력Abilities 및 기타 특성Other characteristics(KSAOs), 역량competencies을 결정하는determine 것이다.

ICF 코칭수퍼비전 직무 분석job analysis은 역량 개발의 모범 사례를 따랐고, 경험이 풍부한 모든 단계의 코칭수퍼바이저의 정보를 바탕으로 정량적, 정성적 분석 접근을 철저히 진행했다. 단계마다 문헌 검토, 과제task, 지식 영역 개발, 설문조사, 주제/내용 전문가Subject Matter Experts(SMEs)가 데이터를 검토하고 역량 초안을 작성하는 워크숍을 진행했다.

이 연구 결과로 코칭수퍼비전 **실천**practice에 필요한 여덟 가지 새로운 역량을 확인했다. 이 여덟 가지 역량은 코칭수퍼바이저 역할의 책임 범위를 모두the full scope of responsibilities 나타내는 고유하고unique 구별된distinct 역량이다.

---

[1] 번역: 김상복. 이 자료는 한국코칭수퍼비전아카데미에서 진행하는 코치 교육을 위한 번역 자료입니다. 인용시 출처를 밝혀 주세요.
  번역 및 내용 문의: newlifecreator@gmail.com(2025.1)

ICF 코칭수퍼비전 역량 구조-틀

개요

코칭수퍼비전은 다양한 접근 방식approaches, 구조-틀framework, 철학을 가진 상대적으로 새롭고 계속 진화하는 지원 방식[양상]helping modality이다. 이 모델은 효과적인 코칭수퍼비전을 촉진promote할 수 있는 구조를 제공하는 동시에 코칭수퍼바이저가 수퍼비전에 대한 자신의 접근 방식을 탐색할 수 있는 유연성을 충분히 제공하도록 설계되었다.

예비 코칭수퍼비전 고객은 여러 코칭수퍼바이저와 코칭수퍼비전 접근 방식을 검토하여 그들의 구조-틀, 접근 방식, 가치가 코칭수퍼비전 고객과 이해 관계자의 요구needs와 일치alignment하는지 확인할 것을 권장한다.

코칭수퍼비전과 멘토 코칭의 공생 관계symbiotic relationship를 강조하는 것도 중요하다. 코칭수퍼비전은 주로 코치의 '자기self', 작업의 질과 영향력, 더 넓은 맥락/상황, 시스템과의 관계에 초점을 맞춘다. 멘토 코칭은 코치의 기술 개발skill development에 중점을 더 둔다. 그러나 코치의 기술과 사용 방법은 코치의 자기self, 작업과 세상에서 살아가는[존재] 방식way of being과 분리될 수 없다.

코칭수퍼비전의 ICF 정의

코칭수퍼비전은 코치의 개인적, 전문적, 윤리적 수용력capacity과 성숙성maturity을 개발하기 위한 역동적이고 성찰적인 공동 작업collaboration을 안내guidance, 지원support 과정process이다.

A. 기초

1. 윤리 지침을 제공한다.

정의: 코칭수퍼바이저는 윤리 기준ethical standards을 모델로 삼고 코칭수퍼비전 고객[수퍼바이지]에게도 똑같이 하도록 격려한다.

1) **ICF 윤리 강령 및 핵심 가치**와 관련 법률 및 윤리 규범과 기준을 준수한다.
2) 코칭, 멘토 코칭, 코칭수퍼비전, 코칭 성과 평가, 치료therapy, 기타 역할 등과 구별점distinctions, 유사점similarities을 유지하고 분명하게 한다.
3) 코칭수퍼비전 고객의 요구가 코칭수퍼바이저와 수퍼비전 과정의 범위를 넘어서는 경우 추가 자원additional resources을 권고한다recommend.
4) 코칭수퍼비전 고객이 코칭을 수행하는 국가, 상황 및 시스템에 대한 법적, 전문적 요구 사항과 지침을 이해해야 할 필요성을 강조한다.
5) 코칭수퍼비전 고객과 협력하여, 방치할 경우 윤리 위반ethical breaches이 될 수 있는 윤리적 딜레마를 탐색, 관리, 해결한다.

2. 지속적인 성찰과 자기-관리/돌봄을 한다.

정의: 코칭수퍼바이저로서 지속적인 학습ongoing learning, 개발, 자기-관리/돌봄self-care을 하며, 코칭수퍼비전 향상을 위해 성찰적 실천을 유지한다.

1) 코칭수퍼비전 향상을 위해 성찰적 실천을 유지하며, 학습, 개발, 계획적deliberate 실천을 지속해서 시도한다engage.
2) 자기-관리/돌봄을 통해 정서적, 정신적mental, 신체적physical 행복wellbeing을 유지한다.
3) 코칭수퍼비전 과정을 개선하기 위해 '자기self에 대한 이해'를 개발하고 활용한다.

4) 개인의 가치관, 신념, 편견, 관점, 대인 관계 패턴이 코칭수퍼비전 과정에 미치는 영향을 관리한다.

5) 코칭수퍼바이저로서 자기 역량과 지식[앎]의 한계를 성찰한다.

6) 코칭수퍼바이저로서 발전을 위해 더욱 다양한 성찰적 실천 모델, 이론, 조사, 역량, 구조-틀을 탐구한다.

7) 시스템, 상황, 문화가 자기와 타인에게 미치는 영향의 알아차림 awareness을 개발한다.

8) 코칭수퍼비전 고객의 지원이 필요한 경우 자신의 수퍼비전을 포함하되 이에 국한하지 말고 not limited 다른 출처 sources에서 안내 guidance와 지원을 구한다.

B. 과정의 구조

3. 계약을 수립하고 갱신한다.

정의: 코칭수퍼비전 고객과 협력하여 계약을 작성하고 필요에 따라 코칭수퍼비전 과정을 지원하기 위해 계약을 수정한다 revise.

1) 실행 계획 logistics, 수수료, 일정, 기간, 종료 및 기타 포함 사항 등 코칭수퍼비전 관계의 안내와 구체적인 변수를 설명하는 계약을 작성한다.

2) 수퍼비전 접근 방식이 코칭수퍼비전 고객 및 기타 이해관계자의 요구 사항을 충족하는지 확인한다.

3) 관련 윤리 강령 및 법률에 따라 기밀 유지의 조건과 한계, 윤리 위반 보고 등 수퍼비전 관계의 경계를 설정한다.

4) 코칭수퍼비전 고객과 합의하여 수퍼비전의 목적, 집중 영역 및 수퍼비전 과정에서 원하는 결과를 설정하기 위해 합의에 도달한다.

5) 코칭수퍼비전 고객 및 기타 이해관계자의 변화하는 요구를 충족하고 효과를 높

이기 위해 필요에 따라 서면 또는 구두 합의를 조정한다^{adjust}.

4. 수퍼비전 '과정'을 관리한다.

정의: 수퍼비전 '과정'을 관리하고 이해관계자의 요구를 충족하고 효율성을 높이기 위해 조정한다.

1) 코칭수퍼비전 '과정'의 실행 계획 및 집중[영역]을 관리한다.
2) 코칭수퍼비전 고객의 요구^{needs}에 충족하도록 코칭수퍼비전 '과정'을 조정한다.
3) 코칭수퍼비전 고객에게 유용했던 점이나 효과가 없었던 점 등 코칭수퍼비전 '과정'에 대한 피드백을 요청한다.
4) 필요^{needed}에 따라 코칭수퍼비전 '과정'을 개선한다.

C. 고객 학습과 성찰

5. 지원 환경 만들어 낸다.

정의: 코칭수퍼비전 고객을 개인적, 전문적으로 지원[후원]하는 환경을 만들어 낸다^{create}.

1) 코칭수퍼비전 고객이 자신의 개인적, 전문적 경험을 공개적으로 공유할 수 있도록 지원적이고 포용적인 환경을 조성한다.
2) 코칭수퍼비전 관계의 대인 관계 역동을 관리한다.
3) 코칭수퍼비전 고객이 자기-관리에 참여하도록 격려한다.
4) 코칭수퍼비전 고객의 성장을 위한 수용력과 '활용 가능한 자원^{resourcefulness}'을 강화한다.
5) 코칭수퍼비전 고객의 경험, 발전과 성공을 인정하고^{acknowledges} 존중한다^{honors}.

6) 코칭수퍼비전 고객을 지원하는 데 필요한 지침과 자원^{resources}을 제공한다.

7) 코칭수퍼비전 고객이 '차질[좌절]^{setbacks}'을 학습 기회로 재구성하도록 격려한다.

8) 코칭수퍼비전 고객이 작업의 복잡성^{complexity}을 효과적으로 수행할 수 있도록 지원한다.

6. 고객의 성찰을 용이하게 한다^{facilitate}.

정의: 코칭수퍼비전 고객이 자기^{self}, 작업^{work}, 시스템과 상황/맥락에 대해 성찰하도록 안내하여, 개인적, 전문적 알아차림과 통찰력을 개발한다.

1) 코칭수퍼비전 고객의 개인 및 전문성 개발을 지원하는 성찰 과정을 안내한다.

2) 코칭수퍼비전 고객이 작업의 질을 높이기 위해 계획적인 성찰^{deliberate reflection}과 실천에 참여하도록 격려한다.

3) 코칭수퍼비전 고객의 정체성, 개인적 신념, 가치, 철학, 관점, 편견, 사각지대가 작업에 미치는 영향을 탐구한다.

4) 수퍼비전 고객이 자신의 코칭 작업과 관련된 문화, 다양성 관련^{diversity-related} 요인을 성찰하고 관리하도록 안내한다.

5) 코칭수퍼비전 고객의 코칭 작업에 영향을 미칠 수 있는 상황/맥락, 시스템의 영향에 대한 성찰을 요청/초대한다^{invite}.

7. 고객의 발전을 안내한다.

정의: 코칭수퍼비전 고객의 개인 발전과 전문성 개발을 지원한다.

1) 코칭수퍼비전 고객과 협력하여 고객의 수용력^{capacity}과 살아가는[존재] 방식^{way of being}의 개발을 지원한다^{work with}.

2) 코칭수퍼비전 고객이 코칭 실천에서 발생하는 이슈를 탐구하도록 격려한다.

3) 코칭수퍼비전 고객의 작업 수준[질]을 높이기 위한 접근 방식, 자원 또는 조치 actions를 제안한다.

4) 코칭수퍼비전 고객의 개인 가치와 정체성이 코칭 스타일에 어떤 영향을 미치는지 탐구한다.

5) 코칭수퍼비전 고객이 자기, 작업, 상황/맥락, 시스템에 대한 성찰을 통해 얻은 학습을 통합/일치하도록 격려한다.

6) 코칭수퍼비전 고객이 회기 전반에서 자기 발전 과정을 평가할 수 있도록 지원한다.

D. 집단수퍼비전

8. 집단수퍼비전을 관리한다.

정의: 집단수퍼비전 '과정'을 효과적으로 '관리'한다.

(참고: 집단 수퍼비전 서비스를 제공하는 코칭 수퍼바이저와 관련)

1) 성찰적이고 협력적이며 포용적인 집단 학습 경험을 만들어 낸다.

2) 집단수퍼비전 과정에 존재하는 정체성, 가치관, 작업에 대한 접근방식, 맥락/상황, 시스템 요인의 복잡한 교차점 complex intersection을 인정한다 acknowledges.

3) 집단수퍼비전 '과정'의 효율성 effectiveness에 영향을 미치는 집단 역동을 관리한다.

4) 모든 집단 구성원이 수퍼비전 '과정'에 참여하도록 격려한다.

[권말 부록 2] 유럽멘토링코칭회의EMCC 수퍼비전 역량과 구조

(2019.6)[1]

개요와 설명

> 첫 역량은 수퍼비전 관계의 계약과 관련된다.
> *구조-틀의 첫 부분은 수퍼비전 관계에 대한 구조를 탐구하고 명확히 한다.

역량 1. 수퍼비전의 계약과 과정을 관리한다.

    수퍼바이지(관련 이해관계자 포함)와 작업계약을 수립하고 유지하며, 수퍼비전 과정을 효과적으로 관리한다.

> 다음 세 가지 역량은 수퍼비전의 개발 기능(수퍼바이지의 역량 개발), 질적 기능(수퍼바이지가 코칭 품질과 윤리에 부합하도록 지원), 지원 기능(수퍼바이지의 지원공간 제공) 과 관련이 있다.

역량 2. 발전을 용이하게 한다 Facilitates Development.

    편하게 성찰하는 facilitated reflection 과정을 통해 실천 기준을 개선할 수 있도록 한다.

역량 3. 지원을 제공한다.

    수퍼바이지가 고객과의 경험을 처리하고 precess, 코치 또는 멘토로서 자신

---

[1] 번역: 김상복. 이 자료는 한국코칭수퍼비전아카데미에서 진행하는 코치 교육을 위한 번역 자료입니다. 인용시 출처를 밝혀 주세요.
  문의: newlifecreator@gmail.com

의 웰빙을 우선시 할 수 있도록 지원 공간을 제공한다.

역량 4. 전문적 기준을 촉진한다.

코칭, 멘토링, 수퍼비전에서 전문적, 윤리적, 성찰적 실천과 관련된 높은 기준을 지원한다.

다음 세 가지 역량은 수퍼바이저의 수용력capacity과 관련이 있다.

* '수용력'이라는 용어는 사람이 무엇을 하고 있는지보다 그 사람이 어떤 존재인지와 더 관련이 있다. 이 구조 틀에서 언급하는 수용력은 수퍼바이저가 다른 역량을 수행할 수 있도록 하는 알아차림의 수준을 설명한다.

역량 5. 자기-알아차림

수퍼비전 관계와 과정을 위해 '자기self'를 의식적으로 개발하고 활용한다.

역량 6. 관계 알아차림

수퍼비전 프로세스에 있는 관계의 층위layers를 이해하고 이를 바탕으로 작업한다.

역량 7. 시스템 알아차림

인간 시스템의 역동을 인식하고 이를 바탕으로 작업할 수 있다.

마지막 역량은 집단 작업과 관련 있다.

* 이것은 집단 수퍼비전의 고유한 역동과 관련 있다.

역량 8. 수퍼비전 집단의 촉진

수퍼비전 집단 역동을 능숙하게 다룬다.

역량 1. 수퍼비전 계약과 과정을 관리한다.

수퍼바이지(관련 이해관계자 포함)와 작업 계약을 수립하고 유지하며, 수퍼비전 과정을 효과적으로 관리한다.

1. 수퍼비전의 목적과 코칭/멘토링과의 차이에 대한 탐구를 요청한다.
2. 수퍼비전 실천의 기반이 되는 구조-틀을 묘사한다 describes.
3. 수퍼바이지와 다른 이해관계자와 수퍼비전 과정의 실천적, 전문적, 관계적인 면에 대해 적절하게 검토하고 합의한다.
    a) 실천과 관련해서는 기간, 빈도, 비용, 위치가 포함될 수 있다.
    b) 전문적 기대(예상)에는 수퍼바이저/수퍼바이지 사이의 역할, 책임, 경계, 권력 역동이 포함될 수 있다.
    c) 관계적 측면은 개방성, 진정성, 기밀성 등 관계에 적합한 조건을 만들어 내는 것과 관련이 있다.
4. 수퍼비전 관계에 따라 진화하는 비공식적 구두계약 oral contract을 유지 관리한다.
5. 적절한 경우 공식적 서면 계약 written contract을 사용한다.
6. 수퍼바이지와 협력하여 수퍼비전을 평가하고 관계 종료를 위한 과정을 결정한다.

역량 2. 발전을 용이하게 한다 Facilitates Development.

편하게 성찰하는 facilitated reflection 과정을 통해 실천 기준을 개선할 수 있도록 한다.

1. 코칭/멘토링을 통한 행동, 기술, 앎을 개발하도록 수퍼바이지를 지원하고 도전한다.
2. 수퍼바이지의 기존 관점, 가정, 페러다임을 도전하고 파괴하는 개입 disrupt interventions을 제공한다.
3. 수퍼바이지가 실천에 대한 비판적 성찰 과정에 참여하도록 하고, 자신의 성찰

실천능력capability을 개발하도록 지원한다.
4. 수퍼바이지가 다양한 구조-틀, 도구, 기법, 관점을 탐색하고 활용하도록 격려한다.
5. 수퍼바이저가 다양한 모델, 이론, 구조-틀을 사용하여 수퍼바이지의 발전을 지원한다.
6. 수퍼비전 과정을 위해 개인 및 전문적 경험과 추가 리스스를 적절하게 공유한다.
7. 수퍼바이지가 다양성에 대한 이해를 개발하고 실천에서 포괄적인 접근을 적용하도록 지원한다.

역량 3. 지원을 제공한다.

수퍼바이지가 고객과의 경험을 정리하고precess, 코치 또는 멘토로서 자신의 웰빙을 우선시 할 수 있도록 지원 공간을 제공한다.

1. 수퍼바이지를 위한 안전하고 성찰적 공간을 만들어 낸다create.
2. 수퍼바이지의 잠재력과 자원 활용 능력resourcefulness에 대한 믿음을 실례로 보여준다.
3. 다음의 예시가 보일 경우 적절한 지원을 제공한다.
    a) 스트레스 징후를 인지하고, 필요할 경우 적절히 우려를 표현한다.
    b) 수퍼바이지가 웰빙, 안전, 회복력을 유지/관리하도록 지원한다.
    c) 어려운 사례를 수퍼바이지와 함께 작업한다.
    d) 실천 방안 개발, 비즈니스 과제, 전문적 목표에 대한 아이디어를 나눈다.
4. 필요한 경우 추가 지원을 위한 옵션을 탐색한다.
5. 수퍼바이지의 전문적 정체성professional identity 개발을 지원한다.

역량 4. 전문가 기준을 촉진한다promote.

코칭, 멘토링, 수퍼비전에서 전문적, 윤리적, 성찰적 실천과 관련된 높은 기준을 지원한다.

A. 전문적 실천
   1. 관련 전문 기관의 회원 자격과 공식 윤리 강령 준수를 권장한다.
   2. 수퍼바이지가 해당 국가의 법률, 전문적 요구 사항에 대한 적절한 보험과 알아차림을 갖도록 격려한다.
   3. 자신의 수퍼비전 기록이 현지 데이터 보호 규정을 준수하도록 보장한다.
   4. 수퍼비전 작업의 현재 쟁점과 이슈에 대해 잘 알고 있다.

B. 윤리적 실천
   1. 수퍼바이저로서 관련 윤리 강령을 준수한다.
   2. 수퍼바이저로서 역량의 한계를 잘 알고 있다.
   3. 필요한 경우 수퍼바이지가 적절한 다른 대체 지원을 찾도록 격려한다.
   4. 수퍼바이지의 윤리적 성숙성을 지속적으로 개발하는데 중점을 둔다.
   5. 수퍼바이지와 협력하여 윤리적 딜레마를 관리하고 해결한다.
   6. 다름을 인정하고 존중하는 포괄적인 접근 방식을 보여준다demonstrate.

C. 성찰적 실천
   1. 수퍼바이저 스스로 전문성의 지속적 개발CPD에 참여하고 성찰적 실천을 개발하는데 전념한다.
   2. 수퍼바이지에게 피드백을 구하고 성찰한다.
   3. 수퍼바이저로서 작업과 성장에 대한 정기적 수퍼비전을 받는다.
   4. 정기적인 성찰적 실천을 위해 다양한 방법을 활용한다.

역량 5. 자기-알아차림

수퍼비전 관계와 과정을 위해 '자기self'를 의식적으로 개발하고 활용한다.

1. 수퍼바이저로서 개인적인 관점의 한계를 인정한다acknowledge.
2. 수퍼바이저로서 배움의 가장자리learning edge에서 일할 의지wellingness를 실례로 보여준다.
3. 수퍼비전 실천에서 '도구로 자기self as instrument'를 적절하게 사용한다.
4. 수퍼바이저로서 모호함, 불확실성, 복잡성과 함께 일할 의지가 있다.
5. 수퍼바이저로서 '자기'에 대한 앎, 이해, 알아차림을 개발한다.

역량 6. 관계 알아차림

수퍼비전 과정에 존재하는 관계의 층위layers를 이해하고 작업한다.

1. 수퍼비전을 판단적이지 않고 상호협력적, 배움 관계로 다룬다.
2. 수퍼비전 관계에서 효과적인 경계를 설정하고 유지한다.
3. 수퍼비전 스타일과 구조를 수퍼바이지의 고유한 요구 사항에 맞게 조정한다.
4. 수퍼비전 관계의 어려움을 파악하고 해결한다.
5. 수퍼비전 관계 안의 권력과 관련된 이슈에 주의를 기울인다.
6. 병렬 과정을 파악하고 이를 바탕으로 작업할 수 있다.

역량 7. 시스템 알아차림

인간 시스템의 역동을 인식하고 이를 바탕으로 작업할 수 있다.

1. 수퍼바이지와 수퍼비전 관계에 미치는 시스템의 영향에 주의를 기울인다.
2. '시스템 사고'의 구조-틀에 익숙하고 이를 바탕으로 작업할 수 있다.

3. 대안적 관점을 위해 헬리콥터 관점을 취한다.
4. 수퍼바이지의 다음과 같은 알아차림을 높인다.
   a) 수퍼바이지가 운영하는 시스템
   b) 시스템 안의 관계, 영향, 권력의 영향
   c) 시스템 안의 문화 영향
5. 예시와 같이. 적절한 경우 수퍼바이지의 '조직적 알아차림'을 개발한다.
   a) 리더십과 관련된 역동, 권위, 복종, 경쟁
   b) 공식, 비공식 역할, 네트워크 및, 연합(체)coalitions 등의 조직 역동

역량 8. 수퍼비전 집단을 편안하게 지행한다facilitate.
수퍼비전 집단 역동을 능숙하게 다룬다.

1. 수퍼비전 집단과 계약을 맺어 모든 구성원을 위한 안전한 공간을 만들어 낸다.
2. 집단 전체와 그 구성원 개인을 위해 일한다.
3. 수퍼비전 집단의 발전 단계 전반에 걸쳐 지원한다.
4. 집단 역동에 따라 수퍼비전 프로세스를 조정한다.
5. 개별적 기여를 이끌어낸다elicit.
6. 집단 내의 '병렬 과정'의 효과를 알아차리고 주의를 환기한다.
7. 회기 내내 시간을 효과적으로 관리한다.

[권말 부록 3] 코치협회^AC 코칭수퍼비전의 원칙 구조-틀

(2023.3 개정)[1]

자격 인증을 위한 정량적 요건(경험과 자격)외에도 아래 열거한 코칭 역량에 대한 증거를 기대한다. 수퍼바이저는 폭넓은 역량을 보여주어야 하며 demonstrated, 각 역량은 수퍼비전의 특정한 스타일과 접근 방식에 따라 여러 가지 다른 방식으로 실례로 확인될 수 있다. 각 역량을 보여줄 수 있는 몇 가지 행동의 실재 유형을 제시한다.

중요한 점은 수퍼비전에 대한 접근 방식에서 "심리적 마인드 psychologically minded"를 갖추고 있어야 한다는 것이다. 만약 수퍼비전에 대해 다른 접근 방식을 갖고 있다면 이를 고려하지 않고 수퍼비전하는 이유와 방법에 대한 사례/근거를 제시해 주기 바란다.

원칙 1. 수퍼바이지의 성찰적 실천을 위한 수용력 capacity 개발을 수퍼비전의 핵심 목적으로 유지해야 한다.

▶ 역량과 지원 행동

1. '심리적 마음 자세 mindedness'를 실례로 보여준다.

   a) 심리적 개입에 대한 계약
   - 코칭과 수퍼비전에 대한 심리적 '마음 자세'의 가치를 명시하고, '코치로서의 코치 coach-as-coach'에 대한 고려를 넘어 코칭 작업과 관련이 있는 '사람으로서의

---

[1] https://www.associationforcoaching.com/page/CSADetails-NEW
  번역: 김상복. 이 자료는 한국코칭수퍼비전아카데미에서 진행하는 코치 교육을 위한 번역 자료입니다. 인용시 출처를 밝혀 주세요. 문의: newlifecreator@gmail.com

코치coach-as-person'를 탐구하려는 의도를 명확히 밝힌다.
- 이는 수퍼바이저가 계약을 통해 수퍼바이지와 신뢰와 배움의 공간을 만들고 소통하는 방식에서 입증될 수 있다.

b) 코치의 더 깊은 자기-알아차림self-awareness을 용이하게 한다facilitate.
- 생각과 감정이 출현하는 시간을 주기 위해 '관계의 공간'을 열어두고, 적절한 경우 침묵의 시간을 허용한다. 코치를 서두르거나 조기에 끝내는 걸 강요하지 않는다.
- 겉보기에 갑작스러운 주제 변경이나 말하지 않은 내용 등 근본적인 뉘앙스를 포착하고 반영한다.

c) 코치의 '마음 상태state of mind'에 대한 알아차림을 실례로 보여준다.
- 코치의 마음 상태, 자극arousal 수준, 기분mood과 감정feelings을 알아차리고 있음을 보여주기 위해 코치의 비언어적, 언어적 의사소통에 주의를 기울이고, 필요한 경우 코치가 그런 감정을 용이하게 처리할 수 있도록 도와준다.

  이것은 수퍼바이저가 코치에게 제공하는 질문, 관찰, 성찰을 통해 분명하게 드러난다.
- 필요한 경우, 공감과 배려의 표현을 통해 그런 감정에 대한 민감성과 관심을 보여준다.

d) 자기-알아차림을 실례로 보여준다.
- 회기에서 일어난 일에 대한 자신의 감정과 경험을 근거로 하여 '경험하는 자기experiencing self'와 '관찰하는 자기observing self'를 구분하는 모습을 보여준다.
- 병렬 과정parallel process으로 작업하고 코치가 동일하게 하도록 격려한다.

e) 심리적 이슈에 대한 코치의 이해를 다듬는다refine.
- 적절한 경우 수퍼비전 계약 조건 안에서 수퍼바이저는 고객과의 작업에서 제기된 이슈, 코치에 대한 관찰, 코치와의 관계를 활용하여 특정 심리적 원리나 모델을 설명할 수 있다.

▶ (이 같은 역량과 지원 행동이 주는) 기능
  수퍼비전의 지원, 개발, 전문성 보장 등의 기능을 모두 포괄한다.

원칙 2. 경계를 인식하고 자신의 역량 한계 안에서 행동함으로써 해를 끼치지 않는다.

▶ 역량과 지원 행동

2. 과정을 용이하게 한다.

   a) 계약을 명확하게 작성하고 필요에 따라 재협상한다.
   b) 수퍼비전이 무엇인지 설명할 수 있다.
   c) 신뢰와 공동 작업을 바탕으로 효과적인 작업 동맹을 보장한다.
   d) 결과에 합의하고 효과성을 평가하기 위한 과정을 만들어 나간다^{estabilish}.
   e) 수퍼비전 과정을 모니터링하고 평가한다.
   f) 코치의 역량을 평가하고 필요에 따른 추가 개입을 권장한다.

3. 코치 고객의 유익을 위해 반드시 윤리적이고 전문적인 행동을 보장한다.

   a) 윤리 강령의 이해와 준수, 전문 단체 가입, 전문 배상 책임 보험 가입 등 높은 수준의 전문성을 장려한다.
   b) 윤리 및 경계 이슈에 대해 코치가 이해하도록 탐구한다.
   c) 코치와 협력하여 특정 상황과 기법과 관련된 경계 이슈를 파악하고, 이를 통해 코치가 고객에 대한 코치의 돌봄/배려 의무$^{duty\ of\ care}$에 대한 알아차림을 높인다.
   d) 윤리적 이슈에 걸려 있는 경우 적절하게 개입한다.

4. 코치의 웰빙을 지원한다.

　　a) 코치에 대한 신뢰^{confidence}를 구축한다.
　　b) 코치가 '막혀있을' 때 어려움을 해결할 수 있도록 한다.
　　c) 코치가 고립 또는 번아웃 등의 위험에 처했을 때 개입한다.

▶ (이 같은 역량과 지원 행동이 주는) 기능
　수퍼비전의 포괄적 지원, 개발 및 전문성 보장 기능

원칙 3. 개인 코치와 후원 기관 모두 고객이 언제나 최상의 서비스를 받을 수 있도록 보장한다.

5. 코치로서의 신뢰성^{credibility}을 실례로 보여준다.

　　a) 코칭의 롤 모델이 될 수 있는 필수적인 자질^{attributes}과 '삶의 방식'을 실례로 보여줄 수 있다. 예. 성찰적, 고객 중심적, 협력적.
　　b) 자신의 앎과 경험을 적절히 공유하고, 자신의 성찰이 어떻게 자기 작업에 영향을 미치고 형성했는지 설명할 수 있다.

6. 고객과 이해관계자를 위한 가치 창출을 가능하게 한다.

　　a) 더 넓은 맥락과 상황, 이해관계자에 대한 관점을 제공한다.
　　b) 코치가 코칭 파트너를 더 넓은 맥락과 상황에서 어떻게 이해하는지 탐구하고, 코치가 이해관계자 요구를 고려하여, 코칭 파트너에게 최상의 서비스를 제공하는 방법을 코치가 고려할 수 있도록 한다.

[그룹]

7. 집단 역동을 표면화하고 관리하는 능력

a) 집단 발전 단계에 적합한 집단 운영을 용이하게 하는 스타일에서 유연성을 보여준다.
b) 집단 내 개인행동을 관리한다.
c) 집단 효과성에 영향을 미치는 집단 역동에 대한 알아차림을 높이고 집단이 이를 탐색하도록 초대한다.
d) 코치-코칭 파트너 시스템의 병렬 과정과 관련있는 집단 역동을 구별한다.

8. 용이하게 운영할 수 있는 기술 역량

a) 모든 집단 구성원들을 위한 안전한 공간을 만든다.
b) 집단 구성원의 앎을 이끌어낸다.
c) 집단 구성원 상호와 집단의 유익을 위해 목적의식적으로 작업한다.
d) 모든 참여자와 책임을 공유하며 참가자 간에 공평하게 시간을 사용하도록 상호 책임을 갖는다.

▶ (이 같은 역량과 지원 행동이 주는) 기능
  지원, 개발, 전문적 보증을 포괄하는 수퍼비전 기능

[권말 부록 4] 전문 임원 코치·수퍼바이저 협회APECS 수퍼바이저 인증

https://www.apecs.org/supervisor-accreditation(2025년 1월 접속)

1. 공인 마스터 수퍼바이저 Accredited Master Supervisor[1]

1) 적합성

수퍼바이저 인증을 위한 전문적 기준Professional Standards을 모두 충족하는 기존의 프랙티셔너.

인증은 강력한 동료 커뮤니티의 일원이 되려는 경험이 풍부한 기존 수퍼바이저를 위해 설계 되었다. APECS 인증은 기업 구매자에게 모범 사례와 경험을 확인해 점점 더 인정받고 있다. 마스터 인증을 소지한 사람은 수퍼비전 프랙티스와 관련된 지속적인 CPPD, 수퍼비전 및 전문 교육에 전념한다는 것을 나타낸다.

2) 인증 기준

지원자는 일반적으로 5년 이상 폭넓은 개별 수퍼비전 경험을 인증해야 하며, 수퍼비전이 작업 프랙티스working practice와 전문적 정체성의 주요 구성 요소임을 입증해야 한다. 이는 정상적인 작업 프랙티스과 관련이 있지만 자발적인voluntary 수퍼비전은 적절한 경험으로 환영받는다.

---

[1] Accreditation: 공인받는 프로그램은 공평한 기관에서 확립된 우수성 규범에 따라 프로그램의 신뢰성credibility, 의존성dependability, 신뢰성trustworthiness이 평가된 과정을 의미한다.

지원자는 다음과 같은 포트폴리오 증거를 제출한다.

전문적 학습 기준과 관련 과목에서 석사 수준 또는 이와 동등한 공식적이고 인정된 자격 또는 수퍼비전과 관련된 전문적 학습 기준이 동등한 수준에 대한 포트폴리오.

1. 코칭에서 윤리 및 경계 관리 검토 사항에 대한 이해 및 적용
2. 임원 코치 경험 외에도 최소 5년 이상의 임원 사업 경험 라인 관리 및/또는 컨설팅
3. 자신의 실천 및 작업 모델에 대한 자세한 근거/철학의 설명
4. 개인 수퍼비전을 포함한 지속적인 개인과 전문성 개발CPPD에 대한 증거 및 헌신
5. 해당 분야에 대한 관심과 어떤 방식으로든 기여한 사실 증명
6. 전문 프랙티스에 대한 성찰 및 평가
7. APECS 윤리 지침 수락 및 준수 의지[2]
8. 영국 요구 사항 또는 해당 지역을 관할하는 요구 사항을 준수하기로 약속
9. 2명의 추천인의 추천서 및 수퍼비전을 확인하는 수퍼바이저의 진술서

추가설명: 임원이란 '리더십 책임(재정/운영/인사) 및/또는 정책 수립 책임 및/또는 조직에서 고위 수준의 기여를 하는 사람'으로 정의한다.

2. 인증 전문 수퍼바이저 Certified Professional Supervisor

1) 적합성

인증 전문성은 확립된 실천으로 수퍼비전 작업 프랙티스와 전문적 정체성이라는 중요한 부분을 지닌 사람에게 적합하다. 마스터 인증으로 가는 길의 주요한 역할을 할

[2] 2018.5.1. 글로벌 윤리 강령 서명에 합류했다.

수 있다. 전문 및 교육 기준은 마스터 인증과 동일하며 CPPD 및 수퍼비전에 대한 요구 사항도 마찬가지이다.

2) 인증 전문 수퍼바이저 기준[3]

지원자는 일반적으로 최소 3년 이상의 광범위한 개별 수퍼비전 경험을 입증해야 하며, 수퍼비전에 작업 프랙티스와 전문적 정체성의 중요한 구성 요소임을 입증해야 한다. 이는 일반적인 작업 프랙틱스와 관련이 있지만 자발적인 코칭은 적절한 경험으로 환영받는다.

전문적 학습 표준과 관련 주제에 대한 모든 공식적이고 인정된 자격, 석사 수준 또는 이와 동등한 자격, 또는 수퍼비전 프랙티스와 관련된 지식과 이해에 대한 전문적 학습 기준과 동등한 수준의 포트폴리오 증거를 포함하는 포트폴리오 증거를 제공해야 한다.

1. 코칭에서 윤리 및 경계 관리 검토 사항에 대한 이해 및 적용
2. 수퍼바이저 경험 외에도 개인적으로 최소 5년 이상의 경영 경험
3. 지원자는 자신의 프랙티스와 작업 모델의 자세한 근거/철학을 구체적으로 설명해야 한다.
4. 자기 개발 및 수퍼비전을 포함한 개인과 전문성의 지속적 개발^{CPPD}에 대한 증거 및 헌신
5. 해당 분야에 대한 관심과 어떤 방식으로든 기여한 것의 입증
6. 전문적 프랙티스에 대한 성찰 및 평가
7. APECS 윤리 지침의 수용 및 준수 의지

---

[3] certification: 인증은 과정이나 프로그램과 관련된 측정 가능한 목표를 달성한 것에 대한 개인적 인정의 한 형태이며 특정 분야의 기법^{technique} 전문가임을 보여준다.

8. 근무하는 지리적 영역을 지배하는 영국 또는 기타 요구 사항을 준수하기로 약속
9. 지원자는 2명의 추천인의 추천서와 수퍼바이저의 수퍼비전 조치를 확인하는 진술서를 제공해야 한다.

APECS는 CPPD를 언급할 때 일반적으로 사용되는 문구에 '개인^{person}'이라는 용어를 포함시켜 사람들이 자신을 계속 개발하는 방법에 대해 매우 개인적인 선택을 한다는 점을 강조한다.

[권말 부록 5] ICF 멘토 코칭 역량 모델

(2024. 9)[1]

ICF 멘토 코칭 역량: 코칭과 멘토 코칭의 질을 높이기

요약

ICF 멘토 코칭 역량 모델의 중요한 목표는 증거 기반 방법을 활용하여 멘토 코치가 개인의 코칭 역량에 더해 사용하는 지식, 능력, 기타 특성(KAO), 또는 멘토 코칭 역량을 파악하는 것이다. 우리는 멘토 코치가 ICF 핵심 역량 외에 어떤 추가 역량을 필요로 하는지 파악하고자 한다.

12개월 동안 ICF 멘토 코칭 직무 분석은 모범 사례와 모든 단계의 경험이 풍부한 멘토 코칭 프랙티셔너의 정보를 바탕으로 강력한 양적, 질적 혼합 방법을 접근 방식으로 채택했다. 각 단계에는 문헌 검토, 과제와 지식 영역 개발, 멘토 코칭 프랙티셔너들의 글로벌 설문조사, 주제 전문가(SME)들의 워크샵 등의 데이터를 검토하고 역량 초안을 작성했다.

이 연구 결과로 멘토 코칭 프랙티스를 위한 여섯 가지 새로운 역량을 확인하였다. 이 여섯 가지 역량은 멘토 코치 역할의 책임 범위 전체를 나타내는 멘토 코치만의 고유하게 구별되는 역량이다.

역량은 코칭 교육 프로그램 내 멘토 코치 여부와 관계 없이 모든 멘토 코치에게 적용되도록 설계했다.

---

[1] 번역: 김상복. 이 자료는 한국코칭수퍼비전아카데미 교육 자료입니다. 인용시 출처를 밝혀 주십시오. 번역 및 내용 문의. newlifecreator@gmail.com (2025.1)

ICF 멘토 코치 역량 구조-틀

개요

멘토 코칭은 ICF 코치에게 여러 가지 중요한 기능을 제공한다. 멘토 코칭은 ICF 자격 증명을 취득하는 데 필요한 요건이며 코치 교육의 중요한 요소이다. 이는 코치가 코칭 프랙티스의 모든 수준에서 요구되는 전문적 기준professional standards을 충족하도록 기술skills을 개발하는 데 도움을 준다.

그러나 멘토 코칭은 코치의 지속적인 전문적 개발ongoing professional development의 중요한 부분이기도 하다. 멘토 코칭은 코치의 역량competence과 실천능력capabilities을 개발하는 데 도움이 될 뿐만 아니라 코치의 고유한 코칭 스타일과 접근 방식을 개발하는 데에도 도움을 준다.

이 역량 모델은 멘토 코치의 작업를 지원하고 멘토 코칭 고객이 멘토 코칭 과정을 이해하도록 돕기 위해 만들어졌다.

코칭수퍼비전과 멘토 코칭 간의 공생 관계symbiotic relationship를 강조하는 것도 중요하다. 코칭수퍼비전은 주로 코치의 "자기self", 작업의 질과 영향력, 그리고 더 넓은 맥락/상황과 시스템과의 관계에 초점을 맞춘다. 멘토 코칭은 코치의 기술 개발에 더 중점을 둔다. 그러나 코치의 기술skills과 사용하는 방식은 코치의 자기self 작업과 세상에서의 살아가는[존재] 방식과 분리될 수 없다.

ICF의 멘토 코칭 정의

멘토 코칭은 코치가 관찰 또는 기록된recorded 회기에 대한 피드백을 받아 ICF 핵심 역량에 맞춰alignment 고유한 코칭 스타일과 코칭 기술skills을 더욱 개발할 수 있도록 지원하는 협력적 학습collaborative learning 과정이다.

A. 기초

1. 윤리적 실천을 모델로 작업하고 촉진한다prompt.

정의: 윤리 기준을 모델로 삼고 멘토 코칭 고객에게도 똑같이 하도록 격려한다encourage.

1) 현행 ICF 윤리 강령, ICF 핵심 역량, ICF 성과 표준performance standards을 준수한다.
2) 코칭, 고객의 정체성, 경험, 맥락, 문화, 가치, 신념에 민감하다be sensitive.
3) 코칭, 멘토 코칭, 코칭수퍼비전, 코칭 성과 평가, 치료 및 기타 역할의 구별점과 유사점을 유지하고 명확히 한다.
4) 멘토 코칭 고객의 코칭에서 보이는 윤리적 이슈를 해결하기 위한 지원을 포함해, 필요에 따라 멘토 코칭 고객에게 다른 지원 전문가를 추천한다.
5) 멘토 코칭 고객이 자신의 실천에 대한 법적 및 전문적 요구 사항을 이해하고 지지하도록 격려한다.
6) 멘토 코칭 녹음 및 민감한 코칭 고객 데이터가 ICF 윤리 강령 및 지역 데이터 보호 규정을 준수하여 안전하게 저장되도록 한다.
7) 자신의 코칭 및 멘토 코칭을 향상시키기 위한 지속적인 성찰적 실천을 유지하는 등 지속적인 학습 및 개발에 참여한다.
8) 멘토 코칭 고객을 지원하기 위해 필요한 경우 다른 출처에서 지침, 지원 및 개발을 모색한다.

2. 멘토 코칭 계약 수립 및 유지 관리

정의: 멘토 코칭 고객과 협력하여 멘토 코칭 관계, 과정, 계획 및 목표에 대한 명확한 합의를 도출한다. 전반적인 멘토 코칭 참여와 각 멘토 코칭 회기 대한 계약을 수립한다.

1) 실행 계획^{logistics}, 수수료, 일정, 기간, 종료 및 기밀 유지와 같은 멘토 코칭 관계의 지침 및 구체적인 변수에 대한 합의에 도달한다.
2) 특정 자격 증명 수준 달성, 멘토 코칭 관계, 적절한 것과 부적절한 것, 양 당사자의 책임에 대한 기대치를 명확히 한다.
3) 멘토 코칭 고객과 협력하여 멘토 코칭 참여에 대한 전반적인 계획을 수립하여 코칭 기술 개발을 위한 개발 요구 사항, 목표 및 성공 척도를 탐구하고 원하는 ICF 자격 증명 표준을 충족하는 방법을 포함한다.
4) 멘토 코칭 고객과 협력하여 멘토 코칭 회기의 목표와 초점을 파악한다.

B. 과정 관리

3. 멘토 코칭 과정 관리

정의: 멘토 코칭 프로세스를 용이하게 하기 위해 학습 환경, 과정 및 개발 계획을 공동으로 만든다.

1) 멘토 코칭 고객과 협력하여 존중하고, 지지적이며, 포용적인 학습 환경을 만든다.
2) 멘토 코칭 고객이 성찰할 수 있는 공간을 제공한다.
3) 멘토 코칭 고객의 요구 사항, 학습 스타일 및 열망에 맞는 개발 계획을 공동으로 만들어 낸다^{co-create}.
4) 멘토 코칭 과정이 고객의 요구 사항을 충족하는지 정기적으로 체크한다.

5) 멘토 코칭 고객과 협력하여 멘토 코칭 회기 사이에 실천과 기술 통합skill integration을 위한 충분한 시간을 확보한다.

C. 고객 개발

4. 형성 평가Formative Appraisals를 실시한다.

정의: 멘토 코칭 고객의 코칭이 ICF 핵심 역량 또는 특정 자격 증명 수준에 필요한 기술 수준과 일치하는 정도를 평가한다.

1) 관련 ICF 리소스를 사용하여 각 자격 증명 수준에 필요한 특정 기술 수준을 명확히 한다.
2) 라이브 또는 녹화된 코칭 회기에서 코칭 기술 시연을 구별하기 위해 중요한 경청 기술을 활용한다.
3) 멘토 코칭 고객의 녹화된 또는 라이브 회기에서 특정 역량이 반영되는 곳을 구별한다.
4) 멘토 코칭 고객과 협력하여 강점을 되돌아 보고 평가 중인 코칭 회기에서 성장 기회를 파악한다.
5) 회기 전반에 걸친 멘토 코칭 고객의 행동 및 역량의 추세trends를 식별하여 기술 개발을 결정한다.

5. 고객의 기술 개발을 용이하게 한다facilitate.

정의: 멘토 코칭 고객의 코칭 기술과 고유한 코칭 스타일 개발을 지원한다.

1) 멘토 코칭 고객의 가치와 선호하는 코칭 스타일을 발견하기 위한 파트너이다.
2) 멘토 코칭 고객이 특정 자격 증명 수준에 필요한 기술 수준을 더 잘 이해하도록

돕기 위해 ICF 핵심 역량을 모델링한다.

3) 멘토 코칭 고객이 코칭 강점과 개발 영역을 파악하도록 돕기 위해 관찰과 피드백을 제공한다.

4) 멘토 코칭 고객이 코칭의 강점, 통찰력을 인정/승인하고 자신감과 성장을 조성하기foster 위해 멘토 코칭 과정에서 작업한다.

5) 판단 없는 스타일로 멘토 코칭 고객과 관찰 내용을 공유하여 학습과 성장을 조성한다.

6) 멘토 코칭 고객이 입증된 코칭 기술을 향상하는 방법에 대한 지침guidance을 제공한다.

7) 멘토 코칭 고객이 새로운 학습을 고유한 코칭 스타일과 통합/일치integrate하도록 지원한다.

8) 멘토 코칭 고객과 협력하여 멘토 코칭 고객의 코칭 기술을 향상시킬 수 있는 리소스, 기회 및 동료 네트워크를 탐색한다.

D. 집단 멘토 코칭

6. 집단 멘토 코칭 관리

정의: 집단 멘토 코칭 과정을 효과적으로 관리한다.

참고: 집단 멘토 코칭 서비스를 제공하는 멘토 코치에게 해당된다.

1) 상호 존중하고 협력적이며 포용적인 집단 학습 경험을 만들어 낸다.

2) 멘토 코칭 고객이 기술을 훈련하고 입증할 수 있는 라이브 집단 회기를 용이하게 한다.

3) 멘토 코칭 과정의 효과성에 영향을 미치는 집단 역동을 관리한다.

4) 모든 집단 구성원이 멘토 코칭 과정에 참여하도록 격려한다.

약어

AC　　　Association for Coaching

ANLP　　Association for Neuro-Linguistic Programming

AOCS　　Association of Coaching Supervisors

APECS　Association for Professional Executive Coaches and Supervisors

CBC　　cognitive behavioural coaching

CBT　　cognitive behavioural therapy

CCE　　Continuing Coaching Education

CDP　　coach development plan

CIPD　formerly the Chartered Institute of Personnel and Development; now known as "CIPD"

CPD　　continuing professional development

CSA　　Coaching Supervision Academy

EMCC　European Mentoring and Coaching Council

FSM　　full spectrum model

GROW　goal, reality, options, will

HR　　human resources

ICF　　International Coaching Federation

NLP　　neuro-linguistic programming

REBT　rational emotive behaviour therapy

SOAP　subjective, objective, analytical, plan

TA　　　transactional analysis

TSTA　training and supervising transactional analyst

색인

A

12가지 코칭 주제　423, 486
2자 갈등　187
2학년이 되자마자 돌아서서 1학년을 지원　322
3자 관계　187
4M 질문　355, 358
Ashridge '결정적 순간 연구 그룹'　414
Clean, Clear, Cool 관계와 대화　538
comfort zone ↔ discomfort zone　358
Gleichschewebende Aufmerksamkeit　148, 470
HOW to COACH ANYONE　277
impotence　154
In-On-To-For-About-With-Above　289
In-On-To-For-About 성찰 고리　288
Inner glemlin　359
Inner-critic　359
Inner-monologue　359
NLP 기법과 모델들이 주류 코치 훈련에 도입　189
NLP를 하는가 NLP 코칭을 하는가 이 경계　191
oversee　31
PRAIRIE　383, 391
Reflection-Above-Action　289
Reflection-With inner supervision-Action　289
see-over　31
SEEA　474
Self-talk　359
Self-saboteur　359
"SOAP" 템플릿　415
StEWARD 모델　347
'What for' 질문　288
work(working) through　433

ㄱ

가격 인상 관리　425
가공하지 않은 이슈　247
가르침 없는 가르침(不敎之敎)　347, 362, 487
가르침 없는 배움(不敎之學)　347, 362, 487
가상 세계에서의 수퍼비전　72
가치 갈등　23, 138, 395, 490
가치 예비 세대　490
감별은 '성찰의 질'　310
개별 '개인'이자 '조직 안의 개인'　231
개별 맞춤　110, 112, 222, 238, 323, 347
개인의 노력과 성장 발걸음의 차이　425
개인적인 시도personal interference를 최소화　444
개입은 치료사의 전문적인 페르소나 위치position에서 비롯된다　373
객관성　27, 326, 367, 389
거래 분위기　417
거울 역할　242, 473
건설적 성장 프레임워크(CDF) 방법론　475
결정적 사건 분석critical incident analysis　413, 414
겸손과 하심下心으로 걸러질 일　473
경계-앎　222, 290, 459, 549
경계-앎에 서서 과감하게 난간조차 놓는다　360

경계 인식recognising boundaries   290
경험 안에서의 전환shift in experience   360
경청을 사건으로 경험했다   242
경험을 공유하는 것이 집단 수퍼비전의 핵심   307
경험이 많으면 '더 까다로운' 고객이 많아진다   112
경험하는 자기   237, 286, 573
계단 심리der Treppenwitz   238
계획적이고 신중한, 의도를 지닌   56
"과장exaggeration"에 기반   142
과정을 신뢰하라trust the process   142
관계 패턴의 수정된 지도가 내면화   135
관계-앎   98, 225, 351, 463, 549
관계의 역동성   290
관찰하는 자기   217, 237, 286, 573
교묘한 조작적인 상사manipulative bosses   329
구루guru 역할을 하고 싶은 유혹   169
구술성orality   328
'구술성orality'의 힘   328
굴 안의 모래   519
규범적normative 기능   26
'규제받는' 전문 분야   31
'규제받지 않는' 코칭의 세계   31
균형 잡힌 관점perspectives   326
그냥 머리 비우기brain dump   130
기다림으로 도피   331
기억의 다시 쓰기   247
기후코치동맹Climate Coaching Alliance   434
깃털을 부풀리거나fluff our feathers   418
깊이를 탐구   480
깨끗한 대화clean conversation   83, 229
끝이다는 생각을 염두에 두고 시작하라start with the end in mind   406
끊임없이 변화하는constantly-shifting(역동적인) 상호작용   160
"끼어서 꼼짝 못하는/고착화stuck" 느낌   88

ㄴ

'나 홀로 대가'라는 감옥   50
"나는 어떻게 하고 있는가?"라는 질문에 주의를 기울이는 것   89
낮은 수준으로 무게 중심이 끌려 가게 된다   309
내가 누구인가는 내가 어떻게 코칭하는가이다   329
내러티브 작업   58
사내 코치inner coach   456, 457
내면 풍경   166
내면의 목소리   168, 241, 457
내면의 목소리로서의 수퍼바이저inner voice of supervisor   455
내면의 배터리   334
내면의 "편집자"   242
내부 대화를 말로 표현spoken conversation   243
"내장built-in"된 집단 관리   78
내적 수퍼바이저internal supervisor   97
내적 자세inner stance   134
노력한 만큼 결과가 나온다you get out what you put in   393
녹음 없는 축어록 작성   413
뇌 부패/썩음brain rot   130
뇌의 가소성   130
누락이 자동으로 무능을 나타내는 것은 아니라는 것   361
눈물 반응을 관리   261
"느낌"(정서적이고 생리적인) 수준에서 경험   182
능숙하고 자신감 있는 코치   118

ㄷ

다양성diversity   366
다양성 알아차림 사다리diversity awareness ladder   507
다중 이해관계자 계약   54
단계적 변화   104
다문화multicultural와 교차문화crosscultural   504
담론의 정치   40
담아 내기containing   239

색인

"당신의 능력 밖in over your head"이라는 느낌 없이 "전망"에 대한 현재의 이해를 "확장"하는 효과 104
당시/과거로 확 들어갈flipped back 때 219
대리인으로 설정set up representatives 137
대상 선정 기준과 절차에 대한 원칙 436
대체 수퍼바이저alternative supervisor 169
대표 지각representative perception 133
대화와 자신의 내부 처리 과정internal processing에 집중 105
더하거나 덧칠하기 292
덜어내고 빼내거나 292
도구로서의 코칭coaching as a tool 370
도식schemas 179
도움을 주고자 하는 자기 욕구 379, 380
독이 든 양분 259, 318
독창적 사고와 새로운 앎의 생성 318
독특한 창조물과 이를 위한 실천능력 254
동고동락하는 '깐부' 255
두려운 요인fear factor 397
둘 만의 담합과 정체로 미끌어지기 쉽다 259
뒤늦은 깨달음hindsight 238, 285, 419
뒤늦은 깨달음hindsight ↔ 앞선 깨달음 238
들길 대화 458
들여다볼 수 있는 유일한 외부인 243
등가성의 확립 278
또 다른 목소리 260

ㄹ

레이더가 특정 반응에 대해 미세 조정 286

ㅁ

마법의 황금실 245
마음 읽기mind-reading 180
마음 자체를 돌아봄 290
마음과 정서 현실이 신체의 일부 지점에서 반응 150
마음속에 떠오른 직관적인 이미지 185
만남의 순간 출현한 주제 295
말 없는 가르침(不言之敎) 347, 362, 487
말 없는 배움(不言之學) 347, 362, 487
말의 톤 218
말하기 방식 242
"말한 그대로 실행한다walking the talk"는 것이다 535
메뉴판으로 주제 리스트 397
메타 기술meta-skill 255
메타-성찰meta-reflection 79
멘토 자신의 자아 24
멘토링은 경험의 수직적 전승이 목표 347
명상적 접근contemplative approach 256
'모퉁이 돌'이나 진陣array을 치는 것 354
몰락의 지연 227
몸 내림의 길 492
몸과 공간을 산사山寺처럼 하라 327
무-사고 130, 279, 470
무력감powerlessness 154
무력감+두려움 154
무심함에 머무는 노력 223
무언의 "규칙" 516, 518
무의식적 무능함unconscious incompetence 113
문고리 대화 421
문제 고객problem client 432
문지기gate keeper 역할 110
문화-간 기술inter-cultural skills 504
문화적 담합/공모cultural collusion 27
문화적 차이 비교 518
뭇 생명의 부양자로서의 수퍼바이저 375

ㅂ

"바로 너머just beyond"에 있는 무언가 221
바로 본론으로 들어가기cut to the chase 381
발달-기반 코칭수퍼비전 496
밖으로 끌어내는 프랙티스 241

반복되는 패턴 292, 406, 443
반응 테스트 대상sounding board 26
'발효'로 전환하는 작업 241
방어적 반응defensive reaction 164
배움과 사색함의 몸내림 296
배움과 성찰을 실행에 옮기기 250
배움의 잠재력과 활동성을 높이는 방식 504
배움은 곧 내 안의 것을 꺼내서 깎고 다듬는 것 323
범-문화적pan-cultural 503, 504, 506, 523
베란다 수퍼바이저 490
변혁 학습transformative learning 182
변화의 역설 140, 143
[변화의] 탄력/가속도의 감sense of momentum 350
병렬 과정 34, 38, 129, 131, 133, 138, 148, 149, 151, 170, 173, 184, 207, 220, 221, 222, 224, 237, 253, 256, 367, 369, 408, 421, 432, 457, 556, 570, 571, 573, 576
병렬 모델링parallel modelling 187
병치juxtaposition 292
보는 자의 '시선' 31
'보여주고, 보게 하면서' 일해야 한다 50
"보여진" 자기 420
'보임과 보임 없는 보임'의 창발 487
부드럽게 사전에 파종해 두는 것 331
부정적 독백↔대화 237
부끄러움에 움찔wince in embarrassment 418
북치며 행진하는 활동 97
분석적 접근analytical approach 124
비밀 유지 27, 93, 227
비키 블록Vikki G. Brock 498
빌려온 앎 380

ㅅ

사건 중심 사례분석 414
사례 중심 코칭 파트너 분석과 코칭 기획 410
사마귀와 모든 것warts and all 141

사색을 가장 438
사유의 지평 466
사전 점검chemistry check 162
사후성Nachträglichkeit 244, 246, 247
"사후에after the fact" 알아차린 244
사후적으로 과거의 사건을 수정해 고쳐 쓴다 246
삼투 현상osmosis 100
상대적 익명성 81
상충되는 경험conflicting experiences 348
상호 관계의 산물 238
상호 대등성 277
상호 연결성interconnectedness 147
상호 협력하여 '배움'을 추구 277
상호책임 관계 110, 111
새로움novelty은 배움을 향상 67
생각-없음 130, 470
생각하지 못한 앎unthought know 52
생애 경험과 가치에 근거해 코칭 434
선호도와 사각지대를 구별 256
설렁설렁함과 괴롭힘의 경계 243
성과/수행 불안performance anxiety 443
"성인 대 성인adult-to-adult"이라는 구조-틀 381
성장과 성숙의 '분기점' 362
성장의 분기점 473
성찰 요약reflection summary 295
성찰적 실천reflective practice 35
성취achievement보다는 숙련mastery 지향 277
소급적 환상zurückphantasien 246
수동적인 수혜자가 아니라 적극적인 참여자 269
수준을 경험하는 상태가 아니라 뒤로 돌아가지 않는 단계의 변화 466
수퍼바이저 없는 수퍼비전 82
수퍼바이저 포지션 371
수퍼바이저가 의제를 주도 68
수퍼바이저가 갖고 있던 짐과 뒤섞임 222
수퍼바이저에 대한 경쟁심 168
'수퍼바이저의 권위'가 주는 부정적 작용 86

수퍼바이저의 백화점식 접근 방식 324
수퍼바이저의 의사소통 언어 362
수퍼바이저의 응답을 맥락화 297
수퍼바이저의 추천서를 제출 55
수퍼바이지 코치의 눈 15
수퍼바이지의 관점 21
수퍼비전 관계 370
수퍼비전 관계에 가치를 부여하는 방법 361
수퍼비전-의of/위한for-수퍼비전 276
수퍼비전-주체를 경험하는 방식 170
수퍼비전-주체의 감춤이나 여과 402
수퍼비전의 쌍pair 255
수퍼비전의 질과 효과성 18
수퍼비전이 곧 의존의 토양 275
수퍼비전이 지닌 주요 '발달적 이점' 57
수평적 배움에 집중 86
수행/성과 불안performance anxiety 218
수행자sannyasi로서의 코치 410
수행적 이슈performative issues 410
스스로 자기 안의 것을 발견하고 꺼낼 수 있게 된다 354
스승으로, 스승의 모습으로 374
시간 조직의 원리organising principle of time 135
시스템 구조가 지닌 "생태계ecology" 126
시스템 지향적이고 의도적이지 않는 134
시스템의 "조직 원리" 134
시스템적 변혁systemic transformational 125
시스템적 접근systemic approach 124
시야의 장field of vision 351
신비화할 이유가 없다는 것 244
신체 감각bodily sensations 149
신체적 앎 492
신체적 증상physical symptoms 187
(신체적) 취약성sense of the fragility 74
신체적 프레즌스 105
실전 코칭의 독 431
실천 지평의 확대 428

실천-직후-성찰reflection-on-action 219, 244
실천하는 수퍼바이저practising supervisor 530
심리적 방어기제psychological defences 160

ㅇ

아직 일어나지 않은 사안 418, 419
아하와 이크가 교차하는 순간 219
안내하는 '기술' 243
안도감comfort 358
안아주기 공간holding the space 67, 86
안전한 공간safe space 15
안주complacency 358
알아차림-경청 242
'알지 못함'에 머무는 힘 360
알지-못함의 풍요로움therichness of not-knowing 359
암묵적 계약 487
앞으로 일어날 수 있는 사례란 275
앎의 통합knowledge integration 292
얇은 베일에 가려진 짧은 강의instruction 349
양육적 삼각관계 456
"어디서나 갑자기 나와" '불안하게 만드는 출현unnerving emergence' 225
어설픈clunky 질문 218
'어항fish bowl' 관찰 69
어항fish-bowl 보기 93
어항fish bowl 들여다 보기 443
어깨를 내어주거나 사다리 역할 336
언어로 올 수 있으나 이미지나 정서로도 따라온다 238
에너지 저장소 327
여덟 가지 앎 222, 549
"여정을 따라along the journey" 여정에서 배우며 382
역기능적인 집단 역동 89
역량 기반·발달 기반 코칭수퍼비전 496
역량-기반 코칭수퍼비전 496
역량 개발 집단 수퍼비전 69

역량은 [몸에] "녹아 내리게melt down"하는 것 492
역설적 개입 259
역전이 173
역전이 중심 수퍼비전 410
역할 권한role power 78, 86
역할 역전 474
연결감과 지원 공동체 67
연결을 다초점 방향으로 연쇄적인 연상 130
연대와 연루連累의 삶 113
연상적 개입evocative intervention 226
영역을 확대 119, 480
예산이 수퍼비전의 주요 결정 요인 117
예상할 수 없는 성찰과 발견의 기쁨 398
오토 라스케Otto Laske 기법 474
"올가미로 가두는trap" 경향 88
올바른 위치right place 135
'완벽하지 않은' 일 83
완벽하지 않을 수 있는 용기 83
완전하지 않을 수 있는 용기 358
웨비나-지향 패키지 106
외부에 의존하는 단계 97
우연적인 전략contingent strategies 150
위기의 코칭 94
위에서-보기super-vision 132
위험을 관리 81
유머와 놀 수 있음playfulness 333
윤리적 둔감함 243
윤리적 민감성 243
윤리적 복잡성 323, 324
은밀히 주도권을 탈취 68
은유의 바위 495
의미가 공동-창조 255
의미있는 타인(부모)과의 관계 역동 150
의식적인 사고conscious thought 351
의심에 머물지 말고 의문에 머물러라 359
'의욕하지-않음'으로 내맡기고 기다릴 때 458
의존성dependency 331

이론 학습 480
이론과 사상의 산봉우리와 깊은 계곡이 개인 삶의 그 것 156
이론과 실천을 종합한 사례 분석 보고서 416
이론적 다원성의 중요성 156
"이미 내장되어 있는hard wired" 믿음 140
이미 알고 있는 것을 더 깊이 탐구 351
이중 관계의 위험 102
이중 점검 226
익명성 때문에 억제력이 낮아지는 경향 73
인간 중심적 접근 기반 코칭과 수퍼비전 464
인간적인 응답human response 422
인내patience로 넘어야 할 언덕 329
인식 지평을 확대 428
인증 자격을 취득한 후에나 그 한계를 통감 389
일곱 가지 코칭 마인드셋 341
일대일 수퍼비전의 장단점 68
일대일 원격 회기remote session 74

ㅈ

자기 관리와 강화 39
자기 믿음의 성장을 근거로 해 '자기-의문'의 활용 359
자기 분석과 강화 410
자기 스스로 창작하는 단계 97
자기 여정의 초기를 잊어버린 수퍼바이저 382
자기 자신이 되는 가장 빠른 길은 타인을 통해서이다 329
자기-개선self-improvement 281
자기-돌봄과 관리의 힘 개발 410
자기-되새김self-rumination 248, 333, 356, 591
자기-되새김질self-rumination 245
자기-의문self-doubt 357, 359
자기-의심self-doubt 271
자기-지시적 신경가소성neuroplasticity을 촉진하는 전문가 130

자기-지지self-support 255
자기 계발 계획 334
자기 계발 일환으로 수퍼비전을 활용 54
자기self의 참을 수 없는 측면 170
자문 대화 371
자문적consultative 개입 259
자문(자답)하기self-questioning 291
자신에게 맞는 수퍼바이저 254
자신의 경험을 되새김질을 통한 새로운 경험-앎 351
자신의 경험을 제공하는 시점 348
자신의 배경과 비슷한 사람과 일하기를 선호 103
자아 중심적ego-centric 443
"작은 자기"의 연쇄 322
작은-나mini-me 260
"작은-나mini-me"의 연속/연쇄succession 322
작은-자기mini-self 373
잘한 것-막힌 것-하고 싶은 것-(감춘 것) 439
잠재력 회복과 가능성을 확대 39
잠재적 해악 84
장 설계 136
재체제화 246
저-성과자를 위한 교정 활동remedial activity 227
저성과자나 독성 리더에 대한 교정 코칭 227
전 방위로 연루連累되고 연대하는 그물망 39
전도사 같은evangelical 자질 380
전문성의 지속적 개발continuing professional development(CPD) 25, 32, 42, 54, 118, 190, 196, 270, 310, 330, 391, 477, 478, 479, 494, 569
전문성의 확대와 심화 180
전문직의 외로움professional loneliness 435
전이 이슈를 다루는 방법 170
전인적 인간whole person 229
전진과 후퇴를 반복하는 308
전체 장whole field 149
전체적인 관점holistic view 256
절구통, 용광로, 도가니 251
절구통에서 만들어지는 새로운 제3의 출현물 254

절약의 원칙 225
점차적 강화escalation 356
정리에 초점 480
정보로 구성된 앎 380
정보의 장field of information 133
정상화normalize 164
정서를 몸으로 감지하기보다는 생각으로 표현 261
정서적 안정감 160
정신 신체적 감정 185
정서적 추론emotional reasoning 180
정서적, 행동적 패턴 161
정신분석의 '희석되고 퇴화된 형태' 157
정신역동 모델의 다섯 가지 핵심 내용 159
정신적 시간성 246
정신적 안전감psychological safety 160
정신적 인과성psychical temporality and causality 246
정체성 328
조정이 필요한 곳을 결정하는 것은 코칭수퍼바이저의 역할이 아니라는 점 324
좋은 수퍼비전은 그것 이상 320
좋은 접촉good contact 136
주관적 경험의 구조에 대한 연구 190
주권적 개인sovereign individual 39, 490
주의 기울임에 주의 239
주의력에 주의attentive attentiveness 238
주저와 저항 다루기 432
주제별 코칭 기획과 사례 개발 410
주제에 대한 변형variations on a theme 209
"주행 시험road tested"을 거친 풍부한 경험, 도구tools와 기법techniques 382
준비성readiness 73
중간적 존재 456
즉흥적 선택 397
'지금-여기' 중심의 삶 470
지도는 영토가 아니다The map is not the territory 189
지식 습득 478, 480
직감적 반응gut reactions 33

직감적 수준gut level 152
진동oscillation 149
진정 효과calming effect 73
진정한 자기truest self 50
진정한-자기 자신이-되기 326
진행 중인 [자기] 작업 225
질문 근육 360
집단 분석 338
집단 분석 관점 149
집단 분석group analytic 수퍼비전 149
집단 간의 몰입/헌신 수준이 다양 89
집단사고 81, 89

ㅊ

차이/다름difference 150, 503
찰나의 생각 149
참조의 장field of reference 226
창조의 장 226
창발emergent 그 자체 141
창발하는 순간 141
체제 순응(임상 집중과 직업화) 156
체현된 앎embodied knowledge 133
체화된 공간적 알아차림embodied spatial awareness 135
초기 버릇이나 습관 431
초보 코치 100, 167, 214, 354
초보자가 아니라 초심자 354
촉진/용이하게 하는 기술facilitation skills 87
총체적 그림total picture 149
최상의 상태excellent shape 274
최적의 좌절 336
"충분히 기능하는fully functioning" 개인 34
'충분히 기능하는' 사람 39
충분히 기능하는 코치fully functioning coach 325
충전과 회복의 힘 336
치료 경험의 횟수가 치료 효과에 영향을 주지 않는다 181

치료적 가정 혹은 기준을 수정 157
침범적 파장 506

ㅋ

카타르시스적 개입cathartic intervention 204
커다란 곰을 위한 덫 322
컨스텔레이션constellation 132
코치 간의 (수직/수평) 사업 관계 425
(코치) 생애 발달 모델 496
코치 성숙성 모델coach maturity model 104
코치 자신의 미해결 과제 39, 331
코치를 지원하는 방식이 "습관화habituated" 387
코치를 코칭하는 것coaching the coach이 될 것이다 209
코치의 발달적 관점developmental perspective 32
코치의 발전적 여정developmental journey[성장 과정] 440
코치의 성장과 발달 여정 주도 수퍼비전 440, 461
코치의 수용력 86
코치의 위치 218
코칭 가능성/힘coachability 73, 341
코칭 경로의 적절성 324
코칭 계약과 여정 관리, 코칭 관계와 코치 포지션 관리 409
코칭 대화 분석 409
코칭 모델 중심 수퍼비전 410
코칭 모델과 스타일의 발화articulation 322
코칭 시장의 황량함 39
코칭 윤리와 성찰적 실천 409
코칭 윤리의 민감성과 성숙성: 주저와 저항, 담합과 공모의 구별과 관리 409
코칭 주제와 관련한 이슈 분석 409
코칭 파트너 분석과 코칭 기획 409
코칭 파트너의 거울 역할을 하는 기술 242
코칭 파트너의 '배움의 속도와 방법' 332
코칭 파트너의 '이탈/파기disengagement' 331
코칭 프로그램과 아이디어 모방과 갈취 425
코칭비 구조의 적절성 425

코칭수퍼바이저의 4대 의무 330
코칭수퍼비전 윤리 322
코칭수퍼비전의 수요 개발 495
코칭수퍼비전은 단순히 코칭 전문성의 연장선이 아니다 340
코칭의 중심이론 구별과 선택 409

ㅌ

태세 전환을 넘어 존재 전환 354
터-틀-틈-탓 291
텅 빈 프랙티스 empty practice 435
토론 포인트에 대한 응답 방법과 시기 106
통과 의례 rite of passage 473
통째로 삼키는 의존적인 자세 168
통찰의 출입구 doorway 276
통합적인 접근 integrative approach 124
투사 방어 168
투사적 동일시 170, 172
특정 방식으로 행동하려는 성향 disposition 346
특정 전문 분야 이론 discipline 124
틈과 침묵 219
틈을 만들고 보강 292

ㅍ

파국화/재앙 catastrophising 180
퍼즐의 핵심은 지혜의 부족에 있다 181
편견/성향 bias 503
편도체가 '소리없이 조용하게 quietened' 73
편안한 의자/비밀 친구 confidante 33
평온을 비는 기도문 Serenity Prayer 372
포부 개발에 의한 지평 확대 334
'표면 아래'에 있는 감정 158

표현하는 과정은 배움의 중요한 부분 205
푸드 코치 food coach 462
프레즌스에 머물기 50
필요한 "교정 calibration" 32

ㅎ

학습자의 자율성과 자기효능감 253
한국 사회에서 코치로 살기 366
한결같이 고르게 '배분된↔떠 있는' 주의와 배려 470
한 발짝 물러서서 stand back 420
합의된 계약이 '우산'처럼 204
행동보다는 존재에 다시 집중 329
행동적 접근 behavioural approach 124
허용되는 얼굴 241
현재 중심적 present-centred 141
협력적인 탐구 질문 collaborative enquiry 355
형제자매 경쟁 sibling rivalry 169
"화상 대화"에 대한 편안함 수준이 가속화 106
화상 수퍼비전 72
환상의 삼인조 223
황량한 서부 시대 40, 322
'회기-안의-회기' 개념 70
회복 회기 restorative session 209
회복적 resrorative 기능 26
회복적 노력 restorative work 238
회색지대 in the grey 33
훈련 도장에서의 자유대련 431
훈련 중인 코치 100
흉내내기보다는 응용할 수 있는 근육 261
흐름 갈래 136
흑백 사고 180
흡수할 시간 311
희미한 징조 328

저자 및 기여자, 역자 소개

저자

데이비드 클러터벅 David Clutterbuck

유럽 멘토링 및 코칭 위원회 European Mentoring & Coaching Council(EMCC)의 공동 창립자이자. 영국 셰필드 할람, 요크 세인트 존, 옥스퍼드 브룩스 대학의 객원 교수이고 코칭 및 멘토링 인터내셔널의 글로벌 커뮤니티의 실무 책임자.

    65권 이상의 책 가운데 3분의 1은 코칭과 멘토링 주제에 관한 것이다. 이는 1980년대 초 미국 이외의 지역에서 나온 멘토링에 관한 최초의 저서이다. 최근에는 코칭 문화와 팀 코칭에 관한 국제적인 실질적인 책을 저술했다. 《선데이 인디펜던트》가 선정한 영국의 상위 10명의 코치 중 2명이며, 2011년 Coaching at Work 잡지의 첫 멘토가 되었다. 런던 킹스 칼리지 대학에서 멘토링 연구로 박사학위를 받았다. 옥스퍼드 브룩스의 동료들과 수퍼비전에 관한 책을 공동 편집, 출판하고 있다. 4명의 성인 자녀와 여러 명의 손자를 두고 있으며 템즈 계곡에서 아내 폴리와 함께 살고 있다.

    www.davidclutterbuckpartnership.com

캐롤 휘태커 Carol Whitaker

MBA, CIPD Fellow로 임원 코칭, 팀 코칭, 수퍼비전, 멘토링 전문 휘태커 컨설팅의 이사로 재직하고 있다. 영국 옥스퍼드 브룩스 대학교의 코칭 및 멘토링 실천 석사 과정 부강사 겸 코칭-주체자 수퍼바이저이다.

다양한 산업 분야에서 임원으로 비즈니스 경험을 가졌다. 사람들의 잠재력 개발에 열정을 갖고 있다. 오래전부터 HR에서 경력을 쌓았고 코칭을 경험했다. 옥스퍼드 브룩스를 통해 코치 자격을 얻은 후 대학원 과정 학생들을 수퍼비전한다. MBA를 취득했고 경영대학원의 조교수와 MA 코칭과 멘토링 훈련을 위한 코칭-주체자 수퍼바이저다. 코칭 협회(AC)와 EMCC의 회원으로, 옥스포드 브룩스와 CIPD 소속 공인 코치다.
www.whitaker-consulting.co.uk.

미셸 루카스 Michelle Lucas

MBA, CIPD Fellow로 그린필즈 컨설팅 유한회사의 이사로 임원 코칭, 코칭수퍼비전, 사내코치, 멘토, 수퍼바이저 교육을 전문으로 하고 있다. 영국 옥스포드 브룩스 대학교의 코칭 및 멘토링 실천 석사 과정의 부강사 겸 코치와 수퍼바이저이다.

첫 관심은 심리학이었고, 이것은 20년 이상에 걸친 HR의 경력을 빠르게 이끌었다. 경력 전환을 다루는 임원을 지원하는 데 많은 시간을 보내며 코칭에 참여했다. 2003년 코칭 사업체 '그린필드'를 설립하고 2006년 기업 경력을 마무리했다. 이후 전문성 개발에 열정을 갖고 뉴베리에서 AC의 Co-Coaching Forum을 공동 창립했다. 자신의 코칭 프랙티스를 강화하는 사람들을 지원하며 수퍼바이저가 되었다. 워릭 대학에서 MBA를 취득했으며, CIPD의 동료이다. AC와 함께 공인된 코치 겸 공인 수퍼바이저이다. 훈련의 거처는 옥스포드 브룩스와 게슈탈트 센터였다. 옥스포드 브룩스 대학의 MA 코칭 및 멘토 코치/수퍼바이저이다. 커리어 코치 및 임원 코치로 일하며 유사한 분야에서 일하는 사람들을 수퍼비전한다. AC의 수퍼비전 책임자다. EMCC 저널의 편집 검토 패널이다. 그룹 수퍼비전 연구 결과를 발표하고, 학술 저널을 위한 여러 논문을 저술했다.

www.greenfieldsconsultancy.co.uk

기여자
태미 터너 Tammy Turner

전문 코칭수퍼바이저 겸 국제코칭연맹(ICF) 코치 멘토로 자격증 취득 목적을 지원한다. 2001년부터 전문성 개발 분야에서 수백 명의 코치와 리더들을 국제적으로 지원했다. 10,000시간이 넘는 ICF 마스터 인증 코치로서 전문 코칭 매개 변수를 정의하는 대학, 교육 기관 및 협회와 협력했다. 멘토링과는 다른 전문 코칭기관의 지침과 ICF의 코칭수퍼비전 지원에 관한 교차 점검 화상 토론에 참여하는 데 중요한 역할을 담당해 왔다. 미국 콜로라도 주 볼더에서 호주 시드니로 이주했다.

www.developingcoaching.com.au.

역자: 김상복

한국코치협회(KSC). 국제코치연맹(PCC) 회원이며 양 조직의 코칭 철학과 윤리 및 글로벌 코칭윤리 강령 Global code of Ethics에 근거해 활동하고 있다. 기업과 영리조직의 CEO, 임원 코칭. 전문직(법률, 의료, 창작) 코칭을 중심으로 해왔다. 리더십 개발, 리더십 승계와 전환, 개인 강화 코칭에 집중해 왔고 기업가 정신, 조직 웰빙 분야로 확대 중이다. 라이프 코칭은 발달 단계와 발달 과정 중심 코칭을 한다.

정신분석 전공(PhD. 「프로이트의 "Der Einfall" 연구」)으로 현대 정신분석과 내러티브학을 코칭의 중심이론으로 한다. '자유연상 중심 비구조화 코칭'을 개발하며 〈생명 돌봄과 시대의 대안으로서의 코칭〉을 추구하고 있다.

2012년부터 '한국코칭수퍼비전아카데미'를 운영하며, 코칭윤리와 '수퍼비전을 통한 수퍼바이저 훈련과 양성'을 또 하나의 활동 축으로 한다.

2017년부터 코칭전문 서적 출판을 위해 '코칭북스'를 운영하며, 일명 '호모코치쿠스' 시리즈로 발행하고 있다. 2025년 말이 되면 대략 70권 정도 출판이 이어진다.

2023년부터 8월경 '수술 불가 대장암 4기'로 진단되어 암과 함께 생활하는 '암-생활자'라는 새로운 정체성을 얻었다. 불현듯 찾아온 손님으로 '암'을 맞이하여 '앎'을 일깨우며 변화된 사태를 받아들이고 있다. 그래도 굴곡진 미로를 헤치고 수술과 항암을 마쳤다(2024.12). 의사들의 결단 덕분이다. 이후 '모두를 위한' 태도에서 '나를 위한' 태도로 전환하며 터널을 걷고 있다. 코칭 고객과 코칭수퍼비전을 7:3으로 해오던 긴 세월도 방침을 바꿔 3:7, 2:8로 전환하며, 코치들을 더 만나는 생활을 한다. 걷는 길가에 서 있는 가로수 몇 그루를 세며 한 땀씩 점거하며 생활한다. 애써 자제했던 코칭 강의도 새로이 시도한다. 코칭 프로그램 제작을 통해 코치들과 나눔하며 걷고 있다.

정호승 시인이 읊은 시 '방문객'을 음미한다. 내가 낳은 또 하나의 '나'인가. 함께 머물다 언젠가는 이별할 암이 떠나갈 때까지 이런 삶의 여운을 지속할 계획이다. 고객에게 배우던 앎-생활을 하며 수퍼바이지 코치에게 배우는 앎-생활을 한다. 번역과 집필, 프로그램으로 보답하고 싶다.

  독립해 가는 두 아들을 40년 넘게 함께 걸어온 아내와 바라보며, 만난 지 3년이 넘고 이름이 '이루'인 유기묘 러시안블루와 함께 생활하고 있다.

[저서]

『코칭튠업 21가지 핵심 역량과 역량』(2017)

『누구나 할 수 있는 대화 모델』(초판 2018, 개정판 2024)

『첫고객·첫세션 어떻게 할 것인가』(초판, 2019, 개정판 2025)

[번역]

『정신역동과 임원 코칭』(2019), 『코칭과 정신건강 가이드』(2022),

『10가지 코칭주제와 사례 연구』(2022), 『정신역동코칭: 30가지 고유한 특징』(2023),

『트라우마와 정신분석적 접근』(2023), 『코칭수퍼비전 실천과 해설』(2025)

[공동 번역]

『코칭수퍼비전』(2014), 『코칭의 역사』(2015),

『코칭 윤리와 법』(2018), 『코칭, 컨설팅 수퍼비전의 관계적 접근』(2019),

『수퍼비전: 조력 전문가를 위한 일곱 눈 모델』(2019), 『코치 앤 카우치』(2020),

『내러티브 코칭』(2021), 『정신분석 심리치료의 기본 과정』(2021),

『정신역동과 마음챙김 리더십』(2021), 『트라우마와 정신분석적 접근』(2023),

『수퍼바이지와 수퍼비전』(2024), 『코칭 윤리 사례 연구』(2024),

『코칭수퍼비전의 이론과 모색』(2024)

[감수]
『101가지 코칭전략과 기술』(2016), 『코칭심리학 2판』(2023)

관련 홈페이지: https://cafe.naver.com/coachingschool
코칭북스: coachingbooks.co.kr
개인문의: newlifecreator@gmail.com

역자 후기

호모코치쿠스 63
『코칭수퍼비전 실천과 해설: 수퍼비전-주체의 실천 가이드』

이 책은 코칭수퍼비전 실천을 위한 가이드이다. 2011년 영국 옥스부르크 대학 국제 코칭수퍼비전 콘퍼런스가 개최되었고 2018년부터 코칭수퍼비전 콜로키움으로 번갈아가며 개최되었다. 이 흐름에 적극 참여해 온 저자들이 자신들의 경험과 연구를 근거로 수퍼바이지(수퍼비전-주체) 중심의 실천 가이드로 발간된 책이다.

  수퍼비전 이해와 활용, 이론과 모델의 현황, 수퍼바이저나 수퍼바이저 '되기', 수퍼비전 준비하기 등 실천 관련 전반적인 안내를 다룬다. 수퍼비전-하기, 수퍼바이저-되기, 수퍼비전-주체 중심성, 수퍼비전을 위한 수퍼비전 등 실천을 위한 전반적 내용을 빠짐없이 다룬다. 어려운 설명보다는 핵심적인 내용 간략히 제시하고, 실제 적용하고 활용할 수 있는 '질문' 예시가 무성하다. 사실 수퍼비전 관련 모든 의문과 해결책이 모두 구체적으로 제시되어 이를 딛고 자기 나름의 수퍼비전을 실천할 수 있는 구성할 수 있다.

2016년 무렵 출간되자마자 손에 들었던 역자는 틈틈이 수퍼비전하며 찾아 읽고 메모하며 많은 도움을 받았다. 수퍼비전이 알려지고 관심 있는 코치들과 수퍼비전-관계를 맺고 그룹 수퍼비전을 어렵게 꾸렸던 역자로서는 사실 많은 도움으로 손때가 묻은 책이다. 의문이 들면 이곳저곳을 틈틈이 읽고 많은 도움을 받았고 당연히 자신 견해를 구성하는 데 큰 영향을 준 책이다. 그런데도 본격적 번역을 미뤄 왔던 건 척박한 출판 현실과 코칭수퍼비전 실천이 전체적으로 미약한 조건 때문이다. 시간이 흘러 손이 가지 않았던 곳을 채워 읽으며 번역을 마치자 오히려 미안한 마음이 들었다. 이 책이 미리 소개되었다면, 또 수퍼비전에 관심을 넓혀가는 코치들이 미리 알았다면 좋은 참고서가 될 수 있었다는 후회가 든다.

당시에도 역자는 수퍼비전을 받고 수퍼비전을 실천해 왔다. 코치들은 오로지 수퍼비전-관계 안에서만 만나 왔고 만나는 고객으로 치면 대략 7:3의 비율로 지내왔다. 이 책을 포함해 번역된 책, 앞으로 번역할 책과 씨름하고, 코칭 고객과의 실전 경험으로 코칭수퍼비전을 감당하며 수퍼비전-주체로부터 많은 배움을 얻었다.

출판을 위해 번역을 마친 후 밀려오는 미안함은 부채 의식이 되었다. 이 책을 읽는 수퍼바이지 코치들은 나의 안내와 발언의 출처가 이 책이었음을 금방 알아챌 것이고, 그 외에도 미리 알았으면 자신의 코칭 사색과 활동에 도움이 되었을 것을 꼭 혼자 알고 있었던 격이다. 더 나아가 내 자신도 수퍼바이지 코치들에게 이 책 내용보다 더 많은 것을 배워 왔다는 느낌도 절실했다. 이참에 그들과 함께 배우고 고민해 왔던 내용을 모두 되돌려 주고 동행하고 싶은 심정으로 각주를 달았다. 다시 뒤늦은 번역과 수퍼비전-주체에게 배운 모든 단상, 홀로 되새김했던 내용을 다시 꺼내 되돌려 주는 마음으로 '주'를 붙였다. 모든 내용은 수퍼비전을 통해 수퍼비전-주체에게서 배운 것이고 나의 자기-되새김 self-rumination의 산물임을 강조한다.

이 책 본문의 흐름은 '수퍼바이지 입장'에서 수퍼비전에 참여하며 마주치는 상황을 꼼꼼히 안내한다. 그러므로 독자들 역시 수퍼비전-길을 가며 본문 읽기를 우선 권한다. 각종 문제 제기, 질문, 판단을 위한 지침과 이해를 위한 사례를 검토하면 자신만이 걸어갈 수퍼비전-길을 발견할 수 있을 것이다. 반면에 600여 개가 넘는 각주는 수퍼바이저의 시각에서 설명하고 안내하고 있다. 같은 내용을 수퍼바이저 시각에서는 어떻게 보고, 실행해야 하는지, 수퍼비전 관계 안에서 수퍼바이저는 어떤 내적 풍경을 지니고 어떤 배움이 일어나는지를 다루고 있다. 이런 점에서 10장까지 내용에는 수퍼바이지와 수퍼바이저라는 두 시각과 두 개의 여정이 병행되고 있다.

계약이 늦어진 관계로 다시 본문과 각주를 같이 살피는 기회가 주어졌다. 내게 배움의 계기를 준 수퍼바이지와 수퍼비전-관계에서 일어났던 배움을 회상하며 새로운 결심이 올라왔다. '수퍼바이지supervisee'라는 명칭을 바꿔야 한다는 것이다. 이 표현은 '수퍼바이저supervisor'라는 명칭과 쌍을 이룬다는 점이 의미 있지만 마치 '수퍼바이저'가 전제된 의미를 지울 수 없다. 이런 쌍을 이루는 단어가 관계성과 동등성을 준다. 그러나 우리말의 여파는 미약하다는 생각이다.

수퍼바이지는 ①의문과 사례를 제시하고, ②자신을 보여주며, ③자기에 맞게 속도를 조절한다. ④수퍼비전 관계를 활용해 자신의 코치-됨을 만들어 간다. 심지어 이에 필요한 ⑤수퍼바이저를 본인들이 찾고 결정한다. 그러하면 수퍼비전의 주체는 당연히 수퍼바이지가 아닌가. 수퍼바이저는 '**듣는 자**'로 있으며, 옆에서 따라 '**걷는 자**'이고, '**응답자**responder'로 있을수록 최선이다. 그가 과욕을 부릴 수 있을 때는 한 걸음 앞서 걸으며 '**보여주는 자**'가 되었을 때뿐이다.

역자는 더는 이 의미의 불균형을 놔둘 수 없었다. 수퍼바이지를 '수퍼비전-주체'로 표현하는 것이 마땅하다고 결심했다. 이 책 역시 '수퍼바이지 주도 수퍼비전'을 강조하고 있지 않은가? 혹자는 '수퍼바이지(코치)-수퍼바이저(코치)'도 '입말'이 되지 못한 마당에 '수퍼비전-주체'라는 표현이 더욱 낯설다 할 수 있으나 이 용어가 이 책을 읽는 독자에게는 정당하다는 생각이다.

이 책을 처음 읽는 독자들은 본문을 중심으로 편하게 읽어가길 권한다. 쉽게 술술

읽기를 방해하는 각주의 까칠한 문장으로 읽기가 멈추게 될 수 있다. 긴장하게 하는 투박한 글 전개는 역자의 부족함과 되먹지 못한 소갈머리로 이해해 주길 청한다. 달리보면 '긴장하며, 거부감을 느끼며' 읽기는 즉각 읽는 이에게 텍스트를 '낯설게-읽기'를 하게 만든다. 이는 읽기 방식의 한 가지가 될 수 있지 않을까 한다. 조심스럽게 읽는 이는 나름의 독자적 연상을 가능하게 할 것을 기대한다. 또 틈틈이 필요한 부분을 찾아 읽게 된다면 각주를 살피며 역자와 대화하며 읽기를 권한다. 찾아 읽기를 위해 제2의 각주를 옆에 붙였고 색인도 활용할 수 있다. 수퍼비전-길을 가며 마주할 작은 골목길을 가게 된다면 꼭 필요한 것이 각주와 옆주일 것이다.

모든 코치가 수퍼바이저 코치가 되거나 수퍼비전 활동을 할 필요는 없다는 생각이다. 명실상부한 직업이 되게 코칭을 현실 사회에 정착하게 하고, 현실에서 고군분투하는 일상인의 열정과 성숙에 함께 하는 일이 막중하다. 우리 모두가 여전히 힘을 집중해야 할 지점이다. 단지 수퍼비전 방식과 관점으로 코칭하기, 즉 '수퍼비전 코칭' 방식과 관점은 리더, 관계력 강화가 필요한 코칭 파트너에게 유력한 접근이 될 수 있다는 점은 분명하다. 또 성찰적 실천이 코치에게 중요하다는 점에서 '성찰적 실천'을 성찰하려는 코치와 동료수퍼비전-관계를 자기 성장의 지렛대로 하려는 코치들에게 '수퍼비전-삶'을 위해 코칭수퍼비전을 이해할 필요가 있다. 이책이 이런 코치들에게도 디딤돌이 되었으면 하는 마음이다.

이 책의 독자들과 줌이나 집단 수퍼비전, 코칭 강의장에서 만날 경우 가차없는 비판과 피드백, 실천의 구체성을 위해 치열한 논의를 할 수 있기를 기대한다.

2025년 5월
수퍼바이저 코치, 발행인
김상복

호모코치쿠스

코칭 튠업 21
: ICF 11가지 핵심 역량과 MCC 역량

김상복 지음

뇌를 춤추게 하라
: 두뇌 기반 코칭 이론과 실제
Neuroscience for Coaching

에이미 브랜 지음
최병현, 이혜진 옮김

마음챙김 코칭
: 지금-여기-순간-존재-하기
Mindful Coaching

리즈 홀 지음
최병현, 이혜진, 김성익, 박진수 옮김

코칭 윤리와 법
: 코칭입문자를 위한 안내
Law & Ethics in Coaching

패트릭 윌리암스, 샤론 앤더슨 지음
김상복, 우진희 옮김

조직을 변화시키는 코칭 문화
How to create a coaching culture

질리안 존스, 로 고렐 지음
최병현, 이혜진 외 옮김

내러티브 상호협력 코칭
: 3세대 코칭 방법론
A Guide to Third Generation Coaching:
Narrative-Collaborative Theory and Practice

라인하드 스텔터 지음
최병현, 이혜진 옮김

임원코칭의 블랙박스
Tricky Coaching

맨프레드 F. R. 케츠 드 브리스 외 편집
한숙기 옮김

마스터 코치의 10가지 중심 이론
Mastery in Coaching

조나단 패스모어 편집
김선숙, 김윤하 외 옮김

코칭·컨설팅 수퍼비전의 관계적 접근
Supervision in Action

에릭 드 한 지음
김상복, 조선경, 최병현 옮김

정신역동과 임원코칭
: 현대 정신분석 코칭의 기초1
Executive Coaching:
A Psychodynamic Approach

캐서린 샌들러 지음
김상복 옮김

수퍼비전
: 조력 전문가를 위한 일곱 눈 모델
Supervision in the Helping Professions

피터 호킨스, 로빈 쇼헤트 지음
이신애, 김상복 옮김

코칭 프레즌스
: 코칭 개입에서 의식과 자각의 형성
Coaching Presence: Building Consciousness
and Awareness in Coaching Interventions

마리아 일리프 우드 지음
김혜연 옮김

멘탈력
정신적 강인함에 대한 최초의 이론적 접근
Developing Mental Toughness:
Coaching strategies to improve performance, resilience and wellbeing

더그 스트리챠크직, 피터 클러프 지음
안병옥, 이민경 옮김

코치 앤 카우치
Coach and Couch

맨프레드 F.R. 케츠 드 브리스 외 지음
조선경, 이희상, 김상복 옮김

리더의 정치학
: 조직개혁과 시대전환을 위한 창발 리더십 모델
Leading Change: How Successful Leaders Approach Change Management

폴 로렌스 지음
최병현, 윤상진, 이종학, 김태훈, 권영미 옮김

고용 가능성
고용+가능성 업그레이드 전략
Developing Employability and Enterprise: Coaching Strategies for Success in the Workplace

더그 스트리챠크직, 샬롯 보즈워스 지음
조현수, 최현수 옮김

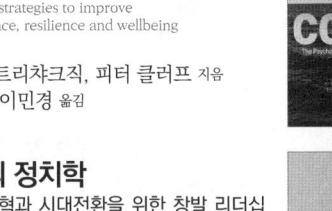
게슈탈트 코칭
바로 지금 여기
Gestalt Coaching: Right here, right now

피터 브루커트 지음
임기용, 이종광, 고나영 옮김

강점 기반 리더십 코칭
: 조직 내 긍정적 리더십 개발을 위한 가이드
Strength_based leadership Coaching in Organization An Evidence based guide to positive leadership development

덕 매키 지음
김소정 옮김

영화, 심리학과 라이프 코칭의 거울
The Cinematic Mirror for Psychology and Life Coaching

메리 뱅크스 그레거슨 편저
앤디 황, 이신애 옮김

영웅의 여정
자기 발견을 위한 NLP 코칭
The Hero's Journey: A voyage of self-discovery

스테판 길리건, 로버트 딜츠 지음
나성재 옮김

VUCA 시대의 조직 문화와 피어코칭
Peer Coaching at Work

폴리 파커, 팀 홀, 캐시 크램, 일레인 와서먼 지음
최동하, 윤경희, 이현정 옮김

정신역동 마음챙김 리더십
: 내면으로의 여정과 코칭
Mindful Leadership Coaching
: Journeys into the interior

맨프레드 F.R. 케츠 드 브리스 지음
김상복, 최병현, 이혜진 옮김

실존주의 코칭 입문
: 알아차림·용기·주도적 삶을 위한 철학적 접근
An Introduction to Existential Coaching

야닉 제이콥 지음
박신후 옮김

공감으로 완성하는 코칭
: 평범함에서 탁월함으로
Coaching with Empathy,

앤 브록뱅크, 이안 맥길 지음
김소영 옮김

내러티브 코칭
: 새 스토리의 삶을 위한 확실한 가이드
Narrative Coaching: The Definitive Guide to Bringing New Stories to Lif

데이비드 드레이크 지음
김상복, 김혜연, 서정미 옮김

ADHD 코칭
: 정신건강 전문가를 위한 가이드
ADHD Coaching: A Guide for Mental Health Professionals

프란시스 프레벳, 아비가일 레브리니 지음
문은영, 박한나, 가요한 옮김

시스템 코칭
: 개인을 넘어 가치로
Systemic Coaching: Delivering Value Beyond the Individual

피터 호킨스, 이브 터너 지음
최은주 옮김

글로벌 코치 되기
: 코칭 역량과 ICF 필수 가이드
Becoming a Coach

조나단 페스모어, 트레이시 싱클레어 지음
김상학 옮김

시스템 코칭과 컨스텔레이션
개인, 팀 및 집단에 대한 원칙, 실천 및 적용
Systemic Coaching & Consitellations

존 휘팅턴 지음
가향순, 문현숙, 임정희, 홍삼렬, 홍승지 옮김

10가지 코칭 주제와 사례 연구
: 20개 사례, 40개 논평, 720개 주석, 19개 실습 사례
Complex Situations in Coaching

디마 루이스, 폴린 파티엔 디오송 지음
김상복 옮김

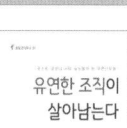

유연한 조직이 살아남는다
포스트 코로나 시대
뉴노멀이 된 유연근무제
Flexible Working

젬마 데일 지음
최병현, 윤재훈 옮김

인지행동 코칭
: 30가지 고유한 특징
Cognitive Behavioural Coaching: Distinctive Features

마이클 니난 지음
엘리 홍 옮김

쿼바디스
: 팬데믹 시대, 죽음과 리더의 실존적 도전
QUO VADIS?: The Existential Challenges of Leaders

맨프레드 F. R. 케츠 드 브리스 지음
고태현 옮김

코칭과 트라우마
: 생존 자기를 넘어 나아가기
Coacjing and Trauma

줄리아 본 스미스 지음
이명진, 이세민 옮김

단일 회기 코칭과 비연속 일회성 코칭
: 30가지 고유한 특징
Single-Session Coaching and One-At-A-Time Coaching: Distinctive Features

윈디 드라이덴 지음
남기웅, 안재은 옮김

리더십 팀코칭
: 변혁적 팀 리더십 개발을 넘어
Leadership Team Coaching

피터 호킨스 지음
강하룡, 박정화, 박준혁, 윤선동 옮김

코칭과 정신 건강 가이드
: 코칭에서 심리적 과제 다루기
A Guide to Coaching and Mental Health: The Recognition and Management of Psychological Issues

앤드류 버클리, 캐롤 버클리 지음
김상복 옮김

팀코칭 이론과 실천
팀을 넘어 위대함으로
The Practitioner's handbook of TEAM COACHING

데이비드 클러터벅, 주디 개넌 편집
강하룡, 박순천, 박정화, 박준혁,
우성희, 윤선동, 최미숙 옮김

리더의 속살
: 추악함, 사악함, 기괴함에 관한 글
Leadership Unhinged: Essays on the Ugly, the Bad, and the Weird

맨프레드 F. R. 케츠 드 브리스 지음
강준호 옮김

생의 마지막 여정을 돕는
웰다잉 코칭
Coaching at End of Life

돈 아이젠하워, J. 발 헤이스팅 지음
정익구 옮김

정신역동 코칭
: 30가지 고유한 특징
- 현대 정신분석 코칭의 기초2
Psychodynamic Coaching: Distinctive Features

클라우디아 나겔 지음
김상복 옮김

리더의 일상적 위협
: 모래 늪에서 허우적거릴 때 살아남는 방법
The Daily Perils of Executive Life: How to Survive When Dancing on Quicksand

맨프레드 F. R. 케츠 드 브리스 지음
고태현 옮김

경영자의 마음
: 리더십, 인생, 변화에 대한 명상록
The CEO Whisperer: Meditations on Leadership, Life, and Change

맨프레드 F. R. 케츠 드 브리스 지음
강준호 옮김

리더십 팀코칭 프랙티스(3판)
: 매우 효과적인 팀을 만드는 사례 연구
Leadership Team Coaching in Practice: Case studies on creating highly effective teams

피터 호킨스 편저
강하룡, 박정화, 윤선동, 최미숙 옮김

코칭심리학(2판)
실천연구자를 위한 안내서
Handbook of Coaching Psychology

스티븐 팔머, 앨리스 와이브로우 편저
강준호, 김태리, 김현화, 신혜인 옮김

팀코칭 사례 연구
The Team Coaching Casebook

데이비드 클러터벅, 타미 터너 외 지음
박순천, 박정화, 우성희, 윤선동 옮김

팀코치 되기
: 팀코칭 가이드
Coaching the Team at Work: The definitive guide to team coaching

데이비드 클러터벅 지음
동국대학교 동국상담코칭연구소 옮김

수퍼바이지와 수퍼비전
: 수퍼비전을 위한 가이드
Being Supervised A Guide for Supervision

에릭 드 한, 윌레민 레구인 지음
김상복, 박미영, 한경미 옮김

지혜 방정식
: 불확실한 시대, 지혜로 이끄는 법
Leading Wisely: Becoming a Reflective Leader in Turbulent Times

맨프레드 F. R. 케츠 드 브리스 지음
조경훈 옮김

코칭 윤리 사례 연구
Ethical Case Studies for Coach Development and Practice

웬디-앤 스미스, 에바 허쉬 폰테스, 두미사니 마가드렐라, 데이비드 클러터벅 편저
김상복, 김현주, 이서우 옮김

현대 코칭의 이론과 실천
The SAGE Handbook of Coaching

타티아니 바흐키로바, 고든 스펜스, 데이비드 드레이크 편저
김상복, 윤순옥, 한민아, 한선희 옮김

탁월한 팀을 만드는 55가지 도구와 기법
: 팀코칭 툴킷
The Team Coaching Toolkit: 55 Tools and Techniques for Building Brilliant Teams

토니 르웰린 지음
박순천, 박정화, 윤선동 옮김

관계 중심 팀코칭
Relational Team Coaching

에릭 드 한, 도로시 스토펠스 편저
김현주, 박정화, 윤선동, 이서우 옮김

코칭수퍼비전의 이론과 모색
Coaching and Mentoring Supervision
: Theory and Practice

타티아나 바흐키로바, 피터 잭슨, 데이비드 클러터벅 편저
김상복, 김현주, 이서우, 정혜선, 허영숙 옮김

해결 중심 팀코칭
Solution Focused Team Coaching

커스틴 디어롤프, 크리스티나 뮐, 카를로 페르페토, 라팔 스자니아프스키 편저
김현주, 박정화, 이서우, 정혜선, 허영숙 옮김

정부 조직에서의 코칭
: 전문 코치를 위한 사례와 팁
Coaching in Government
Stories and Tips for Coaching Professionals

테오도라 J. 피츠시몬스, 메리케이트 비한 도허티, 앨런 리 마이어스 지음
김진경, 박은희, 이인화 옮김

101가지 코칭수퍼비전 기법
: 접근 방식과 실천 탐구
101 Coaching Supervision Techniques
: Approaches, Enquiries and Experiments

미셸 루카스 편저
김상복, 김현주, 이서우, 정혜선, 허영숙 옮김

조직개발 중심 팀코칭
: 팀, 리더, 조직, 코치, 수퍼비전 접근
Team Coaching for Organisational Development: Team, Leader, Organisation, Coach and Supervision Perspectives

헬렌 징크 지음
김채식, 박정화, 우성희, 윤선동 옮김

동료 코칭수퍼비전
: 성찰적 실천을 위한 다양한 지침
Peer Supervision in Coaching and Mentoring: A Versatile Guide for Reflective Practice

태미 터너, 캐롤 휘태커, 미셸 루카스 편저
김현주, 박정화, 이서우, 정혜선, 허영숙 옮김

사내 코치 활동의 11가지 핵심원칙
Coaching from the Inside
: The Guiding Principles of Internal Coaching

J. 발 헤스팅스 지음
김현주 옮김

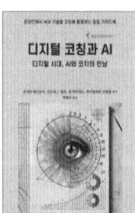
디지털 코칭과 AI
: 디지털 시대, AI와 코치의 만남
The Digital and AI Coaches' Handbook

조나단 패스모어, 산드라 J. 딜러, 샘 아이작스, 막시밀리언 브랜틀 편저
허영숙 옮김

잡크래프팅
: 자율적 직무 재창조와 실천
ジョブ・クラフティング: 仕事の自律的再創造に向けた理論的・実践的アプローチ

다카오 요시아키, 모리나가 유타 편저
이정숙, 김현주 옮김

코칭수퍼비전 실천과 해설
: 수퍼비전-주체의 실천 가이드
Coaching Supervision: A practical guide for supervisees

데이비드 클러터벅, 캐롤 휘태커,
미셸 루카스 편저
김상복 옮김

(출간 예정)

코칭 윤리 연구와 실천 핸드북
: 윤리적 성숙성과 실천을 위한 가이드
The Ethical Coaches' Handbook

웬디-앤 스미스, 조나단 패스모어, 이브 터너,
이-링 라이, 데이비드 클러터벅 편저
김상복 옮김

잡크래프팅
Persnalization at Work

롭 베이커 지음
김현주 옮김

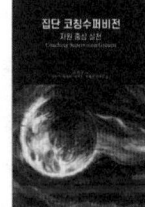

집단 코칭수퍼비전
: 자원 중심 실천
Coaching Supervision Groups

조 버치 지음
김현주, 박정화, 이서우, 정혜선, 허영숙 옮김

코칭수퍼비전의 핵심
: 성찰과 자기돌봄 다루기
The Heart of Coaching Supervision:
Working with Reflection and Self-Care

이브 터너, 스테픈 팔머 지음
정용석 옮김

생태계와 기후 코칭
Ecological and Climate-Conscious Coaching

앨리슨 와이브로우, 이브 터너,
조시 맥클린, 피터 호킨스 편저
김수진 옮김, 김상복 감수

해결 중심 코칭수퍼비전
Solution Focused Coaching Supervision:
An Essential Guide for Individual, Group,
Peer and Team Coaching Supervision

커스틴 디에롤프, 스베아 반 데르 호른,
데비 호건, 제인 투오몰라 편저
김현주, 박정화, 이서우, 정혜선, 허영숙 옮김

조직 역할 분석(ORA) 기반 코칭
Coaching in Depth: The Organizational
Role Analysis Approach

존 뉴턴, 수잔 롱, 버카드 시버스 지음
박정화 옮김

발달 코칭
: 자기(self)와 함께 작업하기(개정판)
Developmental Coaching: Working with the Self

타티아나 바흐키로바 지음
이서우 옮김

멘토 코칭
Mentor Coaching Is For Life Individualis

클레어 노먼 지음
김현주 옮김

스토리텔링
: 인생을 바꾸는 이야기의 힘
Storytelling for Leaders: Tales of Sorrow and Love

맨프레드 F.R. 케츠 드 브리스 지음
조경훈 옮김

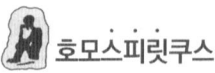
호모스피릿쿠스

나르시시스트와 직장생활하기
Narcissism at Work: Personality Disorders of Corporate Leaders

마리 린느 제르맹 지음
문은영, 가요한 옮김

정신분석 심리치료의 기본과 실천
: 정신분석·지지적 심리치료와의 차이

아가쯔마 소우 지음
최영은, 김상복 옮김

조력 전문가를 위한 공감적 경청
共感的傾聴術
:精神分析的に"聴く"力を高める

고미야 노보루 지음
이주윤 옮김

코로나 시대의 정신분석적 임상
'만남'의 상실과 회복
コロナと精神分析的臨床

오기모토 카이, 키타야마 오사무 편집
최영은, 김태리 옮김

트라우마와 정신분석적 '접근'
핵심 이론과 일곱 가지 사례
トラウマの精神分析的アプローチ

마쓰기 구니히로 편집
김상복 옮김

라캉 정신분석 치료
이론과 실천의 교차점
ラカン派精神分析の治療論

아가사가 가즈야 지음
김상복 옮김

코칭 하이브리드

영화처럼 리더처럼
: 크고 작은 시민리더 이야기

최병현, 김태훈, 이종학,
윤상진, 권영미 지음

마음챙김 코칭
: WHO에서 실행까지
Mindfulness Coaching: Have Transformational Coaching Conversations and Cultivate Coaching Skills Mastery

사티암 베로니카 찰머스 지음
김종성, 남관희, 오효성 옮김

사랑하는 사람의 상실로
슬픈 나를 위한 셀프 코칭
슬픈 나를 위한 코칭

돈 아이젠하워 지음
안병욱, 이민경 옮김

고통의 틈 속에서 아름다움 찾아내기
: 슬픔과 미망인의 여정에 대한 회고

펠리시아 G Y 램 지음
강준호 옮김

코칭 A to Z

누구나 할 수 있는 코칭 대화 모델
: GROW_candy 모델 이해와 활용

김상복 지음

세상의 모든 질문
: 아하에서 이크까지, 질문적 사고와 질문 공장

김현주 지음

첫 고객·첫 세션 어떻게 할 것인가
(1) 윤리적 가이드라인과 전문가 기준에 의한 고객 만남
(2) 코칭 계약과 코칭 동의 수립하기

김상복 지음

코칭방법론
: 조직 운영과 성과 리더십 향상을 돕는 효과성 코칭의 틀

이석재 지음

코치 100% 활용하는 법
: 코칭을 만난 당신에게

김현주, 박종석, 박현진, 변익상, 이서우, 정익구, 한성지 지음

실전 코칭 운영과 코칭 스킬
: capability, skill, narrative

김상복 지음

코쿱북스

코칭의 역사
Sourcebook Coaching History

비키 브록 지음
김경화, 김상복 외 15명 옮김

101가지 코칭의 전략과 기술
: 젊은 코치의 필수 핸드북
101 Coaching Strategies and Technique

글래디나 맥마흔, 앤 아처 지음
김민영, 한성지 옮김

리더십을 위한 코칭
Coaching for Leadership

마샬 골드 스미스, 로렌스 라이언스 외 지음
고태현 옮김

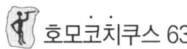

코칭수퍼비전 실천과 해설
: 수퍼비전-주체의 실천 가이드

초판 1쇄 발행　　　2025년 6월 25일

펴낸이	김상복
지은이	데이비드 클러터벅, 캐롤 휘태커, 미셸 루카스
옮긴이	김상복
편　집	정익구
디자인	이상진
제작처	비전팩토리
펴낸곳	한국코칭수퍼비전아카데미
출판등록	2017년 3월 28일 제2018-000274호
주　소	서울시 마포구 포은로 8길 8. 1005호

문의전화 (영업/도서 주문)
　　　　전화 | 050-7791-2333
　　　　메일 | jyg9921@naver.com
　　　　편집 | hellojisan@gmail.com

www.coachingbooks.co.kr
www.facebook.com/coachingbookshop

ISBN 979-11-89736-93-4 (93180)
책값은 뒤표지에 있습니다.

코칭북스는 한국코칭수퍼비전아카데미의 코칭 전문 브랜드입니다.